BACHILLERATO

Javier Madrid 2ºB

GEOGRAFÍA

2

ANAYA

Este proyecto de Geografía ha sido creado por Anaya Educación para Bachillerato.
En la realización de esta obra han intervenido:

Autora
M.ª Concepción Muñoz-Delgado

Coordinación editorial
Pilar Roig

Edición
José Luis Chamero

Equipo técnico
Isabel Román

Corrección
Sergio Borbolla

Diseño
Dirección de arte: Javier Serrano. Cubierta e interiores: Patricia Gómez Serrano.
Desarrollo gráfico de cubierta: Juan Carlos Quignon

Edición cartográfica
José M.ª Gil

Gráficos
Miguel Díaz-Rullo, Rafael Sombría, Miguel Ángel Castillejos y Antonio Sereno

Ilustraciones
Carlos Moreno y Álvaro García

Edición gráfica
José M.ª Marcelino

Fotografías
Archivo Anaya (Boé, O.; Calonge, N.; Candel, C.; Cosano, P.; Cruz, M.; Escofet, J. M.; Gómez-Miguel, V.; Hernández Moya, B.; Leiva, Á.; Muñoz, J. C.; Muñoz, M.; Lezama, D.; Mártin, Jh.; Martín, J. A.; Ortega, Á.; Padura, S.; Peñuela Py, E.; Pozo, M.; Quintas, D.; Ramón Ortega, P. - Fototeca de España; Redondo, M.; Rico, J. J.; Rivera Jove, V.; Ruiz, J. B.; Ruiz Pastor, L.; Sánchez, J.; Steel, M.; Torres, O.; Umbría. J.; Valls, R.; Vázquez, A.; Zuazo, A. H.). Age, Ayuntamiento de Benavente (Zamora), Colección particular, Efe, Getty Images, Mario Fernández Albarés, Prisma, Thinkstock/Getty Images, 123 RF

Nuestro agradecimiento a Juan Domènech.

Las normas ortográficas seguidas en este libro son las establecidas por la Real Academia Española en la *Ortografía de la lengua española*, publicada en el año 2010.

Nuestras publicaciones mantienen el rigor en el uso y en la selección de los contenidos, en las imágenes y en el lenguaje, para cumplir con la no discriminación por razón de género, cultura u opinión.

Los enlaces a las páginas web que aparecen en este libro han sido revisados en la fecha de su impresión. La editorial no se hace responsable de las modificaciones o las anulaciones que se produzcan en ellos con posterioridad a dicha fecha.

Madrid ISBN: 978-84-698-1295-2 - Depósito Legal: M-4076-2016 - Printed in Spain.

ET029754/1E3I - 8470038

Índice

Cómo usar este libro

Las unidades didácticas

El libro está organizado en doce unidades didácticas, más una unidad introductoria y un apéndice con cartografía de referencia y datos estadísticos.

La unidad introductoria aborda los rasgos generales de la geografía, los procedimientos geográficos y las pautas para comentar las fuentes.

Cada una de las unidades comienza con:

– Un breve **texto introductorio** sobre el tema que se va a tratar que avanza sus aspectos clave.

– **Qué vas a aprender,** donde se desglosan los contenidos fundamentales que se van a trabajar en la unidad.

Contenidos de la unidad

Se organizan en epígrafes que constan de:

– Un **texto central,** estructurado en subepígrafes, acompañado de aclaraciones en el recuadro de vocabulario o en documentos complementarios.

– Abundantes **imágenes,** fotografías, mapas, cuadros estadísticos y gráficos completamente actualizados para aclarar o ampliar contenidos.

– **Actividades** al hilo de los contenidos, que permiten al alumnado reforzar lo aprendido y practicar los procedimientos geográficos.

– Al final de la unidad, un **cuadro conceptual** permite resumir las ideas fundamentales y facilita el repaso.

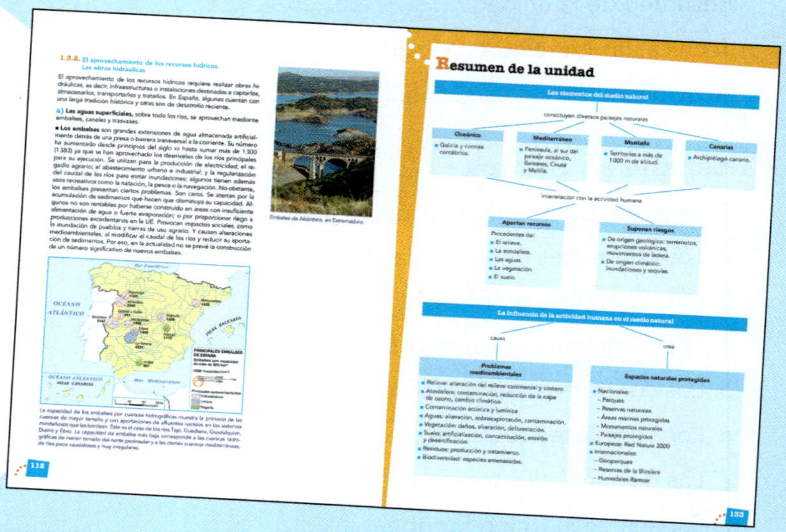

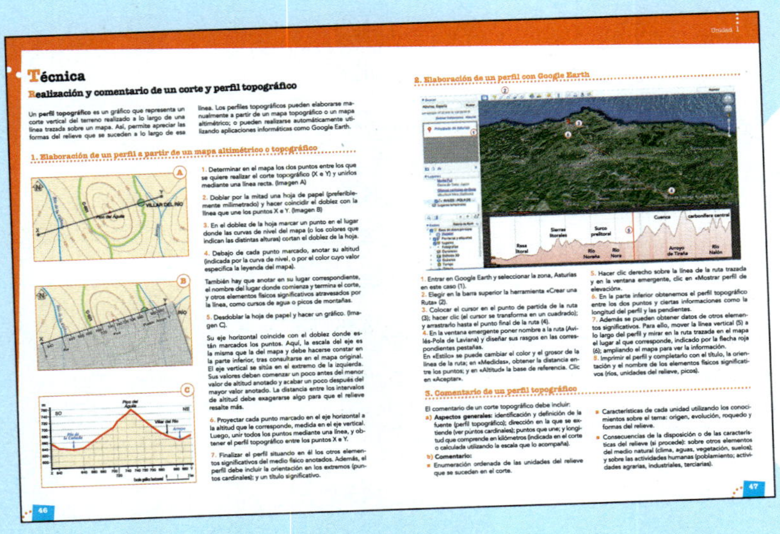

Técnicas y trabajos de campo

– Cada unidad propone una tarea con el trabajo de las principales **fuentes** y **procedimientos geográficos.** En este apartado se pueden encontrar pautas para realizar un perfil topográfico, un climograma, una cliserie, un hidrograma o una pirámide de población, entre otros.

– Se incluye la descripción de los pasos a seguir y, en muchos casos, la forma de aplicar la técnica al entorno geográfico inmediato, mediante la realización de trabajos de campo.

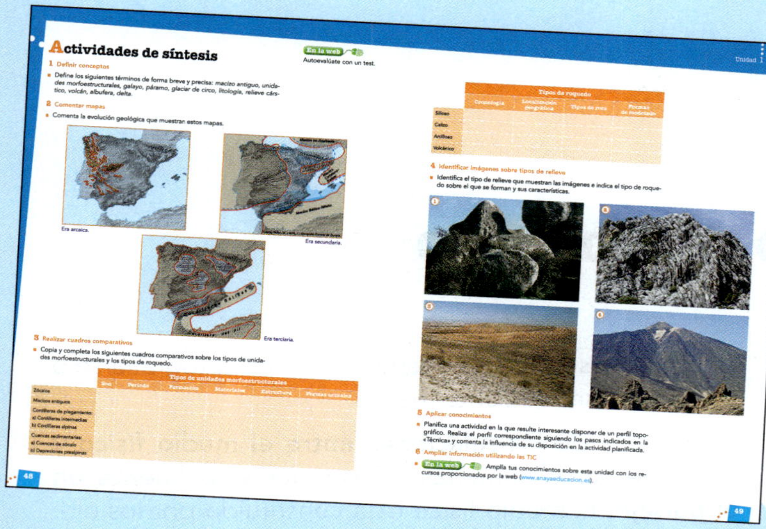

Actividades de síntesis

Cada unidad se cierra con una **batería de actividades** que recogen:

- Definición de términos básicos de la unidad.
- Confección de cuadros resumen y cuadros comparativos.
- Interpretación de imágenes, mapas y gráficos.
- Análisis de textos y datos estadísticos para relacionar contenidos.

El alumnado puede también comprobar la adquisición de conocimientos básicos realizando la **autoevaluación interactiva** que se incluye en la web de Anaya.

Apéndice cartográfico y estadístico

Al final del libro se incluye un **repertorio cartográfico** de **España** y de **Europa,** planteado como material de referencia.

También se ofrecen unas **tablas con datos estadísticos** que, además de ser una base de datos de referencia, suponen un punto de partida esencial para afrontar algunas de las actividades de las unidades en las que es necesario aplicar un aspecto tratado al entorno inmediato en el ámbito provincial y autonómico.

La web del alumnado y de la familia en anayaeducacion.es

¿Qué es? Un espacio lleno de recursos digitales para mejorar tu aprendizaje.

¿Cómo accedo? Regístrate en nuestra web e introduce el número de licencia que encontrarás al abrir este libro.

¿Cuándo accedo? Cuando quieras completar el contenido que estás estudiando. Para cada unidad del libro dispones de abundantes recursos. Visita la web siempre que quieras descubrir y aprender más.

0 Introducción al conocimiento geográfico

La geografía y el espacio geográfico

1. La geografía

La palabra **geografía** procede de los términos griegos *ge* —Tierra— y *graphein* —representar y describir—. Significa, por tanto, representación y descripción de la Tierra.

El objeto de su estudio es el **espacio geográfico,** que en su sentido más amplio comprende toda la superficie terrestre. Este espacio está constituido por los elementos naturales que componen el medio físico, estudiados por la geografía física (relieve, clima, aguas, vegetación, suelo); y por la intervención humana sobre el medio, estudiada por la geografía humana (poblamiento y actividades económicas agrarias, industriales y terciarias).

Todos estos fenómenos son tratados también por otras ciencias, como la geomorfología, la climatología, la botánica, la edafología, el urbanismo o la economía. Lo que diferencia a la geografía es su **enfoque,** ya que los estudia de forma interrelacionada en el espacio; los localiza; los representa; los describe, analiza y explica; critica los aspectos negativos; y plantea posibilidades de intervención para transformarlos a través de la planificación territorial.

Por tanto, la geografía actual es mucho más que la representación y descripción de la Tierra: es una ciencia explicativa, de compromiso social, y aplicada.

2. El espacio geográfico y sus características

Existe un acuerdo general sobre la consideración de la geografía como ciencia del espacio.

Entre las características del espacio geográfico pueden señalarse las siguientes:

a) Es localizable. Todos los puntos del espacio pueden localizarse en la superficie terrestre por sus coordenadas geográficas.

b) Es representable. El espacio puede cartografiarse o representarse mediante mapas.

c) Resulta de las relaciones entre el medio físico y las sociedades humanas, plasmadas visualmente en el paisaje. El medio físico está constituido por los elementos naturales y puede poner obstáculos o favorecer la presencia y las actividades humanas. A su vez, el ser humano, con su presencia y actividades, transforma el medio físico en función de sus necesidades y de su desarrollo tecnológico.

El reflejo visible de estas interrelaciones entre el medio físico y las sociedades humanas es el **paisaje geográfico.** El paisaje **natural** resulta exclusivamente de la interrelación entre los elementos del medio físico; la intervención humana no existe o es mínima. El paisaje **humanizado, social o cultural** es un producto social; es decir, el resultado de la modificación del medio físico por la presencia y las actividades de las sociedades humanas. La diversidad de estas sociedades y actividades da lugar a paisajes humanizados muy variados: agrarios, urbanos, industriales, turísticos, etc. Y la modificación que estas actividades introducen en el medio natural puede hacerse a costa de destruirlo, sobreexplotarlo o contaminarlo; o dentro de los principios del desarrollo sostenible, conjugando el aprovechamiento con el uso racional de los recursos y el respeto al medio ambiente.

El espacio geográfico resulta de las interacciones entre el medio físico y las actividades humanas. El resultado visual de estas interacciones constituye el paisaje.

d) El espacio geográfico es diferenciado, pero puede organizarse en conjuntos homogéneos. Cualquier espacio de la Tierra es único (no hay dos ciudades iguales, dos montañas iguales, etc.); pero existen espacios con cierta homogeneidad física o humana. Por ejemplo, los paisajes de clima oceánico o los paisajes industriales de los países desarrollados tienen cierta homogeneidad, que permite caracterizarlos y establecer comparaciones con otros espacios. De acuerdo con ello y, según el criterio elegido, cualquier territorio de la Tierra puede pertenecer a varios espacios homogéneos.

e) Cada espacio se separa de los demás por áreas de transición. Así, en cada espacio se diferencia un área central donde aparecen con claridad los rasgos que lo personalizan y unos márgenes donde los rasgos propios se van desdibujando hasta confundirse con los de los espacios circundantes.

f) El espacio geográfico es cambiante y evoluciona, pues las relaciones entre el ser humano y el medio varían según las épocas y el desarrollo tecnológico. Sin embargo, cada espacio conserva señales de su pasado que permiten rehacer su evolución. Por ejemplo, las ciudades actuales conservan restos de épocas pasadas. El estudio de estas herencias es esencial para entender el espacio actual, puesto que cualquier cambio parte de la situación precedente.

g) El espacio geográfico puede describirse, analizarse, explicarse e interpretarse a diferentes escalas: local, regional, mundial. Estas escalas son **interdependientes:** los fenómenos locales o regionales se ven afectados por los procesos mundiales pero, a su vez, las respuestas dadas a estos procesos varían según las condiciones específicas de los espacios locales o regionales.

Los procedimientos geográficos

Las tareas más habituales de la geografía son la localización, la representación y la explicación del espacio geográfico. Para ello, los geógrafos utilizan diversas herramientas o procedimientos, como la red geográfica, la elaboración de mapas, y el manejo de fuentes de información de diferentes tipos.

1. La localización del espacio geográfico. La red geográfica

La localización de cualquier punto sobre la superficie terrestre se realiza trazando una red geográfica y calculando sus coordenadas geográficas.

a) La red geográfica es un conjunto de líneas imaginarias —los paralelos y los meridianos— que sirven como referencia para la localización geográfica.

- **Los paralelos** son círculos perpendiculares al eje terrestre. El paralelo principal o paralelo 0° es el **ecuador,** que divide a la Tierra en dos hemisferios, norte y sur.
- **Los meridianos** son semicírculos que van de polo a polo. El meridiano principal o meridiano 0° es el que pasa por Greenwich, localidad inglesa cercana a Londres.

b) Las coordenadas geográficas son un sistema de referencia basado en la red geográfica, que permite localizar cualquier punto en la Tierra, determinando su latitud y su longitud.

- **La latitud** es la distancia angular (medida en grados) desde cualquier punto de la Tierra al ecuador. Puede ser norte o sur.
- **La longitud** es la distancia angular desde cualquier punto de la Tierra al meridiano 0° o de Greenwich. Puede ser este u oeste.

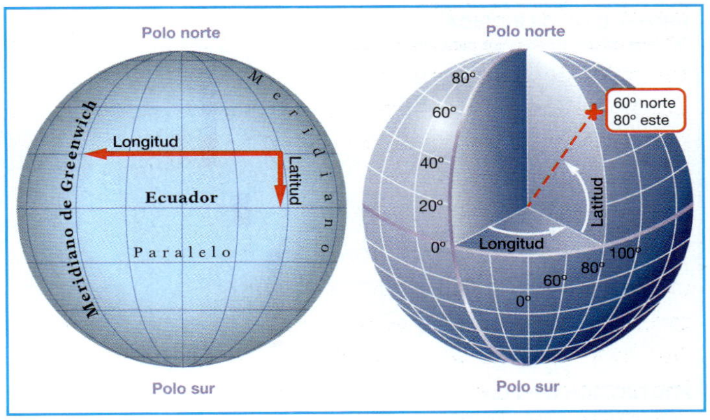

Por ejemplo, las coordenadas geográficas de la ciudad de Murcia en el mapa son 38° N y 1° O.

2. La representación del espacio geográfico. La cartografía

La representación del espacio geográfico se realiza mediante la cartografía o elaboración de mapas.

Un mapa es la representación de la superficie esférica de la Tierra sobre un plano, a tamaño reducido y de forma simplificada.

Por tanto, la realización de un mapa requiere un sistema de proyección que permita representar una superficie esférica en un plano; una escala que permita reducir el tamaño manteniendo las proporciones; y unos signos, símbolos y colores para representar la realidad de forma simplificada.

2.1. El sistema de proyección

Un sistema de proyección es un método que permite trasladar la red de paralelos y meridianos de la Tierra a un plano o a una superficie que pueda desarrollarse sobre un plano (un cono o un cilindro). Todos los sistemas de proyección deforman la realidad y, en cada caso, debe elegirse el más apropiado.

Los tres tipos principales de proyecciones son cilíndrica, cónica; y sobre un plano.

- **La proyección cilíndrica** traslada los meridianos y los paralelos a un cilindro. El resultado es un mapa rectangular en el que los meridianos y los paralelos son líneas rectas y perpendiculares entre sí.
- **La proyección cónica** traslada los meridianos y los paralelos a un cono. El resultado es un mapa en forma de abanico en el que los meridianos son radios que convergen hacia el polo y los paralelos son arcos de círculo.
- **La proyección polar o acimutal** traslada los meridianos y los paralelos a un plano que toca la Tierra en uno de los polos. El resultado es un mapa redondo en el que los meridianos son radios que convergen hacia el polo y los paralelos son círculos.

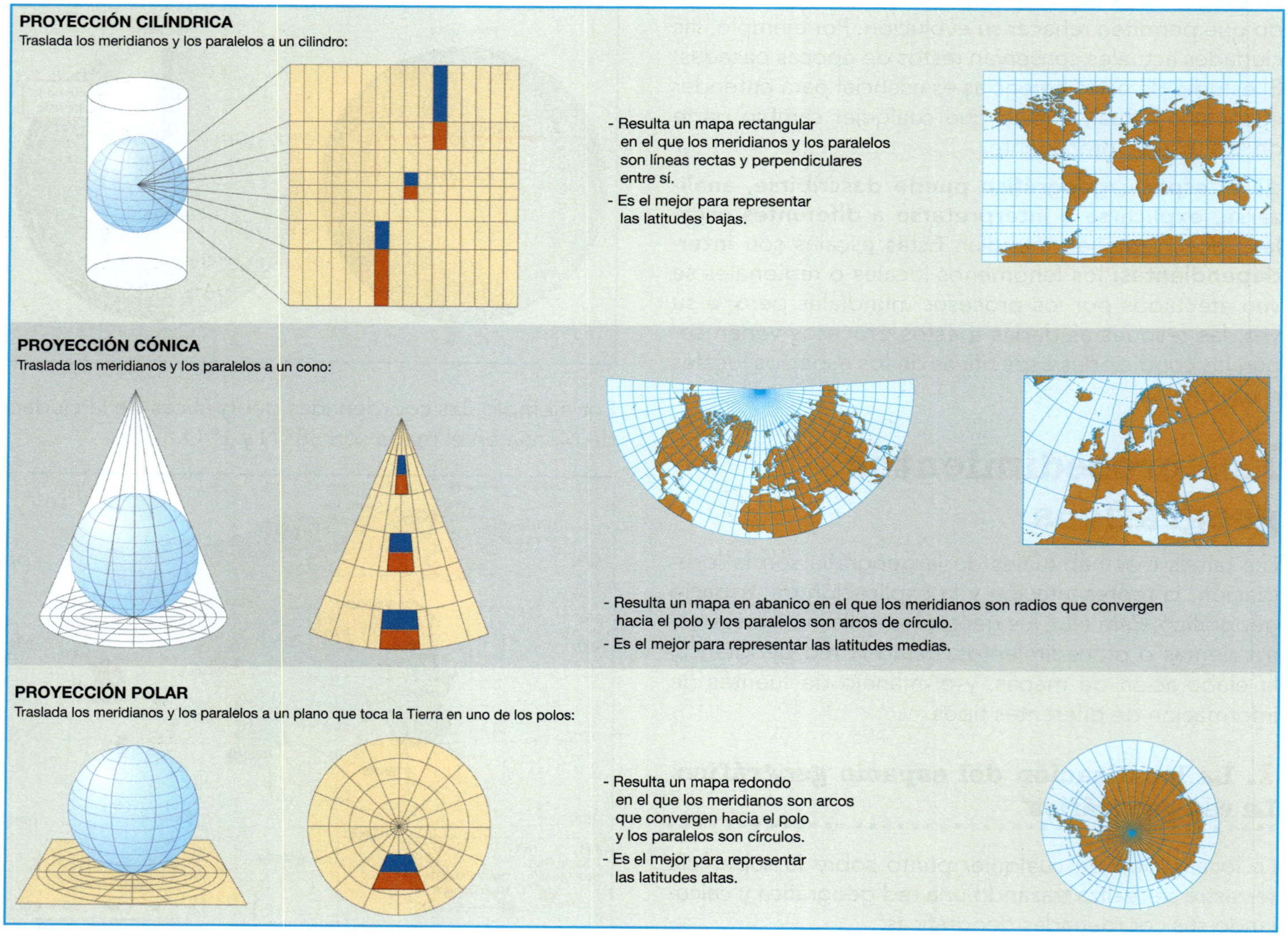

2.2. La escala

En un mapa, los datos se representan siempre con un tamaño mucho menor que el real, pero manteniendo las proporciones; es decir, están realizados a escala. **La escala** es la relación matemática entre las medidas del mapa y las reales.

Los tipos de escalas más habituales son la escala gráfica y la numérica.

a) La escala gráfica es una línea recta dividida en segmentos, que indica la medida real en kilómetros o metros. Para calcular una distancia usando la escala gráfica, hay que medir con la regla la totalidad de la escala gráfica y calcular la distancia real mediante una regla de tres.

Por ejemplo, en el mapa de la página 9. ¿Cuál es la distancia entre Zaragoza y Mérida?

Longitud de toda la escala gráfica: 2,5 cm (= 400 km)

Distancia Zaragoza-Mérida: 3,3 cm

2,5 cm en el mapa → 400 km en la realidad

3,3 cm → x

$$x = \frac{3{,}3 \times 400}{2{,}5} = 528 \text{ km}$$

LA ESCALA GRÁFICA

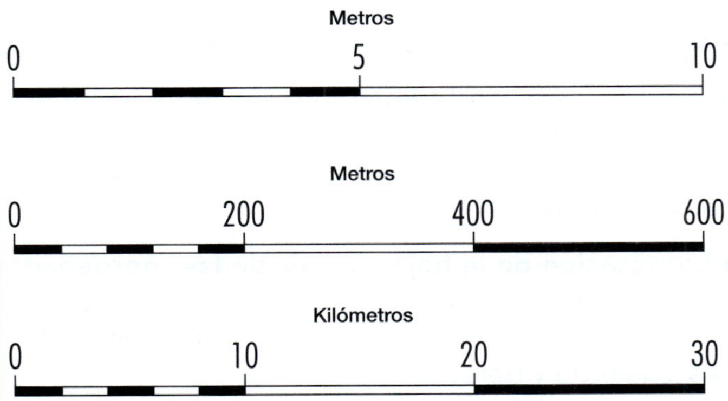

b) La escala numérica es una fracción que expresa la relación entre una unidad de medida del mapa y la realidad. Por ejemplo, en el mapa anterior, la escala numérica es 1: 17 500 000. Ello quiere decir que 1 cm del mapa equivale a 17 500 000 cm o 175 kilómetros en la realidad. Por ejemplo: ¿cuál es la distancia entre Barcelona y Sevilla?

Distancia Barcelona-Sevilla: 5 cm

1 cm en el mapa → 1: 17500000 cm = 175 km en la realidad

5 cm → x

$$x = \frac{5 \times 175}{1} = 875 \text{ km}$$

El denominador de la escala indica cuántas veces hemos reducido la realidad. Por tanto, la escala será mayor cuanto menor sea el denominador. Los mapas a gran escala (denominador menor que 10 000) se denominan **planos** y permiten estudiar el espacio geográfico cartografiado con gran detalle. Para su elaboración no se emplean sistemas de proyección ya que, al cartografiar espacios reducidos, la curvatura de la superficie terrestre es mínima, por lo que se considera plana.

LA ESCALA NUMÉRICA

1: 10 000 000

↓

$$\frac{1}{10\,000\,000} \qquad \frac{\text{numerador}}{\text{denominador}}$$

2.3. Los signos y los símbolos de los mapas

La representación de la realidad en un mapa se hace de forma simplificada, utilizando colores, signos (puntos, líneas, figuras geométricas) y símbolos (figuras evocadoras del objeto que representan). Su significado se explica en la leyenda del mapa.

Algunos, los signos convencionales, tienden a ser los mismos en todos los mapas para facilitar su interpretación; por ejemplo, representar las aguas en color azul.

LA LEYENDA

□ JAÉN	Capital		Lago, laguna
○ Villalba	Población importante		Límite de estado
• Griñón	Pueblo, aldea o lugar		Límite de provincia
AP-7	Autopista		Límite de municipio
AP-7	Autopista en construcción		Cantera
A-2	Autovía		Cementerio
N-IV	Carrtera nacional		Edificio aislado
C-634	Carretera comarcal		Corral
	Carretera local		Depósito a nivel del suelo
	Carretera particular, pista		Piscina
	Camino carretero		Pozo
	Senda		Línea eléctrica
	Vía pecuaria		Muro
	Ferrocarril electrificado		Curva altimétrica
K.54	Kilómetro de vía de ferrocarril		Límites de usos de suelo
	Ríos permanentes		Coníferas
	Ríos intermitentes		Terrenos claros con árboles

3. Las fuentes de información geográfica

Para obtener información sobre el espacio geográfico, se utilizan distintas fuentes:

a) Según su procedencia, las fuentes pueden ser:

- **Directas,** cuando son obtenidas por el propio geógrafo mediante observaciones de campo, encuestas y entrevistas.
- **Indirectas,** cuando han sido elaboradas por otras personas y el geógrafo es un usuario de ellas.

b) Según su tipología, las fuentes de información geográfica se clasifican en:

- **Fuentes cartográficas:** mapas básicos y temáticos y planos. Los mapas pueden reunirse en conjuntos denominados atlas.
- **Fuentes gráficas:** gráficos de barras, lineales y de sectores.
- **Fuentes estadísticas:** bases de datos, anuarios.
- **Fuentes escritas:** libros, informes, artículos, ensayos, prensa.
- **Fuentes visuales y audiovisuales:** vídeos, películas, diapositivas, fotografías e imágenes.
- **Fuentes informáticas:** el sistema de información geográfica —SIG— es un método de alta tecnología, integrado por equipos y programas informáticos. Se usa para capturar, almacenar, manipular y analizar información georreferenciada, es decir, localizada con precisión en un mapa digital mediante sus coordenadas. La base de datos de un SIG almacena la información referida a cada territorio en capas temáticas independientes (relieve, suelo, clima, asentamientos, infraestructuras). Así, el geógrafo puede estudiar cada información por separado, o superponerlas y relacionarlas para obtener nueva información. Esta técnica resulta muy útil para la planificación territorial, porque permite simular diversas opciones y elegir la más adecuada.

SISTEMA DE INFORMACIÓN GEOGRÁFICA

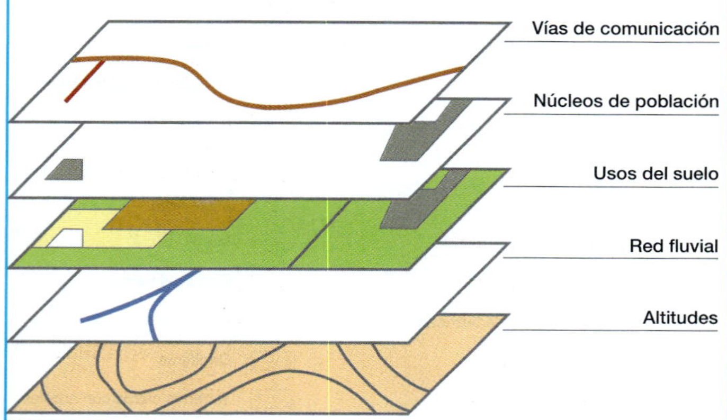

Pautas para el comentario de fuentes geográficas

1. Comentario de mapas

Hay dos **tipos** de mapas: básicos y temáticos.

- **Los mapas básicos** se obtienen de mediciones directas de la superficie terrestre realizadas mediante diversos procedimientos, como fotografías aéreas o imágenes de satélite. Los más utilizados son los mapas topográficos, como el Mapa Topográfico Nacional.
- **Los mapas temáticos** se obtienen a partir de los mapas básicos y representan un fenómeno geográfico concreto (relieve y aguas, áreas turísticas, ciudades).

1.1. El Mapa Topográfico Nacional

El Mapa Topográfico Nacional (MTN) es un tipo de mapa básico que representa los aspectos físicos y humanos más destacados de una zona del territorio nacional.

El comentario de una hoja del MTN debe seguir estos pasos:

a) Aspectos generales

- **Identificación del tipo de fuente:** cartografía básica.
- **Identificación de la hoja:** número de la hoja (en el ángulo superior derecho), nombre (el del núcleo de población principal), edición y fecha (en la parte inferior izquierda).
- **Localización de la hoja a partir de las coordenadas geográficas** indicadas en el marco de la hoja: longitud (en los bordes superior e inferior) y latitud (en los bordes izquierdo y derecho).
- **Identificación del sistema de proyección:** el MTN utiliza la proyección cilíndrica (Universal Transversa Mercator).
- **Indicación de la escala:** las hojas del MTN están realizadas a escala 1: 50 000 o 1: 25 000 e incluyen la escala gráfica y la numérica.
- **Identificación de los signos** utilizados en la leyenda. Pueden ser puntuales (una cantera), lineales (una carretera) o zonales si ocupan un área (vegetación, cultivos). El colorido de los signos más frecuentes suele corresponder a convenciones usadas en la mayoría de los mapas: azul para las aguas, verde para la vegetación, etc.

b) Aspectos físicos

■ **El relieve.** Se representa en los mapas topográficos mediante curvas de nivel, líneas en color sepia, que unen los puntos situados a la misma altitud y se trazan de 10 en 10 o de 20 en 20 metros. Cada 50 o 100 metros, la curva de nivel es de mayor grosor (curva maestra) e indica la altitud. Cuanto más juntas están las curvas de nivel, mayor es la pendiente del terreno. También pueden sombrearse los espacios entre las curvas de nivel para dar mayor tridimensionalidad al relieve. Conviene analizar las características topográficas generales y los principales elementos y formas del relieve: mesetas, montañas, colinas, valles, altitudes máximas y mínimas, pendientes, etc.

■ **La hidrografía** se representa en color azul. Hay que indicar los tipos de aguas naturales que aparecen, marinas y continentales (ríos, arroyos, torrentes, lagos, lagunas), y las infraestructuras hidráulicas (presas, pozos y canales de riego, de trazado más geométrico que el de los ríos). Y relacionar las aguas con la presencia de asentamientos humanos o posibles aprovechamientos (regadío, producción hidroeléctrica).

■ **La vegetación natural** se indica en la leyenda. Hay que identificarla y relacionarla con el relieve, la hidrografía, el clima y el aprovechamiento humano.

■ **El clima.** Puede deducirse de ciertos aspectos físicos (tipo de vegetación y aguas) o humanos (la existencia o no de ciertos aprovechamientos agrarios).

■ **El suelo.** Pueden razonarse algunos rasgos, como el espesor, en función del relieve y de la cobertura vegetal (suelos delgados en las pendientes y zonas desprovistas de vegetación y más profundos en los fondos de los valles y en las áreas con cubierta vegetal); y la fertilidad (según su aprovechamiento agrario).

c) Aspectos humanos

■ **El poblamiento.** Puede ser rural (disperso, concentrado, intercalar) o urbano. En cada caso deben indicarse su emplazamiento o localización concreta, la situación respecto al entorno, el plano (lineal, apiñado, irregular, ortogonal, radiocéntrico) y la trama (cerrada o abierta).

■ **Los usos del suelo.** Usos **agrarios** (agrícolas, ganaderos y forestales). Usos **industriales** (deducibles de la presencia de signos como canteras, minas, fábricas, polígonos, líneas eléctricas, etc.). Y usos **terciarios,** como las infraestructuras hidráulicas; los transportes (tipos, categoría, densidad y trazado en relación con la topografía y el hábitat) y otros (instalaciones de ocio; equipamientos).

■ **Análisis de la toponimia.** Los nombres de los lugares proporcionan información complementaria sobre las características físicas o sobre las actividades económicas pasadas y presentes. Pueden referirse al relieve (Berrocal), hidrografía (Río Sequillo), vegetación (Los Robles), actividades agrícolas (La Pomarada), ganaderas (Las Mestas) u otras (La Mina).

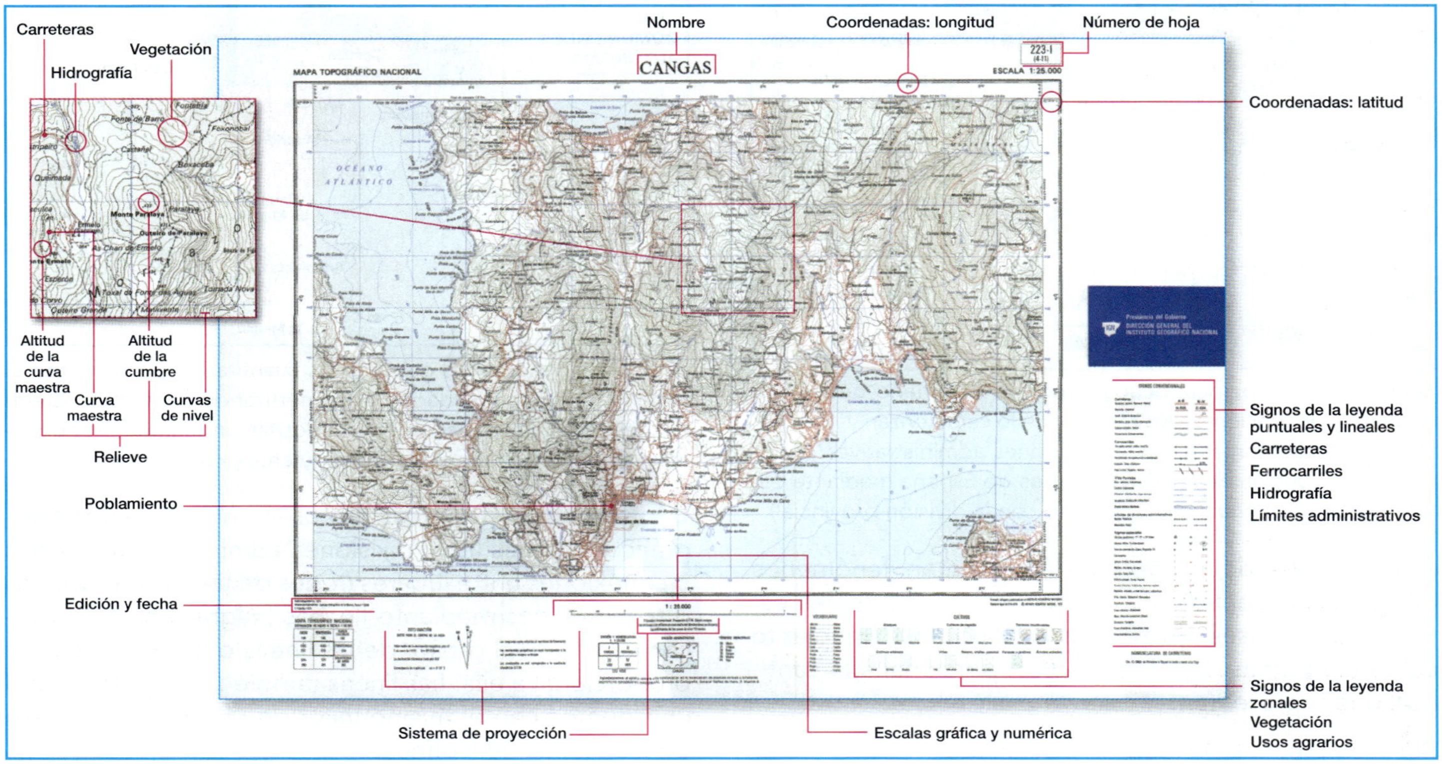

1.2. Los mapas temáticos

1.2.1. Los mapas temáticos y sus tipos

Los mapas temáticos cartografían fenómenos geográficos concretos. Pueden ser:

- **Cualitativos,** si representan fenómenos geográficos no medibles (roquedo, minas).
- **Cuantitativos,** si representan el valor de fenómenos geográficos medibles (temperatura, densidad de población).

En ambos casos, la información puede mostrarse mediante superficies, líneas o figuras.

a) Los mapas de superficies representan fenómenos geográficos que se extienden en el espacio.

- **Los mapas corocromáticos** representan la superficie ocupada por fenómenos geográficos cualitativos mediante colores (clima, vegetación, suelo, usos agrarios).

Representa la superficie ocupada por un fenómeno geográfico cualitativo en función de los rasgos que lo caracterizan y, por tanto, independientemente de las divisiones administrativas. Ejemplo, la distribución de los usos agrarios de España mediante colores (las zonas agrarias no coinciden con la división provincial).

- **Los mapas de coropletas** representan fenómenos geográficos cuantitativos en divisiones territoriales establecidas (países, provincias, municipios), mediante colores o tramas de intensidad proporcional a la cantidad que representan.

Por ejemplo, la densidad de población.

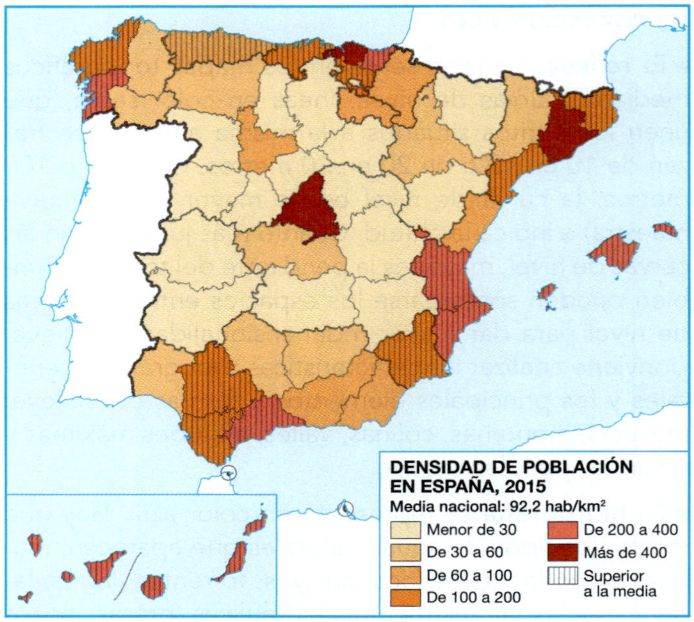

Representa fenómenos geográficos cuantitativos en unidades territoriales establecidas. Ejemplo, la densidad de población en las provincias españolas, utilizando colores de intensidad creciente cuanto mayor es el valor de la densidad de población.

- **Los mapas anamórficos o distorsionados** representan fenómenos geográficos cuantitativos, cambiando la superficie real de los espacios para hacerla proporcional al hecho que cartografían y geometrizando las formas para poder calcular su valor. Por ejemplo, el tamaño de las comunidades se hace proporcional a su población.

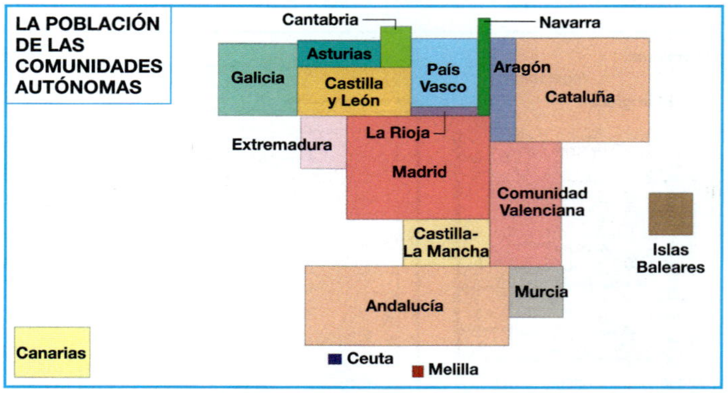

Representa fenómenos geográficos cuantitativos, cambiando el tamaño de las comunidades y geometrizando sus formas. Ejemplo, las comunidades autónomas adoptan un tamaño proporcional a su población y formas rectangulares y cuadradas.

b) Los mapas de líneas representan fenómenos geográficos lineales (ríos, divisiones administrativas); redes o conexiones entre lugares (redes de transporte) y flujos o movimientos mediante flechas (migraciones). Si indican cantidad, el grosor de las líneas o flechas debe ser proporcional a ella. Las líneas también se emplean para unir puntos con el mismo valor de un fenómeno; caso de los mapas de **isolíneas.**

Por ejemplo, el mapa de isoyetas une los puntos con la misma precipitación. Los espacios entre las líneas pueden rayarse o colorearse.

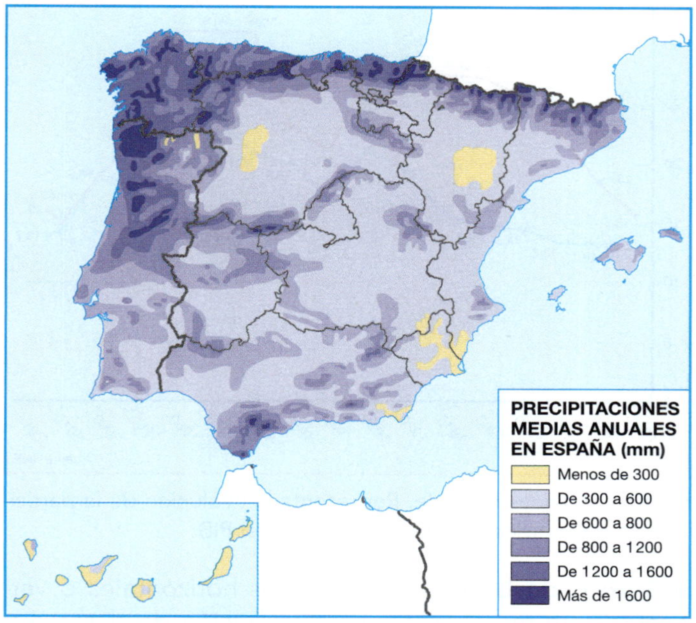

Utiliza líneas para unir los puntos con el mismo valor de un fenómeno. Ejemplo, el mapa de isoyetas utiliza líneas para unir los puntos con la misma precipitación. El espacio entre las líneas se colorea para facilitar la lectura del mapa.

c) Los mapas de figuras localizan fenómenos geográficos puntuales, mediante símbolos o figuras geométricas (ciudades, minas). Si indican cantidad, el tamaño de la figura debe ser proporcional a esta (mapa de figuras proporcionales). Por ejemplo, cuadrados para localizar ciudades con un tamaño proporcional a su población.

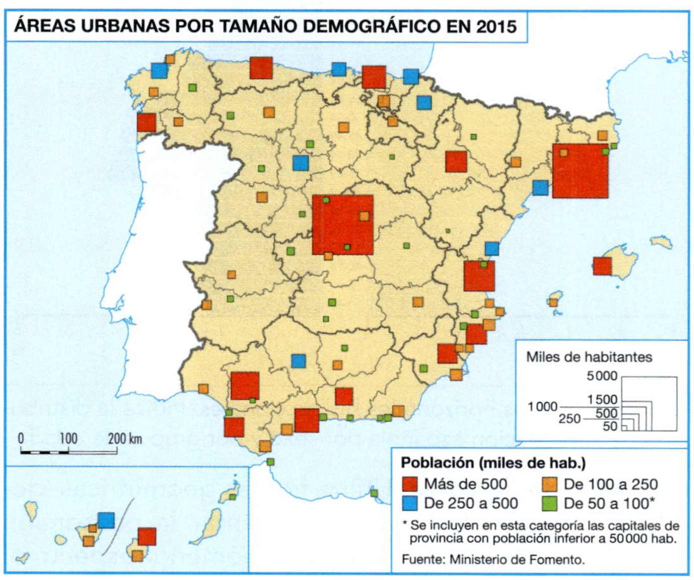

Representa los fenómenos geográficos puntuales utilizando figuras geométricas. Ejemplo, cuadrados para localizar las áreas urbanas españolas, de tamaño proporcional a su número de habitantes.

d) Los mapas de diagramas superponen a un mapa diagramas o gráficos (de barras, de sectores, etc.) para mostrar su información sobre el espacio correspondiente. Por ejemplo, un gráfico con la proporción entre la población rural y la población urbana.

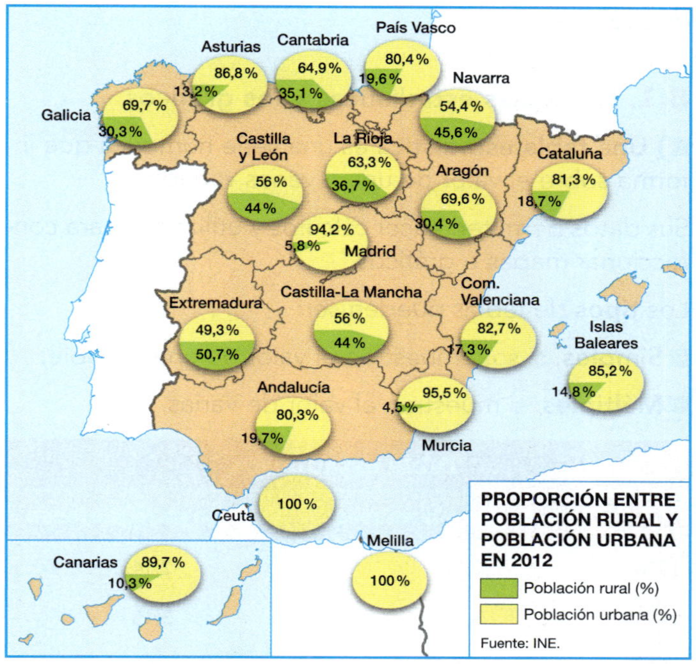

Representa la información gráfica sobre el lugar geográfico correspondiente. Ejemplo, la proporción entre la población rural y la población urbana se representa mediante un gráfico circular localizado sobre la comunidad correspondiente.

1.2.2. Comentario de mapas temáticos

El comentario debe seguir estos pasos:

a) Aspectos generales

- **Identificación del tipo de fuente:** mapa temático.
- **Fenómeno geográfico que representa** (relieve, densidad de población, etc.). Hay que fijarse en el título del mapa y su leyenda.
- **Espacio geográfico** al que se refiere y **fecha.**
- **Fuente** de procedencia de los datos, si consta.

b) Comentario

- **Definición del fenómeno** geográfico representado.
- **Características de su localización o distribución:** diferenciación de áreas y características de cada una de ellas.
- **Explicación** del fenómeno geográfico utilizando los conocimientos que se tienen sobre él: causas y consecuencias de la distribución.
- **Otros comentarios** si procede: **comparación** con otros países o espacios del entorno; **previsible tendencia futura.**

2. Comentario de datos estadísticos

Los datos estadísticos expresan el valor numérico de una o de varias variables (fenómenos medibles).

Pueden presentarse en forma de tablas estadísticas o de gráficos.

2.1. Las tablas estadísticas y los gráficos

a) Una tabla estadística es una serie numérica que informa sobre el valor de una o varias variables.

Sus datos permiten hacer cálculos y utilizarlos para confeccionar mapas o gráficos.

Los **tipos** de tablas pueden ser:

- **Simples,** si solo muestran el valor de una variable.
- **Múltiples,** si muestran el valor de varias.

Tabla estadística		
	Tasa de paro hombres	Tasa de paro mujeres
1970	2,22	2,14
1975	3,59	3,15
1980	10,83	12,80
1985	20,16	25,04
1990	11,97	24,16
1995	18,04	30,79
2000	9,59	20,52
2005	7,04	12,16
2010	19,73	20,48
2015	20,80	23,60

Fuente: INE.

b) Un gráfico es una representación del valor numérico de una o más variables.

Esta representación puede hacerse a lo largo del tiempo; o en comparación o en proporción con otras variables.

De ahí derivan los tres **tipos** principales de gráficos:

- **Gráfico lineal.** Utiliza líneas para mostrar la evolución de una o varias variables.

Para ello, emplea un eje de coordenadas en el que suele representarse en abscisas el tiempo y en ordenadas el valor de una variable o de varias (gráfico lineal múltiple).

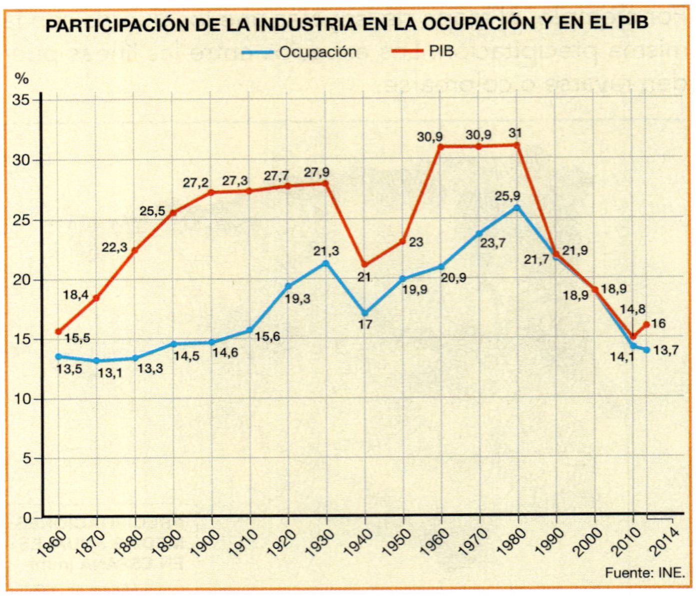

Gráfico de líneas múltiple. Representa la evolución de la participación de la industria en la ocupación y el PIB.

- **Gráfico de barras.** Utiliza barras horizontales o verticales para representar una distribución de datos discontinua en el espacio o en el tiempo, o para comparar variables. El gráfico puede representar una sola serie de datos o varias (gráfico de barras múltiple). En este último caso puede utilizar barras para cada variable; o barras compuestas divididas en secciones proporcionales a cada variable. Ver página 316.

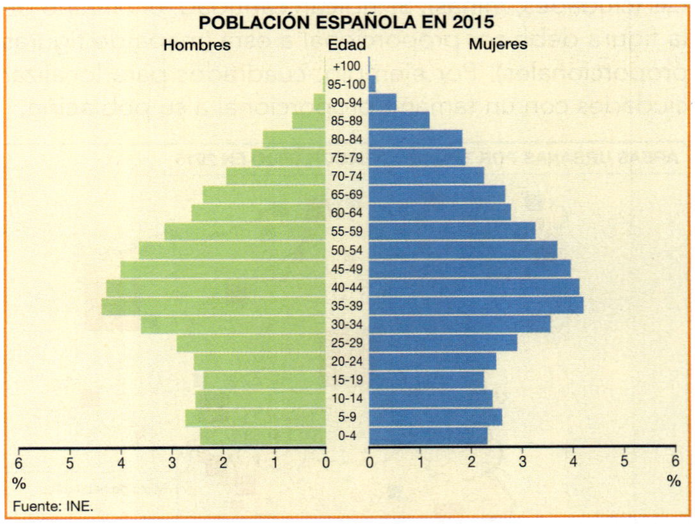

Gráfico de barras horizontales bidireccionales. Indica la distribución de la población española por sexo y por grupos de edad.

- **Gráfico de sectores.** Utiliza figuras geométricas (generalmente círculos), para representar la proporción de las distintas variables de un fenómeno respecto al total. Para ello, el área de la figura se divide en sectores de tamaño proporcional a la importancia de cada variable.

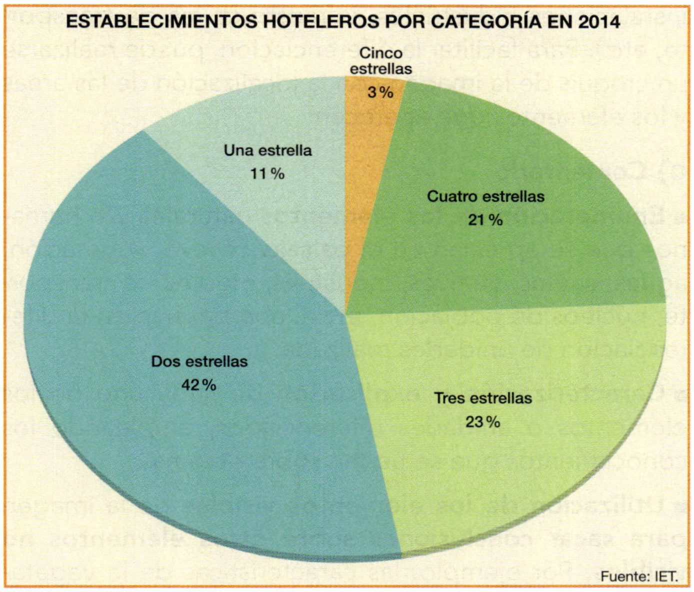

Gráfico de sectores circulares. Indica la proporción de cada categoría de hotel respecto al total de los establecimientos hoteleros.

2.2. Comentario de tablas estadísticas y gráficos

a) Aspectos generales

■ **Identificación del tipo de fuente:** tabla estadística o gráfico lineal, de barras o de sectores.

■ **Fenómeno geográfico representado** (consultando el título); y **forma** en la que se ofrecen los datos (cifras absolutas o relativas).

■ **Espacio** geográfico al que se refiere y **fecha.**

■ **Fuente** de procedencia de los datos, si consta.

b) Comentario

■ **Definición del fenómeno geográfico** al que se refieren los datos estadísticos de la tabla o el gráfico.

■ **Caracterización de la evolución o de la distribución** del fenómeno geográfico.

- Si los datos o el gráfico muestran la evolución de uno o varios fenómenos, hay que describir la tendencia general a lo largo del tiempo (si las cifras aumentan o disminuyen de principio a fin); o establecer periodos (si existen oscilaciones en la evolución).
- Si los datos o el gráfico muestran la distribución de uno o varios fenómenos, hay que describir las características de la distribución.

■ **Explicación del fenómeno** representado: causas y consecuencias de la evolución o de la distribución descritas en el apartado anterior utilizando los conocimientos que se tienen sobre el tema.

Si los datos o el gráfico incluyen varios fenómenos geográficos deben establecerse comparaciones o relaciones entre ellos.

■ **Otros comentarios** si procede: **comparación** con otros países o espacios del entorno; **previsible tendencia futura.**

3. Comentario de textos geográficos

Un texto geográfico es un documento escrito de contenido geográfico. Los tipos de texto pueden ser muy variados según su naturaleza (científicos, ensayos, noticias o artículos de prensa) y según su temática (geografía física o geografía humana).

El comentario debe seguir estos pasos:

a) Aspectos generales

■ **Identificación del tipo de fuente:** naturaleza del texto (científico, ensayo, informe, noticia o artículo de prensa); autor; y título.

■ **Fenómeno geográfico** sobre el que trata el texto.

■ **Espacio** geográfico al que se refiere y **fecha.**

b) Lectura y análisis del texto

■ **Lectura detenida y subrayado** de las ideas principales.

■ **Realización de un esquema** en el que se organicen las ideas principales y se conecten con las ideas secundarias. La organización puede hacerse siguiendo el orden del texto, o agrupando las ideas por temas.

c) Comentario

El comentario del texto debe basarse en el esquema realizado, indicando para cada grupo de ideas:

■ **Definición de los términos geográficos que aparezcan.**

■ **Explicación de las causas y consecuencias** de los hechos geográficos utilizando los conocimientos que se tienen sobre el tema.

■ **Otros comentarios** si procede: **comparación** con otros países o espacios del entorno; **previsible tendencia futura.**

4. Comentario de imágenes o paisajes geográficos

Una imagen geográfica es una representación visual del espacio geográfico. Los tipos más frecuentes son las fotografías, aunque existen otras, como diseños, pinturas, o vídeos.

Las **fotografías** pueden ser clásicas (tomadas por cámaras desde el suelo); aéreas (tomadas por cámaras instaladas en aviones) o de satélites (tomadas por sensores instalados en satélites). Pueden ofrecer visiones particulares (detalles o primeros planos) o cubrir un amplio espacio visual. En este último caso se denominan panorámicas y son muy apropiadas para el estudio de paisajes geográficos.

El comentario de fotografías sobre paisajes geográficos debe incluir:

a) Aspectos generales

- **Identificación del tipo de fotografía** (clásica, aérea o de satélite) y de la perspectiva que ofrece (detalle o panorámica).
- **Tipo de paisaje:** natural (sin alteración por la intervención humana) o humanizado (resultante de la transformación del medio natural por la acción humana: paisaje agrario, industrial, urbano, etc.).
- **Localización** geográfica de la imagen y fecha de la toma, si constan.

b) Diferenciación de unidades en el paisaje. Antes de proceder al comentario, conviene diferenciar las áreas del paisaje ocupadas por elementos del medio natural (relieve, vegetación, aguas) y las áreas ocupadas por elementos humanos (poblamiento, parcelas agrarias, instalaciones industriales, infraestructuras de transporte, etc.). Para facilitar la diferenciación, puede realizarse un croquis de la imagen con la localización de las áreas y los elementos que aparecen.

c) Comentario

- **Enumeración de los elementos** naturales y/o humanos que se aprecian en el paisaje: relieve, vegetación, aguas, suelos, cultivos, industrias, medios de transporte, núcleos de población, etc. Debe basarse en la diferenciación de unidades realizada.
- **Caracterización y explicación** de cada uno de los elementos o unidades diferenciados, empleando los conocimientos que se tienen sobre el tema.
- **Utilización de los elementos visibles** de la imagen **para sacar conclusiones sobre otros elementos no visibles.** Por ejemplo, las características de la vegetación y de las aguas, o las formas de erosión del relieve, permiten sacar conclusiones sobre el tipo de clima o el suelo; y el tamaño de las parcelas y su dedicación permiten deducir el grado de modernización agraria.
- **Interrelaciones** entre los elementos naturales y los humanos. De ahí debe concluirse si existe una situación de equilibrio o si se aprecian problemas o amenazas. En este último caso, deben indicarse sus causas, sus consecuencias y las posibles soluciones.

Ejemplo de comentario de imagen geográfica

a) La imagen es una fotografía clásica que muestra una vista panorámica de un paisaje geográfico humanizado, en el que se aprecian algunos rasgos del medio natural y sus transformaciones por la intervención humana. Se localiza en la localidad de Jadraque (Guadalajara).

b) En el paisaje se diferencian dos unidades. El plano superior muestra algunos elementos del medio natural, como el relieve y la vegetación natural; y el plano inferior, la transformación humana del paisaje mediante el poblamiento, la actividad agraria y la construcción de infraestructuras, como carreteras y caminos.

■ **Los elementos del medio físico** se caracterizan por los siguientes rasgos:

■ **El relieve** muestra dos unidades: un páramo al fondo del paisaje, y una campiña a sus pies, que ocupa la mayor parte del espacio. El páramo es una superficie estructural plana y elevada formada sobre estratos horizontales duros, de roquedo calizo, apreciable por su color grisáceo blanquecino. En sus flancos se observan surcos producidos por la erosión de las aguas de escorrentía. La campiña es una llanura baja, suavemente ondulada, formada en el lugar donde el páramo ha sido erosionado y afloran los materiales más blandos de los estratos inferiores; en este caso arcillas, como se aprecia en el color rojizo del roquedo. Ambas formas del relieve son propias de las cuencas sedimentarias meseteñas, constituidas en la era terciaria, por el hundimiento de bloques del zócalo paleozoico de la Meseta, que se rellenaron con materiales terciarios y cuaternarios dispuestos en estratos horizontales, blandos en la parte inferior (arcillas) y duros en la parte superior (calizas).

■ **La vegetación natural** de la zona ha sido eliminada en su mayor parte por la acción humana, para dedicar el espacio a las actividades agrarias y al poblamiento. Solo se aprecian algunas manchas en el flanco del páramo; una franja arbórea lineal en su base, correspondiente probablemente a la ribera de un río; y algunos sectores de matorral ralo y abierto en las laderas y en algunas parcelas sin cultivar.

■ **El suelo** es de roquedo calizo y poco productivo en el páramo; y arcilloso en la campiña, apto para el cultivo.

■ **El clima mediterráneo,** de precipitaciones escasas e irregulares, se deduce de la presencia del matorral bajo y abierto, y de la existencia de algunos cultivos propios de este clima, como la vid.

■ **Los elementos del paisaje** debidos a la **intervención humana** están relacionados con las actividades económicas primarias, secundarias y terciarias; y con el poblamiento, que han provocado la reducción del espacio natural en favor del espacio humanizado.

■ **La actividad principal del sector primario** es la agricultura de secano. La mayor parte del espacio está ocupada por campos de cereales, en parcelas abiertas o cerradas por árboles, de tamaño pequeño o mediano y forma irregular. El viñedo solo ocupa una minoría de la superficie y se sitúa en los terrenos menos aptos para los cereales por su mayor pendiente y exposición a la erosión, como la base y las partes bajas de las laderas del páramo.

■ **Las actividades secundarias** se concentran en las naves situadas a lo largo de la carretera que discurre por el sector norte del núcleo de población. Podría tratarse de industrias transformadoras o de almacenes relacionados con las producciones agrarias de la zona.

■ **Las manifestaciones espaciales de las actividades terciarias** se aprecian en las infraestructuras de transporte (carretera) y en los edificios destinados a los servicios en el interior del núcleo de población, o en las afueras, en el caso de los que requieren mayor espacio.

■ **El poblamiento es concentrado** en un núcleo de población pequeño y apiñado. La parte central incluye casas de tipología tradicional, de baja altura; mientras que en las afueras se han introducido tipologías edificatorias más modernas, como edificios de ladrillo de tres o cuatro plantas o viviendas unifamiliares exentas o adosadas.

■ **Las interrelaciones** entre el medio natural y las actividades humanas se manifiestan en algunos aspectos del paisaje. El relieve influye en el poblamiento y en las actividades agrarias, que se localizan en la zona llana; el clima mediterráneo influye en el tipo de cultivos; y el suelo arcilloso resulta apropiado para el cultivo. Por su parte, la actividad humana ha eliminado prácticamente la vegetación natural y ha ocupado el suelo con usos residenciales, agrarios e infraestructuras. Si ambas actuaciones se intensificasen, constituirían una amenaza para la sostenibilidad medioambiental, pues suponen un incremento del riesgo de erosión del suelo, que se verá incrementado en el futuro a causa del cambio climático, y una artificialización del territorio a costa de un recurso no renovable como el suelo. Entre las posibles medidas para paliar estos problemas se encuentran la dedicación de tierras de cultivo a la silvicultura y el control de la urbanización.

1 El espacio geográfico español. La diversidad geomorfológica

El espacio geográfico español se caracteriza por su diversidad natural y humana.

En el caso del relieve, las fuerzas internas de la Tierra han creado diferentes estructuras a lo largo de una historia geológica de millones de años; y los agentes externos las han modelado en una extraordinaria variedad de formas, según la naturaleza del roquedo y las condiciones bioclimáticas. Los conjuntos diferenciados por su estructura y por sus formas de modelado constituyen las grandes unidades morfoestructurales del relieve español.

Qué vas a aprender

- El espacio geográfico español.
- El relieve peninsular.
- El relieve de las islas Baleares.
- El relieve de las islas Canarias.
- La realización y comentario de cortes topográficos a partir de un mapa topográfico o altimétrico y utilizando Google Earth.

Bahía de Pollensa, Mallorca.

1 El espacio geográfico español

1. La composición del territorio

España es un estado europeo de **tamaño medio** (505 987 km²), situado en la zona templada del hemisferio norte. Comprende un territorio peninsular —compartido con Portugal y Andorra—, dos archipiélagos —Baleares y Canarias— y las ciudades norteafricanas de Ceuta y Melilla.

- **La España peninsular** (493 516 km²) presenta una posición original entre dos continentes, Europa y África, y entre dos masas de agua, el océano Atlántico y el mar Mediterráneo. Este hecho la ha convertido en lugar de encrucijada natural entre diferentes medios físicos; y de encrucijada geopolítica entre pueblos procedentes de Europa, África, el Mediterráneo y el Atlántico.
- **El archipiélago balear** (4 992 km²) se localiza en el mar Mediterráneo, a unos 300 km de la costa de la Comunidad Valenciana. Comprende las islas de Mallorca, Menorca, Eivissa, Formentera y Cabrera, y más de 150 islotes.
- **El archipiélago canario** (7 447 km²) se sitúa en el océano Atlántico, a unos 100 kilómetros de las costas del NO de África. Comprende siete islas principales: La Palma, El Hierro, La Gomera, Tenerife, Gran Canaria, Fuerteventura y Lanzarote, así como algunas islas menores.
- **Ceuta y Melilla** están en la costa norte de África. Ceuta (19,6 km²) en la península de Yebala, y Melilla (12,3 km²), entre los cabos de Tres Forcas y Agua.

Actividades

1. Indica las coordenadas geográficas de España.
2. Calcula el porcentaje que representa cada uno de los territorios que integran España.
3. Consulta el atlas de Europa del Apéndice (p. 450) y cita los rasgos que singularizan la situación geográfica de la península ibérica en relación con las otras tres penínsulas mediterráneas.
4. Cita ejemplos que muestren la diversidad natural y cultural de España.

2. La diversidad geográfica

El territorio español se caracteriza por su diversidad. La **diversidad natural** procede de la gran variedad geomorfológica, climática, vegetal y edáfica, creadora de diferentes paisajes naturales. Esta variedad supone un reparto desigual de los recursos naturales y, por tanto, de las actividades económicas y de los asentamientos. Así, según las zonas, predominan los usos del suelo agrarios, industriales o terciarios; y el poblamiento rural o urbano, generando una gran **pluralidad de paisajes humanos**.

Mapa de coordenadas geográficas del territorio español.
Fuente: Atlas Nacional de España.

Península
Latitud
1. Punta da Estaca de Bares (A Coruña) 43° 47′ 36″ N
2. Punta de Tarifa (Cádiz) 36° 00′ 18″ N

Longitud
3. Cabo de Creus (Girona) 3° 19′ 05″ E
4. Cabo Touriñán (A Coruña) 9° 17′ 46″ O

Islas Baleares
Latitud
5. Isla de Sanitja o des Porros (Menorca) 40° 05′ 44″ N
6. Cabo de Barbaria (Formentera) 38° 38′ 32″ N

Longitud
7. Punta de s'Esperó (Menorca) 4° 19′ 29″ E
8. Es Vedrà (Eivissa) 1° 12′ 05″ E

Islas Canarias
Latitud
9. Punta Mosegos (Alegranza) 29° 24′ 35″ N
10. Punta de los Saltos (El Hierro) 27° 38′ 12″ N

Longitud
11. Roque del Este (Lanzarote) 13° 19′ 57″ O
12. Punta Orchilla (El Hierro) 18° 09′ 36″ O

Ceuta
Latitud: 35° 53′ 45″ N
Longitud: 5° 17′ 28″ O

Melilla
Latitud: 37° 17′ 15″ N
Longitud: 2° 56′ 51″ O

2 El relieve peninsular

1. El relieve terrestre

El relieve es el conjunto de formas que presenta la superficie terrestre. Se organiza en grandes conjuntos o **unidades morfoestructurales** que resultan de la combinación de la estructura geológica y del modelado.

- La **estructura** geológica es la disposición del relieve. Depende de la naturaleza de las rocas —litología— y de las fuerzas internas de la Tierra —orogénesis o levantamiento de montañas, seísmos y volcanes—, que levantan, hunden, fracturan, pliegan o desplazan bloques de la corteza terrestre.
- El **modelado** es la acción realizada sobre la estructura del relieve por los agentes externos —elementos atmosféricos, aguas y seres vivos— que erosionan el relieve, transportan materiales y los sedimentan.

2. Rasgos del relieve peninsular

La configuración del relieve peninsular se caracteriza por tres rasgos:

- **La forma maciza** de la Península viene dada por su gran anchura de oeste a este (1 094 km) y por sus costas rectilíneas, sin apenas accidentes. Este hecho limita la penetración de la influencia del mar hacia el interior.
- **La elevada altitud media** (660 m), solo superada en Europa por Suiza, se debe a la existencia de altas cordilleras y a que el interior peninsular lo ocupa una elevada meseta, situada entre los 600 y los 800 m de altitud.
- **La disposición periférica del relieve montañoso** en torno a la Meseta frena la influencia del mar y causa fuertes contrastes entre el litoral y el interior peninsular.

Actividades

5 Observa el mapa y deduce a qué se deben la escasa influencia del mar y la elevada altitud media.

3. Tipos de unidades morfoestructurales

En la Península se encuentran presentes las grandes unidades morfoestructurales del relieve continental: zócalos, macizos antiguos, cordilleras de plegamiento y cuencas sedimentarias o depresiones.

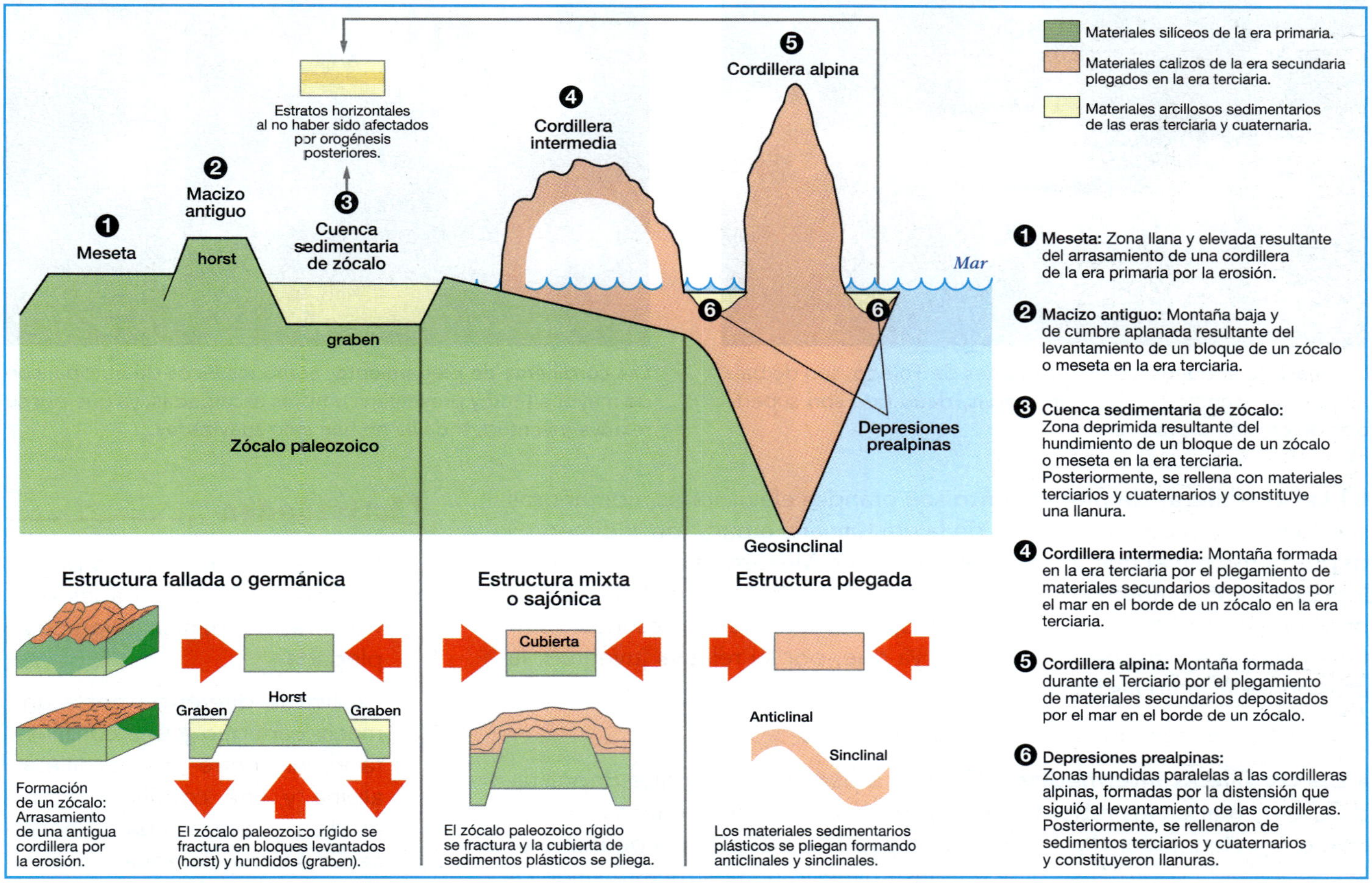

Tipos de unidades morfoestructurales y de estructuras tectónicas.

a) Los zócalos son llanuras o mesetas formadas en la era primaria o paleozoico como resultado del arrasamiento por la erosión de cordilleras surgidas en las orogénesis de esta misma era. Los materiales paleozoicos son rocas silíceas muy rígidas: granito, pizarra, cuarcita y esquistos. Si no se ven afectados por nuevas presiones, constituyen relieves predominantemente horizontales (penillanuras) como las de la mitad occidental de la Península. Pero si sufren nuevas presiones, sus materiales rígidos no se pliegan, sino que se fracturan, originando una estructura germánica de bloques levantados (horst) y hundidos (graben o fosas tectónicas).

b) Los macizos antiguos (horst) son montañas formadas en la era terciaria por el nuevo levantamiento (rejuvenecimiento) de un bloque de un zócalo a causa de las presiones de la orogénesis alpina. Por tanto, sus materiales también son paleozoicos. En la actualidad, estos macizos presentan formas redondeadas y cumbres aplanadas, al ser superficies de erosión elevadas. En la Península, son macizos antiguos el sistema Central y los Montes de Toledo, el macizo Galaico y la parte occidental de la cordillera Cantábrica.

Los macizos antiguos, como los Montes de Toledo, son de baja altitud y presentan cumbres aplanadas, dado que son superficies de erosión elevadas.

Las cordilleras de plegamiento, como los Picos de Europa, son de mayor altitud y presentan cumbres escarpadas, ya que por su relativa juventud, todavía no han sido suavizadas.

c) Las cordilleras de plegamiento son grandes elevaciones montañosas surgidas en la orogénesis alpina de la era terciaria a partir de sedimentos depositados por el mar en la era secundaria o Mesozoico. Estos materiales, fundamentalmente calizos, son plásticos, por lo que ante los empujes orogénicos se pliegan. En la actualidad, estas cordilleras presentan fuertes pendientes y formas escarpadas, ya que, por su relativa juventud, la erosión todavía no las ha suavizado.

Las cordilleras de plegamiento son de dos tipos:

- **Las cordilleras intermedias** se forman a partir de materiales depositados por el mar en los rebordes de los zócalos. Ante los empujes orogénicos, el zócalo inferior rígido se fractura y la cubierta plástica de materiales depositada sobre él se pliega, constituyendo una estructura sajónica mixta. Es el caso del sistema Ibérico y de la parte oriental de la cordillera Cantábrica.

- **Las cordilleras alpinas** se forman a partir de materiales depositados en fosas marinas largas y profundas. Ante los empujes orogénicos, forman una estructura plegada en la que alternan crestas (anticilinales) y valles (sinclinales). Es el caso de los Pirineos y de las cordilleras Béticas.

d) Las cuencas sedimentarias o depresiones son zonas hundidas formadas en la era terciaria, que se rellenaron con sedimentos arcillosos y calizos. En la actualidad, al no haber sido afectadas por orogénesis posteriores, constituyen estructuras horizontales (estructura aclinal) o en cuesta (estructura monoclinal). Las cuencas sedimentarias son de dos tipos:

- **Las cuencas de zócalo** se formaron por el hundimiento de un bloque de un zócalo a causa de las presiones de la orogénesis alpina (depresiones meseteñas del Duero, Tajo y Guadiana).

- **Las cuencas o depresiones prealpinas,** localizadas a ambos lados de las cordilleras alpinas, se formaron por la distensión que siguió al levantamiento de las cordilleras (depresiones del Ebro y del Guadalquivir).

Actividades

6 Fíjate en el dibujo de la página anterior y compara las estructuras germánica, sajónica y plegada.

7 Explica la diferencia entre un macizo antiguo y una cordillera alpina, entre una cordillera alpina y una cordillera intermedia; y entre una cuenca sedimentaria de zócalo y una depresión prealpina.

8 Compara las cumbres de las dos imágenes e indica el motivo de sus diferencias.

Cuenca sedimentaria. Depresión del Ebro.

4. La evolución geológica de la Península

El relieve actual de la península ibérica es el resultado de una historia geológica de millones de años. En ella han alternado fases orogénicas con otras de calma, en las que han predominado la erosión y la sedimentación.

4.1. Las eras arcaica y primaria

Durante la era arcaica o Precámbrico (4 000-600 millones de años) emergió del mar una banda montañosa arqueada de NO-SE, formada por pizarras y neis. Comprendía parte de la actual Galicia y del sistema Central y puntos aislados en los Montes de Toledo y Sierra Morena. Este macizo precámbrico fue arrasado por la erosión y cubierto casi en su totalidad por los mares paleozoicos.

En la era primaria o Paleozoico (600-225 millones de años) tuvo lugar la **orogénesis herciniana.** De los mares que cubrían la mayoría de la Península surgieron las cordilleras hercinianas, formadas por materiales silíceos como granito, pizarra y cuarcita. Al oeste se elevó el macizo Hespérico, arrasado por la erosión durante la misma era primaria y convertido en zócalo o meseta inclinada hacia el Mediterráneo. Al noreste aparecieron los macizos de Aquitania, Catalano-Balear y del Ebro; y al sureste, el macizo Bético-Rifeño. Todos ellos fueron también arrasados por la erosión durante la era primaria y convertidos en zócalos.

4.2. La calma de la era secundaria

La era secundaria o Mesozoico (225-68 millones de años) fue un periodo de calma en el que predominaron la erosión y la sedimentación. La erosión continuó desgastando los relieves hercinianos. La sedimentación depositó materiales, fundamentalmente calizos (calizas y margas*), en dos zonas cubiertas por el mar. En el borde oriental de la Meseta, inclinado hacia el este, las transgresiones* marinas depositaron una cobertera no muy potente de sedimentos. En las fosas marinas situadas en las actuales zonas pirenaica y bética, se depositaron, en cambio, enormes espesores de sedimentos.

Vocabulario

Marga: roca sedimentaria compuesta principalmente de caliza y arcilla, con predominio, en general, de la caliza, lo que le confiere un color blanquecino.

Transgresiones marinas: avances del mar sobre un territorio no ocupado por él hasta el momento. Se produce por hundimientos de la costa o por elevación del nivel del mar. La transgresión va acompañada por el depósito de sedimentos marinos sobre ese territorio.

En la **era arcaica** o Precámbrico, la mayoría del actual territorio peninsular estaba cubierto por el mar. Solo emergía un arco montañoso de NO-SE en sectores de la actual Galicia y de los actuales sistema Central, Montes de Toledo y Sierra Morena. Este macizo fue arrasado por la erosión y cubierto casi en su totalidad por los mares paleozoicos. En la era primaria, los mares que cubrían casi toda la Península recibieron sedimentos marinos y continentales. En la orogénesis herciniana, estos sedimentos se plegaron y constituyeron los macizos hercinianos.

En la **era secundaria** se aprecian, como tierras emergidas, las antiguas cordilleras hercinianas convertidas ahora en zócalos o mesetas y la existencia de fosas marinas en las que se acumulan potentes espesores de sedimentos.

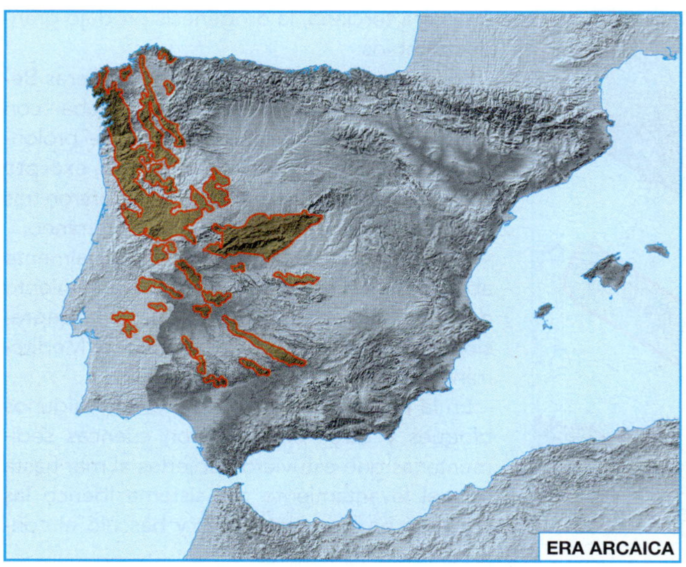

ERA ARCAICA

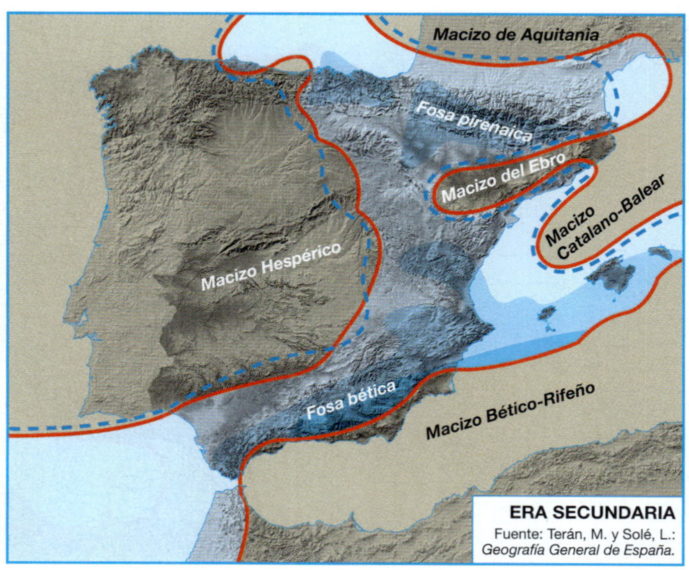

ERA SECUNDARIA
Fuente: Terán, M. y Solé, L.: *Geografía General de España.*

4.3. La era terciaria y la orogénesis alpina

Durante la era terciaria (68-1,7 millones de años) tuvo lugar la orogénesis alpina que provocó grandes cambios en el relieve peninsular.

a) Se levantaron las cordilleras alpinas, al plegarse los materiales depositados en las fosas pirenaica y bética entre los macizos antiguos, que actuaron como topes. Así, surgieron los Pirineos entre los macizos de Aquitania, Hespérico y del Ebro (que acabó hundiéndose); y las cordilleras Béticas, entre el macizo Bético-Rifeño y el Hespérico.

b) Se formaron las depresiones prealpinas paralelamente a las nuevas cordilleras: la depresión del Ebro, paralela a los Pirineos; y la del Guadalquivir, paralela a las cordilleras Béticas. Ambas estuvieron inicialmente ocupadas por el mar y luego se rellenaron con sedimentos.

c) La Meseta se vio afectada por la orogénesis alpina:

- **Pasó a inclinarse hacia el oeste.** Con ello, buena parte de los ríos peninsulares se orientaron hacia el océano Atlántico.

- **Se formaron los rebordes montañosos orientales y meridionales** de la Meseta. En su borde oriental se plegaron los materiales depositados por el mar en la era secundaria, originando la parte oriental de la cordillera Cantábrica y el sistema Ibérico. En el borde sur de la Meseta, el empuje de las cordilleras Béticas levantó Sierra Morena.

- **El zócalo de la Meseta,** formado por materiales paleozoicos rígidos, experimentó **fracturas* y fallas*.** Estas últimas originaron una estructura germánica, constituida por bloques levantados o rejuvenecidos (horst) y bloques hundidos (fosas tectónicas o graben). **Los bloques levantados** formaron el reborde montañoso del norte de la Meseta (el macizo Galaico y la parte occidental de la cordillera Cantábrica) y las sierras interiores de la Meseta (sistema Central y Montes de Toledo). **Los bloques hundidos** crearon las depresiones interiores o cuencas sedimentarias de la Meseta (submesetas norte y sur). Las fallas también dieron lugar a **actividad volcánica** en algunas zonas como el Campo de Calatrava, Olot-Ampurdán y el cabo de Gata.

Vocabulario

Fractura: rotura de la corteza terrestre sin separación de los bloques fracturados.

Falla: rotura de la corteza terrestre con separación de bloques fracturados. Si la separación es vertical y da lugar a un bloque levantado y a otro hundido, se trata de una falla normal. Si la separación de los bloques es horizontal, se trata de una falla de desgarre.

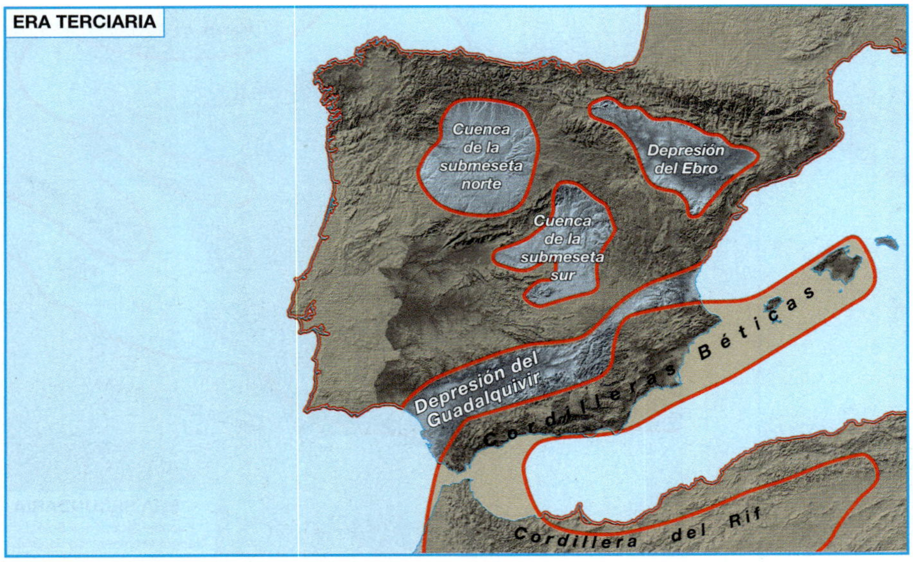

En la **era terciaria,** la orogénesis produjo grandes cambios:
– Se levantaron los **Pirineos** y las **cordilleras Béticas.** En un principio, las Béticas enlazaban con la cordillera norteafricana del Rift y se prolongaban hasta las actuales islas Baleares, excepto Menorca; pero posteriormente se separaron tras hundirse algunos bloques en el Mediterráneo.
– La **depresión del Ebro** estuvo inicialmente abierta al Mediterráneo, hasta el levantamiento de la cordillera Costero-Catalana; y la **depresión del Guadalquivir** enlazaba con el Mediterráneo hasta que se cerró por el NE.
– En la **Meseta,** la orogénesis levantó algunos bloques y otros constituyeron cuencas sedimentarias que estuvieron abiertas al mar hasta que el levantamiento del sistema Ibérico las convirtió en lagos interiores y basculó el conjunto hacia el Atlántico.

4.4. La era cuaternaria

En la era cuaternaria (1,7 millones hasta la actualidad), los fenómenos principales fueron el glaciarismo y la formación de terrazas fluviales.

a) El glaciarismo afectó a las cordilleras más altas: Pirineos, cordillera Cantábrica, sistema Central, sistema Ibérico y Sierra Nevada. Dio lugar a dos tipos de glaciares: de circo y de valle.

- **Los glaciares de circo** son acumulaciones de hielo en la cabecera de los valles (circo). El hielo y el deshielo rompen las rocas de las paredes del circo, ampliándolo y escarpando sus formas. En la Península, por su latitud, la mayoría de los glaciares fueron de circo y cuando se fundieron los hielos originaron pequeños lagos.
- **Los glaciares de valle** son ríos de hielo. Se forman cuando el hielo acumulado en el circo se desparrama valle abajo. Los fragmentos rocosos que contiene el hielo ensanchan el valle, dándole forma de artesa o «U». También excavan cubetas en las zonas de roquedo menos resistente que, al fundirse el hielo, se convierten en lagos. En la Península, los Pirineos, cubiertos por una potente capa de hielo, crearon valles en U y lagos.

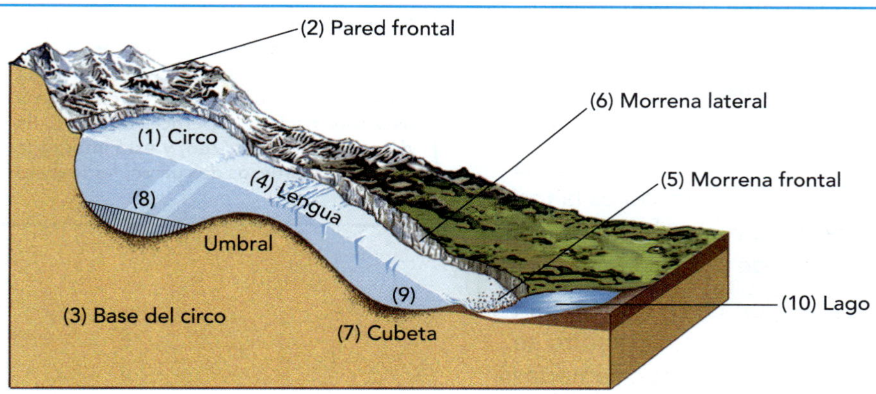

Los glaciares son grandes acumulaciones de hielo. Los **glaciares de circo** se limitan a la cabecera del valle, donde el hielo se acumula en una depresión, llamada circo (1), enmarcada por paredes rocosas, donde destaca la pared frontal (2). En los **glaciares de valle**, el hielo de la base del circo (3) se desparrama valle abajo como una lengua de hielo (4), que arrastra materiales y los acumula en su frente (5) y en los laterales (6). Los materiales arrastrados por el hielo ensanchan el valle, dándole forma de U, y excavan cubetas (7) en las zonas de roquedo menos resistente. Al fundirse el hielo pueden formarse lagos en la base del circo (8), en las cubetas del valle (9) y delante de la morrena frontal (10).

b) Las terrazas fluviales son franjas planas y elevadas situadas en los márgenes de un río. Su origen se debe a las alternancias climáticas del Cuaternario. En los periodos glaciales, el caudal del río es escaso por encontrarse el agua helada en las montañas; su fuerza erosiva disminuye y deposita aluviones o materiales en su cauce (A). En los periodos posglaciales, el caudal del río aumenta al elevarse la temperatura y fundirse el hielo; su fuerza erosiva aumenta y ahonda su cauce (B), dejando suspendidos en sus márgenes los aluviones depositados, que constituyen las terrazas (C). La repetición de estos ciclos durante el Cuaternario creó terrazas escalonadas (D). En la Península, las más características son las formadas por los ríos Duero, Tajo, Guadiana, Guadalquivir y Ebro.

Actividades

9 Compara en un cuadro las principales etapas de la evolución geológica peninsular.

10 Explica cuáles fueron las consecuencias de las variaciones climáticas del Cuaternario sobre el relieve peninsular.

11 Define los términos que aparecen en los dibujos del glaciarismo y de la formación de terrazas.

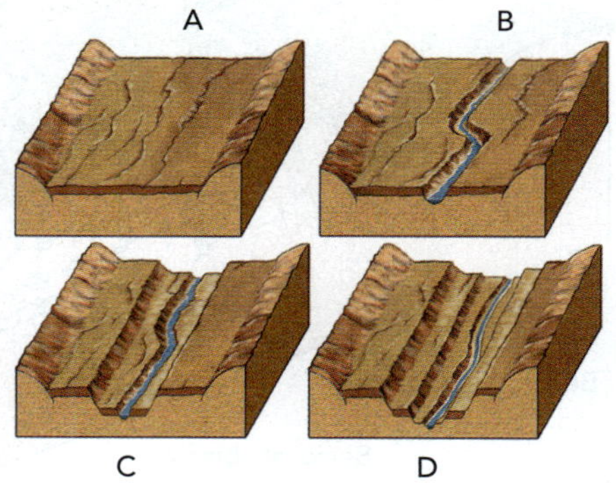

5. El roquedo peninsular y los tipos de relieve

La evolución geológica determina la existencia en la Península de tres áreas con diferente tipo de roquedo o litología: silícea, caliza y arcillosa. En cada una de ellas, la erosión crea distintos tipos de relieve o de modelado: granítico, cárstico, arcilloso, o relieves por erosión diferencial.

5.1. El área silícea

Esta área está integrada por **rocas antiguas de la era precámbrica y primaria.**

Se localiza sobre todo en el oeste peninsular, con ramificaciones hacia la parte occidental de la cordillera Cantábrica, el sistema Central, los Montes de Toledo y Sierra Morena. También se localiza en áreas donde quedan restos de macizos antiguos: el eje de los Pirineos; algunos sectores del sistema Ibérico y de las cordilleras Costero-Catalana y Penibética.

La roca predominante de esta área es el **granito,** una roca cristalina y rígida. Su alteración origina distintos tipos de **relieve granítico:**

a) La alteración química del granito por el agua descompone sus cristales y lo transforma en arenas pardoamarillentas. Estas pueden alcanzar grandes espesores en los valles y zonas de escasa pendiente.

b) La alteración a partir de las diaclasas o fracturas del granito crea distintas formas según la altitud:

- **En las áreas de alta montaña,** el agua se filtra por las fracturas de las rocas y, al helarse, aumenta de volumen y las rompe. El resultado es la formación de crestas agudas, escarpadas y dentadas (galayos) y de canchales o acumulaciones de fragmentos de rocas rotas al pie de las montañas.
- **En las zonas menos elevadas,** las formas dependen de la disposición de las fracturas. Si las diaclasas son **paralelas** a la superficie, el granito se descama y origina montículos de formas suaves y redondeadas, llamadas **domos.** Si las diaclasas son **perpendiculares,** se forman bolas. En unos casos se amontonan unas sobre otras formando **berrocales,** donde son típicos los tores (apilamientos de bolas) y las rocas caballeras (bolas situadas en equilibrio sobre una de sus superficies menores). En otros casos, las bolas se disponen caprichosamente en las laderas o al pie de las montañas, constituyendo un **caos granítico.**

Vocabulario

El granito es una roca ígnea, magmática o plutónica; es decir, formada en el interior de la tierra y solidificada a partir de un estado de fusión al verse obligada a ascender hacia la superficie terrestre. Es de color claro, grisáceo, y está integrada por granos gruesos de cuarzo, feldespato y mica.

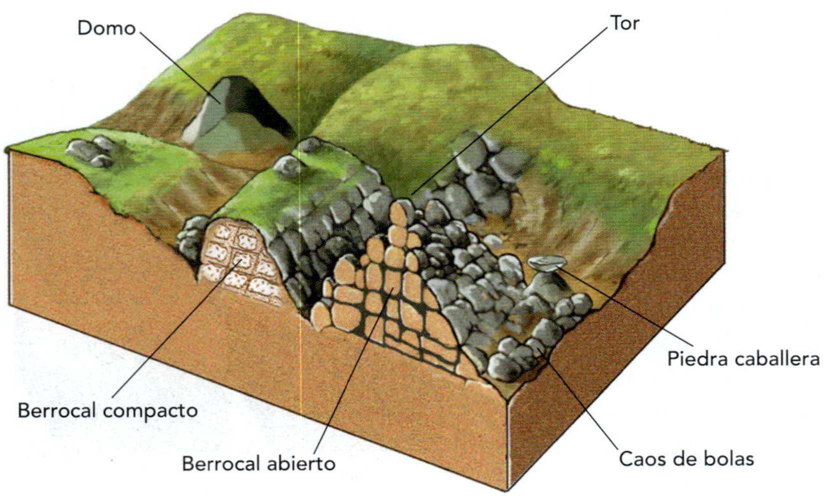

Paisaje de granito. Berrocal en Cáceres.

5.2. El área caliza

El área caliza está integrada por rocas de la era secundaria plegadas en la era terciaria.

Su localización forma una «Z» invertida que se extiende por los Prepirineos, los Montes Vascos, el sector oriental de la cordillera Cantábrica, el sistema Ibérico, parte de la cordillera Costero-Catalana, y la cordillera Subbética.

La roca predominante de esta área es la **caliza,** una roca dura que se fractura formando grietas o diaclasas y que se disuelve fácilmente con el agua acidulada (ligeramente ácida por el CO_2 que lleva disuelto). Da lugar a un relieve complejo, el relieve cárstico, cuyas formas características son las siguientes:

a) Los lapiaces o lenares son surcos o cavidades separados por tabiques más o menos agudos. Los surcos se forman por las aguas de escorrentía sobre las vertientes (lapiaz de vertiente) o sobre superficies llanas con fisuras (lapiaz en mesa). Las cavidades se forman en lugares donde existen pequeñas oquedades en las que se almacena el agua (mar de piedra o lapiaz alveolar).

b) Las gargantas, foces u hoces son valles estrechos y profundos, enmarcados por vertientes abruptas, causados por los ríos.

c) Los poljés son depresiones alargadas de fondo horizontal enmarcadas por vertientes abruptas. Están recorridos total o parcialmente por corrientes de agua, que desaparecen súbitamente por sumideros o pozos (pónors) y continúan circulando subterráneamente. El poljé puede inundarse de forma temporal o permanente —transformándose en un lago— si se eleva el nivel de las aguas subterráneas, o si el agua recibida en superficie es más de la que puede infiltrarse por las grietas o pozos.

d) Las dolinas o torcas son grandes cavidades formadas en los lugares donde el agua se estanca. Pueden tener formas diversas —circulares o de embudo— y unirse con otras vecinas, formando cavidades de trazado complicado denominadas uvalas.

e) Las cuevas se crean al infiltrarse el agua y circular subterráneamente por las fisuras del terreno calizo formando galerías. En ellas suelen formarse estalactitas a partir del agua, rica en carbonato cálcico, que gotea del techo; y estalagmitas a partir del agua depositada en el suelo. El agua infiltrada puede volver a la superficie a través de manantiales o resurgencias.

f) Las simas son aberturas estrechas que comunican la superficie con las galerías subterráneas.

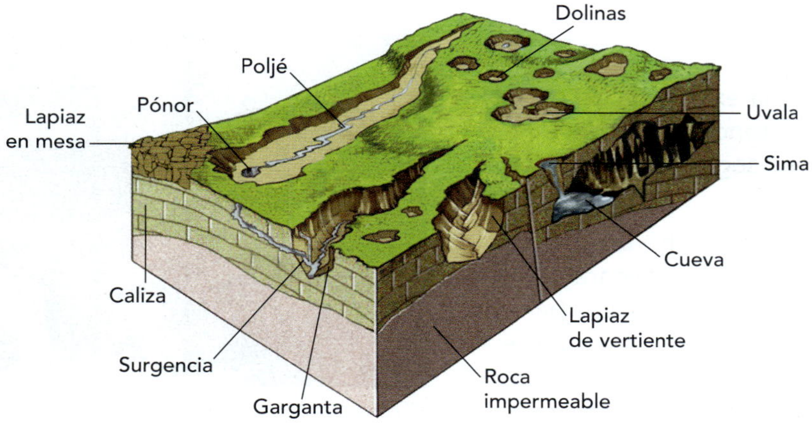

Vocabulario

La **caliza** es una roca sedimentaria, es decir, formada en el exterior de la tierra a partir de fragmentos de rocas o de organismos preexistentes. Está constituida esencialmente por carbonato cálcico procedente de fragmentos calizos de organismos muertos (calizas orgánicas), de fragmentos de calizas preexistentes destruidas por la erosión (calizas detríticas) o de la precipitación del carbonato cálcico del agua (calizas de precipitación).

Garganta del Cares. Picos de Europa.

Cuevas del Drach, en Mallorca.

5.3. El área arcillosa

El área arcillosa está integrada por rocas sedimentarias de las eras **terciaria y cuaternaria.**

Se localiza en las cuencas sedimentarias de las submesetas norte y sur; en las depresiones del Ebro y del Guadalquivir; en áreas hundidas; y en las llanuras costeras mediterráneas.

La roca predominante en esta área es la **arcilla,** caracterizada por su escasa resistencia. Da lugar a un relieve básicamente **horizontal,** ya que los terrenos donde se depositó no han sufrido plegamientos posteriores. Su rápida erosión, debida a la blandura de los materiales, crea dos tipos de relieve:

- **Campiñas o llanuras suavemente onduladas.** Se forman cuando los ríos cortan y separan las estructuras horizontales de arcilla, que se desgastan pronto debido a su escasa resistencia.
- **Cárcavas y badlands.** Se forman en las zonas donde alternan largos periodos secos y calurosos con otros de lluvias cortas y torrenciales, y no existe la protección vegetal, como el SE peninsular y el centro del valle del Ebro. En estas circunstancias, el agua de arroyada desgasta intensamente las vertientes, formando **cárcavas** o surcos estrechos y profundos separados por aristas. Cuando las cárcavas se extienden por una amplia superficie, crean un paisaje abrupto peculiar, denominado badlands.

Vocabulario

La arcilla es una roca sedimentaria detrítica, es decir, que procede de la descomposición en granos de otras rocas. Tiene escasa resistencia a la erosión; pero con el agua adquiere propiedades plásticas e impermeables y con el calor se endurece.

Paisaje arcilloso. Cárcavas en Fortuna, Murcia.

5.4. El relieve causado por la erosión diferencial

En cada una de las tres áreas citadas es frecuente la existencia de rocas de distinto origen y resistencia. La erosión actúa entonces de forma diferencial o selectiva, dando lugar a distintos relieves según la disposición de los estratos.

a) Relieve horizontal o aclinal. Cuando los estratos son horizontales y alternativamente duros y blandos, los ríos abren valles que separan amplias plataformas, llamadas **páramos,** mesas, planas o alcarrias. Los páramos tienen una cima horizontal, formada por el estrato duro; y un frente formado por una cornisa dura y un flanco cóncavo coincidiendo con el estrato blando inferior. Los flancos se erosionan más rápidamente, de

«Tetas» de Viana, Guadalajara.

modo que los páramos se reducen. Así se convierten primero en **cerros testigo,** muelas u oteros, constituidos por colinas de techo horizontal; y luego, en **antecerros** o colinas cuando desaparece el estrato duro superior. Paralelamente se ensancha el espacio que separa los páramos, donde se forman llanuras suavemente onduladas o campiñas sobre los materiales blandos.

Este tipo de relieve puede observarse en las cuencas sedimentarias meseteñas y en las depresiones del Ebro y del Guadalquivir.

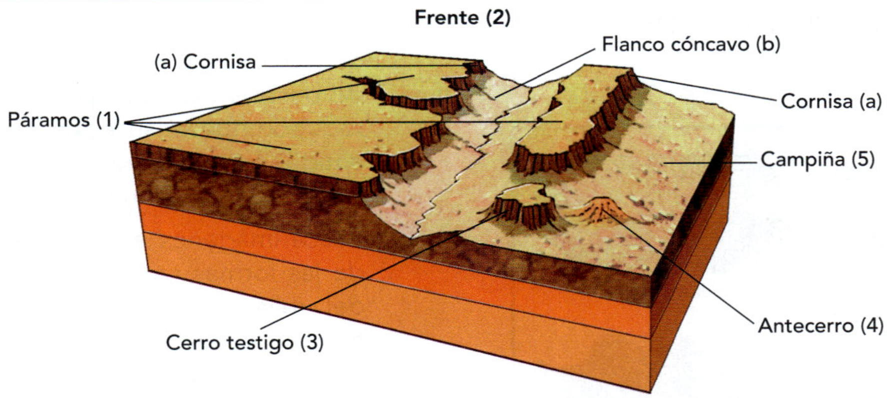

(1) Páramo: superficie estructural amplia, plana y elevada formada sobre un estrato duro horizontal.

(2) Frente: borde de un páramo. Está formado por un escarpe o vertiente abrupta que consta de una cornisa superior coincidente con el estrato duro (a) y un flanco cóncavo inferior coincidente con el estrato blando (b), donde la erosión es más rápida.

(3) Cerro testigo, muela u otero: colina de techo horizontal resultante de la erosión de un páramo.

(4) Antecerro: colina formada cuando un cerro testigo pierde el estrato duro superior.

(5) Campiña: llanura suavemente ondulada formada donde los páramos han sido erosionados y afloran los materiales más blandos de los estratos inferiores.

b) Relieve en cuesta o monoclinal. Cuando los estratos están suavemente inclinados y alternan materiales duros y blandos, la erosión fluvial crea un relieve en cuestas. En ellas se distinguen un dorso o reverso, formado por el estrato duro inclinado, y un frente con una cornisa y un flanco cóncavo en la capa blanda, donde la erosión es más rápida. El retroceso de las cuestas por la erosión da lugar también a cerros testigo y antecerros. Este tipo de relieve puede observarse en los bordes de las grandes cuencas sedimentarias, en las zonas de contacto con las montañas que las delimitan.

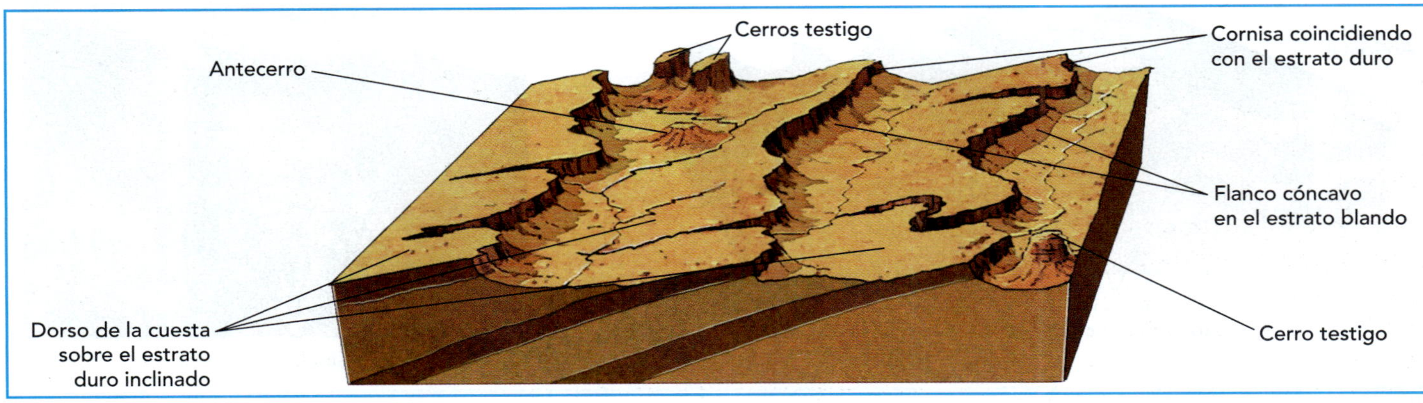

c) Relieve plegado. Cuando los estratos están plegados y formados por materiales de diferente dureza, se crean los relieves apalachense y jurásico.

■ **El relieve apalachense** se forma a partir de una antigua cordillera herciniana de pliegues alternativamente duros y blandos, arrasada y aplanada por la erosión, que experimenta un posterior levantamiento. Entonces se reactiva la erosión, que actúa de forma diferencial, creando un relieve en el que alternan crestas y valles. Las crestas, formadas en los estratos duros, son sierras largas, paralelas entre sí y de altitud similar; y se separan por valles abiertos por la erosión en los materiales blandos. Este tipo de relieve puede observarse en la parte occidental de la cordillera Cantábrica, en los Montes de Toledo y en Sierra Morena.

Formación del relieve apalachense

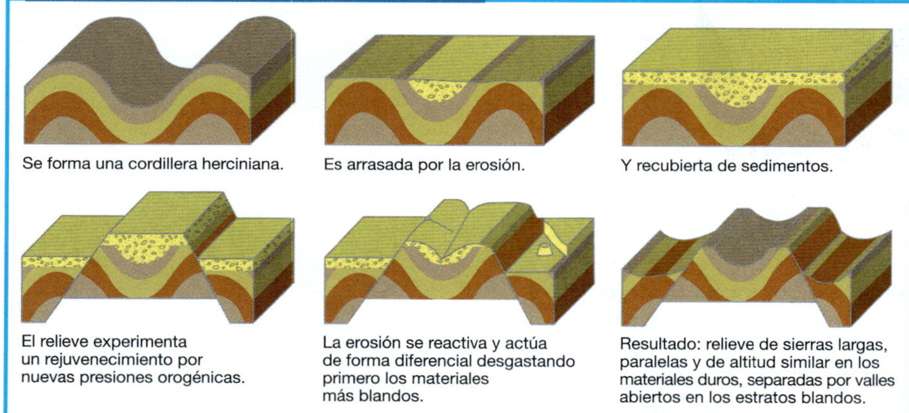

■ **El relieve jurásico** se forma en las cordilleras jóvenes constituidas por pliegues anticlinales (convexos) (A) y sinclinales (cóncavos) (S), alternativamente duros y blandos. En los anticlinales, la erosión del agua crea valles perpendiculares a la cumbre (cluses) y valles paralelos a la cumbre (valles anticlinales o combes). Una vez que la erosión perfora así el estrato duro de los anticlinales, su vaciamiento es rápido, y se convierten en valles (VA). Entre ellos quedan levantados los antiguos valles sinclinales (sinclinal colgado) (SC), de modo que el relieve se ha invertido. La erosión del valle anticlinal sacará a la superficie el anticlinal del estrato inferior (anticlinal exhumado) y el ciclo se reiniciará. Este tipo de relieve puede observarse en el sistema Ibérico, la parte oriental de la cordillera Cantábrica, los Pirineos y las cordilleras Béticas.

Formación del relieve jurásico

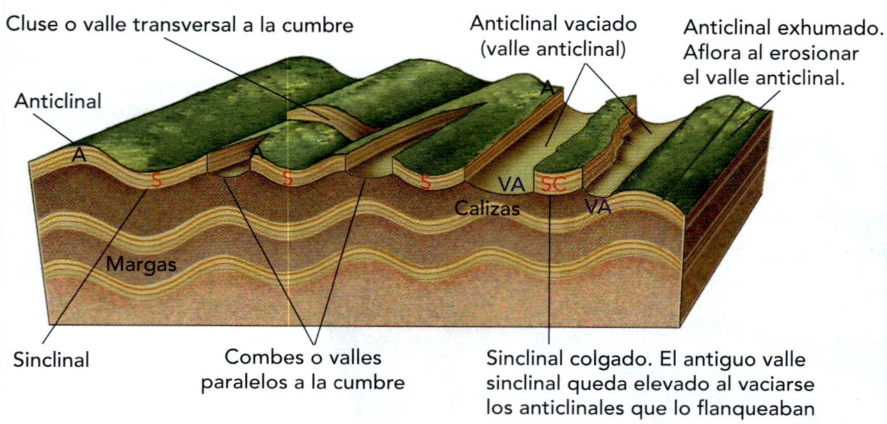

Relieve jurásico. Sinclinal colgado.

Actividades

12 Relaciona historia geológica, roquedo y relieve.

13 Compara el mapa del roquedo peninsular con el de las unidades del relieve y saca conclusiones.

14 En el mapa del roquedo, traza una línea horizontal que pase por Madrid. Cita de oeste a este los tipos de roquedo que se suceden, su antigüedad y el tipo de roca y de relieve predominante.

15 Busca imágenes en Internet de las formas características del relieve granítico, cárstico, arcilloso y debido a la erosión diferencial. Escribe un pie para cada una que refleje sus rasgos básicos.

6. Las unidades morfoestructurales del relieve peninsular

El relieve peninsular se organiza en torno a la Meseta. Esta es una llanura elevada dividida en dos sectores por el sistema Central: la submeseta norte y la submeseta sur, esta última ligeramente accidentada por los Montes de Toledo. Rodeando la Meseta se disponen rebordes montañosos (macizo Galaico, cordillera Cantábrica, sistema Ibérico y Sierra Morena); dos depresiones exteriores (la del Ebro y la del Guadalquivir); y cadenas montañosas periféricas (Montes Vascos, Pirineos, cordillera Costero-Catalana y cordilleras Béticas).

6.1. La Meseta

La Meseta es una elevada llanura situada a unos 600-800 metros de altitud media. Se formó en la era primaria por la erosión del antiguo macizo Hespérico, surgido en la orogénesis herciniana. En la era terciaria, la Meseta fue deformada y destruida en gran parte durante la orogénesis alpina, de modo que dentro de ella pueden diferenciarse tres unidades: el antiguo zócalo paleozoico, las sierras interiores y las cuencas sedimentarias interiores.

a) El antiguo zócalo paleozoico solo aflora hoy al oeste peninsular (penillanuras zamorano-salmantina y extremeña). Aquí la erosión ha eliminado los materiales terciarios que recubrían el zócalo, dejando al descubierto los materiales silíceos primarios: granito, pizarra y cuarcita.

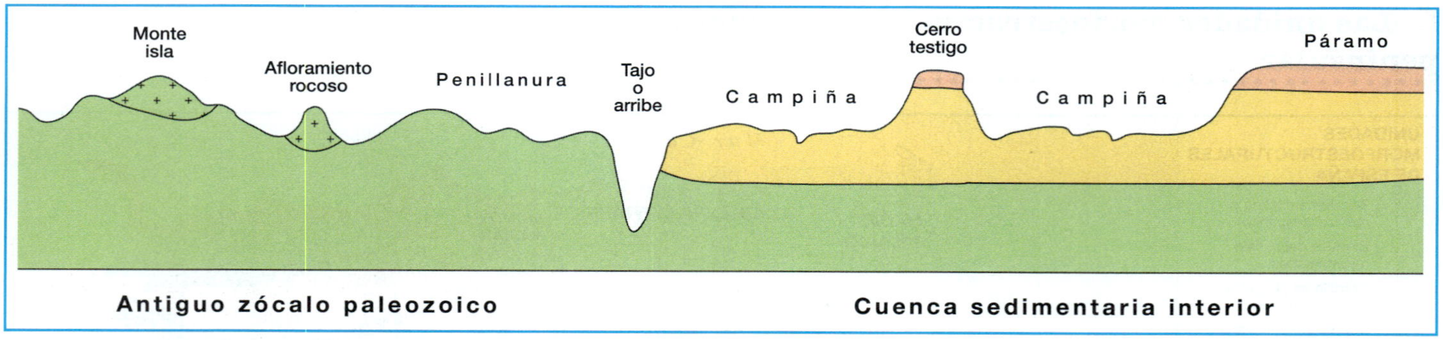

Corte litológico del zócalo paleozoico y de las cuencas sedimentarias de la Meseta.

El relieve está constituido por **penillanuras** o superficies de erosión muy suavemente onduladas. Las modeladas sobre granito son más llanas (norte de Salamanca) que las modeladas sobre pizarra (sur de Salamanca y Extremadura). Las penillanuras están accidentadas por **montes isla y afloramientos rocosos,** o relieves residuales constituidos por rocas más resistentes, como los formados sobre las cuarcitas que salpican la penillanura extremeña. En la zona de contacto de las penillanuras con las cuencas sedimentarias de la Meseta existen profundas **gargantas** (arribes o tajos) creadas por los ríos al encajarse sobre los materiales duros de las penillanuras.

Penillanura extremeña en la Serena.

b) Las sierras interiores de la Meseta son el **sistema Central y los Montes de Toledo.** Se formaron en la era terciaria por el levantamiento de algunos bloques del zócalo de la Meseta como resultado de la orogénesis alpina. Ambos son de roquedo primario (granito, pizarra, neis) y tienen formas redondeadas y cumbres aplanadas, puesto que son superficies de erosión levantadas.

- **El sistema Central** es más alto y divide la Meseta aproximadamente por la mitad. Sus sierras más destacadas son Somosierra, Guadarrama, Gredos, Peña de Francia y Gata.
- **Los Montes de Toledo** son de menor altura y dividen en dos la submeseta sur, separando las cuencas del Tajo y del Guadiana. Su sierra más importante es la de Guadalupe.

A la izquierda, el sistema Central; a la derecha, los Montes de Toledo. Las sierras interiores de la Meseta tienen cumbres aplanadas, excepto en los sectores más elevados, donde la acción del hielo y el deshielo crea cumbres escarpadas.

c) Las cuencas sedimentarias interiores de la Meseta son las de las submesetas norte y sur. Se formaron en la era terciaria por el hundimiento de bloques del zócalo de la Meseta como resultado de la orogénesis alpina. Las cuencas constituyeron primero lagos. Luego se rellenaron con materiales terciarios, dispuestos horizontalmente en estratos blandos en la parte inferior (arcillas, arenas, yesos y margas) y duros en la parte superior (calizas). El resultado fue un relieve de páramos, campiñas y cuestas.

- **Los páramos** son superficies estructurales planas y elevadas formadas por los estratos duros calizos. En ellos, la erosión fluvial ha labrado valles en «U» que los cortan y separan en mesas más pequeñas. Los páramos se localizan en la zona norte y este de la cuenca de la submeseta norte y en la zona este de la submeseta sur (la Alcarria, Mesa de Ocaña y la Mancha).
- **Las campiñas** son llanuras bajas suavemente onduladas recorridas por ríos. Se forman donde los páramos han sido erosionados y afloran las arcillas y margas de los niveles inferiores. En ellas son frecuentes los cerros testigo u oteros, relieves residuales coronados por las calizas de los páramos. Las campiñas más destacadas son las recorridas por los ríos Duero, Tajo y Guadiana.
- **Las cuestas** son zonas inclinadas entre los páramos y las campiñas

La cuenca de la submeseta norte es más alta (800-850 m de altitud media); es más uniforme, ya que toda ella pertenece a una sola cuenca hidrográfica —la del Duero—; y está casi totalmente encerrada por montañas.

La cuenca de la submeseta sur es más baja (500-700 metros); está accidentada en su parte media por los Montes de Toledo, que la dividen en dos cuencas hidrográficas —la del Tajo y la del Guadiana—; y se abre al océano Atlántico.

Actividades

16 Explica por qué se ha comparado la organización del relieve peninsular con un castillo rodeado de murallas y fosos. Realiza un dibujo que exprese esta idea.

17 Describe las unidades del relieve de la Meseta que aparecen representadas en el dibujo.

18 Compara en un cuadro el zócalo paleozoico de la Meseta, las sierras interiores y las cuencas sedimentarias interiores en cuanto a localización, cronología, formación, materiales y formas del relieve.

19 Explica por qué si la Meseta se formó en la era primaria, las cuencas sedimentarias interiores tienen materiales terciarios.

Submeseta norte. Campiñas y cerros testigo en Soria.

Submeseta sur. Páramos y campiña en Guadalajara.

6.2. Los rebordes montañosos de la Meseta

Los rebordes montañosos de la Meseta son el macizo Galaico-Leonés, la cordillera Cantábrica, el sistema Ibérico y Sierra Morena. Se formaron en la era terciaria por el levantamiento de bloques de la Meseta o por el plegamiento de los materiales depositados por el mar en el borde oriental de la Meseta.

a) El macizo Galaico-Leonés se formó en la era terciaria por el levantamiento del ángulo noroeste del zócalo de la Meseta durante la orogénesis alpina. Sus materiales, por tanto, son paleozoicos. El relieve presenta montañas redondeadas de poca altura, cortadas por multitud de fallas. Sus sierras más destacadas son Segundera, Cabrera y Los Ancares.

b) **La cordillera Cantábrica** tiene dos sectores bien diferenciados:

- **El sector oeste,** el **macizo Asturiano,** se formó en la era terciaria por el levantamiento de este sector del zócalo de la Meseta durante la orogénesis alpina. Sus materiales, por tanto, son paleozoicos. En su extremo occidental, la diferente dureza de los materiales (pizarras y cuarcitas) ha dado lugar a un relieve apalachense. En su extremo oriental existe un gran afloramiento de calizas primarias, que constituye los Picos de Europa. Aquí se encuentran las mayores alturas de la cordillera (Torre de Cerredo —2 648 m—, Peña Vieja y el Naranjo de Bulnes).

- **El sector este** de la cordillera, la **Montaña Cantábrica,** se formó en la era terciaria por el plegamiento de materiales secundarios depositados por el mar en el borde de la Meseta. Estos materiales son sobre todo calizas, aunque en ciertos sectores la diferente dureza de los materiales ha creado relieves jurásicos invertidos.

Naranjo de Bulnes.

c) **El sistema Ibérico** es una cordillera intermedia, formada en la era terciaria por el plegamiento de materiales secundarios depositados por el mar en el borde oriental del zócalo de la Meseta. Por tanto, sus materiales son principalmente calizos, aunque existen sectores de roquedo paleozoico donde aflora el zócalo de la Meseta y sectores de roquedo arcilloso rellenando fosas internas. La estructura del sistema Ibérico consta de dos partes:

- El tercio norte, de dirección NO-SE, incluye las mayores alturas de la cordillera. Las sierras más destacadas son el Moncayo (2 313 m), Picos de Urbión y Cebollera (las tres calizas) y la Demanda (paleozoica).

- Desde el sureste de Soria el sistema Ibérico se bifurca en dos ramas: la rama interior o castellana (sierra de Albarracín, paleozoica y Serranía de Cuenca, caliza) y la rama exterior o aragonesa (sierras de Javalambre y Gúdar, de materiales calizos). Ambas están separadas por una fosa tectónica (la fosa de Calatayud), que se rellenó con materiales terciarios.

d) **Sierra Morena** no es propiamente una cordillera sino un brusco escalón que separa la Meseta del valle del Guadalquivir. Se ha interpretado como una gigantesca falla, pero parece que se trata de una gran flexión fracturada en muchos puntos. Se formó en la era terciaria por el empuje desde el sur al levantarse las cordilleras Béticas. El roquedo es paleozoico, de color oscuro, al igual que su vegetación (jara). Ambas características le dan su nombre. Sus sierras más destacadas son Madrona, Pedroches y Aracena.

Actividades

20 Compara en un cuadro los rebordes montañosos de la Meseta en cuanto a localización, cronología, formación, materiales y formas del relieve.

21 Sitúa en el mapa físico del Apéndice las principales sierras de los rebordes montañosos de la Meseta. Indica cuáles son sus cimas principales.

22 Explica el porqué de estos hechos: el macizo Galaico-Leonés está cortado por numerosas fallas; la cordillera Cantábrica tiene relieve apalachense en su extremo occidental; el sistema Ibérico tiene algunas sierras paleozoicas; Sierra Morena se percibe más alta desde Andalucía que desde la Meseta.

Sistema Ibérico. Sierra del Moncayo.

Sierra Morena. Sierra de Aracena.

6.3. Las depresiones exteriores de la Meseta

Las depresiones exteriores de la Meseta son las de los ríos Ebro y Guadalquivir. Ambas son cuencas o fosas prealpinas de forma triangular formadas en la era terciaria paralelamente a las cordilleras alpinas. Luego se rellenaron con potentes espesores de sedimentos terciarios y cuaternarios, dado que son cuencas de subsidencia, cuyos fondos se hundieron progresivamente durante el terciario. Hoy constituyen relieves prácticamente horizontales.

a) La depresión del Ebro es paralela a los Pirineos y se encuentra cerrada por estos, por el sistema Ibérico y por la cordillera Costero-Catalana. Ocupa el lugar donde estuvo el antiguo macizo del Ebro, que había sido intensamente erosionado, y se hundió mientras se elevaban las cordilleras que lo bordean. La depresión estuvo primero ocupada por el mar, pero luego se cerró, transformándose en un gran lago hasta finales de la era terciaria, cuando el Ebro se abrió paso hasta el mar a través de la cordillera Costero-Catalana. Por tanto, sus materiales son marinos y continentales, y originan distintas formas de relieve, según su dureza y la aridez del clima.

- **Los somontanos** o piedemontes pirenaico e ibérico son tierras, levemente inclinadas, entre las sierras exteriores y el centro de la depresión. Están constituidos por conglomerados, materiales gruesos y duros transportados por los ríos desde los relieves montañosos. En ellos, sobre todo en el somontano pirenaico, la erosión ha creado mallos y hoyas. Los mallos son torreones rocosos formados a partir de fracturas verticales (mallos de Riglos). Las hoyas son depresiones sobre materiales más blandos, de tamaño reducido, o de grandes dimensiones (hoyas de Huesca y Barbastro).
- **En el centro** de la depresión, los estratos son horizontales y alternativamente de calizas duras y arcillas, margas y yesos blandos. El resultado es un relieve de mesas o planas donde se conservan las calizas, y de badlands sobre los materiales blandos, dada la aridez de la zona.

b) La depresión del Guadalquivir es paralela a las cordilleras Béticas y se dispone entre estas, Sierra Morena y el océano Atlántico. Primero estuvo abierta al mar. Luego se convirtió en un lago litoral o albufera y más tarde, por colmatación, en marismas pantanosas. Se rellenó con arcillas, calizas, y margas marinas. El relieve, dado el predominio de las arcillas, forma campiñas suavemente onduladas. Cuando surgen los mantos de caliza se forman mesas y cerros testigo o alcores.

Depresión del Guadalquivir.

Formación de un relieve de mallos

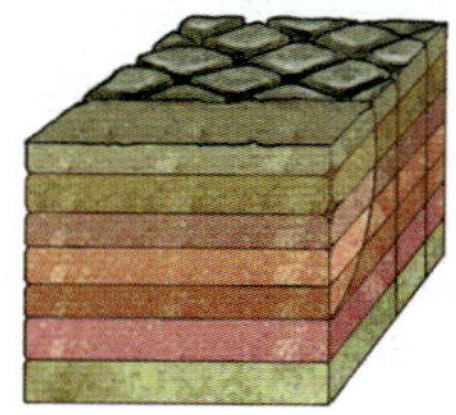

En una primera fase se forman fracturas verticales y perpendiculares sobre una superficie llana.

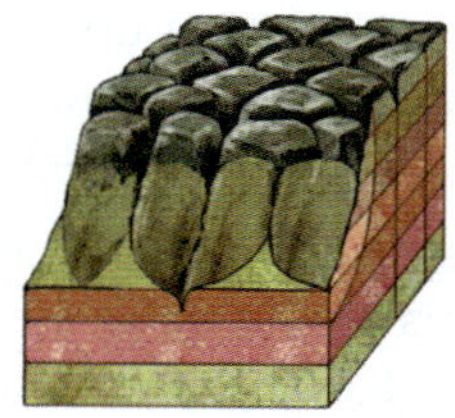

La erosión actúa más rápidamente a lo largo de las fracturas, que se profundizan.

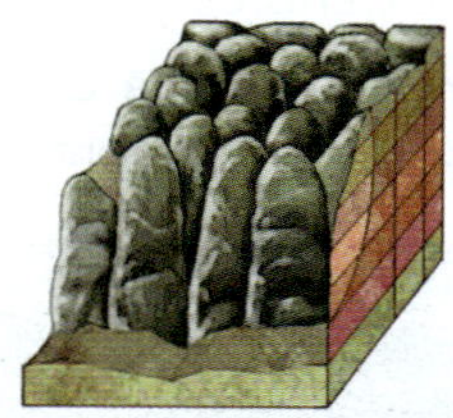

De este modo, se van individualizando torreones rocosos.

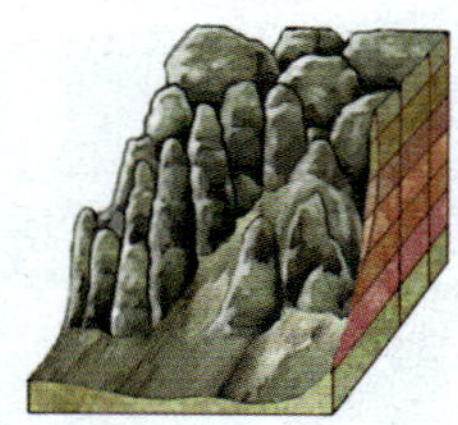

Estos acaban siendo desgastados por la acción del agua y adquieren formas redondeadas.

Mallos de Riglos.

6.4. Las cordilleras exteriores de la Meseta

Las cordilleras exteriores de la Meseta son los Pirineos —que tienen como prolongación los Montes Vascos y la cordillera Costero-Catalana—; y las cordilleras Béticas. Se formaron en la orogénesis alpina de la era terciaria, al plegarse los sedimentos secundarios depositados en las fosas oceánicas pirenaica y bética entre antiguos macizos que actúan como topes. Por tanto, predominan los materiales calizos.

a) Los Pirineos poseen una estructura compleja.

- **El eje** o zona axial corresponde al antiguo macizo herciniano de Aquitania, que rejuveneció en la orogénesis alpina. Está formado por materiales paleozoicos y posee un relieve abrupto debido a la acción del hielo. En esta zona se encuentran las mayores altitudes de la cordillera (Montes Malditos con el Aneto —3 404 m—).
- **Los Prepirineos** se encuentran al sur de la zona axial. Se formaron en la orogénesis alpina de la era terciaria por el plegamiento de los materiales secundarios depositados en la fosa pirenaica. Están constituidos por calizas y poseen un relieve más suave y menos alto que el de la zona axial. Se estructuran en dos alineaciones paralelas al eje: las sierras interiores y las sierras exteriores.
- **La depresión media** es una larga y estrecha depresión margosa que separa las sierras interiores y las sierras exteriores prepirenaicas.

Pirineo catalán.

b) Los Montes Vascos en su mayor parte prolongan los Prepirineos. Por tanto, son de roquedo calizo, formas suaves y moderada altitud. El Pirineo axial solo aflora en el extremo oriental, de roquedo paleozoico. Sus mayores elevaciones son Aralar y Peña Gorbea.

Sierra de Aralar.

Actividades

23 Compara en un cuadro las depresiones del Ebro y del Guadalquivir en cuanto a localización, cronología, formación, materiales y formas del relieve.

24 Señala las principales semejanzas y diferencias entre las depresiones del Ebro y del Guadalquivir.

c) **La cordillera Costero-catalana** es una transformación de la zona oriental de los Pirineos. Está separada de estos por fallas, dando lugar a una región volcánica con más de cuarenta conos. La mitad norte de la cordillera es de materiales paleozoicos, restos del viejo macizo herciniano Catalano-Balear levantados en la orogénesis alpina. La mitad sur está constituida por terrenos calizos secundarios plegados en la orogénesis alpina.

La cordillera está dividida en dos alineaciones: una paralela a la costa, de escasa altura (Altos del Garraf) y otra interior más alta (Montseny, Montserrat). Ambas están separadas por una depresión prelitoral longitudinal o fosa tectónica, que se rellenó con materiales terciarios y cuaternarios, dando lugar a un relieve de colinas suaves y valles.

Montserrat.

d) **Las cordilleras Béticas** se estructuran en dos sistemas montañosos separados por depresiones.

- **La cordillera Penibética** bordea la costa. Se formó en la era terciaria por el rejuvenecimiento del antiguo macizo Bético-Rifeño. Sus materiales son paleozoicos y el relieve encierra las cimas más elevadas de la Península en Sierra Nevada: los picos Mulhacén —3 479 m— y Veleta.
- **La cordillera Subbética** se localiza en el interior. Se formó en la era terciaria por el plegamiento de los materiales secundarios depositados por el mar en la fosa bética al acercarse la placa africana a la ibérica. Estos materiales eran alternativamente duros (calizas) y blandos (margas), por lo que, al plegarse, originaron mantos de corrimiento y cabalgamientos*, es decir, desplazamientos horizontales de materiales a considerable distancia de su lugar de origen. Las sierras más destacadas de esta cordillera son Grazalema, Ubrique y Cazorla.
- **La depresión Intrabética,** entre las cordilleras Penibética y Bética, se encuentra fragmentada en varias depresiones pequeñas (hoyas de Ronda, Antequera, Guadix y Baza). Se rellenó con materiales terciarios, que dan lugar a un paisaje de badlands, dada la aridez del clima.

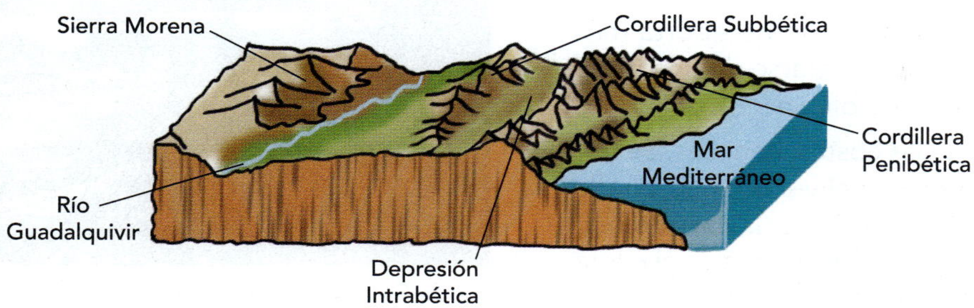

Actividades

25 Compara en un cuadro las cordilleras exteriores de la Meseta en cuanto a localización, cronología, formación, materiales y formas del relieve.

26 Traza una línea en el mapa de las unidades morfoestructurales del relieve entre el cabo de Creus y la punta de Tarifa. Cita las cordilleras exteriores de la Meseta que atraviesa y los materiales que las integran.

27 Indica las semejanzas y las diferencias entre los Pirineos y cordilleras Béticas.

28 Localiza en el mapa físico del Apéndice las principales sierras de estas cordilleras.

Vocabulario

Mantos de corrimiento y cabalgamientos: desplazamiento horizontal de una gran masa de materiales debido a la acción de las fuerzas tectónicas del interior de la Tierra. Estos materiales alóctonos o procedentes de otro lugar se superponen sobre el roquedo autóctono. Los mantos de corrimiento tienen una dimensión mayor y se desplazan a más distancia de su lugar de origen que los cabalgamientos.

7. El relieve costero peninsular

Las costas peninsulares son bastante rectilíneas, salvo las gallegas. De ahí, la escasa penetración marina en el interior.

7.1. Las formas del relieve costero

La morfología de las costas está condicionada por el relieve del interior. Sus accidentes son muy variados:

- **Los cabos** son salientes profundos de la costa hacia el mar.
- **Los golfos y las bahías** son entrantes profundos del mar en la costa. Las bahías son generalmente de mayor dimensión que los golfos, pero la diferencia entre ambos es poco precisa.
- **Los acantilados** son costas que penetran en el mar con una fuerte pendiente. En ellos la erosión del mar crea **cuevas** en las partes bajas, al desgastar las zonas de menor dureza; **arcos marinos,** al perforar la parte inferior del acantilado; y **farallones** o agujas rocosas sobre el mar, al desprenderse la parte superior del arco.
- **Las playas** son extensiones planas y poco pendientes de arena, grava o guijarros, localizadas al nivel de la costa. Están formadas por sedimentos continentales y marinos.
- **Las rasas** son plataformas de erosión marina paralelas a la costa que han quedado elevadas sobre el nivel del mar. Pueden escalonarse en varios niveles, constituyendo «sierras». Los niveles bajos, al ser más recientes, presentan formas planas, mientras que los más altos han sido atacados por la erosión y la planitud desaparece.
- **Las rías** son entrantes costeros estrechos que resultan de la invasión del último tramo de un valle fluvial por el mar. Este hecho puede deberse al ascenso del nivel del mar o al descenso de la corteza continental.
- **Las marismas** son llanuras de fango. Se forman en bahías bajas, que se rellenan con los sedimentos aportados por los ríos que las atraviesan y por el mar, que las cubre en pleamar y las deja al descubierto en bajamar.
- **Las flechas litorales** son barras de arena que prolongan una costa rectilínea y arenosa hacia el interior de una bahía. Su extremo suele estar curvado hacia tierra (flechas de gancho). Las flechas se forman por el transporte de la arena de la costa hacia el interior de la bahía. Si la flecha llega a cerrar el frente de la bahía se denomina cordón litoral.
- **Las albuferas** son lagos costeros salados separados del mar por un cordón de arena que cierra una bahía. Suelen acabar convirtiéndose en marismas y colmatándose por los aportes terrestres.
- **Los tómbolos** son barras de arena que unen islotes rocosos a la costa. Pueden ser dobles cuando son dos las barras arenosas, quedando una laguna entre ambas.
- **Los deltas** son salientes costeros formados cuando un río aporta más sedimentos de los que puede redistribuir el mar, por tratarse de una masa tranquila de agua, sin fuertes corrientes ni excesivo oleaje.
- **Las dunas** son montículos de arena típicos de las costas arenosas. Se forman por el transporte y la acumulación de arena por el viento, que queda fijada por la vegetación. El perfil de una duna es asimétrico: la cara de barlovento tiene una pendiente suave y convexa, y la de sotavento es abrupta y cóncava. Las dunas se orientan con relación al viento predominante.

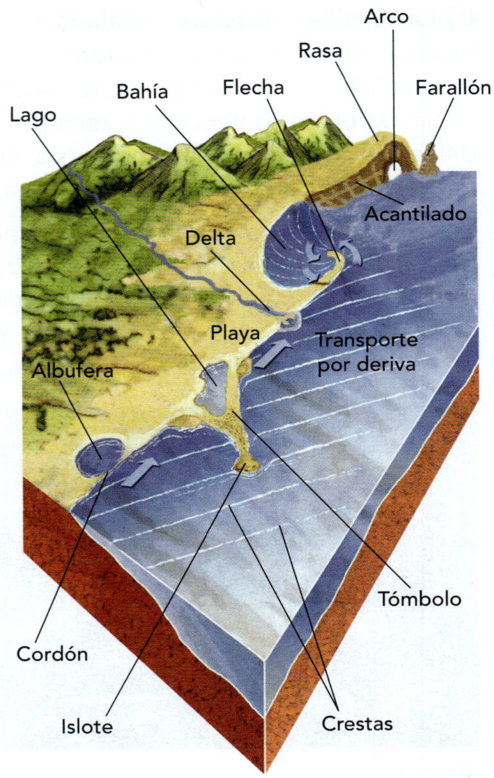

Ría de Ortigueira, en Galicia.

7.2. Las costas atlánticas

En las costas atlánticas se diferencian tres sectores.

a) **La costa cantábrica** es bastante rectilínea, pues cuenta con pocos **cabos** (Matxitxako, Peñas, Ajo) y **golfos** (Bizkaia) y las **rías** son cortas y estrechas (Nalón, Nervión). En ella son frecuentes los **acantilados** y **rasas;** aunque también existen algunas **playas** arenosas; y **tómbolos** (Gijón, Santander y Donostia-San Sebastián).

Costa cantábrica. Cabo Vidio y playa de Gradas y el Beirón, Asturias.

b) **La costa gallega** es la más articulada de España. Por sus rías, el mar penetra hasta 25 y 35 km en el interior a través de los valles fluviales, abiertos en las numerosas fracturas del macizo Galaico (rías de Ortigueira, Vigo y Arousa). Además destacan algunos cabos (Ortegal, Fisterra).

c) **La costa atlántica andaluza** tiene amplios **golfos** (Cádiz) y algunos **cabos** (Trafalgar y Tarifa). Se trata de una costa baja y arenosa en la que se forman **marismas** en las desembocaduras de los ríos (Guadalquivir, Tinto, Odiel); **flechas** (El Rompido); y campos de **dunas** (Doñana).

Punta de Trafalgar en Caños de Meca, Cádiz.

7.3. Las costas mediterráneas

En las costas mediterráneas se distinguen también tres sectores.

a) La costa penibética se extiende entre la punta de Tarifa y el cabo de Gata y es bastante rectilínea, a excepción de algún cabo poco pronunciado (Sacratif) y del golfo de Almería. Presenta tramos acantilados donde las cordilleras Béticas discurren paralelas al litoral y tramos de costa baja que forman una estrecha llanura litoral creada por los aportes de la cordillera Penibética. En algunos sectores de Almería existen terrazas marinas o playas elevadas sobre el nivel del mar debido al levantamiento de la costa desde finales de la era terciaria.

b) La costa levantina comprende desde el cabo de Gata al delta del Ebro. Sus principales accidentes son cabos (Palos, La Nao); bahías (Alicante) y golfos (Valencia). En esta costa son frecuentes las playas amplias y arenosas; las albuferas (Mar Menor, Valencia); los tómbolos (Ifach, Peñíscola) y los pequeños deltas originados por ríos poco caudalosos o de carácter torrencial (Vinalopó).

Peñón de Ifach, Alicante.

c) La costa catalana se extiende entre el delta del Ebro y la frontera con Francia. Presenta cabos (Creus) y golfos (Sant Jordi y Roses); costas acantiladas donde el extremo de la cordillera Costero-Catalana llega hasta el mar (Costa Brava) y playas y pequeñas llanuras litorales entre los promontorios rocosos. También cuenta con algunos deltas (Ebro y Llobregat).

Cabo de Creus.

Actividades

29 Localiza en un mapa físico los principales cabos y golfos de la Península. Sitúa también ejemplos de los principales accidentes costeros que se citan en el texto.

30 Indica cómo pueden influir en la morfología de las costas las siguientes situaciones: el relieve montañoso del interior llega al litoral con fuerte pendiente; la costa tiende a levantarse; la costa tiende a hundirse; el relieve costero se encuentra al nivel del mar.

31 Consigue una imagen de los diferentes tipos de accidentes costeros. Redacta un pie explicando en qué consiste cada uno de ellos.

32 Sintetiza en un cuadro los principales accidentes de las costas atlánticas y mediterráneas.

3 El relieve de las islas Baleares

Geológicamente, las islas Baleares son un eslabón entre las dos cordilleras alpinas del Mediterráneo: Mallorca, Eivissa y Formentera son fragmentos emergidos de la cordillera Subbética y Menorca está ligada a la cordillera Costero-Catalana.

a) Mallorca presenta tres conjuntos:

- **La Serra Tramuntana,** al norte, es de roquedo calizo, abrupta, y contiene la mayor altura del archipiélago, el Puig Mayor (1455 metros).
- **Las Serras de Llevant,** también calizas, no alcanzan los 500 metros. Las mayores alturas se encuentran en el noreste (macizo de Artá). En el extremo sur de la isla las sierras se sumergen para emerger después en el subarchipiélago de La Cabrera.
- **La depresión central,** o Pla, entre ambas sierras, es de roquedo arcilloso y relieve suave.

b) Eivissa y Formentera, unidas hasta el Cuaternario, repiten el esquema mallorquín: un relieve montañoso calizo al norte de Eivissa, un macizo al este de Formentera (La Mola) y, entre ambos, una llanura que ocupa el sur de Eivissa y casi toda Formentera.

c) Menorca presenta dos conjuntos. La mitad norte tiene una alineación montañosa paleozoica, de baja altura y formas suaves, la Tramuntana, que enlaza con la parte norte de la cordillera Costero-Catalana. La mitad sur, el Migjorn, es llana, de materiales calizos mesozoicos, y arcillosos terciarios. Se separa de la anterior mediante una falla.

Las costas baleares tienen algunos **cabos** pronunciados (Formentor en Mallorca, Cavallería en Menorca) y profundas **bahías** (Palma y Alcudia en Mallorca, Portmany en Eivissa). Los **acantilados** predominan en las áreas donde los relieves montañosos llegan hasta el mar (norte de Mallorca y de Menorca). En el resto, alternan **playas** largas y arenosas con numerosas **calas** abiertas por los torrentes. También existen algunas **albuferas** (Alcudia y Pollença en Mallorca y des Grau en Menorca).

Actividades

33 Compara el relieve de Mallorca y el de Menorca.

34 Explica qué quiere decir que el relieve de Eivissa y de Formentera repiten el esquema mallorquín.

35 Averigua la diferencia entre una cala y una playa. Busca ejemplos de ambas en el archipiélago balear.

Serra Tramuntana.

La Vall, Menorca.

4 El relieve de las islas Canarias

Las islas Canarias son de origen volcánico. Surgieron en la era terciaria, cuando la orogénesis alpina creó fracturas en el fondo del océano Atlántico por las que ascendieron grandes masas de rocas volcánicas —sobre todo, basalto— que formaron las islas.

a) Los tipos de relieve volcánico de Canarias son muy variados.

- **Los conos volcánicos** son elevaciones cónicas abiertas en la cima originadas por el amontonamiento de materiales volcánicos alrededor de la boca de emisión, como cenizas y lapillis o piedras pequeñas. Algunos son activos en Tenerife, La Palma y Lanzarote.
- **Las calderas** son grandes cráteres circulares. Se originan por la explosión de un volcán (caldera de Bandama en Gran Canaria) o por su hundimiento (caldera de las Cañadas de Tenerife).
- **Los malpaíses** son terrenos abruptos formados al solidificarse rápidamente las coladas de lava en forma de ondas o de bloques.
- **Los diques y los roques** son conductos de emisión de magma, rellenos de lava solidificada, que han quedado al descubierto por la erosión diferencial. Los diques son muretes formados cuando el conducto es una fisura horizontal. Y los roques son agujas formadas cuando el conducto es la chimenea vertical de un cono volcánico; aunque también pueden estar formados solo por rocas más resistentes a la erosión (Roque Nublo en Gran Canaria).
- **Los barrancos** son valles estrechos, escarpados y de corto recorrido, creados por el encajamiento de los torrentes en el terreno volcánico. Se formaron en una época con un clima más húmedo que el actual, que permitía la existencia de corrientes de agua capaces de provocar esta fuerte erosión.

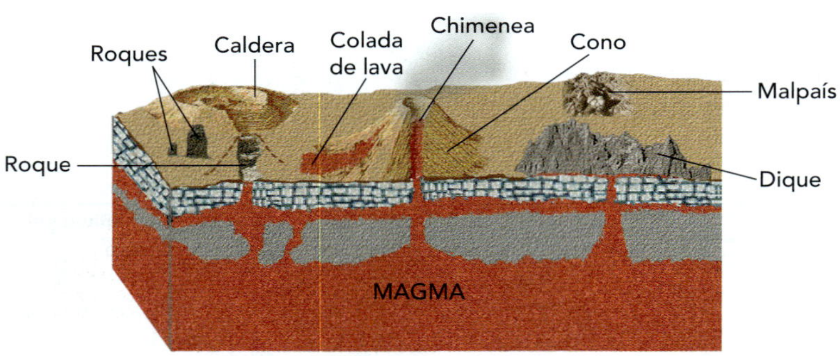

b) Las costas canarias se han reformado varias veces como resultado de las erupciones volcánicas. En ellas predominan los acantilados sobre las playas.

- **Los grandes acantilados,** entre 100 y 500 m, son propios de los macizos antiguos (costa de Los Gigantes en Tenerife). Los acantilados menos elevados, entre 70 y 100 m, se asientan sobre los materiales de erupciones recientes.
- **Las playas** tienen escaso desarrollo. En las islas occidentales, la estrecha plataforma litoral no favorece la acumulación de arena. Por tanto, las playas son franjas de cantos y bloques al pie de los acantilados o en la desembocadura de los barrancos. En las islas orientales, la mayor anchura de la plataforma litoral en algunos sectores permite la existencia de playas de arena, donde el viento forma amplias extensiones de dunas (Maspalomas en Gran Canaria).

Actividades

36 Busca imágenes de cada uno de los tipos de relieve de las islas Canarias y redacta un pie explicativo.

37 Explica la razón de estos hechos: los barrancos de Canarias se formaron en condiciones climáticas diferentes; y las playas tienen escaso desarrollo en gran parte de las islas Canarias.

Volcán del Teide,Tenerife.

Playa del Verodal, El Hierro.

Resumen de la unidad

El espacio geográfico español

Comprende

- Un territorio peninsular.
- Islas Baleares, islas Canarias, Ceuta y Melilla y algunos peñones e islotes.

Muestra gran originalidad

- Por su situación geográfica.
- Por su diversidad natural.

El relieve

resulta de

La evolución geológica

- **Era arcaica:** banda noroeste-sureste.
- **Era primaria:** macizos Hespérico, de Aquitania, Catalano-Balear, del Ebro y Bético-Rifeño.
- **Era secundaria:** erosión y sedimentación.
- **Era terciaria:** orogénesis alpina.
- **Era cuaternaria:** glaciarismo y formación de terrazas.

El roquedo y los tipos de relieve

- **Área silícea:** relieve granítico.
- **Área caliza:** relieve cárstico.
- **Área arcillosa:** relieve ondulado o cárcavas.
- **Relieve** causado por **erosión diferencial:** sobre estratos horizontales, sobre estratos inclinados o sobre estratos plegados (apalachense, jurásico).

da lugar a

Relieve peninsular

incluye

Relieve continental

- **Meseta:** penillanuras; sierra interiores (sistema Central y Montes de Toledo); cuencas sedimentarias interiores (Duero, Tajo y Guadiana).
- **Rebordes montañosos:** macizo Galaico-Leonés, cordillera Cantábrica, sistema Ibérico, Sierra Morena.
- **Depresiones exteriores de la Meseta:** Ebro y Guadalquivir.
- **Cordilleras exteriores de la Meseta:** Pirineos, Montes Vascos, cordillera Costero-Catalana, cordilleras Béticas.

Relieve costero

- **Las costas atlánticas:** cantábrica (acantilados, rasas, pequeñas rías, escasez de playas), gallega (rías), andaluza (marismas, flechas, campos de dunas).
- **Las costas mediterráneas:** costa penibética (acantilados, tramos de costa baja, terrazas marinas); costa levantina (playas, albuferas, tómbolos, pequeños deltas); costa catalana (acantilados, playas, deltas).

Relieve insular

incluye

Baleares

- **Relieve continental:** Mallorca, Formentera y Eivissa ligadas a la cordillera Subbética; Menorca, a la cordillera Costero-Catalana.
- **Relieve costero:** playas y calas.

Canarias

- **Relieve continental:** volcánico (conos, calderas, malpaíses, diques, roques, barrancos).
- **Relieve costero:** acantilados, playas y calas.

Técnica

Realización y comentario de un corte y perfil topográfico

Un **perfil topográfico** es un gráfico que representa un corte vertical del terreno realizado a lo largo de una línea trazada sobre un mapa. Así, permite apreciar las formas del relieve que se suceden a lo largo de esa línea. Los perfiles topográficos pueden elaborarse manualmente a partir de un mapa topográfico o un mapa altimétrico; o pueden realizarse automáticamente utilizando aplicaciones informáticas como Google Earth.

1. Elaboración de un perfil a partir de un mapa altimétrico o topográfico

A

B

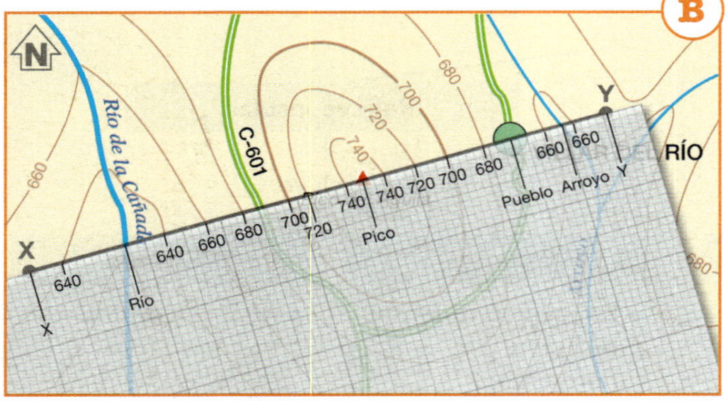

C

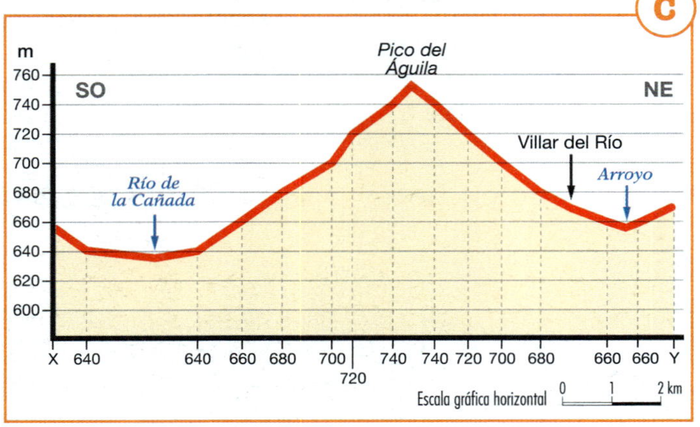

1. Determinar en el mapa los dos puntos entre los que se quiere realizar el corte topográfico (X e Y) y unirlos mediante una línea recta. (Imagen A)

2. Doblar por la mitad una hoja de papel (preferiblemente milimetrado) y hacer coincidir el doblez con la línea que une los puntos X e Y. (Imagen B)

3. En el doblez de la hoja marcar un punto en el lugar donde las curvas de nivel del mapa (o los colores que indican las distintas alturas) cortan el doblez de la hoja.

4. Debajo de cada punto marcado, anotar su altitud (indicada por la curva de nivel, o por el color cuyo valor especifica la leyenda del mapa).

También hay que anotar en su lugar correspondiente, el nombre del lugar donde comienza y termina el corte, y otros elementos físicos significativos atravesados por la línea, como cursos de agua o picos de montañas.

5. Desdoblar la hoja de papel y hacer un gráfico. (Imagen C).

Su eje horizontal coincide con el doblez donde están marcados los puntos. Aquí, la escala del eje es la misma que la del mapa y debe hacerse constar en la parte inferior, tras consultarse en el mapa original. El eje vertical se sitúa en el extremo de la izquierda. Sus valores deben comenzar un poco antes del menor valor de altitud anotado y acabar un poco después del mayor valor anotado. La distancia entre los intervalos de altitud debe exagerarse algo para que el relieve resalte más.

6. Proyectar cada punto marcado en el eje horizontal a la altitud que le corresponde, medida en el eje vertical. Luego, unir todos los puntos mediante una línea, y obtener el perfil topográfico entre los puntos X e Y.

7. Finalizar el perfil situando en él los otros elementos significativos del medio físico anotados. Además, el perfil debe incluir la orientación en los extremos (puntos cardinales); y un título significativo.

2. Elaboración de un perfil con Google Earth

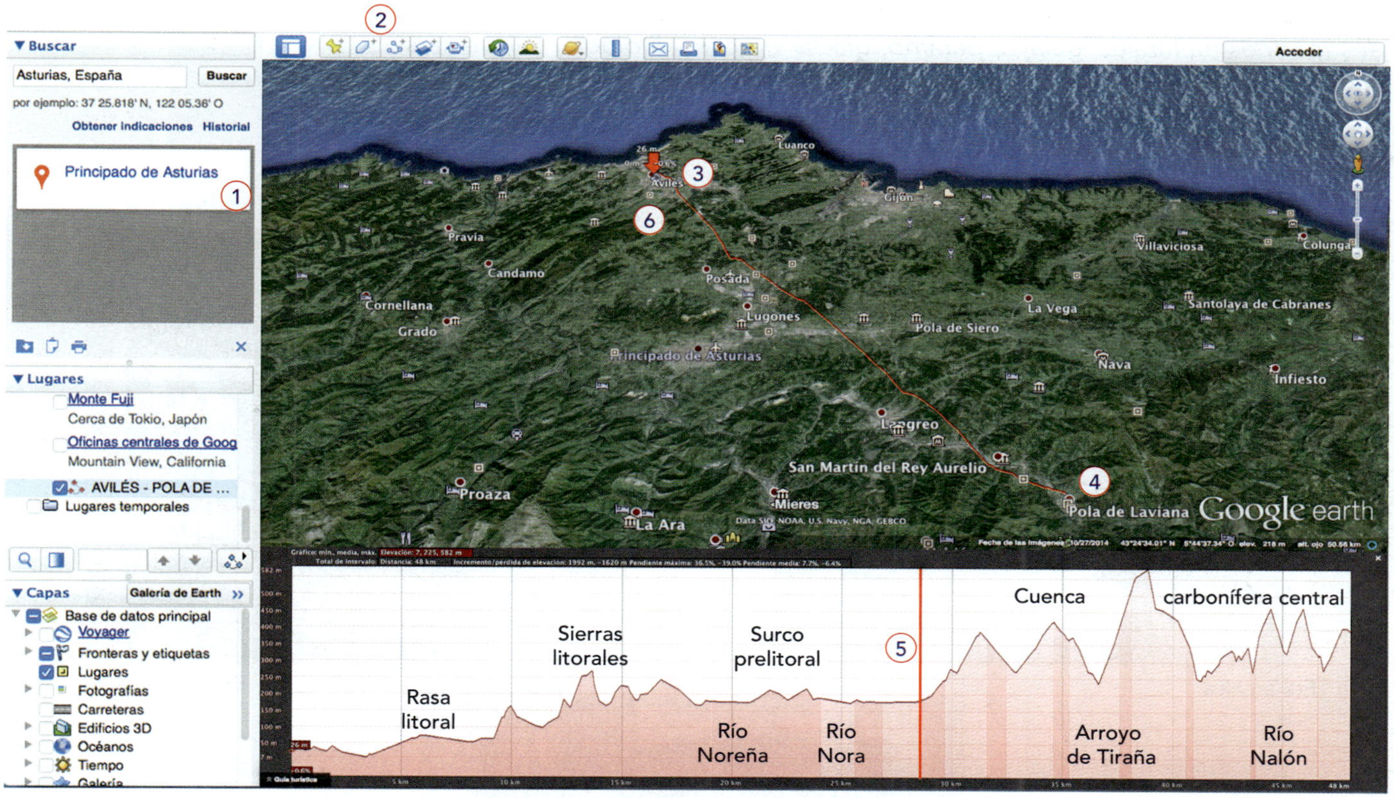

1. Entrar en Google Earth y seleccionar la zona, Asturias en este caso (1).
2. Elegir en la barra superior la herramienta «Crear una Ruta» (2).
3. Colocar el cursor en el punto de partida de la ruta (3); hacer clic (el cursor se transforma en un cuadrado); y arrastrarlo hasta el punto final de la ruta (4).
4. En la ventana emergente poner nombre a la ruta (Avilés-Pola de Laviana) y diseñar sus rasgos en las correspondientes pestañas.
En «Estilo» se puede cambiar el color y el grosor de la línea de la ruta; en «Medidas», obtener la distancia entre los puntos; y en «Altitud» la base de referencia. Clic en «Aceptar».
5. Hacer clic derecho sobre la línea de la ruta trazada y en la ventana emergente, clic en «Mostrar perfil de elevación».
6. En la parte inferior obtenemos el perfil topográfico entre los dos puntos y ciertas informaciones como la longitud del perfil y las pendientes.
7. Además se pueden obtener datos de otros elementos significativos. Para ello, mover la línea vertical (5) a lo largo del perfil y mirar en la ruta trazada en el mapa el lugar al que corresponde, indicado por la flecha roja (6); ampliando el mapa para ver la información.
8. Imprimir el perfil y completarlo con el título, la orientación y el nombre de los elementos físicos significativos (ríos, unidades del relieve, picos).

3. Comentario de un perfil topográfico

El comentario de un corte topográfico debe incluir:

a) Aspectos generales: identificación y definición de la fuente (perfil topográfico); dirección en la que se extiende (ver puntos cardinales); puntos que une; y longitud que comprende en kilómetros (indicada en el corte o calculada utilizando la escala que lo acompaña).

b) Comentario:

- Enumeración ordenada de las unidades del relieve que se suceden en el perfil.
- Características de cada unidad utilizando los conocimientos sobre el tema: origen, evolución, roquedo y formas del relieve.
- Consecuencias de la disposición o de las características del relieve (si procede): sobre otros elementos del medio natural (clima, aguas, vegetación, suelos); y sobre las actividades humanas (poblamiento; actividades agrarias, industriales, terciarias).

En la web

Autoevalúate con las actividades interactivas.

Actividades de síntesis

1 Definir conceptos

- Define los siguientes términos de forma breve y precisa: *macizo antiguo, unidades morfoestructurales, galayo, páramo, glaciar de circo, litología, relieve cárstico, volcán, albufera, delta.*

2 Comentar mapas

- Comenta la evolución geológica que muestran estos mapas.

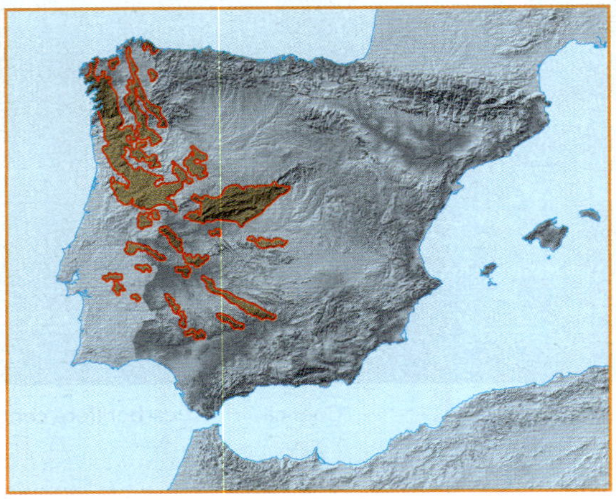

Era arcaica.

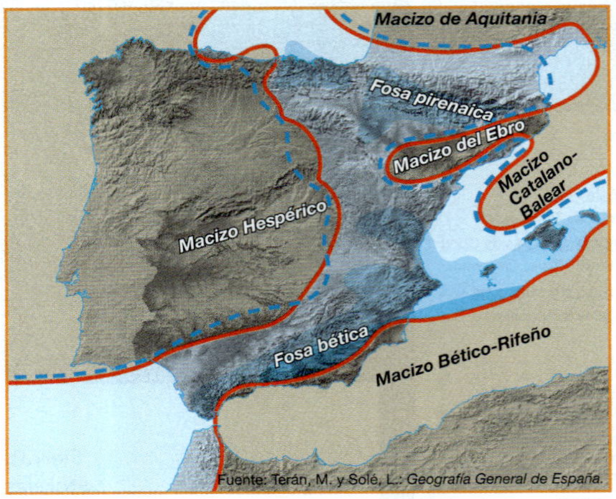

Era secundaria.

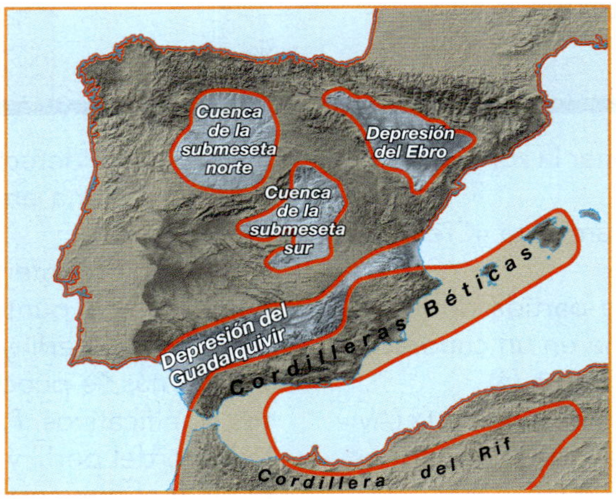

Era terciaria.

3 Realizar cuadros comparativos

- Copia y completa los siguientes cuadros comparativos sobre los tipos de unidades morfoestructurales y los tipos de roquedo.

	Tipos de unidades morfoestructurales					
	Son	Periodo	Formación	Materiales	Estructura	Formas actuales
Zócalos						
Macizos antiguos						
Cordilleras de plegamiento: a) Cordilleras intermedias b) Cordilleras alpinas						
Cuencas sedimentarias: a) Cuencas de zócalo b) Depresiones prealpinas						

	Tipos de roquedo			
	Cronología	Localización geográfica	Tipos de roca	Formas de modelado
Silíceo				
Calizo				
Arcilloso				
Volcánico				

4 Identificar imágenes sobre tipos de relieve

- Identifica el tipo de relieve que muestran las imágenes e indica el tipo de roquedo sobre el que se forman y sus características.

1

2

3

4

5 Aplicar conocimientos

- Planifica una actividad en la que resulte interesante disponer de un perfil topográfico. Realiza el perfil correspondiente siguiendo los pasos indicados en la «Técnica» y comenta la influencia de su disposición en la actividad planificada.

6 Ampliar información utilizando las TIC

- **En la web** Amplía tus conocimientos sobre esta unidad con los recursos proporcionados por la web (www.anayaeducacion.es).

2 La diversidad climática

En el territorio español se suceden, a lo largo del año, diferentes tipos de tiempo meteorológico que responden al estado de la atmósfera en un momento dado. La regularidad de esta sucesión durante un prolongado periodo de tiempo determina el clima o estado medio de la atmósfera.

En España, la diversidad de factores y elementos que influyen sobre el clima explica la existencia de dominios climáticos con rasgos muy contrastados.

Qué vas a aprender

- Los factores del clima.
- Los elementos del clima.
- Los tipos de tiempo en España.
- Los tipos de clima en España.
- El comentario de mapas meteorológicos.
- La elaboración y comentario de climogramas.

Tormenta de verano.

1 Los factores del clima

1. El tiempo atmosférico y el clima

España posee una gran diversidad de tiempo atmosférico y de climas.

■ **El tiempo atmosférico** es el estado de la atmósfera sobre un lugar en un momento determinado. Se caracteriza por su variabilidad y se determina mediante observaciones directas. La ciencia que lo estudia es la **meteorología.**

■ **El clima** es el estado medio de la atmósfera sobre un lugar. Por tanto, tiene rasgos más estables que el tiempo, que se determinan estudiando la sucesión habitual de tipos de tiempo sobre un lugar a lo largo del año y calculando estadísticamente valores medios. Para que estos valores resulten fiables, se requiere un periodo de observación de al menos treinta años. La ciencia que estudia el clima es la **climatología.**

Esta variedad meteorológica y climática es el resultado de numerosos factores y elementos que inciden sobre el estado de la atmósfera.

2. Los factores geográficos

Los factores son las variables que ejercen una influencia permanente e inalterable sobre el clima. Pueden agruparse en dos grandes conjuntos: factores geográficos y factores termodinámicos.

Los factores geográficos son cuatro: la latitud, la situación, la influencia del mar y el relieve.

a) La latitud de España, en la zona templada del hemisferio norte, determina la existencia de dos estaciones bien marcadas, verano e invierno, separadas por dos de transición, primavera y otoño. En Canarias, por su latitud subtropical, próxima al trópico de Cáncer, los contrastes entre estaciones son menos notorios.

b) La situación de la Península, entre dos grandes masas de agua de características térmicas distintas —el océano Atlántico y el mar Mediterráneo— y entre dos continentes —Europa y África—, la convierte en lugar de encrucijada de diferentes masas de aire. Baleares y Canarias reciben también influencias atmosféricas variadas debido a su insularidad y a la proximidad a las costas africanas.

c) La influencia del mar es escasa en la Península debido a su gran anchura, sus costas poco recortadas, y la existencia de relieves montañosos paralelos a la costa. Este hecho establece claras diferencias climáticas entre una estrecha periferia abierta al mar, y un ancho núcleo de tierras interiores caracterizado por la continentalidad o ausencia de influencia marina. En cambio, en ambos archipiélagos, el influjo del mar es decisivo.

d) El relieve influye en el clima por su altitud, por su disposición y por su orientación.

■ **La altitud** hace disminuir la temperatura unos 0,5 °C/0,6 °C por cada 100 metros de ascenso y hace aumentar las precipitaciones al enfriarse y condensarse el aire.

■ **La disposición** del relieve tiene variadas repercusiones:

– **Facilita o dificulta la penetración de la influencia marina.** En la Península, la existencia de sistemas montañosos paralelos a la costa frena la influencia del mar, que solo entra con claridad por el valle del Guadalquivir.

La latitud del territorio español en la zona templada del hemisferio norte hace que la perpendicularidad con la que recibe los rayos solares varíe a lo largo del año, determinando la existencia de cuatro estaciones. Por su parte, la situación de encrucijada de la península ibérica entre dos masas de agua y dos continentes determina la influencia de masas de aire de diferentes propiedades.

– **Facilita o dificulta la penetración de determinadas masas de aire.** En la Península, la posición oeste-este de la mayoría de los relieves montañosos (excepto el sistema Ibérico y las cordilleras Costero-Catalana y Subbética) dificulta la entrada de las masas de aire procedentes del norte o del sur. En cambio, favorece la penetración de las masas de aire del oeste; aunque el carácter macizo de la Península hace que al adentrarse en el interior pierdan gran parte de su humedad y extremen su temperatura.

– **Reduce las precipitaciones en las cuencas encerradas por montañas.** Es el caso de las cuencas del Duero y del Ebro, donde las masas de aire descargan su humedad en los sistemas montañosos que las bordean.

■ **La orientación** de las vertientes montañosas respecto al viento dominante crea **precipitaciones orográficas y efecto föehn.** Así, en las laderas de barlovento expuestas al ascenso del aire, se originan precipitaciones orográficas, o estancamiento de nubes que ocasionan precipitaciones «horizontales». En cambio, en las laderas de sotavento por las que desciende el aire reseco se produce recalentamiento y sequedad atmosférica (efecto föehn). Este efecto es muy notorio en las islas Canarias con relieve montañoso. Además, la orientación origina contrastes climáticos locales entre las **solanas** o vertientes orientadas al sol y las **umbrías** orientadas al norte, casi siempre en sombra, que son más frías y húmedas.

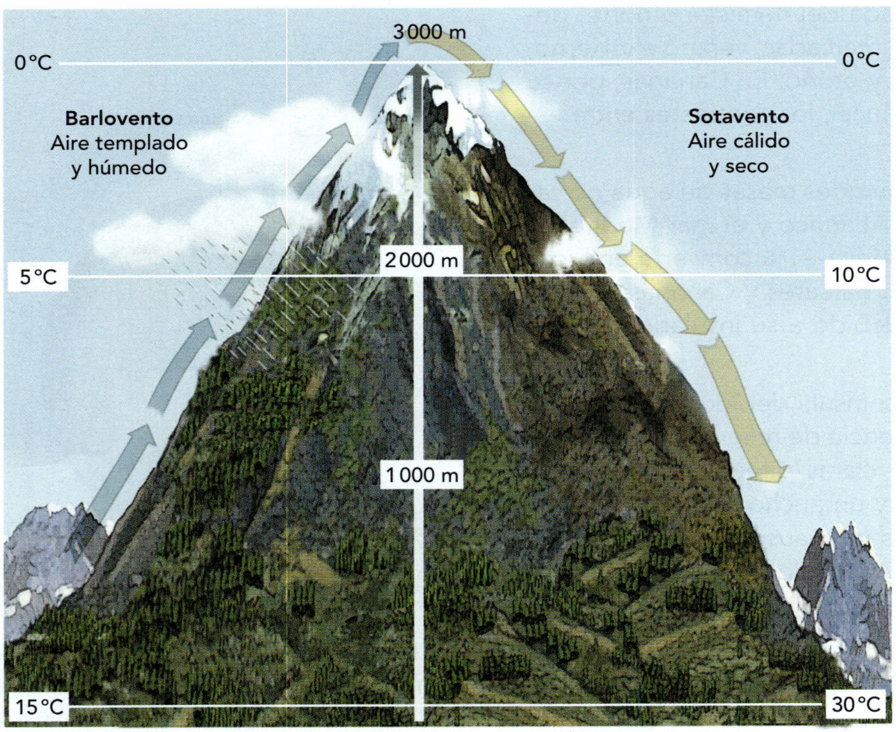

El relieve determina precipitaciones orográficas y efecto föehn. Cuando una masa de aire encuentra un obstáculo montañoso se ve obligada a ascender por la ladera de barlovento; el vapor de agua que contiene se enfría y se condensa, dando lugar a precipitaciones (precipitación orográfica). Pasada la cumbre, el aire desciende reseco por la ladera de sotavento y se recalienta, produciendo sequedad y elevación de las temperaturas (efecto föehn).

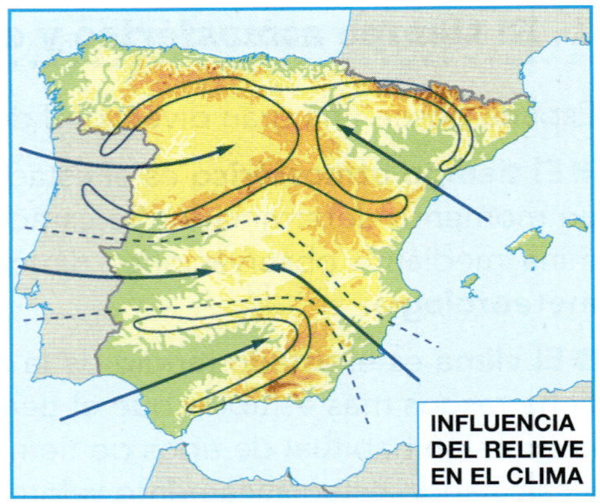

La disposición periférica del relieve montañoso peninsular dificulta la penetración de la influencia del mar en el interior. Esta influencia entra por «pasillos» donde se interrumpe la continuidad de las montañas.

La disposición horizontal de la c. Cantábrica, el sist. Central, los M. de Toledo y la c. Penibética dificulta la entrada de las masas de aire del norte o del sur y favorece la entrada de las masas de aire del oeste. En cambio, la disposición submeridiana del sist. Ibérico, de la c. Costero-Catalana y de la c. Subbética se opone a la entrada de las masas de aire atlánticas y mediterráneas.

Las cuencas encerradas entre relieves montañosos, como las del Ebro y el Duero, tienen precipitaciones más escasas, dado que descargan en las montañas que las rodean.

Actividades

1 Realiza un esquema sobre los factores del clima. Ilústralo con imágenes.

2 Indica qué factores explican la escasa influencia del mar en la Península; los contrastes térmicos y pluviométricos entre las vertientes de barlovento y sotavento; y las diferencias de temperatura y humedad entre las solanas y las umbrías.

3. Los factores termodinámicos

Los factores termodinámicos del clima son los responsables de la circulación atmosférica o sucesión de masas de aire, que determina los distintos tipos de tiempo atmosférico y de clima.

La circulación atmosférica está regida en altura por la corriente en chorro, y en superficie, por los centros de acción, las masas de aire y los frentes.

3.1. La circulación en altura: la corriente en chorro

En la zona templada donde se sitúa España, la **circulación atmosférica** en altura está dirigida por la corriente en chorro o jet stream. Se trata de una fuerte corriente de viento, de estructura tubular, que circula en dirección oeste-este entre los nueve y los once kilómetros de altitud, en la diferencia de altura existente entre la tropopausa* polar y la de la zona templada. El chorro separa las bajas presiones existentes en altura sobre el polo —que quedan a la izquierda de su trayectoria—, de las altas presiones tropicales —situadas a su derecha—.

La corriente en chorro es la responsable del tiempo en superficie. Este depende de las variaciones que experimenta la velocidad de la corriente y de sus desplazamientos estacionales:

- **La velocidad de la corriente es variable.** Cuando circula rápido, a más de 150 km/h, tiene un trazado casi zonal (oeste-este), con suaves ondulaciones, que corresponde en superficie con el frente polar y sus borrascas. Pero cuando su velocidad disminuye, describe profundas ondulaciones: crestas o dorsales que originan altas presiones y valles o vaguadas que generan bajas presiones. Ambas se reflejan en superficie y dan lugar a anticiclones y borrascas dinámicos. Las ondulaciones, que pueden llegar a desprenderse del chorro principal, permiten al aire tropical desplazarse hacia el norte y al aire polar penetrar muy al sur, lo que confiere gran variabilidad al tiempo de la zona templada.
- **Los desplazamientos estacionales** del chorro en latitud determinan que en invierno, cuando circula más al sur, afecte al conjunto de España. En cambio, en verano se traslada hacia el norte y suele incidir solo en la franja cantábrica peninsular.

Vocabulario

La **tropopausa** es la capa atmosférica de transición entre la troposfera, o capa en contacto con la superficie de la Tierra, y la estratosfera, situada entre los 12 y 50 km de altura. La tropopausa se caracteriza por que la temperatura del aire deja de disminuir regularmente en razón de 0,5 °C/0,6 °C por cada 100 metros de altura. La altitud a la que se encuentra esta capa es mayor cuanto más caliente está el aire, por lo que se encuentra más elevada sobre los trópicos que sobre los polos.

DIFERENTES ALTURAS DE LA TROPOPAUSA

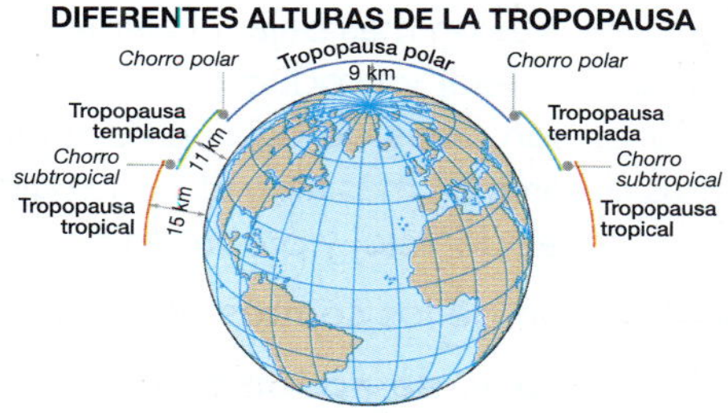

CHORRO ZONAL OESTE-ESTE

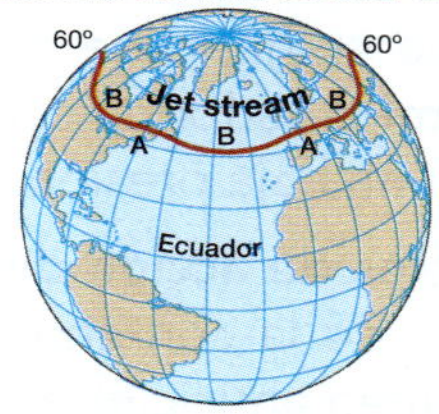

CHORRO ONDULADO

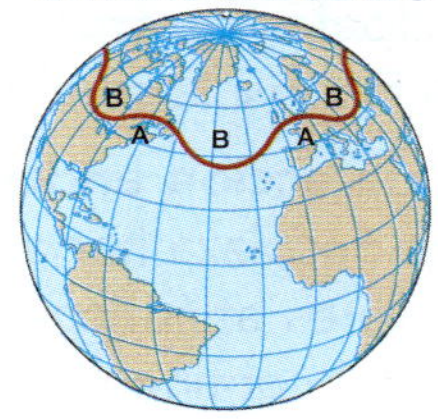

SITUACIÓN DE LA CORRIENTE EN CHORRO DURANTE EL INVIERNO

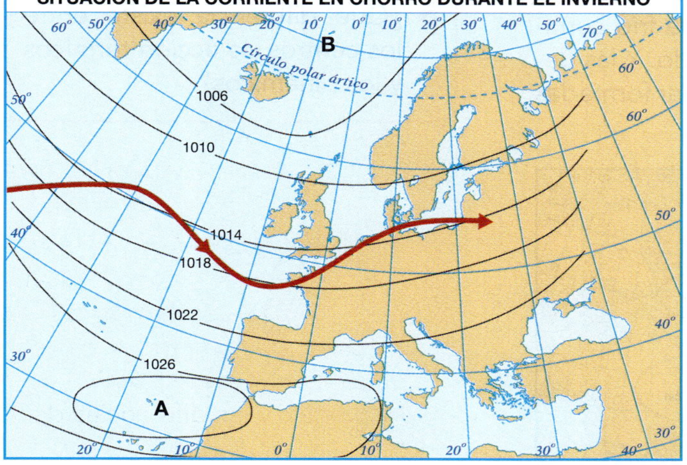

En invierno, la corriente en chorro circula más baja en latitud, por lo que afecta al conjunto del territorio español.

SITUACIÓN DE LA CORRIENTE EN CHORRO DURANTE EL VERANO

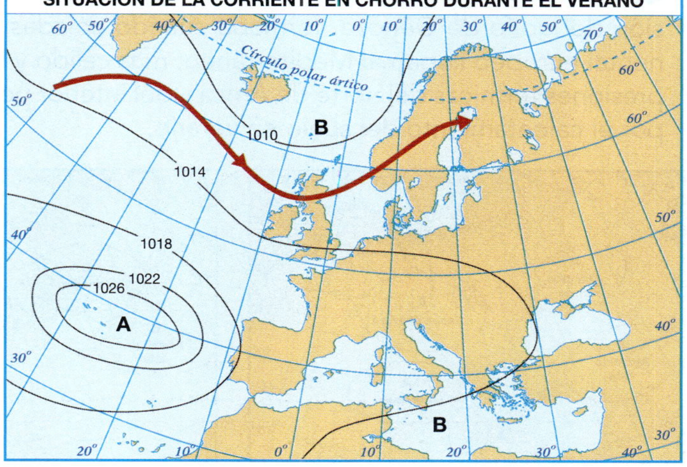

En cambio, en verano, asciende en latitud, por lo que suele incidir solo en la franja cantábrica.

3.2. La circulación en superficie: centros de acción, masas de aire y frentes

La circulación atmosférica en superficie está dirigida por los centros de acción, las masas de aire y los frentes.

a) Los centros de acción son áreas de altas y bajas presiones. La **presión atmosférica** es el peso del aire sobre una unidad de superficie. Se mide en milibares (mbar) o en hectopascales (hPa)* con el barómetro y se representa en los mapas del tiempo mediante **isobaras** o líneas que unen puntos con la misma presión. En estos mapas, las isobaras van de 4 en 4 mbar y suele redondearse la presión normal a 1016 mbar.

- **Los tipos** de centros de acción son los anticiclones y las borrascas. Los anticiclones son áreas de altas presiones (más de 1016 mbar) rodeadas por otras de presión más baja. El viento gira en torno a ellos en el sentido de las agujas del reloj y producen tiempo estable. Las **borrascas,** depresiones o ciclones son áreas de bajas presiones (menos de 1016 mbar) rodeadas de otras de presión más alta. El viento gira en torno a ellas en sentido contrario a las agujas del reloj y producen tiempo inestable, frecuentemente lluvioso.
- **El origen** de los centros de acción puede ser térmico o dinámico.
  - **Los centros de acción térmicos** se originan por el enfriamiento o calentamiento del aire. **Un anticiclón térmico** se forma cuando una masa de aire se enfría: pesa más, desciende y ejerce una alta presión. **Una baja térmica** se forma cuando el aire se calienta: pesa menos, se eleva y ejerce una baja presión.
  - **Los centros de acción dinámicos** se forman a partir de las crestas y las vaguadas de la corriente en chorro, que se reflejan en superficie: las crestas crean anticiclones y las vaguadas generan borrascas.
- **Los principales centros de acción** que dirigen la circulación atmosférica sobre la Península son los siguientes:
  - **Centros de acción anticiclónicos:** el anticiclón de las Azores, que en verano se desplaza hacia el norte y en invierno hacia el sur. Los anticiclones polares atlánticos. El anticiclón escandinavo. Y los anticiclones térmicos del continente europeo y del interior de la Península, formados por el enfriamiento del suelo en invierno.
  - **Centros de acción depresionarios:** la depresión de Islandia. La depresión del golfo de Génova, formada cuando coladas de aire frío continental europeo llegan al Mediterráneo, más cálido y húmedo. Y las depresiones térmicas del norte de África y del interior peninsular formadas por el calentamiento del suelo en verano.

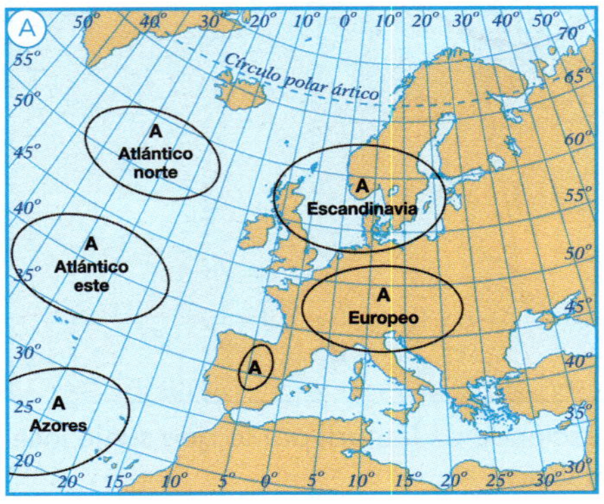

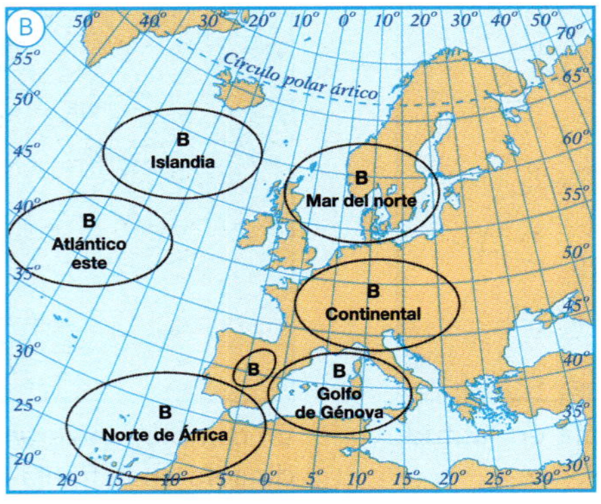

A) Centros de acción anticiclónicos.

B) Centros de acción depresionarios.

Vocabulario

El **hectopascal** (hPa) es una unidad de presión atmosférica equivalente a 1 milibar. Su uso se está imponiendo progresivamente en lugar del milibar.

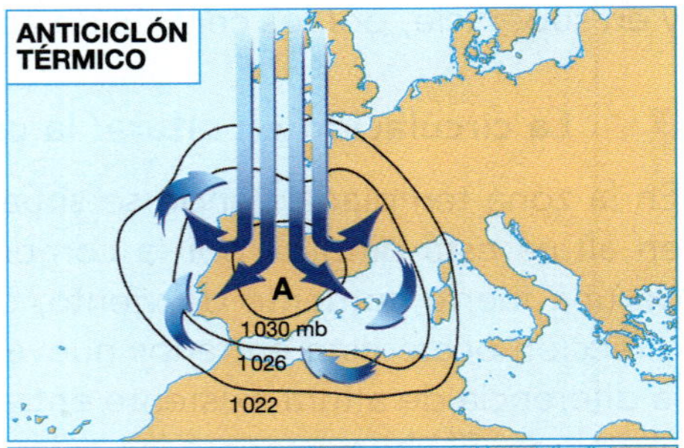

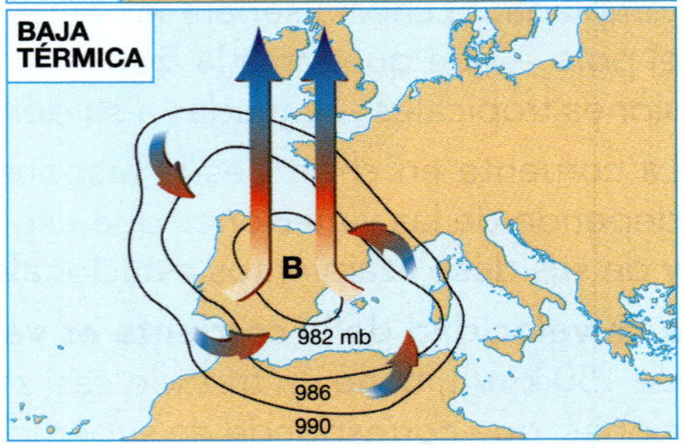

Actividades

3 Explica la influencia de la corriente en chorro sobre el tiempo en superficie.

4 ¿Qué relación existe entre la corriente en chorro y el «viento de cola» que acorta los viajes aéreos? ¿Y entre los frentes en el ámbito militar y los frentes meteorológicos?

5 ¿Qué diferencia existe entre los centros de acción térmicos y los dinámicos?

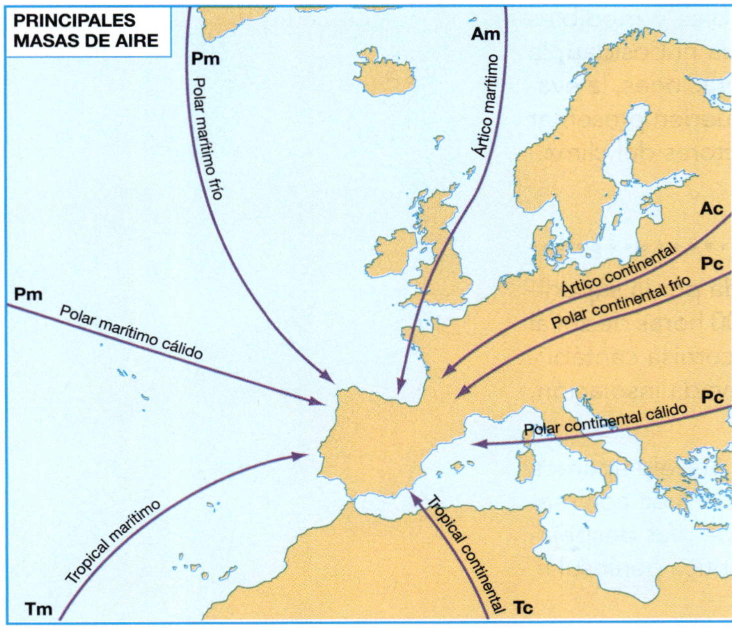

Am: originaria de la cubeta ártica; es muy fría y seca, pero en su recorrido hacia la Península se recalienta por la base y se humedece. Produce nevadas y temperaturas bajas.

Ac: originaria del noreste de Europa o de Siberia; es muy fría y seca. Da lugar a cielos claros y heladas.

Pm: originaria del Atlántico norte, es inicialmente fría. En su recorrido hacia el sur se calienta y se humedece. En invierno produce precipitaciones en la cordillera Cantábrica y en el occidente peninsular. En verano origina fuertes tormentas.

Pc: originaria del continente europeo, surge a partir del anticiclón térmico que se forma en invierno. Si llega fría y seca, produce tiempo frío y soleado. Si se recalienta sobre el Mediterráneo, causa precipitaciones en el levante peninsular.

Tm: se origina en el Atlántico, junto a las Azores. Es cálida y húmeda. En su recorrido hacia el norte se enfría relativamente por la base y se estabiliza. Produce temperaturas altas en verano y suaves el resto del año.

Tc: se forma en el norte de África, sobre el Sáhara. Se caracteriza por su temperatura elevada y extrema sequedad y estabilidad. Provoca olas de calor.

b) Las masas de aire son porciones de aire con unas características concretas de temperatura, humedad y presión. Estas características las adquieren en sus regiones de origen o regiones manantiales. España, debido a su latitud, recibe masas de aire frías árticas (A) o polares (P) y masas de aire cálidas tropicales (T). Las tres, dependiendo de la superficie sobre la que se originan, pueden ser marítimas húmedas (m) o continentales secas (c). Estas características originales pueden modificarse si las masas de aire recorren grandes distancias.

c) Los frentes son superficies que separan dos masas de aire de características distintas. Por tanto, a ambos lados de un frente se produce un cambio brusco de las propiedades del aire. En España, el frente más importante es el frente polar, que separa las masas de aire tropical y polar. Sus ondulaciones originan borrascas de dos frentes, que provocan precipitaciones.

Actividades

6 Explica el proceso de formación de una borrasca de dos frentes.

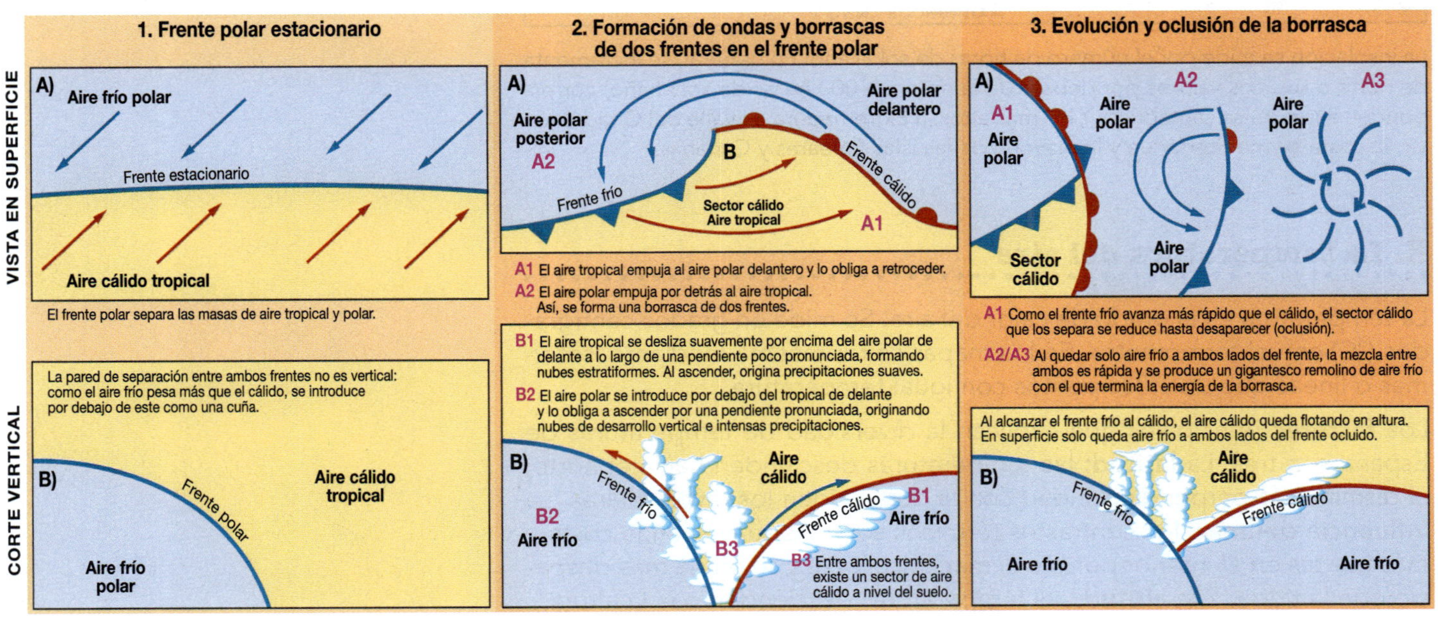

2 Los elementos del clima

Los elementos del clima son los componentes observables y medibles de la atmósfera. Los más importantes son la insolación, la nubosidad, la temperatura, la humedad, la presión, el viento, las precipitaciones, la evaporación, la evapotranspiración y la aridez. Todos ellos pueden presentar grandes variaciones en función de la influencia de los factores del clima.

1. La insolación y la nubosidad

a) La insolación es la cantidad de radiación solar recibida por la superficie terrestre. En España, por su latitud, se superan las 2000 horas de sol al año. No obstante, existen marcados contrastes entre la cornisa cantábrica, que no alcanza los valores medios, y las áreas de elevada insolación, como el sureste peninsular y Canarias.

b) La nubosidad es el estado de la atmósfera en el que el cielo aparece cubierto de nubes, en mayor o menor grado. En España, el área con mayor nubosidad es la cornisa cantábrica. El mayor número de días despejados corresponde al valle del Guadalquivir, la costa suratlántica peninsular, y algunas áreas de Canarias.

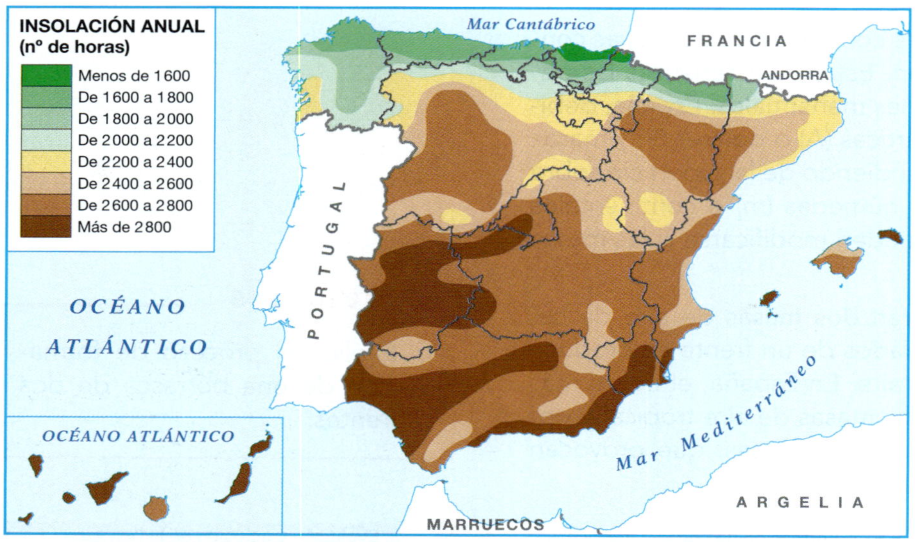

La insolación se mide por el número de horas de sol al año. En general, se incrementa de norte a sur. Los valores por debajo de la media (2000 horas de sol al año) corresponden a la cornisa cantábrica. Y los más altos, a Extremadura, el valle del Guadalquivir, la costa surmediterránea y la mayoría de las islas Baleares y Canarias.

2. La temperatura del aire

La temperatura es el grado de calor del aire. Se mide en grados centígrados (°C) con el termómetro. En los mapas se representa mediante isotermas o líneas que unen los puntos con igual temperatura.

Los **factores** principales que explican la diversidad de temperaturas de España son tres. La **latitud:** las temperaturas descienden hacia el norte, al disminuir la perpendicularidad con la que inciden los rayos solares. La **influencia del mar:** los contrastes térmicos son más suaves en la costa y más fuertes en el interior porque el mar se calienta y se enfría más despacio que la tierra. Y la **altitud:** las temperaturas descienden con la altura.

Dos aspectos importantes de las temperaturas en relación con el clima son la amplitud térmica anual y las heladas.

a) **La amplitud térmica anual** es la diferencia entre la temperatura media del mes más cálido y la del mes más frío. En España, las amplitudes más bajas se dan en Canarias y en las costas, especialmente en las del norte peninsular. Las más altas corresponden al interior peninsular.

b) **Las heladas** se producen cuando la temperatura del aire baja de 0 °C. Entonces, el agua que contiene se congela y se deposita en forma de hielo sobre las superficies. Pueden ser heladas de **irradiación** producidas por el enfriamiento del suelo en noches despejadas que se transmite al aire que está en contacto con él; o heladas de **advección** causadas por la llegada de una masa de aire muy fría. En España, el menor número de heladas se da en las costas, donde el mar suaviza las temperaturas. El mayor número corresponde a la submeseta norte y el valle del Ebro, donde en invierno son frecuentes las inversiones térmicas, que las favorecen.

Actividades

7 Analiza cómo influyen los factores del clima en las temperaturas y las precipitaciones.

8 Averigua qué miden los siguientes instrumentos y consigue una imagen de cada uno de ellos: heliógrafo, piranómetro, nefoscopio, termómetro, higrómetro, barómetro, veleta, anemómetro, pluviómetro, pluviógrafo, nivómetro, evaporímetro, transmisómetro.

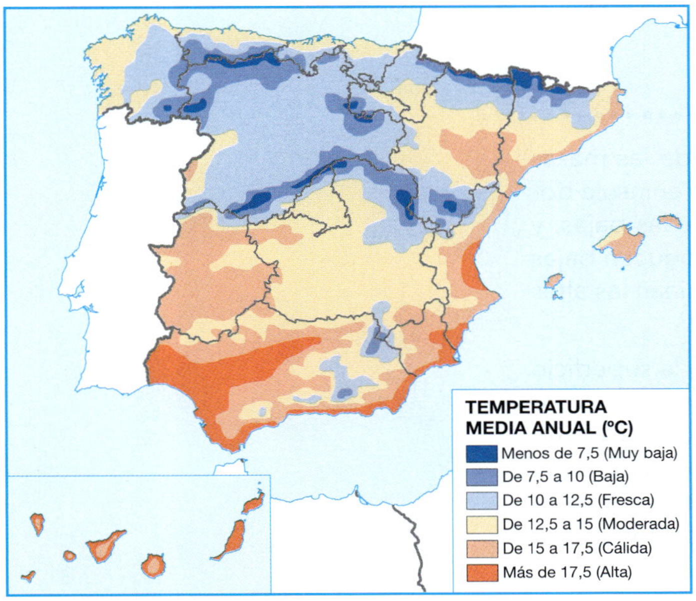

3. La humedad, la niebla y la calima

a) **La humedad** del aire es la cantidad de vapor de agua que contiene. Depende de la proximidad al mar y de la temperatura, pues disminuye cuando aumenta la temperatura. Por eso, sus valores más altos se registran en las costas; y decrecen hacia el interior, alcanzándose los mínimos en la submeseta sur.

b) **La niebla** es la suspensión de diminutas gotas de agua en la capa inferior de la atmósfera, que limitan la visibilidad a menos de un kilómetro. Se produce cuando el aire de la capa inferior de la atmósfera se enfría y se condensa. La niebla puede ser **de irradiación,** por pérdida nocturna de calor del suelo, propia del invierno; y **de advección,** por la llegada de masas de aire cálidas y húmedas sobre un suelo frío, o por la llegada de masas de aire frías sobre un suelo más cálido y muy húmedo, como el mar, un embalse, o un río.

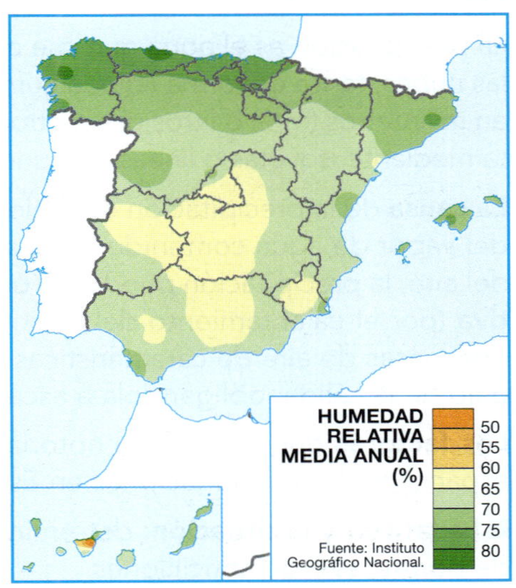

Inversión térmica y niebla de irradiación.

La inversión térmica es una situación atmosférica anómala en la que la temperatura del aire es más fría en el suelo que en altura. Es típica del invierno, con situación anticiclónica, en topografías donde se estanca el aire durante varios días, como los fondos de los valles y las cuencas. Ahí, el enfriamiento nocturno del suelo se transmite al aire que está justo encima, que se vuelve más frío que el de las capas altas. Provoca nieblas bajas, rocío o heladas al amanecer.

c) **La calima** es una bruma seca que reduce la visibilidad. Está causada por la presencia de gran cantidad de finas partículas de polvo en las capas bajas de la atmósfera. Se forma en la España seca en verano, en situación anticiclónica, cuando los suelos están resecos y las partículas que contienen se elevan y se mantienen en suspensión por los movimientos ascendentes del aire originados por el fuerte calentamiento del suelo.

4. La presión y el viento

a) **La presión atmosférica** depende de las características de las masas de aire que se sitúan sobre España a lo largo del año. En la Península dominan en invierno las altas presiones; en otoño y primavera, las bajas; y en verano, nuevamente las altas, aunque en el interior se producen bajas térmicas por el calentamiento del suelo. En Canarias predominan las altas presiones.

b) **El viento** es el movimiento horizontal del aire respecto a la superficie terrestre. Se produce a causa de las diferencias de presión y va siempre desde las altas a las bajas presiones. En la Península, por su latitud, dominan los vientos del oeste, aunque existen numerosos vientos locales. En Baleares predominan el levante y la tramontana; y en Canarias, el alisio del NE. Las diferencias de presión originan también vientos alternantes, como las brisas marinas y de montaña.

5. La precipitación

La precipitación es el agua que cae a la superficie terrestre procedente de las nubes, tanto en forma líquida como sólida. Se mide con el pluviómetro en milímetros (mm) o litros por metro cuadrado. En los mapas se representa mediante isoyetas o líneas que unen puntos de igual precipitación.

La causa de la precipitación es la elevación, enfriamiento y condensación del vapor de agua contenido en el aire. Según el motivo de la elevación del aire, la precipitación puede ser **orográfica** (debida al relieve); **convectiva** (por el calentamiento del suelo); o **de frente** (al entrar en contacto dos masas de aire de características distintas, la fría se introduce por debajo de la cálida, obligándola a ascender).

Los factores que explican la notoria variabilidad interanual, estacional y espacial de las precipitaciones en España son tres:

- **La latitud y la situación:** determinan el predominio y la sucesión anual de borrascas o de anticiclones.

Actividades

9 Explica los motivos de:

- La elevada insolación del SE peninsular.
- La diferencia de temperatura media de la costa cantábrica y la costa mediterránea andaluza.

■ **La apertura al mar:** en las zonas aisladas de la influencia marina, el frío del invierno favorece la formación de anticiclones; y el calor del verano dificulta la condensación del aire, aunque puede provocar precipitaciones convectivas de carácter tormentoso.

■ **El relieve:** las precipitaciones aumentan con la altura y disminuyen en las zonas encerradas por montañas.

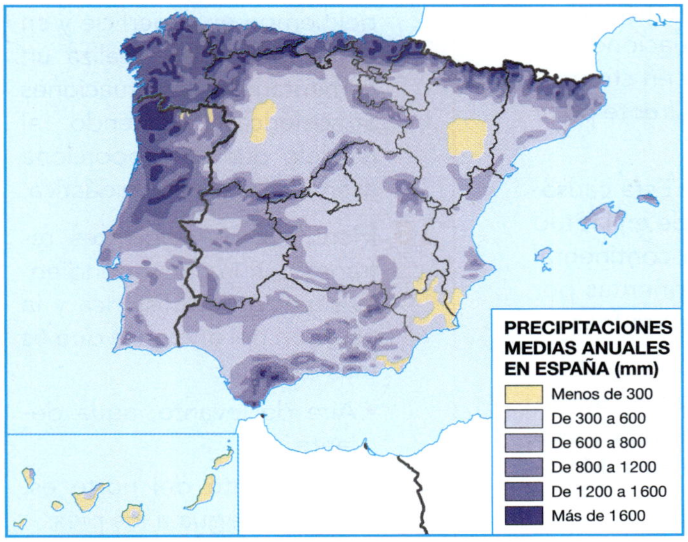

6. La evaporación, la evapotranspiración y la aridez

a) La evaporación es el proceso por el cual el agua se transforma en vapor a temperatura ambiente. La intensidad de la evaporación crece cuando aumentan la temperatura, la insolación, la sequedad del aire, la velocidad del viento y la desprotección vegetal del suelo. Por tanto, se incrementa de norte a sur, en verano, y en las horas centrales del día.

b) La evapotranspiración es la pérdida de humedad de la superficie terrestre debida a la insolación y a la transpiración de las plantas y del suelo. La evapotranspiración **real** es la que se produce verdaderamente, y la evapotranspiración **potencial** —ETP—, la que se produciría en caso de existir una cantidad suficiente de agua.

c) La aridez es la insuficiencia de agua en el suelo y en la atmósfera. Se produce cuando la precipitación es inferior a la evaporación. Por tanto, depende de la relación existente entre la precipitación y la temperatura, que determina en su mayor parte la evaporación del agua. Así, la aridez es mayor cuanto menor es el volumen de precipitación y cuanto más alta es la temperatura. Para calcular la aridez, existen diversos índices:

■ **La aridez mensual** suele medirse con el índice de Gaussen. Un mes es árido cuando 2T °C ≥ P mm; es decir, cuando el doble de su temperatura media es mayor o igual que el total de sus precipitaciones en mm.

■ **La aridez general** de una zona puede calcularse con el índice de De Martonne: P/T + 10; es decir, el total de precipitación dividido entre la temperatura media anual más diez. Se habla entonces de zona húmeda (índice superior a 30); semihúmeda (entre 30 y 20); semiárida (entre 20 y 10); esteparia (entre 10 y 5) y desértica (entre 5 y 0).

Actividades

10 Señala las diferencias entre:
- Las nieblas y las heladas.
- Las precipitaciones orográficas, convectivas y de frente.
- La sequía y la aridez.

11 Localiza en el mapa de temperatura media anual Soria, Ciudad Real y Murcia y explica las diferencias entre sus temperaturas medias anuales.

12 Comenta el mapa de la distribución de las precipitaciones.

13 Consulta los datos de los dos primeros climogramas en las actividades de síntesis del final de la unidad. Calcula su amplitud térmica, y explica los motivos de sus valores. Aplica los índices de aridez de Gaussen y de De Martonne y señala, respectivamente, cuántos meses áridos hay y cómo es la aridez general en cada uno de ellos.

3 Los tipos de tiempo en España

La circulación atmosférica en altura y en superficie da lugar a la sucesión de diversas situaciones atmosféricas a lo largo del año que constituyen los tipos de tiempo.

a) En la Península y Baleares, los tipos de tiempo más frecuentes son los siguientes:

- **En invierno** predomina el tiempo anticiclónico frío y seco. Está causado por los anticiclones térmicos del interior peninsular y de Centroeuropa (situación del NE) y por los anticiclones polares atlánticos (situaciones del N y NO). No obstante, el descenso en latitud de la corriente en chorro y del anticiclón de las Azores permite una mayor incidencia del frente polar y de las borrascas atlánticas (situaciones del oeste y SO).
- **En verano** domina el tiempo anticiclónico seco y caluroso. Está causado principalmente por el anticiclón de las Azores, que asciende en latitud en esta época del año, y secundariamente por el anticiclón continental del norte de África. Ocasionalmente, pueden producirse tormentas por el calentamiento del suelo, o por la penetración de masas de aire frías en altura, que desencadenan una gran inestabilidad.
- **En otoño y primavera,** el tiempo es variable. Existen situaciones anticiclónicas semejantes a las del invierno o a las del verano; y precipitaciones ligadas al paso de borrascas atlánticas, a situaciones del este en el Mediterráneo, y a gotas frías.

b) En Canarias, el tiempo normal o «tiempo de los alisios» es estable. Está determinado por la presencia del anticiclón de las Azores y del viento alisio del NE, fresco y húmedo, originado en su borde oriental. Cuando el anticiclón se mueve, penetran otras masas de aire. En invierno, el aire polar marino causa temporales o intensas precipitaciones en poco tiempo. En verano, el aire sahariano seco del este o del sureste ocasiona olas de calor (el llamado «tiempo del sur»).

Actividades

Lee la información sobre los tipos de tiempo y realiza estas tareas:

14 Durante una semana, consulta en la Agencia Estatal de Meteorología los mapas del tiempo en superficie y en altura (500 hPa). Realiza un comentario de las situaciones atmosféricas, siguiendo el modelo que se proporciona al final de la unidad didáctica.

15 Identifica los siguientes refranes con la correspondiente situación atmosférica y la estación del año en la que es más habitual:

- Aire de levante, agua delante.
- Si el viento del norte es, botas de agua a los pies.
- Por mucho que quiera ser, en julio poco ha de llover.
- En abril, aguas mil.

Tiempo frío con niebla de irradiación, propio del invierno.

Tiempo seco y caluroso, propio del verano.

1. Tiempo del norte. Ola de frío

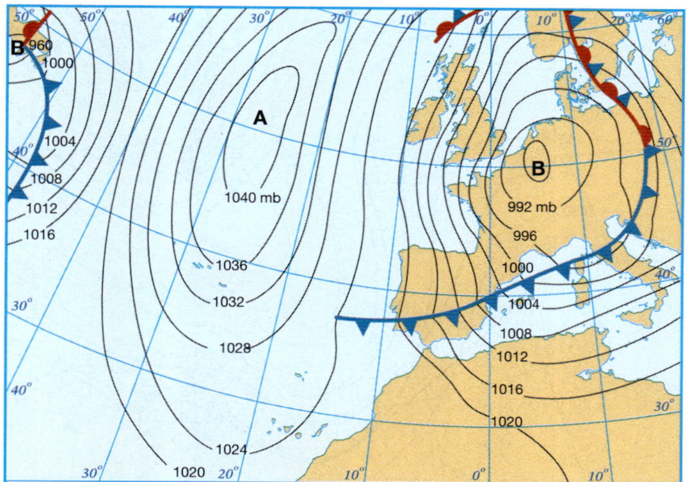

ANÁLISIS EN SUPERFICIE Día 6-II-1983

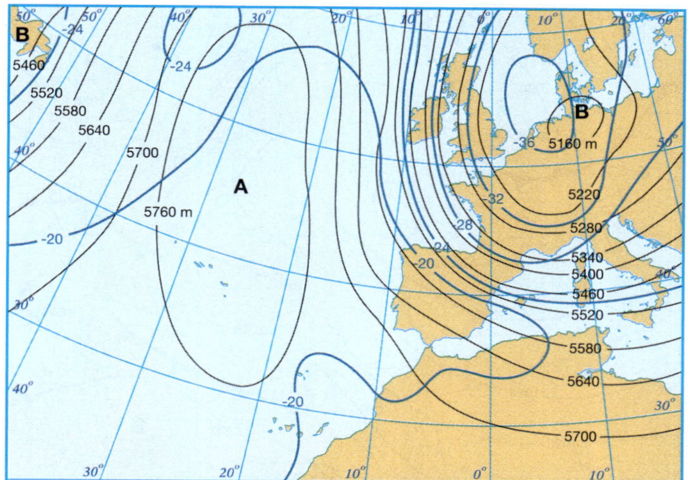

ANÁLISIS EN ALTURA. TOPOGRAFÍA DE 500 mbar Día 6-II-1983

En altura, la corriente en chorro circula con trayectoria ondulada. **En superficie,** un anticiclón polar marítimo en el Atlántico y una borrasca en el norte de Europa canalizan aire Am del norte, originalmente muy frío y seco, que en su recorrido marino hacia el sur se recalienta relativamente por la base, se humedece y se inestabiliza. Esta situación predomina **en invierno** y da lugar a temperaturas muy bajas y precipitaciones en forma de nieve en las montañas del norte y en el interior peninsular. En el resto de las estaciones, esta situación provoca un acusado descenso térmico e inestabilidad en forma de tormentas, a veces de granizo en las estaciones equinocciales.

2. Tiempo del NE. Muy frío y seco

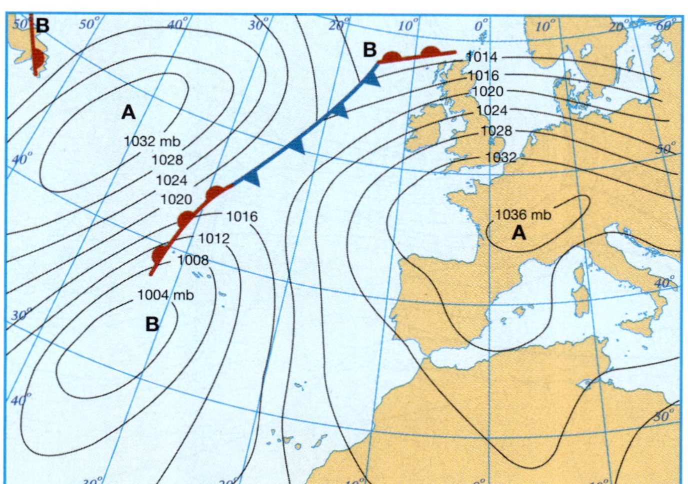

ANÁLISIS EN SUPERFICIE Día 23-XII-1975

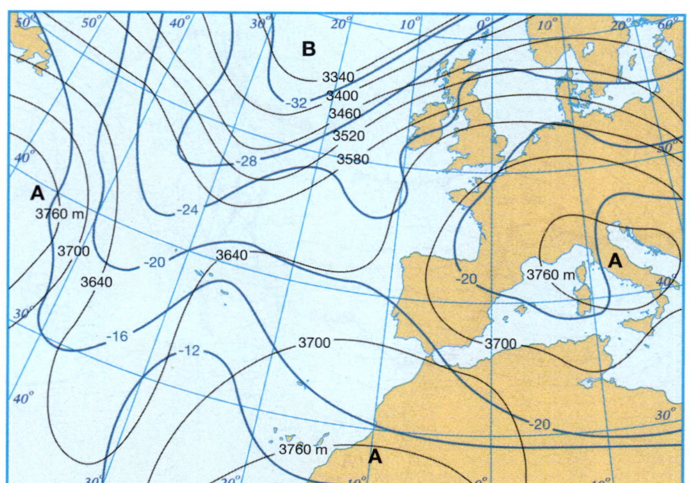

ANÁLISIS EN ALTURA. TOPOGRAFÍA DE 500 mbar Día 23-XII-1975

En altura, la corriente en chorro circula con trayectoria ondulada. **En superficie** alcanza la Península el anticiclón térmico de Europa central, que canaliza aire Pc del NE, muy frío y seco. Esta situación predomina **en invierno** y provoca tiempo muy frío y seco. En el interior peninsular causa heladas y nieblas de irradiación. En Baleares y la fachada mediterránea peninsular pueden producirse nevadas. Si la advección llega a Canarias, provoca lluvias abundantes y nieve en el Teide. En el resto de las estaciones, esta situación provoca un descenso significativo de las temperaturas y tormentas, a veces de granizo en el litoral mediterráneo.

3. Tiempo del NO. Frío y lluvioso

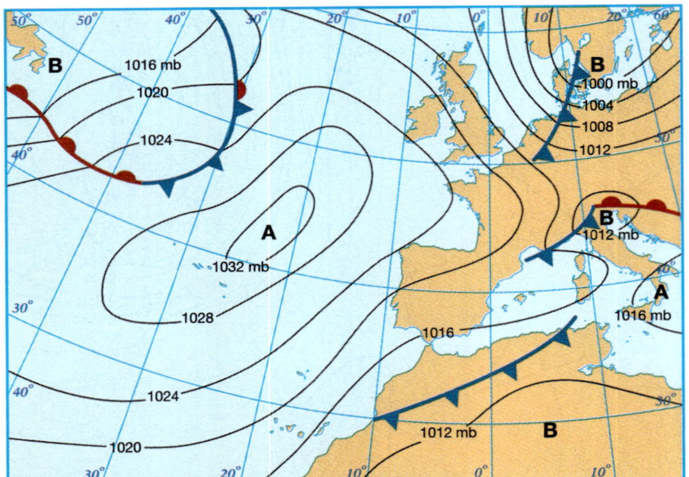

ANÁLISIS EN SUPERFICIE (Sin datar).

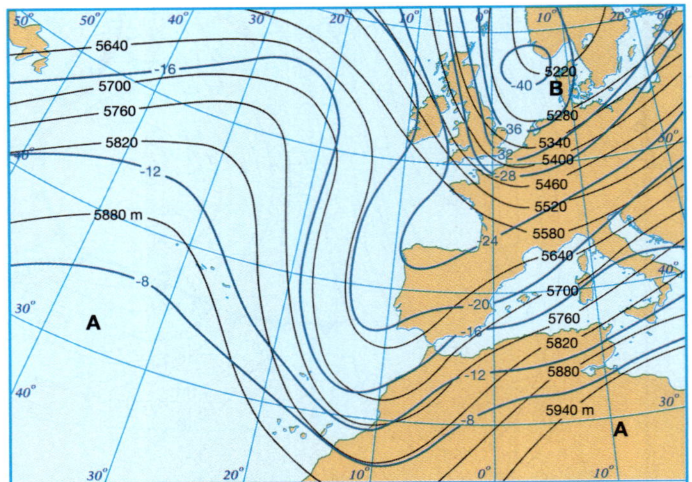

ANÁLISIS EN ALTURA. TOPOGRAFÍA DE 500 mbar (Sin datar).

En altura, la corriente en chorro circula con trayectoria ondulada. **En superficie,** un anticiclón polar marítimo en el Atlántico canaliza aire Pm del NO, que en su recorrido hacia el sur por el Atlántico se recalienta por la base y se humedece. **En invierno** produce tiempo frío y precipitaciones, especialmente en la cordillera Cantábrica (donde pueden ser de nieve) y en la mitad occidental de la Península, acompañadas frecuentemente de viento fuerte. Las precipitaciones se debilitan hacia el interior. En el resto de las estaciones, esta situación refresca las temperaturas y produce lluvias en la franja cantábrica y tormentas en la Meseta.

4. Tiempo del oeste. Paso de frentes

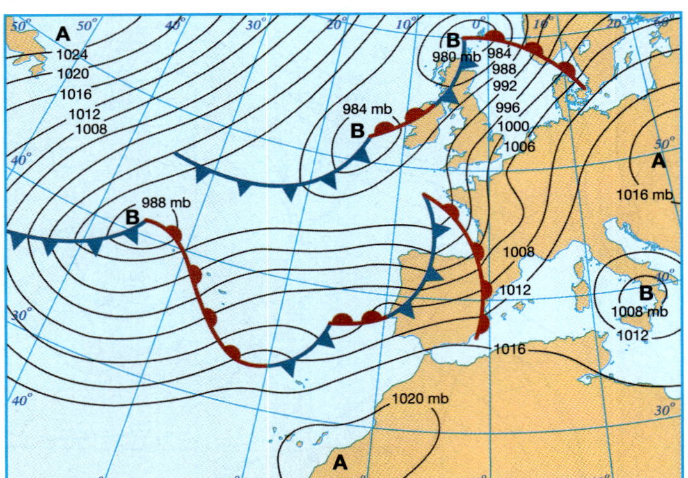

ANÁLISIS EN SUPERFICIE Día 4-XI-1985

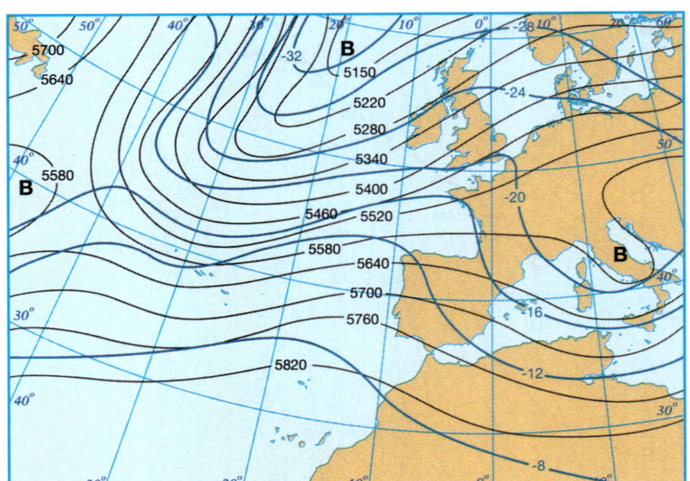

ANÁLISIS EN ALTURA. TOPOGRAFÍA DE 500 mbar Día 4-XI-1985

En altura, la corriente en chorro circula con trayectoria zonal. **En superficie** da lugar al tiempo del oeste, caracterizado por el paso sucesivo de borrascas atlánticas y frentes. Esta situación es más frecuente en las **estaciones equinocciales y el invierno** y provoca temperaturas relativamente suaves y precipitaciones abundantes, sobre todo en el oeste peninsular. Las precipitaciones disminuyen su intensidad hacia el este, debido a la anchura del bloque peninsular. En verano, esta situación incide principalmente en la fachada cantábrica, refrescando las temperaturas y produciendo precipitaciones.

5. Tiempo del SO o del sur. Temporal en el SO o sur

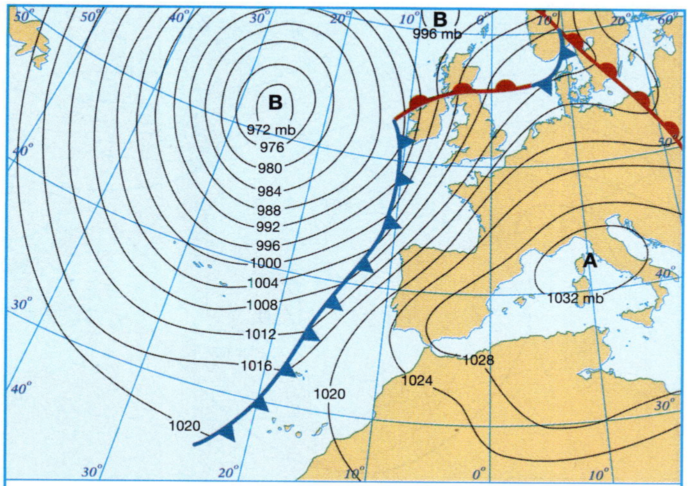

ANÁLISIS EN SUPERFICIE Día 2-XII-1985

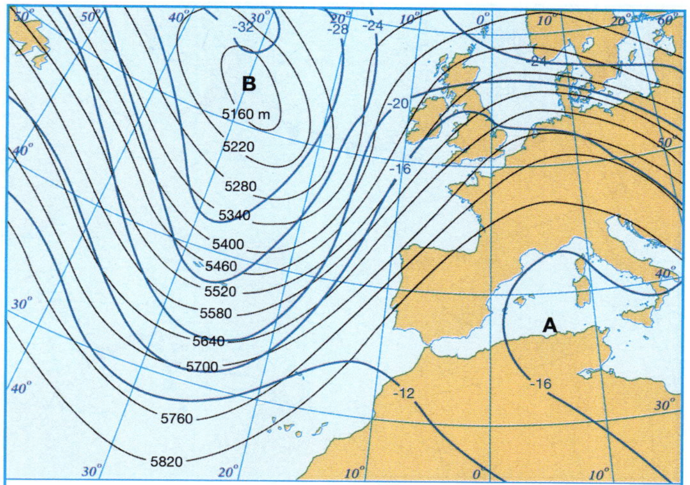

ANÁLISIS EN ALTURA. TOPOGRAFÍA DE 500 mbar Día 2-XII-1985

En altura, la corriente en chorro dibuja una vaguada en el Atlántico. **En superficie** se traduce en una profunda borrasca, que suele llevar frentes asociados y canaliza aire Pm, que alcanza la Península con trayectoria marina del SO o sur y, por tanto, húmedo, recalentado por la base, y muy inestable. Esta situación tiene su mayor frecuencia **en otoño y en invierno,** aunque es posible todo el año. Produce temperaturas más altas de lo habitual y lluvias generalizadas, especialmente en el cuadrante SO de la Península (Andalucía occidental y Extremadura), donde puede ocasionar el desbordamiento de los ríos atlánticos, con consecuencias catastróficas. En estos casos sopla el viento ábrego, que, al descender por la cordillera Cantábrica, provoca temperaturas altas y ambiente seco en la vertiente norte de la cordillera.

6. Tiempo del este. Temporal en Levante

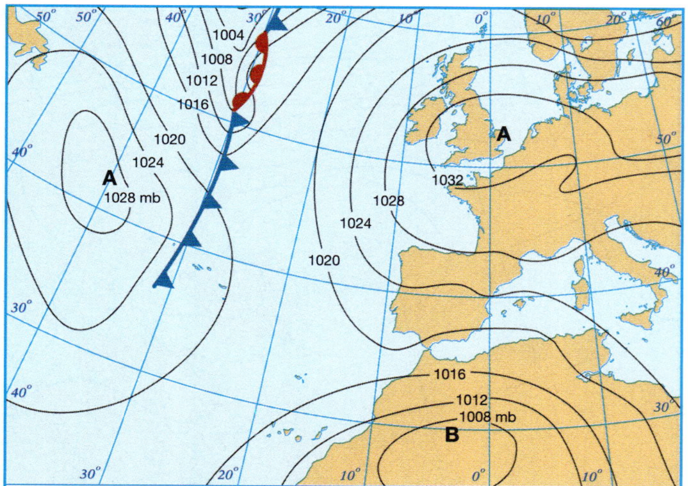

ANÁLISIS EN SUPERFICIE Día 20-III-1982

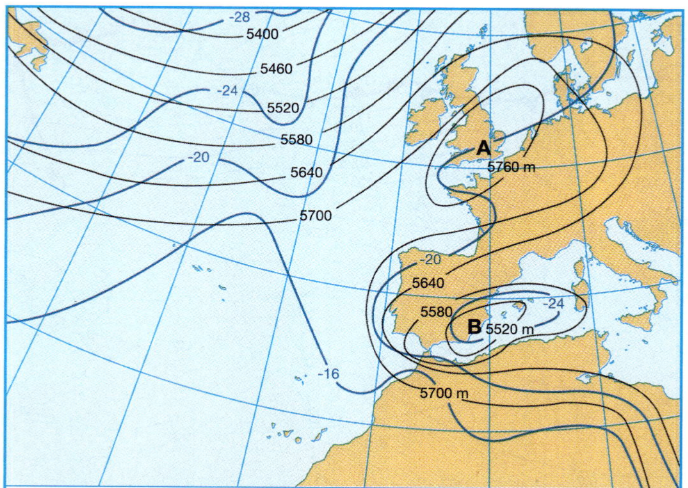

ANÁLISIS EN ALTURA. TOPOGRAFÍA DE 500 mbar Día 20-III-1982

En altura, la corriente en chorro dibuja una dorsal sobre Europa central y occidental y una vaguada en el Mediterráneo. **En superficie,** los centros de acción se disponen de manera que canalizan sobre la Península aire mediterráneo del este, cálido, húmedo e inestable. Esta situación, que tiene su mayor frecuencia **en otoño,** provoca abundantes precipitaciones en la costa levantina, acentuadas por el ascenso orográfico del aire en los relieves montañosos paralelos a la costa. Los ríos mediterráneos pueden desbordarse y producir inundaciones catastróficas.

7. Gota fría. Precipitaciones intensas

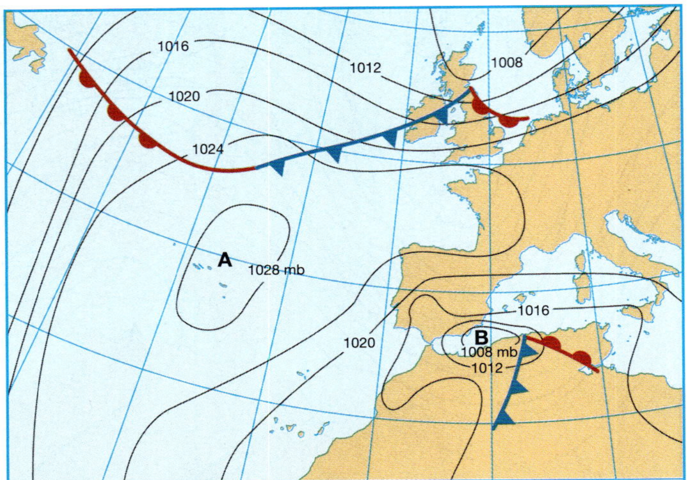

ANÁLISIS EN SUPERFICIE Día 19-X-1973

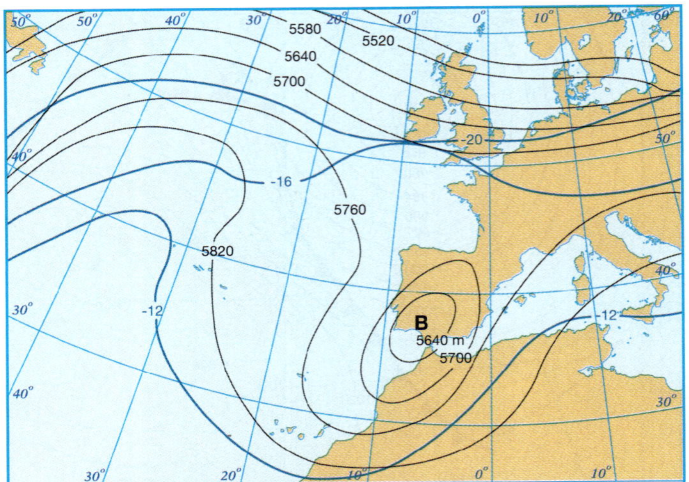

ANÁLISIS EN ALTURA. TOPOGRAFÍA DE 500 mbar Día 19-X-1973

En altura, la corriente en chorro dibuja sobre la Península una profunda vaguada, que puede llegar a desgajarse del chorro principal e individualizar una borrasca. Esta borrasca en altura, de aire muy frío, desciende hasta el suelo y obliga a ascender violentamente al aire más cálido de las capas bajas. Provoca así fuertes precipitaciones, en ocasiones torrenciales, que pueden producir daños catastróficos. Sus efectos son especialmente notorios en las costas mediterráneas, atlánticas y del suroeste peninsular, donde las precipitaciones causadas por la gota fría son muchas veces en forma de granizo, formado cuando el aire más cálido y húmedo de las zonas costeras se ve obligado a ascender violentamente y se enfría de forma muy brusca. Por tanto, esta situación es característica del **otoño,** cuando después del verano el agua del mar se encuentra cálida y son más frecuentes las irrupciones de aire frío en altura.

8. Tiempo cálido y estable

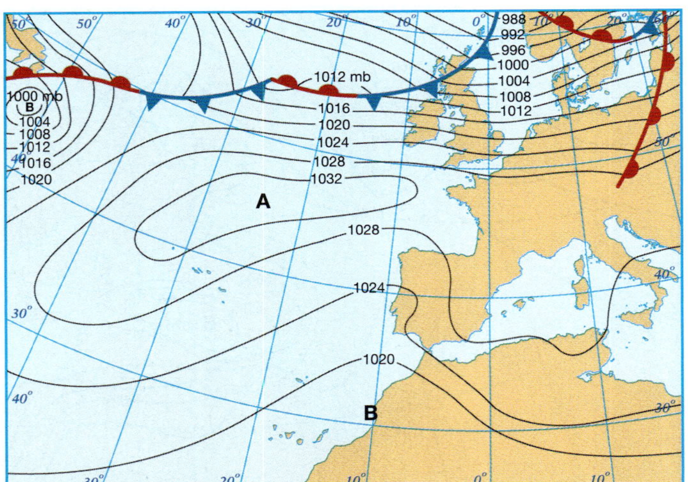

ANÁLISIS EN SUPERFICIE Día 30-IX-1977

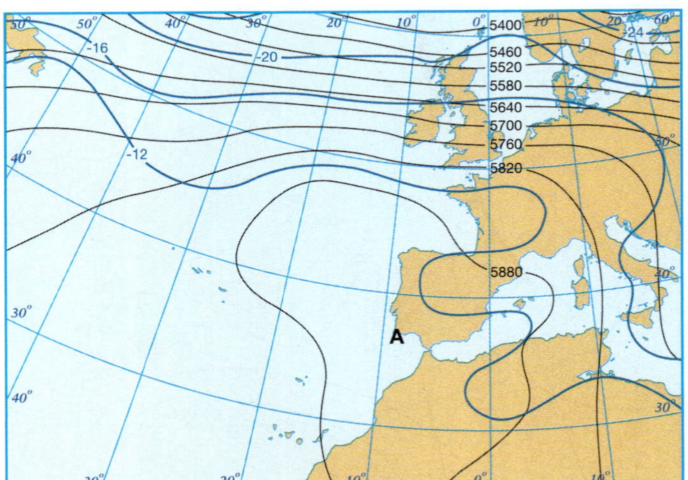

ANÁLISIS EN ALTURA. TOPOGRAFÍA DE 500 mbar Día 30-IX-1977

En altura, la corriente en chorro circula con trayectoria zonal alta en latitud, o describe una dorsal sobre el Atlántico. **En superficie,** el anticiclón de las Azores canaliza aire Tm. Esta situación tiene su mayor frecuencia **en verano** y produce en el interior peninsular tiempo caluroso y seco, y en el litoral, tiempo caluroso y ambiente bochornoso por la elevada humedad. Las altas temperaturas provocan el calentamiento y el ascenso diario del aire, pero no suele llover por la existencia de altas presiones en altura. En invierno, el anticiclón de las Azores causa nieblas de irradiación. En el resto de las estaciones provoca subida de las temperaturas y días soleados.

9. Ola de calor

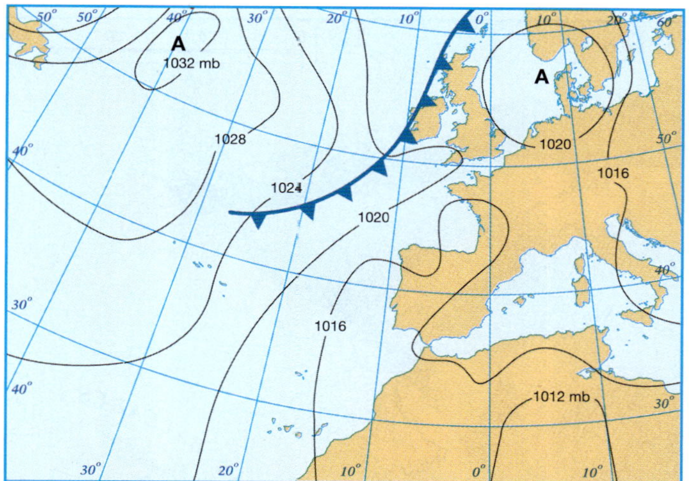

ANÁLISIS EN SUPERFICIE Día 30-VIII-1975

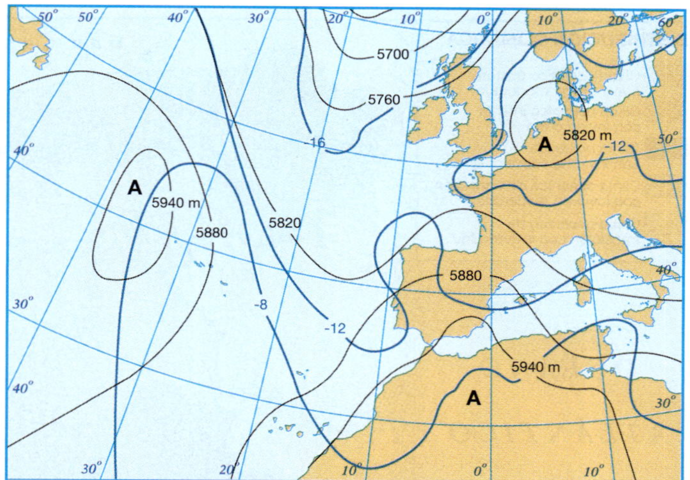

ANÁLISIS EN ALTURA. TOPOGRAFÍA DE 500 mbar Día 30-VIII-1975

En altura, la corriente en chorro dibuja una cresta sobre el norte de África, que afecta a la Península. **En superficie** corresponde con la masa de aire Tc, originaria del Sáhara, caracterizada por su elevada temperatura, sequedad y estabilidad. Esta situación afecta a España principalmente **en verano,** asociada a bajas presiones relativas por el calentamiento del suelo. Produce olas de calor, con temperaturas muy elevadas, especialmente en el sur peninsular, y calima, pues el aire trae en suspensión partículas de polvo y arena. Las bajas presiones relativas no suelen producir precipitaciones porque el aire sahariano es muy seco y existen altas presiones en altura. Solo ocasionalmente genera tormentas con gran aparato eléctrico y escasa precipitación de barro. En el resto de las estaciones produce temperaturas más altas que las correspondientes a la época del año. En Canarias, el aire sahariano llega con vientos procedentes del este.

10. Tiempo tormentoso de verano

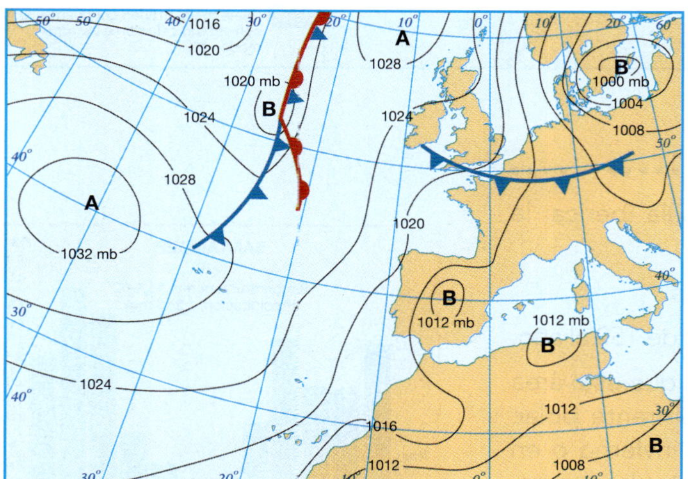

ANÁLISIS EN SUPERFICIE Día 14-VII-1977

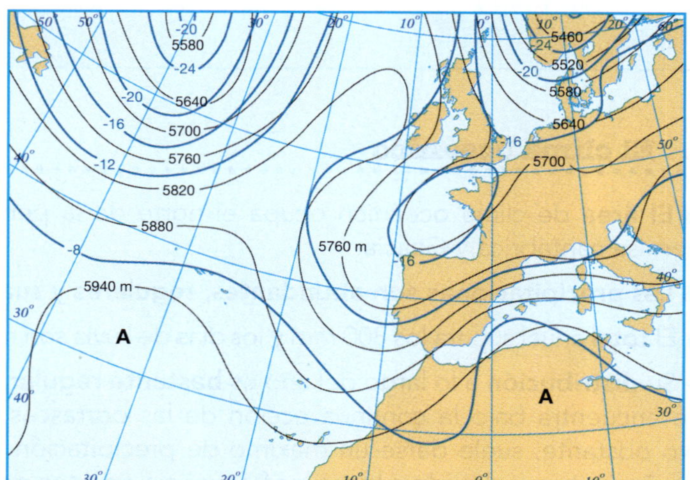

ANÁLISIS EN ALTURA. TOPOGRAFÍA DE 500 mbar Día 14-VII-1977

Las **tormentas de verano** se producen cuando el excesivo calentamiento del suelo se transmite al aire situado encima de él y ocasiona bruscos movimientos ascendentes que atraviesan la barrera de las altas presiones en altura, alcanzando los niveles altos donde las temperaturas son muy frías. Este hecho da lugar a la formación de nubes y tormentas. El tiempo tormentoso de verano también se produce cuando las altas presiones en altura se resquebrajan por la presencia de aire frío (vaguada o gota), que ocasiona una gran inestabilidad e intensos aguaceros.

4 Los tipos de clima en España

El territorio español se caracteriza por una amplia diversidad de climas. Los principales son el clima oceánico, el mediterráneo con sus distintas variedades, el de montaña y el subtropical de Canarias.

1. El clima oceánico

■ **El área** de clima oceánico ocupa el norte de la península ibérica: la cornisa cantábrica y Galicia.

■ **Las precipitaciones son abundantes, regulares y suaves.**

■ El **total** anual supera los 800 mm y los días de lluvia son más de 150 al año.

■ Su **distribución** a lo largo del año es **bastante regular,** ya que esta área se encuentra bajo la continua acción de las borrascas del frente polar. No obstante, suele darse un máximo de precipitación en invierno o en otoño-invierno, debido a la mayor frecuencia de paso de estas borrascas; y un mínimo relativo en verano causado por la influencia del anticiclón de las Azores, desplazado al norte. Este mínimo puede dar lugar a un máximo de dos meses secos, que marca la transición al clima mediterráneo continentalizado.

■ La **forma** en la que caen las precipitaciones es suave, lo que favorece su filtración en el suelo.

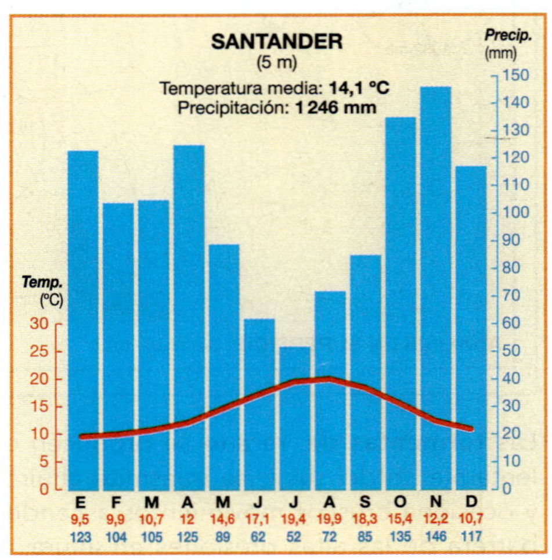

Fuente: AEMET.

■ **Las temperaturas** se caracterizan por una **amplitud térmica baja en la costa y moderada hacia el interior.**

■ **En la costa,** la amplitud térmica **es baja** debido a la influencia del mar (entre 9 °C-12 °C). El verano es fresco (ningún mes iguala o supera los 22 °C); y el invierno es moderado (la temperatura media del mes más frío está entre 6 °C y 10 °C).

■ **Hacia el interior,** la amplitud térmica **es moderada** al disminuir la influencia marina, (entre 12-15 °C). Debido a este hecho, el invierno puede ser frío (baja de 6 °C).

Clima oceánico.

Actividades

16 Realiza y comenta el climograma de Bilbao siguiendo el modelo propuesto en la técnica del final de la unidad.

Bilbao (42 m)	**T**	**P**
Enero	9,0	126
Febrero	9,8	97
Marzo	10,8	94
Abril	11,9	124
Mayo	15,1	90
Junio	17,6	64
Julio	20,0	62
Agosto	20,3	82
Septiembre	18,8	74
Octubre	15,8	121
Noviembre	12,0	141
Diciembre	10,0	116
Total año	**14,3**	**1 195**

2. El clima mediterráneo

■ **El área** de clima mediterráneo es la más extensa de España. Comprende el territorio peninsular al sur de la zona de clima oceánico, las islas Baleares, Ceuta y Melilla.

■ **Las precipitaciones son moderadas o escasas,** irregulares y tormentosas.

■ El **total** anual es inferior a los 800 mm, considerándose moderadas entre los 800 mm y los 500 mm; y escasas por debajo de los 500 mm.

■ Su **distribución** es irregular. El verano es seco debido a la influencia del anticiclón de las Azores, desplazado hacia el norte en esta época del año. El máximo tiene lugar en otoño y en primavera, salvo en las zonas más abiertas al Atlántico, donde se produce en invierno.

■ La **forma** en la que caen las precipitaciones es tormentosa en muchas ocasiones. Este hecho origina una fuerte erosión del suelo en las áreas desprovistas de vegetación.

■ **Las temperaturas varían** con la latitud y la distancia al mar.

Dentro del clima mediterráneo se distinguen tres subtipos: **marítimo, continentalizado y seco.**

2.1. El clima mediterráneo marítimo

■ **El área** del clima mediterráneo marítimo comprende la costa mediterránea peninsular (menos el SE), la costa suratlántica, las islas Baleares, Ceuta y Melilla.

■ **Las precipitaciones son moderadas o escasas,** entre los 800 y los 300 mm al año.

■ **En la costa suratlántica,** las precipitaciones son más abundantes, por la mayor influencia de las borrascas atlánticas, sobre todo de las formadas en el SO peninsular y en el golfo de Cádiz. De ahí el nombre de mediterráneo suboceánico que designa también a esta variedad climática. Su máximo principal es en invierno o en otoño-invierno.

■ **En la costa mediterránea,** las precipitaciones son menores porque las borrascas atlánticas pierden su humedad al atravesar la Península y las barreras montañosas paralelas a la costa mediterránea. Su máximo principal es en otoño, debido a las tormentas ocasionadas por el contraste entre las aguas cálidas del Mediterráneo y la tierra, que se enfría más deprisa. También pueden producirse por la llegada de masas de aire del este procedentes del continente europeo que ascienden por las cordilleras litorales; o por gotas frías e irrupciones de aire frío en altura motivadas por el inicio del descenso en latitud de la corriente en chorro.

■ **Las temperaturas** se caracterizan por una **amplitud térmica moderada** (12 °C-15°/16 °C) debido a la calidez del Mediterráneo. El verano es caluroso (iguala o supera los 22 °C) y el invierno es suave (el mes más frío no baja de 10 °C).

Clima mediterráneo marítimo. Cabo de la Nao, Alicante.

Actividades

17 Realiza y comenta el climograma de Málaga.

Málaga (5 m)	T	P
Enero	11,9	81
Febrero	12,8	55
Marzo	14,1	49
Abril	15,6	41
Mayo	18,7	25
Junio	22,2	12
Julio	24,8	2
Agosto	25,4	6
Septiembre	23,1	16
Octubre	19,0	56
Noviembre	15,4	95
Diciembre	12,9	88
Total año	**18,0**	**524**

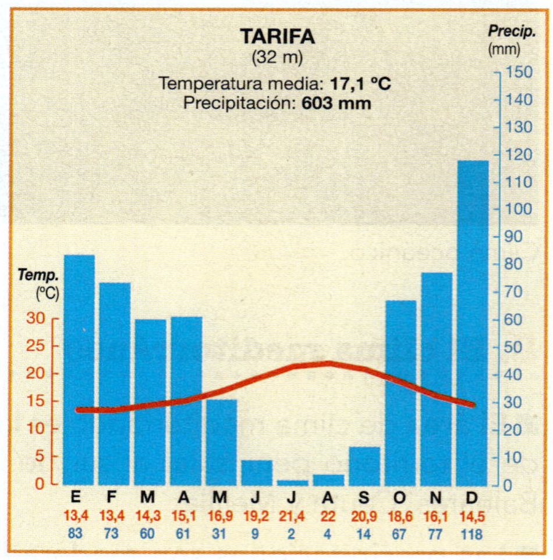

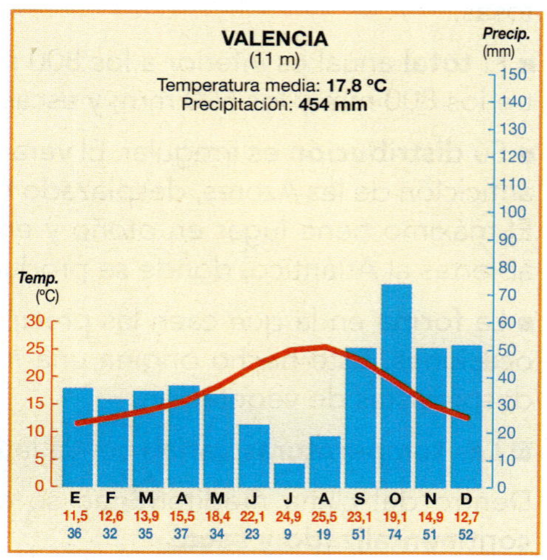

2.2. El clima mediterráneo continentalizado

El área del clima mediterráneo continentalizado comprende el interior peninsular, menos la zona media del valle del Ebro.

Las precipitaciones son moderadas o escasas, también entre los 800 y los 300 mm anuales. Su volumen es algo mayor en el sector occidental del interior peninsular.

- En el sector occidental peninsular, las precipitaciones son más abundantes, por la mayor frecuencia de paso de las borrascas atlánticas. Su máximo principal es en invierno o en otoño-invierno.
- En el centro de las depresiones castellanas y del Ebro, las precipitaciones son menores, debido a su encajamiento entre montañas. Su máximo tiene lugar en las estaciones equinocciales, sobre todo en primavera, cuando se debilitan los anticiclones invernales. Estos se forman por el frío del suelo y pueden ocasionar un mínimo secundario de precipitación en invierno.

Las temperaturas se caracterizan por una **amplitud térmica alta** (superior a los 16 °C), debido al aislamiento de la influencia del mar. Las variaciones térmicas permiten distinguir tres subtipos climáticos:

- **La submeseta norte, las tierras altas de Guadalajara, Teruel y Cuenca** tienen veranos frescos (inferior a los 22 °C) e inviernos fríos (el mes más frío baja de los 6 °C), con frecuentes heladas y nieblas.
- **La submeseta sur y los bordes del valle del Ebro** tienen veranos calurosos (igual o superior a los 22 °C) e inviernos fríos, aunque con menor incidencia de las heladas.
- **Extremadura y el interior andaluz** tienen veranos muy calurosos e inviernos moderados (el mes más frío entre los 6 °C y los 10 °C).

Clima mediterráneo continentalizado. Parque nacional de Cabañeros, Ciudad Real.

Actividades

18 Realiza y comenta el climograma de León.

León (916 m)	T	P
Enero	3,1	58
Febrero	4,9	46
Marzo	7,1	29
Abril	8,6	50
Mayo	12,1	58
Junio	16,4	39
Julio	19,6	28
Agosto	19,3	24
Septiembre	16,4	39
Octubre	11,4	56
Noviembre	7,0	58
Diciembre	4,3	70
Total año	**10,9**	**556**

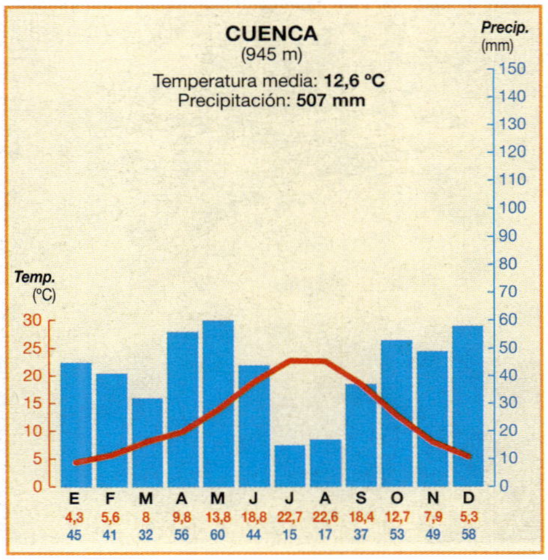

2.3. El clima mediterráneo seco, subdesértico o estepario

■ **El área** del clima mediterráneo seco, subdesértico o estepario, comprende el SE peninsular y la zona media del valle del Ebro.

■ **Las precipitaciones son muy escasas,** entre los 300 y los 150 mm, lo que le da carácter estepario.

■ **En el SE,** la aridez obedece a tres causas: la zona se encuentra protegida de las borrascas atlánticas por los relieves de las cordilleras Béticas; llegan con dificultad las borrascas mediterráneas; y son frecuentes las masas de aire secas procedentes de África. Solo las borrascas que penetran por el Estrecho o las formadas ocasionalmente en el mar de Alborán provocan precipitaciones. En el cabo de Gata se llega al clima desértico (menos de 150 mm de precipitación anual).

■ **En la zona media del valle del Ebro,** la aridez se debe al encajamiento entre montañas. Estas montañas hacen que desciendan secas hacia el valle del Ebro las masas de aire del norte que ascienden por los Pirineos; las borrascas atlánticas que alcanzan el sistema Ibérico; y las masas de aire del Mediterráneo que ascienden por la cordillera Costero-Catalana.

■ **Las temperaturas** varían con la latitud y la distancia al mar. En función de ambas se distinguen:

■ La estepa cálida de la costa del SE, con temperatura media anual en torno a 17 °C-18 °C e inviernos muy suaves (no bajan de los 10 °C).

■ La estepa fría del interior del SE (este de la Mancha y Albacete) y de la zona media del valle del Ebro, con temperatura media anual inferior a 17 °C e inviernos moderados o fríos (entre los 6 °C y los 10 °C o por debajo de 6 °C, respectivamente).

Clima mediterráneo subdesértico. Desierto de Tabernas, Almería.

Actividades

19 Realiza y comenta el climograma de Benidorm.

Benidorm (Alicante) (15 m)	**°C**	**mm**
Enero	12,2	30
Febrero	12,8	29
Marzo	14,8	17
Abril	17,4	20
Mayo	20,7	21
Junio	24,4	13
Julio	27,8	5
Agosto	27,7	8
Septiembre	25,9	29
Octubre	21,2	56
Noviembre	16,9	31
Diciembre	13,2	34
Total año	**19,6**	**293**

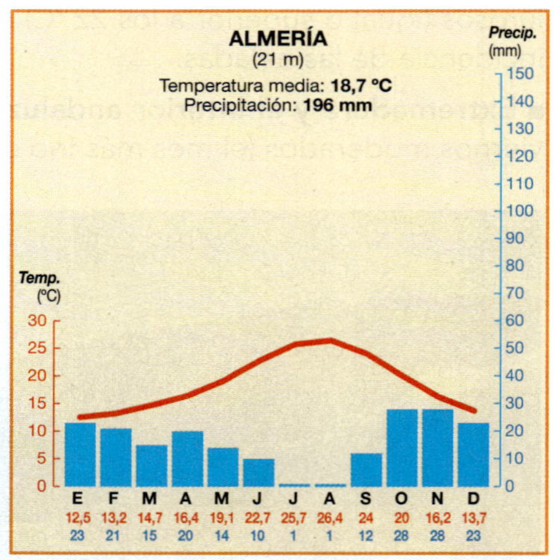

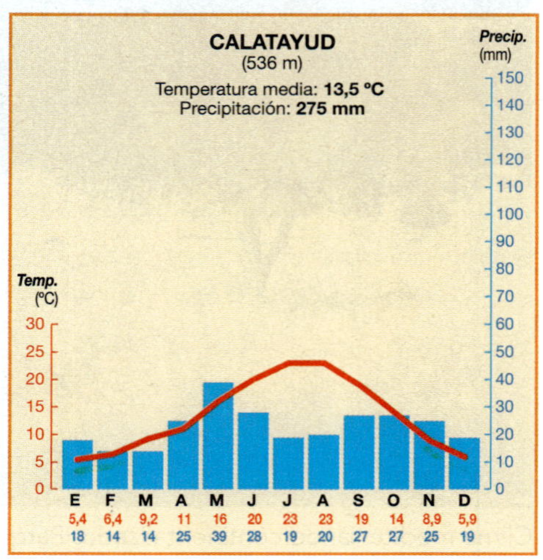

3. El clima de montaña

■ **El área** del clima de montaña comprende los territorios montañosos situados a más de 1 000 m de altitud. Sus características están determinadas por la altura, pues a medida que se incrementa, las precipitaciones aumentan y las temperaturas disminuyen.

■ **Las precipitaciones son muy abundantes:** suelen superar los 1 000 mm al año.

■ **Las temperaturas** se caracterizan por una media anual baja (inferior a 10 °C) y por inviernos fríos, en los que algún mes se sitúa cerca o por debajo de 0 °C. Por este motivo son frecuentes las precipitaciones en forma de nieve. Estas características muestran algunas variaciones en función de la latitud y del área climática.

a) **Las montañas** incluidas en el área de **clima oceánico** (Pirineos, cordillera Cantábrica, macizo Galaico-Leonés) presentan un total de precipitación muy abundante, no tienen meses secos y el verano es fresco (ningún mes iguala o supera los 22 °C).

b) **Las montañas** incluidas en el **área mediterránea** reciben un volumen menor de precipitaciones; y pueden tener uno o dos meses secos en verano. En el caso de las Béticas, por su latitud meridional, el total puede bajar de los 1 000 mm, los meses secos pueden llegar a cuatro (la altitud no compensa el predominio de las altas presiones); y la temperatura media puede superar los 10 °C, dado que el invierno es menos frío —aunque baja de 6 °C—; y el verano es caluroso.

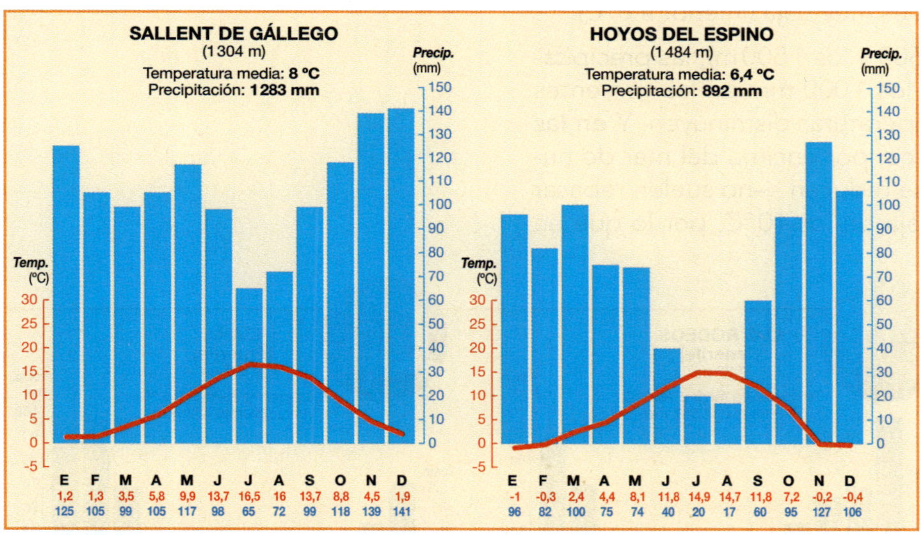

Actividades

20 Realiza y comenta el climograma de Formigal.

Formigal (1 550 m)	T	P
Enero	2,1	146,7
Febrero	2,2	114,8
Marzo	3,9	105,2
Abril	5,1	119,3
Mayo	8,5	134,8
Junio	11,5	92,2
Julio	13,6	72,0
Agosto	14,0	86,2
Septiembre	12,0	111,8
Octubre	7,8	152,6
Noviembre	4,7	181,1
Diciembre	2,3	163,1
Total año	**7,3**	**1 399,7**

Clima de montaña. Sallent de Gállego.

4. El clima subtropical de Canarias

Las islas Canarias cuenta con un clima subtropical original debido a la influencia de diversos factores:

- **Su situación** meridional, próxima al trópico de Cáncer y a las costas africanas, aporta influencias variadas. Dominan el anticiclón de las Azores y el viento alisio del NE, que origina temperaturas suaves todo el año. Cuando el anticiclón se desplaza, permite el paso de las borrascas atlánticas en invierno y del aire sahariano en verano.
- La **corriente fría de Canarias,** entre las islas y el continente africano, enfría las aguas superficiales más de lo que le corresponde por su latitud e incrementa la estabilidad del aire en verano.
- **El relieve** hace disminuir la temperatura; y su orientación provoca en las vertientes a barlovento del alisio, cuantiosas precipitaciones y nubosidad abundante (mar de nubes).

La influencia de estos factores da lugar a un tipo de clima caracterizado por los siguientes rasgos:

a) En las zonas bajas, las precipitaciones son muy escasas. En las islas occidentales se encuentran entre los 300 y los 150 mm al año (clima subdesértico o estepario); y en Lanzarote, Fuerteventura y tierras bajas de Gran Canaria no alcanzan los 150 mm al año (clima desértico). Estos escasos valores se explican por el predominio anual del anticiclón de las Azores. El máximo relativo tiene lugar en invierno, debido a las borrascas atlánticas. **Las temperaturas son cálidas todo el año** ya que ningún mes desciende de los 17 °C. Por tanto, la amplitud térmica es muy baja (inferior a 8 °C).

b) En las medianías (territorios entre los 600 y los 1 500 m), las precipitaciones se incrementan y pueden alcanzar los 1 000 mm en las vertientes a barlovento del alisio; en cambio, las temperaturas disminuyen. **Y en las zonas más elevadas** de Tenerife y La Palma, por encima del mar de nubes (más de 1500 m), las precipitaciones se reducen —no suelen rebasar 400/500 mm— y la temperatura media baja de los 10 °C, por lo que en invierno puede llegar a nevar.

Actividades

21 Realiza y comenta el climograma de Gran Canaria (aeropuerto).

G.C. (aeropuerto) (24 m)	T	P
Enero	17,6	18
Febrero	17,9	24
Marzo	18,6	14
Abril	18,9	7
Mayo	20,0	2
Junio	2,7	0
Julio	23,5	0
Agosto	24,2	0
Septiembre	24,1	10
Octubre	22,8	13
Noviembre	20,9	18
Diciembre	18,7	27
Total año	**20,7**	**134**

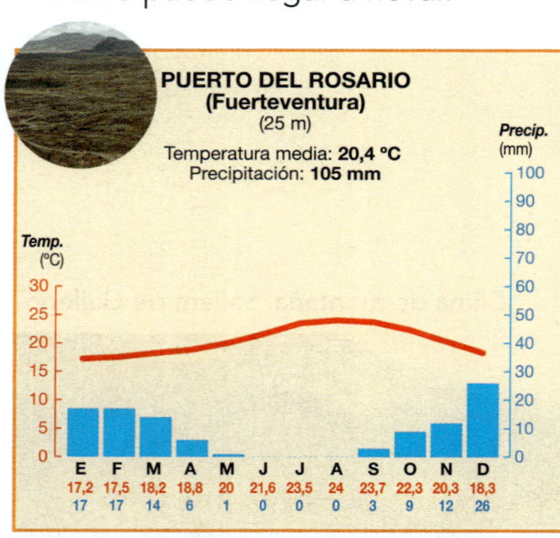

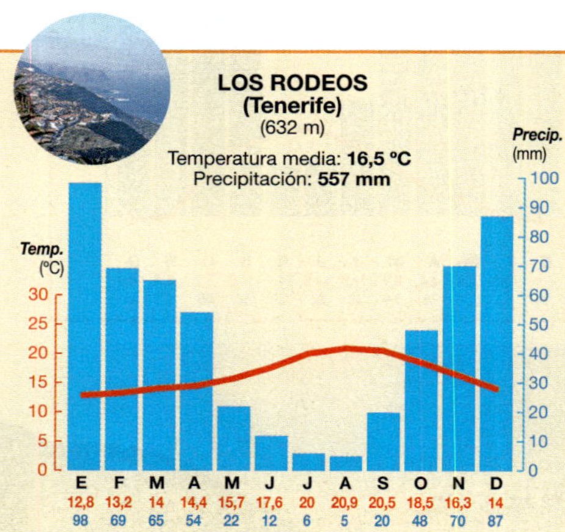

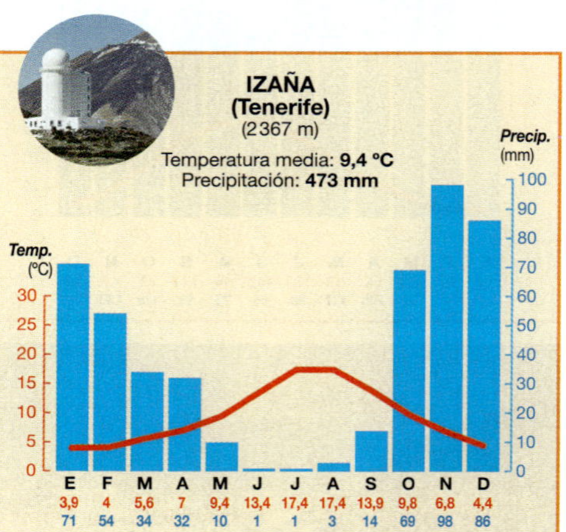

Fuerteventura tiene un clima desértico, propio de las islas Canarias más orientales, en el que todos los meses son áridos. El total anual de precipitaciones no alcanza los 150 mm y las temperaturas son cálidas todo el año, de modo que la amplitud térmica es muy baja, tan solo 6,8 °C. En cambio, en **Tenerife** norte, se aprecia la influencia de la altitud en el clima subtropical canario: la aridez se reduce a cinco meses; las precipitaciones aumentan hasta valores moderados; y descienden las temperaturas del invierno y del verano. En **Izaña,** situada por encima del mar de nubes (más de 1 500 m), las precipitaciones se reducen —no suelen rebasar los 400-500 mm— y la temperatura media baja de 10 °C, como resultado de un invierno frío y un verano fresco.

Resumen de la unidad

La diversidad climática española

resulta de la combinación de

Los factores del clima

- Geográficos: latitud y situación, influencia del mar y relieve.
- Termodinámicos: en altura, corriente en chorro; en superficie, centros de acción, masas de aire y frentes.

Los elementos del clima

- Insolación y nubosidad; temperatura del aire; humedad; presión atmosférica y viento; precipitaciones; evaporación, evapotranspiración y aridez.

da lugar a

Diferentes tipos de tiempo

- Del N: ola de frío.
- Del NE: muy frío y seco.
- Del NO: frío y lluvioso.
- Del O: paso de frentes.
- Del SO o S: temporal del suroeste o sur.
- Del E: temporal en Levante.
- Gota fría: precipitaciones intensas.
- Cálido y estable.
- Ola de calor.
- Tormentoso de verano.

Diferentes tipos de clima

- Oceánico: Galicia y cornisa cantábrica.
- Mediterráneo: resto de la Península, Baleares, Ceuta y Melilla.
- De montaña.
- Canarias.

características

Oceánico

- Precipitaciones abundantes y regulares: +800 mm.
- Temperaturas con amplitud térmica baja en la costa por influencia del mar y moderada hacia el interior.

Mediterráneo

- Precipitaciones escasas e irregulares inferiores a 800 mm.
- Temperaturas variables en función de la latitud y la distancia al mar.

Montaña

- Precipitaciones superiores a 1 000 mm.
- Temperatura media inferior a 10 °C.
- Inviernos fríos (algún mes cercano o bajo 0 °C).

Canarias

- Precipitaciones muy escasas en las zonas bajas.
- Temperaturas cálidas todo el año en las zonas bajas, que descienden con la altura, y escasa amplitud térmica.

tipos

Marítimo

- Precipitaciones: 800-300 mm.
- Temperaturas con amplitud térmica moderada por influencia del mar (12 °C-15/16 °C); veranos calurosos.

Continentalizado

- Precipitaciones: 800-300 mm.
- Temperaturas con amplitud térmica alta, 16 °C o más, por ausencia de influencia marina.

Seco subdesértico

- Precipitaciones inferiores a 300 mm.
- Temperaturas variables en función de la latitud y la distancia la mar.

Técnica (I)

Comentario de mapas meteorológicos

1. El mapa del tiempo en superficie

El mapa del tiempo en superficie representa el estado de la atmósfera en un momento determinado, indicado en la fecha del mapa. Para ello, utiliza isobaras o líneas que unen los puntos con la misma presión atmosférica. El comentario de este tipo de mapas puede seguir el guion de la siguiente ficha.

Ficha para el comentario de mapas meteorológicos en superficie		
1. Rasgos generales del mapa	■ Mapa meteorológico que muestra el estado de la atmósfera en superficie. ■ Área que comprende: habitualmente el Atlántico oriental, Europa occidental y el norte de África.	■ Fecha del mapa y fuente si consta. ■ Forma de mostrar la información: generalmente, isobaras o líneas que unen los puntos con la misma presión atmosférica.
2. Análisis de los centros de acción y de los frentes	■ Localizar geográficamente los anticiclones (valor de las isobaras superior a 1 016 mbar) y las borrascas (valor de las isobaras inferior a 1 016 mbar) e identificarlos. P.ej.: anticiclón de las Azores, depresión de Islandia (ver mapa de los centros de acción, pág. 54).	■ Localizar geográficamente los frentes e indicar si son cálidos o fríos y a qué borrascas van asociadas, si procede. ■ Señalar si son frentes activos (sector cálido amplio), poco activos (sector cálido estrecho) u ocluidos.
3. Predicción del tiempo en España (debemos fijarnos en la fecha del mapa)	**3.1. Determinar si los territorios se encuentran en una situación básica o de flujo.** ■ **Situación básica:** el territorio (península ibérica, Baleares o islas Canarias) se encuentra bajo la acción directa de anticiclones o de borrascas. ■ **Situación de flujo:** el territorio se encuentra bajo la influencia de advecciones o desplazamientos de masas de aire. En este caso: – **Determinar la trayectoria del flujo:** Am, Ac, Pm, Pc, Tm, Tc. (Ver mapa de la pág. 55). Para ello, recordar que el aire gira entre las isobaras en el sentido de las agujas del reloj en los anticiclones y en sentido contrario en las borrascas.	– **Explicar las características originales** de las masas de aire en cuanto a temperatura y humedad: muy fría, fría o cálida (según sea ártica, polar o tropical); y húmeda o seca (según proceda del mar o del continente). (Ver mapa de la pág. 55). – **Considerar las posibles modificaciones** de las masas de aire en su recorrido hasta España (enfriamiento y estabilización; o calentamiento, humedecimiento e inestabilización).
	3.2. Predicción de las precipitaciones. ■ **Tiempo seco y estable** en caso de: – Situación básica anticiclónica. – Flujos de masas de aire de procedencia continental que no se modifican en su trayectoria (recorrido continental). – Flujos de procedencia marina que se estabilizan en su recorrido (enfriamiento por la base al desplazarse al norte).	■ **Tiempo inestable,** lluvioso o de nieve, en los casos de: – Influencia directa de borrascas. – Paso de frentes. Una borrasca de dos frentes provoca estos efectos a su paso: el sector frío anterior al frente cálido, tiempo estable. El frente cálido, nubes y precipitaciones finas y suaves que pueden durar un día entero. El sector cálido entre ambos frentes, nuboso. El frente frío, precipitaciones fuertes. El sector frío posterior, variable (claros o lluvias de inestabilidad).
	3.3. Predicción de las temperaturas. ■ **Altas.** En verano cuando el territorio se encuentra bajo la influencia: – Directa de anticiclones subtropicales (Azores o sahariano). – De flujos del sur o del SO. ■ **Frescas o moderadas** – En verano con flujos del norte. – En las demás estaciones con flujos del oeste, sur o SO.	■ **Frías.** En invierno cuando el territorio se encuentra bajo la influencia: – Directa del anticiclón térmico peninsular. – De flujos del N y NO procedentes de anticiclones atlánticos. – Flujos del NE procedentes del anticiclón centroeuropeo. En estos casos pueden producirse nevadas (si el aire es húmedo) o heladas (si el aire es seco).
	3.4. Predicción del viento.	La fuerza del viento es mayor cuanto más juntas están las isobaras de los centros de acción.

2. El mapa del tiempo en altura

El mapa del tiempo en altura está constituido por **isohipsas,** líneas que unen los puntos de la misma altura para un cierto valor de presión (normalmente, los 500 mbar). Su comentario puede seguir el guion de la ficha.

Ficha para el comentario de mapas meteorológicos de altura	
Rasgos generales del mapa	■ Mapa del estado de la atmósfera para un valor de presión de 500 mbar. ■ Forma de mostrar la información: – Isohipsas o líneas continuas que unen puntos de la misma altura para los 500 mbar de presión. – Isotermas o líneas que unen los puntos con la misma temperatura en altura usando un trazado discontinuo o un color rojo (no siempre aparecen).
Análisis de los elementos que aparecen	■ **Localizar la corriente en chorro.** Se distingue en el mapa porque las isohipsas aparecen muy juntas y paralelas entre sí. ■ **Determinar la trayectoria de la corriente en chorro:** – **Zonal:** circula casi oeste-este, con ondulaciones muy suaves. Es propia de la corriente cuando circula a alta velocidad, superior a 150 km/h. – **Ondulada:** describe fuertes ondulaciones que crean dorsales o crestas anticiclónicas y valles o vaguadas depresionarias. Es propia de la corriente cuando circula a velocidad más baja.
Relación del tiempo en altura con el tiempo en superficie	■ **Cuando la corriente circula con trayectoria zonal** coincide en superficie con el frente polar y sus borrascas, dejando borrascas a la izquierda de su trayectoria y anticiclones a su derecha. ■ **Cuando la corriente circula ondulada,** puede generar en superficie anticiclones dinámicos coincidiendo con sus crestas y borrascas dinámicas coincidiendo con sus vaguadas. Si estas últimas llegan a desprenderse del chorro principal, originan una gota fría, una potente borrasca que puede ocasionar efectos catastróficos.

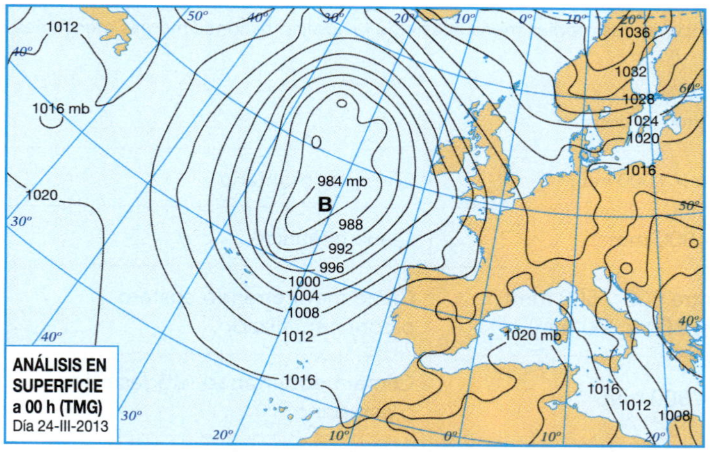

ANÁLISIS EN SUPERFICIE a 00 h (TMG) Día 24-III-2013

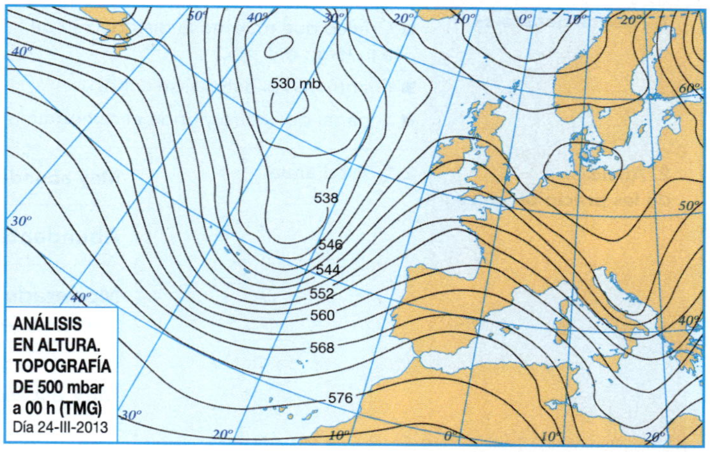

ANÁLISIS EN ALTURA. TOPOGRAFÍA DE 500 mbar a 00 h (TMG) Día 24-III-2013

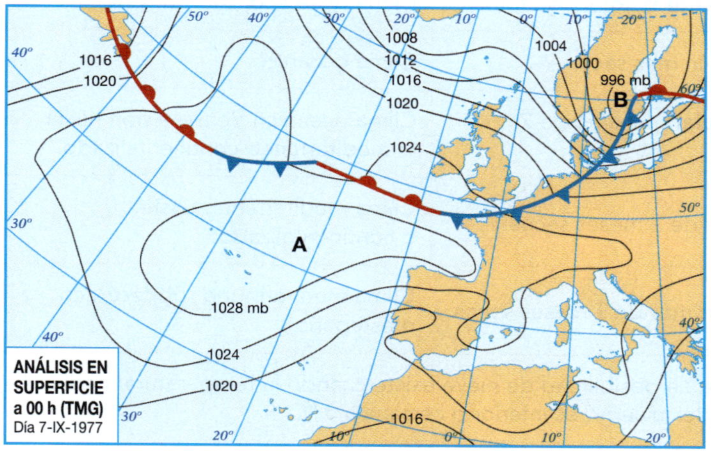

ANÁLISIS EN SUPERFICIE a 00 h (TMG) Día 7-IX-1977

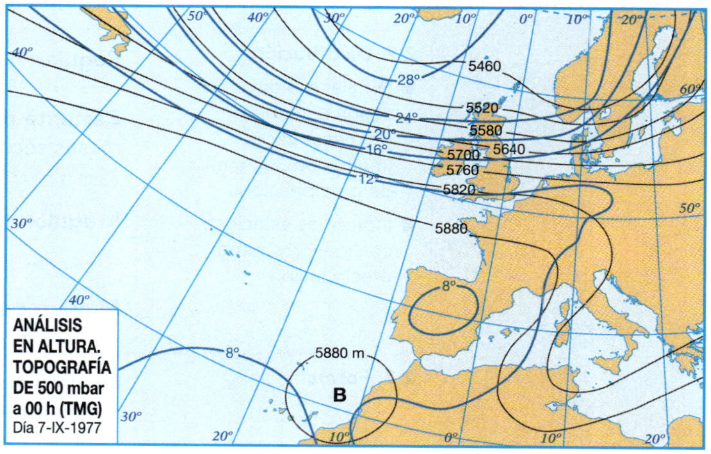

ANÁLISIS EN ALTURA. TOPOGRAFÍA DE 500 mbar a 00 h (TMG) Día 7-IX-1977

Técnica (II)

Elaboración y comentario de un climograma

Un climograma o diagrama ombrotérmico es un gráfico que representa las temperaturas medias mensuales y el total de precipitación mensual de un lugar a lo largo del año.

1. Elaboración

Sobre una hoja de papel milimetrado se traza un eje horizontal, y a izquierda y a derecha de este, dos ejes verticales.

- En el eje horizontal se sitúan los meses del año. La inicial del mes debe estar en el centro del espacio.
- En el eje vertical de la izquierda se representan, mediante puntos, las temperaturas medias mensuales desde 0 °C, de 5 °C en 5 °C. El punto debe colocarse en el centro del espacio correspondiente a cada mes. Si la temperatura baja de 0 °C se prolonga el eje vertical de las temperaturas por debajo de la línea horizontal de los meses. En el eje vertical de la derecha se representan, mediante barras, las precipitaciones medias mensuales a doble valor que los grados de temperatura (de 10 en 10 mm). La barra debe ocupar todo el espacio correspondiente a cada mes.
- El climograma debe completarse con un título; la indicación de la altitud; la temperatura media anual (media de la temperatura media mensual); y el total de precipitaciones (suma de la precipitación media mensual). También debe incluirse la fuente de los datos, si se conoce.

2. Comentario

Ficha para el comentario y la clasificación de los climas de España			
1. Rasgos generales	■ Gráfico que muestra la distribución de las temperaturas medias mensuales y de las precipitaciones medias mensuales a lo largo del año. ■ Fuente de los datos si se conoce. ■ Lugar al que corresponde el climograma y altitud, si constan.		
2. Análisis de las precipitaciones	**2.1. Total anual**	**Muy abundante:** > 1 000 mm.	Clima de montaña.
		Abundante: > 800 mm.	Clima oceánico.
		Moderado (entre 800 y 500 mm) o **escaso** (entre 800 y 300 mm).	Clima mediterráneo costero o continentalizado.
		Muy escaso: < 300 mm.	Clima mediterráneo subdesértico o estepario.
		Extremadamente bajo: < 150 mm.	Clima desértico.
	2.2. Distribución ■ Señalar sus rasgos según el número de meses secos (menos de 300 mm de precipitación). ■ Indicar las estaciones con mayor y menor precipitación.	**Regular:** ningún mes seco.	Clima oceánico.
		Bastante regular: máximo de 2 meses secos.	Clima oceánico de transición hacia el mediterráneo continentalizado.
		Irregular: más de 2 meses secos.	Clima mediterráneo costero o continentalizado.
		Muy irregular: más de 7 meses secos.	Clima mediterráneo subdesértico o estepario.
	2.3. Forma	**Lluvia o nieve.** La posibilidad de nieve existe cuando la temperatura media de los meses del invierno es inferior o cercana a 0 °C.	

3. Análisis de las temperaturas	**3.1. Temperatura media anual**	**Baja:** < 10 °C.	Montaña.
		Fresca: entre 10 °C y 12,5 °C.	Latitud septentrional sin influencia del mar (submeseta norte).
		Moderada: entre 12,5-15 °C.	Costa cantábrica. Bordes del valle del Ebro. Submeseta sur excepto Extremadura y Andalucía oriental.
		Cálida: entre 15 °C y 17 °C.	Centro del valle del Ebro. Extremadura.
		Alta: > 17 °C.	Centro del valle del Guadalquivir. Costas mediterránea y suratlántica. Canarias (excepto las zonas altas).
	3.2. Amplitud térmica	**Costa:** hasta 15 °C o 16 °C.	**Muy baja:** < 8 °C: Canarias.
			Baja: entre 9 °C y 12 °C: Costa cantábrica.
			Moderada: entre 12 °C y 15-16 °C: Costa mediterránea y suratlántica.
		Interior: > 16 °C.	**Alta:** 16-18 °C.
			Muy alta: más de 18 °C.
	3.3. Temperatura del verano	**Caluroso:** algún mes con temperatura media ≥ 22 °C.	
		Fresco: ningún mes con temperatura media ≥ 22 °C.	
	3.4. Temperatura del invierno	**Suave:** temperatura media del mes más frío ≥ 10 °C.	
		Moderado: temperatura media del mes más frío entre 10 °C y 6 °C.	
		Frío: temperatura media del mes más frío entre 6 °C y –3 °C.	
4. Análisis de la aridez	**4.1. Aridez mensual**	**Índice de Gaussen:** un mes es árido si: $2T°C \geq P\ mm$	Entre 0 y 2 meses áridos: clima oceánico.
			Más de dos meses áridos: climas mediterráneos.
	4.2. Aridez general	**Índice de De Martonne:** $\frac{\text{Precipitación total}}{\text{Temperatura media anual} + 10}$	0-5: desértico.
			5-10: estepario.
			10-20: semiárido.
			20-30: semihúmedo.
			más de 30: húmedo.
5. Clasificación del clima	Analizadas las precipitaciones, las temperaturas y la aridez hay que establecer: ■ El tipo climático: oceánico, mediterráneo, de montaña o de Canarias. ■ Los factores geográficos y atmosféricos: latitud, relieve, distancia al mar, anticiclones, borrascas y frentes.		
6. Localización geográfica del clima	Determinado el tipo de clima, hay que situarlo geográficamente, teniendo en cuenta: ■ La amplitud térmica, que indica la posición en la costa o en el interior. ■ Las temperaturas del invierno y del verano, que indican su latitud más o menos septentrional.		
7. Influencia del clima en el medio y la actividad humana	Finalmente, puede analizarse la influencia del clima concreto en otros elementos del medio natural o en las actividades humanas: ■ Elementos del medio natural como vegetación, aguas y suelo. ■ Actividades humanas, como población, agricultura, producción energética y turismo.		

Actividades de síntesis

En la web

Autoevalúate con las actividades interactivas.

1 Definir conceptos

- Define de forma breve y precisa los conceptos siguientes: *tiempo atmosférico, jet stream, frente polar, anticiclón, insolación, helada, precipitación, calima, alisio, índice de Gaussen.*

2 Comentar un mapa meteorológico

- Comenta este mapa del tiempo, siguiendo el modelo propuesto en la página 74. También puedes comentar los mapas que has ido recortando del periódico.

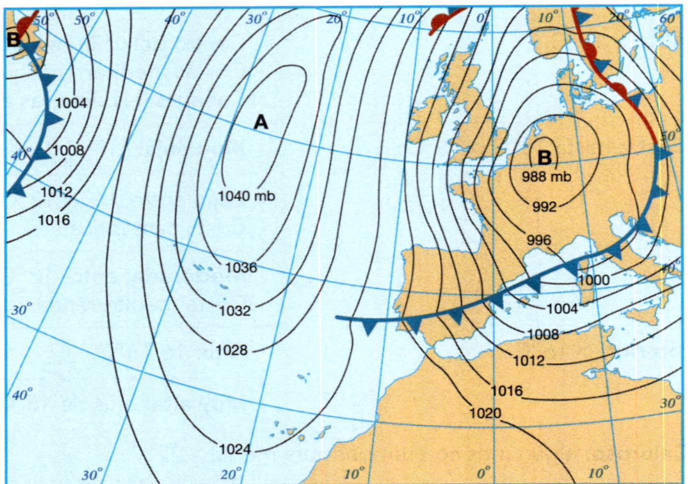

ANÁLISIS EN SUPERFICIE Día 6-II-1983

3 Realizar un cuadro comparativo

- Copia y completa el cuadro comparativo sobre los climas de España.

	Oceánico	Mediterráneo			Montaña	Canarias
		Costero	Continentalizado	Seco		
Zona						
Precipitación						
• Total						
• Distribución						
• Forma						
Temperatura						
• Amplitud						
• Verano						
• Invierno						

4 Elaborar y comentar climogramas

- Confecciona y comenta los climogramas correspondientes a los siguientes climas. Elabora los tres últimos utilizando alguna de las plantillas existentes en Internet para la realización automática de climogramas. Comprueba antes que la plantilla que eliges se atiene a las normas para la realización de climogramas explicada en la «Técnica II» de la unidad.

1. Altitud: 251 m	E	F	M	A	M	J	J	A	S	O	N	D	Total año
T	8,2	8,8	9,7	10,7	13,8	16,2	18,6	19,1	17,7	14,9	11,1	9,3	13,2
P	148	124	124	153	130	94	92	112	115	155	170	146	1 565
2. Altitud: 740 m	**E**	**F**	**M**	**A**	**M**	**J**	**J**	**A**	**S**	**O**	**N**	**D**	**Año**
T	4,0	5,5	7,6	9,1	12,9	17,7	21,6	21,4	17,8	12,4	7,6	5,1	11,9
P	38	34	30	47	60	38	21	21	30	46	48	50	464
3. Altitud: 185 m	**E**	**F**	**M**	**A**	**M**	**J**	**J**	**A**	**S**	**O**	**N**	**D**	**Año**
T	8,5	10,3	12,7	14,5	18	22,5	25,7	25,3	22,6	17,4	12,5	9,6	16,6
P	52	43	33	52	40	18	4	5	23	56	64	73	463
4. Altitud: 19 m	**E**	**F**	**M**	**A**	**M**	**J**	**J**	**A**	**S**	**O**	**N**	**D**	**Año**
T	11,4	12,7	14,6	16	18,8	22,2	25,4	25,5	23,5	19,4	15,3	12,6	18,1
P	73	43	36	46	30	9	3	4	21	56	74	95	490
5. Altitud: 1 525 m	**E**	**F**	**M**	**A**	**M**	**J**	**J**	**A**	**S**	**O**	**N**	**D**	**Año**
T	0,7	0,5	2,6	4,1	6,3	9,7	12,2	12,7	11	7,9	4,1	1,6	6,1
P	182	170	137	117	149	80	39	122	133	156	198	182	1 666
6. Altitud: 14 m	**E**	**F**	**M**	**A**	**M**	**J**	**J**	**A**	**S**	**O**	**N**	**D**	**Año**
T	17	17,1	17,9	18,5	19,6	21,1	23	24	23,5	22,2	20	17,6	20,1
P	28	19	13	7	3	0	0	0	4	9	21	24	130
7. Altitud: 6 m	**E**	**F**	**M**	**A**	**M**	**J**	**J**	**A**	**S**	**O**	**N**	**D**	**Año**
T	11,8	12,2	13,2	15	18,2	22	25	25,9	23,6	19,6	15,6	13,1	17,9
P	38	33	36	33	26	14	6	19	48	69	51	54	439

T: Temperatura en °C. P: Precipitación en mm.

5 Obtener y comentar información sobre la diversidad climática

- Consigue noticias relativas a la diversidad meteorológica y climática de España. Escribe un comentario de conjunto explicando en qué consisten estas diferencias y en qué noticias concretas se aprecian.

6 Ampliar información utilizando las TIC

- **En la web** Amplía tus conocimientos sobre esta unidad con los recursos proporcionados por la web (www.anayaeducacion.es).

3 La diversidad hídrica, vegetal y edáfica

El medio natural de España cuenta con variadas tipologías de aguas —ríos, lagos, zonas húmedas y acuíferos—; con diversas formaciones vegetales —bosques, matorrales, prados—; y con diferentes tipos de suelos —zonales, intrazonales y azonales—. Esta diversidad obedece a la influencia de numerosos factores, entre los cuales el clima, el roquedo y la acción humana desempeñan un destacado papel.

Qué vas a aprender

- La diversidad hídrica de España.
- La diversidad vegetal.
- La diversidad del suelo.
- La interpretación de hidrogramas del caudal de un río.
- La elaboración y comentario de cliseries altitudinales.

Lago de Sanabria, Zamora.

1 La diversidad hídrica

España cuenta con una destacada diversidad hídrica, que incluye aguas superficiales y subterráneas. Ambas pueden ser corrientes, como los ríos y arroyos; o estancadas, como los lagos, y humedales. La rama de la geografía dedicada al estudio de las aguas es la **hidrografía.**

1. Los ríos peninsulares

Un río es una corriente continua de agua que discurre por un cauce. En la Península, los ríos desembocan habitualmente en el mar o en otro río, si se trata de afluentes.

1.1. Factores de la diversidad fluvial

Los ríos peninsulares están condicionados por diversos factores que influyen en la organización de las cuencas y vertientes hidrográficas y en el caudal.

- **El relieve y la topografía** influyen en la organización de las cuencas y las vertientes hidrográficas, que se separan por unidades del relieve. En la erosión de los ríos, que aumenta con la inclinación del terreno. En el régimen fluvial, dado que la altura del relieve determina la aportación o no de precipitación nival. Y en las obras hidráulicas, como los embalses, que se ven favorecidas por la topografía abrupta aunque, por esta misma razón, su construcción resulta cara.
- **El roquedo** más o menos permeable determina la escorrentía*, es decir, la circulación superficial o subterránea del agua.
- **El clima** tiene gran influencia. Las precipitaciones determinan el caudal de los ríos y sus variaciones a lo largo del año. Las temperaturas inciden en la mayor o menor evaporación del agua.
- **La vegetación** aminora la evaporación al dar sombra; reduce la erosión al frenar la fuerza del agua; y disminuye el riesgo de inundaciones, al retrasar la incorporación del agua de precipitación al cauce fluvial.
- **La acción humana** realiza obras, como los embalses, para el abastecimiento de agua, el suministro eléctrico y la regularización del caudal, que modifican los regímenes fluviales naturales adaptándolos a las necesidades humanas.

Vocabulario

Escorrentía: agua que circula por una cuenca hidrográfica. Puede discurrir sobre la superficie terrestre (escorrentía superficial) o por debajo de esta (escorrentía subterránea) y puede ser ramificada o concentrada en un lecho.

Actividades

1 Sintetiza en un esquema los factores que influyen en los ríos peninsulares.

El Duero es un río caudaloso, debido a los aportes proporcionados por sus numerosos afluentes, pero su caudal es irregular, con marcado estiaje durante el verano, debido a la reducción de las precipitaciones durante esta época del año.

Cauce seco del río Andarax, cerca de Tabernas, en Almería. Este río, perteneciente a la vertiente mediterránea, nace en Sierra Nevada, pero posee un caudal muy escaso y un régimen muy irregular, característico del sureste peninsular.

1.2. Las cuencas fluviales y las vertientes hidrográficas

a) **La cuenca** fluvial es el territorio que drena o evacúa sus aguas naturales a un río principal que las conduce hasta el mar.

Las cuencas fluviales peninsulares se caracterizan por estos rasgos:

■ Se encuentran separadas por divisorias de aguas*, formadas por las cumbres de los relieves montañosos que las delimitan. Estas cuencas son: cuencas del Cantábrico, Galicia Costa, Miño-Sil, Duero, Tajo, Guadiana, Guadalquivir, Tinto-Odiel-Piedras, Guadalete-Barbate, cuencas internas de Cataluña, Ebro, Júcar, Segura y cuenca mediterránea andaluza.

■ Dentro de la cuenca, las aguas circulan por un cauce o lecho y forman una red organizada jerárquicamente, desde los subafluentes y los afluentes hasta llegar al río principal.

Vocabulario

Divisoria de aguas: línea más elevada que separa dos cuencas fluviales. Coincide con la línea formada por las cumbres de mayor altura, o línea de cumbres, a partir de las cuales la escorrentía superficial fluye hacia distintas redes fluviales. El trazado de la divisoria de aguas es claro en los relieves abruptos, gracias a los picos y crestas que forman sus cumbres; en cambio, resulta más impreciso en el caso de relieves suaves o ligeramente ondulados.

Las **cuencas hidrográficas** son unidades naturales. En las áreas donde son numerosas y de reducida extensión, se agrupan bajo una denominación común, por ejemplo, las del Cantábrico. Para la gestión de sus recursos hídricos, las cuencas se organizan en demarcaciones hidrográficas, que pueden comprender una cuenca, varias cuencas o parte de una cuenca.

b) Una vertiente hidrográfica es el conjunto de cuencas cuyas aguas vierten en el mismo mar. En la Península existe una gran disimetría entre las vertientes atlántica-cantábrica y mediterránea a causa de la inclinación de la Meseta hacia el oeste a partir del sistema Ibérico. Así, en la vertiente atlántica desembocan el 69 % de los ríos peninsulares, y en la mediterránea, el 31 % restante.

- **Los ríos de la vertiente cantábrica** son cortos, ya que nacen en montañas cercanas a la costa. Tienen gran fuerza erosiva, dado que salvan un gran desnivel entre su nacimiento y su desembocadura. Esta erosión sería aún mayor si las laderas de los relieves que atraviesan no estuvieran protegidas por la vegetación. Los ríos cantábricos son caudalosos y de régimen bastante regular gracias a la abundancia y a la constancia de las precipitaciones. Aprovechando estas circunstancias y la topografía abrupta, se han construido pantanos destinados a la producción hidroeléctrica.
- **Los ríos de la vertiente atlántica,** excepto los de las pequeñas cuencas gallegas y andaluzas, son largos, al nacer cerca del Mediterráneo y desembocar en el Atlántico. Su fuerza erosiva es escasa, dado que discurren por llanuras en las que apenas se hunden, pero forman barrancos en los desniveles. Su caudal es abundante, dado que poseen numerosos afluentes, pero su régimen es irregular. Presentan estiaje en verano coincidiendo con el mínimo de precipitación y crecidas con las lluvias de otoño y primavera.
- **Los ríos de la vertiente mediterránea,** excepto el Ebro, son cortos, dado que nacen en montañas próximas al mar. Por este motivo erosionan violentamente las laderas deforestadas. Su caudal es escaso debido a las reducidas precipitaciones y su régimen es muy irregular. Presentan acusado estiaje en verano (muy prologado en los ríos más meridionales) y pueden sufrir crecidas catastróficas en otoño originadas por lluvias torrenciales. Como consecuencia, ha sido necesario construir embalses para regularizar el caudal y suministrar agua a los núcleos de población, a la agricultura y a la industria.

En la vertiente mediterránea son también frecuentes los **torrentes,** cursos intermitentes que solo llevan agua cuando llueve. Gran parte del año sus cauces o **ramblas** permanecen secos.

Actividades

2 Explica cómo influye la disposición del relieve en las cuencas fluviales y en la red hidrográfica de la Península.

3 Averigua la diferencia entre cuenca hidrográfica y fluvial.

4 Nombra las unidades de relieve que actúan como divisoria de aguas entre la vertiente atlántica y cantábrica y la mediterránea.

5 Compara en un cuadro los rasgos de los ríos de las tres vertientes hidrográficas: longitud, fuerza erosiva, caudal y régimen y cita algunos ejemplos.

6 Traza una línea entre los cabos Peñas y La Nao y cita de NO a SE:

- Las cuencas y las vertientes hidrográficas que atraviesa.
- Los ríos principales.

	Ríos	Nacimiento	Desembocadura	Afluentes	Sup. cuenca (km²)	Longitud (km)
V. CANTÁBRICA	Nervión	Peña de Orduña	Portugalete formando la ría y abra de Bilbao	Ibaizabal	1 900	72
	Navia	Sierra de Rañadoiro	Ría de Navia	Ibias	2 572	99
V. ATLÁNTICA	Miño	Laguna de Fuente Miña	Océano Atlántico	Sil	17 757	310
	Duero	Picos de Urbión	Oporto (Portugal)	Adaja, Tormes, Pisuerga, Esla	93 375	895
	Tajo	Sierra de Albarracín	Lisboa (Portugal)	Jarama, Alberche, Tiétar, Alagón	81 947	1 007
	Guadiana	Lagunas de Ruidera	Cabeza Alta, término de Ayamonte	Jabalón, Matachel, Ardila, Zújar, Cigüela	67 500	818
	Guadalquivir	Sierras del Pozo y de Cazorla	Sanlúcar de Barrameda	Guadiana Menor, Guadajoz, Genil, Guadaira, Guadalimar	57 421	657
V. MEDITERRÁNEA	Ebro	Pico de los Tres Mares	Amposta	Aragón, Gállego, Segre, Alhama, Jalón, Huerva, Martín, Guadalope	85 997	910
	Segura	Sierra de Segura	Guardamar del Segura	Mundo	16 164	325

1.3. El caudal y el régimen fluvial

a) El caudal* es la cantidad de agua que pasa en un segundo por un punto dado del río. Se mide en m^3/s en estaciones de aforo instaladas en diversos puntos de su curso. El caudal **relativo*** es la relación entre el caudal medio anual y la superficie de la cuenca y se expresa en $l/s/km^2$. El caudal experimenta variaciones.

- **A lo largo del recorrido del río,** el tramo con mayor caudal suele ser la desembocadura, donde se acumulan las aportaciones de los diversos afluentes; excepto en los casos donde hay fuerte evaporación, infiltración, o un elevado consumo humano. En la Península, los ríos más caudalosos son el Duero, el Ebro y el Tajo.
- **A lo largo del tiempo,** el caudal puede presentar irregularidad anual, con crecidas* o estiajes* más o menos acusados, e irregularidad interanual*. En la Península, los ríos más regulares son los de la vertiente cantábrica, y los más irregulares, los de la vertiente mediterránea.

b) El régimen fluvial es la variación estacional del caudal de un río. Depende de la distribución de las precipitaciones y de la importancia de la precipitación nival. En función de ambas se distinguen ríos con régimen nival, pluvial o mixto.

- **Los ríos con régimen nival** nacen en la alta montaña, donde son frecuentes las nevadas. Su caudal máximo se da en primavera, con el deshielo; y el mínimo en invierno, al quedar retenida la precipitación en forma de nieve o de hielo en las montañas.
- **Los ríos con régimen pluvial** solo dependen de las precipitaciones. Por tanto, su caudal refleja los máximos y los mínimos de estas en cada zona climática.
- **Los ríos con régimen mixto** pueden ser nivo-pluviales o pluvio-nivales, según predomine la influencia de la nieve o de las precipitaciones.

Vocabulario

Caudal absoluto: volumen total de agua evacuada por un río en un año, medido en hm^3.

Caudal relativo: para calcularlo, hay que pasar los m^3/s a l/s multiplicándolos por mil y dividir esta cifra entre la superficie de la cuenca. Se considera escaso si es inferior a 5; medio entre 5 y 15; y elevado superior a 15.

Crecida: momento de máximo caudal de un río. El término designa también aumentos anormales del caudal con efectos catastróficos.

Estiaje: momento de caudal más bajo de un río.

Irregularidad interanual: se calcula dividiendo el caudal medio del año más caudaloso entre el caudal medio del año menos caudaloso de una serie de años. El valor inferior o igual a 3 indica regularidad; entre 3 y 7, cierta irregularidad; y superior a 7, clara irregularidad.

Actividades

7 A partir de los datos, calcula para los siguientes ríos:
- El caudal relativo.
- La irregularidad anual.

Explica las diferencias de caudal y de irregularidad.

Río Deva	
Superficie de la cuenca	1 184 km^2
Caudal medio anual	4,46 m^3/s
Máximo anual	5,68 m^3/s
Mínimo anual	2,74 m^3/s

Río Júcar	
Superficie de la cuenca	21 579 km^2
Caudal medio anual	19,9 m^3/s
Máximo anual	58,2 m^3/s
Mínimo anual	3,8 m^3/s

8 Consulta la «Técnica I» del final de la unidad y realiza la actividad de síntesis número 3.

9 Compara los hidrogramas pluvial oceánico, mediterráneo puro y mediterráneo continentalizado con los climogramas de los mismos tipos climáticos (U. 2) y saca conclusiones.

1.4. Baleares y Canarias

Baleares y Canarias carecen de ríos propiamente dichos. Poseen **arroyos** o corrientes de agua de escaso caudal, alimentados por manantiales. En Canarias, la sobreexplotación de los acuíferos ha supuesto que apenas existan arroyos permanentes en la actualidad.

Los **torrentes** también son frecuentes en ambos archipiélagos.

2. Las zonas húmedas: lagos y humedales

Las zonas húmedas —lagos y humedales— son superficies cubiertas de agua, procedente de las precipitaciones, de los ríos, o de los acuíferos.

España cuenta con numerosos lagos (2474) y humedales (2559). No obstante, muchos son de reducidas dimensiones, tienen carácter estacional, y ven amenazada su existencia por causas naturales, como la colmatación por los aportes de los ríos o de las tierras de los alrededores; o por causas humanas, como la extracción de agua para el riego, el vertido de escombro o la desecación por considerarlos espacios insalubres.

Laguna de la Posadilla, Campo de Calatrava. Se aloja en el cráter de un volcán inactivo.

2.1. Los lagos

Los lagos son masas naturales de agua acumuladas en zonas deprimidas, que alcanzan cierta profundidad (10-15 metros).

En España no son tan grandes como los europeos, por lo que algunos reciben popularmente la denominación de lagunas. Sin embargo, presentan una tipología muy diversa:

a) Los lagos endógenos están originados por fuerzas del interior de la Tierra:

- **Los lagos tectónicos** se forman en terrenos hundidos por la acción de pliegues o de fallas, como la laguna de La Janda en Cádiz.
- **Los lagos volcánicos** se alojan en el cráter de un volcán apagado, como los del Campo de Calatrava en Ciudad Real.

b) Los lagos exógenos están originados por fuerzas externas, como la acción del hielo, el agua o el viento.

- **Los lagos glaciares** se forman en las cubetas excavadas por el hielo en el circo del glaciar (lagos de circo, como la laguna de Gredos) o en el valle glaciar (lagos de valle, como los ibones pirenaicos). También pueden deberse a las obstrucciones causadas por la morrena frontal en el valle glaciar (lagos de morrena como el de Sanabria en Zamora).
- **Los lagos cársticos** se alojan en las cubetas creadas por la disolución de la caliza o del yeso, como las Lagunas de Ruidera en Castilla-La Mancha.
- **Los lagos endorreicos** son el tipo más extendido. Se forman en zonas áridas o semiáridas donde las escasas aguas no tienen fuerza para llegar al mar y se acumulan en zonas deprimidas o llanas. Sus aguas suelen ser salobres y poco profundas. Son característicos de las depresiones interiores y exteriores de la Meseta, como las lagunas manchegas de las Tablas de Daimiel, la laguna de Sariñena en Los Monegros de Huesca y la laguna de Gallocanta entre Zaragoza y Teruel.
- **Los lagos eólicos** ocupan depresiones excavadas por la acción del viento sobre materiales blandos, como las closes del Ampurdán.

Ibón de Piedrafita, valle del Tena. Se aloja en la depresión de un valle glaciar.

2.2. Los humedales

Los humedales son extensiones de terreno cubiertas por aguas poco profundas, en muchos casos de manera intermitente, pues durante el verano baja su nivel e incluso pueden llegar a desaparecer. Los humedales pueden ser interiores (lagunas*, charcas*, turberas*) o costeros (deltas, albuferas, marismas, marjales*, estuarios*, esteros* y salinas*).

Parque nacional de las Tablas de Daimiel.

Estas zonas tienen un gran interés biológico por albergar muchas especies adaptadas a vivir en un medio de transición entre el agua y la tierra y sobre todo por ser lugar de anidamiento y de parada para las aves acuáticas en sus migraciones anuales entre Europa y África.

Entre los humedales más destacados se encuentran los del parque nacional de las Tablas de Daimiel (Ciudad Real), las lagunas de Toledo, Ciudad Real, Albacete y valle del Ebro, las marismas del Guadalquivir, el delta del Ebro y las albuferas de Valencia y del Mar Menor.

Vocabulario

Laguna: masa de agua dulce o salada acumulada en zonas deprimidas de menor tamaño y profundidad que los lagos. (Laguna Negra, Soria).

Charca: pequeña acumulación de agua estancada. (Zalamea de la Serena, Badajoz).

Turbera: área inundada donde la abundante vegetación muerta acumulada en el fondo, ante la falta de oxígeno, se va convirtiendo en carbón lentamente. (Turbera de Palos de la Frontera, Huelva).

Marjal: zona húmeda próxima al mar, baja y pantanosa, cubierta de vegetación casi en su totalidad (marjal de Sagunto).

Estuario: desembocadura de un río formando una amplia abertura, que resulta afectada por las corrientes de la marea, por lo que se mezclan el agua dulce y la salada. (Estuario de A Foz, Pontevedra).

Estero: terreno pantanoso en el que abundan las plantas acuáticas, que suele llenarse de agua por la filtración de un río o llanura cercana. (Estero de Domingo Rubio, Huelva).

Salinas: terrenos encharcados salinos por la evaporación del agua salada. (Salinas de Santa Pola, Alicante).

Actividades

10 Localiza en el mapa los lagos y los humedales que se mencionan en el texto.

11 Realiza un esquema de los tipos de zonas húmedas, que incluya la definición de cada una de ellas.

12 Selecciona una imagen de una zona húmeda y comenta sus características.

13 Averigua los recursos que pueden obtenerse de las zonas húmedas y explica su importancia ecológica.

14 Busca información sobre los problemas que afectan a los humedales y expresa tu opinión sobre el debate de si deben ser protegidos o debe permitirse el uso de sus recursos.

3. Los acuíferos

Los acuíferos son **embolsamientos de agua subterránea.** Se forman cuando las aguas de precipitación se infiltran, encuentran un estrato impermeable y se acumulan sobre él. Pueden descargar sus aguas a través de ríos y manantiales o directamente en el mar.

En la Península hay cerca de mil acuíferos y ocupan casi la mitad de su superficie. Se concentran en las áreas con roquedo permeable, como las arenas y las gravas de ciertos sectores de las cuencas terciarias y de las riberas fluviales (acuíferos detríticos); y en las áreas de roquedo calizo (acuíferos carbonatados). En cambio están casi ausentes de las zonas con roquedo poco permeable (silíceas y arcillosas).

En Baleares y Canarias, los acuíferos proporcionan la mayor parte de los recursos hídricos, pues se ven favorecidos por la permeabilidad de las rocas calizas y arenosas (Baleares) y de las rocas volcánicas (Canarias).

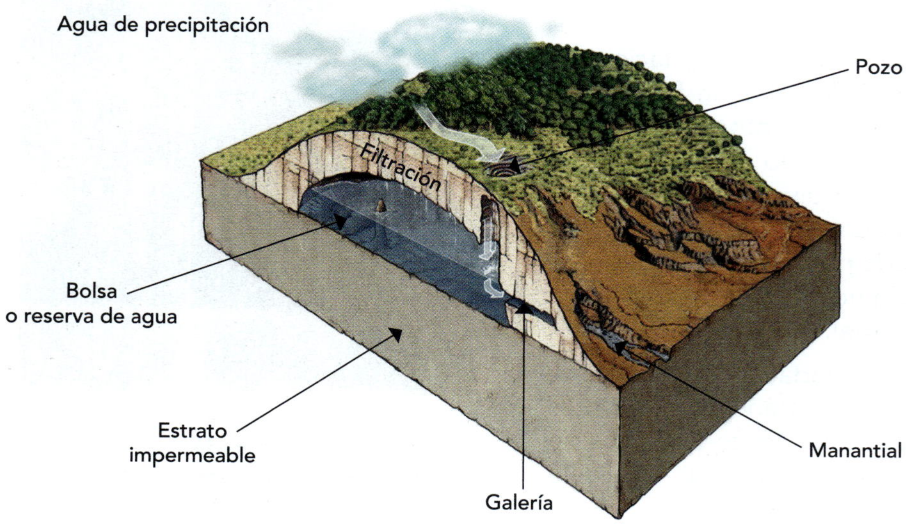

Esquema de formación de un acuífero.

El agua que se infiltra en el terreno desciende a través de las rocas permeables hasta encontrar un estrato impermeable. Allí se acumula rellenando los poros y las fisuras del terreno. El agua subterránea alimenta en parte a las aguas superficiales, permitiendo que mantengan su caudal en periodos secos. Otras veces, aflora en determinados puntos de la superficie formando fuentes o manantiales; desagua en el mar; o se extrae mediante pozos.

Actividades

15 Explica los requisitos necesarios para la formación de acuíferos.

16 Cita el nombre de unidades del relieve favorables y desfavorables para la formación de acuíferos.

2 La diversidad vegetal

1. La vegetación y las regiones florales

La vegetación o flora es el conjunto de especies vegetales de un territorio. Está integrada por **formaciones vegetales** o grupos de vegetación individualizados por su tamaño y por su fisonomía. Los tres tipos básicos son el bosque, el matorral y el prado.

En la Tierra, la vegetación se distribuye en grandes conjuntos florísticos, denominados reinos florales, subdivididos en regiones. España forma parte del reino holártico, que comprende las tierras continentales al norte del trópico de Cáncer. La Península incluye tres regiones florales: la región **boreoalpina** (zonas más elevadas de los Pirineos y de la cordillera Cantábrica); la región **eurosiberiana** (norte peninsular y algunos sectores de los sistemas Central e Ibérico); y la región **mediterránea** (resto de la Península). Las islas Baleares forman parte de la región mediterránea, y las islas Canarias, de la región **macaronésica.**

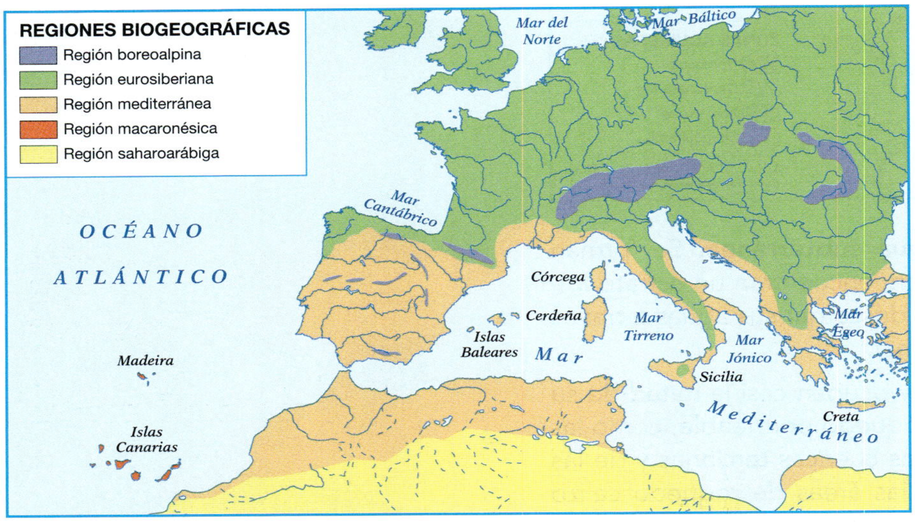

2. Factores de la diversidad vegetal

La vegetación española cuenta con unas 6000 especies. Esta diversidad resulta de la variedad de factores que inciden sobre ella:

- **Los factores físicos** son la diversidad del **clima,** pues cada planta requiere unas condiciones específicas de temperatura y precipitación. La diversidad del **relieve,** que propicia especies diferentes en función de la altura, y de la orientación de las vertientes a barlovento/sotavento del viento dominante, o en la solana/umbría. Y la variedad de **suelos,** dado que cada especie prefiere un tipo concreto. A la diversidad vegetal de España colaboran también la **posición** de puente de la Península y la originalidad de la vegetación canaria, motivada por la insularidad. Cuando la vegetación de una zona resulta exclusivamente de la incidencia de factores naturales se denomina clímax o potencial.

- **Los factores humanos** se manifiestan en la degradación de la cubierta vegetal existente, o en la introducción de especies foráneas interesantes por su aprovechamiento agrario o por su valor económico (especies de repoblación). Cuando la vegetación de una zona es el resultado de la intervención humana se denomina vegetación secundaria.

Actividades

17 Busca el significado de los términos *termófilo, criófilo, higrófilo, xerófilo, psamófilo, halófilo, umbrófilo* y *heliófilo,* referidos a las formaciones vegetales y relaciónalos con los factores que influyen en la vegetación.

Los factores físicos influyen en la distribución de la vegetación, que se encuentra adaptada a los rasgos del clima, el relieve y los suelos del lugar.

La acción humana puede modificar la vegetación natural, degradándola o introduciendo especies foráneas de interés económico, como el eucalipto.

3. Los paisajes vegetales de España

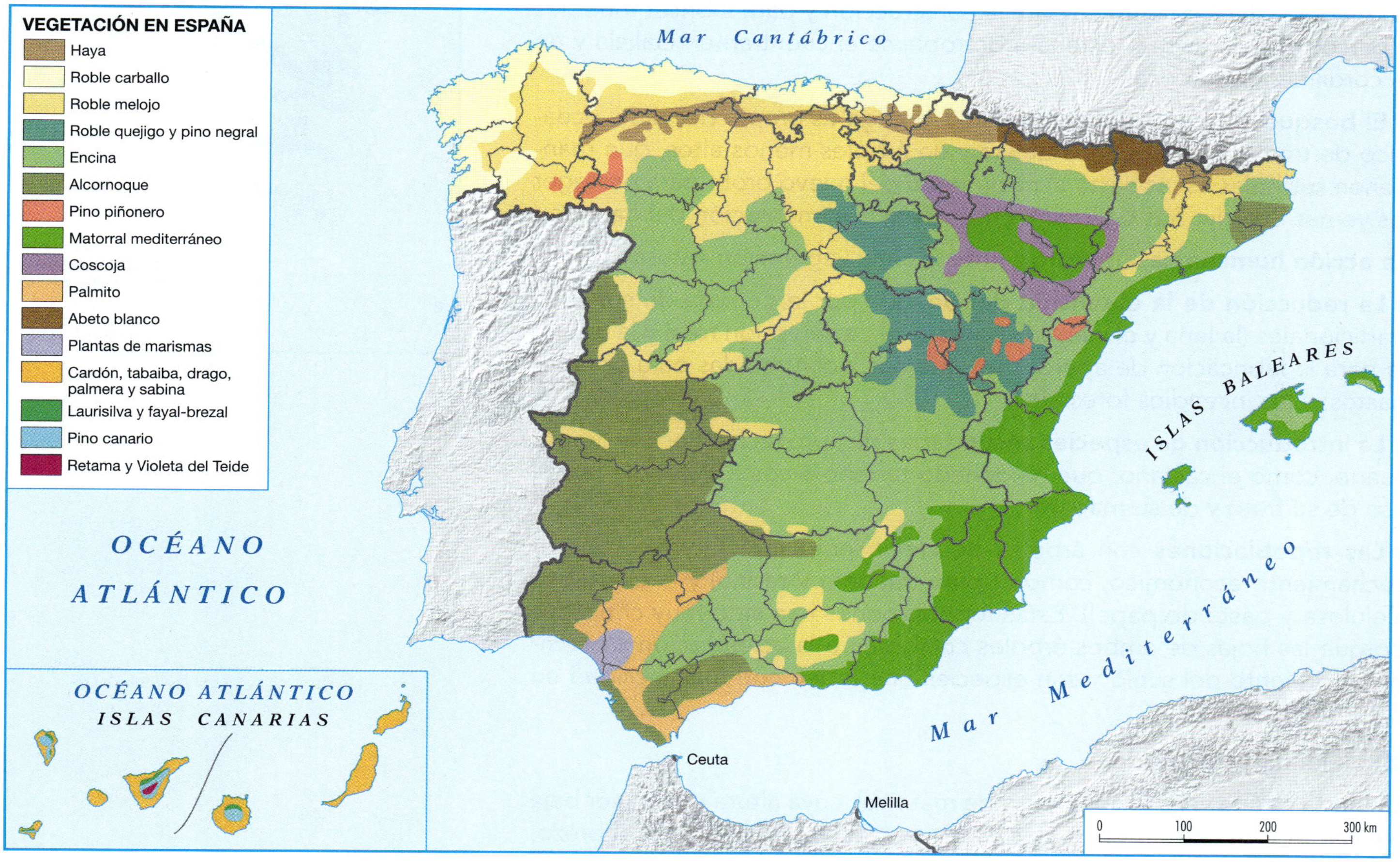

Las formaciones vegetales se disponen en comunidades, cuyo conjunto constituye el paisaje vegetal de un área. Dado que el clima ejerce una influencia decisiva sobre la vegetación, estudiaremos los paisajes vegetales de España por bioclimas, es decir, por áreas dotadas de una cierta homogeneidad interna en cuanto a su clima y vegetación.

3.1. El paisaje vegetal de clima oceánico

Corresponde a la región floral eurosiberiana. Sus formaciones vegetales características son el bosque caducifolio, la landa y el prado.

a) El bosque caducifolio

El bosque caducifolio es denso. Está constituido por árboles altos, con tronco recto y liso, y hoja grande y caduca. En el sotobosque crecen helechos y musgos, en un ambiente sombrío causado por las copas de los árboles, que se sitúan próximas entre sí, impidiendo que llegue mucha luz al suelo. Las especies más características son el roble y el haya, que pueden aparecer formando grandes masas específicas o mixtas.

- **El haya** exige gran humedad, tolera mal el calor y muy bien el frío, por lo que es un árbol de montaña, que prefiere los suelos calizos, aunque tolera los silíceos. Su madera, dura y de buena calidad, se emplea para elaborar muebles y utensilios. Su área principal está en la cordillera Cantábrica y el Pirineo navarro.

DISTRIBUCIÓN DEL HAYA
Fuente: Méndez, M., y Molinero, F.: *Geografía de España*.

■ **El roble** exige menos humedad que el haya, y tolera mal el calor y el excesivo frío, por lo que se sitúa a alturas más bajas. Prefiere suelos silíceos. Su madera, dura, se emplea para la construcción y para fabricar muebles y barcos. Las áreas más extensas de roble se encuentran en Galicia y en la cordillera Cantábrica.

■ **El bosque marcescente** de rebollo y quejigo es propio del clima oceánico de transición. Es menos denso y de árboles menos altos, que mantienen sus hojas secas hasta el nacimiento del nuevo brote para proteger las yemas del frío. Sus bellotas se usan para la alimentación del ganado.

La acción humana ha supuesto cambios en la vegetación natural:

■ **La reducción de la extensión del bosque** por la pérdida de sus usos tradicionales (la leña y el carbón vegetal en la calefacción rural y la madera para la fabricación de aperos); las quemas incontroladas para obtener pastos; y los incendios forestales.

■ **La introducción de especies secundarias** de aprovechamiento agropecuario, como el castaño, que ha ganado terreno a costa del roble por el uso de su fruto y de su madera.

■ **Las repoblaciones** con árboles de crecimiento rápido y buen aprovechamiento económico, como el **pino** (madera y resina) y el **eucalipto** (celulosa y pasta de papel). Estas repoblaciones han sido muy criticadas porque las hojas de ambos árboles colaboran a la acidificación y al empobrecimiento del suelo y son especies que arden con más facilidad en caso de incendio.

b) La landa y los prados

La landa es una vegetación densa de matorral, cuya altura puede ser baja o alcanzar los cuatro metros. Sus especies más abundantes son el brezo, el tojo y la retama o genista. La landa aparece como degradación del bosque caducifolio o como vegetación supraforestal. Suele usarse para cama de animales y luego como abono.

Los prados son una vegetación herbácea que ocupa grandes extensiones de terreno en los paisajes oceánicos. Se usan como alimento del ganado.

Bosque caducifolio de hayas. Pirineo navarro.

Prado en Cantabria.

3.2. El paisaje vegetal de clima mediterráneo

Corresponde a la región floral mediterránea. Sus formaciones vegetales características son el bosque perennifolio y el matorral: la maquia, la garriga y la estepa.

Estas formaciones xerófilas* se han adaptado a la sequía estival. Así, desarrollan raíces muy extendidas en superficie o en profundidad para captar el agua. Poseen hojas perennes y esclerófilas (duras y coriáceas), con diversos sistemas para disminuir la transpiración: pequeño tamaño; pilosidades; revestimientos de resina, cera o goma; formación de espinas.

a) El bosque perennifolio

Es un bosque poco denso. Lo forman árboles de mediana altura, con tronco sinuoso, grueso y rugoso, y hoja perenne. Sus ramas crean copas globulares y amplias, que proyectan sombra sobre el suelo para mitigar la insolación y la evaporación. Posee un rico sotobosque, con especies como el piorno o la retama, ya que los árboles se sitúan algo apartados unos de otros y la luz penetra con facilidad. Las especies más características son:

- **La encina** es resistente a la sequía y se adapta a todo tipo de suelos, por lo que es el árbol más típico y extendido del clima mediterráneo. Su madera, muy dura y resistente, se empleaba tradicionalmente para elaborar ruedas, carpintería exterior, utensilios y carbón; y su fruto, la bellota, para alimentar al ganado. Los bosques mejor conservados se encuentran en Sierra Morena, Extremadura y la sierra de Guadarrama.
- **El alcornoque** necesita cierta precipitación (más de 500 mm/año), inviernos suaves, y suelos silíceos. Su madera, muy dura, se aprovecha para la realización de toneles y barcos, y su corteza, para la obtención de corcho. Se concentra en el suroeste peninsular, en sectores del sur de Andalucía (de Cádiz a Málaga), en el noreste de Cataluña y en Castellón.

La acción humana ha supuesto cambios en la vegetación natural:

- **La reducción de la extensión del bosque** por la pérdida de muchos de sus usos tradicionales; el obstáculo que representan los árboles para la mecanización agraria y para el regadío móvil; y los incendios forestales.
- **La modificación para uso agropecuario mediante el sistema de la dehesa.** Consiste en aclarar el bosque de encina y alcornoque y combinar

Vocabulario

Xerófila: vegetación adaptada a la aridez. En España es propia del clima mediterráneo, sobre todo del subdesértico o estepario y de las zonas bajas de las islas Canarias.

DISTRIBUCIÓN DE LA ENCINA
Fuente: Méndez, M., y Molinero, F.: *Geografía de España*.

DISTRIBUCIÓN DEL ALCORNOQUE
Fuente: Méndez, M., y Molinero, F.: *Geografía de España*.

Encinar en el valle del Tiétar.

Alcornocal en Jerez de los Caballeros, Badajoz.

su conservación y la protección del suelo por los árboles, con el aprovechamiento agroforestal del fruto, la leña, la madera o la corteza de los árboles; la práctica de la ganadería y del cultivo; y otros usos, como la caza.

- **Las repoblaciones con pino** se han extendido por amplias zonas. Se valora su adaptación a condiciones climáticas extremas (frío, calor, aridez y humedad) y a suelos diversos; su rápido crecimiento; y el aprovechamiento económico de su resina y de su madera para la construcción, la elaboración de muebles, el aglomerado y la pasta de papel.

b) El matorral

El matorral mediterráneo no es una formación clímax, sino el resultado de la degradación del bosque por el ser humano. Presenta tres tipos característicos: la maquia, la garriga y la estepa.

- **La maquia** es una formación arbustiva de más de dos metros de altura, muy densa y casi impenetrable. Sus especies principales son la jara, el brezo, el lentisco y la retama.

- **La garriga** está formada por arbustos y matorrales de poca altura, que dejan algunas zonas sin cubrir. Entre sus especies destacan el tomillo, el romero y el espliego. (Observa la imagen de la derecha en la página 81).

- **La estepa** está formada por hierbas bajas, entremezcladas con arbustos espinosos, bajos y discontinuos, que dejan al descubierto suelos pobres. Sus especies principales son el palmito, el tomillo, el esparto y la esparraguera. La estepa es propia de las zonas semiáridas del sureste peninsular y del valle del Ebro, donde la sequía impide el crecimiento de los árboles y de las zonas donde la garriga ha sido degradada por la acción humana.

El matorral mediterráneo tiene diversos usos: en perfumería; en la medicina natural o en la industria farmacéutica; como condimento gastronómico; y para la fabricación de escobas, esteras, cuerdas y cestos.

3.3. El paisaje vegetal de ribera

En las riberas de los ríos, el suelo se impregna de humedad, por lo que su vegetación tiene rasgos diferentes a la de su entorno, especialmente en las zonas de clima seco. La presencia constante de agua hace que solo puedan vivir allí ciertas especies, que se disponen en franjas paralelas al río, desde las que están en contacto semipermanente con el agua hacia el exterior.

Los bosques de ribera están formados por especies como el aliso y el sauce (cuyas raíces necesitan estar en el agua); el chopo, el álamo y el fresno (solo requieren humedad en el extremo inferior de las raíces); y el olmo, menos exigente en humedad. Algunos de esos árboles, de crecimiento rápido y madera blanda, como el chopo o el sauce, se usan para armazones y embalajes. Junto a los bosques crecen juncos y matorrales, como el cornejo, el aligustre, la madreselva, las zarzamoras y los rosales silvestres. (Observa la ilustración de la izquierda de la página 81).

La acción humana ha reducido la extensión de los bosques de ribera, al alterar los márgenes y los cauces fluviales para implantar cultivos, urbanizaciones o canalizaciones. Este hecho ha supuesto una grave pérdida, sobre todo en la España seca, debido a su importancia paisajística —contraste entre su vegetación y la del entorno—; y a sus beneficios ecológicos: mitiga la erosión, el riesgo de inundación y la evaporación, y suaviza la temperatura.

Actividades

18 Compara los bosques caducifolio, marcescente y perennifolio; y la landa con la maquia.

19 Explica las diferencias entre la vegetación clímax y la secundaria.

Maquia en Guadalajara.

Estepa en Almería.

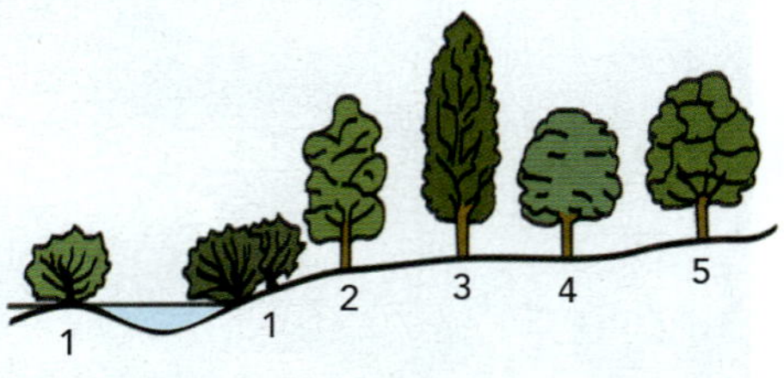

Esquema de vegetación de ribera.
1. Sauce. 2. Aliso. 3. Chopo. 4. Fresno. 5. Olmo.

3.4. El paisaje vegetal de montaña

En la montaña, la vegetación se dispone en pisos con formaciones vegetales distintas según la latitud, la altitud y la orientación (barlovento/sotavento; solana/umbría). En general se suceden el **bosque** hasta la zona donde la temperatura media anual alcanza los 10 °C; los **matorrales** a partir de la altura donde el frío impide el crecimiento de los árboles; los **prados y pastizales** de hierbas y matas enanas en las zonas cubiertas por la nieve muchos meses; y las **plantas rupícolas** adaptadas a vivir sobre las rocas o en el interior de sus grietas y fisuras (líquenes y musgos).

a) La montaña alpina o pirenaica está representada por los Pirineos. Tiene cuatro pisos vegetales:

- **El piso basal** (hasta 1 200 metros) incluye sucesivamente encinas, robles o quejigos, y hayas.
- **El piso subalpino** (entre 1 200-2 400 metros) reúne coníferas* naturales, como el pino silvestre, el abeto, y el pino negro. El abeto puede formar bosques mixtos con el haya. El sotobosque está constituido por arbustos, como el rododendro y el arándano.
- **El piso alpino** (entre 2 400-3 000 metros) es el dominio del prado y el pastizal. También abundan los sectores de roca desnuda y los canchales, donde crecen pequeñas plantas rupícolas.
- **El piso nival** (por encima de 3 000 metros) tiene espacios de topografía algo plana o de pendiente reducida donde la nieve se mantiene todo el año y no existe vegetación; y espacios de fuerte inclinación, donde la nieve desaparece cierto tiempo y crecen pequeñas plantas rupícolas.

b) La montaña atlántica está representada por la vertiente norte de la cordillera Cantábrica. En ella se suceden un piso basal forestal de bosque caducifolio; un piso supraforestal de landa; y una cima con prados.

c) La montaña mediterránea incluye las montañas del resto de la Península y de las islas Baleares. En ella se suceden un piso basal forestal de bosque perennifolio (precedido de maquia en las montañas más meridionales) y de bosque caducifolio y/o pinares a mayor altitud; y un piso supraforestal de maquia o garriga (que incluye matorral almohadillado espinoso en las montañas más meridionales). Los prados solo aparecen en las cimas más elevadas o en las umbrías.

La acción humana ha reducido los bosques de montaña en favor de usos agropecuarios (pastos en la montaña atlántica, o cultivos en la mediterránea —almendro, olivo, vid—) y de la extensión de los bosques de repoblación con buen rendimiento económico. En otros casos, la degradación o desaparición del bosque ha provocado su sustitución por el matorral.

Vocabulario

Las coníferas, como el pino y el abeto, son árboles o arbustos resinosos, de hojas aciculares (como agujas) y frutos agrupados en conos (piñas).

Cordillera cantábrica.

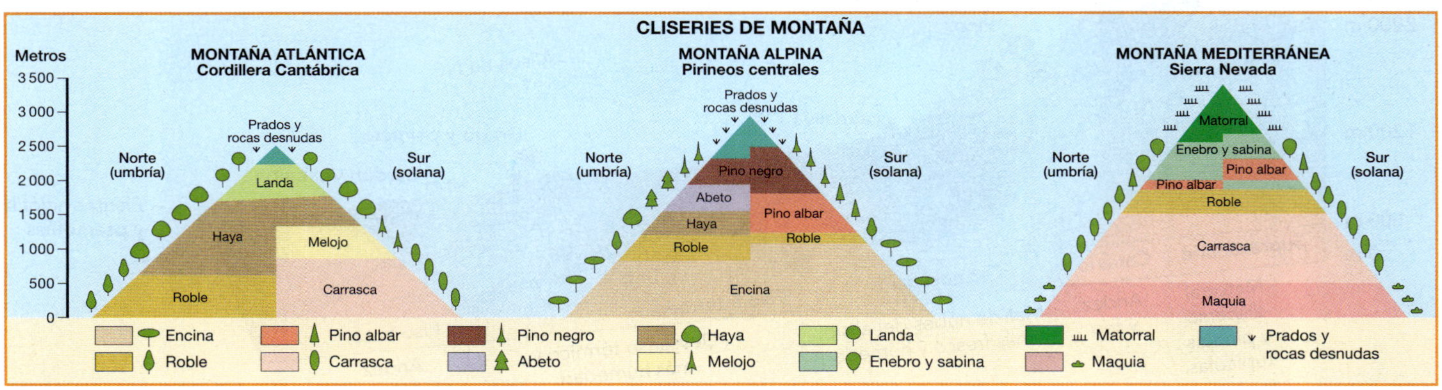

3.5. El paisaje vegetal de Canarias

Corresponde a la región floral macaronésica de la que proceden las especies autóctonas, a las que los sucesivos pobladores incorporaron especies mediterráneas europeas y africanas y especies americanas. Además, por su situación insular, desempeñan un gran papel los **endemismos** (formaciones vegetales propias y exclusivas) y las **reliquias** (formaciones vegetales propias de épocas geológicas pasadas con un clima distinto, que han sobrevivido en enclaves muy reducidos). El resultado es una riqueza vegetal extraordinaria, sobre todo en las islas con relieve montañoso, en las que se suceden los siguientes pisos vegetales.

- **El piso basal** (desde el nivel del mar hasta los 300-500 metros). Incluye plantas que soportan la sal (halófilas) y la arena (psamófilas) como la barrilla; y una elevada aridez, caso de los matorrales ralos y ásperos, como el cardón y la tabaiba.
- **El piso intermedio** (entre 200-800 metros). Está condicionado por el aumento de la humedad y el descenso térmico, que permiten el crecimiento de palmeras, dragos y sabinas.
- **El piso termocanario** (entre 800-1 200 metros). La vegetación se adapta al mar de nubes o niebla causada por el alisio que aporta gran humedad, mayor refrescamiento y menor insolación. Incluye dos originales formaciones de bosque: la **laurisilva,** muy denso y con más de 20 especies, y el **fayal-brezal,** resultante de la degradación de la laurisilva por la acción humana.
- **El piso canario** (entre 1 200-2 200 metros). Al quedar por encima del mar de nubes, la vegetación debe adaptarse a la aridez y al frío. Está dominada por el bosque de coníferas, cuya especie principal es el pino canario, que a mayor altitud da paso al cedro canario.
- **El piso supracanario** (por encima de 2 200 metros) solo está presente en Tenerife y La Palma. Está ocupado por matorrales (codeso, retama) y matillas dispersas de gran riqueza florística (violetas del Teide).

La acción humana se ha manifestado en el retroceso de la vegetación en las zona bajas y en las medianías por la implantación de urbanizaciones turísticas y cultivos; y en las áreas de bosque, dada la escasez de madera del archipiélago.

Actividades

20 En el mapa de la vegetación, traza una línea entre Andorra y la isla de Tenerife. Cita las regiones florales y los paisajes vegetales que atraviesa y las formaciones vegetales que los integran.

21 Busca imágenes representativas de los diferentes tipos de formaciones vegetales y redacta un pie para cada una de ellas.

22 Lee la técnica sobre el comentario de cliseries en la página 102. Después construye y comenta las cliseries de la actividad de síntesis número 4.

23 Planifica una actividad que ponga de manifiesto la diversidad vegetal de España.

Cardonal-tabaibal en Tenerife.

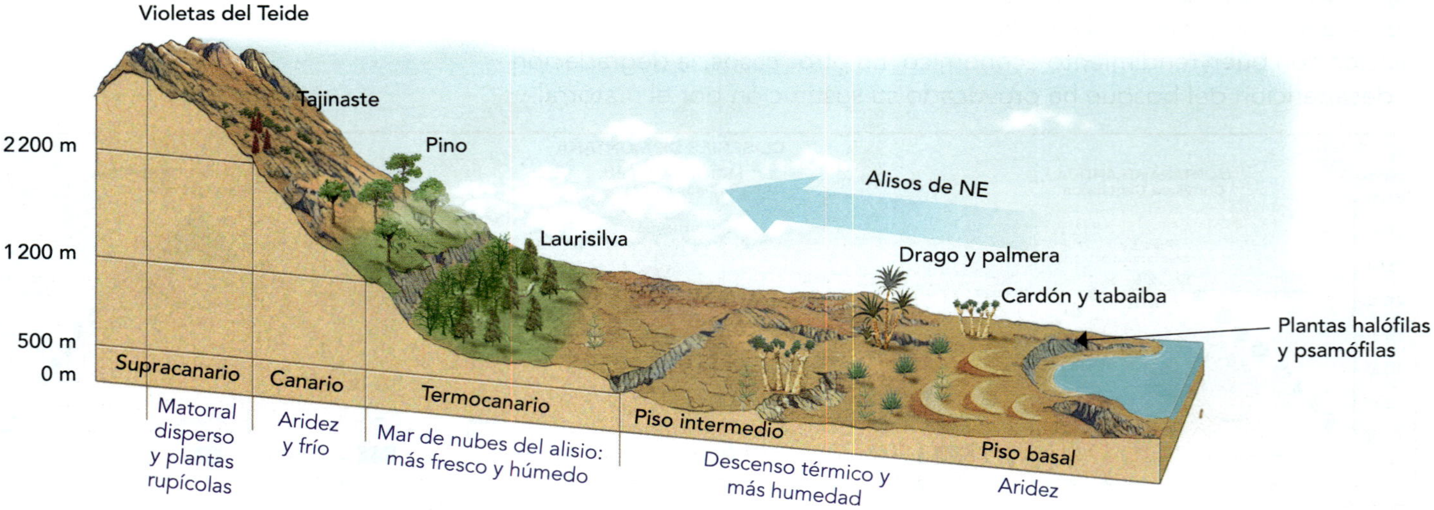

3 La diversidad del suelo

El suelo es la capa superficial de la corteza terrestre. Se compone de elementos en los tres estados. Los elementos sólidos son partículas minerales procedentes de la erosión de las rocas y la materia orgánica viva o en descomposición (raíces, hongos, bacterias, gusanos, insectos). Además, el suelo contiene elementos líquidos (agua) y gases ocupando los poros (CO_2). La ciencia que estudia el suelo es la **edafología.**

1. Factores de la diversidad edáfica

El suelo resulta de la alteración del roquedo terrestre por el clima y por los seres vivos. Primero, los fenómenos atmosféricos disgregan la roca. Luego, se instalan sobre ella plantas colonizadoras, organismos y microorganismos que aportan materia orgánica y permiten la implantación de comunidades biológicas más complejas. Con el paso del tiempo, el suelo evoluciona hasta alcanzar el equilibrio con el medio. Por tanto, los factores que condicionan la formación y la evolución del suelo (edafogénesis) son los siguientes:

- **La roca madre** es el sustrato mineral a partir del cual se forma el suelo. Influye en su color, textura, estructura, permeabilidad y acidez. Dependiendo de la roca madre, los suelos pueden ser silíceos (sueltos y poco permeables), calizos (pastosos y permeables) y arcillosos (compactos e impermeables).
- **El clima** es el factor más influyente en la formación del suelo. Las temperaturas y las precipitaciones influyen en sus procesos químicos y biológicos. Las precipitaciones condicionan también el lixiviado, es decir, la disolución y el arrastre de los elementos de la capa superficial del suelo hacia las capas bajas; si este lavado es excesivo, el suelo se empobrece y se vuelve ácido. Atendiendo al clima, los suelos pueden ser zonales o clímax, cuando su origen está estrechamente ligado al clima; o azonales e intrazonales cuando depende de otros factores, como la naturaleza del roquedo, el encharcamiento, etc.

Formación y evolución del suelo

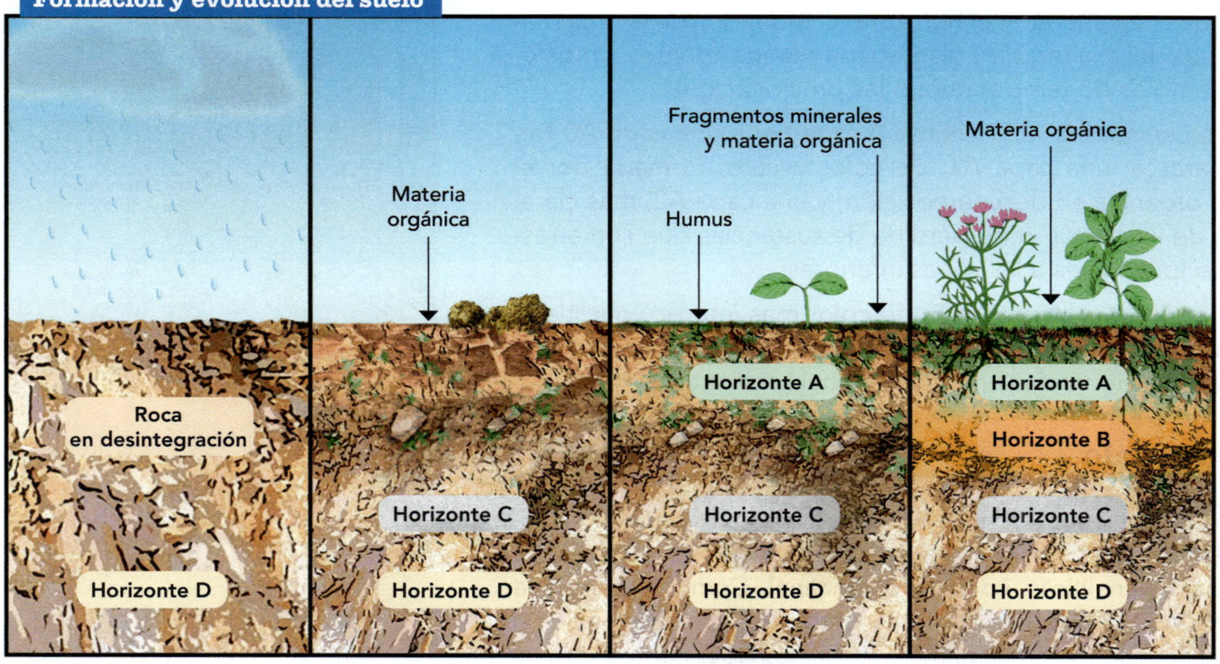

A0. Hojarasca.
A1. Humus.
A2. Zona de lixiviado.
B1. Zona de acumulación.
B2. Zona de alteración.
C. Roca madre meteorizada.
D. Roca madre consolidada.

En primer lugar, los fenómenos atmosféricos disgregan las rocas. Se instalan plantas y organismos que aportan materia orgánica. Gracias a ello, se instalan comunidades biológicas más complejas. El suelo evoluciona y desarrolla todos sus horizontes.

Las lombrices, al excavar el suelo para hacer sus túneles, lo remueven y airean. Al ingerir sus partículas, colaboran en la descomposición de la materia orgánica.

■ **Los seres vivos** actúan de diversas maneras. Las plantas pueden empobrecer y acidificar el suelo (coníferas) o enriquecerlo aportándole bases captadas por sus raíces (frondosas). La microflora formada por bacterias y hongos descompone la materia orgánica y crea el humus, del que depende en gran parte su fertilidad. Los animales, como las lombrices, roedores e insectos, lo remueven con sus movimientos. Y las personas lo destruyen y alteran, o lo mejoran con abonos y repoblaciones adecuadas.

■ **La topografía** también influye. En las zonas llanas se acumulan suelos gruesos, mientras que las pendientes fuertes favorecen la erosión y el deslizamiento del suelo.

■ **El tiempo** es otro factor determinante, dado que la formación de un suelo es un proceso lento que requiere siglos. Según el nivel de evolución se distinguen suelos jóvenes o incipientes, que todavía no han completado su formación, y suelos evolucionados.

2. Los horizontes y el perfil del suelo

Los suelos están constituidos por **horizontes** o capas individualizadas por sus características físicas, químicas y biológicas. El conjunto de horizontes conforma el **perfil** del suelo.

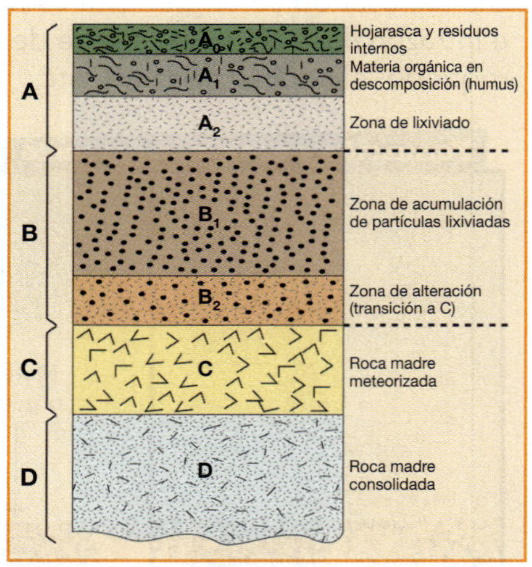

■ **En profundidad** se encuentran el horizonte D, constituido por la roca madre consolidada o sin alterar; y el horizonte C formado por la roca madre meteorizada, es decir, alterada y disgregada por los agentes atmosféricos, como los cambios de temperatura o las precipitaciones.

■ **En superficie** se encuentra el horizonte A, que tiene una capa A0 formada por la hojarasca; una capa A1, de color oscuro, formada por el humus o materia orgánica en descomposición; y una capa A2, más clara, que es una zona de lixiviación o de pérdida de sustancias que son arrastradas por las precipitaciones a las capas inferiores.

■ **Entre ambos,** se sitúa el horizonte B, de color más intenso, que tiene una capa de alteración en contacto con el horizonte C y una capa de acumulación de sustancias lixiviadas procedentes del horizonte A.

3. Los tipos de suelo

Existen diversas clasificaciones del suelo. Unas se basan en su origen y evolución (clasificaciones genéticas, como la europea) y otras en sus características (clasificaciones analíticas, como la americana). Como el clima y la naturaleza del roquedo son los factores más influyentes en la formación y la evolución del suelo, estudiaremos primero los suelos de España por áreas climáticas, distinguiendo en cada una diversos tipos en función del roquedo. Luego se enumerarán los principales suelos azonales e intrazonales.

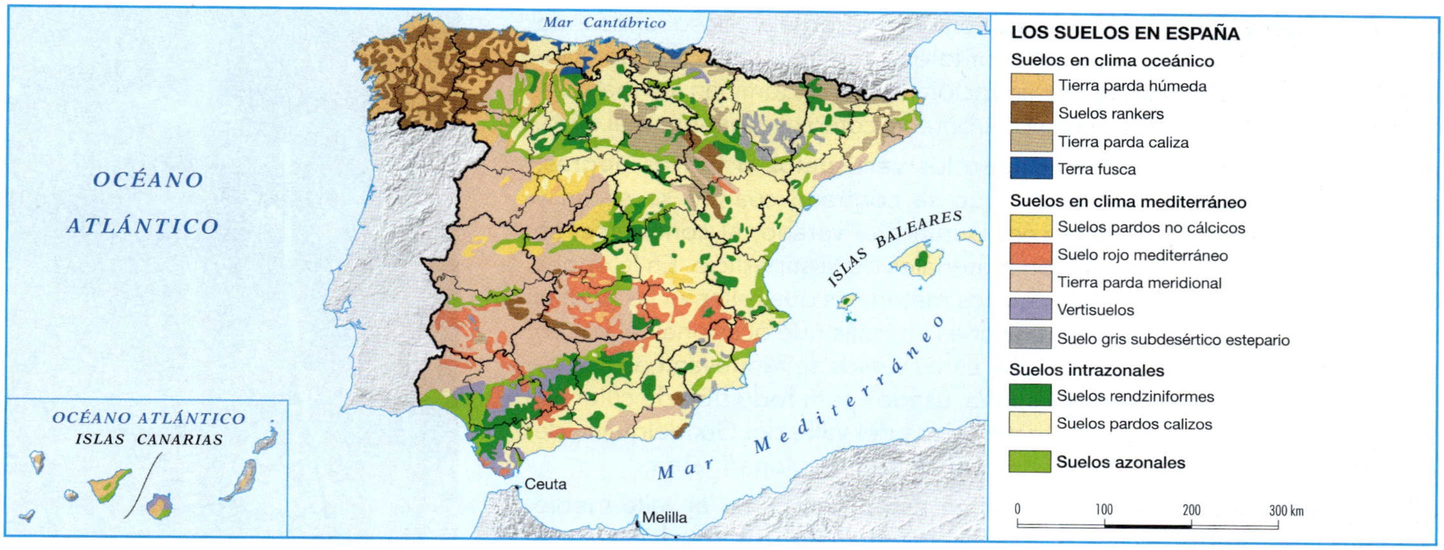

3.1. Los suelos zonales

a) Los suelos de clima oceánico son bastante evolucionados, ricos en materia orgánica y ácidos, ya que las lluvias constantes arrastran las bases de la superficie hacia los estratos inferiores (lixiviación). La acidez se refuerza cuando la roca es silícea y la vegetación natural se sustituye por especies como el pino o el eucalipto. Todos los suelos ácidos requieren abonado para su aprovechamiento agrícola.

▪ **Sobre roquedo silíceo,** la acidez del suelo se incrementa.

– **La tierra parda húmeda** es el tipo dominante. Con topografía favorable es una excelente tierra de cultivo si se contrarresta la acidez con cal. Cuando la pendiente aumenta puede dedicarse a pastizales.

– **Los rankers** se sitúan en las zonas más altas o pendientes. Por tanto, están sometidos a una fuerte erosión, que explica su escasa evolución y espesor (el horizonte orgánico reposa directamente sobre la roca madre). Solo son aptos para pastos y bosques, no para cultivo.

▪ **Sobre roquedo calizo,** la acidez del suelo es menor.

– **La tierra parda caliza** es el tipo dominante. Da excelentes rendimientos en cultivos como judías y maíz, o en prados permanentes.

– **La terra fusca** aparece sobre calizas duras y en zonas montañosas. Su principal dedicación es forestal.

b) Los suelos de clima mediterráneo se encuentran muy alterados por la erosión y la acción humana.

▪ **En las rocas silíceas,** como las del oeste peninsular, el tipo principal es la tierra parda meridional, un suelo pobre por su acidez, escasez de humus y estructura suelta, que lo hace fácilmente erosionable. Se dedica a dehesas de encina y pastizales pobres, o a cereales cuando se encala y abona.

▪ **En las rocas calizas,** dominantes en esta área climática, los suelos tienen un horizonte arcilloso que resulta de la lenta disolución de la caliza y color rojizo debido al óxido de hierro. Su fertilidad es diversa:

– **El suelo rojo mediterráneo,** rico en nutrientes, es excelente para todo tipo de cultivos.

Ranker.

Suelo rojo mediterráneo.

– **La terra rossa,** sobre calizas duras, tiene el horizonte arcilloso reposando directamente sobre la roca madre, por lo que son frecuentes las afloraciones rocosas que dificultan la mecanización. Sobre él dominan los matorrales o bosques adehesados y cultivos arbóreos, como el almendro o el olivo.

■ **En las arcillas y las margas** surgen los **vertisuelos o tierras negras,** formados por arcillas expansivas, que se contraen cuando se secan y se hinchan cuando se humedecen. Durante el verano, al contraerse, se abren grietas, que se rellenan con materiales de la superficie. En la época húmeda, cuando la arcilla se hincha, los materiales que rellenan las grietas actúan como cuñas y provocan tensiones internas que ocasionan el volteo o removido de suelo. Debido a ello, estos suelos se renuevan constantemente y son los más fértiles de España, usados para todo tipo de cultivos, salvo los arborescentes. Son característicos del valle del Guadalquivir, de la tierra de Barros (Badajoz) y de la cuenca de Pamplona/Iruñea.

■ **En las áreas mediterráneas de clima estepario,** como el valle medio del Ebro y el sureste peninsular, predomina el **suelo gris subdesértico o serosem.** Es de color gris claro, está casi siempre seco y es rico en caliza y muy pobre en humus, pues la vegetación que soporta es escasa y abierta, dejando grandes espacios sin cubrir. Su aprovechamiento en secano es prácticamente nulo. En regadío es bastante fértil, aunque se saliniza fácilmente debido a la acusada evaporación de las zonas donde se encuentra.

Terra rossa.

3.2. Los suelos azonales y los intrazonales

Los suelos azonales y los intrazonales pueden encontrarse en cualquier área climática, al depender de factores distintos del clima, como el roquedo o la topografía.

■ **Los suelos azonales** no tienen un perfil bien definido, por ser jóvenes, o por estar situados en pendientes demasiado pronunciadas.

■ **Los suelos intrazonales** tienen un perfil bien definido, que contrasta con el del suelo del entorno debido a la influencia de factores locales distintos del clima. En España los más habituales son los **pardo calizos y rendzinas** sobre calizas con abundante contenido en carbonato cálcico (permiten cultivos leñosos, cereales y leguminosas y también huertas si se riegan); los **aluviales** en las orillas de los ríos (aptos para cultivos de huerta); **los encharcados** de las zonas endorreicas (pobres en nutrientes, aunque sobre algunos se cultivan fresas); **los arenosos** (áridos e improductivos porque las precipitaciones se infiltran); **los salinos** de las marismas y de las zonas donde la elevada evaporación hace precipitar las sales contenidas en el agua (solo cultivables si se neutraliza la sal con grandes cantidades de agua); y **los volcánicos** (sobre todo basálticos, en gran parte improductivos, aunque pueden cultivarse cereales en las cenizas volcánicas).

Suelo aluvial.

Actividades

24 Explica la influencia de la roca, el clima, la topografía, los seres vivos y el tiempo en el suelo.

25 Sintetiza el proceso de formación de un suelo.

26 Aclara la diferencia entre los conceptos perfil y horizonte de un suelo; y entre suelo zonal, intrazonal y azonal.

27 Explica por qué los suelos de las vertientes montañosas y los intrazonales son diferentes de los de su entorno.

28 Relaciona estas actividades agrarias con suelos que ofrezcan condiciones favorables para aquellas: cereales, vid y olivo; dehesa ganadera; maíz y pastos; ganado y explotación forestal.

Resumen de la unidad

El agua

incluye diversos tipos

Ríos

Influidos por factores

- Relieve y topografía.
- Roquedo.
- Clima.
- Vegetación.
- Acción humana.

Se diferencian por...

- Cuencas y vertientes:
  - Cantábrica.
  - Atlántica.
  - Mediterránea.
- Caudal y régimen fluvial.

Lagos y humedales

- Los lagos pueden ser:
  - Endógenos.
  - Exógenos.
- Los humedales son: lagunas, marismas, deltas, albuferas y turberas.

Acuíferos

- Se forman en:
  - Las áreas de arenas y gravas de las depresiones terciarias y riberas fluviales.
  - Las áreas calizas de roquedo permeable.

Las formaciones vegetales

incluyen diversos tipos

Clima oceánico

- Bosque caducifolio (haya, roble).
- Landa.
- Prados.

Clima mediterráneo

- Bosque perennifolio (encina, alcornoque).
- Matorral: maquia, garriga, estepa.

De ribera

- Bosque de ribera (aliso, sauce, chopo).
- Matorral (aligustre, madreselva).

De montaña

- Pirineos: basal, subalpino, alpino, nival.
- Resto de montañas: basal, supraforestal, cumbre.

De Canarias

- En pisos: basal, intermedio termocanario, canario, supracanario.

El suelo

determinado por

Factores

- Roca madre.
- Clima.
- Topografía.
- Seres vivos.
- Ser humano.
- Tiempo.

constituido por

Horizontes

- D y C: roca madre consolidada y alterada.
- B: alteración y acumulación.
- A: hojarasca y humus.

incluye diversos tipos

Zonales

- De clima oceánico: tierra parda húmeda, rankers, tierra parda caliza, terra fusca.
- De clima mediterráneo: tierra parda meridional, suelo rojo mediterráneo, terra rossa, tierras negras.
- De clima estepario: suelo gris subdesértico.

Azonales e intrazonales

- Suelos pardo calizos y rendzinas.
- Suelos aluviales.
- Suelos orgánicos de zonas endorreicas.
- Suelos arenosos.
- Suelos salinos.
- Suelos volcánicos.

Técnica (I)

Comentario del régimen de un río

1. Interpretación del gráfico

El régimen de un río es la variación estacional de su caudal. Se representa en gráficos denominados hidrogramas de caudal.

En el eje inferior del hidrograma se representan los meses del año. Y en el eje vertical, el coeficiente de caudal mensual (k), que resulta de dividir el caudal medio de cada mes entre el caudal medio anual o módulo. Ambos valores son medias de datos registrados durante al menos treinta años. En el gráfico, el valor 1 corresponde al caudal medio anual del río; un valor inferior a 1 indica aguas bajas; y un valor superior a 1, aguas altas. Otros datos que pueden aparecer en el gráfico son:

- El nombre de la estación de aforo.
- El caudal medio anual o módulo en m^3/s (designado con las letras M o C). Es la media de los caudales mensuales.
- El caudal relativo en $l/s/km^2$ (designado con las letras Mr o R). Resulta de multiplicar el caudal medio anual por mil y dividirlo entre la superficie de la cuenca.

Un valor inferior a 5 es escaso; entre 5 y 15 es medio; y superior a 15 es alto.

2. Determinación y localización del régimen fluvial

Para determinar el tipo de régimen fluvial, analizamos:

- **La procedencia principal de las precipitaciones** que recibe el río: nival o pluvial.
- **Las variaciones estacionales de caudal,** observando los periodos en los que se producen los máximos y mínimos anuales de caudal, tomando como referencia el valor 1, correspondiente al caudal medio del río. Deben explicarse los factores que influyen en el caudal y sus variaciones (relieve, clima, suelos, regulación humana).

a) El régimen nival puro corresponde a los ríos o cabeceras de ríos de alta montaña (situados en torno a los 2 500 metros). Su caudal está determinado principalmente por la precipitación nival. Así, tienen destacados máximos a finales de la primavera (junio), cuando se produce el deshielo a estas altitudes; y estiaje en invierno, al quedar retenida el agua de la precipitación en forma de nieve o de hielo.

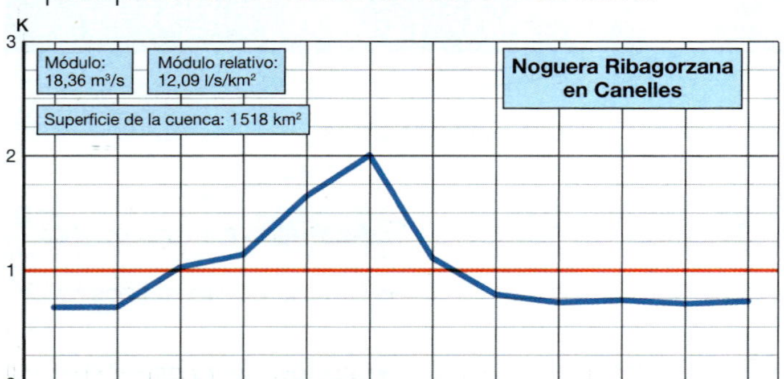

E	F	M	A	M	J	J	A	S	O	N	D
0,68	0,68	1,03	1,14	1,65	2,01	1,11	0,79	0,72	0,74	0,71	0,73

b) El régimen mixto es propio de ríos de montaña media con influencia de la precipitación nival y pluvial.

- **El régimen nivo-pluvial** corresponde a ríos o cabeceras de ríos de montaña media, entre los 2 000 y los 2 500 metros. El máximo principal primaveral se adelanta a mediados de la primavera (mayo), al fundirse antes la nieve a estas alturas; y existe un máximo secundario en otoño de tipo pluvial, poco marcado (cerca de la unidad). El estiaje invernal es más corto y existe un estiaje estival poco profundo.

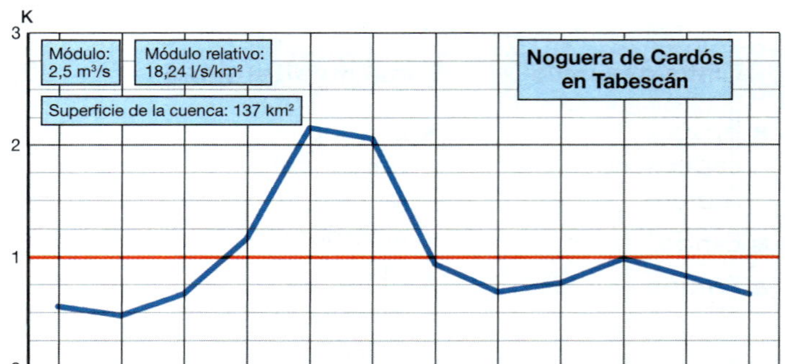

E	F	M	A	M	J	J	A	S	O	N	D
0,56	0,48	0,67	1,17	2,16	2,06	0,94	0,69	0,77	0,99	0,83	0,67

- **El régimen pluvio-nival.** Corresponde a ríos de montaña media entre los 1 600 y los 2 000 metros. El máximo principal es a principios de la primavera (abril o marzo) y el máximo secundario otoñal es acusado. Ya no existe estiaje en invierno (no hay retención nival) y el estiaje estival es profundo y se alarga hasta principios del otoño.

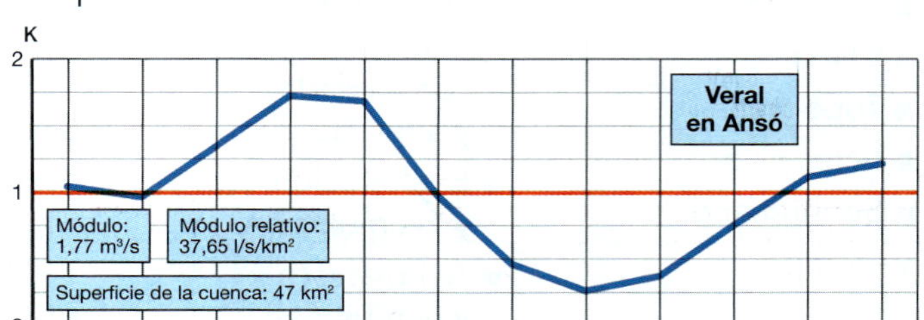

E	F	M	A	M	J	J	A	S	O	N	D
1,05	0,97	1,35	1,73	1,69	0,98	0,47	0,27	0,38	0,76	1,12	1,22

c) El régimen pluvial es propio de los ríos que tienen su caudal determinado exclusivamente por el régimen de precipitaciones.

- **El régimen pluvial oceánico** corresponde a los ríos de la vertiente cantábrica y atlántico-gallega. Tienen aguas altas en invierno y estiaje en verano al disminuir las precipitaciones y aumentar la evaporación. Sin embargo, esto no implica escasez de caudal, dado que los valores del estiaje son relativos al propio río y se refieren a un caudal medio anual o módulo elevado.

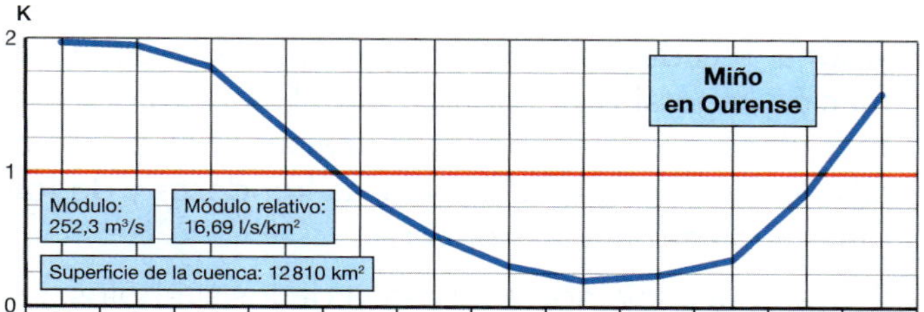

E	F	M	A	M	J	J	A	S	O	N	D
1,97	1,95	1,79	1,32	0,86	0,54	0,31	0,20	0,24	0,36	0,86	1,60

- **El régimen mediterráneo continentalizado** corresponde a ríos del interior peninsular. Tienen dos máximos de similar importancia: uno a finales del invierno o principios de la primavera (marzo-febrero) y otro en otoño. El estiaje del verano es largo y pronunciado (entre cuatro y seis meses), existiendo una mayor diferencia entre las aguas altas y bajas que en el régimen oceánico. Además existe un mínimo relativo en invierno por influencia del anticiclón peninsular (enero o febrero).

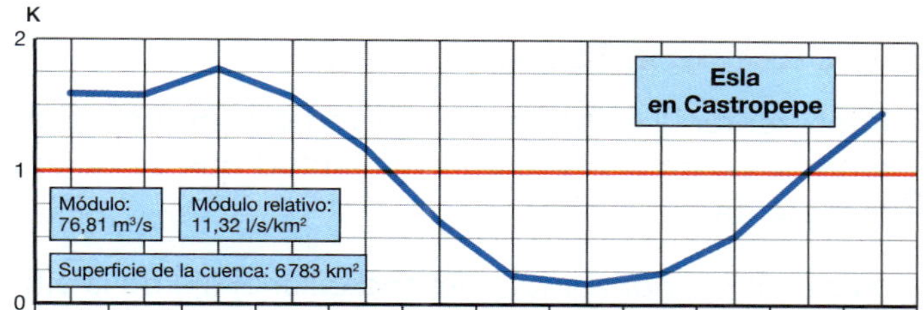

E	F	M	A	M	J	J	A	S	O	N	D
1,59	1,58	1,78	1,57	1,18	0,63	0,22	0,16	0,24	0,52	1,07	1,46

- **El régimen pluvial mediterráneo puro** corresponde a los ríos del litoral levantino peninsular. Presenta tres o cuatro picos de máximos (dos en primavera y uno o dos en otoño, más intensos) y tres o cuatro picos de mínimos situados entre los máximos, siendo el principal en verano. La irregularidad fluvial puede atenuarse si el río discurre por un roquedo calizo que infiltra el agua; o si se encuentra regularizado por embalses, que incluso pueden invertir el estiaje estival.

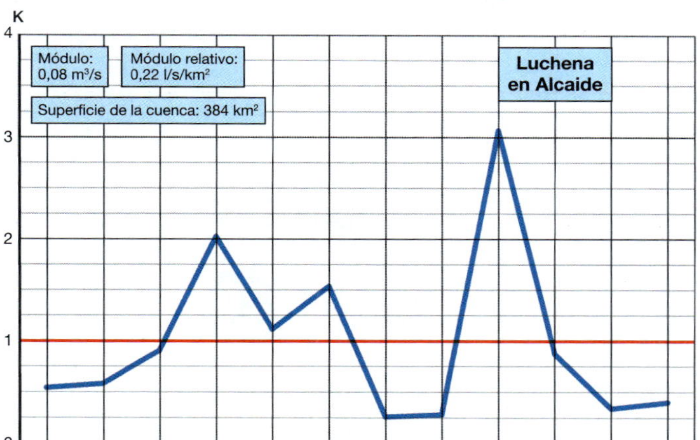

E	F	M	A	M	J	J	A	S	O	N	D
0,55	0,59	0,91	2,03	1,12	1,54	0,27	0,29	3,07	0,88	0,35	0,41

- **El régimen pluvial subtropical** corresponde a los ríos más meridionales de la Península: cuenca del sur, Extremadura y bajo Guadalquivir.

Tienen un intenso periodo de aguas altas en invierno (enero-febrero) y un estiaje muy profundo y prolongado, con siete meses o más por debajo de la unidad (entre principios de la primavera y mediados del otoño).

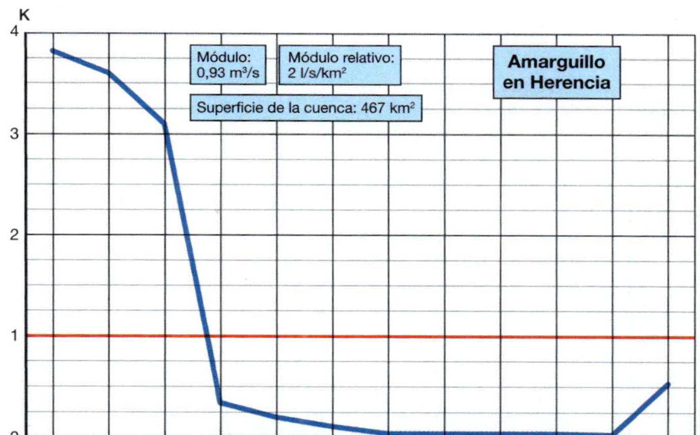

E	F	M	A	M	J	J	A	S	O	N	D
3,82	3,60	3,10	0,35	0,21	0,12	0,05	0,05	0,05	0,05	0,04	0,54

3. Conclusiones

Teniendo en cuenta el caudal y la regularidad del río hay que establecer:

- Su posible aprovechamiento: riego, uso hidroeléctrico, etc.
- La necesidad de obras de regulación para asegurar el abastecimiento y prevenir catástrofes como sequías e inundaciones.

Técnica (II)

Elaboración y comentario de una cliserie altitudinal

Una cliserie es una representación gráfica de las variaciones de la vegetación en función de las condiciones climáticas. Estas variaciones pueden deberse a la latitud (cliseries latitudinales) o a la altitud (cliseries altitudinales). En las cliseries altitudinales, la representación de los diferentes pisos vegetales puede realizarse sobre un triángulo que esquematiza una montaña, o sobre un perfil topográfico del terreno.

1. Elaboración de una cliserie altitudinal

1.1. Cliserie sobre un triángulo

- Representar la altitud en un eje vertical comprendido entre los 0 metros y la máxima altitud que se quiera representar.
- Trazar un eje horizontal perpendicular al eje de la altitud, a la altura de 0 metros. Dibujar la montaña sobre él de modo que su cima coincida con la altura de la montaña medida en el eje vertical.
- Dividir la montaña en dos mitades mediante una línea vertical trazada desde la cima hasta la base, en el caso de que las formaciones vegetales varíen en función de la posición a barlovento o sotavento del viento dominante; o de la situación en la solana o en la umbría de la ladera.
- Marcar los pisos de vegetación mediante líneas horizontales situadas a la altura correspondiente, medida en el eje vertical.
- Asignar a cada piso un color y/o un dibujo de la formación vegetal correspondiente. El aspecto del símbolo debe aludir al tipo de formación. Por ejemplo, árboles de copa globular para las frondosas y de forma triangular para las coníferas.
- Elaborar una leyenda explicativa de los símbolos.
- Poner el título de la cliserie en la parte superior.

1.2. Cliserie sobre un perfil topográfico

- Si se opta por un perfil topográfico, debe realizarse primero el corte topográfico del terreno, siguiendo la técnica explicada en la página 46 (técnica de la unidad 1).
- Después, se debe situar los símbolos elegidos para las formaciones vegetales en la altitud correspondiente del perfil; elaborar la leyenda; y poner el título en la parte superior, indicando el nombre de los lugares donde comienza y termina el perfil topográfico.

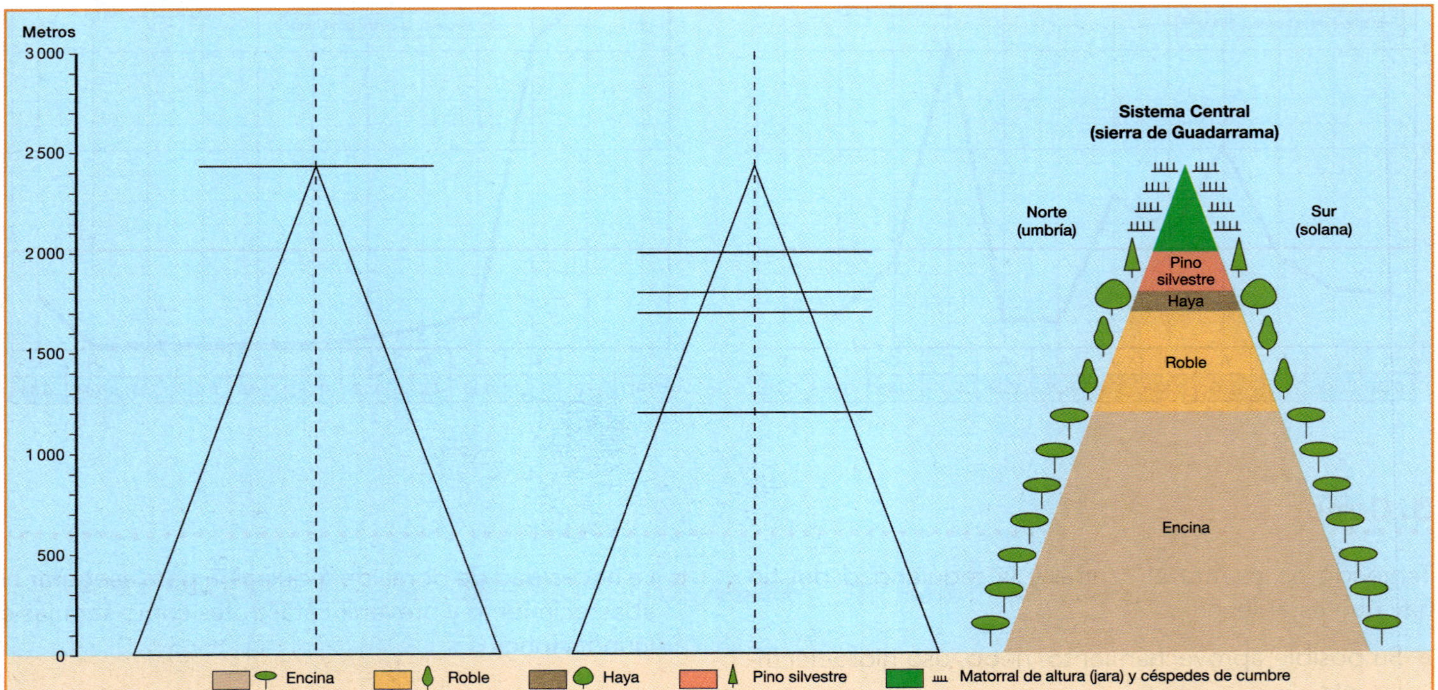

2. Comentario de una cliserie altitudinal

a) Interpretación del gráfico

- **Definir la cliserie altitudinal y su tipo:** representación gráfica de las variaciones de la vegetación en función de la altura sobre un triángulo que esquematiza la montaña, o sobre un perfil topográfico.
- **Identificar sus elementos:** la altura del terreno se indica en un eje situado a la izquierda o en el centro del gráfico. Las formaciones vegetales se representan mediante franjas de distinto color y/o mediante símbolos. Debe valorarse si su forma alude o no al aspecto de la formación vegetal que representa.

b) Análisis de los pisos vegetales

- **Indicar los pisos vegetales que se suceden** desde la base hacia la cima o a lo largo del perfil topográfico. En general, estos pisos pueden agruparse en formaciones vegetales de bosque, matorral y prados, aunque estos últimos no están presentes en los sistemas montañosos de media altitud del área mediterránea.
- **Explicar los factores** que influyen en la variación de formaciones vegetales: la altitud, la orientación a los vientos dominantes y al sol, u otros factores:

– Las variaciones en función de la altura se deben a que, al aumentar la altitud, disminuye la temperatura —0,6 °/0,5 °C por cada 100 m— y aumentan las precipitaciones. Por tanto, varían las condiciones climáticas y la vegetación correspondiente, dado que cada planta exige unas condiciones térmicas y pluviométricas concretas.

– Las variaciones en función de la orientación pueden deberse a la posición a barlovento o sotavento del viento dominante, que determina diferencias en las precipitaciones (las vertientes de barlovento son más húmedas que las de sotavento). También pueden deberse a la posición en la ladera de la solana o de la umbría (las solanas son más cálidas y secas que las umbrías).

– Otros factores que pueden influir son alteraciones locales en las condiciones naturales (situación de abrigo, cambio de suelo) o alteraciones debidas a la acción humana (degradación de la vegetación natural, introducción de especies de uso agrario o de repoblación). Estos cambios pueden ocasionar la aparición de especies distintas a la vegetación clímax.

- **Caracterizar las formaciones vegetales que se suceden:**

– Determinar los límites de altitud correspondientes a cada tipo de formación vegetal (bosque, matorral y prado), desde la base hacia la cima, o a lo largo del perfil topográfico. Si procede, hay que explicar las diferencias entre las vertientes: por qué existen formaciones vegetales distintas; o por qué la misma formación se encuentra a altitudes diferentes en cada vertiente.

– Indicar la fisonomía o aspecto y las exigencias ecológicas de cada formación vegetal.

c) Determinación de la zona geográfica a la que pertenece la cliserie

- La sucesión de formaciones vegetales permite la localización geográfica de la cliserie.
- En las cliseries de montaña, debe indicarse si se trata de una montaña alpina (Pirineos), atlántica (cordillera Cantábrica), mediterránea (resto de las montañas peninsulares y de las islas Baleares), o de las islas Canarias.

d) Conclusiones sobre los recursos vegetales

Teniendo en cuenta las formaciones vegetales existentes, pueden sacarse conclusiones sobre:

- Su posible aprovechamiento: la madera de los árboles, en la construcción o en las industrias del mueble y del papel; los matorrales, en perfumería, medicina o elaboración de utensilios; los prados, como alimento del ganado; o la belleza paisajística, como recurso para ciertas modalidades de turismo de montaña.
- La alteración humana de la vegetación natural o la necesidad de emprender actuaciones de recuperación vegetal.

Actividades de síntesis

En la web

Autoevalúate con las actividades interactivas.

1 Definir conceptos

- Define de forma breve y precisa estos conceptos: *río, caudal relativo, lago endógeno, torrente, vertiente hidrográfica, bosque, vegetación clímax, cliserie, maquia, suelo.*

2 Realizar cuadros comparativos

- Realiza en tu cuaderno un cuadro comparativo sobre los regímenes fluviales.

Regímenes fluviales			
Tipos	**Localización**	**Características**	**Ejemplos**
Nival puro			
Nivo-pluvial			
Pluvio-nival			
Pluvial oceánico			
Pluvial mediterráneo puro			
Pluvial mediterráneo continentalizado			
Pluvial subtropical			

- Completa en tu cuaderno el siguiente cuadro sobre los paisajes vegetales.

Paisajes vegetales					
	Oceánico	**Mediterráneo**	**Ribera**	**Montaña**	**Canarias**
Localización					
Factores físicos					
Formaciones vegetales					
• Bosque					
• Matorral					
• Prado					
Acción humana					

- Compara en un cuadro como este los distintos tipos de suelo de España.

	Suelos zonales		Suelos intrazonales y azonales
	De clima oceánico	**De clima mediterráneo**	
Rocas silíceas			
Rocas calizas			
Rocas arcillosas			

3 Construir y comentar gráficas de regímenes fluviales

- Construye y comenta las gráficas de los regímenes fluviales de los ríos siguientes, de acuerdo con el modelo expuesto en el apartado «Técnica I».

Río n.° 1. M: 67,14 m^3/s Sup.: 2 289 km^2 Mr: 29,33 $l/s/km^2$

E	F	M	A	M	J	J	A	S	O	N	D
2,03	1,88	1,60	1,29	0,78	0,55	0,27	0,17	0,21	0,33	1,06	1,84

Río n.° 2. M: 15,72 m^3/s Sup.: 1 212 km^2 Mr: 12,97 $l/s/km^2$

E	F	M	A	M	J	J	A	S	O	N	D
0,63	0,75	1,12	1,15	1,66	2,03	1,23	0,73	0,70	0,60	0,68	0,68

Río n.° 3. M: 46,69 m^3/s Sup.: 5 410 km^2 Mr: 8,63 $l/s/km^2$

E	F	M	A	M	J	J	A	S	O	N	D
1,66	1,53	1,68	1,91	1,54	0,82	0,23	0,05	0,11	0,26	0,90	1,30

Río n.° 4. M: 10,03 m^3/s Sup.: 444 km^2 Mr: 22,58 $l/s/km^2$

E	F	M	A	M	J	J	A	S	O	N	D
0,53	0,46	0,79	1,42	3,00	2,28	0,78	0,41	0,41	0,60	0,73	0,59

Río n.° 5. M: 4,93 m^3/s Sup.: 850 km^2 Mr: 5,80 $l/s/km^2$

E	F	M	A	M	J	J	A	S	O	N	D
3,37	3,97	2,96	0,38	0,08	0,03	0,02	0,02	0,02	0,01	0,02	1,13

Río n.° 6. M: 0,17 m^3/s Sup.: 2 774 km^2 Mr: 0,06 $l/s/km^2$

E	F	M	A	M	J	J	A	S	O	N	D
0,62	0,89	0,91	1,04	0,47	1,43	0,55	0,47	0,80	2,62	1,71	0,47

4 Construir y comentar cliseries

- A partir de los siguientes datos, construye y comenta las cliseries.

Teide			
Norte		Sur	
Altitud (m)	Vegetación	Altitud (m)	Vegetación
0-5	Plantas halófilas y psamófilas	0-5	Plantas halófilas y psamófilas
5-150	Cardón y tabaiba	5-500	Cardón y tabaiba
150-500	Palmera, drago y sabina		
500-1 200	Laurisilva	500-600	Palmera, drago y sabina
1 200-1 500	Fayal-brezal	600-2 200	Pino canario
1 500-2 200	Pino canario	2 200-3 100	Retama y codeso
2 200-3 100	Retama y codeso	3 100-3 300	Violeta
Desde 3 100	Violeta	3 300-3 718	Roca desnuda

Sierra de Ayllón			
Norte		Sur	
Altitud (m)	Vegetación	Altitud (m)	Vegetación
0-1 000	Encina	0-1 000	Encina
1 000-1 400	Roble	1 000-1 200	Roble
1 400-1 900	Haya	1 200-1 900	Rebollo o melojo
1 900-2 272	Matorral: jara, piorno, enebro	1 900-2 272	Matorral: jara, piorno, enebro

5 Obtener información relativa a la hidrología española

- Selecciona imágenes y noticias que reflejen la desigualdad hídrica del país y su interacción con las actividades humanas.

6 Ampliar información utilizando las TIC

- **En la web** Amplía tus conocimientos sobre esta unidad con los recursos proporcionados por la web (www.anayaeducacion.es).

4 Los paisajes naturales y las interacciones naturaleza-sociedad

Los paisajes naturales de España son muy diversos, como resultado de la interacción en el espacio de los diferentes elementos naturales: el relieve, el clima, las aguas, la vegetación y el suelo. En la actualidad es difícil encontrar paisajes exclusivamente naturales, dado que la mayoría reciben influencia humana en mayor o menor medida.

Las interacciones entre el medio natural y la actividad humana son complejas. El medio ofrece recursos y supone riesgos para las personas. Por su parte, las personas modifican o dañan el medio natural con sus actividades y emprenden acciones encaminadas a solucionarlo.

Qué vas a aprender

- Los paisajes naturales de España.
- La influencia del medio natural en la actividad humana.
- La influencia de la actividad humana en el medio natural.
- Los espacios naturales protegidos.
- El comentario de paisajes naturales.

Parque nacional de los Picos de Europa.

1 Los paisajes naturales

1. Los paisajes geográficos

El paisaje geográfico es el aspecto visual de un territorio. Depende de los elementos naturales que lo integran y de las actividades humanas desarrolladas en él. De acuerdo con ello, los paisajes geográficos se clasifican habitualmente en naturales y humanizados; aunque la mayoría son mixtos.

- **Los paisajes naturales** son áreas geográficas cuyo aspecto visual depende sobre todo de la interacción entre los elementos del medio natural: el relieve, el clima, las aguas, la vegetación y el suelo.
- **Los paisajes humanizados** resultan de la transformación de los paisajes naturales por la acción humana para una finalidad concreta, relacionada con el poblamiento, la economía y la cultura. Surgen así paisajes humanos diferenciados, como los urbanos, agrícolas, ganaderos, mineros, industriales, turísticos, etc. En general, esta transformación humana del medio natural se ha producido a lo largo del tiempo, por lo que algunos paisajes conservan elementos del modo de vida y de las creencias de sociedades pasadas, constituyendo **paisajes culturales** de gran valor histórico y patrimonial.

Actividades

Lee la información sobre los paisajes naturales y realiza estas tareas:

1. Compara las imágenes de los paisajes natural y humanizado justificando su inclusión en cada uno de estos tipos de paisaje.
2. Busca una imagen de un paisaje cultural. Redacta un pie explicando el motivo de su interés cultural.
3. Busca ejemplos representativos de cada uno de los paisajes naturales de España y coméntalos siguiendo el modelo que se explica al final de la unidad.

Laguna Negra, Soria.

Río Júcar a su paso por Albalat de la Ribera, Valencia.

2. La diversidad de paisajes naturales de España

En España existen paisajes naturales muy diversos como resultado de la interacción de diferentes formas de relieve, climas, aguas, vegetación y suelos. Los principales son el **oceánico**, el **mediterráneo**, el **de montaña** y el de las **islas Canarias.**

2.1. El paisaje oceánico

Zona: Norte de la Península: cornisa cantábrica y Galicia.

Relieve: Accidentado, con montañas, pendientes y poca superficie llana.

Cima: Oceánico.

– **Precipitaciones** abundantes y regulares (más de 800 mm anuales).

– **Temperaturas** con baja amplitud térmica en la costa por influencia del mar.

Aguas: Ríos en su mayoría de la **vertiente cantábrica.** Cortos por nacer en montañas cercanas al mar; caudalosos, y bastante regulares.

Vegetación: Bosque caducifolio: hayas y robles. **Landa** o matorral: brezo, tojo, retama. **Prados** abundantes.

Suelos:

– **En roquedo silíceo: tierra parda,** suelo rico en humus y con cierta acidez, permite cultivos y pastos. **Ranker** en las pendientes muy erosionadas, solo apto para prados y bosques.

– **En roquedo calizo: Tierra parda caliza,** permite el cultivo de judías, maíz y prados. **Terra fusca,** en áreas montañosas, con dedicación forestal.

2.2. El paisaje mediterráneo

Zona: Península al sur del paisaje oceánico, Baleares, Ceuta y Melilla.

Relieve: Península: Meseta rodeada por montañas y por depresiones y cordilleras exteriores. **Baleares:** sierras y depresiones. **Ceuta:** terrenos abruptos y colinas. **Melilla:** mesetas y colinas.

Clima: Mediterráneo.

– **Precipitaciones** escasas o moderadas (menos de 800 mm anuales), e irregulares, con sequía en verano. En el sureste peninsular y en el valle del Ebro son inferiores a 300 mm (clima mediterráneo estepario).

– **Temperaturas** con amplitud térmica moderada en la costa y elevada en el interior peninsular, aislado de la influencia marina.

Aguas:

– Ríos de la **vertiente atlántica:** salvo los de las pequeñas cuencas gallegas y andaluzas, son largos; caudalosos; e irregulares, con estiaje en verano.

– Ríos de la **vertiente mediterránea:** excepto el Ebro, son cortos; poco caudalosos; y muy irregulares, con acusado estiaje estival.

– **Baleares, Ceuta y Melilla:** arroyos y acuíferos.

Vegetación: Bosque perennifolio: encina, alcornoque. **Maquia:** matorral alto y denso (jara, lentisco). **Garriga:** matorral bajo y poco denso (tomillo, romero). **Estepa:** hierbas y arbustos espinosos bajos y discontinuos (palmito, esparto).

Suelos:

– **En roquedo silíceo, tierra parda meridional,** pobre (dehesas y pastizales).

– **En roquedo calizo, suelos rojos,** fértiles para el cultivo y **terra rossa,** mediocre, para árboles y dehesas.

– **En roquedo arcilloso, vertisuelos,** muy fértiles, aptos para muchos cultivos.

– **En las áreas de clima estepario,** suelo gris subdesértico, pobre en humus y poco fértil.

2.3. La montaña

Zona: Territorios situados por encima de los 1 000 metros de altitud.

Relieve: Fuertes pendientes.

Clima: Clima de montaña.

– **Precipitaciones** anuales superiores habitualmente a los 1 000 mm.

– **Temperatura** media anual inferior a 10 °C e inviernos fríos, con algún mes con temperatura media cercana o inferior a 0 °C. Papel destacado de la nieve.

Aguas: Ríos de montaña: caudal máximo en primavera (deshielo) y mínimo en invierno (aguas retenidas en forma de nieve).

– En la alta montaña: régimen nival, con caudal máximo al final de la primavera.

– En la montaña media: régimen nivo-pluvial o pluvio-nival, con máximo secundario en otoño de origen pluvial.

Vegetación: Escalonada en pisos.

– **Pirineos:** encinas y robles; coníferas; prados; y plantas rupícolas o roca desnuda.

– **Montañas atlántica y mediterránea:** bosque típico de la zona; matorrales; y prados.

Suelos: poco evolucionados, porque las pendientes provocan fuerte erosión.

– En roquedo silíceo, rankers y tierra parda meridional.

– En roquedo calizo: rendzinas y suelo pardo calizo.

2.4. Las islas Canarias

Zona: Islas Canarias, situadas en el Atlántico, frente a la costa noroeste de África.

Relieve: Volcánico. Conos, calderas, malpaíses, diques, roques y barrancos.

Clima:

En las zonas bajas, clima estepario o desértico:

– Precipitaciones muy escasas e irregulares: entre 300 y 150 mm anuales (clima estepario) o por debajo de 150 mm (clima desértico).

– Temperaturas cálidas todo el año (ningún mes con temperatura media inferior a 17 °C) y amplitud térmica muy baja (inferior a 8 °C).

En las zonas medias, las precipitaciones se incrementan y las temperaturas descienden y en las **altas** se reducen las precipitaciones y la temperatura.

Aguas: Muy escasas e irregulares. Arroyos y torrentes en superficie; y predominio de acuíferos.

Vegetación: Original, con gran importancia de endemismos y reliquias. En las islas con relieve montañoso se organiza en pisos: matorral; palmera-drago-sabinar; laurisilva-fayal-brezal; pino canario; y matorral de gran riqueza florística.

Suelos: Volcánicos, poco evolucionados, formando con frecuencia malpaíses improductivos; aunque las cenizas permiten el cultivo de cereales.

2 La influencia del medio natural en la actividad humana

El medio natural influye sobre las personas de varios modos: proporciona recursos o elementos para satisfacer sus necesidades; condiciona ciertas actividades; y entraña riesgos de ocasionar catástrofes.

1. El medio natural como recurso y condicionante

1.1. El relieve

a) El relieve continental

- **Influye en el poblamiento.** Así, en cada momento histórico, la población se ha asentado en los relieves más adecuados para sus necesidades: sobre colinas, en valles fluviales, en llanuras, etc.
- **Interviene en la actividad agraria.** Las zonas bajas y llanas ofrecen mejores condiciones que las elevadas y con fuertes pendientes.
- **Proporciona recursos minerales y energéticos.** Los relieves primarios aportan carbón y ciertos minerales; mientras que las cuencas terciarias suministran rocas de cantera.
- **Afecta al transporte.** En la Península, las montañas periféricas dificultan las comunicaciones entre la Meseta y el litoral; y las pendientes imponen rodeos y costosos túneles y viaductos. En cambio, las llanuras facilitan el transporte y las infraestructuras.
- **Constituye un creciente atractivo turístico.** Visitas a las montañas alpinas, los relieves cársticos, las formas volcánicas de Canarias, los parques geológicos, las huellas de dinosaurios, las georrutas y los museos paleontológicos.

b) El relieve costero no favorece la instalación de puertos —por el predominio de las formas rectilíneas— ni los recursos pesqueros —por la estrecha plataforma continental—. Pero impulsa el turismo donde existen extensas playas arenosas, como el levante peninsular y las islas Baleares.

Campos de cultivo en el valle del Ebro. El relieve llano y la existencia de agua dulce favorecen la actividad agrícola. Por su parte, las características climáticas influyen en los tipos de cultivo.

1.2. El clima

- **Influye en el poblamiento y en el hábitat.** La población evita las zonas con climas adversos, como los de montaña o los de sequía extrema. Y en el hábitat, la cubierta de la casa tradicional suele ser inclinada en las zonas de alta pluviosidad, y plana en las áreas de precipitación escasa e irregular.
- **Ejerce un notable influjo en la agricultura,** pues cada cultivo requiere ciertas condiciones climáticas. En buena parte del territorio español estas condiciones son desfavorables: las temperaturas presentan situaciones extremas como heladas u olas de calor; y las precipitaciones son escasas e irregulares, cayendo con bastante frecuencia en forma de dañinas tormentas y de granizo. No obstante, también existen áreas donde la suavidad térmica favorece producciones agrarias muy rentables.
- **Aporta fuentes de energía renovables y limpias.** El viento y la elevada insolación proporcionan electricidad en las centrales eólicas y solares. Y las abundantes precipitaciones del norte peninsular alimentan ríos caudalosos y regulares, usados para producir hidroelectricidad.
- **Interviene en diversas actividades del sector terciario.** El transporte se ve perjudicado por las heladas, las fuertes precipitaciones y las nieblas. Pero ciertos tipos de turismo se basan en el clima, como el de sol y playa y el de nieve.

Algunas peculiaridades del relieve son un atractivo turístico, como las formas volcánicas de Canarias.

1.3. El agua

El agua es esencial para la vida y para numerosas actividades humanas. Por eso, el poblamiento ha buscado tradicionalmente la proximidad a los recursos hídricos.

1.3.1. Características de los recursos hídricos

Los recursos hídricos son la cantidad de agua disponible para el consumo humano. Para aprovecharlos, es necesario realizar obras hidráulicas.

a) La procedencia principal de los recursos hídricos españoles es el agua de las precipitaciones. Con ellas se alimentan las aguas superficiales de los ríos, los lagos y los humedales (67 % de las captaciones de agua) y los acuíferos (30 %). Solo un pequeño porcentaje (3 %) proviene de recursos no convencionales, como la desalación del agua y la reutilización del agua depurada.

b) El uso del agua permite diferenciar entre usos consuntivos o consumidores de agua y usos no consuntivos.

- **Los usos consuntivos** se reparten entre el regadío agrario, que absorbe más del 80 %; los sectores económicos; los hogares; y los municipios. En España, el consumo de agua por persona es elevado (137 l/hab/día en 2012), aunque tiende a descender.

- **Los usos no consuntivos del agua** son la pesca, la acuicultura, la producción hidroeléctrica, la navegación y los deportes náuticos.

c) El balance hídrico resulta de la diferencia entre la disponibilidad y el consumo de agua. En el caso de España, debido a la fuerte evaporación, solo queda disponible un 32 % del agua aportada por la precipitación, de la cual se aprovecha menos de la mitad. Esa cantidad permite un balance global positivo; aunque en realidad existen desequilibrios entre áreas excedentarias y deficitarias. Las razones son principalmente dos:

- **El desequilibrio entre los recursos disponibles y la demanda.** Las disponibilidades proceden principalmente de las precipitaciones, que presentan una desigual distribución estacional, interanual y territorial, concentrándose en el norte peninsular. Y la demanda depende del volumen de población y de la importancia del consumo agrario, industrial y turístico, que se concentran en el arco mediterráneo, cuyos recursos hídricos son muy escasos e irregulares.

Así, son cuencas claramente excedentarias las del N y NO peninsular; y moderadamente excedentarias las de los ríos Duero, Tajo y Ebro. Son cuencas equilibradas, con déficits coyunturales de agua, las de los ríos Guadiana, Guadalquivir y el interior de Cataluña. Y son cuencas con un déficit estructural o permanente las demás cuencas mediterráneas.

- **Las pérdidas de agua.** Cada año se pierde un importante volumen de agua por el uso de sistemas de riego agrario ineficientes y por las fugas en las conducciones (15,8 % en 2012).

Según los expertos, el cambio climático podría reducir los recursos hídricos españoles entre un 20 % y un 22 % para 2060. Por ello, resulta imprescindible su adecuado aprovechamiento y gestión.

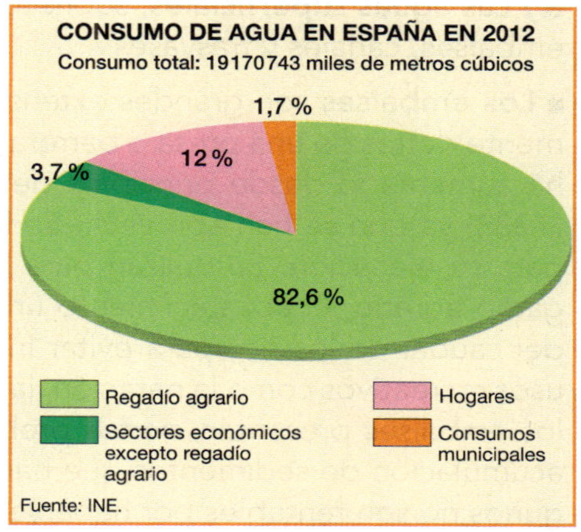

El elevado consumo de agua para el regadío se debe a que la agricultura más rentable se encuentra en la España seca y depende en gran parte de la existencia de regadío. Por eso, la superficie regada se ha incrementado hasta superar los tres millones de ha y, en algunos casos se hace utilizando sistemas de riego poco eficientes. El consumo de agua por los demás usos es menor y podría reducirse reparando las numerosas pérdidas existentes en la red.

1.3.2. El aprovechamiento de los recursos hídricos. Las obras hidráulicas

El aprovechamiento de los recursos hídricos requiere realizar obras hidráulicas, es decir, infraestructuras o instalaciones destinadas a captarlos, almacenarlos, transportarlos y tratarlos. En España, algunas cuentan con una larga tradición histórica y otras son de desarrollo reciente.

a) Las aguas superficiales, sobre todo los ríos, se aprovechan mediante embalses, canales y trasvases.

■ **Los embalses** son grandes extensiones de agua almacenada artificialmente detrás de una presa o barrera transversal a la corriente. Su número ha aumentado desde principios del siglo XX hasta sumar más de 1 300 (1 383) ya que se han aprovechado los desniveles de los ríos principales para su ejecución. Se utilizan para la producción de electricidad; el regadío agrario; el abastecimiento urbano e industrial; y la regularización del caudal de los ríos para evitar inundaciones; algunos tienen además usos recreativos como la natación, la pesca o la navegación. No obstante, los embalses presentan ciertos problemas. Son caros. Se aterran por la acumulación de sedimentos que hacen que disminuya su capacidad. Algunos no son rentables por haberse construido en áreas con insuficiente alimentación de agua o fuerte evaporación; o por proporcionar riego a producciones excedentarias en la UE. Provocan impactos sociales, como la inundación de pueblos y tierras de uso agrario. Y causan alteraciones medioambientales, al modificar el caudal de los ríos y reducir su aportación de sedimentos. Por eso, en la actualidad no se prevé la construcción de un número significativo de nuevos embalses.

Embalse de Alcántara, en Extremadura.

La capacidad de los embalses por cuencas hidrográficas muestra la primacía de las cuencas de mayor tamaño y con aportaciones de afluentes nacidos en los sistemas montañosos que las bordean. Este es el caso de los ríos Tajo, Guadiana, Guadalquivir, Duero y Ebro. La capacidad de embalse más baja corresponde a las cuencas hidrográficas de menor tamaño del norte peninsular y a las demás cuencas mediterráneas, de ríos poco caudalosos y muy irregulares.

■ **Los canales de distribución** de agua suman más de 15 000 km. Su principal problema son las fugas causadas por la antigüedad o el mal estado de muchos tramos.

■ **Los trasvases** son transferencias de agua entre cuencas excedentarias y deficitarias. En la actualidad funcionan 38, entre los que destaca el del Tajo-Segura. Algunos generan conflictos entre las zonas receptoras y las zonas suministradoras del agua.

b) Las aguas subterráneas se aprovechan mediante **pozos y galerías** para usos agrícolas, industriales y urbanos, especialmente en el sur y el levante peninsular, Baleares y Canarias. Su utilización permanente no es siempre viable, por lo que resulta necesario coordinar las extracciones con los recursos superficiales.

c) Otros recursos hídricos, como el agua desalada o el agua depurada, se aprovechan en las áreas con mayor escasez, como el litoral levantino peninsular y las islas Baleares y Canarias.

■ **Las plantas desalinizadoras** obtienen agua dulce a partir del agua del mar o del agua salobre, subterránea o superficial. Se emplea para uso doméstico, industrial y agrícola. España ocupa el primer lugar de la UE en desalinización, con más de 700 plantas. Los principales problemas de esta técnica son el elevado coste de las instalaciones, aunque con tendencia a reducirse; el alto consumo energético; y la eliminación de la salmuera.

■ **Las estaciones de regeneración de aguas residuales —ERAR—** tratan el agua depurada para reutilizarla en usos que no requieren agua potable, como el riego agrícola y urbano, la industria, el mantenimiento de caudales fluviales mínimos, o la recarga de acuíferos. El principal problema son las reticencias de los regantes por miedo al rechazo de sus productos. Por ello, España cuenta con un plan para impulsarla.

d) Las obras para tratar los recursos hídricos son las plantas potabilizadoras, que tratan las aguas que se van a beber, y las **plantas depuradoras,** adonde van las aguas residuales para evitar que contaminen.

Planta desalinizadora en Gran Canaria. Estas plantas eliminan la sal del agua marina o de otras aguas salobres haciéndolas aptas para el consumo. Los problemas que ocasiona la desalación hacen que su producción esté en función de la hidraulicidad del año y de las reservas hídricas.

Las plantas de potabilización como esta de Navacerrada, en Madrid, son infraestructuras que recogen el agua bruta captada y la someten a procesos físico-químicos para adecuarlas a los valores de calidad establecidos por la legislación.

Estación Depuradora de Aguas Residuales —EDAR— en Tres Cantos. Las depuradoras son instalaciones que permiten devolver el agua al medio ambiente en condiciones compatibles con él.

1.3.3. La regulación, gestión y planificación de los recursos hídricos

Los recursos hídricos españoles se regulan por la Ley de Aguas, que organiza su gestión y planificación.

- **Los planes hidrológicos de cuenca** determinan los recursos, necesidades y obras de cada demarcación hidrográfica. Son elaborados por las confederaciones hidrográficas en las cuencas intercomunitarias y por los gobiernos de las comunidades autónomas en las cuencas intracomunitarias.

- **El Plan Hidrológico Nacional** coordina los planes de las cuencas y diseña las actuaciones generales. Es elaborado por el Estado y sus objetivos se proponen cumplir la normativa europea (Directiva Marco del Agua).

  - **Asegurar el suministro** de agua a todo el territorio español incrementando las disponibilidades para satisfacer la demanda y conseguir un desarrollo regional equilibrado.

  - **Garantizar el uso racional** del agua con el fin de asegurar su disponibilidad a largo plazo; así como su calidad y buen estado ecológico para proteger la salud humana y de los ecosistemas.

  - **Paliar los efectos de las inundaciones y las sequías** mediante la planificación y las obras necesarias.

Las **demarcaciones hidrográficas** son las unidades para la gestión de los recursos hídricos. Comprenden la zona marina y terrestre correspondiente a una o varias cuencas hidrográficas vecinas y las aguas de transición, subterráneas y costeras asociadas. Si una cuenca es muy grande, puede dividirse en varias demarcaciones, como sucede con la del Tajo. Y, si es pequeña, puede agruparse con otras en una demarcación, como sucede con las cuencas del Cantábrico.

Los objetivos de la legislación hidráulica

Plan Hidrológico Nacional (2005). Artículo 2. «Son objetivos generales de la presente Ley:

a) Alcanzar el buen estado del dominio público hidráulico, y en particular de las masas de agua.

b) Gestionar la oferta del agua y satisfacer las demandas de aguas presentes y futuras a través de un aprovechamiento racional, sostenible, equilibrado y equitativo del agua, que permita al mismo tiempo garantizar la suficiencia y calidad del recurso para cada uso y la protección a largo plazo de los recursos hídricos disponibles.

c) Lograr el equilibrio y armonización del desarrollo regional y sectorial, en aras a conseguir la vertebración del territorio nacional.

d) Reequilibrar las disponibilidades del recurso, protegiendo su calidad y economizando sus usos, en armonía con el medio ambiente y los demás recursos naturales».

1.4. La vegetación

- **Ayuda a mantener a la población en el medio rural** al crear empleo en su conservación y explotación.
- **Proporciona recursos:** alimentos para las personas (frutos, hongos) y para los animales (bellotas, hayucos, prados); **materias primas** para la industria (textil, construcción, mueble, papel, química, perfumería, productos farmacéuticos); **fuentes de energía** (leña, carbón, biomasa forestal); y constituye un recurso para el **ocio,** el recreo y la calidad de vida.
- **Contribuye a proteger y mejorar el medio ambiente.** Disminuye la contaminación atmosférica, al fijar el polvo en sus hojas y absorber el CO_2. Actúa como pantalla contra el ruido. Aumenta las disponibilidades hídricas al proyectar sombra sobre las aguas, mitigando la evaporación. Reduce el riesgo de inundaciones. Protege el suelo, al sujetarlo con sus raíces y evitar el choque directo de la lluvia contra él; y colabora a su fertilidad al transformarse en humus. Además, los bosques albergan una gran biodiversidad.

1.5. El suelo

El suelo es el soporte sobre el que se desarrolla la vida vegetal, animal y humana, e influye particularmente en ciertas actividades.

- **El poblamiento** ha preferido tradicionalmente las áreas de suelos fértiles, y la casa tradicional ha empleado los materiales del entorno: piedra en las áreas montañosas y barro en las cuencas y las depresiones arcillosas.
- **La producción agraria** depende en parte de la fertilidad del suelo, que en España es, en general, mediocre. Además, las características del suelo facilitan o dificultan el laboreo y la mecanización.
- **Las infraestructuras** resultan afectadas por algunas características del suelo. Por ejemplo, las realizadas sobre suelos arcillosos se ven perjudicadas por su tendencia al deslizamiento, y las realizadas sobre suelos calizos, por los socavones.

Actividades

4 Localiza imágenes en el libro de texto o en Internet que ejemplifiquen los recursos que se pueden obtener de los distintos elementos del medio natural.

5 Explica cómo influyen los distintos elementos del medio natural en el poblamiento y el hábitat, y en las actividades humanas.

6 Comenta los documentos sobre el consumo de agua y el balance hídrico.

7 Compara en un cuadro las obras para la regularización de los recursos hídricos y sus problemas.

Explotación maderera cerca de Cuéllar, en Segovia. La vegetación proporciona recursos y contribuye a la protección medioambiental.

Villafáfila, Zamora. El suelo aporta materiales para la construcción agraria (como el adobe para estos palomares), y su fertilidad influye en la producción agraria.

2. Los riesgos naturales

Los riesgos naturales son la probabilidad de que los elementos naturales desencadenen catástrofes que amenacen el bienestar o la vida humana. En España, los riesgos más frecuentes son de origen geológico y climático y pueden ocasionar cuantiosas pérdidas humanas y materiales, como daños en infraestructuras, edificios y cosechas.

Para prevenirlos, en las zonas con más riesgo se han creado sistemas de vigilancia; se han promulgado normas de ocupación del terreno; y se han construido infraestructuras de protección. Además, se han diseñado protocolos de actuación para asistir a la población en casos de emergencia, coordinados por Protección Civil.

Lorca, Murcia, 11 de mayo de 2011.

2.1. Los riesgos geológicos

Los riesgos geológicos proceden del interior de la Tierra, como los seísmos y las erupciones volcánicas; o del exterior, como los movimientos de ladera.

a) Los seísmos o temblores de tierra se deben a la posición de la Península en la zona de contacto entre las placas africana y euroasiática, por lo que amenazan principalmente al sur y sureste peninsular. De forma secundaria afectan a los Pirineos y a Cataluña, donde están motivados por los movimientos de asentamiento de la cordillera, que aún no han finalizado.

Para detectar los terremotos, España cuenta con una Red de Vigilancia Sísmica, con más de 60 estaciones y envía información de alerta si superan la magnitud de 5,5.

b) Las erupciones volcánicas solo constituyen un riesgo en las islas canarias de La Palma, El Hierro, Tenerife y Lanzarote; en las demás, el riesgo es muy bajo o nulo. En la Península, las áreas volcánicas existentes en Olot, Campo de Calatrava y el sureste son inactivas. Por tanto, la Red de Vigilancia Volcánica se limita a las islas Canarias.

c) Los movimientos de ladera son rápidos desplazamientos de grandes masas de suelo o de rocas por una vertiente. En España afectan sobre todo a las grandes cordilleras y al valle del Guadalquivir. Para hacerles frente, se llevan a cabo obras de drenaje, plantación de árboles y refuerzo de vertientes.

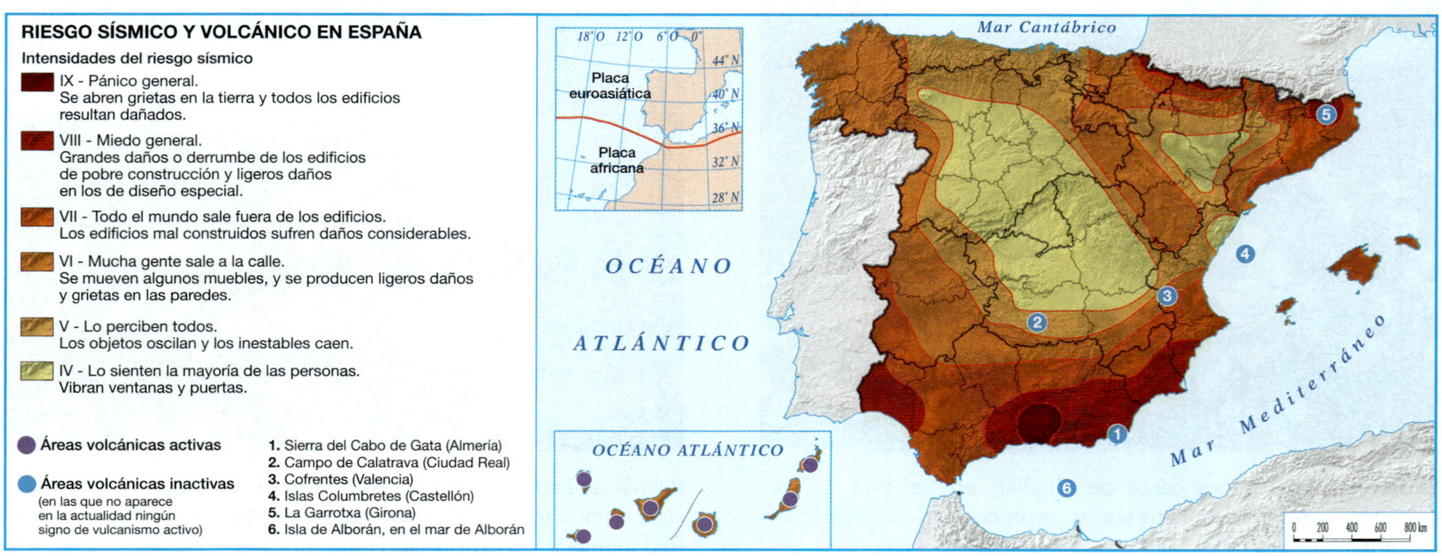

Los movimientos de ladera pueden ser de dos tipos:

- **Los deslizamientos del suelo** son propios de regiones húmedas con fuertes pendientes cubiertas por hierba o prados, que no sujetan suficientemente un suelo saturado por fuertes lluvias. Pueden producirse a partir de un horizonte arcilloso del suelo o de una fractura de la vertiente.
- **Los desprendimientos de rocas** ocurren en vertientes en cuya cima tienen lugar rotura de rocas. Los fragmentos rotos ruedan por la ladera; se acumulan en el lugar donde se suaviza la inclinación; y pueden desprenderse si se producen tensiones locales (congelación, infiltración de agua, etc.).

2.2. Los riesgos climáticos

Los riesgos climáticos más frecuentes son las inundaciones y las sequías.

- **Las inundaciones** son ocupaciones por el agua de zonas que habitualmente no lo están. Se producen por intensas precipitaciones caídas en poco tiempo o por la rápida fusión de la nieve. Afectan principalmente a las fachadas mediterránea y cantábrica, donde se ven potenciadas por la proximidad de las montañas a la costa, que favorece la precipitación orográfica, y por la existencia de cuencas fluviales reducidas y de fuerte pendiente. En menor medida afectan al SO peninsular a causa de temporales del SO.

España cuenta con una Red de Información Hidrológica para alertar sobre las inundaciones —SAIH—; y desde 2010 las administraciones públicas deben elaborar Planes de Evaluación y Gestión del Riesgo de Inundación, que contengan medidas de restauración hidrológico forestal de los cauces fluviales, ordenación del territorio y urbanismo, predicción de avenidas, protección civil y una cartografía de zonas inundables.

- **Las sequías** son déficits pluviométricos temporales y prolongados respecto a las precipitaciones medias de un territorio. En España se deben a la posición en latitud del territorio que favorece la presencia prolongada de anticiclones en buena parte de él y, sobre todo, en el sur y el sureste peninsular, Baleares y Canarias. Para afrontarlas se han creado el Observatorio Nacional de la Sequía —ONS— y Planes Especiales de Actuación en Situación de Alerta y Eventual Sequía —PES—.

Otros riesgos climáticos menos frecuentes son el granizo, las tormentas con gran aparato eléctrico, las olas de frío, los temporales de nieve, las olas de calor y los temporales de viento.

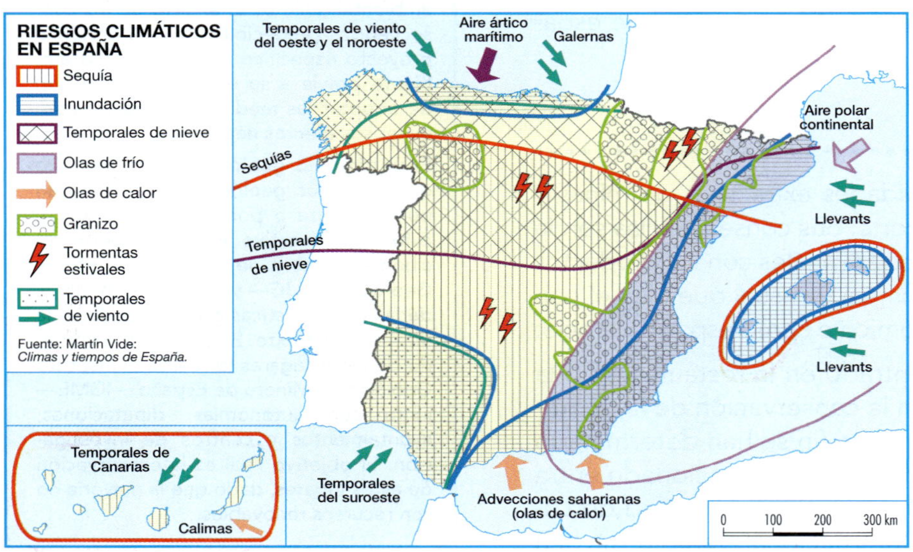

Actividades

8 Resume en un cuadro los tipos de riesgos naturales: causas, localización, consecuencias y actuaciones.

9 Comenta los mapas de los riesgos sísmico y volcánico y de los riesgos climáticos en España.

10 Recopila noticias de riesgos naturales que hayan producido amenazas y daños humanos y/o materiales en el último año. Indica, para cada una, fecha, lugar, causas y consecuencias.

11 Consulta en Internet la página de Protección Civil; escribe la información que aporta; resume alguno de sus apartados y valora la labor de esta organización. http://www.proteccioncivil.org/home

Riada en Espinardo, Murcia, septiembre de 2014. Las inundaciones causadas por cuantiosas precipitaciones en poco tiempo ocasionan daños humanos y materiales.

3 La influencia de la actividad humana en el medio natural

1. La intervención humana en la naturaleza

La acción humana sobre el medio natural tiene una doble dimensión: por una parte, ocasiona problemas medioambientales; por otra, desarrolla políticas encaminadas a combatirlos y a proteger los espacios naturales.

a) Los problemas medioambientales causados por la acción humana son la sobreexplotación o explotación del medio por encima de su capacidad de regeneración; la contaminación o adición de materias nocivas en una proporción no asimilable por el medio; y la destrucción o desaparición total de elementos medioambientales.

b) La preocupación española por estos problemas comenzó a finales de la década de 1960; cristalizó en 1971 con la creación del ICONA (Instituto de Conservación de la Naturaleza); y ganó terreno desde 1975, con el restablecimiento de la democracia. Así, en 1977, se diseñó la primera política medioambiental; y al año siguiente, la Constitución recogió el derecho de todos a disfrutar de un medio ambiente adecuado y contempló sanciones para quienes atentasen contra él (delito ecológico).

En la actualidad, la política medioambiental española está determinada por los acuerdos internacionales suscritos frente a los problemas ambientales globales; por las directrices medioambientales de la Unión Europea, de obligado cumplimiento; y por las normativas estatales y autonómicas.

c) El objetivo de la política medioambiental es alcanzar un desarrollo sostenible, entendido como un uso racional de los recursos, que permita satisfacer las necesidades de las generaciones presentes y futuras. De acuerdo con ello, las principales medidas de la política medioambiental europea y española son tres:

- **La prevención** de la degradación mediante la integración de la dimensión medioambiental en todas las políticas; el estudio previo del impacto ambiental* de los proyectos; y la concienciación de las empresas y de la ciudadanía, a través de la educación y las campañas de sensibilización.
- **La corrección** de los problemas existentes a través de la promulgación de normas; la sanción de quienes las infringen, de acuerdo con el principio «quien contamina paga»; la recuperación de las zonas degradadas; y el fomento de la investigación medioambiental.
- **La conservación** de los espacios naturales mediante una red de espacios protegidos.

2. La alteración del relieve

a) El relieve resulta alterado por las actividades extractivas de minas y canteras y por las infraestructuras de transporte. Sus consecuencias son la destrucción de relieves o la creación de otros artificiales con los productos de las escombreras, ocasionando un grave impacto visual que afea el paisaje y, en algunos casos, le resta valor económico o como espacio de ocio.

Las soluciones a este problema se han centrado en la restauración o la reutilización de los espacios afectados y en la conservación de la geodiversidad y del patrimonio geológico*. Con este fin se han determinado los Lugares de Interés Geológico de España y se han seleccionado entre ellos los Global Geosites o candidatos a formar parte de la Red de Lugares de Interés Geológico de Relevancia Internacional. También se han

La Constitución española y el medio ambiente

Artículo 45

1. Todos tienen el derecho a disfrutar de un medio ambiente adecuado para el desarrollo de la persona, así como el deber de conservarlo.
2. Los poderes públicos velarán por la utilización racional de todos los recursos naturales, con el fin de proteger y mejorar la calidad de vida y defender y restaurar el medio ambiente, apoyándose en la indispensable solidaridad colectiva.
3. Para quienes violen lo dispuesto en el apartado anterior, en los términos que la ley fije se establecerán sanciones penales o, en su caso, administrativas, así como la obligación de reparar el daño causado.

Vocabulario

El **impacto ambiental** es el efecto de una determinada actividad sobre el medio ambiente. La evaluación del impacto ambiental (EIA) es el análisis de las consecuencias predecibles de una acción o proyecto específico sobre el medio ambiente previa a su ejecución, con el fin de adoptar las medidas necesarias para evitar sus efectos negativos.

El **patrimonio geológico** es el conjunto de elementos geológicos que destacan por su rareza o por su valor científico, cultural o educativo. Estos elementos reciben el nombre de **Lugares de Interés Geológico —LIG—** y son representativos de las características geológicas de toda un área o contexto. En España, el inventario de estos lugares lo realiza el Instituto Geológico y Minero de España —IGME— junto con autonomías, diputaciones, ayuntamientos y centros de investigación. El objetivo final es la conservación de estos lugares, dado que la mayoría no son recursos renovables.

creado geoparques* y parques geológicos* donde se compatibilizan la conservación geológica y una explotación sostenible que favorezca el desarrollo socioeconómico de la zona, basado en la educación y el geoturismo.

b) **El relieve costero** sufre regresión y artificialización.

■ **La regresión** se debe a la reducción de las playas —que protegen de la erosión del mar— a causa de la extracción de grava y arena para la construcción y de la realización de embalses que frenan la aportación de sedimentos fluviales. El problema se incrementará con el ascenso del nivel del mar ocasionado por el cambio climático. Las soluciones para paliarlo son el control de las extracciones de áridos y la ejecución de obras para favorecer la aportación natural o artificial de sedimentos.

■ **La artificialización** de la costa se debe a la presión urbanística y la construcción de infraestructuras como puertos deportivos, a veces en dominio público. Así, en algunas comunidades autónomas del Mediterráneo, casi el 25 % del litoral es artificial. Por eso, la Ley de Costas, reformada en 2013, pretende recuperar la naturalidad del litoral, protegiendo la integridad del dominio público costero, garantizando el acceso y el uso público, y recuperando los tramos urbanizados y degradados.

Vocabulario

Geoparque: territorio perteneciente a la Red Europea de Geoparques y a la Red Global de Geoparques de la UNESCO, donde se compatibiliza la conservación de un patrimonio geológico de importancia reconocida con el desarrollo socioeconómico sostenible de la zona.

Parque geológico: territorio con patrimonio geológico que ha sido puesto en valor y cuenta con infraestructuras y recursos divulgativos para transmitir el conocimiento geológico y promover la geoconservación y el geoturismo sostenible.

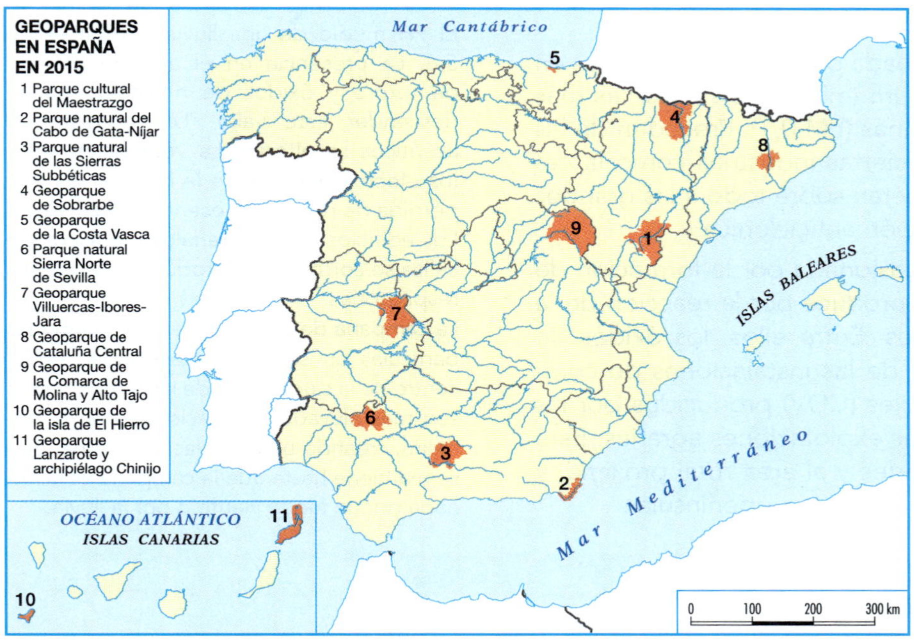

Playa del Algarrobico, Almería. La artificialización del litoral por la presión urbanística ha dado lugar a sentencias que obligan a la demolición de edificios construidos sobre suelo protegido.

Actividades

12 Sintetiza en un mapa conceptual el epígrafe de la intervención humana en la naturaleza: problemas y preocupación medioambiental.

13 Explica los términos patrimonio geológico, geodiversidad y geoparque, regresión costera y artificialización del litoral.

14 Busca información sobre algún geoparque e indica los valores que pretende conservar.

15 **En la web** Lee el punto 1 del preámbulo de la Ley de Costas. Señala los problemas que pretende corregir la legislación y las medidas encaminadas a este fin.

3. La alteración de la atmósfera

Se manifiesta en la contaminación del aire, la reducción del espesor de la capa de ozono y el calentamiento climático.

3.1. La contaminación atmosférica

La contaminación atmosférica es la introducción en el aire de sustancias nocivas.

a) Las causas de la contaminación son las emisiones de sustancias como dióxido de azufre (SO_2), óxidos de nitrógeno (NO_x), partículas contaminantes en suspensión (PM) y ozono (O_3). Proceden de las instalaciones de combustión (centrales térmicas, calderas industriales y domésticas), el transporte, ciertas industrias y el sector agrario (movimientos de tierra, maquinaria y quema de biomasa).

b) Los tipos principales de contaminación son tres.

- **La lluvia ácida.** Es una precipitación con una acidez superior a la normal. Se produce cuando sustancias acidificantes como el dióxido de azufre (SO_2) y los óxidos de nitrógeno (NO_x) procedentes de la quema de combustibles fósiles se mezclan con el vapor de agua de la atmósfera y caen a la superficie terrestre, a veces a gran distancia de los focos emisores. En la actualidad afecta a algunas áreas próximas a centrales térmicas, como A Coruña, León, Teruel, Campo de Gibraltar y Gijón.
- **La campana de polvo.** Es una niebla formada por PM10 o partículas en suspensión con un diámetro inferior a 10 µm (micras). De ellas, las más peligrosas son las finas (PM 2,5) y las ultrafinas (PM 0,1). Proceden de las instalaciones de combustión, el tráfico, y ciertas industrias como la cementera y de incineración de residuos. Afectan sobre todo a las grandes ciudades españolas, en invierno y en situación anticiclónica.
- **La niebla fotoquímica.** Es una bruma ocasionada por la formación de ozono troposférico (O_3) a ras de suelo. Se produce por la reacción de la luz solar intensa con ciertos contaminantes. Entre ellos, los óxidos de nitrógeno (NO_x) procedentes del tráfico y de las instalaciones de combustión; y los compuestos orgánicos volátiles (COV) producidos por las industrias química y de disolventes y por las explotaciones agrarias. Este problema afecta a las afueras de las ciudades y al área rural próxima, y tiene su mayor incidencia en verano, en el centro y sur peninsular.

El PH medio de una lluvia normal es de 5,6. La presencia en el aire de dióxido de azufre y óxidos de nitrógeno hacen descender este valor. Los ecosistemas acuáticos se alteran. La vegetación sufre los efectos directos de la **lluvia ácida** y la pérdida de nutrientes esenciales del suelo. Los edificios y los materiales metálicos de caliza se corroen y se producen afecciones respiratorias.

La **campana de polvo** se genera cuando las partículas en suspensión ascienden en el centro de la ciudad, donde las temperaturas son más elevadas, y descienden en la periferia, creando una circulación interna, que se mantiene hasta que la campana es eliminada por un fuerte viento o por la lluvia.

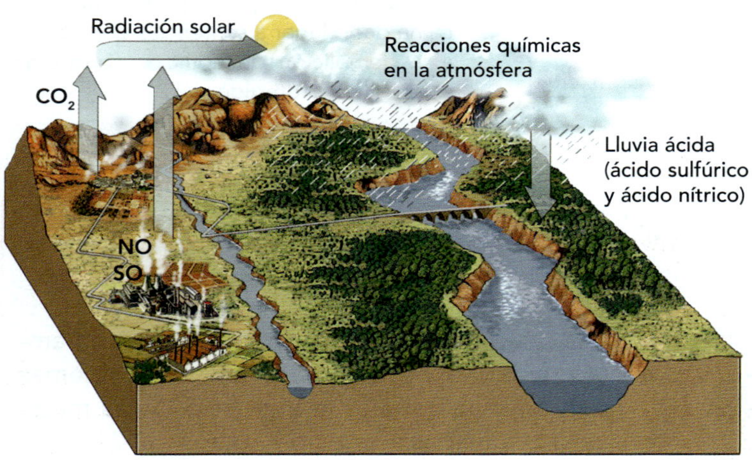

Lluvia ácida.

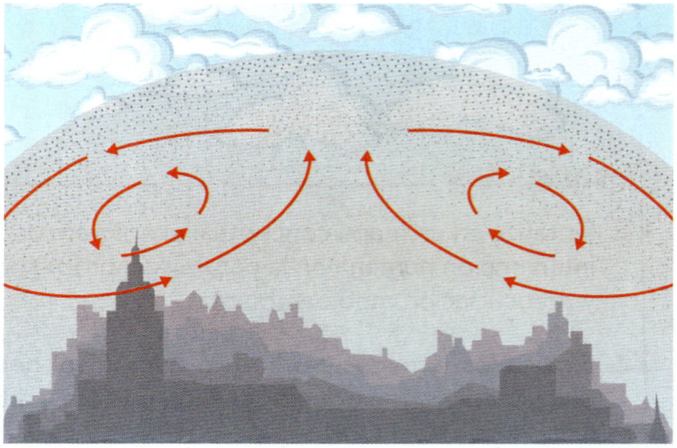
Campana de polvo.

c) Las consecuencias de la contaminación son daños en la salud humana (afecciones respiratorias y cardiacas); en el medio natural (bosques, aguas, suelos, fauna); en la agricultura; y en los materiales de construcción.

d) Las soluciones frente a la contaminación atmosférica responden a la necesidad de cumplir los compromisos internacionales, como el **Convenio de Ginebra** frente a la lluvia ácida y la contaminación transfronteriza (1982) y las **Directrices de la Unión Europea** sobre calidad del aire. Con este fin se aprobó la **Ley de Calidad del Aire** (2007), que fija niveles máximos de concentración para las principales sustancias contaminantes y un máximo de días o de horas en que pueden superarse medidos por estaciones de calidad del aire. En caso de rebasarse los límites, deben redactarse planes de reducción. También se han aprobado sucesivos **Planes Aire** con medidas para reducir las emisiones de todos los sectores. Como resultado, ha disminuido la emisión de la mayoría de las sustancias contaminantes, que cumplen con los objetivos de calidad establecidos, aunque siguen produciéndose superaciones puntuales a lo largo del año.

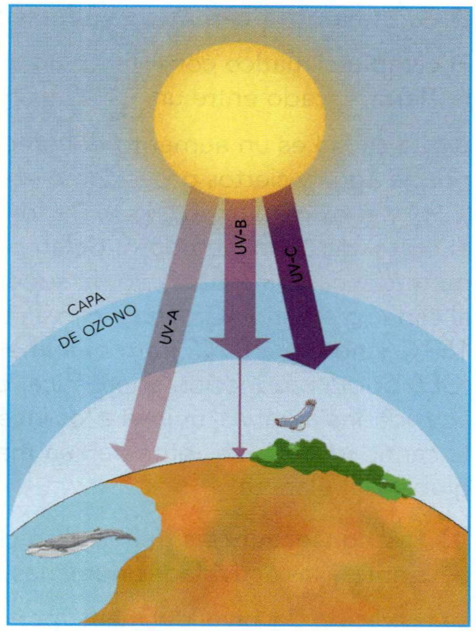

La capa de ozono, situada entre los 15 y los 55 km, deja pasar la mayoría de la radiación solar ultravioleta UV-A, poco dañina; y filtra la radiación nociva, al absorber gran parte de los rayos UV-B y la totalidad de los UV-C. La reducción del espesor de la capa de ozono provoca daños a la vida vegetal, animal y humana; en este último caso, aumentando la incidencia del cáncer de piel y de las cataratas oculares.

3.2. La reducción del ozono estratosférico

Consiste en el adelgazamiento de la capa de ozono situada entre los 15 y los 55 km de altitud, que filtra las dañinas radiaciones solares ultravioleta. La **causa** es la emisión de cloro (Cl_2) contenido en los CFC (clorofluorocarburos), usados en aerosoles, extintores y refrigerantes. El cloro reacciona con el ozono (O_3) y lo convierte en oxígeno normal (O_2). Este problema **provoca** daños a la vida vegetal, animal y humana; en este último caso, aumentando la incidencia del cáncer de piel y de las cataratas oculares.

Frente a este problema, España suscribió el **Protocolo de Montreal** (1987) y las medidas adicionales aprobadas por la Unión Europea (2007), que prohíben la producción y la importación de CFC. Para 2030, deberán desaparecer también los HCFC (Hidroclorofluorocarburos), empleados transitoriamente como sustitutos de los CFC. Como resultado de estas medidas, en los últimos años el espesor de la capa de ozono se encuentra estabilizado.

La contaminación atmosférica causa daños en la salud humana: produce afecciones respiratorias y cardiacas y reduce la esperanza de vida.

3.3. El cambio climático y el efecto invernadero

El cambio climático consiste en un aumento global de la temperatura de la Tierra, cifrado entre un 1,1 °C y un 6,4 °C para finales del siglo XXI.

a) La causa es un aumento del efecto invernadero producido por el vapor de agua y ciertos gases como el dióxido de carbono (CO_2), el metano (CH_4) y el óxido nitroso (N_2O). De forma natural, estos gases actúan como el cristal de un invernadero: dejan pasar la radiación solar, pero retienen parte del calor irradiado por la superficie terrestre, evitando que escape al espacio exterior. Gracias a ello, la temperatura media de la Tierra es de 15 °C y no de –18 °C. Pero el aumento de gases de efecto invernadero (GEI) por la producción energética, el transporte, ciertas industrias, y las actividades agrarias, unidas a los incendios y a la deforestación, hace que la cantidad de calor retenida sea mayor, ocasionando un calentamiento global del planeta.

b) Las consecuencias del cambio climático serán graves para el medio ambiente y las actividades humanas de España.

La elevación del nivel del mar supondrá la desaparición o la reducción de playas, costas bajas (Manga del Mar Menor y Doñana) y deltas (Ebro, Llobregat). La temperatura aumentará entre 1 °C y 2,5 °C; las precipitaciones se reducirán entre un 5% y un 8%; y se incrementarán las situaciones extremas como sequías, inundaciones y tormentas. Los recursos hídricos y los glaciares se reducirán. Los bosques se verán mermados en favor del matorral; y aumentará la erosión del suelo. La biodiversidad sufrirá extinciones locales por el incremento de las plagas y de especies invasoras; y se producirá una migración altitudinal de algunas especies.

Las actividades agrarias se resentirán por el aumento de la sequía y por las plagas; el turismo de ciertos destinos tendrá que adaptarse a la reducción de las playas y de la nieve; y el urbanismo y los seguros deberán hacer frente al incremento de los riesgos naturales. Además, la salud humana se verá afectada por las olas de calor y por un aumento de las enfermedades subtropicales.

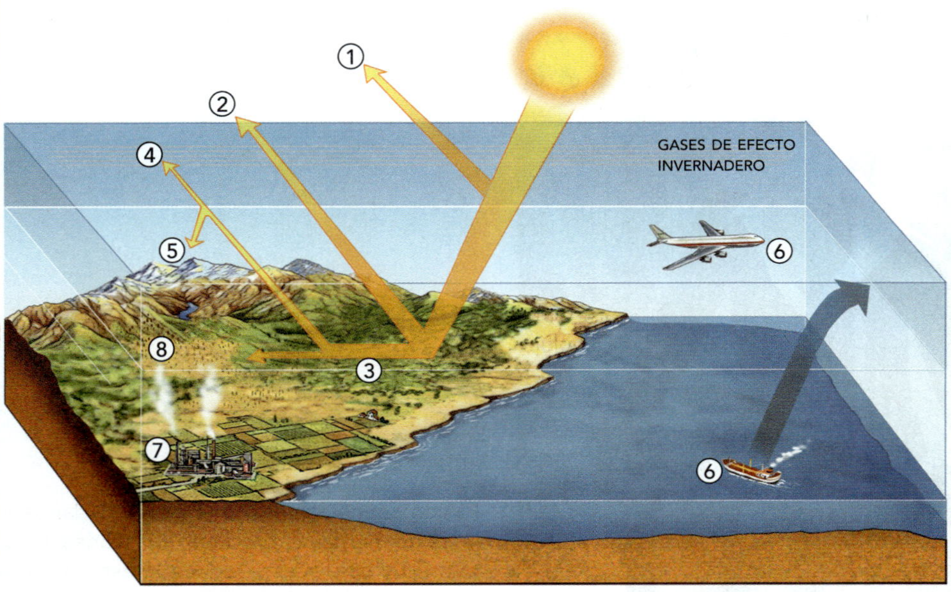

La radiación solar atraviesa la atmósfera y en un 30% es reflejada por esta (1). El resto de la radiación llega a la Tierra, donde en parte se refleja (2) y en parte es absorbida, calentando la superficie (3). La Tierra, caliente, emite radiación infrarroja. Parte de esta radiación se escapa a la atmósfera (4); pero otra parte es absorbida y remitida a la Tierra por el CO_2 y otros gases, contribuyendo a regular la temperatura terrestre (5). El aumento de estos gases de efecto invernadero por la acción humana, como el transporte (6), la industria (7) y la deforestación (8), hace que el calor absorbido y remitido sea mayor, ocasionando un cambio climático.

c) Las soluciones para hacer frente al cambio climático son dos:

■ **La mitigación** consiste en reducir las emisiones de GEI. Se lleva a cabo en el marco de los compromisos internacionales, suscritos por la UE. **El Protocolo de Kioto** marcó los objetivos de reducción de emisiones entre 2005 y 2020 respecto al nivel de 1990. En una primera fase 2008-2012 la UE se comprometió a reducirlas un 8% y España a no aumentarlas más de un 15%. Y en una segunda fase, 2013-2020, la UE y España se han comprometido a reducirlas un 20%.

Para alcanzar estos objetivos, la UE creó en 2005 un Mercado Europeo de Derechos de Emisión en el que los sectores más contaminantes están sometidos a cuotas de emisión de GEI —y si no la gastan pueden vender el excedente a los que la sobrepasan, que están obligados a adquirirlas—. Además, los sectores no sometidos a cuota deberán reducir sus emisiones (transporte; residencial, comercial e institucional; agrario; de residuos; y ciertas industrias); y se han adoptado medidas energéticas obligatorias para 2020 que colaborarán a la reducción de GEI, como mejorar un 20% la eficiencia, elevar un 20% el consumo de energía renovable y aumentar hasta al 10% el uso de biocarburantes.

Respecto al cumplimiento de los compromisos de Kioto, al finalizar la primera fase en 2012, España sobrepasaba sus emisiones de GEI en un 26,4 %, por lo que tuvo que recurrir a los mecanismos de flexibilidad previstos: descontarse emisiones por crear sumideros de CO_2 (nuevas plantaciones de bosque); participar en proyectos de reducción de GEI con otros países; y gastar 812 millones de euros en comprar derechos de emisión. Para cumplir con los compromisos marcados por la UE en 2020, ha elaborado la **Estrategia Española de Cambio Climático y Energía Limpia,** con 170 medidas.

La Cumbre del Clima de París de 2015 marca el objetivo internacional, entre 2020 y finales de siglo, vinculante para los 196 países firmantes del acuerdo: lograr que el aumento de la temperatura de la Tierra quede muy por debajo de los 2 °C respecto a los niveles preindustriales. Para ello, la UE se ha comprometido a reducir sus emisiones un mínimo de un 40% antes de 2030 respecto al nivel de 1990, con la participación de todos los estados miembros.

■ **La adaptación al cambio climático** se contempla a nivel nacional y regional. Así, el **Plan Nacional de Adaptación al Cambio Climático** (2006), que pretende diagnosticar sus impactos en los distintos sectores y proponer las medidas más efectivas; y muchas comunidades han elaborado sus estrategias de adaptación.

EVOLUCIÓN DE LAS EMISIONES DE GASES DE EFECTO INVERNADERO EN ESPAÑA
Números índice 1990 = 100

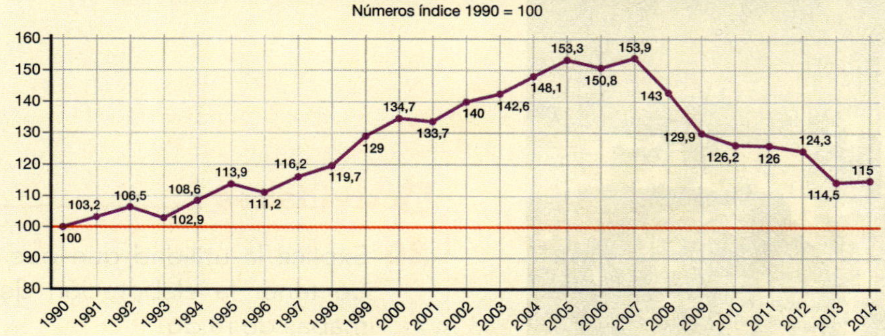

El dato para calcular el grado de cumplimiento del Protocolo de Kioto en 2012 no es el del año 2012 sino la media del quinquenio 2008-2012.

Fuente: MAGRAMA.

EMISIONES DE GASES DE EFECTO INVERNADERO EN ESPAÑA POR SECTORES

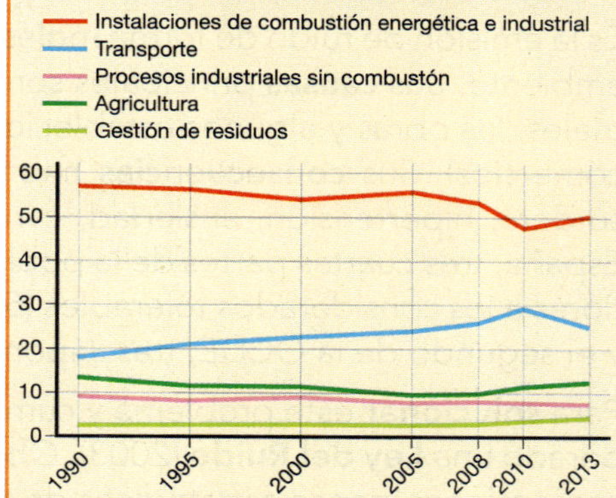

Fuente: Carreras A. y Tafunell X. e INE.

Actividades

16 Cita los principales contaminantes atmosféricos; los efectos que producen y cómo ha evolucionado su producción.

17 Amplía tus conocimientos sobre el tema y comenta el gráfico sobre la emisión española de GEI.

18 Realiza un cuadro conceptual sobre las consecuencias del cambio climático en el medio ambiente y en las actividades humanas.

19 Enumera algunas medidas de adaptación que podrían adoptarse frente al cambio climático.

4. La contaminación acústica

Es la emisión de ruido de forma molesta para las personas o para el medio ambiente. Sus **causas** principales son el tráfico, ciertas actividades industriales, las obras y algunos establecimientos urbanos (discotecas, bares y comercios). Sus **consecuencias** habituales son cefaleas, fatiga auditiva, sordera, hipertensión, ansiedad, cansancio, agresividad e insomnio. En España, tres cuartas partes de la población padece niveles de ruido superiores a los considerados tolerables (55 dB), siendo el primer país de la UE y el segundo de la OCDE, tras Japón, con mayor nivel de ruido.

Para **solucionar** este problema y cumplir la normativa de la UE, se ha elaborado una **Ley del Ruido** (2003). Obliga a las comunidades autónomas a confeccionar mapas estratégicos de ruido de las grandes infraestructuras viarias, ferroviarias y aeroportuarias y de las aglomeraciones urbanas de más de 100 000 habitantes. Donde se rebasen los niveles sonoros fijados, la administración local elaborará planes de acción para reducirlos, que incluyen la regulación del tráfico, la instalación de pantallas acústicas e incluso la clausura de las instalaciones causantes del ruido. Además el ruido se incluirá en la planificación urbanística, de forma que no se autorizará la instalación de actividades que rebasen los niveles sonoros máximos establecidos para cada zona según su uso del suelo predominante (residencial, industrial, etc.).

5. La contaminación lumínica

Es la emisión de luz artificial durante la noche, con una intensidad superior a la necesaria. Provoca un aumento del brillo del cielo nocturno, que ocasiona daños a los ecosistemas nocturnos que necesitan ciertas condiciones de oscuridad para realizar sus ciclos vitales; ocasiona un gasto energético innecesario; dificulta el tráfico aéreo y la observación de las estrellas y cuerpos celestes. Afecta sobre todo a las ciudades; áreas industriales y comerciales; y carreteras.

Entre las soluciones se encuentran emplear luminarias con pantallas que dirijan la luz solo hacia abajo; iluminar solo las zonas necesarias; y ajustar el nivel de la iluminación, reduciéndolo en las horas nocturnas de menor actividad o apagando selectivamente las luminarias.

Contaminación lumínica en Barcelona.

Mapas de ruido

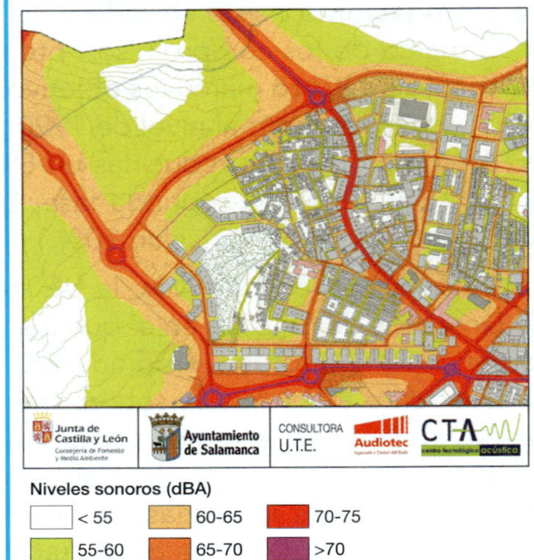

Fuente: SICA

Criterios para la elaboración de un mapa de ruido	
Aglomeraciones urbanas	Más de 100 000 hab.
Gran eje viario (carretera)	Tráfico > 3 millones de vehículos/año
Gran eje ferroviario	Tráfico > a 30 000 trenes/año
Gran aeropuerto	Tráfico aéreo > a 50 000 operaciones/año

Fuente: MAGRAMA.

Los mapas estratégicos de ruido son representaciones gráficas de los niveles de ruido existentes y de la población expuesta a los niveles altos, para averiguar las fuentes sonoras que los producen y adoptar las medidas pertinentes.

Actividades

20 Explica la utilidad que puede tener la elaboración de mapas de ruido.

6. La alteración, la sobreexplotación y la contaminación de las aguas

6.1. La alteración de la morfología

■ **La alteración del cauce de algunos tramos fluviales** se debe a la modificación de sus riberas y de su vegetación por la extracción de áridos; la acumulación de sedimentos, escombros y basura; y las instalaciones urbanísticas y de infraestructuras. Con ello aumentan la erosión fluvial y el riesgo de inundación. La solución es la restauración hidrológico-forestal, consistente en la corrección y la limpieza del cauce y la recuperación de la vegetación protectora de las riberas.

■ **La alteración morfológica de algunos humedales** se debe a su colmatación por acumulación de sedimentos, escombros o basura; o a la sobreexcavación de su lecho para aumentar su capacidad y usarlos como embalse. Así, se alteran las comunidades ecológicas que albergan. Frente a este problema, España se adhirió en 1982 al convenio internacional Ramsar para la conservación, uso racional y recuperación los humedales.

Programa medioambiental en Soria. Entre las actuaciones de restauración hidrológico-forestal se encuentran el acondicionamiento de los cauces y riberas, la eliminación de residuos; la restitución de las condiciones naturales de las corrientes, la tala y poda selectiva o plantación de especies autóctonas.

6.2. La sobreexplotación de las aguas

La sobreexplotación de las aguas superficiales y subterráneas se debe al aumento de su consumo para usos agrarios, urbanos e industriales. Como consecuencia, el caudal de algunos ríos desciende a veces por debajo del caudal ecológico*; los lagos y humedales reducen su superficie; y ciertos acuíferos corren el riesgo de desecación (llanura manchega, Ojos del Guadiana, algunos de Baleares y Canarias), o el riesgo de salinización* por concentración de sales o intrusión* marina (costa mediterránea).

Frente a este problema se adoptan varias soluciones. Se fomenta el uso racional del agua: ahorro, mejora de los regadíos, reparación de fugas, reutilización del agua depurada. Se controlan las extracciones. Se coordina la explotación de los recursos superficiales y subterráneos, limitando el uso de los acuíferos. Se realizan recargas artificiales de acuíferos. Y se promueve compatibilizar la conservación de los humedales con sus aprovechamientos.

Vocabulario

Caudal ecológico: cantidad de agua mínima necesaria para asegurar los valores ecológicos de un río, generalmente entre un 15 % y un 20 % del caudal medio del río.

Salinización: aumento de la concentración de sales. En los acuíferos se produce por una excesiva extracción de agua; o por intrusión del agua del mar en los acuíferos litorales como consecuencia del descenso del nivel de agua del acuífero por debajo del nivel del mar.

Intrusión: avance del agua del mar tierra adentro. En el caso de los acuíferos se produce cuando la extracción de agua subterránea hace disminuir el flujo de agua del acuífero hacia el mar y el agua del mar invade el continente, aumentando la salinidad del agua.

Reducción de la superficie de los humedales

	Interiores	Costeros
Superficie original (Ha)	40 600	239 268
Supercie actual (Ha)	16 421	97 679
% superficie actual/original	40,40%	40,70%
Conservados (número de sitios y %)	705 (55%)	736 (54%)
Alterados (número de sitios y %)	456 (36%)	528 (38%)
Degradados (número de sitios y %)	114 (9%)	115 (8%)

Fuente: Plan Estratégico Español para la Conservación y el Uso Racional de los Humedales.

6.3. La contaminación de las aguas

La causa de la contaminación de las aguas es el vertido de desechos. La actividad agraria arroja nitratos de los fertilizantes y purines ganaderos, que producen la eutrofización* del agua superficial y la contaminación difusa de los acuíferos. La industria vierte productos tóxicos y metales pesados, que pueden acumularse en el tejido graso de los peces e introducirse en la cadena alimentaria. El transporte marítimo contamina y ocasiona vertidos por el lavado de tanques en alta mar o derrames accidentales, causantes de dañinas mareas negras. Y las ciudades evacuan aguas fecales insuficientemente depuradas; y arrojan basuras en vertederos incontrolados donde, al mezclarse con el agua de lluvia, generan un líquido tóxico (lixiviado) que contamina las aguas superficiales y acuíferos.

Las consecuencias de la contaminación son una pérdida de calidad del agua que afecta negativamente a los ecosistemas acuáticos y a su uso humano para beber, o para el baño. Los tramos fluviales más afectados son los medios y bajos, donde se acumulan los vertidos, especialmente en la mitad sur peninsular. Los acuíferos más contaminados por nitratos se localizan en las cuencas los ríos Guadiana, Guadalquivir y Júcar. Y las costas con más riesgo de vertidos son las próximas a las grandes ciudades y a los complejos industriales, y las situadas en la ruta de los grandes petroleros, como las del estrecho de Gibraltar y Galicia.

Frente a la contaminación del agua se han adoptado diversas medidas:

- **En el caso de las aguas superficiales y las subterráneas,** se mejoran la vigilancia, el control de vertidos y la depuración. Así, España cuenta con Redes Automáticas de Información y Alerta sobre la calidad del agua. Se ha implantado un Plan de Tolerancia Cero de Vertidos para revisar las 800 principales autorizaciones de vertidos. Están previstas nuevas depuradoras y la mejora de algunas existentes. Y se están llevando a cabo recuperaciones de aguas degradadas.

- **En el caso de las aguas marinas,** se pretende prevenir la contaminación (inspecciones de buques, control del tráfico); mejorar la calidad del agua; y su conservación mediante la creación de las Áreas Marinas Protegidas.

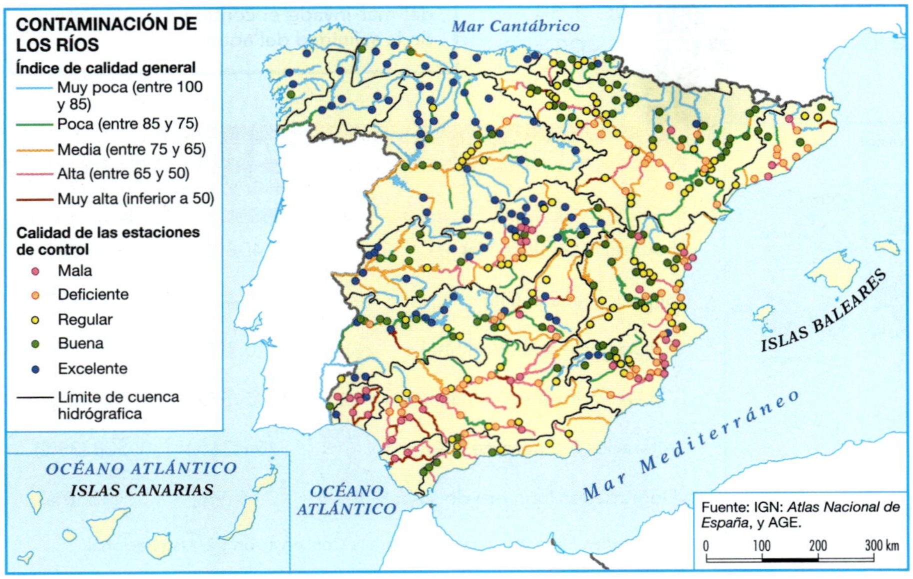

Fuente: IGN: *Atlas Nacional de España*, y AGE.

Vocabulario

Eutrofización: enriquecimiento del agua en nutrientes por una excesiva aportación de nitratos. Estos provocan un excesivo crecimiento de plantas y otros organismos que, al morir, se pudren, provocando malos olores y consumiendo gran cantidad del oxígeno disuelto en el agua. El resultado final es la destrucción del ecosistema.

Actividades

21 Explica en qué consisten los siguientes problemas que afectan a las aguas: alteración del cauce fluvial, sobreexplotación y salinización de los acuíferos, reducción de los humedales, eutrofización del agua, marea negra.

22 Di cuáles son las áreas más afectadas por los diferentes problemas que padecen las aguas.

23 Busca una noticia o un documento referido a cada uno de los tipos de problemas que sufren las aguas en España. Indica, para cada uno, dónde se produce, cuáles son sus causas, consecuencias y posibles soluciones.

7. Daños, alteración y destrucción de la vegetación

a) Los daños en los bosques se deben a causas naturales, como altas temperaturas, déficits hídricos, o plagas de insectos u hongos, y también a causas humanas, como la contaminación atmosférica. Ocasionan la defoliación y decoloración de los árboles.

Frente a este problema, España se ha integrado en la Red Europea de Seguimiento de Daños en los Bosques y cuenta con programas de prevención y lucha contra las plagas, de conservación genética de las especies en peligro de extinción y de protección frente a los agentes contaminantes.

b) La alteración está motivada por la sustitución de las especies autóctonas por otras de elevado rendimiento económico, que reducen la biodiversidad forestal y a veces modifican negativamente el suelo, arden mejor, y afectan a la flora y la fauna de la zona.

c) La deforestación es la destrucción de la cubierta vegetal.

■ **Las causas** de la deforestación son las **talas** destinadas a obtener tierras para cultivo, pastos, residencias, industrias e infraestructuras, y los **incendios** forestales. Estos tienen su mayor incidencia en verano, al unirse altas temperaturas, disminución de las precipitaciones y vientos secos que los propagan. Algunos se producen por causas naturales (rayos). Pero la mayoría son provocados, por accidentes o negligencia (excursionistas); o de forma intencionada por pirómanos o por personas que buscan beneficios para sí (tierras, regeneración de pastos, cambio en el uso del suelo); o perjudicar a otros (venganzas). Los incendios se han visto favorecidos también por la densificación del sotobosque debida al abandono de las tareas tradicionales de limpieza; y por las repoblaciones con especies que arden con facilidad, como el pino y el eucalipto. Las comunidades más afectadas son Galicia y Castilla y León.

■ **Las consecuencias** de la deforestación son el aumento de las emisiones de CO_2 y de la erosión del suelo; una reducción de la biodiversidad y del valor estético del paisaje; y pérdidas económicas y humanas.

■ **Frente a la alteración y la deforestación, en el Plan Forestal Español 2002-2023,** se propone el desarrollo sostenible y el uso multifuncional del bosque. Es decir, combinar la protección con el aprovechamiento ordenado de sus recursos por la población rural y con un uso recreativo responsable.

También se propone prevenir los incendios mediante campañas de información y sensibilización; vigilancia disuasoria; incremento de las penas para los causantes; prohibición de recalificar los terrenos afectados para otros usos durante treinta años; limpieza de la maleza de los bosques; e incremento de los medios para sofocarlos (hidroaviones, cortafuegos, puntos de agua).

Además el plan contempla la restauración de las zonas incendiadas y la reforestación de 3,8 millones de hectáreas, como forma de contribuir a la conservación de la biodiversidad y a la lucha contra el cambio climático, dado que el bosque absorbe CO_2 y suministra biomasa que reduce el consumo de otras fuentes energéticas.

Árboles dañados en 2014 (%)

	coníferas	frondosas	total %
No defoliado. 0-10	25,9	17,5	21,7
Ligera. 11-25	62,7	64,1	63,4
Grave. 26-60	8,8	14,0	11,4
Muy grave. < 60	1,3	2,4	1,9
Muertos	1,3	2,0	1,6

Fuente: MAGRAMA.

EVOLUCIÓN DE LOS INCENDIOS FORESTALES EN ESPAÑA

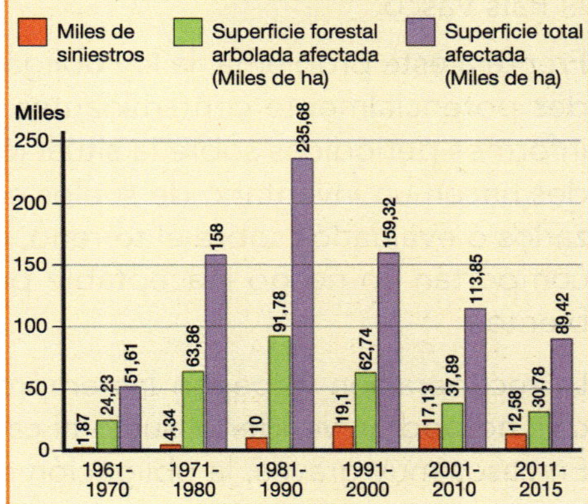

Números índice
1989 = 100

Los valores se refieren a la media de cada periodo.
Fuente: MAGRAMA.

Actividades

24 Comenta el gráfico de la evolución de los incendios.

25 Explica las consecuencias de los incendios sobre el medio natural y sobre las personas y las actividades económicas. Cita medidas para prevenirlos.

26 Por grupos, diseñad un cartel para concienciar a la población sobre la necesidad de prevenir los incendios y exponedlo en el centro de estudios.

8. La artificialización, la contaminación, la erosión y la desertificación del suelo

a) La «artificialización» del suelo consiste en su desaparición bajo edificaciones, equipamientos e infraestructuras. La causa principal ha sido el crecimiento urbano y el modelo de ciudad difusa, con periferias cada vez más extensas. Este problema crece con rapidez y afecta sobre todo a Madrid y a las regiones del litoral mediterráneo. Su solución requiere la aplicación de claras directrices de ordenación territorial basadas en el urbanismo sostenible.

b) La contaminación del suelo tiene como causas la extracción minera; los vertidos industriales y urbanos y el empleo abusivo de sustancias químicas en la agricultura. Como consecuencia, el suelo adquiere características tóxicas, dañando los ecosistemas, la producción agraria y el valor económico del terreno.

En España existen más de 4 500 emplazamientos potencialmente contaminados, sobre todo en Cataluña, la Comunidad Valenciana, Andalucía y el País Vasco.

Frente a este problema, la ley obliga a las empresas que realizan actividades potencialmente contaminantes a remitir a su comunidad autónoma informes periódicos sobre la situación del suelo. Con ellos las comunidades hacen un inventario de suelos contaminados y proceden a caracterizarlos o evaluarlos sobre el terreno, declarándolos contaminados cuando comportan un riesgo inaceptable para la salud humana o el medio ambiente.

La recuperación la pagan las empresas causantes de la contaminación, que no podrán vender el suelo ni cambiarlo de uso hasta haberlo hecho. En casos muy graves, la obligación de descontaminar es inmediata.

El empleo abusivo de sustancias químicas es una de las causas que contaminan el suelo.

c) La erosión y la desertificación del suelo son dos problemas relacionados.

- **La erosión** es el desgaste del suelo y se debe a causas naturales y humanas.

Las **causas naturales** son las acusadas pendientes; el carácter torrencial de las precipitaciones; la aridez y las sequías periódicas que provocan una escasa cubierta vegetal protectora; la acción de los ríos y de las láminas de agua; y los rasgos de muchos suelos (delgados, arenosos, pedregosos).

Las **causas humanas** que intensifican la erosión son la deforestación por talas e incendios, que impide la sujeción del suelo por las raíces de las plantas y lo desprotege del impacto directo de las precipitaciones; algunas prácticas agrarias como el cultivo en la dirección de la pendiente, el insuficiente descanso del suelo, el excesivo pastoreo en pastos pobres, el abuso de sustancias químicas o el uso de maquinaria pesada; y el abandono de los cuidados tradicionales por la emigración rural.

En España, la erosión destruye una media de 200 kg de suelo por segundo (5 mm de su capa superficial al año). Las áreas con más riesgo son la costa mediterránea, el valle del Guadalquivir y áreas montañosas con pendientes, ríos torrenciales, e insuficiente protección vegetal.

Los incendios favorecen la erosión, al privar al suelo de protección vegetal.

■ **La desertificación** es la degradación de las tierras de las zonas áridas, semiáridas y subhúmedas secas hasta adquirir rasgos propios de los desiertos. Sus causas son la erosión, la aridez, los incendios y la sobreexplotación de los acuíferos. Así, un 6 % del suelo español está desertificado y un 17,8 % se halla en riesgo muy alto o alto. Las áreas más afectadas son el SE peninsular y Canarias.

Las consecuencias de la erosión y de la desertificación son un aumento del riesgo de inundación y de deslizamiento; la disminución de la flora y de la fauna del suelo; y una progresiva pérdida de fertilidad agraria.

Frente a este problema España cuenta con una red de estaciones de seguimiento de la erosión y la desertificación (Red RESEL). Desarrolla actuaciones de prevención y control como planes frente a la sequía; la restauración hidrológico-forestal; el impulso de prácticas agrarias sostenibles (cultivo según las curvas de nivel de la pendiente, extensión del barbecho, ordenación del pastoreo, explotación racional de acuíferos); obras de conservación del suelo; y rehabilitación de las áreas donde se ha iniciado la desertificación. Estas actuaciones se llevan a cabo en el marco de los compromisos suscritos con Naciones Unidas, Convención de la Lucha contra la Desertificación (1966), que ha dado lugar al **Proyecto LUCDEME** —Lucha contra la Desertificación en el Mediterráneo— y al **Plan de Acción Nacional contra la Desertización** —PAND—.

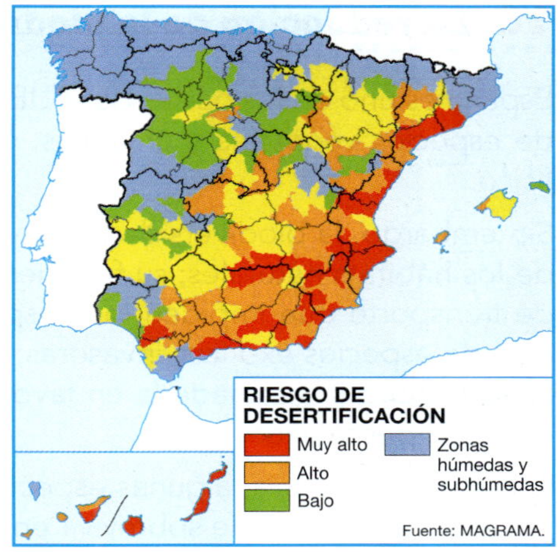

9. La producción de residuos

En España, la producción de residuos ha crecido debido al aumento del consumo, sobre todo la de residuos sólidos urbanos —RSU— (1,31 kg/hab/día en 2012). Su eliminación comporta consecuencias negativas. Los vertederos incontrolados originan problemas sanitarios y contaminan el suelo y el agua. Los vertederos controlados alteran el paisaje, producen malos olores y gases de efecto invernadero. Y las plantas incineradoras contaminan el aire y generan líquidos y cenizas contaminantes. Las comunidades que más residuos producen por persona son Navarra, Baleares, Cantabria y País Vasco.

Las soluciones a este problema plantean diversos objetivos y actuaciones:

■ **Clausurar y recuperar los vertederos incontrolados.**

■ **Disminuir el vertido** en los vertederos controlados mediante las llamadas «tres R»: **reducción** de los residuos (envases más ligeros, disminución de las bolsas comerciales); la **reutilización** directa (envases de vidrio): y el **reciclado** (cartón y papel, plástico, metal, madera, aceites pesados, pilas, neumáticos, vehículos fuera de uso, basura electrónica y materiales de construcción). El objetivo es cumplir la directiva europea que exige para 2020 reducir el peso de los residuos producidos un 10 % respecto a 2010 y que al menos el 50 % de su peso se destine a la reutilización o al reciclado. Para ello, es necesario aumentar la recogida selectiva de basura en origen (contenedores, puntos limpios) o en plantas de clasificación donde se separan los residuos mezclados.

■ **Valorizar los residuos no reciclables:** usar el calor de la incineración para producir energía; y la materia orgánica de la basura para obtener biogás (biometanización) o compost, utilizado para regenerar suelos.

Planta de clasificación

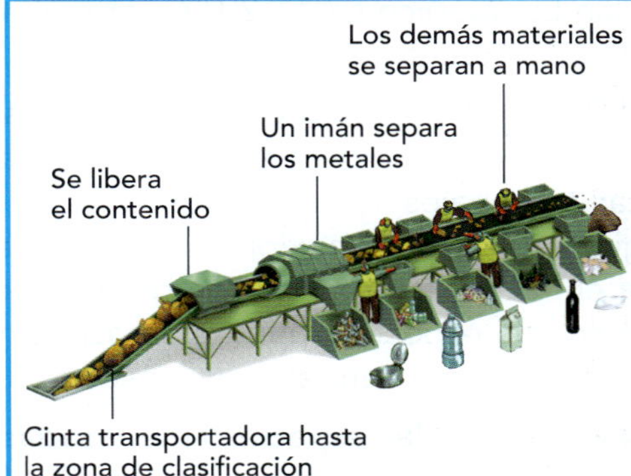

En las plantas de clasificación o de triaje se separan los materiales de los residuos entrantes para su tratamiento posterior.

Actividades

27 Explica la influencia de las actividades humanas en los problemas del suelo.

28 Comenta el mapa de riesgo de desertificación.

29 Averigua si en tu centro de estudios existen iniciativas para reducir y recuperar los residuos. Indica en qué consisten o realiza propuestas con este fin, explicando por qué son importantes estas iniciativas.

10. La reducción de la biodiversidad

España es uno de los países de la UE con mayor biodiversidad o variedad de especies vegetales y animales, gracias a la diversidad de su medio físico.

Sin embargo, la biodiversidad se ve amenazada a causa de la alteración de los hábitats naturales; su fragmentación mediante las infraestructuras de transporte que impiden los desplazamientos habituales; la introducción de especies exóticas invasoras; la selección genética practicada por la agricultura y la ganadería en favor de las especies más rentables; y la caza o la pesca excesivas.

Como consecuencia, algunas especies se encuentran amenazadas o con pocas posibilidades de sobrevivir en un futuro inmediato, de mantenerse su actual situación (siempreviva, piña de mar, cardo, oso pardo, lince ibérico, foca monje, esturión, águila imperial, quebrantahuesos).

Frente a este problema, España ha suscrito un acuerdo internacional (el Convenio sobre Diversidad Biológica) y ha elaborado una Ley (2007) y un Plan Estratégico (2011-2017) sobre el Patrimonio Natural y la Biodiversidad. Los objetivos son dos:

- **Detener la pérdida de la biodiversidad.** Para ello, se adoptan medidas como incluir la consideración de la biodiversidad en todas las políticas sectoriales; recuperar los hábitats naturales; crear corredores ecológicos o vías de conexión entre los espacios naturales; legislar para evitar la entrada y la propagación de especies invasoras; favorecer el cultivo y la cría de especies autóctonas, así como la caza y la pesca sostenibles; y crear espacios naturales protegidos.
- **Recuperar las especies amenazadas*.** Con este fin, el nuevo Catálogo Español de Especies Amenazadas (2011) establece dos categorías —especies en peligro de extinción y vulnerables—. Para cada una se establecen planes de conservación *in situ*, que pueden complementarse con programas *ex situ* o de cría fuera de su hábitat natural, con el fin de obtener reservas genéticas y ejemplares aptos para su reintroducción al medio natural.

En 2011 se aprobó un nuevo Catálogo Español de Especies Amenazadas. El número de especies incluidas en el Catálogo es 904, resultado de incorporar a las 610 existentes, nuevas especies protegidas por convenios y directivas europeas. Para las especies amenazadas incluidas en el Catálogo, se elaborarán estrategias y planes de conservación y recuperación. En la imagen, el lince ibérico.

Actividades

30 Busca información sobre algún animal o planta amenazado. Explica las causas de esta situación y las medidas que se han adoptado para evitar su desaparición.

Vocabulario

Especies amenazadas: especies, subespecies o poblaciones animales o vegetales que podrían llegar a desaparecer a corto o medio plazo si no cambian las circunstancias actuales. Según el nivel de amenaza, el nuevo decreto de 23 de febrero de 2011 distingue dos categorías:

- **En peligro de extinción:** especie, subespecie o población de una especie cuya supervivencia es poco probable si los factores causales de su actual situación siguen actuando.
- **Vulnerable:** especie, subespecie o población de una especie que corre el riesgo de pasar a la categoría anterior en un futuro inmediato si los factores adversos que actúan sobre ella no son corregidos.

4 Los espacios naturales protegidos

1. La protección de espacios naturales en España

Las medidas concretas frente a los problemas medioambientales se completan con la creación de espacios naturales protegidos.

En España, la protección de espacios naturales empezó a principios del siglo XX, con la **Ley de Parques Nacionales** (1916). Entonces el criterio de selección se centraba en la belleza paisajística, por lo que se priorizó a las montañas de aspecto alpino. A mediados del mismo siglo se empezaron a considerar también otros criterios, como el biológico (presencia de especies interesantes o en peligro de extinción), o el geológico (existencia de formaciones geológicas especiales).

En la actualidad, la protección de espacios está regulada por la **Ley del Patrimonio Natural y la Biodiversidad** (2007). Establece que tendrán la consideración de espacios naturales protegidos los que cumplan al menos uno de estos dos requisitos:

- Contener sistemas o elementos naturales representativos, singulares, frágiles, amenazados o de especial interés ecológico, científico, paisajístico, geológico o educativo.
- Estar dedicados especialmente a la protección y al mantenimiento de la diversidad biológica, de la geodiversidad y de los recursos naturales y culturales asociados.

2. Los tipos de espacios naturales protegidos

La ley establece cinco categorías de espacios protegidos, aunque permite a las comunidades autónomas crear otras distintas:

a) Los parques son áreas naturales cuya conservación merece atención preferente por su belleza paisajística y la representatividad o singularidad de sus ecosistemas o formaciones geomorfológicas. En ellos se puede limitar el aprovechamiento de los recursos naturales y la entrada de visitantes para garantizar la protección. Los parques nacionales, representativos de alguno de los principales ecosistemas españoles, son de interés nacional y se rigen por una legislación específica. Entre ellos se encuentran los parques de Timanfaya, Tablas de Daimiel, Doñana, Picos de Europa, Ordesa y Monteperdido, etc.

b) Las reservas naturales son espacios naturales creados para proteger ecosistemas, comunidades, o elementos biológicos o geológicos de especial rareza o fragilidad. La explotación de los recursos solo se admite si es compatible con la conservación.

c) Las áreas marinas protegidas son espacios naturales creados para proteger ecosistemas, comunidades o elementos biológicos o geológicos del medio marino de especial rareza, fragilidad, importancia o singularidad. En ellas se limita la explotación de los recursos naturales. La primera declarada de España es la de El Carducho, frente a la costa de Ribadesella.

d) Los monumentos naturales son formaciones naturales protegidas por su notoria singularidad, rareza o belleza: cuevas, cascadas, árboles, formaciones geológicas, yacimientos paleontológicos, etc. En ellos está prohibida la explotación de recursos.

e) Los paisajes protegidos son áreas preservadas por sus valores naturales, estéticos y culturales. En ellos se procurará mantener las prácticas tradicionales que colaboren a la preservación de sus valores.

España cuenta también con espacios protegidos incluidos en redes europeas y mundiales, como la Red Natura 2000 de la Unión Europea, la Red Europea y la Red Global de Geoparques, la Red Mundial de Reservas de la Biosfera de la UNESCO y la Lista Ramsar de humedales de importancia internacional.

Marismas en el parque nacional de Doñana.

Actividades

31 Valora la importancia de la existencia de espacios naturales protegidos.

32 Busca información sobre alguno de los espacios naturales protegidos de tu comunidad autónoma y explica las razones de su especial valoración.

33 Elige una organización ecologista que opere en España, investígala y elabora un informe sobre ella: forma de organización, número de miembros, objetivos, principales actuaciones.

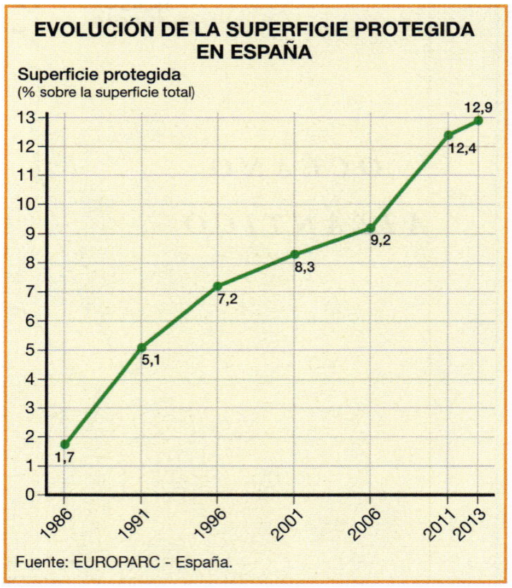

La superficie de la Red Española de Espacios Naturales Protegidos —ENP— se ha incrementado, sobre todo desde la entrada en la UE. Así, en 2013 suponía el 12,9% del territorio nacional, cifra que se elevaría al 27,2% si se contabilizan también los espacios incluidos en la Red Natura 2000 de la UE.

Resumen de la unidad

Los elementos del medio natural

constituyen diversos paisajes naturales

Oceánico

- Galicia y cornisa cantábrica.

Mediterráneo

- Península, al sur del paisaje oceánico, Baleares, Ceuta y Melilla.

Montaña

- Territorios a más de 1 000 m de altitud.

Canarias

- Archipiélago canario.

interrelación con la actividad humana

Aportan recursos

Procedentes de:

- El relieve.
- La atmósfera.
- Las aguas.
- La vegetación.
- El suelo.

Suponen riesgos

- De origen geológico: terremotos, erupciones volcánicas, movimientos de ladera.
- De origen climático: inundaciones y sequías.

La influencia de la actividad humana en el medio natural

causa

Problemas medioambientales

- Relieve: alteración del relieve continental y costero.
- Atmósfera: contaminación, reducción de la capa de ozono, cambio climático.
- Contaminación acústica y lumínica.
- Aguas: alteración, sobreexplotación, contaminación.
- Vegetación: daños, alteración, deforestación.
- Suelo: artificialización, contaminación, erosión y desertificación.
- Residuos: producción y tratamiento.
- Biodiversidad: especies amenazadas.

crea

Espacios naturales protegidos

- Nacionales:
  - Parques
  - Reservas naturales
  - Áreas marinas protegidas
  - Monumentos naturales
  - Paisajes protegidos
- Europeos: Red Natura 2000
- Internacionales:
  - Geoparques
  - Reservas de la Biosfera
  - Humedales Ramsar

Técnica

Comentario de un paisaje natural

Reserva de Urdaibai, Bizkaia.

1. Introducción

Breve introducción en la que se indicará:

- Si se trata de un paisaje de interior, de costa o de montaña y su localización geográfica precisa, si consta.
- Los elementos del medio natural que se aprecian en el paisaje.

2. Análisis de los elementos naturales

a) Relieve:

- Formas del relieve continental (montaña, llanura, meseta) y/o costero (cabo, golfo, etc.), describiendo y explicando sus rasgos.
- Tipo de roquedo y formas del modelado (granítico, calcáreo, arcilloso o resultado de la erosión diferencial).

b) Aguas: tipo (mar, ríos, lagos, humedales, acuíferos); localización; caudal y régimen de los ríos.

c) Vegetación: tipos de formaciones vegetales (bosque, matorral, prado), especies, extensión, localización.

d) Suelo: tipo, calidad.

e) Clima: puede determinarse a partir de las aguas, vegetación y suelos analizados. Hay que describir los rasgos generales de las precipitaciones y de las temperaturas.

f) Identificación y localización del paisaje: de acuerdo con los rasgos señalados, concluir si se trata de un paisaje oceánico, mediterráneo, de montaña o de Canarias; e indicar su localización geográfica general o precisa, si consta.

3. Interrelaciones: medio natural y actividad humana

a) Relieve:

- Influencia del relieve continental en la actividad humana: en los asentamientos y el hábitat (buscan las topografías más favorables); en la actividad agraria (las llanuras facilitan agricultura; las pendientes, la dificultan); en la aportación de materias primas (minerales, energéticas); en los transportes (facilitando o dificultando las comunicaciones); en el turismo (formas de relieve originales —geoturismo—).
- Influencia del relieve costero: costas bajas y arenosas (playas, turismo); costas recortadas (puertos naturales); plataforma marina escasa (caladeros pobres).
- Influencia de la actividad humana en el relieve: sobreexplotación de materias primas y fuentes de energía; alteraciones causadas por canteras, minas y grandes obras hidráulicas o infraestructuras de transporte; políticas de protección, conservación y rehabilitación.

b) Aguas:

- Influencia del agua en la actividad humana: usos consuntivos (regadío agrario, actividades mineras, energéticas, industriales y terciarias y uso en hogares y municipios) y usos no consuntivos (pesca, acuicultura, producción energética, navegación, deportes, usos recreativos).
- Influencia del ser humano en las aguas: obras hidráulicas (de regulación y para mejorar la calidad del agua); problemas (sobreexplotación, contaminación); y obras de saneamiento y depuración.

c) Vegetación:

- Influencia de la vegetación en la actividad humana: suministro de recursos (alimentos para personas y animales, materias primas para la industria, fuentes de energía, posibilidades para el ocio y recreo, incremento del valor del paisaje); y mejora de las condiciones medioambientales (disminución de la erosión y de la contaminación y reducción del riesgo de inundaciones).
- Influencia de la actividad humana en la vegetación: daños en los bosques por contaminación; alteración (introducción de especies exóticas), destrucción o deforestación (talas, incendios); labores de conservación y restauración (limpieza del bosque, repoblación).

d) Suelo:

- Influencia del suelo en la actividad humana: en el poblamiento y en el hábitat; en las actividades agrarias; y en las infraestructuras.
- Influencia de la actividad humana en el suelo: artificialización, sobreexplotación, contaminación, erosión, desertificación, y medidas de protección y de conservación.

e) Clima:

- Influencia del clima en la actividad humana: distribución de la población y características del hábitat; actividad agraria; suministro de fuentes de energía; condicionamiento del transporte y de ciertas actividades recreativas.
- Influencia de la actividad humana en el clima: contaminación atmosférica; medidas para mejorar la calidad del aire.

Actividades de síntesis

En la web
Autoevalúate con las actividades interactivas.

1 Definir conceptos

- Define de forma breve y precisa estos conceptos: *medio ambiente, sobreexplotación, riesgo natural, adaptación al cambio climático, agujero de la capa de ozono, reciclaje, desarrollo sostenible, espacio natural protegido, inundación, Protocolo de Kioto.*

2 Elaborar un cuadro comparativo

- Compara en un cuadro la influencia positiva y la negativa de los elementos naturales en la actividad humana.

3 Realizar un cuadro de síntesis

- Sintetiza los problemas medioambientales en un cuadro como este.

	Causas	Consecuencias	Soluciones
Problemas del relieve			
a) Continental			
b) Costero			
Problemas de la atmósfera			
a) Contaminación			
b) Reducción de la capa de ozono estratosférico			
c) Aumento del efecto invernadero			
d) Contaminación acústica y lumínica			
Problemas de las aguas			
a) Alteración			
b) Sobreexplotación			
c) Contaminación			
Problemas de la vegetación			
a) Daños			
b) Alteración			
c) Destrucción			
Problemas del suelo			
a) Artificialización			
b) Erosión y desertificación			
Problemas de los residuos			
Problemas de la biodiversidad			

4 Identificar problemas medioambientales

- Busca imágenes referidas a problemas medioambientales en España. Explica, para cada una, en qué consiste el problema y cuáles son sus causas, consecuencias y posibles soluciones.

5 Implicarse en la resolución de los problemas medioambientales

- Por grupos, elaborad y exponed un mural con un eslogan para concienciar al alumnado del centro sobre los diferentes problemas medioambientales.

6 Comentar un paisaje natural y compararlo con uno humanizado

- Comenta el paisaje natural del valle del Deba, en Gipuzkoa, de la imagen de la izquierda. Compáralo con un paisaje humanizado como este de Tenerife.

7 Planificar y elaborar un trabajo de campo sobre un paisaje natural

1. Preparación del trabajo

– Constitución del grupo de trabajo, con un máximo de tres miembros.
– Elección del área geográfica que se va a estudiar.
– Adquisición de la hoja del Mapa Topográfico Nacional correspondiente.
– Elaboración de un guion de trabajo con los aspectos que se van a observar, siguiendo el modelo proporcionado en la «Técnica».
– Preparación del material complementario para ilustrar el trabajo (cámara de fotos, vídeo).

2. Observación de campo

– Observación y anotación de las características del medio natural y de sus interacciones con la actividad humana, siguiendo el guion.
– Comparación de las características físicas observadas con la información proporcionada por la hoja del Mapa Topográfico.
– Obtención del material documental que ilustre las observaciones realizadas (fotografías y croquis de la zona). El croquis debe incluir los principales elementos físicos y humanos y una leyenda explicativa.

3. Elaboración de un informe

– Tras la observación de campo debe elaborarse un informe que presente la información de forma organizada y con el apoyo documental seleccionado.
– En el informe deben aparecer como mínimo los siguientes apartados: A) Nombre y localización espacial de la zona, acompañado de un croquis de la misma o de su delimitación en la hoja del Mapa Topográfico. B) Principales características del medio natural y de sus interacciones con la actividad humana, siguiendo el guion de trabajo y con el material gráfico. C) Conclusión.

8 Ampliar información utilizando las TIC

- **En la web** Amplía tus conocimientos sobre esta unidad con los recursos proporcionados por la web (www.anayaeducacion.es).

5 Los espacios del sector primario

El espacio rural actual es un territorio multifuncional que, junto a las actividades agrarias tradicionales, está implantando nuevas funciones industriales, terciarias y ambientales demandadas por la sociedad urbana posmoderna.

Se ha convertido así en un espacio dinámico, complejo y heterogéneo, donde conviven paisajes y áreas rurales de diferentes rasgos y distinto nivel de modernidad, y donde la tradicional separación entre lo rural y lo urbano tiende a desdibujarse.

Qué vas a aprender

- El espacio rural.
- Los condicionantes del espacio agrario.
- Las actividades agrarias y los paisajes agrarios.
- Los problemas agrarios y el desarrollo rural.
- Las dinámicas recientes del espacio rural.
- Los espacios de la actividad pesquera.
- El comentario de un paisaje rural.

Paisaje agrario mediterráneo en Alcoy, Alicante.

1 El espacio rural

1. Los rasgos del espacio rural

El espacio rural comprende el territorio no urbanizado, que en España se identifica con los **municipios de menos de 10 000 habitantes.** De su estudio se ocupa la geografía rural, que analiza las interrelaciones entre las actividades rurales y el territorio donde se practican.

El espacio rural se caracteriza por su dinamismo y heterogeneidad.

■ **El espacio rural es dinámico,** porque ha ido cambiando según las demandas socioeconómicas de cada momento histórico.

■ **Tradicionalmente** ha sido casi en exclusiva un **espacio agrario,** donde se practicaban actividades agrícolas, ganaderas y forestales destinadas a proporcionar alimentos; por lo que se diferenciaba claramente del espacio urbano.

■ **Desde la década de 1990** se ha convertido en un **espacio multifuncional,** que acoge nuevas ocupaciones demandadas por la sociedad urbana posmoderna: residenciales; económicas (producción de alimentos, industrias, servicios e instalaciones recreativas); y de conservación de la naturaleza, del paisaje y de la cultura tradicional. Como consecuencia, el espacio rural se integra cada vez más con el espacio urbano, superándose la separación anterior.

■ **El espacio rural es heterogéneo,** porque los cambios señalados no han afectado por igual a todo el territorio y coexisten situaciones muy diversas.

■ Delimitación del espacio rural

En España se consideran propiamente rurales los municipios de menos de 2 000 habitantes; y semiurbanos o intermedios, los comprendidos entre 2 000 y 9 999, siempre que al menos un núcleo de población del municipio alcance los 2 000 habitantes (de lo contrario sería rural). Los municipios urbanos son los de 10 000 o más habitantes, siempre que al menos un núcleo de población alcance los 5 000 habitantes (de lo contrario sería semiurbano).

Por otra parte, se consideran «agrociudades» los municipios de más de 10 000 habitantes cuyas funciones son principalmente agrarias.

2. El espacio agrario y su importancia

El espacio agrario es la parte del espacio rural donde se desarrollan las actividades agrícolas, ganaderas y forestales. En la actualidad, estas actividades contribuyen poco a la ocupación y al PIB de España (4,2 % y 2,3 % respectivamente, en 2014). No obstante, mantienen su importancia:

■ En el terreno económico suministran alimentos y materias primas para diversas industrias, como la agroalimentaria, la textil o la del mueble. Su aportación al PIB crece en términos absolutos al incrementarse la modernización y los rendimientos. Y arroja un saldo positivo en el comercio exterior gracias a la exportación de productos de regadío.

■ Además, la importancia de las actividades agrarias no se mide solo en términos económicos; son actividades multifuncionales que influyen en la calidad del paisaje y del medio ambiente.

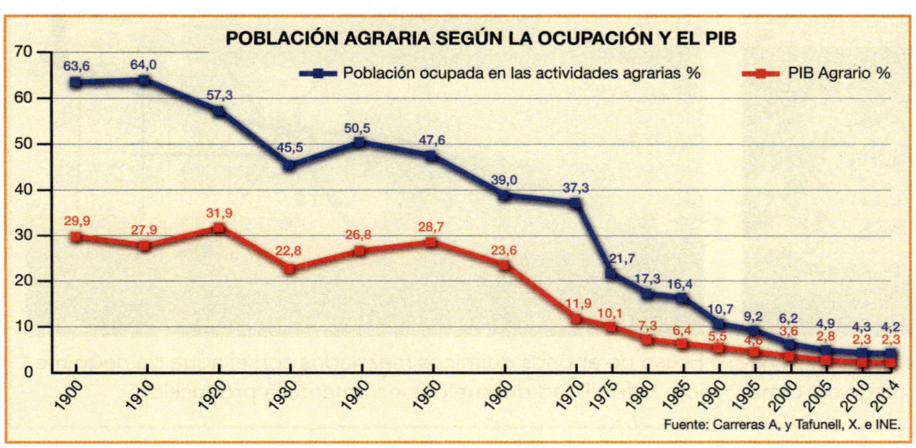

En España se ha reducido el peso de las actividades agrarias. En 2014, solo ocupaban al 4,2% de la población, frente al 17,8% del sector secundario y el 78% del terciario. Y su aportación al PIB en la misma fecha era del 2,3% frente al 21,1% y al 76,6% de los sectores secundario y terciario, respectivamente.

Actividades

1 Explica por qué el espacio rural es dinámico, heterogéneo y complejo.

2 Con los datos que figuran en el pie del gráfico, confecciona un gráfico que exprese el peso de las actividades agrarias en la ocupación y en el PIB en la actualidad. Elige el tipo de gráfico que consideres más apropiado y explica el motivo de tu elección.

2 Los condicionantes naturales del espacio agrario

El medio natural español ofrece, en general, condiciones poco favorables para las actividades agrarias.

a) El relieve tiene una elevada altitud media y abundantes pendientes, que facilitan la erosión y dificultan la mecanización. Así, el 70% de la tierra se encuentra entre 200 y 1 000 metros de altitud; y solo 6 de 50 millones de hectáreas tienen pendientes inferiores al 5%.

b) El clima se caracteriza en buena parte del territorio por precipitaciones escasas e irregulares —con relativa frecuencia de tormentas y granizo—; temperaturas con situaciones extremas —como heladas y olas de calor—; y aridez más o menos acusada.

c) Las aguas para el regadío agrario se ven limitadas por la escasez y la irregularidad de las precipitaciones.

d) La vegetación natural herbácea y arbórea —que permite un aprovechamiento ganadero y forestal— se encuentra degradada en algunas zonas; o ha sido eliminada en favor de otros usos del territorio.

e) Los suelos son mediocres y fácilmente erosionables, lo que reduce su fertilidad.

No obstante, la incidencia de las condiciones naturales es menor que en el pasado, gracias a los avances técnicos que permiten superar algunas limitaciones, como el cultivo en invernaderos y la estabulación ganadera que protegen del clima; o el uso de abonos químicos para mejorar el suelo.

Actividades

3 Pon ejemplos de medios técnicos que permiten superar los condicionamientos negativos del medio natural español para las actividades agrarias.

La influencia del medio físico y las soluciones

El relieve montañoso es desfavorable para la agricultura y exige crear terrazas para cultivar. En cambio, favorece la explotación forestal.

El clima español presenta algunas situaciones muy perjudiciales para la agricultura, como las tormentas o el granizo.

Los avances técnicos permiten superar algunos condicionantes naturales desfavorables. El cultivo en invernaderos protege del clima.

El uso de abonos químicos mezclados con el agua de riego mejora la fertilidad del suelo e incrementa la producción.

3 Los condicionantes humanos

Los condicionantes humanos que influyen en el espacio agrario son la estructura y la política agraria.

1. La estructura agraria

1.1. Los elementos de la estructura agraria

La estructura agraria incluye elementos demográficos (la población agraria); sociales (el sistema de propiedad y explotación de la tierra); y económicos (los aprovechamientos agrarios y los sistemas y técnicas de producción).

1.1.1. La población agraria

La población agraria es en la actualidad **escasa** (4,2 % de la ocupación en 2014), aunque con diferencias entre las exiguas cifras de Madrid (0,5 %), Baleares (1,1 %) y el País Vasco (1,4 %) y las relativamente mayores de Murcia (13,1 %) y Extremadura (10,9 %). Además, se encuentra **envejecida** —casi la mitad tiene entre 40 y 64 años— y masculinizada, sobre todo en el interior peninsular.

La **causa** principal de esta situación ha sido el éxodo rural ocurrido entre 1960 y 1975, debido a la mecanización agraria y a las mayores oportunidades de empleo ofrecidas por la industria y los servicios urbanos a la población joven y a las mujeres del campo. Entre 1975 y 1990, la crisis económica e industrial desaceleró el éxodo rural e incrementó la actividad agraria a tiempo parcial*. Y desde la década de 1990 se mantienen dos tendencias:

- **En las áreas agrarias más atrasadas, continúan el descenso y el envejecimiento demográfico.** Las causas son el crecimiento natural negativo, la emigración, las jubilaciones y prejubilaciones, y el abandono de las explotaciones poco rentables o trabajadas a tiempo parcial. No obstante, algunas áreas han frenado el retroceso gracias a las subvenciones destinadas a evitar el despoblamiento y a instalar a jóvenes agricultores.
- **En las áreas agrarias más dinámicas se produce una cierta recuperación y rejuvenecimiento demográfico.** Las causas son el mantenimiento de la población; la llegada de inmigrantes para realizar tareas; y la introducción de nuevas actividades residenciales, industriales y de servicios, sobre todo en las áreas periurbanas y turísticas.

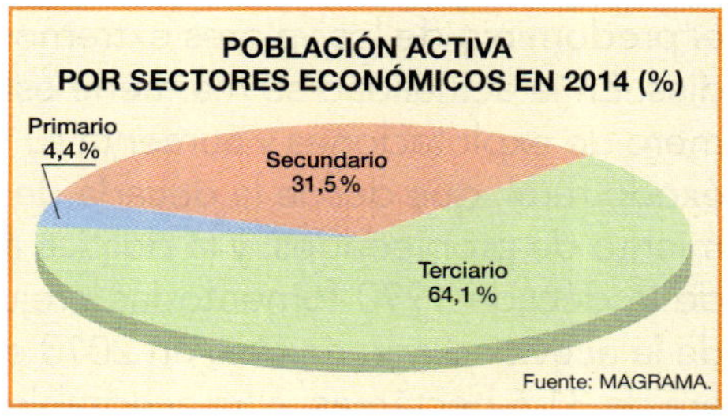

Vocabulario

La actividad agraria a tiempo parcial combina la ocupación en la agricultura o en la ganadería con el trabajo en la industria, la construcción o los servicios. De acuerdo con el derecho agrario español requiere que los titulares de estas explotaciones les dediquen un porcentaje de su tiempo de trabajo no menor de un 20 % ni mayor del 50 %. Es un fenómeno muy extendido, sobre todo en las explotaciones más pequeñas, que en unos casos se practica por afición o entretenimiento, y en otros, como complemento de rentas. A veces, es una etapa intermedia para abandonar la actividad agraria, pero también pude tener gran estabilidad, como sucede en la agricultura mediterránea.

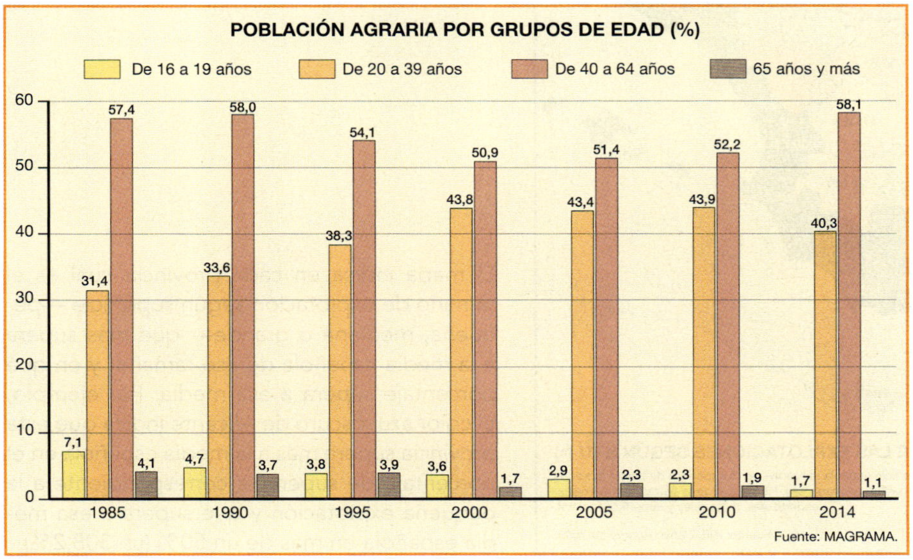

La población activa agraria por grupos de edad se encuentra envejecida. En 2014, el 58,2 % estaba comprendida entre los 40 y los 64 años, sin que apenas haya variado este porcentaje desde 1985. Los jóvenes agricultores —menores de 40 años— tienden a disminuir, sobre todo en el grupo de los más jóvenes (16-19 años) gracias al aumento de los estudiantes que continúan la formación al finalizar los estudios de secundaria obligatoria. Por su parte, el grupo de 65 años ha experimentado un notable descenso gracias a las jubilaciones anticipadas promovidas por la PAC desde 1985.

1.1.2. El sistema de propiedad y de explotación

La **propiedad** agraria es el conjunto de parcelas pertenecientes a un propietario. En cambio, la **explotación** agraria es el conjunto de parcelas gestionadas por un mismo titular o explotador agrario, independientemente de si son de su propiedad o no, y de si están juntas o separadas entre sí. Las explotaciones se diferencian por su tamaño, distribución y régimen de tenencia.

a) El tamaño de las explotaciones se ha caracterizado históricamente por el predominio de los valores extremos y la escasez de las dimensiones medias. En la actualidad se mantiene esta situación, aunque disminuye el número de explotaciones y aumenta su tamaño medio. Las causas han sido el éxodo rural, que desde la década de 1960 favoreció la venta o el arrendamiento de propiedades; y la política agraria de la Unión Europea, que desde la década 1990 fomentó las prejubilaciones y el abandono voluntario de la actividad agraria. Así, en 2013 el tamaño medio de las explotaciones era de 31,6 hectáreas, cifra aceptable, aunque inferior a la media europea.

- **La pequeña explotación** (menos de 10 ha) es mayoritaria en número de explotaciones (67,4 % en 2009), pero ocupa una reducida superficie (8,5 %). Predomina en el norte de la Península, el litoral mediterráneo, Baleares y Canarias. En unos casos se trata de minifundios tradicionales, surgidos de las divisiones por herencia, trabajados a tiempo parcial, y generadores de bajos ingresos. En otros casos son explotaciones modernas, hortofrutícolas o bajo plástico, trabajadas a tiempo completo y mucho más rentables.
- **La gran explotación** (más de 100 ha) es reducida numéricamente (5,1 %), pero ocupa una amplia superficie (55,1 %). Predomina en el interior peninsular. En unos casos se trata de latifundios tradicionales, extensivos y de bajos rendimientos, debido al desinterés y la falta de inversión del propietario. En otros casos son explotaciones intensivas modernas de elevada productividad.

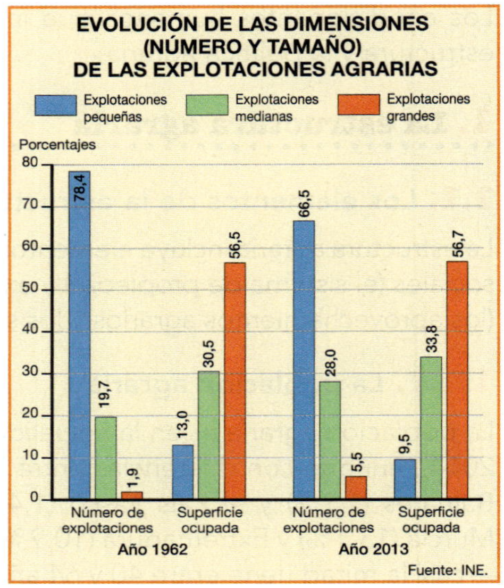

Las pequeñas explotaciones son mayoritarias numéricamente pero ocupan una reducida superficie. Tienden a disminuir su número y superficie debido a la emigración rural y a la necesidad de competitividad agraria. Las explotaciones medianas y grandes son menos numerosas pero ocupan la mayoría de la superficie agraria. Su número tiende a incrementarse, sobre todo el de las medianas, que son las que más se han beneficiado de la reducción de las pequeñas. No obstante, este hecho no se refleja en un considerable aumento de la superficie, dada la reducida dimensión de las explotaciones desaparecidas.

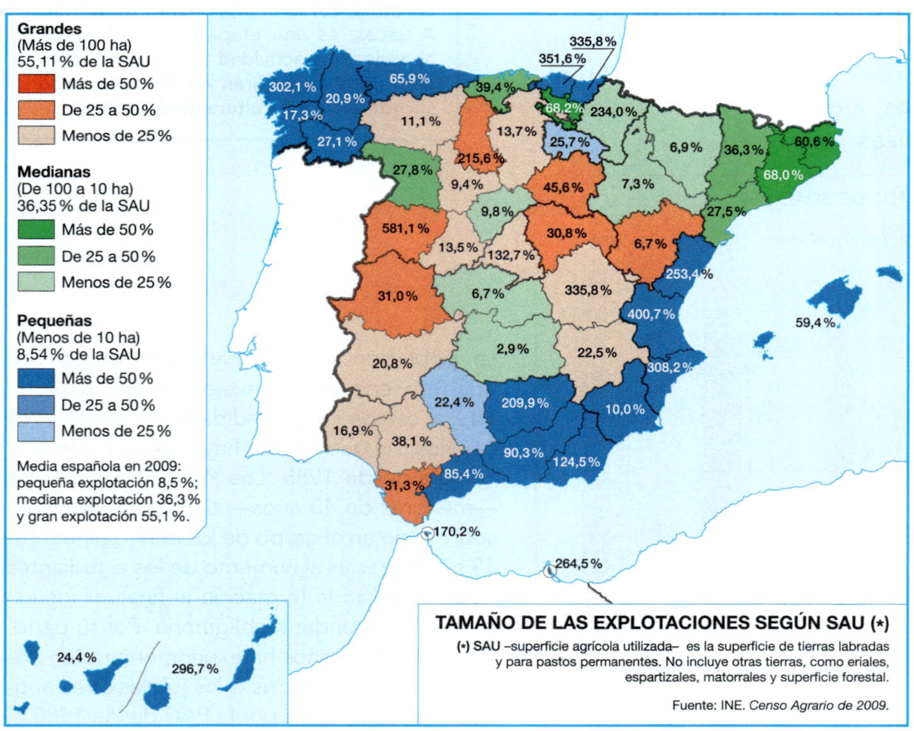

El mapa indica en cada provincia cuál es el tamaño de explotación según superficie —pequeña, mediana o grande— que más supera a la media española de ese tamaño; y en qué porcentaje supera a esa media. Por ejemplo, el color azul oscuro de Alicante indica que esta provincia supera más a la media española en el porcentaje de superficie correspondiente a la pequeña explotación y que supera a esa media española en más de un 50 % (un 308,2 %).

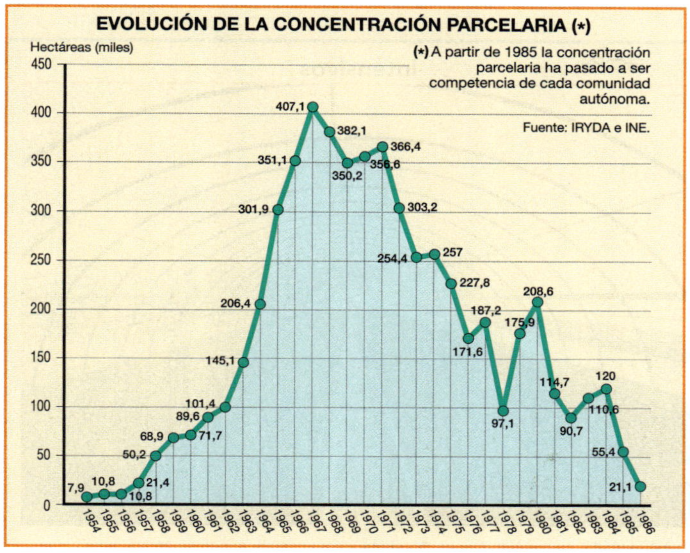

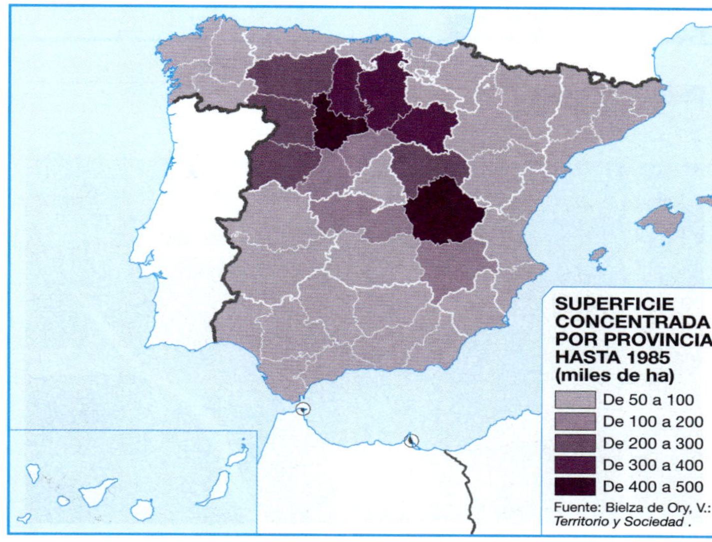

b) La distribución tradicional de las explotaciones incluía numerosas parcelas, a menudo separadas entre sí. En la actualidad, la situación ha mejorado gracias a la **concentración parcelaria.** Esta política, iniciada en 1952, se transfirió a las comunidades autónomas en 1985 y continúa en la actualidad. Pretende disminuir el minifundio y la dispersión parcelaria concediendo a cada propietario una sola parcela o unas pocas, equivalentes a las que tenía antes dispersas; y dar acceso a las parcelas a las vías de comunicación. Para ello, en cada municipio se fija una unidad mínima por debajo de la cual no puede crearse ninguna nueva parcela y no se permite dividir las parcelas resultantes por debajo de la unidad mínima establecida. El resultado son parcelas menos numerosas, más grandes y más regulares; la reducción de lindes; y una nueva red de caminos. No obstante, la concentración ha afectado más a las áreas de monocultivo de secano, menos problemáticas, que a las típicamente minifundistas del norte o del levante peninsular.

c) El régimen de tenencia es el grado de dominio sobre la explotación agraria, absoluto en el caso de la propiedad y limitado en los demás casos. En la tenencia **directa,** el propietario y el explotador agrario son la misma persona. En España es el régimen predominante, aunque con tendencia a decrecer. En la tenencia **indirecta,** el propietario cede la explotación de la tierra a otra persona a cambio del pago de un porcentaje de la cosecha —aparcería— o del pago de una renta —arrendamiento—. Esta última forma de tenencia es la que más ha crecido en los últimos años.

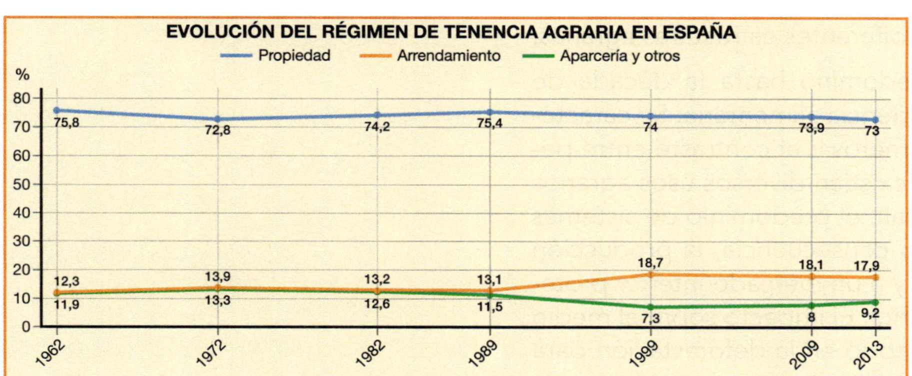

Actividades

4 Escribe la información que proporcionan los documentos sobre la población agraria de la página 141.

5 Comenta el gráfico sobre el número y superficie de las explotaciones agrarias de la página 142.

6 Observa el mapa de la misma página y describe la distribución de las explotaciones agrarias según el tamaño de la SAU.

7 Comenta el gráfico y el mapa de la superficie parcelaria concentrada por provincias haciendo hincapié en la situación de aquella en la que resides.

Sistemas agrarios

Extensivos	Intensivos

Rotación de cereal y barbecho en Valladolid.	Cultivos de invernadero. Badajoz.

1.1.3. Los aprovechamientos, los sistemas y las técnicas agrarias

■ **Los aprovechamientos agrarios** pueden ser agrícolas, ganaderos y forestales. Tradicionalmente coexistían en el mismo espacio agrario. En la actualidad se tiende a la especialización según las condiciones naturales o la demanda del mercado; aunque también se promueve la diversificación productiva.

■ **Los sistemas agrarios** son los procedimientos empleados para obtener productos agrarios. Extensivos si el terreno no se aprovecha al máximo por falta de inversión o por empleo de técnicas tradicionales; e intensivos si el terreno se aprovecha al máximo por el empleo de mucho trabajo, o de inversiones y técnicas modernas. En la actualidad se avanza hacia una creciente intensificación agraria; aunque la nueva PAC impulsa la extensificación como forma de mejorar el cuidado del suelo y el bienestar animal.

■ **Las técnicas agrarias** o instrumentos de producción han incorporado avances como el uso de maquinaria; la selección genética de semillas y razas ganaderas; el empleo de fertilizantes y productos fitosanitarios químicos; y los piensos compuestos. No obstante, crecen las explotaciones que aplican técnicas más naturales y respetuosas con el medio ambiente.

1.2. Las diferentes estructuras agrarias

La combinación y la evolución en el tiempo de los componentes demográficos, sociales y económicos han originado diferentes estructuras agrarias.

a) La estructura agraria tradicional predominó hasta la década de 1960. Su objetivo era conseguir la autosuficiencia alimentaria. Se caracterizaba por el empleo de una población numerosa; el contraste entre pequeñas y grandes explotaciones donde coexistían diversos usos agrarios (policultivo, ganadería y explotación forestal); el predominio de sistemas extensivos y la tecnología atrasada. Como consecuencia, la producción era escasa y se destinaba al autoconsumo y a un mercado interior protegido por aranceles de la competencia exterior. El impacto sobre el medio ambiente era moderado y consistía sobre todo en la deforestación para conseguir tierras de cultivo y pastos para el ganado.

b) La estructura agraria productivista se inició en la década de 1960. Su objetivo es maximizar la producción para venderla en el mercado. Se caracteriza por el empleo de una población escasa; un progresivo aumento del tamaño de las explotaciones que tienden a la especialización productiva; el uso de sistemas intensivos y la incorporación de avances tecnológicos. Como consecuencia, la producción es abundante y homogénea; y se destina a la venta en un mercado cada vez más globalizado y liberalizado. El impacto ambiental de esta agricultura es elevado: deforestación, sobreexplotación y contaminación del suelo y del agua.

c) La estructura agraria posproductivista se inició en la década de 1990. Su objetivo es la sostenibilidad, combinando la competitividad con la conservación de la herencia cultural agraria y del medio ambiente. Se caracteriza por el empleo de una población escasa, pero suficiente para evitar el despoblamiento rural; el predominio de explotaciones familiares que tienden a la diversificación productiva; el uso de sistemas extensivos y de técnicas respetuosas con el medio ambiente. Como consecuencia, la producción es variada y de calidad, y se destina a un creciente número de consumidores «verdes» dispuestos a pagar más por este tipo de productos. El impacto ambiental trata de reducirse al mínimo.

Estos tres modelos de estructura agraria coexisten en la actualidad, lo que confiere una gran heterogeneidad al espacio agrario español.

Evolución de la estructura agraria

Tradicional

Predominan los sistemas extensivos y la producción escasa destinada a la autosuficiencia alimentaria.

Productivista

Esta estructura agraria implanta sistemas intensivos para obtener una producción masiva destinada al mercado.

Posproductivista

Combina la competitividad con la conservación medioambiental y el bienestar animal para lograr una producción de calidad.

2. La política agraria

Las actuaciones políticas también repercuten en el espacio agrario: proponen objetivos y adoptan medidas destinadas a alcanzarlos. En España, la política agraria experimentó una enorme transformación tras la entrada en las Comunidades Europeas (1986) y la adopción de la Política Agraria Comunitaria —PAC—.

2.1. La política agraria hasta la adopción de la PAC

Entre mediados del siglo XIX y la adopción de la PAC, la política agraria española se centró en cuatro aspectos:

a) El sistema de propiedad de la tierra trató de modificarse en varias ocasiones. La desamortización del siglo XIX no alteró la concentración de

Actividades

8 Explica cuáles son las ventajas y los inconvenientes de cada uno de los cambios en las técnicas y sistemas agrarios.

9 Compara en un cuadro los tres modelos de estructura agraria.

la propiedad en unas pocas manos. La reforma agraria de la Segunda República fracasó en su intento de expropiar las grandes fincas y asentar en ellas a pequeños agricultores. Y la política de colonización y extensión del regadío del franquismo tuvo un alcance limitado en su proyecto de poner en riego extensas áreas privadas a cargo del Estado, a cambio de asentar a colonos de la zona en una pequeña parte.

b) **El inadecuado tamaño de las explotaciones** se abordó mediante la concentración parcelaria, para acabar con el minifundio y la dispersión de las parcelas. Y mediante la ley de fincas manifiestamente mejorables, para acabar con los latifundios subexplotados, al obligar a sus dueños a presentar un plan de mejora, cuyo incumplimiento podría conllevar el arrendamiento forzoso de la tierra durante doce años.

c) **El proteccionismo comercial** imponía aranceles a los productos agrarios extranjeros para evitar que hiciesen la competencia a los nacionales.

d) **El aumento de los rendimientos agrarios** se abordó mediante la introducción de mejoras técnicas y la extensión del regadío.

Bárdena del Caudillo, Zaragoza, 1959. Pueblo de colonización. La política franquista de colonización y extensión del regadío tuvo un alcance limitado en su proyecto de regar extensas propiedades a cargo del Estado e instalar a colonos de la zona en una pequeña parte de ellas.

Actividades

10 Consulta en un libro de historia cómo se llevaron a cabo las políticas de desamortización, la reforma agraria de la Segunda República y la política de colonización del franquismo y valora sus resultados.

2.2. La PAC y sus repercusiones

Desde su adhesión a la Europa comunitaria, la política agraria española ha estado marcada por la Política Agraria Comunitaria y sus reformas.

2.2.1. La primera PAC

La primera PAC se creó en 1962, en una situación marcada por la posguerra mundial, en la que las actividades agrarias quedaron paralizadas y no garantizaban el abastecimiento de alimentos. Adoptó entonces un modelo productivista, cuyos **objetivos** eran **incrementar la producción de alimentos** para garantizar un abastecimiento estable; y conseguir precios asequibles para los consumidores, y un nivel de vida justo para los agricultores.

a) **Las medidas** para alcanzar estos objetivos fueron la creación de un mercado común agrario y la concesión de ayudas a los agricultores:

- **El mercado común agrario** se basa en la libre circulación de productos entre los estados miembros y en la imposición de aranceles comunes a los procedentes de terceros países para dar preferencia a los comunitarios. También se basa en la regulación de los precios de los productos más representativos mediante organizaciones comunes de mercado (OCM), que fijan para cada uno precios máximos y mínimos. Estos últimos se establecieron muy por encima de los del mercado mundial para impulsar la producción.

- **Las ayudas a los agricultores** dependían de la producción, por lo que estimularon la modernización tecnológica y la intensificación productiva.

b) Los resultados de la primera PAC se manifestaron en la década de 1980: se logró el autoabastecimiento europeo de alimentos, pero a costa de la creación de excedentes y de problemas medioambientales.

- **La acumulación de numerosos excedentes** (cereales, vino, leche, mantequilla y carne de vacuno) trató de solucionarse con dos tipos de medidas. **Medidas de mercado** como las **intervenciones** para evitar el hundimiento de los precios consistentes en almacenar o destruir los excedentes; la exportación de los excedentes, concediendo a los agricultores **restituciones** o subvenciones para compensar la diferencia con los precios mundiales más bajos; y la reducción de precios agrarios, compensando a los agricultores con ayudas. Estas medidas elevaron el gasto agrario comunitario y distorsionaron el comercio mundial, por lo que la OMC exigió una mayor liberalización de la agricultura europea. Además se tomaron **medidas para reducir la producción** como prejubilaciones; abandono de la actividad; retirada de tierras de la producción; cuotas a los productos excedentarios; y extensificación (incentivo del barbecho y de la silvicultura).

- **Los problemas ambientales** fueron la degradación del medio natural causada por la intensificación; y el deterioro paisajístico y del patrimonio cultural rural motivado por el abandono agrario.

c) España entró en las Comunidades Europeas en 1986, cuando los problemas de la PAC eran ya manifiestos. La adopción de la PAC supuso la reorientación de las importaciones en favor de los países comunitarios; una subida de los precios agrarios hasta su equiparación con los comunitarios; la adopción del sistema de cuotas que afectó sobre todo a la zona cantábrica —muy dependiente de la ganadería bovina— y a las zonas de cereal y de viñedo del interior peninsular; y la recepción de cuantiosas ayudas que contribuyeron a la modernización y elevaron las rentas y el nivel de vida de los agricultores.

2.2.2. Las reformas y la PAC actual

Para hacer frente a los problemas generados por la PAC, desde la década de 1990 se han sucedido diversas reformas, basadas en un nuevo modelo posproductivista, cuyo objetivo es la sostenibilidad o combinación de la competitividad con el cuidado medioambiental. El resultado ha sido una cierta reducción de los problemas anteriores, como el de los excedentes, que ha llevado a suprimir las cuotas desde 2015.

En la actualidad, la reforma de la PAC de 2013 pretende hacer frente a los nuevos retos agrarios. Así sus **objetivos** son tres. Garantizar la **seguridad** alimentaria proporcionando a los europeos alimentos suficientes, seguros, variados y de calidad. Conseguir una agricultura **sostenible.** Y contribuir al **desarrollo territorial** de las regiones agrarias manteniendo a la población, creando empleo, y diversificando su economía (implantación de nuevas actividades agrarias y otras actividades económicas).

Las medidas para alcanzar estos objetivos se estructuran en dos pilares:

■ **El primer pilar de la PAC financia los pagos de mercado y las ayudas directas a través del FEAGA** (Fondo Europeo Agrícola de Garantía).

■ Los **pagos de mercado** financian las intervenciones y las restituciones. Por presión internacional, el objetivo es limitarlos a los momentos de crisis y sustituirlos por pagos sin repercusión directa en el mercado, como la promoción de productos europeos o el uso de sistemas ecológicos.

■ Las **ayudas directas a los agricultores** sustituyen a las antiguas ayudas a la producción. Se justifican por la necesidad de garantizarles unas rentas adecuadas y estables, ante la inestabilidad de los mercados mundiales y la competencia de países más baratos; y de compensarles por los servicios prestados a la sociedad con la producción de alimentos y el cuidado del medio ambiente.

Esta ayuda consiste en un **pago básico** por hectárea igual para todos los agricultores de un estado, región o comarca, percibido solo por los agricultores activos (aquellos cuyos ingresos totales proceden en al menos un 20 % de actividades agrarias). A este pago se unen **otros dos obligatorios:** uno para la instalación de jóvenes agricultores (menos de 40 años) y otro ecológico —*greening*— (por diversificar la producción, mantener parte de la tierra como pasto, y conservar el medio ambiente y el paisaje). Además, los Estados pueden añadir **dos pagos voluntarios** por tener toda o parte de las explotaciones en zonas con limitaciones naturales; o producir en ciertos sectores considerados prioritarios por razones económicas o sociales.

■ **El segundo pilar de la PAC financia el desarrollo rural través del FEADER** (Fondo Europeo Agrícola de Desarrollo Rural). Sus ayudas se dirigen a la mejora de la **competitividad** a través del conocimiento y de la innovación; el cuidado del **medio ambiente y del paisaje** rural; y la mejora del **nivel de vida y del empleo** como forma de evitar el despoblamiento agrario.

LOS PILARES DE LA PAC (POLÍTICA AGRARIA COMUNITARIA)

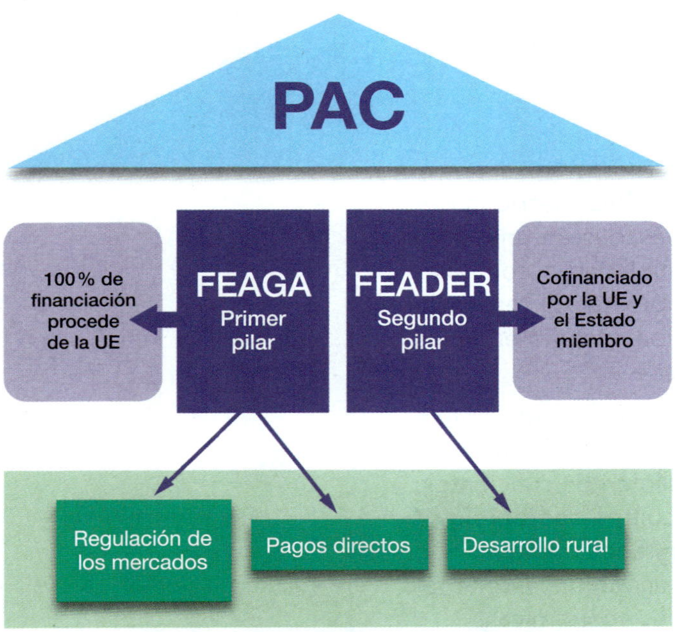

Actividades

11 Compara la primera PAC y la actual en cuanto a contexto, objetivos y medidas. Indica cuáles fueron las consecuencias de la primera PAC.

12 Busca noticias de prensa relativas a la aplicación de la PAC en España, resume su contenido y relaciónalas con el pilar correspondiente de la PAC.

MEDIDAS DE MERCADO FINANCIADAS POR EL FEAGA EN 2013

Monto total: 5539,7 millones de euros

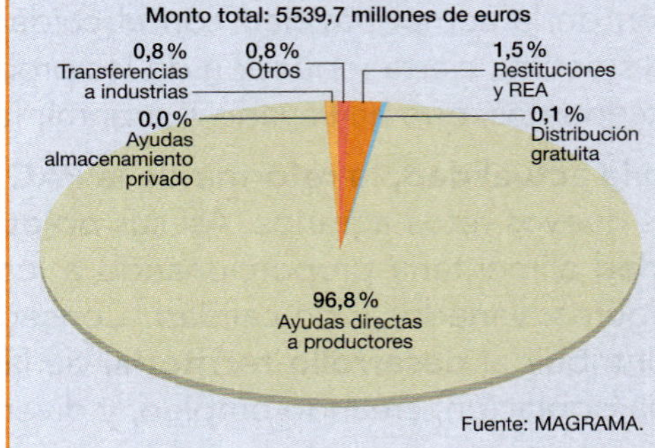

Fuente: MAGRAMA.

4 Las actividades agrarias

Los usos del espacio agrario son la agricultura, la ganadería y la explotación forestal.

■ **La superficie** ocupada por estos usos en España (2015) se reparte entre tierras de cultivo, que tienden a decrecer (33,6 %); prados naturales y pastizales (18,6 %); y terreno forestal (37,8 %). El resto corresponde a otras superficies (10 %). No obstante, la distribución de usos muestra acusadas diferencias entre comunidades autónomas.

■ **La contribución de cada uso a la producción final agraria*** ha evolucionado desde un claro predominio de la producción vegetal sobre la animal a un peso relativo situado entre un 60-65 % y un 40-35 %, respectivamente. No obstante, existen variaciones anuales debidas a circunstancias meteorológicas y marcados contrastes entre comunidades autónomas.

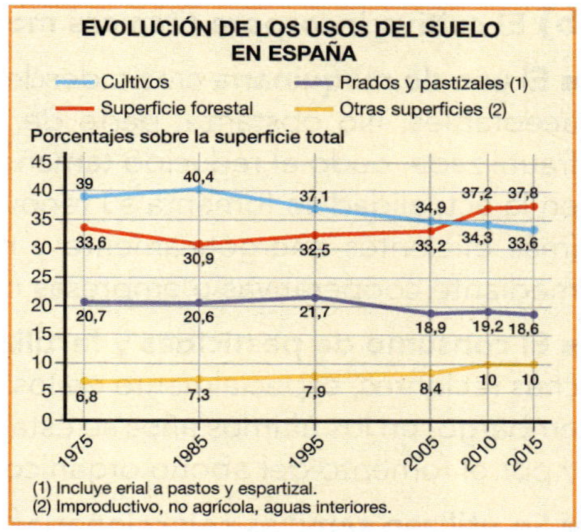

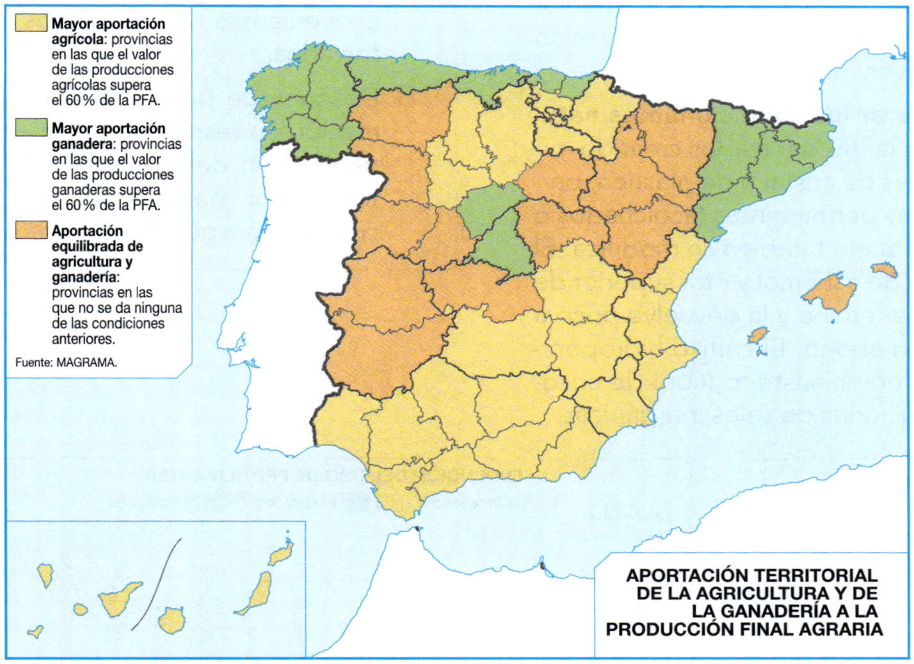

APORTACIÓN TERRITORIAL DE LA AGRICULTURA Y DE LA GANADERÍA A LA PRODUCCIÓN FINAL AGRARIA

Vocabulario

La producción final agraria es el valor total de la producción agraria descontando los elementos reutilizados en el proceso productivo; por ejemplo, las semillas o el estiércol.

Contribución a la PFA (%)*

Año	P. vegetal	P. animal
1950	68,5	29,7
1960	64,9	29,8
1970	53,3	39,6
1980	55,5	38,9
1990	57,9	43,8
2000	61,9	34,1
2014	57,6	38,0

Fuente: MAGRAMA. *El total no suma 100 % porque no incluye servicios agrarios.

La participación de la producción vegetal y animal en la PFA ha pasado de una relación de 70-30 % en la década de 1950 a una relación de 65-55 %-35-45 % en la actualidad.

1. La actividad agrícola

1.1. La estructura agrícola

La agricultura tradicional se basaba en el policultivo, utilizaba técnicas atrasadas y sistemas de cultivo extensivos, que ocasionaban una producción escasa, orientada al autoconsumo o a la venta de reducidos excedentes en el mercado nacional.

La agricultura actual incluye explotaciones productivistas que tienden a la especialización, a la tecnificación y a la intensificación para lograr una producción abundante, orientada a la venta en el mercado; y explotaciones posproductivistas que optan por la diversificación, las técnicas respetuosas con el medio ambiente y la extensificación, para lograr una producción de calidad.

a) La agricultura tiende a especializarse en los productos que se dan mejor en cada región. No obstante, en los últimos años crece la diversificación orientada a producciones de calidad.

Actividades

13 Escribe la información que proporciona el gráfico sobre la distribución del suelo según usos.

14 Analiza la tabla y explica cómo ha evolucionado la participación de la producción vegetal y animal en la producción final agraria. Razona a qué pueden deberse las variaciones en la producción vegetal existente entre unos años y otros.

b) El cultivo incorpora técnicas modernas:

■ **El uso de maquinaria** creció desde la década de 1960 y alcanza niveles aceptables. No obstante, parte de la maquinaria está envejecida e infrautilizada, dado el reducido tamaño de muchas explotaciones. Por eso, en la actualidad se fomenta su renovación por máquinas más ecológicas (más eficientes energéticamente y menos pesadas); y su uso colectivo mediante cooperativas o empresas de servicios.

■ **El consumo de pesticidas y fertilizantes químicos** ha crecido hasta fechas recientes, especialmente en los regadíos, mucho más exigentes. Sin embargo, en los últimos años se estabiliza por razones medioambientales y por el fomento del abono orgánico.

■ **Se utilizan semillas seleccionadas y cultivos transgénicos*** o manipulados genéticamente para dotarlos de ciertas propiedades e incrementar los rendimientos. No obstante, se promueve también una revalorización de cultivos autóctonos para recuperar la diversidad vegetal.

■ **Se emplean diversas técnicas para superar los condicionantes naturales.** El clima se modifica en el caso de los cultivos forzados creando microclimas cálidos y húmedos bajo estructuras de cristal o de plástico, permanentes (invernaderos, macrotúneles) o no permanentes (acolchados o bandas de plástico y pequeños túneles). El suelo también se modifica. El enarenado prepara el terreno con una capa de estiércol y otra superior de arena; esta filtra la humedad y el estiércol la retiene y la devuelve poco a poco a las plantas, actuando además como abono. El cultivo hidropónico o sin suelo, sujeta la raíz de las plantas en un sustrato (fibra de coco, turba, serrín, ceniza) y las alimenta con soluciones de sales inorgánicas.

Actividades

15 Compara las características de la agricultura tradicional y la actual en cuanto a variedad de especies, técnicas, sistemas de cultivo y producción.

16 Comenta los gráficos de la evolución de la maquinaria agraria y del consumo de fertilizantes.

17 Valora las ventajas y los inconvenientes de los cultivos forzados.

18 Después de buscar la información correspondiente, organizad un debate sobre el tema: ¿son beneficiosos los cultivos transgénicos?

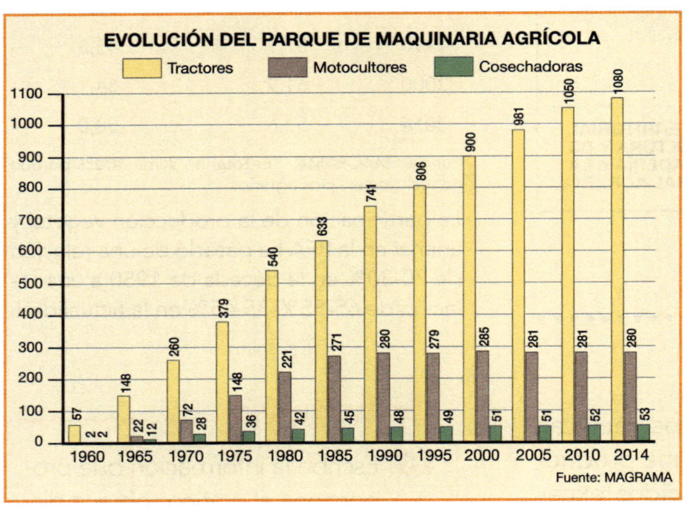

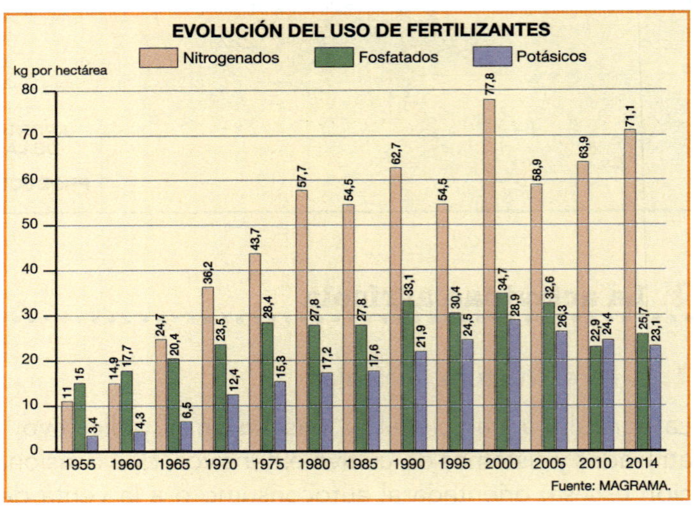

c) La agricultura intensiva ha ganado peso gracias a la disminución del barbecho en los secanos y a la ampliación del regadío. No obstante, los nuevos objetivos de la PAC promueven una mayor extensificación.

■ **El barbecho** es una práctica agrícola tradicional consistente en dejar descansar la tierra un tiempo variable para recuperar la fertilidad del suelo. Durante este periodo se ara la tierra para airearla, recoger mejor el agua de lluvia y eliminar las malas hierbas, que sirven de abono.

La **superficie** de barbecho completo, de un año o más de duración, ha retrocedido en España hasta fechas recientes. Las causas son la generali-

Vocabulario

Los cultivos transgénicos son plantas modificadas genéticamente, es decir, sometidas a una alteración de sus genes o que han recibido genes procedentes de otros organismos para dotarlas de ciertas propiedades: resistencia a las malas hierbas y a ciertas plagas, mayor rendimiento, etc.

zación del medio barbecho o barbecho semillado, que reduce el periodo de descanso sembrando alguna planta recuperadora del suelo de ciclo corto, como las forrajeras o el girasol; el uso de fertilizantes; el empleo de máquinas que remueven profundamente el suelo; y la extensión del regadío. Pero esta tendencia se ha interrumpido en los últimos años por la exigencia comunitaria de dejar superficies adicionales en barbecho y por la reciente desvinculación de las ayudas agrarias de la producción.

La **distribución** del barbecho contrapone una escasa incidencia en el norte peninsular y elevados valores en Castilla-La Mancha y Aragón.

La **ventaja** principal del barbecho es permitir el descanso natural de la tierra; pero tiene el **problema** de reducir la producción agrícola.

Actividades

19 Explica la evolución del barbecho que muestra el gráfico y los rasgos de su distribución territorial a partir de la información del mapa.

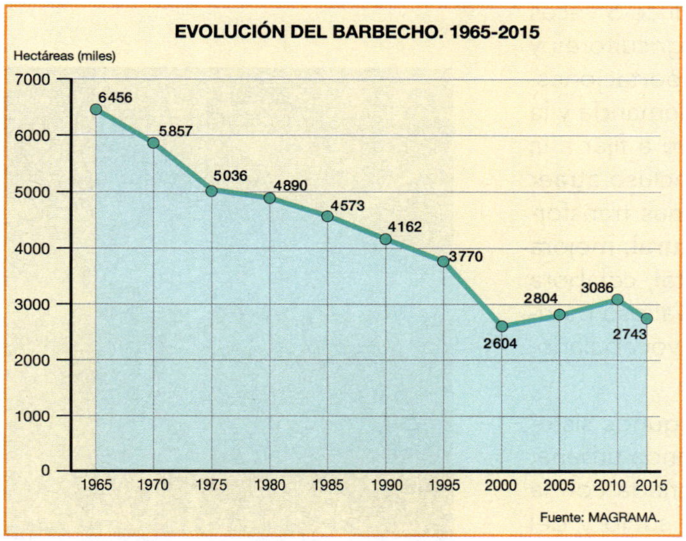

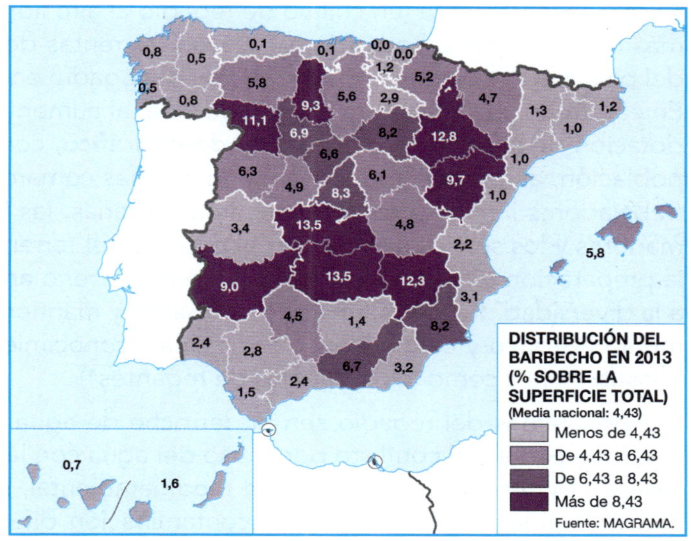

■ **El regadío** es una práctica agrícola consistente en aportar a los cultivos agua adicional a la proporcionada por las precipitaciones, procedente de recursos superficiales o subterráneos. Para ello, se emplean diversos sistemas* como el riego por gravedad, por aspersión o por goteo. Los regadíos pueden ser intensivos o extensivos.

- Los **regadíos intensivos,** al aire libre o en invernaderos, proporcionan varias cosechas anuales, entre las que destacan por su interés económico, las extratempranas y tempranas. Se dedican a las frutas y hortalizas, y, en algunos casos, a cultivos tropicales.
- Los **regadíos extensivos** proporcionan una sola cosecha en la misma época que la de los secanos vecinos. Se dedican a los mismos cultivos que estos, aunque con un rendimiento muy superior, y también a los cultivos industriales y forrajeros.

La superficie regada experimentó un considerable aumento a lo largo del siglo XX gracias a la realización de grandes obras estatales (embalses, canales, trasvases). En la actualidad, la política de regadíos se orienta sobre todo a mejorar y modernizar los regadíos existentes. La transformación en regadío afectará a las zonas aprobadas pendientes de ejecución y a zonas donde se considera de interés general para el mantenimiento del empleo o la fijación de la población.

La distribución del regadío muestra claros contrastes. Es escaso en el norte peninsular húmedo. Y se concentra en el área de clima mediterráneo, de precipitaciones escasas e irregulares, donde se diferencian dos zonas:

Vocabulario

El regadío emplea diversos sistemas:

- **El riego por gravedad** obtiene el agua de canales y acequias, por las que circula por gravedad, es decir, utilizando la diferencia de altura del terreno. Desde ellas, el agua se distribuye por toda la superficie cultivada, cubriéndola con una capa de agua más o menos espesa (riego a manta o por inundación), por lo que es un sistema muy despilfarrador de agua.
- **El riego por aspersión** conduce el agua por tuberías a alta presión hasta los mecanismos de aspersión y la proyecta sobre el suelo a modo de lluvia artificial. Ese sistema puede ser fijo o móvil, o desplazarse de forma autónoma (riego automotriz).
- **El riego por goteo** conduce el agua a cada planta a través de tubos con orificios, aportándole también los nutrientes y los productos fitosanitarios necesarios en el momento adecuado. Gracias a ello se ahorra mucha agua y se minimiza el transporte de nitratos por el agua, reduciendo este tipo de contaminación. En algunos casos, el riego se controla automáticamente por ordenador.

– **En el litoral mediterráneo** predomina el regadío intensivo, que se beneficia de las temperaturas suaves, la protección del relieve, la existencia de suelos apropiados y la demanda internacional.

– **En el interior peninsular** predomina el regadío extensivo, que se beneficia del agua aportada por los grandes ríos peninsulares; de la mecanización total que permiten sus cultivos; y de la creciente demanda de cereales-pienso y de ciertos cultivos industriales. No obstante, existen también importantes áreas de regadío intensivo a orillas de los ríos Ebro y Guadalquivir.

Las ventajas del regadío son numerosas. En el terreno **económico,** la producción se estabiliza al no depender de los ciclos de sequía, se diversifica y se incrementa (un cultivo de regadío al aire libre produce 5 veces más que en secano); además, se elevan las rentas de los agricultores y del país, dado el valor de los productos de regadío en las exportaciones. En el terreno **social,** mejora el nivel de vida, al aumentar la demanda y la dotación de servicios. En el terreno **demográfico,** contribuye a fijar a la población, al romper la emigración de muchas comarcas e incluso atraer trabajadores inmigrantes para las tareas agrarias, las industrias transformadoras y los servicios asociados al riego. En el terreno **cultural,** mejora la preparación técnica y profesional. Y en el terreno **ambiental,** colabora a la diversidad de ecosistemas y de paisajes; y mantiene un valioso patrimonio histórico y cultural (acequias, norias, conocimientos, vocabulario, e instituciones como los tribunales de regantes*).

Los **problemas** del regadío son el derroche de agua por algunos sistemas ineficientes; el conflicto por el uso del agua con la demanda urbana, industrial y turística; y la alteración medioambiental, relacionada con la erosión del suelo por el agua; la contaminación difusa del suelo y del agua por los fertilizantes disueltos; y la alteración del paisaje por las infraestructuras de riego y las estructuras de plástico de los invernaderos.

La actual política de riego está determinada por las exigencias comunitarias y la necesidad de adaptarse al cambio climático que reducirá la disponibilidad de agua. Se propone mejorar la eficiencia del riego: uso de sistemas menos consumidores, sensibilización de los regantes, instalación de contadores y precios que promuevan un uso más eficiente,

Vocabulario

Los tribunales de regantes del Mediterráneo español son instituciones jurídicas de gestión del agua, surgidas en la época musulmana, entre los siglos XI y XIII, y reconocidas por la legislación actual. Resuelven los litigios sobre el agua de las comunidades de regantes mediante procedimientos orales, basados en la costumbre.

El riego por aspersión puede ser fijo o móvil, o desplazarse de forma autónoma (riego automotriz).

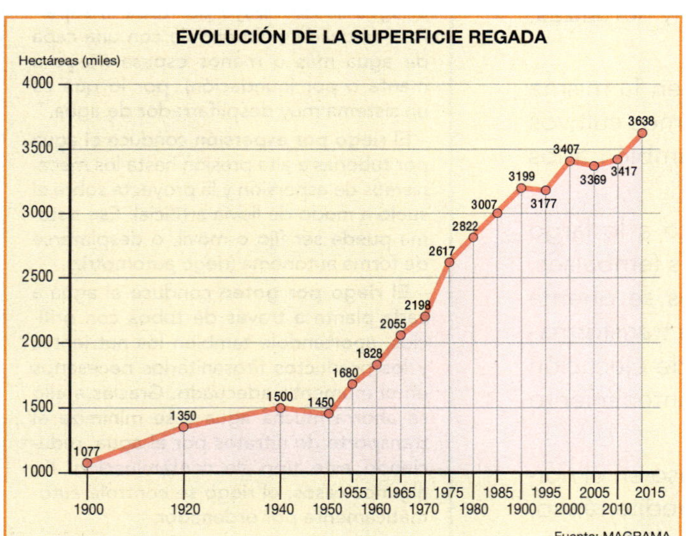

construcción de balsas de almacenamiento, uso de agua desalada y regenerada, y automatización que permite ajustar el tiempo y la cantidad de agua y de fertilizantes. También se propone mejorar las condiciones socioeconómicas de las zonas regadas; conservar los valores naturales, paisajísticos y culturales asociados al riego; y mejorar la eficiencia energética de las nuevas instalaciones e incrementar el uso de fuentes renovables.

1.2. La producción agrícola

La producción agrícola predomina en Andalucía, Castilla-La Mancha, Comunidad Valenciana, Murcia, La Rioja y Canarias.

a) Los cereales son cultivos herbáceos destinados a la alimentación humana (trigo, arroz); la alimentación del ganado; la elaboración de piensos compuestos (cebada, maíz, avena, centeno); y la obtención de biocombustibles* (cebada y trigo).

Su área de cultivo mayoritaria son los secanos del interior peninsular, donde rotan con barbecho o con leguminosas. Las excepciones son el maíz y el arroz, muy exigentes en agua, que se localizan en la España húmeda o en zonas encharcadas.

La superficie cerealista tiende a reducirse; pero la producción aumenta gracias a la mejora de los rendimientos.

b) Las leguminosas son cultivos herbáceos destinados al consumo humano en verde o en seco (judías, lentejas, garbanzos, habas secas y guisantes), o a la alimentación del ganado (veza, yeros).

Su área de cultivo coincide prácticamente con la de los cereales, con los que rotan; pues constituyen un cultivo de descanso o semibarbecho, dado que sus raíces fijan a la tierra el nitrógeno del aire.

La producción se ha incrementado en los últimos años gracias a los programas europeos que fomentan las rotaciones de cultivos. España es la primera productora de garbanzos y lentejas de la UE; aunque el sector se enfrenta a las dificultades de mecanización y a los bajos rendimientos.

Actividades

20 Busca información sobre las actuaciones hidráulicas llevadas a cabo en España desde comienzos del siglo XX y relaciónalas con la extensión de la superficie regada que muestra el gráfico.

21 Comenta el mapa de la superficie regada.

22 Escribe cómo han evolucionado las políticas sobre el barbecho y sobre el regadío.

Vocabulario

Biocombustibles: combustibles líquidos procedentes de la biomasa.

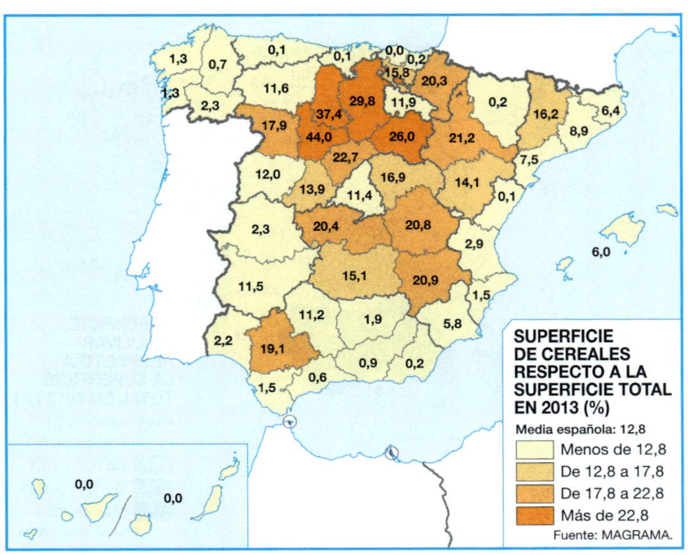

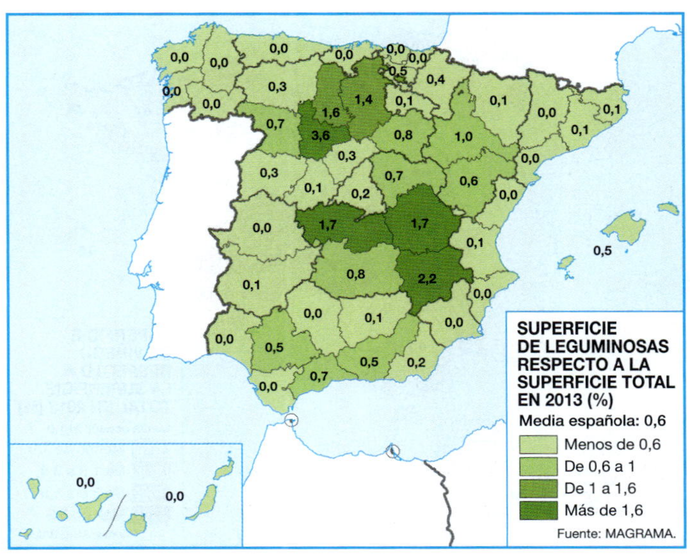

c) La vid es un cultivo arbustivo de secano que produce uvas destinadas al consumo en fresco y sobre todo a la elaboración de vino.

Su área productora principal es Castilla-La Mancha. Además existen otras con buen mercado en La Rioja, Ribera del Duero, Rías Bajas gallegas, Cariñena, Jerez, Montilla y Cataluña.

La superficie de viñedo ocupaba hasta fechas recientes áreas marginales poco aptas para otros cultivos, por lo que los rendimientos eran bajos. Pero desde 1990, la política de la UE ha favorecido la orientación hacia el viñedo de calidad, que ha reducido la superficie y ha introducido mejoras técnicas (regadío localizado). Así se ha incrementado la producción, aunque existen grandes fluctuaciones anuales debido a su fuerte dependencia de las condiciones climatológicas. El vino se exporta y arroja una balanza positiva, aunque se enfrenta a la competencia de la cerveza y de las bebidas sin alcohol.

Viñedo en La Rioja.

d) El olivo es un cultivo arbóreo de secano, muy resistente a la sequía estival, que destina parte de su cosecha a la aceituna de mesa (10 %) y el resto a la obtención de aceite.

Su área productora principal son las campiñas andaluzas, especialmente Jaén y Córdoba. También se extiende por Extremadura y algunas provincias de Castilla-La Mancha y del litoral mediterráneo.

La superficie y la producción de aceite de oliva y de aceituna de mesa ocupan el primer lugar mundial, con un 45 % de la producción. Su aumento ha sido considerable, debido a las mejoras técnicas (abonado, lucha contra las plagas, riego por goteo); aunque varía mucho de unos años a otros, dado que el olivo es un árbol vecero, que alterna buenas y malas cosechas. El aceite de oliva se exporta, ocupando España el primer lugar mundial; aunque se enfrenta a la competencia de aceites más baratos, que trata de paliarse fomentando las variedades de alta calidad, como el aceite «virgen».

Olivar en Jaén.

e) Los cultivos hortofrutícolas se destinan al consumo en fresco o a la industria conservera.

Las áreas de cultivo de hortalizas, al aire libre o en invernaderos, son los regadíos del litoral mediterráneo y los próximos a los centros de consu-

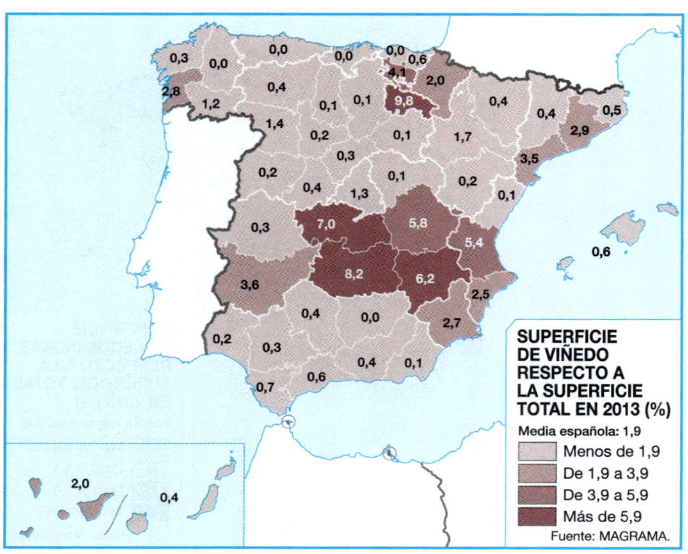

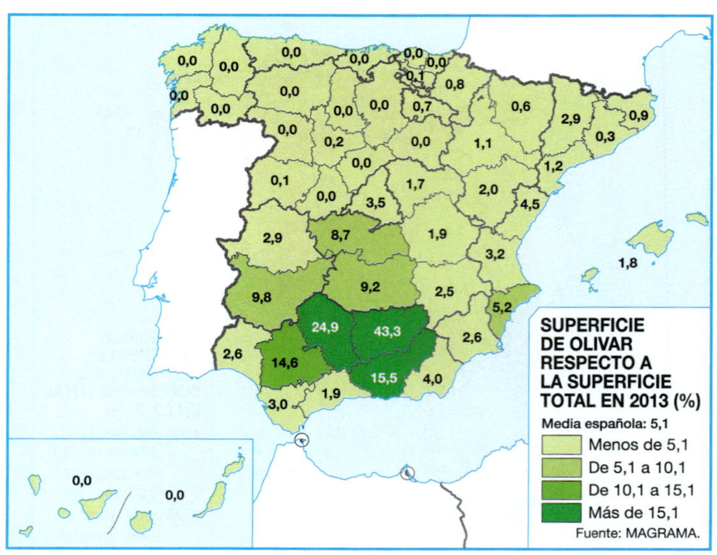

mo urbanos. Los frutales se localizan en las áreas litorales y en los valles regados del interior peninsular: los cítricos, en la Comunidad Valenciana y Andalucía; los frutales de hueso, en el litoral mediterráneo; los frutales de pepita, en Asturias, Lleida y Barcelona; y el plátano, en Canarias.

La producción hortofrutícola, tradicionalmente para autoconsumo, creció con el aumento del nivel de vida. En la actualidad, España es el primer exportador de frutas y hortalizas de la UE, siendo el sector agrario que más ingresos genera, aunque está creciendo la competencia de terceros países más baratos.

f) Los cultivos industriales se destinan a la transformación industrial. Los más destacados son el girasol (aceite, tortas para el ganado y biodiésel*); la remolacha (azúcar y bioetanol*); el algodón (tejidos); el tabaco (industria tabaquera) y el lúpulo (cerveza).

Su área productora principal son los secanos de Andalucía y Castilla y León para el girasol; los regadíos de la mitad septentrional para la remolacha (valle del Duero) y el lúpulo (León); y los regadíos de la mitad meridional para el algodón (Andalucía) y el tabaco (Cáceres).

La producción se encuentra muy relacionada con la industria, que muchas veces es quien proporciona las semillas, da instrucciones a los agricultores y supervisa y contrata la producción.

g) Los cultivos forrajeros (alfalfa, maíz forrajero, veza) se destinan a la alimentación animal en fresco o en seco tras su deshidratación natural o industrial. En España, el principal es la alfalfa utilizada en las rotaciones de cultivos por su eficacia para la recuperación del suelo; en la lucha contra la erosión, contra las plagas y contra el cambio climático al actuar como sumidero de carbono; y en el suministro de proteína vegetal para el ganado.

Su área de cultivo se concentra en los secanos de la mitad septentrional de la Península, por su clima más húmedo, y en los regadíos extensivos de Andalucía, Aragón, Navarra y ambas Castillas.

La superficie y la producción han crecido desde 1950, paralelamente al incremento de la ganadería y de la demanda de productos para su alimentación. España es el primer productor de la UE de forraje desecado y el segundo exportador mundial tras Estados Unidos.

Vocabulario

Biodiésel: combustible líquido obtenido del refino de plantas oleaginosas (ricas en aceite), como la colza y el girasol. Se utiliza en los motores de compresión o diésel como sustitutivo del gasóleo o mezclado con este.

Bioetanol: combustible líquido obtenido de la fermentación y destilación de granos ricos en azúcares o almidón, como los cereales. Se emplea en los motores de explosión como sustitutivo de la gasolina. Los vehículos pueden utilizarlo mezclado directamente con la gasolina, sin necesidad de realizar ningún a ajuste en sus motores.

Actividades

23 Resume en un cuadro los rasgos de los principales tipos de cultivo: destino de la producción, áreas productoras y características de la producción.

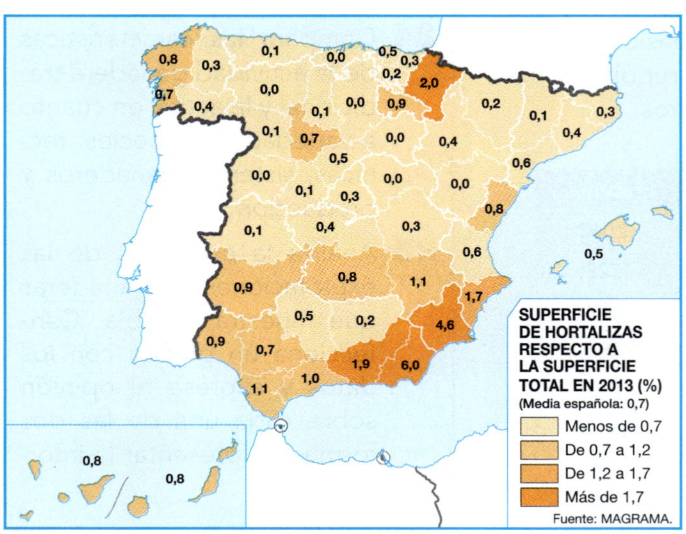

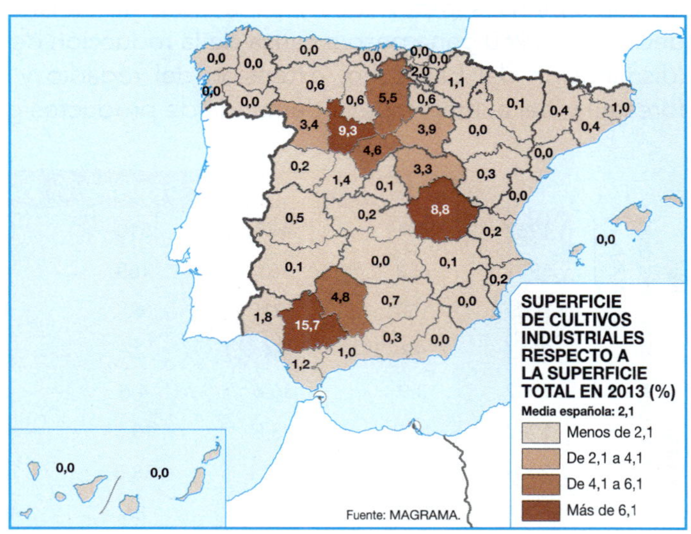

2. La actividad ganadera

2.1. La estructura ganadera

La ganadería tradicional se basaba en la coexistencia de distintas especies ganaderas en el mismo ámbito, integradas por razas autóctonas con elevado grado de rusticidad; y utilizaba técnicas atrasadas y sistemas extensivos, que ocasionaban bajos rendimientos.

La ganadería actual incluye explotaciones **productivistas** que tienden a la especialización, a la tecnificación y a la intensificación para lograr una producción abundante, orientada a la venta en el mercado; y explotaciones **posproductivistas,** que optan por la diversificación y la extensificación orientadas a la venta de productos de calidad.

a) La ganadería tiende a especializarse en la producción de carne o de leche. Esto ha supuesto la sustitución de las razas nacionales por otras extranjeras seleccionadas y la casi desaparición de las razas de aptitud mixta (carne y leche). No obstante, se está produciendo una reciente recuperación de las razas autóctonas, gracias a las subvenciones concedidas.

b) La tecnificación se ha incrementado con el empleo de ordeñadoras mecánicas y el estudio científico de la alimentación del ganado. Este hecho, unido al incremento del tamaño de las explotaciones y del número de cabezas por explotación, ha elevado los rendimientos.

c) La ganadería intensiva ha ganado peso respecto a la extensiva:

- **La ganadería extensiva** depende del medio físico y se alimenta a diente en prados y pastizales naturales. Se localiza en la España húmeda (norte peninsular y áreas de montaña), en los pastos de las penillanuras y en los rastrojos de la España seca. Suele ir asociada a razas autóctonas y a técnicas tradicionales y tiene elevada dependencia de las subvenciones comunitarias. En la actualidad se potencia para reducir los excedentes ganaderos, incrementar el bienestar animal y fomentar el desarrollo rural.
- **La ganadería intensiva o industrial** está desvinculada del medio físico, al encontrarse estabulada y alimentarse total o parcialmente con piensos. Se localiza cerca de los centros de consumo urbano y en el nordeste y litoral mediterráneo peninsular. Suele ir asociada a razas extranjeras seleccionadas; emplea técnicas modernas; y tiene elevada dependencia de los caros piensos importados y de la industria transformadora. Desde la década de 1960 gana peso a causa de la reducción de las áreas de pasto (disminución del barbecho, extensión del regadío y de la repoblación forestal) y del aumento de la demanda de productos ganaderos.

		Bovino	Ovino	Caprino	Porcino	Aves
NÚMERO DE EXPLOTACIONES (EN MILES)	1962	801	494	510	1 165	2 062
	1982	452	751	165	424	728
	2003	150	91	40	130	192
	2013	99	64	27	51	78
CABEZAS POR EXPLOTACIÓN (MILES)	1962	3,9	36,6	4,6	3,3	16,6
	1982	10,0	93,5	13,5	18,6	161,2
	2003	39,6	217,1	58,8	162,2	932,5
	2013	58,0	249	86	466,8	2 618

EVOLUCIÓN DE LA CABAÑA GANADERA ESPAÑOLA. 1910-2014

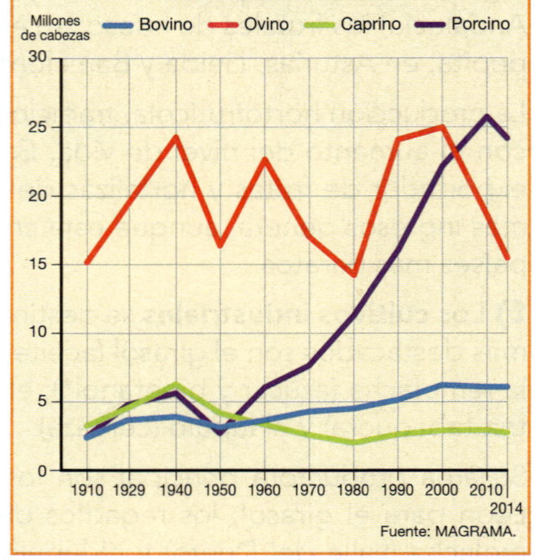

Fuente: MAGRAMA.

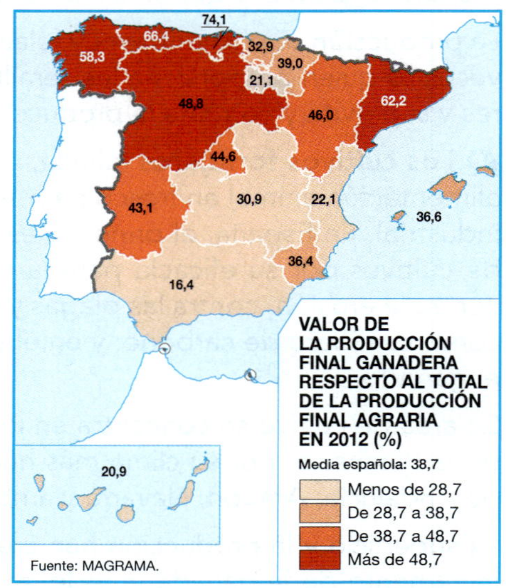

Fuente: MAGRAMA.

Actividades

24 Compara las características de la actividad ganadera tradicional y la actual en cuanto a variedad de especies, técnicas, sistemas ganaderos y producción.

25 Analiza la evolución de las explotaciones ganaderas que muestra la tabla. Confecciona un gráfico con los datos y expresa tu opinión sobre cada una de las dos formas de presentar la información.

2.2. La producción ganadera

La producción ganadera predomina en Galicia, Asturias, Cantabria, Cataluña y Aragón. Desde la década de 1960 ha incrementado su participación en la producción final agraria debido a la mecanización del campo, que libera tiempo para otras actividades; la conservación del suelo mediante el cultivo de forrajes; y el aumento del nivel de vida, que incrementa el consumo de proteínas procedentes de la carne, la leche y los huevos.

a) La ganadería bovina se destina principalmente a la producción de carne y de leche.

La localización del bovino de **carne extensivo** —vacas nodrizas para producir terneros— se encuentra en las dehesas de las penillanuras occidentales; la cornisa cantábrica; y las áreas de montaña; y la del bovino de **carne intensivo** —cebo de terneros—, cerca de las ciudades, donde la proximidad al mercado compensa los mayores costes, y en las zonas productoras de forrajes (Cataluña, Castilla y León, y Aragón). El bovino de **leche extensivo** se localiza en el norte peninsular y en las áreas forrajeras de Andalucía; y el de **leche intensivo,** cerca de las ciudades.

La producción de **carne** bovina tiende a decrecer, debido al cambio de hábitos alimentarios y a la competencia de las carnes más baratas de cerdo y aves. La producción de **leche** estuvo marcada entre 1984 y 2015 por los excedentes comunitarios que llevaron a imponer cuotas de producción y a subvencionar el abandono de la actividad. El resultado fue el aumento del tamaño de las explotaciones; la reconversión de parte del sector al bovino de carne; y la eliminación de los excedentes. Por eso, desde 2015 se han suprimido las cuotas.

b) La ganadería ovina y la caprina se destinan principalmente a la producción de carne y de leche; y algo menos al suministro de lana o de cuero.

La localización del ovino y el caprino en régimen **extensivo** se sitúa en los secanos del interior peninsular, donde se alimenta en los rastrojos y barbechos, y en las zonas de montaña. El ovino, en ambas Castillas, Extremadura, Andalucía y Aragón; y el caprino, en Andalucía, Castilla-La Mancha, Murcia y Extremadura. El régimen **intensivo** de cebo de corderos y ordeño se está incrementando, aunque tiene todavía escasa significación.

Ganado bovino.

Ganado ovino.

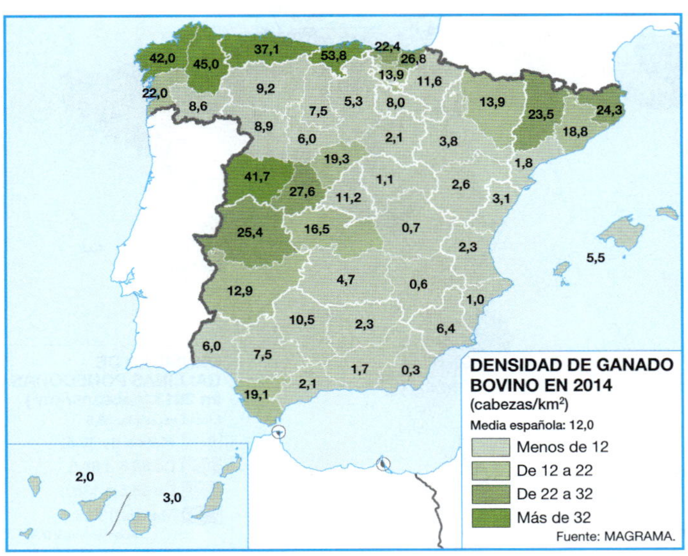

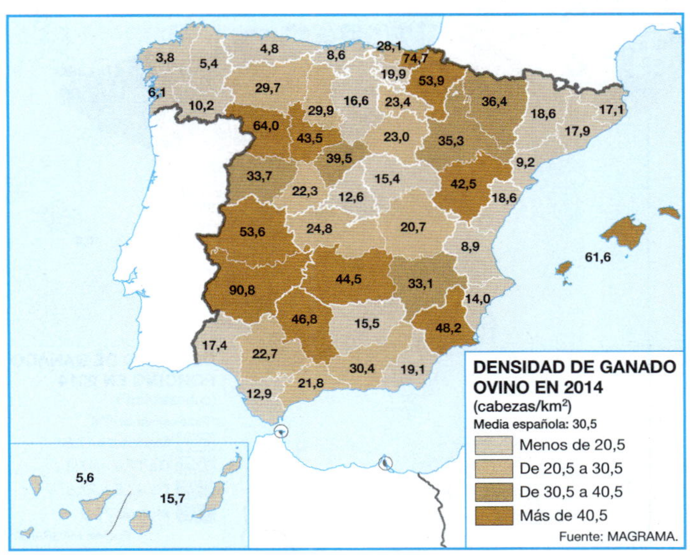

La producción de **carne** de ovino y caprino desciende por la reducción de animales en régimen extensivo. En cambio, la producción de **leche** de oveja y cabra se ve favorecida por la alta demanda y los elevados precios para la elaboración de quesos, y por la sustitución de razas autóctonas por otras foráneas mejoradas, aunque la producción experimenta fluctuaciones según la demanda.

c) La ganadería porcina se destina en parte al consumo en fresco y en parte a la chacinería o elaboración de embutidos.

La localización del porcino **extensivo,** basado en razas autóctonas de calidad (cerdo ibérico), se concentra en las dehesas occidentales de Extremadura, Zamora, Salamanca y Andalucía y ha crecido. El porcino **intensivo** predomina en Cataluña y Murcia. Habitualmente se basa en razas foráneas de cerdo «blanco» y adopta el sistema de la integración, es decir, la conjunción de una empresa que proporciona la materia prima (lechones) y los piensos, y un ganadero, que aporta el establo y el trabajo. La cabaña fluctúa según los costes de la alimentación y recientemente desciende ante la entrada en vigor de nuevas exigencias en bienestar animal, que han provocado el cierre de explotaciones o la reconversión al porcino ibérico intensivo o de cebo.

La producción de carne de cerdo sitúa a España como segundo productor de la UE y se exporta en gran parte, aunque el precio experimenta fuertes oscilaciones.

d) La ganadería avícola se destina a la producción de huevos y de carne.

La localización de la **avícola de puesta** intensiva se concentra en grandes explotaciones en el entorno de los centros de consumo, especialmente en ambas Castillas; mientras que la avícola de puesta alternativa —ecológica, campera o de suelo— está integrada por pequeñas explotaciones. La **avícola de carne** intensiva adopta mayoritariamente el sistema de la integración y se centra en Cataluña, Comunidad Valenciana, Andalucía y Galicia; mientras el régimen extensivo en gallineros con acceso al aire libre y menor densidad de aves es aún muy reducido.

La producción de **huevos** ha disminuido por el descenso de la avícola de puesta, desde 2004 para adaptar la oferta a la demanda y desde

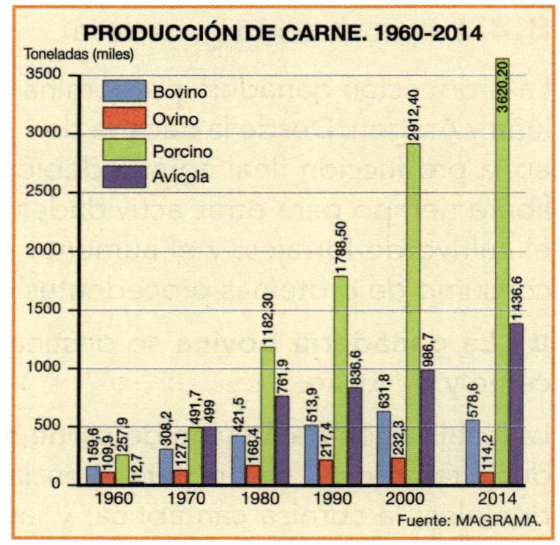

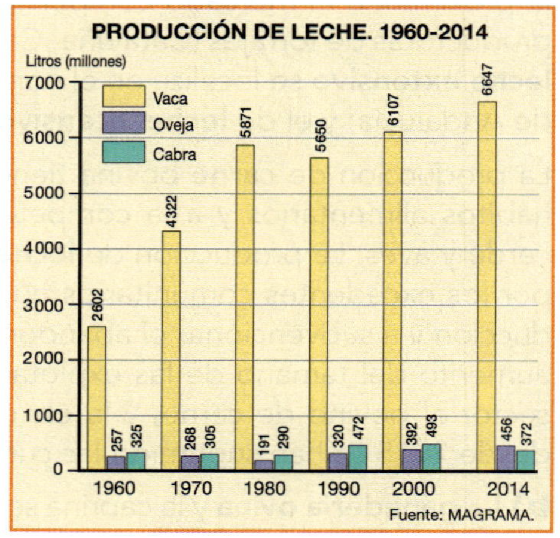

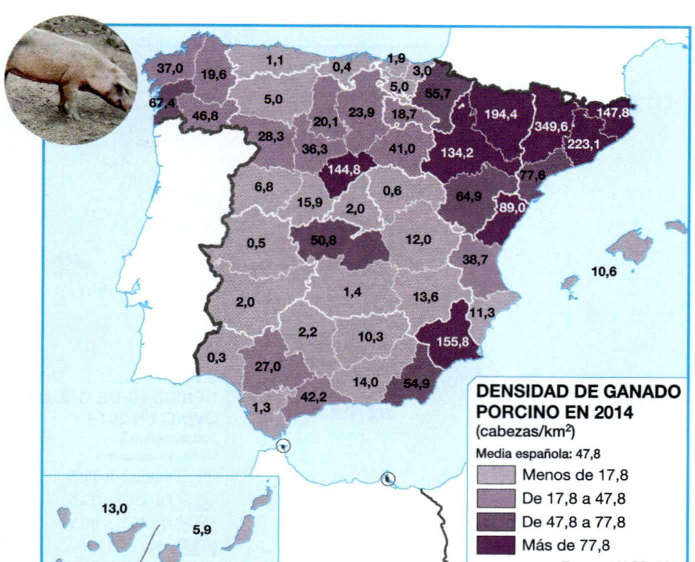

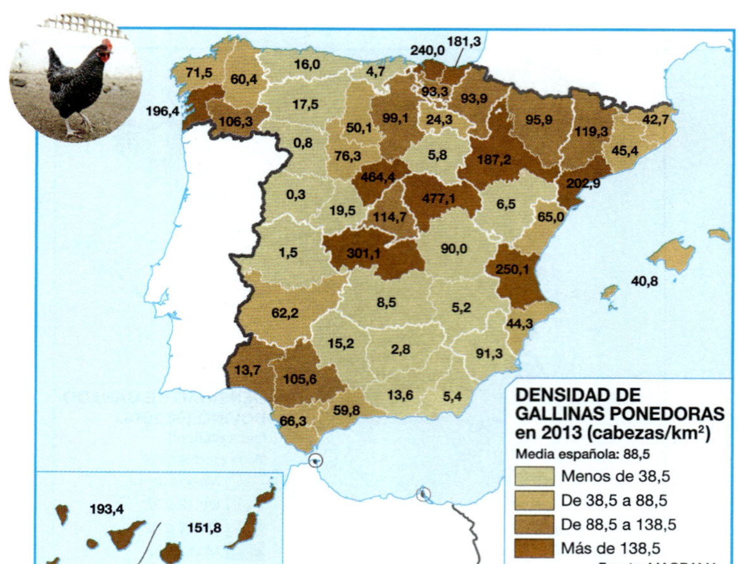

2012 por el cierre de explotaciones ante la nueva normativa de bienestar animal, que obliga a cambiar todas las jaulas industriales por alojamientos en batería. No obstante, permite exportar. La producción de **carne de ave** se concentra en el pollo y se encuentra estabilizada, siendo España el segundo productor de la UE, a pesar de lo cual cuenta con un ligero déficit en relación con el consumo que debe cubrirse con importaciones.

3. La actividad forestal

La superficie forestal de España es de 19 millones de hectáreas (2014). Las especies maderables principales son **frondosas** (haya, roble, castaño, chopo y eucalipto) y **coníferas** (sobre todo, pino resinero y halepensis).

El destino principal de la madera es el aserrío para las industrias de la construcción y del mueble; y la trituración para tableros y pasta de papel. Secundariamente se explotan la resina para disolventes y el corcho para tapones y aislantes. Además, se están fomentando otros aprovechamientos forestales, como la producción de biomasa, las setas y los hongos.

Las áreas madereras principales son Galicia y Asturias. También destacan en coníferas las provincias de Segovia y Soria (pinos); y en frondosas, León (chopo), y Cantabria y Huelva (eucalipto).

La producción de madera ha aumentado por la expansión de especies de crecimiento rápido. Aun así, es insuficiente, por lo que es necesario importar casi el 25 % de la madera consumida de zonas frías o tropicales. En cambio es excedentaria la producción de resina y la de corcho, de la que España es la segunda productora mundial; aunque ambas se enfrentan a la competencia de sustitutos sintéticos.

La PAC y el Plan Forestal Español fomentan las repoblaciones y la silvicultura o dedicación forestal de las tierras de exceso de la agricultura. Los objetivos son incrementar la producción de madera y fomentar otros usos del bosque, como los recreativos y los medioambientales, especialmente la protección del suelo y la absorción de CO_2.

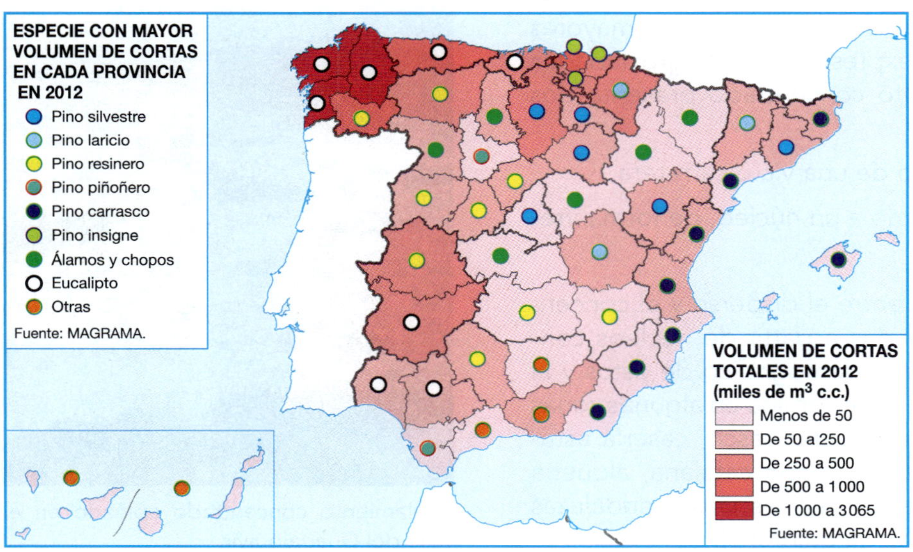

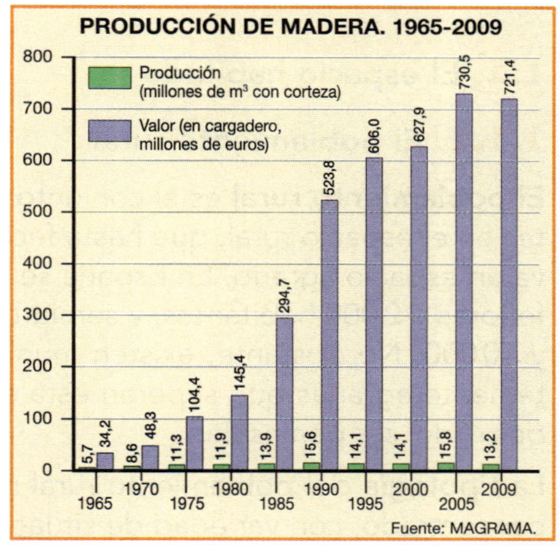

Actividades

26 Resume en un cuadro los rasgos de los principales tipos de ganado: destino de la producción, áreas productoras y características de la producción.

27 Comenta el gráfico de la evolución de la cabaña ganadera de la página 156.

28 Explica cómo ha evolucionado la producción de carne y de leche a partir de la información proporcionada por los gráficos de la página anterior.

29 Resume en un cuadro los rasgos principales de la actividad forestal.

30 Localiza en el mapa el nombre de las principales provincias madereras y explica las causas.

31 Comenta la evolución de la producción de madera que muestra el gráfico.

5 Los paisajes agrarios

1. Los elementos de los paisajes agrarios

Los paisajes agrarios son la morfología o aspecto visual del espacio agrario. Resultan de la transformación del medio natural por el poblamiento y las actividades agrarias. Por tanto, además del medio natural incluyen el espacio habitado (el poblamiento y el hábitat rural) y el espacio trabajado (las parcelas y los aprovechamientos o usos agrarios). La diversidad de estas combinaciones explica la variedad de paisajes agrarios de España.

Vocabulario

Agrociudades: núcleos de población cuyas actividades son principalmente agrarias, pero que por su tamaño podrían considerarse ciudades.

1.1. El espacio habitado

1.1.1. El poblamiento rural

El poblamiento rural es el conjunto de asentamientos humanos existentes en el espacio rural, que hasta fechas recientes ha sido casi en exclusiva un espacio agrario. En España se consideran rurales los municipios inferiores a 2 000 habitantes, y semiurbanos, los comprendidos entre 2 000 y 10 000. No obstante, existen municipios con actividades predominantemente agrarias que superan esta cifra, como las llamadas «agrociudades»* del sur peninsular.

La tipología del poblamiento rural responde a dos modelos, disperso y concentrado, con variedad de situaciones intermedias.

a) El poblamiento disperso está constituido por casas separadas entre sí, rodeadas del terrazgo (campos de cultivo, prados o bosques). Domina en la periferia peninsular, Baleares y Canarias, presentando diversas modalidades:

- **Disperso absoluto:** todas las casas están aisladas unas de otras. Es excepcional y se limita a algunos espacios de la montaña media cantábrica, el valle del Pas y el Prepirineo catalán.
- **Disperso laxo:** está constituido por pequeñas agrupaciones de casas o aldeas diseminadas. Es característico de la cornisa cantábrica.

Poblamiento disperso laxo en el valle de Soba, Cantabria.

b) El poblamiento concentrado está constituido por casas agrupadas formando pueblos y villas, separadas del terrazgo. Esta modalidad existe en toda España, pero predomina en el interior peninsular. En la mitad norte de esta zona consta de núcleos pequeños y próximos entre sí (cuencas del Duero y Ebro); mientras que en la mitad sur incluye núcleos mayores y más separados, alcanzando su máxima expresión en las agrociudades andaluzas. Según su plano, el poblamiento concentrado presenta dos modalidades:

- **Lineal,** con las casas dispuestas a lo largo de una vía o carretera.
- **Apiñado,** con las casas agrupadas en torno a un núcleo, de forma irregular o más o menos regular.

c) El poblamiento intercalar, intermedio entre el disperso y el concentrado, está constituido por casas diseminadas a partir de núcleos concentrados primitivos. Se debe al crecimiento demográfico de estos y al deseo de explotar nuevos espacios agrarios. Predomina en algunas zonas de montaña media; en el norte peninsular (caserío vasco, casería asturiana, casa gallega); en la costa mediterránea (masía catalana, alquería valenciana, riu-rau alicantino, posessió balear); en las vegas andaluzas (cortijo) y en ciertas zonas manchegas (casas de quintería).

Poblamiento concentrado apiñado en el valle del Guadalquivir.

Los cambios recientes experimentados por el poblamiento rural son numerosos. Los asentamientos de las zonas menos accesibles y con recursos más escasos reducen su tamaño o quedan abandonados debido al éxodo rural. Los de las áreas costeras pierden su carácter agrario por la implantación de edificaciones e infraestructuras relacionadas con el turismo. Y los de las áreas periurbanas se incorporan al continuo urbano o reciben usos residenciales y recreativos desde la ciudad.

1.1.2. El hábitat rural

El hábitat rural comprende las viviendas y las dependencias agrarias. Su morfología varía según el material constructivo, la forma de las cubiertas y el plano.

a) Los materiales tradicionales de la casa son los propios de la zona y originan varios modelos de vivienda:

- **La casa de piedra** emplea piedras irregulares —mampostería— o bloques regulares —sillares—, colocados sin cemento, o unidos con barro o cal. Predomina en la periferia peninsular, Baleares y Canarias.
- **La casa de madera entramada** consta de una estructura de madera, visible en el exterior, que se rellena con mampostería o ladrillo. Es característica del País Vasco (caserío), la Tierra de Pinares en Segovia, la sierra de Francia en Salamanca y la Alcarria en Guadalajara.
- **La casa de barro** tradicional utiliza barro crudo mezclado con paja, secado al sol. Puede moldearse en bloques (adobe) o colocarse entre paneles de madera (tapial). Es característica de ambas mesetas, el valle medio del Ebro, las huertas de Valencia y Murcia y la campiña del Guadalquivir. Actualmente predomina el barro cocido o ladrillo.

b) La forma de la cubierta suele ser inclinada en las áreas de alta pluviosidad y plana en las de escasas precipitaciones.

Actividades

32 Explica cómo influye el medio físico en el poblamiento y en el hábitat rural tradicional.

Tipos de hábitat

Casa de piedra

Casa bloque de mampostería cerca de Lesaka, en Navarra.

Casa de madera entramada

Casa de madera entramada con mampostería en La Alberca, Salamanca.

Casa de barro

Casa de barro, de adobe y tapial en Calatañazor, Soria.

c) **El plano** de la casa responde a la actividad agraria desarrollada:

■ **La casa bloque** encierra bajo el mismo techo la vivienda y las dependencias agrarias: establo, granero, almacén, etc. La casa **a ras de suelo** es de un solo piso y puede tener una sola dependencia donde conviven personas y animales (palloza gallega), o dependencias separadas para vivienda y usos agrarios. La casa **en altura** está dividida en pisos y suele tener las dependencias agrarias en la planta baja, la vivienda en la superior, y un espacio bajo el tejado para pajar o granero (caserío vasco; casona asturiana y cántabra).

■ **La casa compuesta** consta de edificios diferentes para cada función (vivienda, almacén, granero), dispuestos en torno a un patio cerrado o abierto (cortijo andaluz, masía catalana).

Los cambios recientes en el hábitat rural se deben a la desaparición de los modos de vida tradicionales que originaron las casas. Este hecho ha supuesto el abandono y la destrucción de muchas; o su sustitución por nuevas tipologías que imitan los modelos urbanos de chalé. El resultado es la ruptura de la armonía con el paisaje tradicional y la pérdida de un importante patrimonio cultural. Por ello, recientemente se han adoptado iniciativas encaminadas a conservar y proteger el estilo tradicional.

Casa compuesta. Cortijo andaluz en Lucena.

Actividades

33 Compara los tipos de poblamiento y hábitat rural que muestran las imágenes.

34 Busca una imagen representativa de los diferentes tipos de poblamiento y de hábitat rural y redacta un pie donde se resuman sus rasgos básicos.

35 Sintetiza los cambios principales que afectan al poblamiento y al hábitat rural tradicional. Indica las posibles soluciones para paliar los efectos negativos.

1.2. Las parcelas y los usos del suelo

Las parcelas y los usos del suelo son otros dos claros componentes visuales del paisaje agrario.

a) **Las parcelas** son tierras con unos límites precisos pertenecientes a un propietario. Pueden clasificarse atendiendo a varios criterios.

■ **Según sus límites,** las parcelas son cerradas si cuentan con una separación física, como setos o muros; y son abiertas si no existe separación física entre ellas.

■ **Según su forma,** son regulares o irregulares.

■ **Según su tamaño,** son pequeñas, medianas o grandes.

b) **Los usos del suelo,** como se ha indicado, pueden ser agrícolas, ganaderos, forestales o mixtos.

Parcelas abiertas, regulares y de mediano tamaño con uso agrícola. Almodóvar del Río, Córdoba.

Parcelas cerradas con setos, irregulares, pequeñas y dedicadas a pastos de uso ganadero.

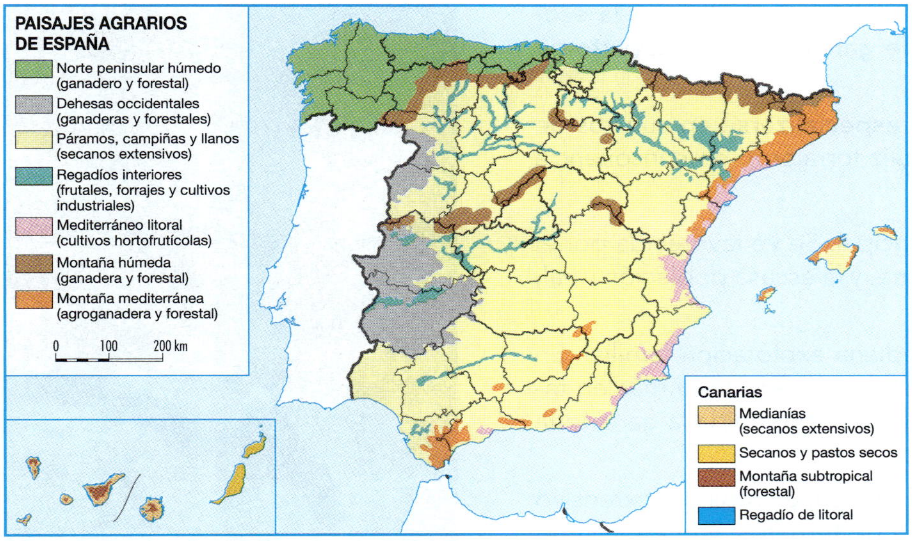

En el **norte** peninsular y las áreas de montaña húmeda predominan la ganadería y la explotación forestal.

En el **interior** peninsular, en las cuencas de la Meseta y las depresiones del Guadalquivir y el Ebro, dominan los cultivos extensivos de secano, igual que en el interior balear; en las penillanuras del occidente peninsular, las dehesas; y a orillas de los ríos, regadíos extensivos.

En la **costa mediterránea** peninsular se imponen los cultivos de huerta; y en el área montañosa prelitoral, los pastos y matorrales para el ganado.

En **Canarias,** la costa está ocupada por regadíos intensivos; y las medianías, por secanos extensivos.

2. El paisaje agrario oceánico del norte peninsular

Comprende el norte y el noroeste de la península ibérica.

El medio físico cuenta con un relieve accidentado, con escasas superficies llanas y clima oceánico lluvioso todo el año.

El poblamiento predominante es disperso intercalar a partir de aldeas, parroquias y pueblos. En el pasado albergó a una población numerosa, que en la actualidad es escasa y envejecida.

Las explotaciones agrarias son minifundistas. Los campesinos poseen pequeñas parcelas cercadas por setos y alejadas entre sí, lo que disminuye su rentabilidad y dificulta la mecanización. Para corregirlo, se ha impulsado la concentración parcelaria, con escasos resultados.

Los usos del suelo son principalmente ganaderos.

a) La agricultura ocupa una escasa superficie. En la costa, los campos se sitúan en el fondo de los valles; en el interior, al ser estos más estrechos, su aprovechamiento agrícola es muy reducido. Es una agricultura de secano, debido a la regularidad de las precipitaciones.

- **En el pasado** se practicaba el **policultivo** porque los campesinos vivían muy aislados y necesitaban autoabastecerse. Se cultivaban productos hortofrutícolas en pequeños huertos junto a las casas para consumo familiar, y maíz, patata, frutales y vid, esta última sobre todo en Galicia.

Valdoviño, A Coruña.

En las tierras de peor calidad se sembraba cebada o centeno, y la economía familiar se completaba con la **cría de ganado.** Solo una parte de estos productos se vendía en el mercado.

■ **En la actualidad,** la agricultura tiende a **especializarse** en cultivos de huerta y forrajes (prados, alfalfa, trébol, maíz forrajero), en consonancia con el desarrollo ganadero.

b) La ganadería es la actividad agraria principal. Se ve favorecida por el clima, la demanda urbana de leche y de carne, y la escasa población rural, dado que requiere menos mano de obra.

En Galicia predominan la pequeña y la mediana explotación familiar. En la fachada cantábrica, las explotaciones se han modernizado más en tamaño y equipamiento, aunque también está muy extendida la ganadería a tiempo parcial en pequeñas explotaciones.

Predomina el ganado bovino. El de aptitud cárnica, en régimen extensivo o semiextensivo, se orienta a la producción de terneros; y el de aptitud lechera, en régimen intensivo, a la producción de leche y derivados.

c) La explotación forestal es otra actividad importante. Se destina a la industria del mueble o a la obtención de pasta de papel.

Ganado bovino en Cantabria.

3. El paisaje agrario mediterráneo de interior

Comprende ambas mesetas y la mayor parte de las depresiones del Ebro y del Guadalquivir.

El medio físico presenta un relieve llano, de elevada altitud media en la Meseta, y un clima mediterráneo continentalizado, con escasez de precipitaciones estivales y acusados contrastes térmicos estacionales.

El poblamiento es concentrado en pueblos pequeños y próximos en los valles del Duero y del Ebro; y en pueblos grandes y distanciados entre sí en la mitad sur peninsular. En la actualidad albergan a una población muy escasa y envejecida, debido a la fuerte emigración de épocas pasadas.

Las explotaciones son de diverso tamaño. El minifundio predomina en los regadíos del Ebro y en el valle del Duero, donde se ha reducido mucho debido a la emigración y a la concentración parcelaria. La gran propiedad es característica de muchos secanos castellanos, aragoneses, extremeños y andaluces.

Los usos del suelo son agrícolas, ganaderos y forestales.

a) La agricultura presenta claras diferencias entre las áreas de secano y de regadío.

■ **El secano** domina en los páramos y campiñas meseteñas y en las áreas no regadas de los valles del Ebro y del Guadalquivir. Practica una **agricultura extensiva** en campos abiertos, protagonizada por la llamada **trilogía mediterránea:** los cereales, la vid y el olivo.

- **En el pasado,** los cereales, principalmente trigo, rotaban con barbecho o con leguminosas y llevaban asociada una ganadería ovina que pastaba en los rastrojos. También se plantaban cultivos leñosos, como la vid y el olivo, y, en menor medida, almendros y algarrobos. Estos cultivos aparecían como monocultivo, asociados entre sí, o junto a otros aprovechamientos.

Olivar en Ciudad Real.

- **En la actualidad,** el trigo ha perdido peso en favor de la cebada; y el barbecho completo se ha reemplazado por el medio barbecho, que utiliza el girasol como cultivo de descanso, o ha desaparecido gracias al uso de abonos químicos. Los cereales predominan en Castilla y León. Y junto a ellos cobran importancia el olivar y el viñedo en el valle del Guadalquivir, Castilla-La Mancha, y Extremadura; y el viñedo en La Rioja, Navarra y Aragón.

■ **El regadío** permite practicar una **agricultura más intensiva.**

- **En el pasado,** el regadío ocupaba reducidas extensiones en las vegas de los ríos y cerca de los pueblos, que producían sobre todo hortalizas para autoconsumo.
- **En la actualidad,** la extensión del regadío permite diversificar la producción con plantas industriales (remolacha azucarera, lúpulo y tabaco); forrajes (alfalfa, maíz); y frutas y hortalizas.

b) La ganadería tiene importancia en ciertas áreas y en las dehesas occidentales:

■ **Los rastrojos de los secanos** alimentan ganado ovino; en las áreas forrajeras regadas castellanoleonesas y andaluzas se cría bovino de leche; en el valle medio del Guadalquivir, bovino de carne y lidia; y cerca de las grandes ciudades, porcino industrial.

■ **Las dehesas** occidentales de Zamora, Salamanca, Extremadura y Andalucía son explotaciones agroganaderas, surgidas del aclaramiento de bosques de encinas y alcornoques. La dehesa tradicional tenía una orientación principalmente ganadera: sus pastos alimentaban a los rebaños de ovino y de porcino, y, secundariamente de bovino; parte de sus tierras se cultivaban en largas rotaciones para proporcionar alimentos y rastrojos al ganado durante la larga sequía estival; y el fruto de las encinas y los alcornoques se usaba en la etapa final de ceba del cerdo. En la actualidad, se han introducido algunos cambios, como un mayor peso del ganado vacuno; la dedicación agrícola de algunas dehesas con mejores suelos; y la reconversión hacia otros usos, como la caza.

c) La explotación forestal es característica de algunas áreas, como la Tierra Pinariega soriana.

Dehesa con ganado porcino en Extremadura.

4. El paisaje agrario mediterráneo litoral

Comprende el litoral y el prelitoral mediterráneo.

El medio físico tiene un relieve accidentado, llano cerca de la costa y algo montañoso en el área prelitoral peninsular; y un clima mediterráneo de influencia marítima, con precipitaciones muy escasas en verano y temperaturas suaves.

El poblamiento tradicional disperso tiende a la concentración, excepto en las huertas litorales; y la población, numerosa en el pasado, es hoy reducida debido al éxodo rural.

Las explotaciones son de diverso tamaño. En las zonas de regadío predomina el minifundio. En secano, las explotaciones son pequeñas y medianas en la Comunidad Valenciana y Murcia, y medianas en Cataluña.

Los usos del suelo son principalmente agrícolas.

a) La agricultura presenta claras diferencias entre las áreas de secano y las de regadío.

- **Los cultivos de secano** se extienden por las zonas prelitorales montañosas o accidentadas; y el interior mallorquín. Están ocupados por cereales, vid, olivo y almendros.
- **Los cultivos de regadío** se ven favorecidos por las suaves temperaturas, la elevada insolación, la protección del relieve, la existencia de suelos apropiados y una importante demanda internacional. Se dedican a la horticultura temprana al aire libre, a la horticultura precoz bajo plástico, a la fruticultura mediterránea (cítricos, frutales de hueso y de pepita) y a los frutos tropicales (chirimoyo, aguacate) en las hoyas de Málaga y Granada, gracias a la excepcional suavidad de los inviernos.

b) La ganadería bovina y la porcina predominan en Cataluña estimuladas por la demanda urbana; y la ovina, en los secanos.

c) La explotación forestal tiene escasa significación.

Cultivos de secano en Blanca, Murcia.

Cultivos de regadío en Salobreña, Granada.

5. El paisaje agrario de montaña

Comprende los territorios montañosos por encima de los 1 000 metros de altitud.

El medio físico es desfavorable: relieve de elevada altitud y fuertes pendientes; y clima frío, con precipitaciones muy abundantes, que en invierno caen frecuentemente en forma de nieve.

El poblamiento era tradicionalmente disperso en pequeños núcleos localizados en los valles. En la actualidad tiende a concentrase en pueblos mayores. Alberga a una población con densidad muy baja y fuerte tendencia emigratoria.

Las explotaciones son contrastadas. Coexisten pequeñas explotaciones privadas formadas por parcelas cerradas y frecuentemente separadas entre sí; con montes y praderas municipales, de aprovechamiento exclusivo para los vecinos.

Los usos del suelo son diversos y complementarios, escalonándose en función de las variaciones climáticas: agricultura en el fondo de los valles; explotación forestal en los bosques de las vertientes; y ganadería en los matorrales y pastos de las cumbres; aunque existen diferencias según el área climática donde se localizan las montañas.

a) La agricultura, en las montañas del norte peninsular, se practica en el fondo de los valles y se centra en los cultivos de huerta. En cambio, en las montañas más térmicas de Levante, del sur y de Baleares, algunos cultivos como los almendros y olivos, ascienden por las vertientes en bancales y terrazas.

b) La ganadería es extensiva. En las montañas del norte peninsular es bovina u ovina, y pasta en los claros de los bosques y en los matorrales y praderas de las cumbres. En la montaña mediterránea, donde suelen faltar los pastos, domina la ganadería ovina, que practica una trashumancia local entre el valle y la cima.

c) La explotación forestal es mayor en las montañas del norte. Se centra en el aprovechamiento de la leña y de la madera de especies como el eucalipto, el castaño o el pino.

Paisaje agrario del valle del río Suarón, Asturias.

Paisaje agrario en la Serra Tramuntana de Mallorca.

6. El paisaje agrario de Canarias

Comprende el archipiélago canario.

El medio físico se caracteriza por un relieve volcánico accidentado y un clima cálido todo el año, con precipitaciones escasas e irregulares en las zonas bajas.

El poblamiento es disperso laxo, constituido por pequeñas agrupaciones de casas y aldeas diseminadas. Los pueblos son generalmente pequeños. En ellos, la población se encuentra en retroceso debido a la atracción ejercida por las actividades del sector terciario, como el turismo.

Las explotaciones son reducidas en las medianías y grandes en los regadíos costeros.

Los usos agrarios del suelo son escasos y principalmente agrícolas.

a) La agricultura es muy contrastada.

- En las **áreas litorales** predomina el monocultivo de regadío orientado a la exportación (plátano, tomate, patata extratemprana), los cultivos bajo plástico (pepino, pimiento, flores), y las nuevas plantaciones tropicales (papaya, mango, piña, aguacate).
- En las **medianías del interior** predomina el policultivo de secano, orientado al consumo interno, y basado en la vid y las papas. El trigo, que tradicionalmente rotaba con barbecho o papas, ha reducido notablemente su extensión.

b) La ganadería ovina y la caprina son reducidas por la escasez de pastos, y están asociadas a la agricultura.

c) La explotación forestal ha aprovechado la madera de los pinares y la del fayal-brezal y la laurisilva para el carboneo, la construcción y los soportes de los cultivos.

Actividades

36 Realiza un cuadro comparativo de los paisajes agrarios de España. Debe incluir: zona geográfica, rasgos del medio físico; poblamiento; explotaciones y usos del suelo (agrícolas, ganaderos y forestales).

37 Busca imágenes representativas de cada uno de los paisajes agrarios de España y coméntalas siguiendo la técnica que se explica al final de la unidad.

Plataneras en Tazacorte, La Palma.

Cultivos en el valle de Gran Rey, La Gomera.

6 Los problemas agrarios y el desarrollo rural

Las actividades agrarias padecen en la actualidad numerosos problemas. Para solucionarlos, se llevan a cabo políticas de desarrollo rural. En ellas intervienen la Unión Europea, que plantea las directrices generales y aporta fondos FEADER*; el Estado español, que indica las prioridades nacionales (Programa Nacional de Desarrollo Rural 2014-2020); y las comunidades autónomas que, de acuerdo con ellas, elaboran sus Programas de Desarrollo Rural para el mismo periodo.

Vocabulario

FEADER (Fondo Europeo Agrícola de Desarrollo Rural). Financia los programas de desarrollo rural.

Denominaciones de calidad diferenciada: distinguen a los productos agroalimentarios que ofrecen una calidad adicional, por cumplir normas superiores a las obligatorias de calidad estándar. La calidad diferenciada de los productos puede deberse a su origen geográfico (Denominación de Origen Protegida e Indicación Geográfica Protegida); a los métodos utilizados para su producción o elaboración (Especialidades Tradicionales Garantizadas); y al respeto al medio ambiente para su obtención (Producción Ecológica y Producción Integrada).

1. Los problemas demográficos

a) La disminución, el envejecimiento y la masculinización de la población rural es el resultado de la emigración de la población joven y las mujeres. Ocasiona despoblamiento y falta de relevo generacional, ante los gastos que comporta la nueva instalación agraria, el bajo nivel de renta obtenido en comparación con otros sectores, y la falta de alicientes de la vida en el medio rural. Frente a este problema se conceden ayudas para la instalación de jóvenes agricultores (menores de 40 años) y de mujeres; y se promueven actividades rurales de su interés.

b) La formación agraria se basa mayoritariamente en la experiencia, dificultando la innovación. Por eso, se fomentan la formación profesional específica y la formación continua.

2. Los problemas económicos

a) La modernización y la competitividad agraria son insuficientes para asegurar una renta adecuada y afrontar la creciente competencia de países emergentes en el mercado mundial. Las medidas respecto a este problema son:

- **La reestructuración y la mejora de las explotaciones** apoyando la concentración parcelaria, la renovación de maquinaria, la mejora del regadío y de las infraestructuras (caminos) y el acceso al crédito.
- **La transferencia de tecnología, conocimiento e innovación** a las explotaciones agrarias. Se trata de incrementar el valor añadido introduciendo productos diferenciados dirigidos a nuevos segmentos de mercado (alimentos hipocalóricos, bajos en colesterol) y productos de calidad (denominaciones de calidad diferenciada*).
- **La disminución de los costes de producción** mediante un mejor aprovechamiento de los recursos, como el agua y la energía. Y mediante la reducción de la dependencia de la industria en las compras (semillas, abonos, insecticidas, piensos y maquinaria) y de los mercados de venta de la producción (industrias agroalimentarias o cadenas de distribución) que marcan exigencias en el volumen, tamaño, peso y precio de los productos. Para ello se requiere mayor participación de los productores agrarios en la transformación y la comercialización de los productos a través de las asociaciones y cooperativas que mejoran la capacidad negociadora; el fomento de los canales cortos de comercialización, es decir, la venta directa de los productos a los consumidores o a un único intermediario mediante la venta online o la venta en mercados de productores locales; y el incremento de la internacionalización mediante la promoción en mercados emergentes y exteriores.

Feria Internacional del Queso en Castilla y León. La actividad agraria actual apuesta por la calidad mediante denominaciones de origen de calidad diferenciada.

b) La diversificación económica del espacio rural es escasa, pues existe una excesiva dependencia de las actividades agrarias.

Frente a este problema, se promueve la transformación artesanal, industrial o energética de la producción; el comercio de productos agrarios (agrotiendas); la caza; y el turismo rural en sus distintas modalidades.

c) Las exigencias de seguridad alimentaria, sanidad y bienestar animal de la PAC incrementan los costes y reducen la competitividad frente a los productos de áreas menos exigentes. A cambio, generan confianza en los consumidores y se compensan con ayudas destinadas a estos fines.

- **La seguridad alimentaria** pretende evitar los fraudes implantando la trazabilidad de los alimentos, una identificación que permite conocer toda su trayectoria, desde la explotación agraria a la venta en el mercado, con el fin de determinar las responsabilidades si es necesario.

También se propone controlar los productos transgénicos; y evitar el empleo de ciertas sustancias (aditivos, aromas, engordantes, medicación del ganado) elaborando una lista de las que pueden o no utilizarse.

- **La sanidad** pretende evitar las plagas vegetales y las epidemias del ganado (campañas de erradicación de enfermedades y de saneamiento ganadero; y creación de una red de epidemiovigilancia y de alerta sanitaria, para una intervención rápida).

- **El bienestar** animal exige un trato adecuado al ganado, evitándole sufrimientos innecesarios. Para garantizarlo, se ha elaborado una normativa respecto a la cría, el transporte y el sacrificio del ganado.

Ganado con el código de identificación obligatorio. Las exigencias de la PAC en seguridad alimentaria imponen la trazabilidad de los alimentos para conocer toda su trayectoria, desde la explotación agraria hasta la venta en el mercado.

3. Los problemas sociales

a) La calidad de vida de muchos núcleos rurales se encuentra mermada por la deficiente accesibilidad; las carencias de infraestructuras, servicios elementales (comercios, recogida de basuras, electrificación, telefonía), servicios avanzados (TIC y nuevas tecnologías) y equipamientos colectivos (educativo, asistencial, sanitario, deportivo, cultural).

Esta situación se explica en parte por las bajas densidades demográficas y en algunos casos se agrava por la lejanía respecto a núcleos urbanos que puedan proporcionar estos servicios.

Frente a este problema se impulsan actuaciones para mejorar la accesibilidad y la dotación de infraestructuras, servicios y equipamientos, con especial énfasis en la extensión de las TIC. Para ello, tienden a implantarse en los pequeños núcleos urbanos repartidos por el espacio rural.

b) La exclusión social, la pobreza y el desempleo están más extendidos en el mundo rural.

Para afrontarlos se requieren programas de inclusión social; mejorar la visibilidad del trabajo de las mujeres en las actividades agrarias (titularidad compartida de las explotaciones) y su participación en los órganos de gobierno de las cooperativas; y fomentar las microempresas generadoras de rentas y de empleo estable.

Las áreas rurales más desfavorecidas sufren despoblamiento y envejecimiento demográfico, ante las bajas rentas obtenidas de las actividades agrarias y la insuficiencia de los servicios y equipamientos.

4. Los problemas medioambientales

Las actividades agrarias originan problemas medioambientales por dos motivos.

a) La utilización poco eficiente de algunos recursos. Requiere un uso más racional del agua (mejores sistemas de riego); y de la energía (ahorro en las instalaciones, uso de la biomasa y de los residuos ganaderos).

b) Las prácticas agrarias inadecuadas:

- **El aire** se contamina y se calienta con las emisiones de GEI (gases de efecto invernadero) procedentes de la maquinaria, las instalaciones de riego, la fermentación entérica del ganado y el manejo del estiércol. Por ello, las actividades agrarias deben contribuir a conseguir una economía baja en carbono, usando modelos más eficientes de máquinas y bombeo de agua; controlando la alimentación del ganado y la gestión del estiércol; usando eficientemente la energía; conservando y extendiendo la superficie forestal como sumidero de CO_2; y adoptando medidas de adaptación frente al cambio climático.
- **Otros daños** causados por las actividades agrarias son la contaminación de las aguas y del suelo por los fertilizantes y productos fitosanitarios químicos, lo que requiere medidas de uso sostenible. La desaparición de la vegetación por talas e incendios, que trata de atajarse fomentando la silvicultura y previniendo incendios. Y la reducción de la biodiversidad por el uso de un número limitado de especies vegetales y animales, generalmente extranjeras, que intenta detenerse promoviendo las variedades autóctonas.

El fomento de unas actividades agrarias respetuosas con el medio ambiente requiere, además, el uso de buenas prácticas agrarias* y el fomento de la producción ecológica e integrada.

- **La producción ecológica** utiliza sistemas naturales para producir. La **agricultura** no recurre a productos químicos de síntesis. Los suelos se descontaminan dos años y luego se usan abonos orgánicos para fertilizar, rotación de cultivos para evitar el desgaste del suelo, y sistemas naturales contra las plagas. Sus productos son más sanos, pero resultan más caros, por lo que la demanda todavía es escasa y la mayoría de la producción se exporta. No obstante, la superficie dedicada a este tipo de producción ha experimentado un crecimiento espectacular desde 1991, dado que el medio natural español favorece los cultivos extensivos.

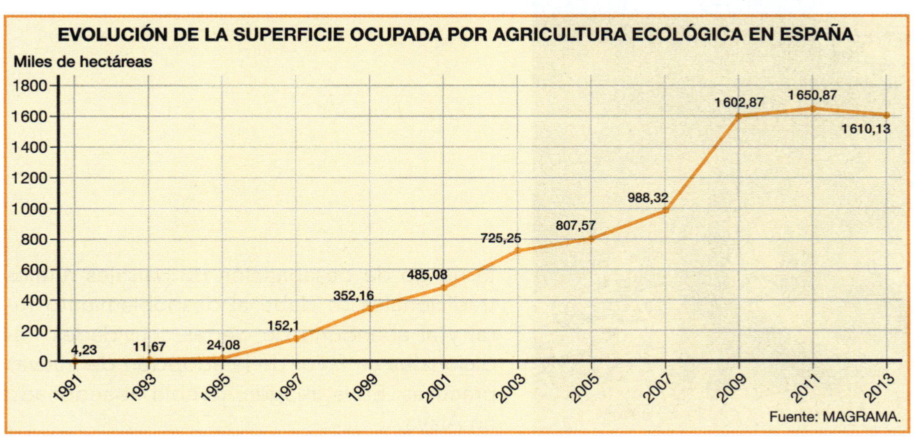

Vocabulario

Buenas prácticas agrarias: técnicas y pautas generales que debe aplicar un agricultor responsable en su explotación, de modo que garantice el respeto, la protección y la mejora del medio ambiente. Estas prácticas son: conservación del suelo; utilización óptima de la energía; empleo eficiente del agua; conservación de la biodiversidad; uso racional de los fertilizantes y fitosanitarios; reducción de la contaminación de origen agrario; sanidad animal; y carga ganadera en función de las posibilidades agroclimáticas.

Tienda ecológica en Madrid.

Las comunidades donde está más implantada la agricultura ecológica son Andalucía, Aragón y Extremadura. También ha crecido la transformación industrial de estos productos. Por su parte, la **ganadería ecológica** no emplea la estabulación permanente ni usa estimuladores del crecimiento, sino que se alimenta con pastos naturales o con forrajes producidos por la agricultura ecológica. En la **explotación forestal,** la gestión sostenible se garantiza mediante la certificación forestal*.

■ **La producción integrada,** intermedia entre la convencional y la ecológica, utiliza al máximo los recursos y los sistemas de producción naturales y favorables a la conservación del medio ambiente. A diferencia de la producción ecológica, emplea productos químicos de síntesis, pero solo en situaciones en las que no existen otras alternativas viables y reduciéndolos al mínimo imprescindible.

Vocabulario

Certificación forestal: acreditación concedida a las explotaciones forestales gestionadas de acuerdo con determinados estándares de sostenibilidad. Así, el consumidor final de los productos procedentes de un monte certificado tiene la seguridad de que provienen de un monte gestionado de forma sostenible.

5. El deterioro paisajístico

El riesgo de deterioro o desaparición de algunos paisajes rurales tradicionales, de gran valor histórico, cultural y natural, se debe al despoblamiento rural y a la presión urbana.

■ **El despoblamiento** conduce al abandono de ciertas actividades tradicionales. Para evitarlo, se conceden ayudas compensatorias para el mantenimiento de la población en zonas de montaña o con limitaciones naturales significativas o específicas; se apoya el mantenimiento de las actividades agropecuarias tradicionales y la rehabilitación de las viviendas; y se sensibiliza a la población sobre la importancia de mantener las tradiciones y las costumbres.

Además, se promueve la creación de una Red de Caminos Naturales y Rurales para el transporte en medios no motorizados (a pie o en bicicleta) que atraviesa zonas de altas cualidades naturales, paisajísticas, culturales, e históricas con el fin de favorecer el surgimiento en torno a ellas de empresas recreativas, culturales y de empleo verde, que impulsen el desarrollo rural.

■ **La presión urbana sobre el espacio rural próximo** amenaza con convertirlo en una prolongación del urbano. Para evitarlo, se crean espacios protegidos y se controla la expansión urbana procurando el mantenimiento de su entorno rural como zona agraria y de ocio.

Actividades

38 Recoge noticias o imágenes de la prensa referidas a problemas de la actividad agraria. Clasifícalas por temas e indica para cada problema sus causas, consecuencias y posibles soluciones.

39 Enumera los principales problemas que afectan al espacio rural de tu comunidad autónoma y plantea soluciones para ellos teniendo en cuenta las líneas actuales de política de desarrollo rural.

40 Después de informarte sobre el tema, expresa razonadamente tu opinión sobre la producción ecológica y la conservación del patrimonio cultural rural y de los paisajes rurales tradicionales.

El riesgo de desaparición de paisajes rurales tradicionales se debe al despoblamiento rural y al abandono de ciertas actividades tradicionales en favor de la adopción de nuevas prácticas. En la imagen, pueblo abandonado en Álava.

7 Las dinámicas recientes del espacio rural

En la actualidad, el espacio rural es **complejo.** Mantiene el predominio de las actividades y los paisajes agrarios, pero tiende a convertirse en un espacio multifuncional y heterogéneo. **Multifuncional,** porque está recibiendo usos distintos de los agrarios. Y **heterogéneo,** porque coexisten espacios con diferente nivel de modernidad y dinamismo.

1. La multifuncionalidad del espacio rural

El espacio rural actual está diversificando sus funciones, al implantar otras diferentes a las agrarias.

a) Las causas que han favorecido estos nuevos usos han sido variadas:

- **Una nueva percepción positiva de lo rural por la sociedad urbana posmoderna.** El creciente malestar urbano ha revalorizado lo rural, al contraponer densificación con espacio libre; carestía de la vivienda con calidad residencial; contaminación con calidad medioambiental; estrés con tranquilidad; inseguridad con seguridad; y exclusión social con sociabilidad; superándose la tradicional identificación de lo rural con el atraso y la pobreza.
- **La tendencia a descentralizar** la residencia, la producción y los servicios hacia áreas periurbanas o rurales por razones económicas, su menor coste; y por razones sociales, el deseo de una organización territorial más equilibrada.
- **La mundialización de la economía** incrementa la competencia entre territorios. Los que no pueden competir en precios con otros más baratos adoptan nuevas estrategias basadas en la seguridad, la diversidad y la calidad de la producción.

b) Los nuevos usos implantados en el espacio rural son:

- **Usos residenciales,** como viviendas secundarias de fin de semana o vacaciones; o residencias principales en las áreas periurbanas, ante la carestía del suelo urbano.
- **Usos industriales,** derivados del traslado de fábricas que buscan suelo y mano de obra más baratos, o aprovechar las materias primas y los recursos rurales.
- **Usos terciarios,** como infraestructuras de transporte y de aprovisionamiento urbanos; grandes superficies comerciales; y equipamientos recreativos relacionados con el aumento del nivel de vida y de tiempo libre para el ocio y con el deseo de disfrutar de la naturaleza, que han extendido el turismo rural y otras actividades como la caza.
- **Usos ambientales,** como la conservación de espacios naturales; de paisajes de gran valor y belleza; y del patrimonio histórico y cultural tradicional.

c) Las consecuencias de estos nuevos usos han sido positivas y negativas:

- **En el plano demográfico,** la instalación de habitantes en el espacio rural favorece una distribución más equilibrada de la población, al frenar o invertir la tradicional tendencia al despoblamiento del campo.
- **En el plano económico** supone una distribución más equilibrada de las actividades; aunque pueden surgir conflictos por la diferencia de intereses económicos y por el uso de recursos como el agua o el suelo.

Fábrica de Zaragoza instalada en el espacio rural, donde se encuentra próxima a los recursos que transforma y el precio del suelo es más barato.

■ **En el plano social,** la llegada de nuevos habitantes (urbanitas, inmigrantes extranjeros) diversifica a la antigua comunidad agraria. Pero puede provocar la pérdida de identidad del espacio agrario tradicional; y el traslado del poder político local a los nuevos residentes urbanos, que suelen tener mayor nivel cultural y más deseo de participación política.

■ **En el plano ambiental,** se incrementa la valoración de la naturaleza, el paisaje y el patrimonio cultural rural. Pero en las áreas de mayor valor, algunas actividades pueden causar degradación medioambiental, o el abandono de sus actividades productivas en favor de la conservación de la naturaleza, con el riesgo de convertirse en paisajes «fósiles» o «reservas paisajístico-fotográficas».

■ **En el plano territorial,** se logra una mayor integración, al romperse la tradicional contraposición entre lo rural y lo urbano. No obstante, persisten los contrastes entre espacios tradicionales que acentúan su decaimiento; espacios dinámicos o emergentes; y nuevos espacios rurales.

La Alberca, Salamanca. Algunos núcleos rurales están implantando actividades diferentes a las agrarias, como el turismo, basado en su patrimonio natural y cultural.

2. La heterogeneidad del espacio rural

Los problemas y los nuevos usos del espacio rural no han afectado por igual a todo el territorio. Así, coexisten situaciones de tradición y modernidad que confieren gran heterogeneidad al espacio rural.

a) Algunos espacios rurales mantienen el predominio de las actividades agrarias tradicionales, generadoras de bajas rentas y despoblamiento. Son los llamados **«espacios rurales profundos»,** que han quedado al margen de la modernización, como muchas zonas de montaña; y los **espacios agrarios frágiles,** especializados en producciones extensivas poco competitivas, como algunas comarcas de las cuencas meseteñas y de la penillanura extremeña.

b) Otros espacios rurales han diversificado sus actividades y presentan empleos en los sectores primario, secundario y terciario, que incrementan las rentas y frenan o reinvierten la tendencia al despoblamiento. Son **espacios agrarios dinámicos,** que han adoptado el modelo productivista y se han especializado en producciones competitivas orientadas a la transformación y a la comercialización nacional o internacional, como los regadíos intensivos y algunas campiñas de secano especializadas en vid y olivo de calidad. También se incluyen en este grupo **espacios rurales emergentes,** que han adoptado el modelo posproductivista orientado a producciones variadas y de calidad (explotaciones de agricultura y ganadería ecológicas o integradas), o han introducido nuevas funciones en el espacio rural, como algunas zonas de montaña que han asumido funciones turísticas y de conservación del patrimonio natural y cultural.

c) Ciertos espacios rurales han adquirido un predominio de las actividades urbanas o del turismo de masas, permitiendo rentas más elevadas y una población más densa y creciente. Son los espacios **periurbanos** de las grandes ciudades o de las **franjas costeras.** En ellos, las actividades agrarias son reducidas e intensivas (cultivos de huerta en las vegas de los ríos y ganadería estabulada), y sufren la presión de los espacios urbanos próximos.

Actividades

41 Lee los objetivos de la Ley para el Desarrollo Sostenible del Medio Rural e indica los problemas que pretende solucionar. Explica cuáles son las causas de esos problemas y sus posibles soluciones.

42 Compara las consecuencias positivas y negativas de la implantación de nuevos usos en el espacio rural.

43 Realiza un esquema sobre la heterogeneidad del espacio rural. Busca imágenes representativas de cada uno de los espacios rurales.

8 Los espacios de la actividad pesquera

1. El espacio pesquero marítimo y su importancia

El espacio pesquero español o Caladero Nacional se extiende desde la costa hasta las 200 millas náuticas, que delimitan la Zona Económica Exclusiva de pesca (ZEE)*. Se organiza en ocho regiones: noroeste, cantábrica, tramontana, levantina, surmediterránea, suratlántica, balear y canaria. Además la flota pesquera española faena en caladeros comunitarios e internacionales. De ellos, el más importante es el del Atlántico, seguido a considerable distancia de los caladeros de los océanos Índico y Pacífico.

La actividad pesquera supone menos del 0,5 % de la ocupación y del PIB (0,19 % y 0,1%, respectivamente en 2014). No obstante, sigue teniendo gran importancia en algunas regiones como Galicia; en la dieta alimenticia española, en la que es muy alto el consumo de pescado (26,4 kg hab/año en 2014); y en el desarrollo de otras actividades: astilleros, fábricas de conservas, instrumental, hielo, transportes terrestres.

Vocabulario

Zona Económica Exclusiva de Pesca o aguas jurisdiccionales: área sobre la que un Estado tiene derechos exclusivos de pesca.

Rasgos de la estructura pesquera

Población ocupada en 2014	
Absoluta (miles)	33,5
% sobre la población ocupada	0,19 %
% mayor de 40 años	63,6 %

2. Los condicionantes naturales y humanos

a) Las características naturales de los caladeros influyen en sus posibilidades de pesca. Entre ellas destacan la temperatura, la salinidad y la transparencia del agua; la extensión de la plataforma continental y la morfología de la costa. Estos rasgos favorecen más a los caladeros atlánticos que a los mediterráneos; pero en ambos casos, la plataforma continental es estrecha.

b) La estructura pesquera se caracteriza por los siguientes rasgos:

- **La población** pesquera es escasa (37 200 personas en 2013); se encuentra envejecida y cuenta con una escasa formación. Los motivos son la reestructuración sufrida por el sector pesquero, que ha reducido el empleo; y su escasa atracción para los jóvenes por la dureza del trabajo, la baja rentabilidad y el alto coste de adquisición o modernización de los buques.

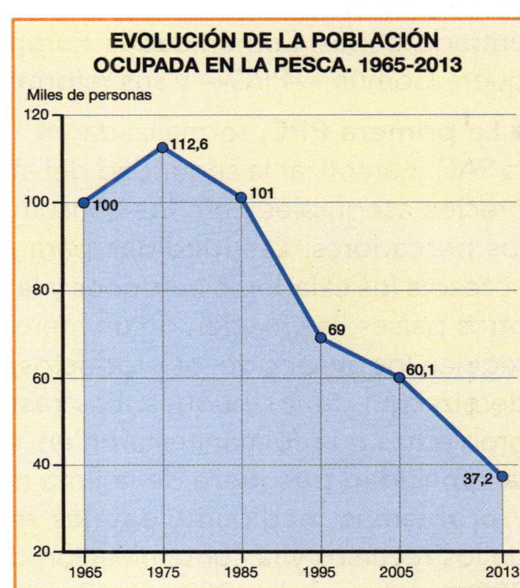

■ **La flota** pesquera incluye una flota artesanal, constituida por numerosas embarcaciones de pequeño tamaño, que faenan en el caladero nacional y utilizan técnicas de pesca tradicionales. Y por una flota de altura y de gran altura, integrada por buques de gran tamaño, que pescan en caladeros ajenos, en los que permanecen días y semanas o incluso meses; usan técnicas modernas (teledetección, GPS); e incorporan el proceso industrializador a bordo (congelado y envasado del pescado, elaboración de harinas, etc.).

Estructura pesquera y tipos de flota

Flota pesquera 2014	Caladeros	Número de buques	Tamaño: arqueo (GT)*
Aguas del caladero nacional	Cantábrico Norte	4990	62325
	Mediterráneo	2649	55093
	Golfo de Cádiz	796	11235
	Canarias	783	5123
	Cualquier zona	85	14471
	Total	**9303**	**148248**
Caladeros UE	Atlántico, aguas comunitarias no españolas	120	33225
	Total	**120**	**33225**
Aguas del caladero internacional	Atlántico Norte	26	29416
	Aguas internacionales y terceros países	68	35087
	Aguas internacionales	116	111273
	Total	**210**	**175776**
Sin caladero asociado	Sin modalidad asignada	2	308
	Total	**2**	**308**
Total		**9635**	**357556**

Fuente: MAGRAMA. *GT = Gross Tonnage o tonelaje bruto. Es una medida de capacidad de carga (arqueo) de un barco que se refiere al volumen de todos los espacios cerrados de este, expresado en toneladas brutas del Sistema Imperial británico de pesos y medidas, equivalentes a 1016 kg; por tanto, un poco más que una tonelada métrica, que equivale a 1000 kg.

Flota artesanal

Flota de altura y gran altura

El mayor número de buques españoles pesca en aguas del caladero nacional, y se concentra en la región del cantábrico-noroeste. Se trata de barcos de pequeño tamaño, cuya capacidad es mucho menor que la de los barcos que faenan fuera de las aguas nacionales, menos numerosos pero de mayor capacidad.

En las imágenes, puerto pesquero de Estepona, Málaga, y flota de altura en caladero internacional.

c) La política pesquera ejerce una gran influencia en la pesca. Desde su entrada en las Comunidades Europeas, España adoptó la Política Pesquera Común —PPC— y sus reformas.

■ **La primera PPC,** formalizada en 1983, tuvo los mismos **objetivos** que la PAC: garantizar la seguridad del abastecimiento de pescado; conseguir precios asequibles para los consumidores; y un nivel de vida justo para los pescadores. Las **medidas** para conseguirlo fueron la regulación del acceso a los caladeros europeos y la gestión de los tratados de pesca con otros países; la creación de un mercado común pesquero, con OCM que regulan los precios de los productos; y la concesión de ayudas para la modernización de los buques. Los **resultados** de esta política ocasionaron problemas que se manifestaron en la década de 1990: un **incremento de la capacidad pesquera** de la flota muy superior a los recursos existentes y **problemas medioambientales** relacionados con la sobreexplotación de los recursos y la contaminación del medio marino. Para resolverlos, la PPC se reformó en 2003 y 2013.

Actividades

44 Compara los rasgos de la estructura pesquera con los de la estructura agraria y los objetivos actuales de la PPC con los de la PAC.

■ **En la actualidad,** la reforma de la PPC de 2013 pretende hacer frente a los retos pesqueros de los próximos años. Así sus objetivos son: garantizar un **abastecimiento de pescado seguro,** variado y de calidad a largo plazo; conseguir una **pesca sostenible** y contribuir al **desarrollo territorial** de las regiones pesqueras manteniendo a la población, creando empleo y diversificando la economía.

Las medidas para alcanzar estos objetivos se financian mediante el Fondo Europeo Marítimo y de Pesca —FEMP—. Financia **medidas de mercado,** como la promoción o las compras y el almacenamiento de productos pesqueros cuando los precios bajan de cierto nivel. Y también **otras medidas** para mejorar la competitividad a través del desarrollo tecnológico, el conocimiento y la innovación; para el cuidado medioambiental; y para la mejora del nivel de vida y del empleo.

3. La producción pesquera marítima

■ **El destino** principal de la pesca es el consumo humano, en fresco (34,7 % en 2014), o en distintas formas de transformación industrial: congelación, conserva, salazón, ahumado, platos preparados y precocinados.

Solo una pequeña parte se dedica a consumo no humano mediante la reducción (extracción de aceites o harinas a partir de desechos o pescados en mal estado).

■ **Las regiones pesqueras** más importantes por sus capturas y el valor de la pesca son, en primer lugar, la gallega, seguida de las otras regiones atlánticas.

■ **Las capturas pesqueras** crecieron mucho hasta 1976 por el aumento de la demanda interna, la libertad de pesca, y el crecimiento de la flota pesquera. Desde entonces descienden por el agotamiento de los caladeros nacionales, las cuotas pesqueras existentes en los caladeros comunitarios y las restricciones internacionales a la libertad de pesca.

■ **Las especies capturadas** son peces en más de un 80%; el resto son moluscos y crustáceos. Las más destacadas son la merluza, la anchoa, el atún, el bonito y la sardina.

Principales puertos por tráfico de pesca fresca en 2014 (toneladas)	
Vigo	79983
A Coruña	56474
Pasajes	22739
Avilés	15893
Gijón	6701

Fuente: Ministerio de Fomento.

Los principales puertos por sus capturas pesqueras se localizan en Galicia y en la cornisa cantábrica.

El 99,9% de las capturas se destinan al consumo. De este porcentaje, un 34,76% corresponde a consumo en fresco y el 65,24% a diversas formas de transformación industrial: congelación, conserva, salazón, ahumado, platos preparados. Las capturas destinadas a otros usos producen aceites y harinas a partir de desechos y pescados en mal estado.

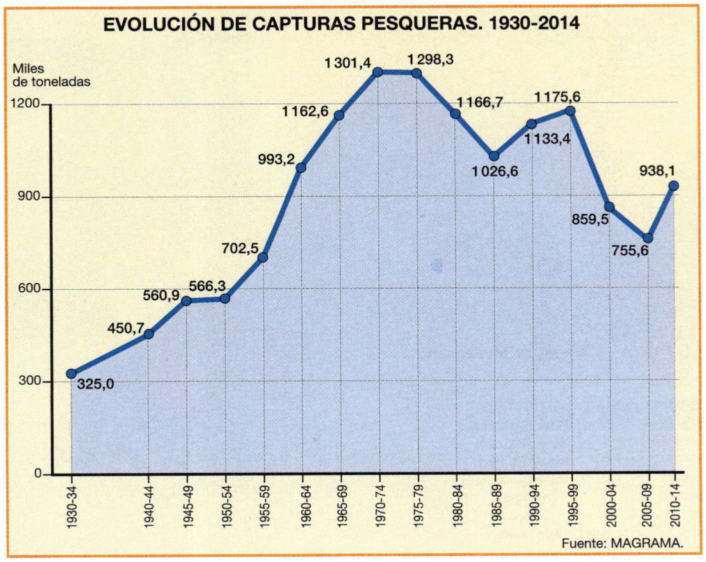

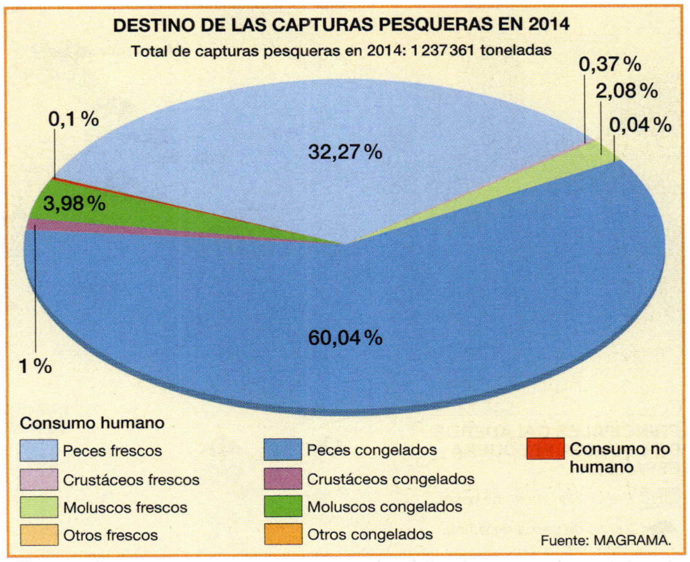

4. Los problemas actuales de la pesca marítima

La pesca española actual padece graves problemas. En la política para solucionarlos intervienen tres instancias. La Unión Europea marca las directrices generales a través de PPC y aporta ingresos del FEMP. El Estado español elabora la planificación general y el Programa Operativo del FEMP para obtener los fondos europeos. Y las comunidades autónomas tienen competencias en sus aguas costeras, denominadas «aguas interiores» y en el marisqueo y los cultivos marinos.

4.1. El problema de los caladeros

La pesca se realiza en caladeros, lugares apropiados para calar o tirar las redes. Los problemas para pescar en ellos impiden a España cubrir la demanda de pescado y exigen costosas importaciones.

a) El caladero nacional ofrece modestos recursos, pues la plataforma continental es estrecha y la sobreexplotación y la contaminación los han mermado más aún. Como solución, se lleva a cabo una política de recuperación integral de los recursos.

b) Los caladeros comunitarios mantienen un área de pesca exclusiva para cada país hasta las 12 millas y están sometidos a un sistema de cuotas, fijadas plurianualmente, para asegurar la sostenibilidad de las capturas. La UE, de acuerdo con los informes de los científicos, reparte los recursos pesqueros entre los miembros en función de su capacidad de pesca. Y cada estado los distribuye mediante concesiones entre los propietarios de barcos de más de 12 m.

c) Los caladeros internacionales tienen restricciones de pesca. Entre la costa de cada país y las 200 millas náuticas existen Zonas Económicas

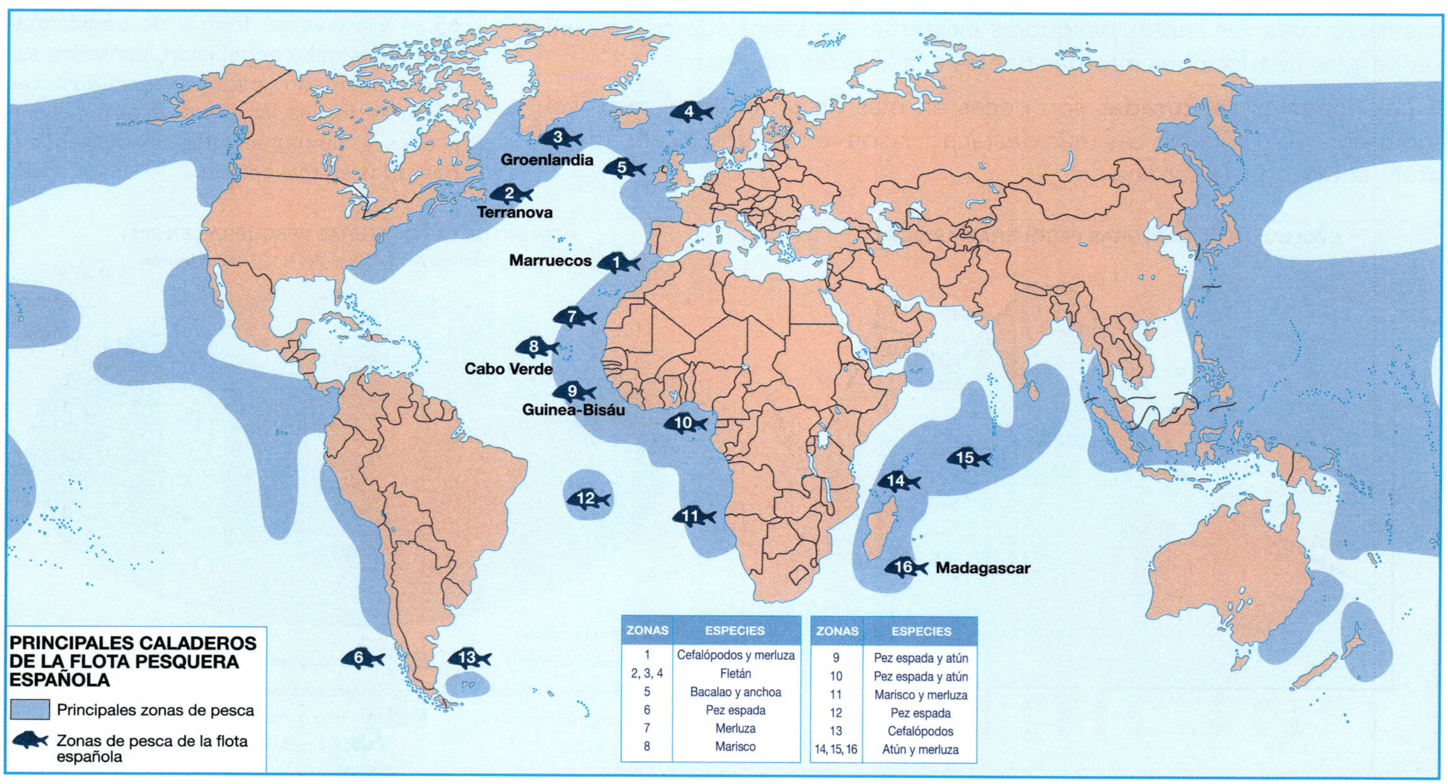

ZONAS	ESPECIES
1	Cefalópodos y merluza
2, 3, 4	Fletán
5	Bacalao y anchoa
6	Pez espada
7	Merluza
8	Marisco

ZONAS	ESPECIES
9	Pez espada y atún
10	Pez espada y atún
11	Marisco y merluza
12	Pez espada
13	Cefalópodos
14, 15, 16	Atún y merluza

Exclusivas de pesca (ZEE) desde 1974, sancionadas por la ONU en 1982. Y en alta mar existen regulaciones de pesca impuestas por organizaciones regionales de pesca (ORP*), de obligatorio cumplimiento para sus miembros.

Por tanto, la pesca en los caladeros internacionales depende de los acuerdos suscritos por la UE con terceros países y con las ORP. Para mejorar su situación en estos caladeros, España promueve en la UE, la continuidad de los acuerdos suscritos; la firma de otros nuevos que incrementen sus posibilidades de pesca; y la defensa de los intereses comunitarios en las ORP.

Vocabulario

ORP (organizaciones regionales de pesca): foros de cooperación pesquera internacional sobre una región de pesca en alta mar. Los países miembros, basándose en dictámenes científicos, suscriben acuerdos para gestionar los recursos pesqueros de la zona con el fin de asegurar su conservación y explotación sostenible; adoptan medidas contra la pesca ilegal; y en algunos casos programas de inspección conjuntos para supervisar el cumplimiento de los acuerdos.

Capturas por caladeros y comercio exterior

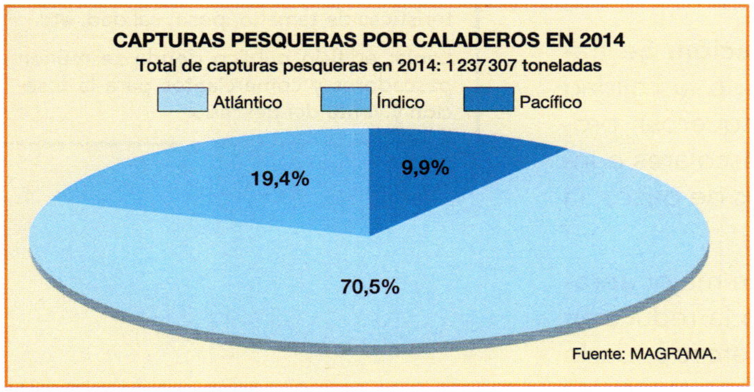

Las principales capturas pesqueras españolas proceden del caladero del Atlántico, seguido a considerable distancia de los caladeros del Índico y del Pacífico.

El comercio exterior pesquero español es deficitario, a causa de las dificultades para pescar en el caladero nacional y en los caladeros ajenos. Los saldos más negativos corresponden a crustáceos, moluscos y pescado fresco y refrigerado; y los saldos positivos, a pescado congelado y peces vivos.

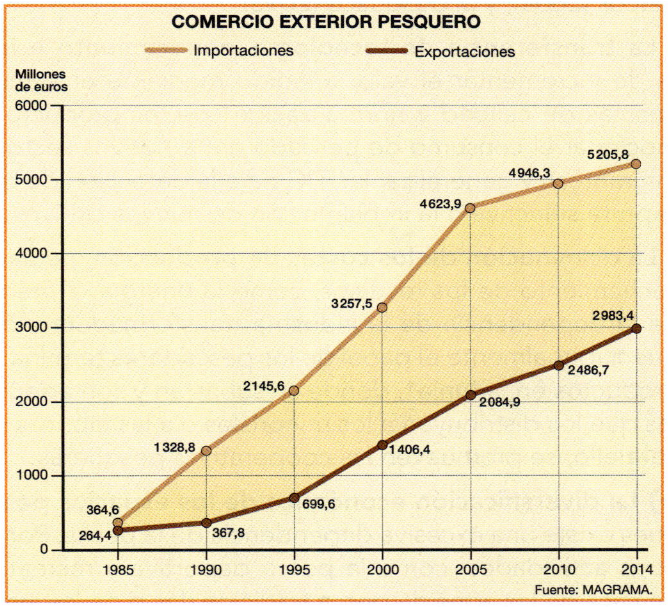

4.2. Los problemas demográficos

La disminución de la población pesquera se combate fomentando el mantenimiento del empleo mediante la mejora de la competitividad y la diversificación económica de las regiones pesqueras. El envejecimiento se afronta concediendo ayudas a los jóvenes pescadores para comprar su primer barco. Y la escasa formación de los pescadores, mejorando la formación profesional y creando nuevas titulaciones.

4.3. Los problemas económicos

a) La modernización y la competitividad pesquera son insuficientes para asegurar una renta adecuada a los pescadores. Las medidas para hacer frente a este problema son:

■ **La reestructuración de la flota pesquera,** que tiene un tamaño excesivo en relación con las posibilidades de pesca y una elevada edad media. Hasta 1977, la flota creció mucho por el gran aumento de la demanda de pescado, paralelo a la mejora del nivel adquisitivo; el bajo precio del combustible; el libre acceso a los caladeros de terceros países; y las facilidades dadas para su renovación y modernización en la década de 1960, que afectaron principalmente a la flota de altura y de gran altura.

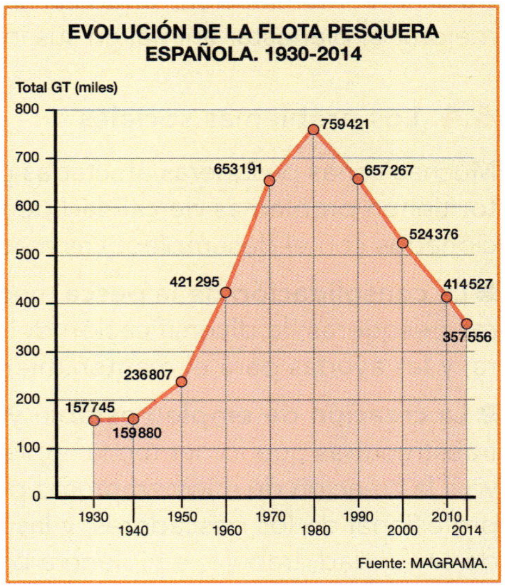

Pero tras el encarecimiento del petróleo (1975) y la implantación de las zonas económicas exclusivas de pesca (1982), su tamaño resultó ser excesivo en relación con las posibilidades de pesca. Por esto, tras la entrada en las Comunidades Europeas, se inició una reconversión del sector. Se fomentaron las prejubilaciones y la reducción de la flota mediante el desguace de barcos; las retiradas permanentes o temporales de la pesca; la exportación de buques; la dedicación a actividades diferentes de la pesca; y el traspaso de barcos a sociedades pesqueras mixtas* en terceros países. Desde entonces, se exige que la construcción de nuevos buques de pesca o la modernización de los existentes que incremente la capacidad pesquera se acompañe de una baja equivalente de otros buques. Y las reformas de la PPC han suprimido las ayudas a la construcción de barcos (2004); y al desguace (2013).

■ **La transferencia de tecnología, conocimiento e innovación.** Se trata de incrementar el valor añadido mediante el aumento de la calidad (marcas de calidad y normalización* de los productos pesqueros); promocionar el consumo de pescado entre nuevos sectores (escolares e inmigrantes); y generalizar las TIC para la detección de bancos de pesca, la captura selectiva o la implantación de nuevos cultivos.

■ **La disminución de los costes de producción** mediante un mejor aprovechamiento de los recursos, como la energía. Y mediante la reducción de la dependencia de la industria transformadora y del mercado, dado que habitualmente el papel de los pescadores termina con la venta de los productos en la lonja*, donde se subastan y son adquiridos por mayoristas que los distribuyen a los minoristas o a las fábricas de transformación. Para ello, se promueven las cooperativas pesqueras.

b) La diversificación económica de los espacios pesqueros es escasa, pues existe una excesiva dependencia de la pesca. Por eso se promueven otras actividades, como la pesca deportiva y recreativa; la explotación turística de las artes de pesca tradicionales o de las instalaciones de acuicultura; y la participación de los pescadores en otras actividades como la limpieza de fondos marinos o la colaboración con los científicos.

c) Es necesario adoptar las nuevas normas de seguridad, sanidad y bienestar animal establecidas por la Unión Europea. Estas se concretan en implantar la trazabilidad, con el correcto etiquetado del pescado; controlar la contaminación; erradicar las enfermedades de la acuicultura y mejorar el bienestar animal en sus instalaciones.

4.4. Los problemas sociales

Muchas zonas pesqueras afectadas por la crisis y la reconversión del sector tienen problemas de calidad de vida, exclusión social y pobreza relacionados con el desempleo. Las medidas frente a estos problemas son:

■ **La consolidación de la pesca** mediante la mejora de las infraestructuras pesqueras; la diversificación del sector y el fomento de la acuicultura; y las ayudas para el mantenimiento de la pesca artesanal.

■ **La creación de empleo estable y seguro** mediante la dotación de infraestructuras que fomenten la implantación de otras actividades; el apoyo a la creación de microempresas por jóvenes y mujeres; la reconversión profesional de los pescadores; y las ayudas para mejorar las condiciones de seguridad, trabajo, e higiene a bordo.

Vocabulario

Sociedades pesqueras mixtas en terceros países: entidades en las que participan uno o varios armadores españoles y uno o varios socios de un país tercero, con el fin de explotar, por medio de los barcos españoles, los recursos pesqueros del país tercero, a cambio de ciertas concesiones. Entre ellas suelen figurar el empleo en los barcos de cierto porcentaje de trabajadores extranjeros y el desembarco de cierta cantidad de pesca en el país tercero.

Normalización: adaptación de los productos a determinadas normas o características de tamaño, peso, calidad, etc.

Lonja: edificio público donde se reúnen pescadores y comerciantes para la tasación y venta del pescado.

4.5. Los problemas medioambientales

La actividad pesquera ocasiona sobreexplotación de recursos y contaminación.

■ **La sobreexplotación** de los recursos pesqueros se debe al exceso de capturas y al empleo de artes de pesca indiscriminadas, que amenazan con agotar algunas especies. Para prevenirla, la nueva PPC fija cuotas para cada especie según el Rendimiento Máximo Sostenible (la cantidad máxima que puede extraerse por un tiempo indefinido sin poner en peligro su regeneración); y se establecen paros biológicos* en caso necesario. Se prohíben la pesca de tallas mínimas; el uso de las artes de pesca más indiscriminadas; y, escalonadamente, los descartes obligando a los pescadores a descargar todos los peces capturados. Se incrementa la vigilancia, utilizando nuevas tecnologías como la teledetección. Se repueblan los caladeros y se protegen —creación de arrecifes artificiales* y reservas marinas—. Y se fomenta la participación de los pescadores en el cuidado del medio marino.

Vocabulario

Paros biológicos: cese temporal de la actividad pesquera en las zonas con problemas de sobreexplotación con el fin de posibilitar la recuperación de los recursos.

Arrecifes artificiales: barreras levantadas sobre el fondo marino con materiales artificiales (bloques de hormigón, vigas de hierro y pecios o barcos en desuso hundidos intencionadamente), que delimitan zonas destinadas a servir de hábitat, proteger y recuperar los recursos pesqueros en peligro. Estas estructuras impiden la pesca ilegal o destructiva (redes de arrastre), y dejan entre sí áreas libres que permiten las actividades pesqueras no destructivas. En algunos casos aportan recursos económicos al atraer ecoturismo de buceo y de surf, dado que permiten crear olas más favorables para este deporte.

Las reservas marinas son áreas delimitadas de los caladeros con el fin de recuperar las especies de interés pesquero. Para ello, se protegen las condiciones de reproducción y las formas juveniles de las especies, que luego se dispersan por el resto del caladero, prohibiendo o limitando las actividades pesqueras y de otros tipos que pueden establecerse en estas zonas.

■ **La contaminación** de las aguas se debe al tráfico marítimo, los vertidos, y los accidentes de los barcos. Las actuaciones frente a este problema se centran en implantar nuevos motores que también contribuyan a paliar el cambio climático y a mejorar la eficiencia energética; evitar los vertidos; regenerar las zonas degradadas; y participar en la conservación de los espacios marinos protegidos.

4.6. El deterioro paisajístico

La crisis de la pesca comporta también el riesgo de deterioro o desaparición de algunos paisajes pesqueros tradicionales, de gran valor histórico y cultural.

Para evitarlo, se llevan a cabo actuaciones para mantener, rehabilitar y poner en valor el patrimonio pesquero, vinculándolo al turismo: instalaciones (lonjas, faros), técnicas pesqueras tradicionales (pesca con almadraba); museos marineros, etc.

Actividades

45 Comenta los gráficos sobre la población ocupada en la pesca de la página 175 y el de la evolución de la flota pesquera española (página 179).

46 Reúne noticias o documentos sobre los problemas actuales de la pesca en España. Indica para cada uno cuáles son sus causas, consecuencias y posibles soluciones.

5. La acuicultura

La acuicultura es la cría de especies vegetales y animales acuáticos, marinos o de agua dulce.

5.1. Los condicionantes naturales y humanos

- **Las condiciones naturales** de España para la acuicultura son favorables. Dispone de costas largas y diversas; y de numerosos ríos, lagos y embalses, que permiten especies variadas y de calidad.
- **Los condicionantes humanos** son una población escasa, con alta representación femenina; unos establecimientos de variado tamaño; y una notable influencia de la estricta normativa implantada por la UE y por las comunidades autónomas.

5.2. La producción acuícola

El destino principal de la producción acuícola es el consumo humano en fresco o la transformación industrial; empleándose en menor medida para las sueltas de pesca deportiva y para la repoblación de espacios naturales.

La localización predominante de las instalaciones son zonas rurales o costeras remotas. Las instalaciones se sitúan junto a los ríos (trucha arco iris) o junto al mar (rodaballo); en la playa (almejas y ostras); o en el mar, en bateas flotantes (moluscos) o en jaulas (dorada, lubina, corvina).

La producción española de acuicultura es la mayor de la UE.

- **La acuicultura marina** en las costas del NO y cantábrica se orienta al cultivo de moluscos, sobre todo mejillón, centrado en Galicia. En menor medida se cultivan, ostras, almejas, berberechos y rodaballo; y como cultivos emergentes, el pulpo, el besugo y el lenguado. En las costas mediterránea, suratlántica y canaria, se cultivan doradas, lubinas y atún rojo.
- **La acuicultura continental** se centra en la trucha arco iris producida en Castilla y León, Galicia, Andalucía y Cataluña. En menor medida se crían cangrejos, carpas y esturiones en las marismas del Guadalquivir y en el Coto de Doñana.

Producción de acuicultura en 2014 (en toneladas)	
Acuicultura marina	**267 065,69**
Peces	45 432,94
Crustáceos	6,10
Moluscos	221 623,13
Acuicultura continental	**15 663,05**
Total	**285 138,84**

Fuente: MAGRAMA.

5.3. Los problemas de la acuicultura

Los problemas que afectan a la acuicultura son su escasa rentabilidad y competitividad. Los motivos son los elevados costes de instalación y de producción (piensos). Los gastos en el cumplimiento de las exigencias sobre protección medioambiental (vertidos de las instalaciones), seguridad, sanidad y bienestar animal, que favorecen a los productos importados, a los que no siempre se imponen las mismas exigencias. Y las enfermedades de los animales, que originan grandes fluctuaciones en la producción.

Frente a estos problemas, la nueva PPC concede ayudas para mejorar las infraestructuras de las zonas acuícolas; investigar en nuevas variedades de cultivos; incrementar el valor de la producción mediante una mayor participación de los productores en la transformación y en la comercialización (venta directa en las instalaciones); la promoción de los productos; y la mejora de la sostenibilidad ambiental de las explotaciones.

Actividades

47 Compara la producción de la acuicultura con la de la pesca marítima en cuanto a condiciones naturales, evolución reciente, destino, áreas principales de pesca o acuicultura y especies capturadas.

Resumen de la unidad

El espacio rural

es multifuncional

Usos agrarios

- Agricultura.
- Ganadería.
- Explotación forestal.

Nuevos usos

- Residenciales.
- Industriales.
- Terciarios.
- Medioambientales y paisajísticos.

es complejo, presenta

Problemas

- Demográficos.
- Económicos.
- Sociales.
- Medioambientales.

es heterogéneo, coexisten

Diferentes espacios

- Espacios rurales profundos y frágiles.
- Espacios rurales diversificados, dinámicos y emergentes.
- Espacios rurales con actividades agrarias secundarias.

resultado de

Condicionantes físicos

- Relieve.
- Clima.
- Aguas.
- Vegetación.
- Suelos.

Condicionantes humanos

- Estructura agraria:
  - – Población.
  - – Sistema de propiedad y explotación.
  - – Aprovechamiento, sistemas y técnicas agrarias.

originan

Paisajes agrarios

Integrados por

- Espacio habitado:
  - – Poblamiento.
  - – Hábitat.
- Parcelas.
- Usos del suelo.

Diversos

- Norte peninsular.
- Mediterráneo interior.
- Mediterráneo litoral.
- Montaña.
- Canarias.

El espacio pesquero

comprende

Caladeros

- Nacionales.
- Comunitarios.
- Internacionales.

resultado de

Condicionantes

- Físicos.
- Humanos:
  - – Estructura pesquera.
  - – Política pesquera.

aporta

Producción

- Peces.
- Crustáceos.
- Moluscos.
- Para consumo en fresco o transformado.

padece

Problemas

- Caladeros.
- Demográficos.
- Económicos.
- Sociales.

se completa con

Acuicultura

- Marina.
- Continental.

Técnica

Comentario de un paisaje rural

El paisaje rural comprende el espacio geográfico no urbanizado. Su morfología resulta de la combinación de los rasgos del medio natural con el poblamiento y la actividad humana. Esta actividad ha sido y es todavía principalmente agraria: agricultura, ganadería y explotación forestal. No obstante, en la actualidad crece la implantación de otros usos, que acentúan la diversidad del espacio rural.

El comentario de un paisaje rural debe incluir, por tanto, los siguientes apartados:

1. Localización del paisaje

Señalar si se trata de un paisaje de interior, de costa o de montaña; e indicar, cuando sea posible, su localización geográfica concreta.

2. Análisis del medio natural

- **El relieve:** formas básicas (llanura, cuesta, montaña, valle); altitud y pendientes.
- **Las aguas:** localización en el paisaje y tipos (mar, ríos, lagos, acuíferos).
- **La vegetación natural:** localización en el paisaje; extensión que ocupa; tipos de formaciones vegetales (bosque, matorral, hierbas) y especies más destacadas si se aprecian (robles, encinas...).
- **El clima:** precipitaciones, temperatura y aridez. En una fotografía o mapa de un paisaje agrario, los rasgos del clima pueden deducirse del tipo de vegetación, del tipo de cultivo y de las aguas, pues se trata de aspectos en los que la influencia del clima es muy considerable.
- **Los suelos:** tipo y calidad. Están muy relacionados con el clima y el roquedo.

3. Análisis de los elementos humanos visibles

3.1. El espacio agrario

El espacio agrario incluye la parte del espacio rural dedicada al poblamiento y al trabajo agrario.

3.1.1. El espacio agrario habitado

a) **El poblamiento:** localización de los asentamientos humanos; y tipología: disperso (absoluto o laxo), concentrado (lineal, apiñado) o intercalar.

b) **El hábitat:** características de la casa rural (materiales, techumbre) y posibles transformaciones (introducción de tipologías diferentes de las tradicionales).

3.1.2. El espacio agrario trabajado

a) **Las parcelas**

- **Tamaño** de las parcelas (grandes, medianas, pequeñas); **forma** (regular, irregular); y **límites** (abiertas, o cerradas por setos, cercas, etc.).

b) **Los usos agrarios**

- **Distribución general** de los usos agrarios del suelo en el paisaje.

- **Usos agrícolas:** variedad de cultivos (monocultivo o policultivo). Tipos de cultivos (herbáceos como los cereales o los de huerta; arbustivos como la vid; arbóreos como el olivo y los frutales). Sistema de cultivo en función del agua recibida (secano o regadío); de la forma de trabajar la tierra (cultivo continuo, rotación con barbecho, rotación continua); y del aprovechamiento (agricultura intensiva o extensiva). Técnicas de cultivo (tradicionales o modernas: maquinaria, fertilizantes, invernaderos). Rendimientos (altos o bajos). Y destino de la producción (autoconsumo, venta en el mercado o transformación industrial).
- **Usos ganaderos:** tipos de ganado (bovino, ovino, caprino, porcino); sistema ganadero (extensivo o intensivo); rendimientos; y destino de la producción.
- **Usos forestales:** tipos de árboles; y aprovechamiento de la producción.

3.2. Los usos no agrarios del suelo

- Enumeración de los usos no agrarios del suelo: segundas residencias, industrias, servicios (transportes, equipamientos, instalaciones recreativas).
- Causas y consecuencias de su implantación en el espacio rural.

4. Identificación y problemas

a) **Identificación:** a partir de los rasgos analizados, encuadrar el paisaje en la correspondiente tipología: norte peninsular húmedo, mediterráneo de interior, mediterráneo litoral, montaña o Canarias.

b) **Problemas:**

- **Mencionar los posibles problemas** que se aprecian: demográficos (despoblamiento); económicos (escasa modernización, falta de rentabilidad, escasa diversificación económica); sociales (falta de infraestructuras y equipamientos); o medioambientales (alteración, sobreexplotación, contaminación, abandono de cuidados tradicionales).
- **Plantear posibles soluciones** a los problemas señalados.
- **Valorar las perspectivas de futuro** del paisaje (favorables, desfavorables).

Paisaje rural en Mallorca.

Actividades de síntesis

En la web
Autoevalúate con las actividades interactivas.

1 Definir conceptos

- Define de forma breve y precisa los siguientes conceptos: *agricultura extensiva, agricultura de secano, agricultura ecológica, barbecho, ganadería, bienestar animal, FEADER, lonja, paro biológico pesquero, descartes pesqueros.*

2 Realizar cuadros comparativos de síntesis

- Compara en un cuadro la situación actual y las transformaciones recientes de la estructura agraria española: población; explotaciones agrarias; poblamiento y hábitat; y política agraria.

Estructura agraria		
	Situación actual	**Transformaciones recientes**
Población agraria		
Explotaciones agrarias:		
• Tamaño		
• Distribución		
• Régimen de tenencia		
Aprovechamientos, sistemas y técnicas		
Política agraria		

- Resume en un cuadro las transformaciones industriales de las principales producciones agrícolas, ganaderas y forestales.

Actividades agrarias	Productos	Transformaciones
Agricultura		
Ganadería		
Explotación forestal		

- Sintetiza en un cuadro los problemas agrarios y pesqueros, así como las posibles soluciones para hacer frente a cada uno de ellos.

	Espacio agrario		Espacio pesquero	
	Problemas	**Soluciones**	**Problemas**	**Soluciones**
Demográficos				
Económicos				
Sociales				
Medioambientales				

3 Comentar paisajes rurales

- Comenta el paisaje rural de la imagen de la siguiente página, siguiendo la técnica que se explica en la unidad.

Salobreña, Granada.

4 Comentar textos geográficos

- Lee el texto y comenta su contenido, indicando los problemas pesqueros que se reconocen y las medidas adoptadas para resolverlos.

La Comisión Europea ha propuesto un nuevo fondo para las políticas marítima y pesquera de la UE para el periodo 2014-2020: el Fondo Europeo Marítimo y de Pesca (FEMP). El Fondo facilitará alcanzar los ambiciosos objetivos de la reforma de la Política Pesquera Común y ayudará a los pescadores en el proceso de transición hacia la pesca sostenible y a las comunidades costeras en la diversificación de sus economías. El Fondo financiará proyectos que creen nuevos puestos de trabajo y mejoren la calidad de vida en las costas europeas.

La transición hacia la sostenibilidad exige algunos cambios radicales en la manera en que pescamos y el Fondo dará a los pescadores el incentivo que necesitan, de modo que la pesca sea menos perjudicial para los ecosistemas marinos, se ataje la sobrepesca y las poblaciones de peces se recuperen de su declive. Como tenemos que aliviar la presión sobre las poblaciones y dejarles tiempo para recuperarse, las comunidades que viven de la pesca habrán de encontrar fuentes alternativas de ingresos. El FEMP les ayudará a hallar formas innovadoras de añadir valor a sus capturas y diversificar su economía.

A pesar de los 1 700 millones de euros gastados en desguace desde la década de 1990, la flota de la UE sigue adoleciendo de exceso de capacidad, al quedar compensado el desguace de buques por la actualización tecnológica de la flota restante. Por lo tanto, ya no se destinarán fondos al desguace, sino que se invertirán en actividades productivas económica y socialmente. Una de ellas es la diversificación. El fomento de las iniciativas ascendentes ha arrojado hasta ahora excelentes resultados en los sectores vinculados con la pesca, tales como la transformación, la restauración o el turismo. El FEMP consolidará este tipo de comunidades de innovación. Como las flotas costeras artesanales siguen siendo la espina dorsal de la economía de muchas comunidades costeras, se intensificarán las ayudas destinadas a ellas.

El nuevo Fondo subvencionará asimismo proyectos innovadores, tales como la sustitución de las redes de pesca por artes más selectivas a fin de reducir los descartes, o el fomento de nuevas tecnologías que puedan disminuir el impacto de la pesca y la piscicultura en el medio ambiente. La piscicultura tiene un enorme potencial a la hora de reducir nuestra dependencia de las importaciones.

Fuente: Comisión Europea. Bruselas, 2 de diciembre de 2011.

5 Llevar a cabo un trabajo de campo sobre un paisaje agrario del entorno

- Aplica el modelo de comentario de paisajes rurales a un paisaje rural de tu entorno.

6 Ampliar información utilizando las TIC

- **En la web** Amplía tus conocimientos sobre esta unidad con los recursos proporcionados por la web (www.anayaeducacion.es).

6 El espacio industrial

El espacio industrial resulta de las interacciones entre la actividad industrial y el territorio donde se asienta. El territorio, con su desigual reparto de los recursos naturales y humanos, influye en la localización de ciertos sectores industriales y en su éxito o fracaso. Por su parte, la industria ejerce un fuerte impacto sobre la economía, la población, el medio ambiente y el paisaje de las zonas donde se implanta.

La diversidad de estas interacciones y su evolución a lo largo del tiempo hacen del espacio industrial actual un territorio complejo y heterogéneo, en el que pueden diferenciarse distintas estructuras, rasgos productivos, localizaciones espaciales y problemáticas.

Qué vas a aprender

- Los rasgos y la importancia del espacio industrial.
- Las materias primas.
- Las fuentes de energía.
- La industria española entre 1855 y 1975.
- La crisis y la reestructuración industrial entre 1975 y 1990.
- La industria española en la actualidad.
- El comentario de un paisaje industrial.
- El trabajo de campo sobre una industria.

Parque eólico en Caparroso, Navarra.

1 Rasgos e importancia del espacio industrial

El espacio industrial comprende el territorio donde se asienta la industria. Esta actividad transforma las materias primas en productos semielaborados o elaborados utilizando una fuente de energía. De su estudio se ocupa la geografía industrial, que analiza las interacciones entre la industria y el espacio donde se ubica.

■ **El territorio** influye en la localización y las características de la industria por los recursos que ofrece: recursos naturales, como materias primas y fuentes de energía; y recursos humanos, como mano de obra, clima social, o política industrial.

■ **La industria** ejerce a su vez una destacada influencia en el territorio donde se implanta:

- En el **plano económico-social,** a pesar de su modesta contribución a la ocupación y al PIB de España (13,7 % y 16 %, respectivamente, en 2014), impulsa el desarrollo tecnológico, la I + D + i, los servicios a la producción y las exportaciones. Por eso, la mayoría de los territorios industrializados son espacios dinámicos que atraen población, generan empleo y elevan las rentas de sus habitantes.
- En el **plano medioambiental,** la industria ejerce un fuerte impacto por los recursos naturales que consume y las alteraciones medioambientales y paisajísticas que puede ocasionar.

El espacio industrial producto de estas interrelaciones es **dinámico,** dado que los rasgos de la industria han variado a lo largo del tiempo; y **heterogéneo,** puesto que los cambios no han afectado por igual a todo el territorio y coexisten situaciones diversas.

Actividades

1 Sintetiza en un diagrama o en un esquema las interrelaciones entre la industria y el territorio.

Interrelaciones entre el territorio y la industria

Central hidroeléctrica de Grandas de Salime, en Asturias. El territorio aporta recursos naturales y humanos que influyen en la localización de la industria.

Polígono Industrial Asparrena, Álava. La implantación industrial colabora al desarrollo territorial: impulsa los transportes y los servicios, crea empleo, genera rentas y atrae población.

2 Las materias primas

1. Las materias primas y sus tipos

Las materias primas son los recursos que la industria transforma en productos semielaborados o elaborados.

a) Las materias primas de origen orgánico proceden de los seres vivos. Son suministradas por las actividades agrícola (algodón, lino), ganadera (carne, piel, lana, grasa), forestal (madera) y pesquera. Se destinan a la industria agroalimentaria y a otras, como el mueble o el papel. España es deficitaria en algunas materias primas orgánicas, como algodón, lino, lana de calidad, cuero fino y madera.

b) Las materias primas de origen geológico proceden de la corteza terrestre. Son suministradas por la actividad minera, que las extrae de yacimientos o áreas de elevada concentración. Estas materias primas son las más importantes para la industria e incluyen minerales, rocas y productos energéticos.

- **Los minerales** se localizan en las formaciones paleozoicas y las cuencas terciarias.

– **Los minerales metálicos** proporcionan metales destinados a las industrias básica y mecánica. En España, su producción es muy escasa, al haberse cerrado importantes minas, por lo que se importan en su mayoría. No obstante, la subida de su precio está impulsando nuevas explotaciones de cobre, cinc y plomo (Huelva y Sevilla), níquel (Badajoz), wolframio (Salamanca) y oro (Asturias).

– **Los minerales industriales** se emplean en diversas industrias por sus propiedades y no por los metales o energía que suministran (vidrio, cerámica, abono, química, etc.). En España, los más destacados son la sal gema, la glauberita, la sal marina, el cloruro potásico, el cuarzo y la sepiolita. Algunas producciones se exportan y en otros casos es necesario importar.

- **Las rocas** presentan una localización muy heterogénea.

– **Las rocas de cantera** se emplean sobre todo en la construcción. Proceden de canteras donde se extraen en grandes bloques (caliza, granito,

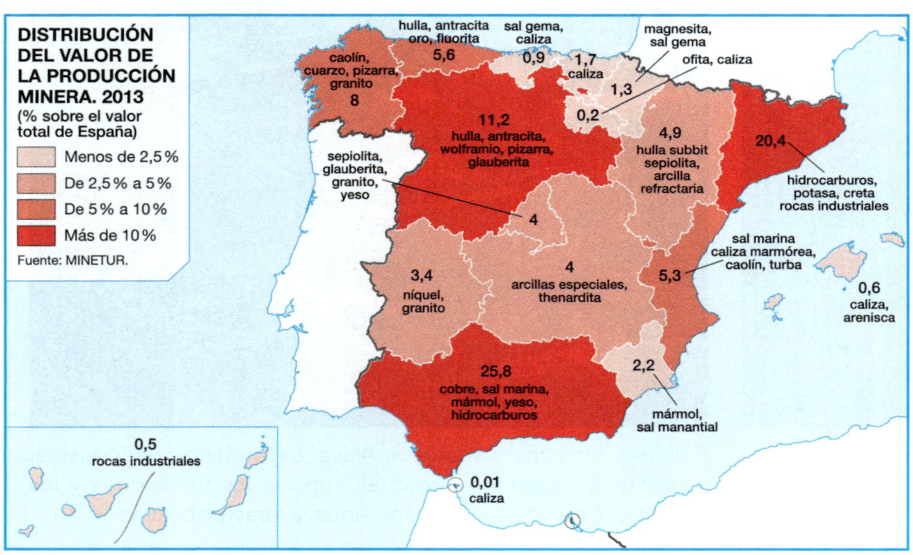

Evolución de la producción minera	Empleo		Valor (en miles €)	
	2005	2013	2005	2013
Metálicos	400	3611	129892	817782
Industriales	4394	3941	600715	822052
Rocas de cantera	19662	11611	1985768	727918
Rocas ornamentales	9322	6053	632649	419395
Productos energéticos	10784	4489	663704	466420

Fuente: MINETUR.

Los minerales metálicos han experimentado una considerable revalorización del empleo y del valor de la producción debido a la subida del precio internacional de los minerales que ha puesto en funcionamiento nuevas explotaciones, creando empleo y valor económico.

dolomía, arcilla, yeso) o de graveras donde se obtienen fragmentos de pequeño tamaño (arena y grava). Su relación con la construcción provocó un auge de su producción entre 1995 y 2008 y una contracción desde entonces.

- **Las rocas ornamentales** son rocas de cantera que pueden usarse con fines decorativos en la construcción de interiores o exteriores (suelos, revestimientos). Han soportado mejor la crisis gracias a la exportación.

■ **Los productos energéticos** son sustancias naturales sólidas, líquidas o gaseosas empleadas en la producción de energía. En España solo es significativa la producción de carbón, localizada en trece cuencas, que tiende a decrecer a causa de la reestructuración del sector. Los hidrocarburos (petróleo y gas) cuentan con una producción mínima.

2. Los problemas de la minería y la política minera

La minería española padece hoy numerosos problemas. Su solución se afronta mediante una política minera, marcada por las directrices de la Unión Europea.

a) Los problemas economicosociales son el agotamiento de los mejores filones; la baja calidad de otros; la dificultad de extracción; y la carestía de los precios en comparación con otros países donde la mano de obra es más barata. Las consecuencias de este hecho han sido la crisis de la minería y la dependencia externa en el abastecimiento.

■ **La crisis de la minería** se afronta con dos tipos de actuaciones. Por una parte, se ha realizado una **reconversión** que ha supuesto el cierre de numerosas minas, acompañado de ayudas para desarrollar actividades alternativas, como la explotación turística del patrimonio histórico minero. Por otra parte, se trata de **incrementar la competitividad** de las minas en explotación mejorando la calidad y el valor de los productos mediante el desarrollo de la investigación y de la tecnología.

■ **La dependencia externa** en el abastecimiento ocasiona un comercio exterior de minerales deficitario, que trata de paliarse fomentando el reciclaje de metales.

b) Los problemas medioambientales ocasionados por la minería son la sobreexplotación de minerales, que exige una mayor eficiencia en su uso; la contaminación atmosférica, acústica, de las aguas y del suelo que requiere tecnologías más limpias y operaciones de descontaminación; y las alteraciones paisajísticas, que han dado lugar a actuaciones de recuperación y restauración de áreas mineras abandonadas.

c) La degradación y el peligro de desaparición del patrimonio minero se debe a su escasa valoración hasta fechas recientes. Está integrado por los restos materiales e inmateriales de actividades mineras pasadas (castilletes mineros, salas de máquinas, lavaderos, viviendas obreras, cante de las minas, lenguaje, gastronomía). Estos restos, aislados o formando conjuntos paisajísticos, tienen gran valor como testimonio de la actividad minera del pasado. Por eso, es necesaria su rehabilitación y aprovechamiento turístico y cultural, mediante su conversión en museos (El Entrego, Puertollano), parques culturales (Las Médulas, Riotinto, Cabárceno), o centros de interpretación (Linares, Bustiello).

Actividades

2 Consulta el mapa e indica cuáles son los principales tipos de recursos minerales de España y las tres comunidades autónomas con mayor valor de la producción minera, citando los recursos minerales que se extraen en cada una de ellas.

3 Escribe la información que aporta la tabla sobre la producción minera.

4 Elabora un cuadro-resumen con los problemas de la minería: causas, consecuencias y soluciones.

5 Busca información sobre algún ejemplo de rehabilitación minera y sintetiza la información para exponerla durante un minuto en clase.

Tren minero de Riotinto, Huelva. El patrimonio minero, testimonio de la actividad minera del pasado, trata de conservarse y de rehabilitarse para nuevos usos, como su aprovechamiento turístico y cultural.

3 Las fuentes de energía

Las fuentes de energía son los recursos que permiten obtener energía o fuerza para realizar un trabajo; en el caso de la industria, transformar las materias primas.

	Producción %		Consumo %		Autoabastecimiento %	
	1975	2014	1975	2014	1975	2014
Carbón	44,4	4,7	17,9	10,1	76,2	13,2
Petróleo	18,1	0,9	73,2	42,9	4,6	0,6
Gas	0,0	0,1	1,6	20,0	0,0	0,1
Nuclear*	17,3	44,4	3,4	12,6	100	100
Hidráulica	19,9	10,0	3,9	2,8	100	100
Otras renovables	–	39,9	0	11,7	–	100

Fuente: MINETUR.

*La metodología de la AIE permite contabilizar como producción energética primaria de un ámbito geográfico el calor producido por fisión nuclear en la generación de electricidad, aunque el recurso energético utilizado sea exterior.

1. Las fuentes de energía primaria

La energía primaria está constituida por las fuentes de energía tal y como se encuentran en la naturaleza, sin ninguna transformación.

En España, la producción interior de energía primaria se centró primero en el carbón, que desde 1975 cedió su primacía a la energía nuclear y en los últimos tiempos a las energías renovables. En cambio, el consumo de energía primaria se ha basado desde la década de 1960 en el petróleo, al que ha seguido un importante incremento del gas natural.

Por tanto, el autoabastecimiento energético, o relación entre la producción y el consumo, es muy bajo y se requieren costosas importaciones, que generan fuerte dependencia externa en un sector estratégico para el país. No obstante, la situación mejora desde 2005 gracias al aumento de la eficiencia energética y del uso de energías renovables.

1.1. Las fuentes de energía primaria no renovables

Proceden de recursos que se agotan al producir energía; provocan fuertes alteraciones medioambientales; y suponen una elevada dependencia externa en el aprovisionamiento. No obstante, son las más utilizadas al generar mucha energía de forma continua y resultar más competitivas. Son el carbón, el petróleo, el gas natural y la energía nuclear.

1.1.1. El carbón

El carbón es una roca combustible de color negro, formada por la descomposición de restos vegetales durante millones de años. Su calidad y poder calorífico dependen de la antigüedad de este proceso: es mayor en los carbones de la era primaria —antracita y hulla— que en los de la era secundaria —lignito—.

El destino del carbón son las industrias siderúrgica y cementera; las calefacciones domésticas; y, sobre todo, la producción de electricidad en centrales térmicas. Estas se localizan cerca de las cuencas mineras; en la costa cuando funcionan con carbón importado; o cerca de las grandes ciudades a las que abastecen.

La producción interior de carbón se localiza en trece grandes cuencas, entre las que destacan la asturiana-leonesa-palentina, la de Teruel y la de Puertollano. En la actualidad, sufre problemas, como el agotamiento de algunos ricos yacimientos; la baja calidad de otros; la carestía por el predominio de explotaciones subterráneas, con vetas que impiden usar máquinas potentes; el descenso de la demanda doméstica e industrial; y la competencia del carbón importado de Colombia, Rusia, República Sudafricana, Indonesia, Estados Unidos y Australia.

Estos problemas obligaron, desde 1990, a una dura reconversión, impuesta por la UE, que supuso el cierre de numerosas minas. En la actualidad, esta política contempla el fin de la minería no competitiva entre 2013 y 2018. Entre ambas fechas podrán recibir ayudas las minas no competitivas, destinadas a su cierre definitivo en 2018; y las regiones mineras afectadas para paliar costes excepcionales derivados del cierre (regeneración medioambiental, ceses laborales) y para crear infraestructuras y empresas alternativas. Desde 2019 solo seguirán produciendo las minas competitivas y las que hayan devuelto entonces las ayudas europeas recibidas. No obstante, se garantiza al carbón una participación de un 7,5 % en el mix o combinación energética, dado que se trata del único combustible autóctono capaz de asegurar el suministro eléctrico en casos excepcionales de falta de abastecimiento energético externo o de irregularidad en la producción con fuentes renovables.

El consumo de carbón tiende también a decrecer, pues la producción eléctrica va ganando en eficiencia e incrementa el uso del gas natural y de fuentes renovables. Además, la crisis de 2008 ha reducido la actividad económica y la demanda de industrias muy consumidoras, como las cementeras.

PRODUCCIÓN Y CONSUMO DE CARBÓN, 1935-2014

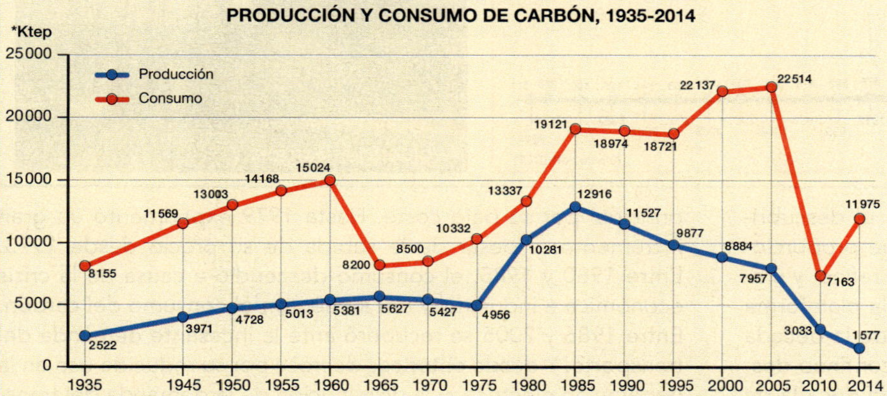

*Ktep: miles de toneladas equivalentes de petróleo.

Fuente: MINETUR.

Evolución de la producción y el consumo de carbón

La producción de carbón creció entre 1935 y 1965 gracias al proteccionismo. Entre 1965 y 1975 decreció ante el uso masivo del petróleo durante el desarrollismo, facilitado por su bajo precio y el final de la autarquía que permitió su importación, comenzando el cierre de minas. Esta tendencia se interrumpió durante la crisis del petróleo 1975-1985, que incrementó la demanda para reducir la dependencia del crudo. Desde 1985, la producción desciende debido a los graves problemas del sector que han dado lugar a una reconversión en la década de 1990 y, en la actualidad, a una política para acabar con la minería no competitiva entre 2013 y 2018.

El consumo de carbón, muy destacado durante la Primera Revolución Industrial, partía de cifras modestas en 1935 ante la primacía de la hidroelectricidad. Hasta 1960 creció para cubrir el incremento de la demanda energética sin las fluctuaciones de la hidroelectricidad. Entre 1960 y 1975 decayó por la adopción generalizada del petróleo. Entre 1975 y 1985 se recuperó y se mantuvo hasta 2005. Desde entonces decrece, pues la producción eléctrica tiende a hacerse más eficiente y a incrementar el uso del gas natural y de las renovables; y la crisis de 2008 reduce la actividad económica y la demanda industrial. La recuperación 2010-2014 se explica por la imposición compensada a diez centrales térmicas de utilizar cierto porcentaje de carbón nacional en la producción de electricidad. Pero desde 2014 se espera un nuevo descenso por la mayor utilización de otras fuentes en la producción eléctrica.

1.1.2. El petróleo

El petróleo es un aceite mineral, de color muy oscuro, compuesto por una mezcla de hidrocarburos. Se forma por la descomposición y el almacenamiento en las capas geológicas de animales y plantas que vivieron hace millones de años en un medio marino o lacustre.

El destino del petróleo es la producción de electricidad en centrales térmicas —en la actualidad limitado a las centrales insulares— y, sobre todo, la obtención de derivados en refinerías para su uso en el transporte y la industria (gasóleo, gasolina, fueloil, nafta, keroseno, aceites lubricantes, asfalto); y en industrias petroquímicas (azufre, amoniaco, acetona). Dado que el petróleo se importa por mar, las centrales térmicas de fueloil, las refinerías y las petroquímicas se localizaron en la costa, excepto en el caso de Puertollano.

La producción interior de petróleo es insignificante y se limita a los yacimientos de la plataforma continental de Tarragona. Por tanto, no permite el autoabastecimiento y requiere costosas importaciones de Oriente Medio (Irán, Arabia Saudí, Irak); África (Nigeria); América Latina (México, Venezuela) y Europa (Rusia, Reino Unido).

El consumo de petróleo sigue siendo el más elevado en el mix energético, aunque tiende a decrecer desde 2005 por su reducido uso en la generación eléctrica, donde ha sido sustituido por otras fuentes; la disminución de la demanda del transporte (descenso del tráfico de mercancías por la crisis económica, e incremento de los biocombustibles) y la disminución de la demanda doméstica (estancamiento de la construcción de viviendas y la sustitución del gasóleo por gas natural en las calefacciones). Para 2020 se prevé un continuo descenso por su sustitución por el gas en la generación de electricidad en las islas, la mejora de la eficiencia de los vehículos y el desarrollo del automóvil eléctrico.

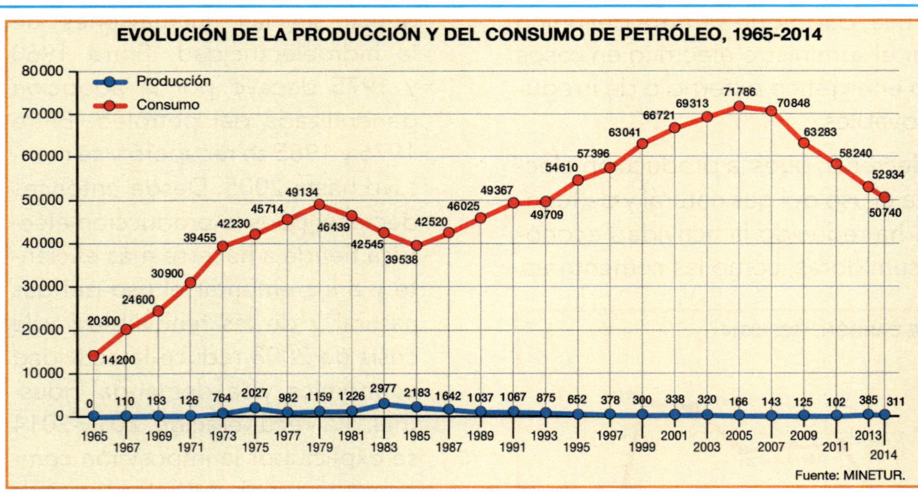

Ayoluengo, Burgos.

La producción interior de petróleo se inició con el descubrimiento del yacimiento de Ayoluengo (Burgos) que proporcionaba un crudo de pésima calidad, no apto para el refino, y creció tras el descubrimiento de los yacimientos de la plataforma continental de Tarragona. Pero desde mediados de la década de 1980, las escasas reservas han provocado un continuo descenso. **El consumo** de petróleo inició su auge en la década de 1960, cuando la industria lo adoptó como fuente de energía principal por su bajo coste. Hasta 1979 experimentó un gran incremento, a pesar de la subida de su precio desde 1973. Entre 1980 y 1985, el consumo descendió a causa de la crisis económica e industrial y del aumento del consumo del carbón. Entre 1986 y 2005 se recuperó ante la incesante demanda del transporte. Y desde entonces decrece por su reducido uso en la generación eléctrica; y la disminución de la demanda del transporte y doméstica.

1.1.3. El gas natural

El gas natural es una mezcla de hidrocarburos gaseosos, en la que predomina el metano. Se encuentra en yacimientos subterráneos, solo o asociado al petróleo.

El destino del gas es la obtención de derivados en la industria petroquímica (propileno, etileno, naftas); el uso calorífico en la industria y los hogares (cocinas, calefacciones); y, sobre todo, la producción eléctrica en centrales térmicas convencionales o de ciclo combinado*, y la producción conjunta eléctrica y térmica en instalaciones de cogeneración*.

La producción interior de gas es insignificante y se centra en los yacimientos del golfo de Cádiz. Por tanto, es necesario importar gas de países como Argelia, Nigeria y Catar, seguidos de Noruega, Trinidad y Tobago y Egipto. La importación se realiza en forma líquida a través de barcos metaneros y en forma gaseosa a través de los gasoductos que conectan con los yacimientos internacionales: Argelia a través de Tarifa; Noruega a través de Larrau; y Portugal a través de Tuy y Badajoz. Para mitigar las compras, en la actualidad se estudia el aprovechamiento de recursos no convencionales* como la fracturación hidráulica en la cuenca vasco-cantábrica; y la explotación de yacimientos en el Mediterráneo gracias a las mejoras técnicas.

El consumo de gas, iniciado en 1969, se ha incrementado hasta 2005 gracias a su alto poder calorífico; precio más bajo; y menor contaminación al carecer casi de azufre y emitir menos CO_2. Desde entonces decrece por la mayor aportación de las fuentes renovables a la producción de electricidad y por los efectos de la crisis de 2008 en la demanda residencial, terciaria e industrial. Para 2020 se prevé el crecimiento de su consumo, al sustituir al petróleo en la generación de electricidad en ambos archipiélagos y extenderse la red gasista por todo el territorio.

Vocabulario

Las centrales de ciclo combinado de gas utilizan dos veces el combustible para producir electricidad. Primero, el gas quemado mueve directamente una turbina. Después, el vapor producido por los gases de salida de la primera turbina mueven una segunda turbina.

La cogeneración consiste en la producción conjunta de energía térmica y eléctrica. El calor sobrante de quemar el gas para obtener calor o frío en una industria se emplea para producir vapor y generar electricidad.

Los recursos no convencionales de gas se encuentran atrapados en los poros de las rocas sedimentarias. Su explotación consiste en hacer un pozo vertical hasta la roca que contiene el gas y luego una perforación horizontal mediante una tubería por la que se inyecta agua a presión con arena y compuestos químicos. El agua sale por unos pequeños orificios practicados en la tubería, fractura la roca, y libera el gas. Luego el agua se retira y el gas procedente de las fracturas de la roca se extrae por la tubería.

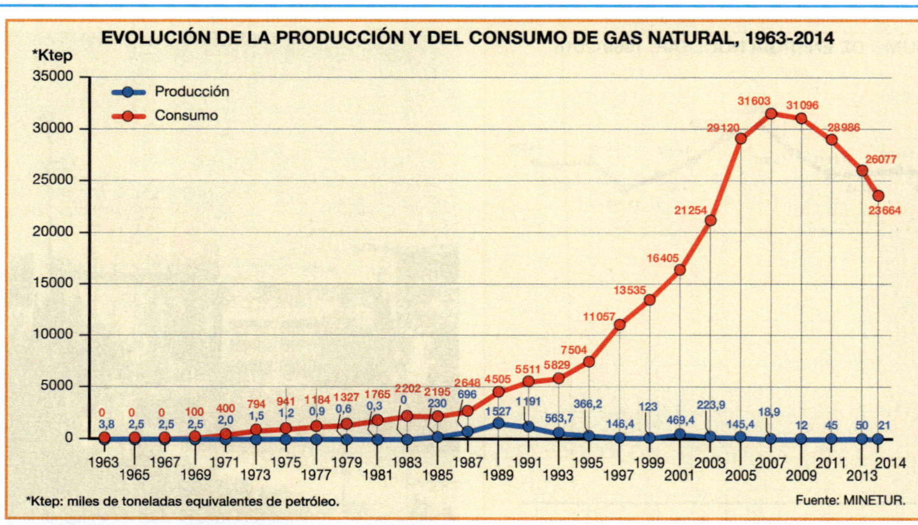

Gasoducto El Musel-Gijón.

La producción española de gas se limitó en un principio a la asociada a los campos petrolíferos. Pero la crisis de 1975 impulsó las prospecciones, que localizaron en 1984 yacimientos en Huesca (Serralbo) y Bermeo (Gaviota), incrementando la producción. El declive de estos yacimientos originó un fuerte descenso que no se ha compensado con la entrada en producción de otros localizados en el golfo de Cádiz desde finales del siglo XX.

El consumo de gas se inició en España en 1969. Desde entonces, y sobre todo desde finales de la década de 1980, ha experimentado un gran crecimiento en los hogares y en la producción eléctrica, gracias a sus ventajas económicas y medioambientales. En los últimos años, el consumo ha descendido por la mayor aportación de las fuentes renovables a la producción de electricidad y por la reducción de la demanda causada por la crisis económica.

1.1.4. La energía nuclear

a) La energía nuclear de fisión es la utilizada en la actualidad. Procede de la fisión o separación de átomos pesados de uranio.

Su destino principal es producir electricidad en siete centrales nucleares, cuya localización responde casi exclusivamente a decisiones políticas. Además, se emplea en medicina (radiología y radioterapia).

La producción nuclear se realiza con uranio importado de Níger, tras el cierre de las minas de Saelices (Salamanca) y abastece el 100 % de las necesidades nacionales.

El consumo y la producción nuclear, iniciados en 1969, se mantienen estabilizados desde 1987 («moratoria nuclear»), debido a la oposición de la opinión pública ante los problemas que comporta: la dependencia externa en el abastecimiento del uranio y en la tecnología; el riesgo de accidentes, a pesar de los sistemas de seguridad existentes; y el almacenamiento de un número creciente de residuos radiactivos, que en su mayoría se depositan en la mina de El Cabril (Córdoba). Su futuro es incierto: algunas centrales anticuadas deberán desmantelarse y existe un debate entre quienes las rechazan y quienes las defienden alegando las mejoras tecnológicas y en seguridad; la no emisión de CO_2; la reducción de la dependencia del petróleo; y la fiabilidad de la producción. Para 2020 se prevé la disminución de su peso en el mix energético.

b) La energía nuclear de fusión está en experimentación. Consiste en la unión de isótopos* ligeros de hidrógeno (deuterio y tritio). El problema es que la fusión requiere temperaturas de cien millones de grados centígrados y no se han resuelto el inicio y el control de la reacción nuclear. España cuenta desde 1998 con una instalación experimental en Madrid para investigar cómo obtenerla; y participa en el proyecto internacional ITER de construir un reactor capaz de producirla y de ser viable económicamente.

Vocabulario

Isótopos son especies de un mismo elemento químico, pero con masa diferente.

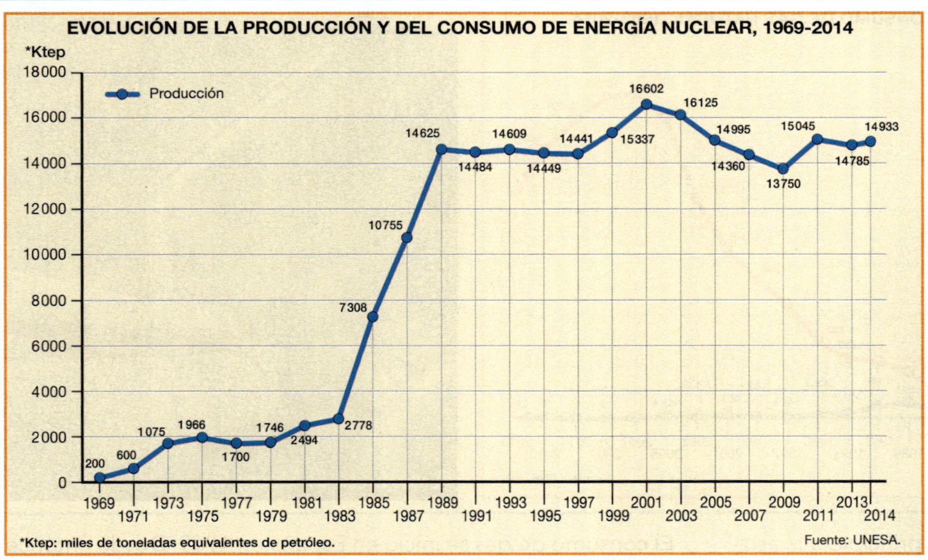

Central nuclear cerrada de Zorita.

La producción y el consumo de energía nuclear comenzaron en España en 1969 y crecieron a partir de la crisis del petróleo que promovió un amplio programa de construcción de centrales. Pero, desde 1987, su expansión se paralizó («moratoria nuclear»), debido a la oposición de la opinión pública. Desde entonces, la producción muestra ligeros incrementos por el aumento de la potencia en los grupos ya instalados; y descensos por el cierre de centrales (Vandellós I en 1990, Zorita en 2006 y Garoña en 2013); o por la menor disponibilidad coyuntural a causa de paradas programadas para la realización de trabajos (2009).

1.2. Las fuentes de energía primaria renovables

Proceden de recursos inagotables; causan menos alteraciones medioambientales; son autóctonas, permitiendo el autoabastecimiento; y poseen elevada dispersión, que permite utilizarlas en lugares diversos. Son la energía hidráulica y las nuevas fuentes de energía alternativas.

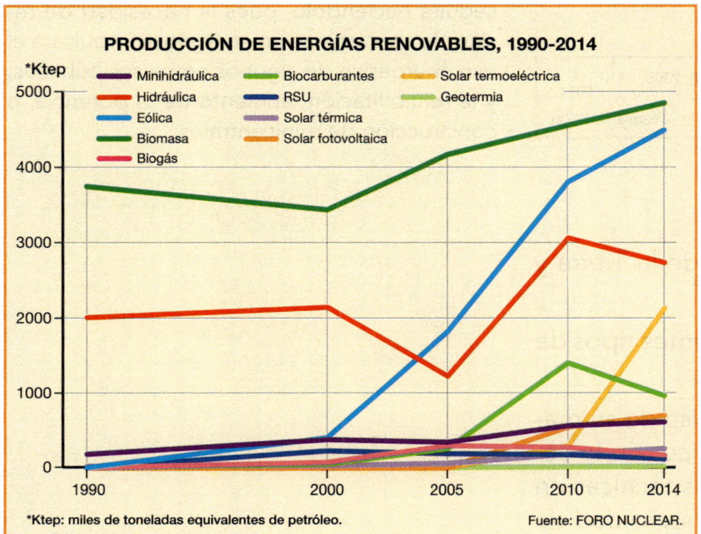

Producción de energías renovables (Ktep)	1990	2000	2005	2010	2014
Minihidráulica (<10 MW)	184	380	345	567	616
Hidráulica (> 10 MW)	2019	2155	1237	3071	2745
Eólica	1	406	1821	3807	4495
Biomasa*	3753	3443	4175	4560	4857
Biogás	–	73	299	277	171
Biocarburantes	–	51	256	1413	969
RSU	–	227	189	174	119
Solar térmica	22	31	61	183	258
Solar fotovoltaica	0	2	3,5	553	705
Solar termoeléctrica	0	0	0	299	2142
Geotermia	3	8	7	16	20
Total	**5982**	**6776**	**8393**	**14921**	**17097**

Fuente: Foro nuclear.

1.2.1. La energía hidráulica

Se **obtiene** haciendo saltar agua por una tubería para mover una turbina conectada a un generador que transforma la fuerza mecánica en electricidad.

Su **destino** principal es la producción de electricidad. Las **grandes centrales** emplean el agua procedente de un embalse construido detrás de una presa o barrera transversal al cauce de un río. Se localizan en zonas con fuertes desniveles topográficos y ríos caudalosos, como el norte peninsular, el Pirineo, o algunas montañas del interior peninsular; y sobre todo, en la caída de los ríos Duero y Tajo en la frontera con Portugal. Las **minicentrales** (con potencia inferior a 10 MW) utilizan saltos de agua menores, procedentes de un río o de un canal de riego. Se localizan principalmente en Cataluña, Galicia, Aragón y Castilla y León. Además se están introduciendo innovaciones como las centrales hidráulicas **reversibles** (La Muela II) y las centrales **hidroeólicas,** como la inaugurada en El Hierro en 2013.

La **producción** de energía hidráulica presenta grandes fluctuaciones en función de la hidraulicidad o pluviosidad anual, por lo que se complementa con la producción térmica.

Central hidroeléctrica de Aldeadávila. El agua almacenada en un embalse se hace saltar por una tubería forzada para aumentar su fuerza y velocidad y mueve una turbina conectada a un generador. Tras saltar, el agua se devuelve al río aguas abajo mediante un canal de salida.

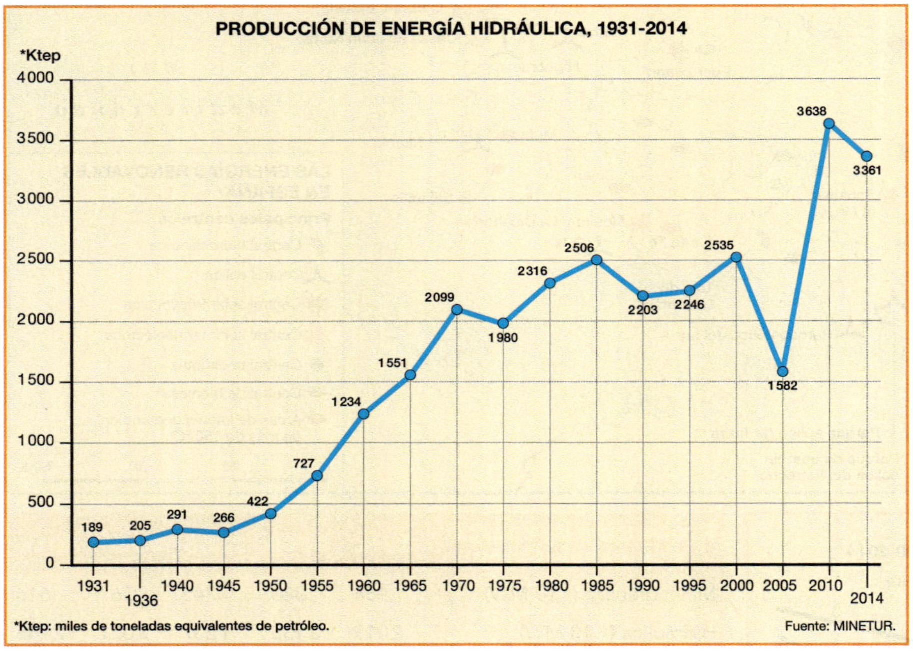

La producción hidráulica comenzó a finales del siglo XIX, con la construcción de numerosas minicentrales cercanas a los centros de consumo, debido a las dificultades para transportar la electricidad. En la década de 1910, el uso del transformador solucionó este problema y permitió construir grandes centrales hidroeléctricas que alcanzaron su auge en la década de 1950. Desde entonces, disminuye su aportación energética por el crecimiento sucesivo de la termoelectricidad, la energía nuclear y otras renovables. No obstante, en cifras absolutas, su producción ha crecido, y seguirá haciéndolo, pues la necesidad de reducir la contaminación energética impulsará el uso energético de algunos embalses públicos; y la rehabilitación, aumento de la potencia, o construcción de minicentrales.

1.2.2. Las nuevas energías alternativas

Se **obtienen** del viento, el sol, la biomasa, el calor interno de la Tierra y el mar.

Su **destino** principal es producir electricidad y calor en diferentes tipos de centrales, localizadas en las zonas productoras del recurso.

La **producción** con energías alternativas ha sido tardía a causa de su mayor precio motivado por el insuficiente desarrollo tecnológico. En la actualidad, su uso tiende a incrementarse gracias a las mejoras técnicas en algunas de ellas —como la eólica y la solar— y debido a la necesidad de reducir la contaminación energética y cumplir las directrices europeas.

Parque eólico de Vicedo, Galicia.

Placas solares en Murcia.

a) La energía eólica utiliza la fuerza del viento. Se destina a producir **electricidad** en parques eólicos, que desde 1991 han experimentado un crecimiento espectacular, gracias a las mejoras técnicas que han reducido los costes, convirtiendo a España en la segunda potencia eólica de la UE detrás de Alemania. Los parques eólicos se localizan en zonas con vientos intensos, constantes y regulares, que coinciden con las cumbres montañosas y ciertas costas (litoral gallego, Tarifa); y también en algunas comunidades que han apostado por ellos, como Navarra, Canarias, ambas Castillas y Aragón. Además, existen aerogeneradores de baja potencia usados para proporcionar electricidad a instalaciones aisladas o para bombear agua. La eólica marina está en estudio, por su elevado coste.

b) La energía solar usa el calor y la luz del sol. Se destina a producir **agua caliente y calefacción** (mediante captadores térmicos situados sobre los edificios); o a producir **electricidad.** Las centrales termoeléctricas la obtienen usando espejos para calentar un fluido y generar vapor (Sanlúcar la Mayor, en Sevilla). Las centrales fotovoltaicas utilizan paneles de silicio para convertir directamente la luz solar en electricidad, en grandes centrales (Toledo, Madrid y Alicante) y en pequeñas instalaciones o «huertas solares». Las centrales solares se localizan en zonas con abundantes horas de sol y en áreas rurales, donde el suelo es más barato.

c) La energía de biomasa usa la materia orgánica procedente de residuos agrícolas, ganaderos y forestales; de la basura; o de ciertas industrias que usan productos orgánicos como materia prima, como la agroalimentaria, la madera y el papel. Estos residuos se destinan a producir **energía eléctrica o térmica,** quemándolos directamente, o transformándolos en biogás a partir de la fermentación sin aire de los residuos de la basura, los purines ganaderos y los lodos de depuración. La biomasa también permite producir **biocombustibles** para el transporte (bioetanol de cereales y remolacha, y biodiésel de girasol o colza).

Las centrales de biomasa se localizan en los entornos rurales donde se producen los residuos; en las industrias transformadoras de materias primas orgánicas que así tienen garantizado el combustible; o en los puertos en el caso de los biocombustibles que importan la materia prima por mar. Además se está fomentando la **cocombustión** o combustión conjunta de la biomasa y el carbón en las centrales térmicas y el uso doméstico en estufas de pellets. Las comunidades más productoras son Andalucía, Galicia y Castilla y León.

Central de biomasa en Allariz, Galicia.

d) La energía geotérmica proviene del calor interno de la Tierra. En España, su aprovechamiento es insignificante. La producción de **electricidad** solo es posible en los yacimientos naturales de alta temperatura (más de 150 °C) de Canarias, donde existe un proyecto en Tenerife; o en yacimientos artificiales*, que están en estudio. La producción **térmica** suministra agua caliente, calefacción y refrigeración a viviendas, balnearios, piscinas e invernaderos. Para ello, usa yacimientos de baja temperatura (entre 30° y 100 °C) que permiten su aprovechamiento directo en ciertas zonas del SE, NE, NO y centro peninsular; o yacimientos de muy baja temperatura (menos de 30 °C) que aprovechan el calentamiento del suelo por la radiación solar, que lo mantiene en cualquier lugar a una temperatura constante de 15 °C a unos 5 m de profundidad.

e) La energía marina procede del mar. En España existen centrales undimotrices experimentales para producir electricidad aprovechando la fuerza de las olas frente la costa de Santoña (Cantabria) y en el puerto de Mutriku (Gipuzkoa). Y se prevén otras en Tenerife y Galicia, la zona con mayor potencial.

Vocabulario

Los yacimientos **geotérmicos artificiales** (EGS o sistemas geotérmicos estimulados) se crean en zonas de roca caliente seca, inyectando agua a presión en profundidad, que se calienta al descender hasta unos 200 °C; tras lo cual, se bombea hasta la superficie para producir electricidad.

Central undimotriz de Mutriku, Gipuzkoa.

Actividades

6 Explica cuáles son las causas y las consecuencias del elevado consumo energético en España.

7 Analiza la tabla de la página 192 y compara la producción y el consumo de energía primaria por fuentes y saca conclusiones.

8 Con la información del mapa sobre fuentes de energía no renovables, relaciona la localización de los principales yacimientos de energía primaria no renovable con las redes de transporte y las instalaciones de transformación.

Después, cita las comunidades autónomas donde se localizan las centrales nucleares.

9 Confecciona un mapa de las importaciones energéticas españolas. Diferencia, mediante colores, a los países según el producto energético que suministran. ¿Qué productos energéticos se importan? ¿Qué consecuencias tiene este hecho?

10 Compara las ventajas y los inconvenientes de las fuentes de energía renovables y no renovables.

11 Utilizando los mapas correspondientes, cita las principales fuentes de energía existentes en tu comunidad autónoma. ¿Qué factores explican la localización de las energías renovables?

12 Averigua en qué consisten las centrales hidráulicas reversibles y las centrales hidroeólicas.

2. La energía final

La energía final se obtiene de la transformación de las fuentes de energía primaria en formas de energía aptas para ser utilizadas por los consumidores, como el transporte, la industria, los hogares, y otras actividades económicas.

2.1. La producción de energía final

La producción de energía final en España se centra en los productos petrolíferos y la electricidad. A distancia se sitúan el carbón de uso directo; y el gas natural y las energías renovables de uso no eléctrico.

a) Los productos petrolíferos son derivados del petróleo, destinados sobre todo al transporte y a la industria. Su producción se obtiene en refinerías e industrias petroquímicas y se prevé su incremento, sobre todo de los productos con mayor valor añadido.

b) La electricidad se destina a mover motores; producir calor o frío; iluminar; y transmitir electrónicamente la información. Su producción se obtiene en distintos tipos de centrales. En las centrales **térmicas** se usa vapor para mover una turbina conectada a un generador. Este vapor se obtiene, en las centrales **convencionales,** quemando un combustible (carbón, petróleo, gas natural, biomasa), y en las centrales **nucleares,** mediante la fisión del uranio. En las centrales **hidroeléctricas y eólicas,** la turbina se mueve directamente con la fuerza del agua o del viento; **y en las fotovoltaicas** la luz solar se convierte directamente en electricidad.

La producción eléctrica se ha incrementado en España hasta fechas recientes ante la elevación de la demanda industrial, urbana y doméstica. Desde 2005 crece a menor ritmo, debido al progresivo aumento de la eficiencia energética y a la repercusión de la crisis de 2008 en la demanda.

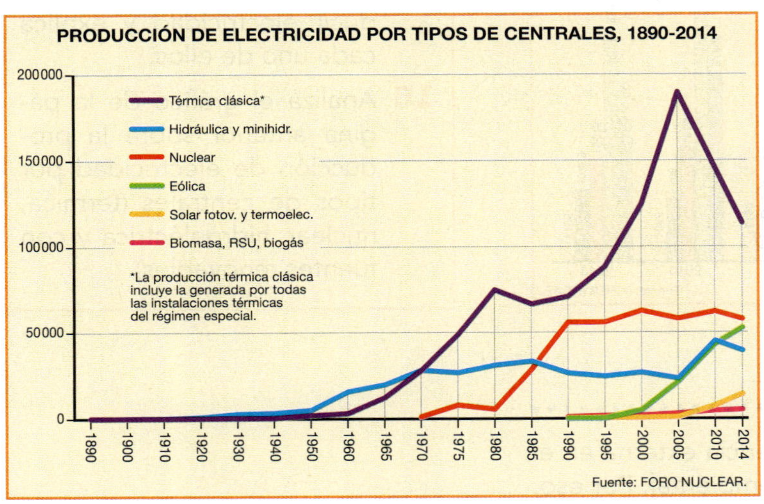

Datos de producción Gw/h									
	1890	1910	1930	1950	1970	1990	2000	2010	2014
■	14	52	270	1836	27607	70534	124721	145817	113753
■	5	239	2884	5017	27959	26165	26548	44823	39083
■	–	–	–	–	924	55445	62206	61780	57262
■	–	–	–	–	–	13	4689	42720	52262
■	–	–	–	–	–	6	153	6970	13653
■	–	–	–	–	–	755	1550	4228	4821

La producción eléctrica empezó en España en 1875 y hasta 1925 se obtuvo en pequeñas centrales térmicas para la iluminación urbana, localizadas cerca o dentro de las ciudades. Entre 1925 y 1960 se crearon muchos grandes embalses que incrementaron la producción, excepto durante la Guerra Civil y la posguerra, que supusieron destrucción de instalaciones y problemas de suministro. Entre 1960 y 1980, el crecimiento de la producción fue espectacular, gracias a la construcción de grandes centrales hidroeléctricas, térmicas y nucleares para atender al creciente consumo industrial, urbano y doméstico. Tras una moderación entre 1980 y 1995, relacionada con la reconversión de sectores muy demandadores, la producción intensificó su crecimiento, gracias al incremento demográfico y a la elevación del nivel económico y de vida. Desde 2005, la producción decrece ante un progresivo aumento de la eficiencia energética y la repercusión de la crisis de 2008 en el consumo industrial y de los hogares.

2.2. El consumo de energía final

El consumo de energía final creció hasta 2005, con atenuaciones durante la reconversión industrial que afectó a sectores muy consumidores, y la crisis de principios de la década de 1990. Desde 2005 desciende por la mejora de la eficiencia energética y el efecto de la crisis de 2008.

a) Por fuentes, el consumo de energía final se basa en los productos petrolíferos, que descenderán por su progresiva concentración en el transporte. El carbón se estabilizará en cifras bajas; y aumentarán la electricidad, el gas y, sobre todo, las renovables con el fin de cumplir la directriz europea que obliga a que en 2020 representen un 20% del consumo de energía final bruta*.

b) Por sectores, el consumo energético del transporte creció hasta la crisis de 2008, aunque para 2020 se espera una moderación debido a los programas de transporte sostenible, la mejora de la eficiencia de los vehículos, y el desarrollo de los vehículos eléctricos. La industria reduce el consumo desde 2005 por la implantación de tecnologías más eficientes para ganar competitividad y el aumento del peso de sectores menos intensivos en energía. Siguen el sector residencial, donde los hogares aumentan sus equipamientos y climatización; los servicios, dado su creciente peso en la actividad económica y el aumento de actividades muy consumidoras, como la informática y las telecomunicaciones; y la agricultura, debido a la mecanización.

c) Por comunidades, el consumo energético depende de la población, el equipamiento industrial, la renta por habitante, la coyuntura económica y las medidas de eficiencia energética. Las más consumidoras son Cataluña, Comunidad Valenciana, Andalucía y País Vasco.

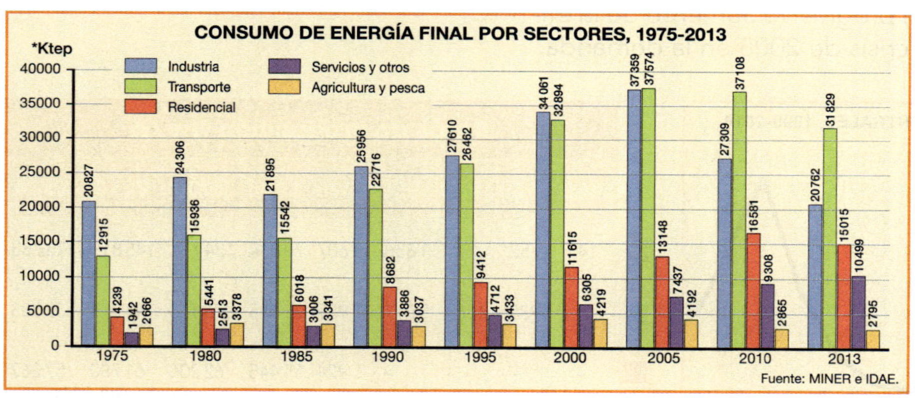

3. Los problemas y la política energética

Los problemas energéticos de España son la dependencia externa en el abastecimiento, el elevado coste y su impacto medioambiental. Por eso, la política energética elaborada por el Estado, siguiendo las directrices de la Unión Europea, se propone como objetivos lograr una energía segura, competitiva y sostenible.

a) La dependencia externa se debe a que España importa el 71,6% de la energía primaria utilizada (2014). Por eso, se toman medidas para garantizar la seguridad en el abastecimiento mediante el diálogo con los países proveedores; la diversificación de la procedencia de las importa-

Vocabulario

Consumo final bruto de energía: productos energéticos suministrados con fines energéticos a los distintos usuarios (industria, transporte, servicios, agricultura, silvicultura y pesca); incluyendo las pérdidas de electricidad y calor en la producción, la distribución y el transporte de la energía.

Actividades

13 Explica la diferencia entre energía primaria y energía final.

14 Realiza un esquema sobre los diferentes modos de producir electricidad y explica cada uno de ellos.

15 Analiza el gráfico de la página anterior sobre la producción de electricidad por tipos de centrales (térmica, nuclear, hidroeléctrica y con fuentes renovables).

ciones; el fomento de energías autóctonas y renovables; y la extensión de las redes transeuropeas de gas y electricidad.

b) El elevado gasto energético reduce la competitividad de la economía. Entre las medidas para disminuirlo, están abaratar los precios liberalizando el mercado energético de la UE con el fin de incrementar la competencia entre los proveedores. También se pretende incrementar la eficiencia energética, con el fin de cumplir la exigencia comunitaria de reducir el consumo energético conjunto un 20% en entre 2010 y 2020, correspondiendo a España una reducción de 571 ktep cada año. Esta cantidad se reparte entre los comercializadores de energía, que deberán ahorrar la cantidad asignada, o pagar la diferencia.

Además, el Estado aplicará otras medidas de ahorro energético en todos los sectores; e impulsará la cogeneración, las centrales de ciclo combinado, y las mejoras tecnológicas.

c) El impacto medioambiental de la energía es muy considerable y ha dado lugar a numerosas **medidas** para mitigarlo.

- **Agota ciertos recursos** energéticos, por lo que se fomenta la reducción del consumo concienciando a los consumidores y aumentando la eficiencia energética.
- **Contamina el aire** con las emisiones de centrales térmicas y transportes (lluvia ácida, ozono troposférico, efecto invernadero). Para solucionarlo, las térmicas más contaminantes deberán disminuir sus emisiones de acuerdo con la normativa europea o reducir la producción y cerrar; las grandes instalaciones de combustión están sometidas a cupos decrecientes de emisión de GEI; los sectores energéticos difusos deberán reducir sus emisiones; y se incrementa la investigación sobre tecnologías limpias.
- **Recalienta las aguas** usadas para refrigerar las centrales térmicas **o altera el caudal** de los ríos utilizados para la producción hidroeléctrica. Las soluciones requieren la depuración de las aguas de refrigeración antes de ser devueltas al río y actuaciones para mantener el caudal ecológico de los ríos.
- **Produce residuos** sólidos o radiactivos que es necesario almacenar; lo que trata de aminorarse reutilizando algunos, como las escorias de carbón en la construcción.
- **Reduce la biodiversidad** de los ecosistemas afectados. Su recuperación dependerá del éxito del conjunto de medidas destinadas a mitigar los impactos energéticos.
- **Sus instalaciones causan un fuerte impacto paisajístico,** que puede mitigarse rodeándolas de vegetación y construyéndolas en lo posible de acuerdo con las tipologías tradicionales del entorno.
- **Comporta riesgos,** como incendios o explosiones térmicas; accidentes nucleares; o rotura de presas hidroeléctricas, que tratan de evitarse incrementando las medidas de seguridad.

Las energías renovables contribuyen a alcanzar todos los objetivos de la política energética. Por eso, el nuevo PANER (Plan de Acción Nacional de Energías Renovables 2011-2020) se propone que en 2020 aporten el 20% del consumo de energía final bruta y que los biocarburantes representen el 10% del consumo de combustible para vehículos.

	Eficiencia energética
	Intensidad energética primaria*
1975	176,0
1980	193,0
1985	178,0
1990	157,8
1995	161,4
2000	160,9
2005	159,5
2010	137,1
2014	128,7

*Cociente entre el consumo de energía y el PIB (Tep/millones de euros). Se considera un indicador de la eficiencia energética.

Actividades

16 Resume en un cuadro los problemas energéticos de España y las soluciones previstas.

17 Comenta la tabla sobre la intensidad energética: problema al que se refiere, causas, consecuencias y soluciones.

18 Recoge noticias sobre problemas medioambientales relacionados con la energía. Clasifícalas y realiza un breve comentario sobre sus consecuencias y posibles soluciones.

19 Consulta la Guía Práctica de la Energía en «Información al ciudadano» de la página web del IDAE http://www.idae.es. Elabora una lista de diez medidas para ahorrar energía en la vida cotidiana.

4 La industria española entre 1855-1975

Desde sus inicios, la industria española ha pasado por distintas etapas. Cada una de ellas ha estado marcada por ciertas innovaciones tecnológicas; unos sistemas de producción y sectores industriales dominantes; una estructura productiva; unos factores y tendencias de localización creadores de diferentes áreas industriales; y una política industrial.

1. La evolución industrial, 1855-1975

La industrialización española ha pasado por diferentes coyunturas entre su comienzo hacia 1830 y 1975.

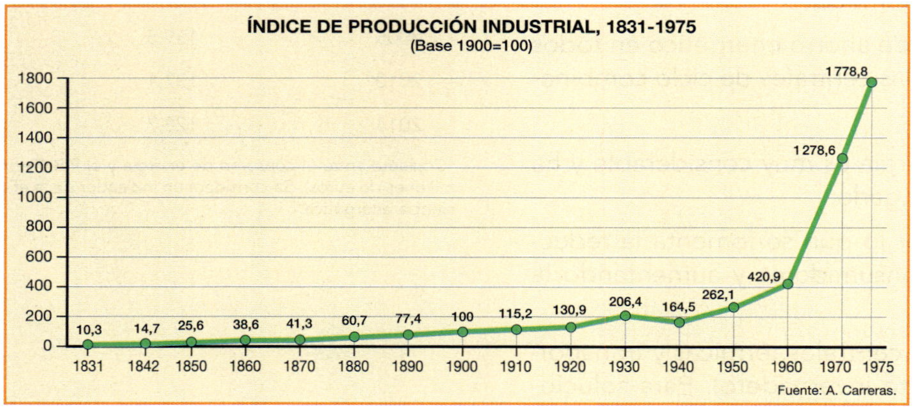

a) Un lento inicio en relación con otros países europeos. La industrialización no comenzó a cobrar fuerza en España hasta 1855. Las **causas** de este hecho, que han llevado a hablar de «fracaso» de la Primera Revolución Industrial, fueron las difíciles condiciones para el despegue industrial.

- **Resultó insuficiente la disponibilidad de materias primas y de fuentes de energía:** el algodón era escaso, el carbón mediocre y los mejores minerales se exportaban por las compañías extranjeras que tenían arrendadas las minas desde 1868. Fue escasa **la inversión** industrial: el Estado estaba endeudado, los particulares invertían en comprar la tierra desamortizada, y el espíritu empresarial era escaso. Y fue reducida **la demanda** de productos industriales por el bajo crecimiento demográfico y la pobreza campesina.
- **Otras circunstancias desfavorables** fueron el **atraso tecnológico,** que obligaba a importar las máquinas; la **situación exterior** (guerra de la Independencia, desastre colonial); y la **política** proteccionista, que libraba a la industria de la competencia externa, pero desincentivaba su modernización tecnológica.

b) En el primer tercio del siglo XX (1900-1936) tuvo lugar un mayor crecimiento industrial. **Aumentó la disponibilidad de minerales:** el carbón nacional sustituyó a la hulla importada, encarecida durante la Primera Guerra Mundial; y decayó la exportación de minerales, al agotarse las vetas más ricas. Creció la **inversión industrial** procedente de la repatriación de capital de las colonias perdidas en 1898 y de los beneficios obtenidos de las exportaciones a Europa durante la Primera Guerra Mundial. Se incrementó la **demanda,** pues las obras públicas durante la dictadura de Primo de Rivera fomentaron sectores industriales como el hierro y el cemento. Y se **incorporaron los avances técnicos de la Segunda Revolución Industrial** (hidrocarburos y electricidad).

	Algodón*	Carbón**		Hierro**	
	Importac.	Prod.	Imp.	Prod.	Imp.
1855	17155	91	208	93	12
1860	23930	340	453	176	32
1870	26804	662	624	437	253
1880	44778	847	938	3565	2822
1890	49839	1238	1718	6065	5709
1900	66200	2629	1992	8666	7823
1910	72663	4058	2316	8667	8284
1920	91316	5983	369	4768	4631

*(tm) **(miles tm)

En el inicio de la industrialización, el algodón, la materia prima esencial de la industria textil, se importaba de las colonias; el carbón necesario para el funcionamiento de la máquina de vapor y para la industria siderúrgica, era objeto de fuertes importaciones debido a la mala calidad de parte del carbón nacional; y el mineral de hierro, necesario para la industria siderúrgica, se exportaba en gran cantidad por las compañías extranjeras que tenían arrendadas las minas desde 1868, en perjuicio de la producción nacional.

c) **La Guerra Civil y la posguerra (1936-1959)** interrumpieron el crecimiento industrial. Durante la guerra se destruyeron industrias. Y en la posguerra, la política autárquica, basada en la autosuficiencia y la restricción de importaciones, privó a la industria de los necesarios recursos energéticos, materias primas, maquinaria y capitales. Este hecho ocasionó una grave crisis, que obligó a suavizar la política autárquica en 1953.

d) **El desarrollismo industrial (1960-1975)** se inició tras el abandono de la autarquía y la liberalización de las importaciones en 1959. La industria experimentó entonces un fuerte crecimiento por diversas causas:

- **Aumentó la inversión industrial,** pues la expansión de la economía capitalista mundial atrajo a empresas multinacionales*, que se beneficiaron de la existencia en España de una demanda en alza; bajos costes de producción; mano de obra abundante, barata y no conflictiva; e incentivos estatales. Y se invirtieron en la industria capitales procedentes del turismo, de las remesas enviadas por los emigrantes y de inversores privados.
- **Otras circunstancias** favorables fueron el crecimiento de la **demanda de productos industriales,** al elevarse el nivel de vida de la población; la incorporación de **mejoras técnicas** procedentes del exterior; el **bajo precio de la energía** que repercutió positivamente en los costes de producción; y la **política estatal** de fomento industrial a través de los planes de desarrollo.

2. La producción industrial, 1855-1975

2.1. Innovaciones técnicas y en el sistema de producción

La innovación técnica principal de la industria moderna fue el uso de máquinas para ayudar a realizar el trabajo humano, que revolucionaron el sistema de producción:

a) **La Primera Revolución Industrial,** durante la segunda mitad del siglo XIX, **aportó** la producción con máquinas hidráulicas y con máquinas de vapor generado quemando carbón mineral. El **sistema de producción** se basó en la realización por los obreros de tareas rutinarias complementarias de las máquinas.

Vocabulario

Las multinacionales son empresas que cuentan con establecimientos productivos en países diferentes al de origen y actúan con una estrategia conjunta que se decide desde la sede central, situada en los países más desarrollados (Estados Unidos, Japón y Europa). En unos casos localizan filiales en países con mercado interior en expansión para encontrar nuevos compradores y superar las barreras arancelarias. En otros casos, las filiales obtienen piezas semielaboradas y se localizan en zonas de bajos costes y otras filiales, ubicadas cerca de los grandes mercados de consumo, las montan.

Actividades

20 Consulta un libro de historia y compara en un cuadro la situación de partida de la industria en Gran Bretaña y en España.

21 Comenta el gráfico de la página anterior sobre la evolución del índice de producción industrial entre 1831-1975. Diferencia las principales etapas de crecimiento o decrecimiento industrial y explica los factores que intervienen en cada una de ellas.

Sistema de producción de la Primera y de la Segunda Revolución Industrial. Fábrica textil en 1890 y fábrica de SEAT en 1971.

b) La Segunda Revolución Industrial, iniciada en el primer tercio del siglo XX, **aportó** los motores de explosión movidos por hidrocarburos y los motores eléctricos. Se impuso el sistema de producción fordista, basado en la **centralización productiva** o concentración de las distintas fases de fabricación de un producto en una gran fábrica. La producción se organizó de forma rígida, en una cadena de tareas realizadas por máquinas especializadas y trabajadores no cualificados entrenados para realizar esa tarea concreta. Este sistema permite economías de escala, es decir, elaborar grandes series de artículos homogéneos y baratos, dirigidos a un mercado amplio y homogéneo; y gestiona la producción *«just in case»* (por si acaso se demanda), exigiendo tener *stocks* almacenados.

2.2. Los sectores industriales

a) En la Primera Revolución Industrial, los sectores industriales* principales fueron el textil del algodón y el siderometalúrgico.

b) En la Segunda Revolución Industrial, y sobre todo durante el franquismo, la industria se diversificó: crecieron los sectores básicos* (siderurgia integral, refinerías, petroquímica, producción eléctrica, electrometalurgia, electroquímica); los de bienes de consumo* gracias al aumento del nivel de vida (textil, calzado, alimentario, electrodomésticos, automóvil); y los de bienes de equipo*, casi siempre instalados por las multinacionales poseedoras de la tecnología (maquinaria, material de transporte).

Sectores industriales por destino de los bienes (valor en %)			
Años	**Sectores básicos**	**Bienes de equipo**	**Bienes de consumo**
1900	40,4	10,5	49,1
1950	43,5	18,6	35,9
1970	42,4	34,7	22,9

Fuente: A. Carreras.

3. La estructura industrial, 1855-1975

a) El peso de la industria creció entre 1855 y 1975 en el PIB y la ocupación, salvo durante la Guerra Civil y los primeros años de la posguerra.

AUMENTO PROGRESIVO DEL PESO INDUSTRIAL EN OCUPACIÓN Y PIB, 1850-1975

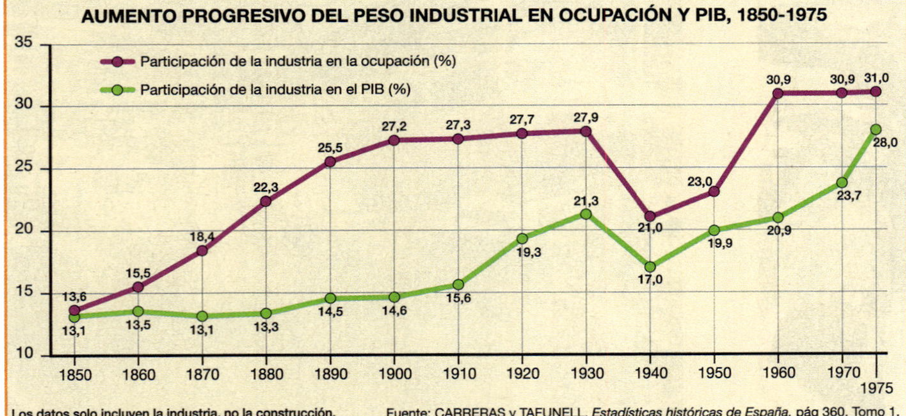

Los datos solo incluyen la industria, no la construcción. Fuente: CARRERAS y TAFUNELL. *Estadísticas históricas de España*, pág 360. Tomo 1.

Vocabulario

Sectores industriales: son ramas de la actividad industrial que tienen en común las materias primas, las técnicas y la maquinaria que utilizan, la cualificación profesional que exigen, el tipo de productos obtenidos, los mercados donde compiten y las pautas de localización dominantes. Según el destino económico de los bienes, se distinguen **industrias de base** que fabrican productos semielaborados (metalurgia, petroquímica); industrias de **bienes de equipo** que fabrican equipos necesarios para el funcionamiento de otras industrias (maquinaria, material eléctrico) o material de transporte pesado (naval, ferroviario, aéreo, agrario); e industrias de **bienes de uso y consumo,** que fabrican productos destinados directamente al consumidor (agroalimentaria, textil).

Actividades

22 Comenta los rasgos del sistema de producción y de los sectores industriales que muestran las imágenes de la página 205.

23 Compara en un cuadro el inicio, las innovaciones técnicas, el sistema de producción y los sectores industriales de la Primera y de la Segunda Revolución Industrial.

24 Analiza la tabla sobre la evolución y el reparto porcentual de los sectores industriales por destino de los bienes.

b) **La mano de obra** industrial tenía escasa cualificación. Su situación laboral careció de regulación durante la Primera Revolución Industrial; pero desde el primer tercio del siglo XX mejoraron las condiciones de trabajo y las prestaciones sociales.

c) **El tamaño de las empresas y las industrias** era muy contrastado:

- **Las pequeñas empresas,** mayoritarias, poseían bajo nivel de inversión, tecnología y competitividad. Se orientaron a producir bienes de consumo y muchas sobrevivieron solo gracias a la política proteccionista.
- **Las grandes empresas** fueron en su mayoría empresas estatales, propiedad del Instituto Nacional de Industria —INI— correspondientes a sectores básicos; o filiales de empresas multinacionales en los sectores de mayor crecimiento y complejidad tecnológica.

d) **La tecnología era atrasada y la dependencia externa alta:**

- **El atraso tecnológico,** motivado por la escasa inversión en tecnología, se vio favorecido por la política proteccionista que, al eliminar la competencia extranjera, no estimulaba la innovación.
- **La dependencia externa** era triple: **tecnológica,** ante la falta de tecnología propia; **financiera,** ante la insuficiente inversión nacional; y **energética,** ante la incapacidad del carbón y de los hidrocarburos nacionales de abastecer a la industria. Por tanto, hubo que importar maquinaria, capitales, y energía, con grave perjuicio para la competitividad de la industria.

e) **La orientación predominante de la industria fue el mercado interior,** ante la falta de competitividad externa. Los principales sectores exportadores estuvieron controlados por multinacionales, como parte del agroalimentario y el del automóvil.

Actividades

25 Comenta el gráfico sobre la evolución del peso industrial en la ocupación y en el PIB entre 1850 y 1975.

26 Explica las razones de la dependencia externa y de la escasa proyección exterior de la industria española.

Fábrica de calzado en Elda, Alicante, 1965. Las pequeñas empresas eran mayoritarias; poseían bajo nivel de inversión, tecnología y competitividad, y se orientaron a producir bienes de consumo.

Camiones Pegaso, empresa hispanosuiza creada en 1961 fruto de la colaboración entre una empresa del INI —ENASA— y la suiza Leyland. Las grandes empresas fueron minoritarias, en su mayoría propiedad del INI, o filiales de empresas multinacionales.

4. La localización industrial, 1855-1975

La industria se localiza en los espacios que ofrecen factores más ventajosos para alcanzar el máximo beneficio. Estos factores varían para cada sector industrial y a lo largo del tiempo.

4.1. Los factores clásicos de localización industrial

En el periodo 1855-1975 influyeron más los llamados factores «clásicos», físicos y humanos, de la localización industrial:

- **Los factores físicos** son la **proximidad a las materias primas,** sobre todo cuando son voluminosas y pesadas (hierro) o perecederas (alimentos); la cercanía a las **fuentes de energía** (cuencas de carbón, ríos); y la **existencia de emplazamientos favorables** para el acceso y la distribución de sus productos (puertos).
- **Los factores humanos** son la proximidad a un **mercado de consumo amplio,** que asegura a las empresas un mínimo de rentabilidad y propicia las economías de escala; **mano de obra** (cantidad, preparación, productividad, conflictividad); **sistemas de transporte** eficaces para el abastecimiento y venta de productos; **capital** o capacidad para obtenerlo; disponibilidad de **servicios, infraestructuras y equipamientos;** una **política industrial** favorable (subvenciones); y factores **psicológicos** que influyen en el empresariado (proximidad a su residencia, éxito de otras empresas en el lugar, etc.).

4.2. La tendencia a la concentración industrial

En el periodo 1855-1975, las industrias tendieron a concentrarse, debido a las economías externas* o ventajas proporcionadas por la concentración: facilidades para el abastecimiento, el transporte y la mano de obra; proximidad al mercado y a empresas complementarias y auxiliares; numerosos servicios y equipamientos colectivos, etc. Estas ventajas atraen a las concentraciones a un número creciente de empresas dependientes o relacionadas con las existentes, formándose así **grandes aglomeraciones urbano-industriales.**

4.3. Los emplazamientos industriales

Los emplazamientos industriales del periodo 1855-1975 dependían del tipo de industria:

a) Las áreas próximas a las materias primas y a las fuentes de energía, o a los puertos que las importaban, atrajeron a las industrias básicas para ahorrar gastos de transporte. Así, las **minas de carbón y de hierro** atrajeron a las industrias siderúrgica, mecánica y química. Los **puertos** propiciaron la instalación de industrias que funcionaban con fuentes de energía importadas como el carbón (textil y siderúrgica) o los hidrocarburos (refinerías, petroquímica, cemento y cerámica), y a industrias ligadas al mar (astilleros y conservas). También se instalaron industrias junto a los **ríos** que movían máquinas hidráulicas (textil) y en ciertas **montañas** donde había centrales hidroeléctricas (electrometalurgia y electroquímica). La mayoría formaban grandes complejos industriales causantes de un elevado impacto medioambiental.

Vocabulario

Economías externas: ventajas obtenidas por las empresas de factores externos a su propia dinámica, como los proporcionados por el entorno. En las economías de aglomeración, estos factores externos ventajosos son la cercanía de empresas auxiliares y complementarias, y la disponibilidad de infraestructuras y equipamientos comunes, que permiten reducir costes y aumentar los beneficios.

Hulleras de Turón, Asturias, alrededor de 1910. Emplazamiento industrial que empleaba el carbón de la zona.

b) En las ciudades se implantaron sobre todo industrias de consumo, en talleres situados en el interior, y con más frecuencia en la periferia, junto a las estaciones ferroviarias, y a lo largo de las principales carreteras de acceso a la ciudad.

Primero, en asentamientos espontáneos; y desde la década de 1950, en **polígonos industriales,** espacios urbanizados, dotados de las infraestructuras necesarias para la instalación industrial, cuyos edificios carecieron de preocupación por la estética o por la integración en el entorno.

Fábrica al pie del Montjuic, Barcelona, hacia 1900. Emplazamiento industrial en la ciudad.

4.4. Las áreas industriales

Desde sus inicios, la localización de la industria creó fuertes desequilibrios entre áreas industrializadas, de difusión industrial, y de escasa industrialización.

4.4.1. Las áreas más industrializadas

En estas áreas se instalaron las industrias de la Primera Revolución Industrial y, con el tiempo, afianzaron su hegemonía, al implantar otras nuevas, atraídas por las ventajas de la aglomeración.

Las principales fueron tres:

a) La franja cantábrica implantó durante la Primera Revolución Industrial industrias de base. Este fue el caso de la siderurgia que, tras su fracaso inicial en Málaga, se trasladó a Asturias, Cantabria y el País Vasco, instalándose junto a las minas de carbón o de hierro; o en los puertos importadores o exportadores (Gijón, Avilés, Bilbao).

En el primer tercio del siglo XX y la época franquista, esta zona acentuó su especialización en industrias básicas, generalmente grandes, y públicas (refinerías de A Coruña y Bilbao, producción hidroeléctrica).

b) El litoral mediterráneo implantó durante la Primera Revolución Industrial fábricas textiles en Cataluña, localizadas junto a los ríos que movían las máquinas, o en los puertos importadores del carbón usado en las máquinas de vapor (Barcelona).

Durante el primer tercio del siglo XX y la época franquista, la industria se diversificó: se crearon industrias básicas (siderurgia de Sagunto y refinerías de Tarragona, Castellón y Cartagena); y adquirieron importancia la industria ligera y las pequeñas empresas privadas.

c) Las grandes ciudades recibieron industrias, principalmente de consumo, que aprovechaban la mano de obra, el mercado, los servicios y los equipamientos urbanos.

El caso más destacado fue Madrid, que, por su papel como centro administrativo y financiero, atrajo enseguida a una población creciente que estimuló la industria de consumo. Después consolidó su posición gracias a la política centralista del franquismo y a su ubicación como nudo de transporte. Su industria tuvo una elevada diversificación e implantación de sectores modernos.

Otras áreas con peso industrial superior a la media fueron las que transformaron productos locales, como La Rioja —conservas y vino—; y Baleares, donde las industrias de consumo se vieron impulsadas por la insularidad.

4.4.2. Las áreas de difusión industrial y poco industrializadas

a) Las áreas de difusión industrial surgieron en la década de 1960. La búsqueda de nuevos espacios industriales fue el resultado de las primeras deseconomías de congestión de las grandes aglomeraciones industriales, que encarecieron el suelo y los servicios; y de la política de desarrollo industrial del franquismo. Surgieron así ejes industriales y enclaves industriales aislados.

- **Los ejes de difusión** industrial fueron ejes **próximos** a las grandes aglomeraciones urbano-industriales, situados junto a las principales carreteras de su periferia. Ejes **nacionales** a lo largo de las principales vías de transporte entre las regiones más industrializadas, como los incipientes ejes del Ebro y del Mediterráneo. Y ejes **regionales** resultantes de la política de desarrollo industrial del franquismo, como el del litoral gallego y el de Andalucía occidental.
- **Los enclaves industriales aislados** surgieron en ciudades que instalaron industrias básicas (Puertollano, Ponferrada) o que fueron declaradas polos de promoción o de desarrollo industrial (Valladolid, Zaragoza).

b) En el resto del territorio español, la industrialización fue escasa. Se limitó a las capitales provinciales y a ciertos enclaves aislados, basados en producciones tradicionales.

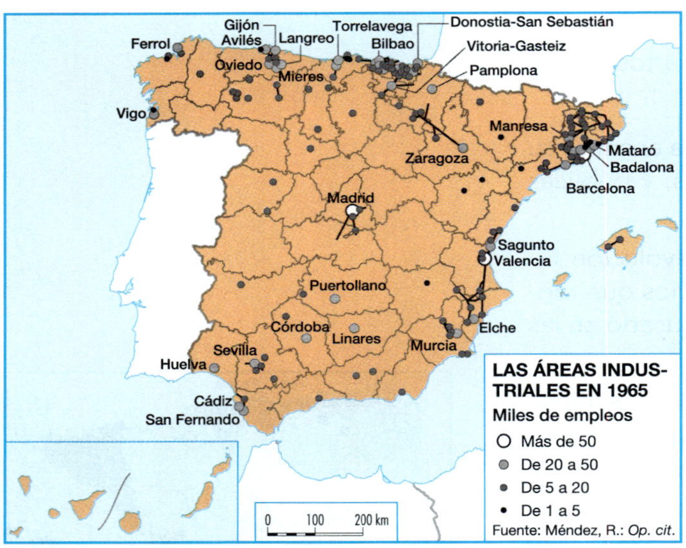

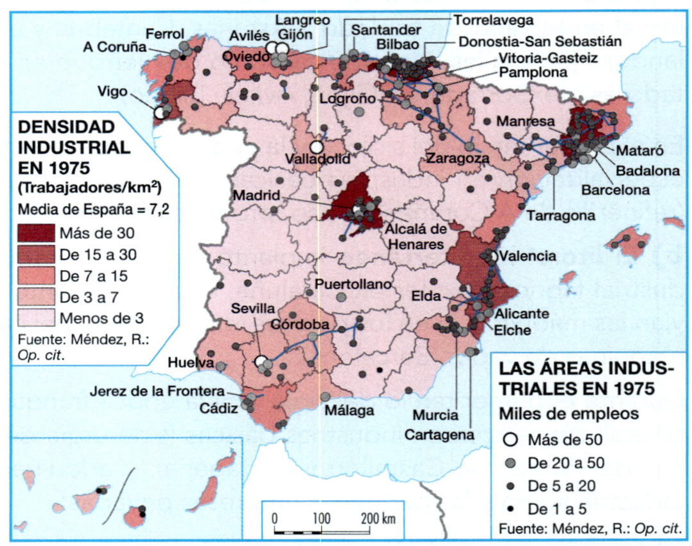

En **1965,** la industria se concentraba en las áreas de antigua industrialización, que se afianzaron durante el desarrollismo gracias a sus economías externas: el País Vasco y Asturias, Cataluña y Madrid. Se aprecia el inicio de un proceso de difusión industrial hacia espacios nuevos, que aumenta en **1975** con las primeras deseconomías de congestión: las periferias metropolitanas de Cataluña, el País Vasco y Madrid; los ejes del Ebro y del Mediterráneo y los ejes de los planes de desarrollo en Galicia litoral y Andalucía occidental. En el resto del territorio, la industrialización se limitaba a las capitales provinciales y a ciertos enclaves aislados.

Actividades

27 Cita los factores que propiciaron la aparición de las primeras industrias en Asturias, el País Vasco, Cataluña y Madrid. Averigua por qué surgieron las primeras siderurgias en Málaga y por qué fracasaron.

28 Analiza la localización de la industria española en los mapas de 1900 y 1975. Indica las áreas más y menos industrializadas, los factores y las consecuencias de los desequilibrios.

5. La política industrial, 1855-1975

5.1. El marco y los objetivos de la política industrial

a) El marco en el que se desarrolló la política industrial entre 1855-1975 se caracterizó por el proteccionismo y la intervención estatal:

- **La política proteccionista** libraba a la industria de la competencia externa imponiendo aranceles o limitando las importaciones; pero desincentivaba su modernización técnica.
- **La intervención estatal** en la industria supuso la creación de empresas públicas en sectores estratégicos y el diseño de la política industrial.

b) Los objetivos de la política industrial variaron. Tras la Guerra Civil se impulsó una **política autárquica** que aspiraba a fabricar internamente todos los productos para evitar su importación. Su fracaso dio paso a una **política de desarrollo industrial,** plasmada en los Planes de Desarrollo (1964-1975), que se orientó a la promoción y la descongestión industrial.

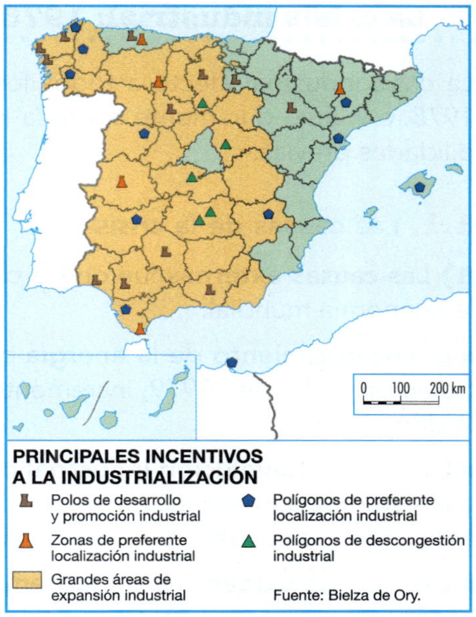

5.2. La promoción y la descongestión industrial

a) La promoción industrial en las zonas atrasadas se realizó mediante los polos de promoción y de desarrollo, además de otras actuaciones.

- **Los polos de promoción y de desarrollo,** inspirados en la planificación francesa, seleccionaban ciertas ciudades en las regiones atrasadas y trataban de promover un proceso de concentración industrial, que actuase como motor para el desarrollo del entorno. Las industrias instaladas en los polos debían ajustarse a los tipos establecidos y recibían incentivos: subvenciones, créditos oficiales, desgravaciones fiscales, suelo industrial más barato, buenas infraestructuras, y ayudas para la formación profesional.

Los polos de desarrollo industrial se ubicaron en ciudades que ya contaban con cierta base industrial, pero que necesitaban estímulos para impulsar su prosperidad (A Coruña, Vigo, Sevilla, Valladolid, Zaragoza, Granada, Córdoba, Oviedo, Logroño y Villagarcía de Arousa). Y los **polos de promoción** en áreas más deprimidas, pero con recursos naturales y humanos para convertirse en centros industriales, que exigían mayores inversiones (Burgos y Huelva). La diferencia entre ambos polos residía en el tope máximo de subvenciones (10% en los de desarrollo y 20% en los de promoción).

Los resultados fueron mediocres. Las inversiones y los empleos no alcanzaron las previsiones. El efecto dinamizador sobre el entorno fue escaso. No mejoró el reparto espacial de la industria, pues las regiones más atrasadas apenas atrajeron iniciativas y solo alcanzaron cierto éxito las que contaban con mejor situación previa (Valladolid, Vigo, Sevilla, A Coruña). E incluso, se acentuaron las desigualdades dentro de las zonas desfavorecidas, al concentrarse demasiado la industria en ciertas zonas.

- **Otras actuaciones** de promoción industrial concedieron incentivos a las industrias que se instalasen en ciertas áreas o polígonos industriales: Zonas de Preferente Localización Industrial; Polígonos de Preferente Localización Industrial; y Grandes Áreas de Expansión Industrial —GAEI—.

b) La descongestión de las grandes aglomeraciones urbano-industriales se promovió incentivando el traslado de parte de su industria a **polígonos de descongestión industrial,** creados en áreas relativamente próximas.

Actividades

29 Comenta el mapa de los principales incentivos a la industrialización.

30 Valora los aspectos positivos y los negativos de la política industrial desarrollista.

31 Observa el mapa e indica los incentivos a la industrialización que se crearon durante el franquismo en las provincias que hoy forman parte de tu comunidad autónoma.

5 La crisis y la reestructuración industrial: 1975-1990

1. La crisis industrial: 1975-1990

La crisis industrial afectó a todos los países industrializados a partir de 1975, e incidió duramente sobre la industria española, debido a sus debilidades previas.

1.1. Las causas de la crisis

a) Las causas externas fueron los cambios ocurridos en estas fechas en la economía mundial.

- **El encarecimiento de la energía** por la gran subida del precio del petróleo en 1973 y en 1979, incrementó los costes de producción y redujo la demanda.
- **La Tercera Revolución Industrial** creó innovaciones tecnológicas; nuevos sistemas de producción; y nuevos sectores industriales, que dejaron anticuado al sistema industrial anterior.
- **Las nuevas exigencias de la demanda** en calidad y diseño requerían una innovación permanente y una diversificación de los productos que no todas las empresas pudieron abordar.
- **La globalización de la economía** favoreció una división internacional del trabajo en la que cada territorio se especializó en los sectores industriales para los que contaba con más ventajas. Así, Nuevos Países Industrializados (NPI), casi todos asiáticos, se especializaron en industrias tradicionales (siderurgia, construcción naval, textil, confección, calzado) y en sectores de montaje, en los que son muy competitivos por el bajo coste de su mano de obra, provocando una crisis de estos sectores en los países industrializados.

b) Las causas internas, que ahondaron la crisis en España fueron dos:

- **Las deficiencias de la industria española:** una desfavorable especialización en sectores maduros, muy consumidores de energía y trabajo, que fueron los más afectados por la crisis; una insuficiente modernización tecnológica; y una elevada dependencia externa, energética, tecnológica y financiera.
- **La coyuntura histórica,** marcada por la muerte de Franco y la transición a la democracia, centró la atención en las cuestiones políticas y retrasó las medidas para hacer frente a la crisis.

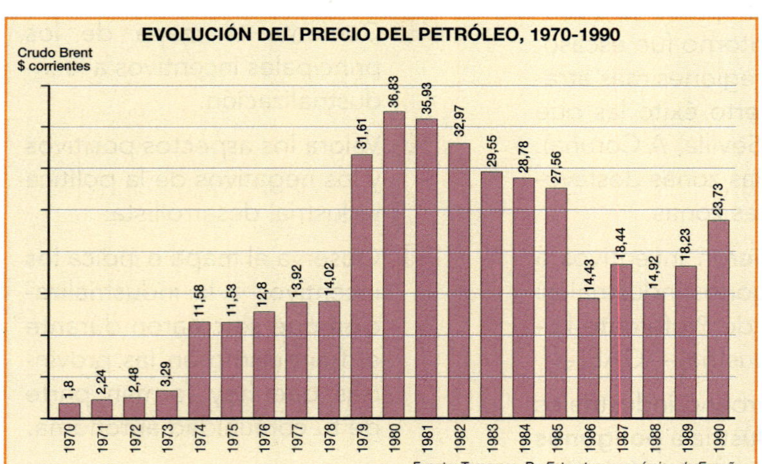

El encarecimiento del petróleo fue el detonante de la crisis industrial. Las medidas para afrontarla se abordaron con retraso, dado que la atención se centraba en cuestiones políticas marcadas por la muerte de Franco y la transición a la democracia.

1.2. Las consecuencias de la crisis

Como consecuencia de la crisis cerraron muchas empresas; la producción descendió; cayeron los beneficios; y aumentaron el endeudamiento empresarial, el paro y el malestar social. También descendió la aportación industrial al PIB y se consolidó la posición semiperiférica española en el contexto mundial.

La crisis industrial y el aumento del paro ocasionaron malestar social. Huelga de trabajadores obreros metalúrgicos en 1978.

2. La política frente a la crisis: la reestructuración industrial

Para atajar la crisis, los países industrializados adoptaron desde 1975 políticas de reestructuración industrial. En España, las circunstancias políticas las retrasaron hasta la década siguiente.

La reestructuración industrial tiene dos vertientes complementarias: la reconversión industrial y la reindustrialización. Ambas se abordaron con ayudas estatales: financieras (subvenciones y créditos), fiscales (deducciones y bonificaciones) y laborales (facilidades para la regulación de empleo y prejubilaciones).

2.1. La reconversión industrial

El objetivo de la reconversión industrial era actuar en breve tiempo sobre los sectores industriales en crisis, realizando los ajustes necesarios para lograr su viabilidad y competitividad.

Las actuaciones consistieron en ajustar la producción a la demanda. Para ello, se llevaron a cabo cierres de empresas o reducciones de la producción; regulaciones de plantilla mediante despidos o prejubilaciones; y procesos de modernización tecnológica y especialización en productos con mayor demanda.

Los sectores seleccionados para la reconversión fueron sectores maduros con importante participación en la producción y el empleo: siderometalúrgico, construcción naval, línea blanca de electrodomésticos, equipo eléctrico, componentes electrónicos, textil y calzado y cinco empresas multinacionales.

Los resultados fueron una fuerte reducción del empleo; y una concentración de las actuaciones en las grandes empresas, mientras que muchas pymes, afectadas por agudas crisis, quedaron excluidas. Pero también se pusieron las bases para la posterior recuperación.

	1975	1990
Índice de producción industrial	1778,8	2466,1
Ocupación industrial (%)	28,0	21,7
PIB industrial (%)	31,0	21,9
Parados industriales (miles)	95,9	287,5

Fuente: Carreras y Tafunell. (Los datos solo incluyen la industria, no la construcción).

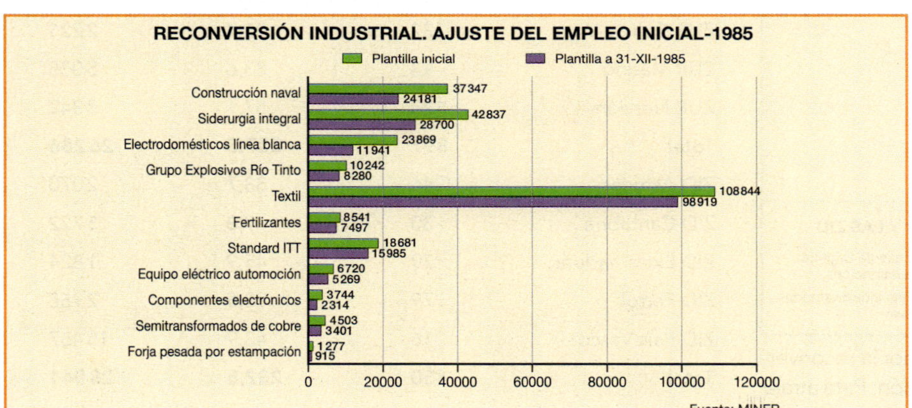

Actividades

32 Elabora un cuadro con las causas y las consecuencias de la crisis industrial.

33 Busca la información y explica las causas de la subida del precio del petróleo. Relaciona este hecho con la crisis de la industria española.

34 Explica las consecuencias de la crisis industrial que se aprecian en la tabla.

2.2. La reindustrialización

El objetivo de la reindustrialización fue recomponer el tejido industrial de las zonas más afectadas por la reconversión, creando nuevas actividades económicas e industrias con futuro. Con ello se pretendía diversificar la actividad económica y generar empleo capaz de absorber a los parados procedentes de la reconversión.

Las actuaciones más destacadas fueron la creación de las Zonas de Urgente Reindustrialización —ZUR— y de las Zonas Industrializadas en Declive —ZID—.

- **Las ZUR** se crearon en 1984 en Ferrol-Vigo, Asturias, ría del Nervión, Barcelona, Madrid y Cádiz. Concedían incentivos fiscales y financieros a las empresas que instalasen, ampliasen o trasladasen fábricas a estas zonas —siempre que generasen nuevos puestos de trabajo y fuesen viables—, y subvenciones por incorporar a parados procedentes de la reconversión. Las ZUR se crearon por un máximo de tres años. Tras este plazo, y de acuerdo con la nueva normativa comunitaria sobre incentivos regionales, se crearon las ZID.

- **Las ZID** se implantaron en 1988 en las zonas gravemente afectadas por la reconversión industrial —Ferrol, Asturias, Cantabria, País Vasco y Extremadura—. En ellas se concedían subvenciones a la inversión empresarial durante un máximo de cuatro años. Tras este plazo, las ZID se integraron en las Zonas de Promoción Económica de su comunidad autónoma.

Los resultados positivos de la reindustrialización fueron un crecimiento de la inversión y de la diversificación industrial de zonas antes muy especializadas. Pero también hubo insuficiencias: generó menos empleo del previsto; las ayudas beneficiaron principalmente a las grandes empresas y a los sectores con menor capacidad de innovación; y se acentuaron los desequilibrios regionales, pues Madrid, Barcelona y el País Vasco se llevaron la mayoría de las subvenciones y del empleo ante el escaso atractivo de las demás zonas.

Actividades

35 Compara en un cuadro los objetivos, actuaciones, sectores o áreas afectadas y resultados de la reconversión industrial y de la reindustrialización.

36 Analiza críticamente los resultados de la reestructuración industrial.

37 Comenta los datos sobre los resultados alcanzados por las ZUR y las ZID.

Las ZUR y las ZID se crearon en zonas muy afectadas por la reconversión industrial con el fin de potenciar la reindustrialización. Para atraer a las empresas, se concedieron incentivos fiscales y financieros.

Resultados de las ZUR y de las ZID

	Proyectos	Subvenciones (millones de €)	Empleo creado
ZUR Asturias	123	24,4	2704
ZUR Barcelona	303	94,3	8675
ZUR Bahía de Cádiz	59	29,8	2838
ZUR Galicia-Ferrol	64	26,9	2101
ZUR Galicia-Vigo	132	21,4	2221
ZUR Madrid	93	83,6	5035
ZUR Nervión	123	57,1	3342
Total	**897**	**337,5**	**26286**
ZID Asturias	46	33,7	2070
ZID Cantabria	30	9,8	5722
ZID Extremadura	79	45,9	1824
ZID Ferrol	79	99,5	2968
ZID País Vasco	216	43,9	15457
Total	**450**	**232,8**	**28041**

Fuente ZUR: H. Pascual. Fuente ZID: J. Farinós.

6 La industria española en la actualidad

1. La evolución de la industria desde 1990

1.1. Las diferentes coyunturas industriales

Desde 1990, la industria española ha pasado por momentos de expansión y de crisis:

- **El periodo 1990-2008** fue, en general, de expansión industrial, salvo la breve crisis 1991-1994 motivada por los ajustes económicos para entrar en el euro que redujeron la demanda interna y la externa. Así, en 1994, lo más duro de la reconversión estaba hecho y la favorable situación económica nacional y mundial permitió aumentar la producción, el comercio exterior y el empleo industrial en cifras absolutas.
- **Desde 2008, la industria entró en un periodo recesivo** causado por el impacto de la crisis financiera mundial, que ha provocado problemas de financiación empresarial y una fuerte disminución de la demanda interna. Las consecuencias han sido la reducción de la producción, de las ventas y de los precios; la caída de los beneficios empresariales; y el aumento del paro industrial y de la temporalidad en el empleo; o la reducción de la jornada laboral.

No obstante, el aumento de las exportaciones ha compensado en parte la caída de la demanda interna.

1.2. La transición hacia un nuevo modelo industrial: globalización e innovación

Desde 1990, la industria española ha experimentado también cambios motivados por la incorporación al mercado europeo y mundial y por la necesidad de adoptar las transformaciones de la llamada Tercera Revolución Industrial.

a) La incorporación al mercado europeo y mundial supone ventajas y retos para la industria:

- **Las ventajas** son la ampliación de mercados; la inexistencia de aranceles comerciales con la UE; un crecimiento de la inversión realizada o recibida; y mayor accesibilidad a las innovaciones.
- **Los retos** son incrementar la competitividad industrial, para hacer frente a la competencia de países más baratos, evitando la deslocalización o el traslado de industrias hacia áreas con menores costes; y a la competencia de países más avanzados tecnológicamente.

Para aprovechar las ventajas y superar los retos, la estrategia de la industria española debe orientarse hacia la innovación, incorporando los cambios introducidos por la Tercera Revolución Industrial.

b) La adopción de los cambios de la Tercera Revolución Industrial

La Tercera Revolución Industrial, iniciada en la década de 1950, se consolidó a partir de la década de 1970.

Se basa en la innovación y consiste en aplicar los avances del conocimiento científico generado por la investigación a obtener nuevos productos o mejorar el proceso de fabricación, la organización, la gestión y la comercialización.

El resultado ha sido un cambio radical en la producción, la estructura y la localización industrial.

EVOLUCIÓN DEL ÍNDICE DE PRODUCCIÓN INDUSTRIAL, 1990-2014

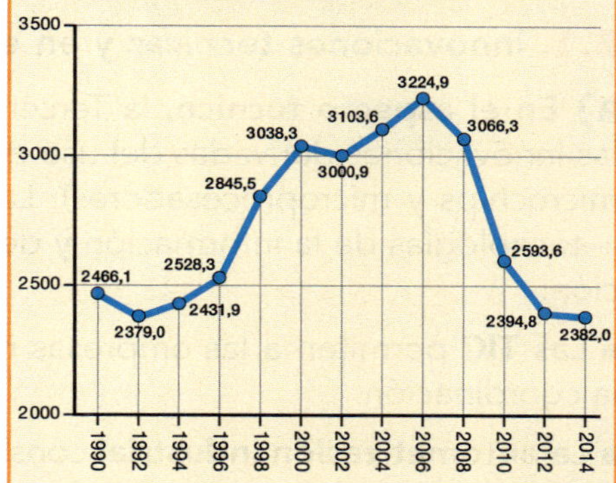

1900 = Base 100 Fuente: INE.

Actividades

38 Observa el gráfico e indica cómo influyen las diferentes coyunturas industriales en el índice de producción industrial desde 1990. Compara estas coyunturas en cuanto a causas y consecuencias.

39 Valora las ventajas y los retos que suponen la globalización y la innovación en la industria.

2. La producción industrial actual

2.1. Innovaciones técnicas y en el sistema de producción

a) En el aspecto técnico, la Tercera Revolución Industrial ha aportado las innovaciones derivadas del uso de la microelectrónica (fabricación de microchips y microprocesadores). Las más destacadas han sido las **TIC** —tecnologías de la información y de la comunicación— y la automatización:

- **Las TIC** permiten a las empresas mejorar la organización, la gestión y la coordinación.
- **La automatización industrial** consiste en usar computadoras para controlar máquinas y/o procesos industriales, sustituyendo a las personas en la realización de tareas simples y repetitivas. La automatización se manifiesta en el uso de robots industriales: máquinas automáticas y reprogramables, con uno o varios brazos articulados, que ejecutan variadas tareas.

La Tercera Revolución Industrial incorpora también nuevas materias primas (fibra óptica) y nuevas fuentes de energía para producir electricidad, como la nuclear y las renovables.

b) En el sistema de producción se adoptan la descentralización y la flexibilización productiva.

- **La descentralización** consiste en dividir el proceso de fabricación de un producto en fases y localizar cada una de ellas en establecimientos separados, ubicados en el lugar más favorable. Esto es posible gracias a las redes telemáticas —que permiten transmitir instantáneamente las decisiones y coordinar establecimientos separados— y gracias a las nuevas tecnologías —que posibilitan la automatización y la separación de tareas antes integradas—. La descentralización puede realizarse constituyendo **empresas multiplanta** que dividen su actividad en tareas especializadas realizadas en establecimientos separados; **subcontratando** tareas a otras empresas; o formando **redes de pymes** que se dividen el trabajo.
- **La flexibilización productiva** consiste en fabricar pequeñas series de productos diferentes a precios rentables. Esto es posible gracias al uso de maquinaria automatizada y fácilmente reprogramable, manejada por trabajadores cualificados y polivalentes. Así, se desarrollan economías de gama que satisfacen la exigencia de variedad de la demanda; y se gestiona la producción «*just in time*» (justo a tiempo), de forma que se produzca en el momento y en la cantidad necesaria según la demanda.

Actividades

40 Explica las diferencias entre estas parejas de conceptos: automatización y mecanización; descentralización y centralización productiva; y economía de gama y economía de escala.

41 Busca imágenes sobre el modo de producción fordista y el modo de producción actual y compara sus rasgos.

42 Valora las ventajas del sistema «justo a tiempo» y de las economías de gama.

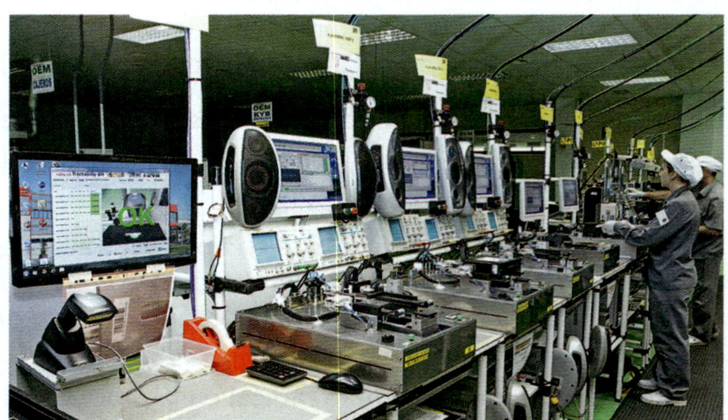

La automatización de las tareas permite sustituir a trabajadores manuales por robots. Las TIC se emplean en la producción actual, como en esta fábrica de electrónica de automoción.

2.2. Los sectores industriales

En España siguen teniendo un peso destacado los sectores industriales maduros. Los más dinámicos cuentan con fuerte presencia de capital extranjero. Y los de alta tecnología crecen, aunque tienen menor implantación que en otros países europeos.

Las actividades de cada sector pueden tener diferente intensidad tecnológica, predominando los de intensidad baja y medio-baja.

2.2.1. Los sectores industriales maduros

Son las ramas industriales que sufren un descenso de la competitividad y de la demanda. Las causas son su baja intensidad tecnológica y la competencia de nuevos productos o de países más baratos, con el consiguiente riesgo de deslocalización. Por ello, requieren procesos de reestructuración que generen valor añadido: modernización tecnológica, especialización y personalización, nuevos productos, calidad y diseño.

a) La metalurgia emplea metales como materia prima. **La siderurgia** o metalurgia del hierro comprende dos subsectores. La siderurgia integral obtiene acero a partir del mineral de hierro en el alto horno. Después de un duro proceso de reconversión solo se mantiene en Asturias, donde forma parte de un grupo multinacional que lidera la producción mundial de acero. La siderurgia no integral obtiene acero a partir de la chatarra en horno eléctrico y se localiza en el País Vasco, Cantabria, Navarra y Cataluña. Sus retos son el encarecimiento del hierro y de la energía; la aparición de materiales sustitutivos de los metales (composites, nanomateriales); reducir las emisiones de CO_2; e incrementar el valor añadido (personalización, combinación del metal con otros materiales). Entre las industrias **metalúrgicas no férreas** destacan el aluminio y el cinc en Avilés y el cobre en Huelva.

Valores de las principales ramas industriales

2014	%
Alimentación, bebidas y tabaco	22,4
Químicas y farmacéuticas	20,3
Material de transporte	14,4
Producción y fundición de metales	6,6
Productos metálicos	5,8
Producción de energía eléctrica, gas y vapor	4,6
Manufacturas de caucho y plástico	4,0
Papel y artes gráficas	3,9
Maquinaria y equipo	3,9
Productos informáticos, electrónicos…	3,4
Productos minerales no metálicos	3,0

Fuente: INE. El resto de las ramas en conjunto ocupan el 7,7% del valor total.

EVOLUCIÓN DEL ÍNDICE DE PRODUCCIÓN DE ALGUNOS SECTORES MADUROS, 1975-2014

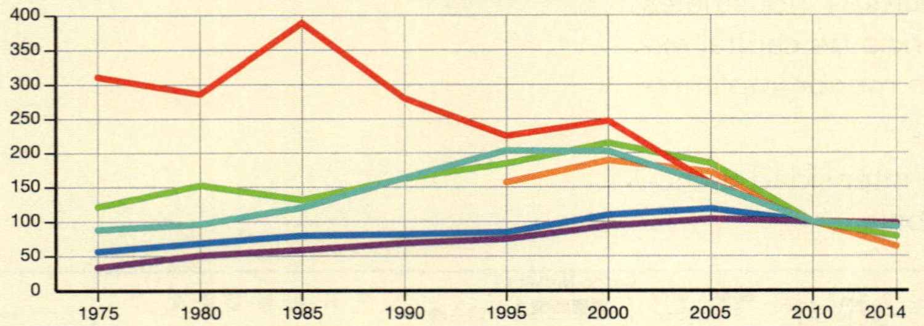

2010 = Base 100

Fuente: INE.

	1975	1980	1985	1990	1995	2000	2005	2010	2014
Ind. textil	89	97	121	164	204	203	154	100	93
Ind. del cuero y del calzado	311	286	389	280	225	247	155	100	94
Ind. de la madera y del corcho	122	153	132	163	185	215	185	100	79
Ind. del papel	34	51	59	69	75	94	104	100	98
Metalurgia	57	69	80	82	85	110	119	100	96
Muebles					157	189	172	100	64

Fábrica de calzado en Baleares.

b) La construcción naval ha sufrido una larga reconversión por la fuerte competencia de países asiáticos más baratos y la exigencia europea de reducir la flota. En los últimos años ha mejorado al volcarse en innovaciones tecnológicas; diseño; construcción de buques multifuncionales; y reparaciones navales. Este sector se concentra en las costas cantábrica, gallega, suratlántica, surmediterránea y en Las Palmas de Gran Canaria.

c) La industria textil y de la confección se caracteriza por el abundante empleo y el minifundismo empresarial, aunque España cuenta con algunas grandes empresas líderes en el sector. Sufre la competencia de países más baratos asiáticos y norteafricanos —causantes de procesos de deslocalización— que tratan de atajarse invirtiendo en productos nuevos y más personalizados (profesionales, ocio, deporte) y en intangibles (diseño, marcas, moda); o buscando nuevos sectores de mercado (embalaje, arquitectura textil, tejidos inteligentes, etc.). El sector también se enfrenta a la plena liberalización del comercio textil mundial, que exige controlar las importaciones que incumplen las normas de seguridad. La localización del sector textil se centra en Cataluña, la Comunidad Valenciana y Galicia.

d) Otros sectores maduros sufren la competencia externa y el descenso de la demanda interna por la crisis económica, como el **calzado,** el **mueble** y el **juguete,** de gran implantación en la Comunidad Valenciana. O se enfrentan a la competencia de otros materiales, como la **madera** y el **corcho;** o de otros soportes, como los medios digitales que afectan al **papel.**

2.2.2. Los sectores industriales dinámicos

Son ramas industriales caracterizadas por su alta productividad; por tener una elevada demanda interna y externa; y por contar con una destacada presencia de capital extranjero y multinacionales.

a) El material de transporte cuenta con dos ramas muy dinámicas:

- **Automoción** fabrica vehículos y componentes. Es a la vez un sector maduro, que sufre fuerte competencia externa y amenaza de deslocalización, y un sector dinámico que genera continuamente innovaciones, mejoras tecnológicas y nuevos mercados. **El automóvil,** en manos de multinacionales, exporta la mayoría de la producción y tiene un importante mercado interno.

Sus retos son generar I+D+i orientada a la eficiencia energética y la disminución de GEI; y aumentar la productividad en el montaje, mejorando la logística. Entre las fábricas automovilísticas destacan las de Palencia, Valencia, Valladolid y Zaragoza.

- **El material ferroviario** incluye el material rodante y el sector auxiliar de equipo ferroviario. Ha cobrado un gran impulso gracias al desarrollo de la red de alta velocidad, que ha convertido a España en referente mundial, consiguiendo importantes proyectos internacionales en Rusia, Kazajistán, Turquía, Brasil, Sudáfrica, Arabia Saudí, etc. La industria tiene alta concentración en Madrid, Cataluña y País Vasco.

b) El sector químico comprende dos subsectores. **La petroquímica** o química de base se organiza en grandes complejos, integrados generalmente con refinerías (Puertollano, Cartagena, Algeciras, Huelva, Santa Cruz de Tenerife). **La química de transformación** fabrica productos de consumo final: caucho para neumáticos, plásticos, colorantes, pinturas, barnices, fibras textiles, perfumes, material fotográfico y fertilizantes. Sus principales retos son incrementar la I+D; y luchar contra las alteraciones medioambientales. Esta rama se localiza en Cataluña, Madrid, Comunidad Valenciana y País Vasco.

c) Alimentos, bebidas y tabaco tiene un gran dinamismo exportador. Sus retos son aumentar las ventas ofreciendo productos con mayor elaboración y transformación y adaptados a las exigencias de calidad y valor nutricional. En este sector destacan Cataluña, Andalucía y la Comunidad Valenciana.

d) Otros sectores dinámicos de gran capacidad exportadora son **material y equipo eléctrico,** que fabrica aparatos eléctricos y electrodomésticos (Cataluña, País Vasco, Aragón, Cantabria y Navarra); **maquinaria y equipo mecánico,** que produce máquinas herramienta, maquinaria agraria y maquinaria de uso general (Cataluña, seguida del País Vasco y Madrid); y **minerales no metálicos,** que fabrica sobre todo **materiales de construcción,** entre los que destaca la cerámica por su elevada exportación, que ha compensado en parte la reducción de ventas internas causada por la crisis de la construcción (Castellón).

EVOLUCIÓN DEL ÍNDICE DE PRODUCCIÓN DE ALGUNOS SECTORES DINÁMICOS, 1975-2014

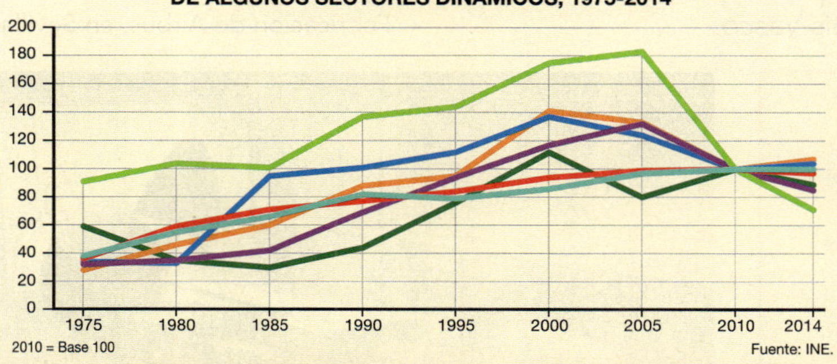

2010 = Base 100

Fuente: INE.

	1975	1980	1985	1990	1995	2000	2005	2010	2014
Alimentación	38	55	66	82	79	86	97	100	100
Química	36	59	71	77	84	94	99	100	97
Productos minerales no metálicos	91	104	101	137	144	175	183	100	71
Material y equipo eléctrico	32	35	42	69	94	117	132	100	85
Maquinaria y equipo	34	33	95	101	112	137	124	100	104
Vehículos de motor	28	46	60	88	95	141	133	100	107
Material ferroviario	59	35	30	44	76	112	80	10	89

Fábrica de automóviles en Almussafes, Valencia.

2.2.3. Los sectores industriales punta o de alta tecnología

Son las ramas industriales impulsadas por la Tercera Revolución Industrial. Cuentan con alta intensidad tecnológica; fuerte diferenciación de los productos; elevada demanda y mano de obra muy cualificada. Las cuantiosas inversiones que requieren determinan el predominio de un reducido número de grandes consorcios multinacionales.

En España se han implantado más tarde y menos que en otros países europeos, debido a la dependencia del exterior en investigación y en tecnología; el predominio de pymes poco competitivas; la insuficiente adaptación de la mano de obra y del sistema educativo a las demandas empresariales; y la competencia externa. No obstante, en los últimos años se ha realizado un importante esfuerzo por desarrollarlas.

a) **Los productos farmacéuticos** lideran en España la producción y la exportación de productos de alta tecnología. Se localizan en Cataluña y Madrid.

b) **La construcción aeronáutica y aeroespacial** se dedica a la construcción íntegra o parcial de aviones, reactores y equipos y materiales aeronáuticos. Participa en importantes proyectos internacionales, como el avión Airbus y los helicópteros Tigre y en programas espaciales europeos y de la NASA. Además ha creado un satélite propio de Observación de la Tierra —PAZ—, que le otorga una posición de liderazgo en este terreno. Esta industria está muy localizada en Madrid, Andalucía y País Vasco.

c) **Electrónica y TIC** tiene dos ramas principales. La producción de **equipos** de telecomunicaciones, ordenadores y periféricos ha experimentado una fuerte caída debido a la deslocalización, la carencia de algunas tecnologías y el reducido tamaño de las empresas. Y la **electrónica de consumo,** que se benefició en un primer momento de la demanda personal y empresarial, también decrece por la competencia externa y la crisis económica. Esta rama se localiza en Barcelona, Gipuzkoa, A Coruña, Madrid, Navarra, Málaga, Valencia y Zaragoza.

d) **Biotecnología** aplica la ciencia y la tecnología a organismos vivos para obtener conocimientos y bienes (cultivos transgénicos, medicamentos, materiales biodegradables, biocombustibles, biodegradación de residuos). Es un sector aún incipiente que cuenta con empresas pequeñas ubicadas en Madrid, Cataluña, Andalucía, Valencia y País Vasco.

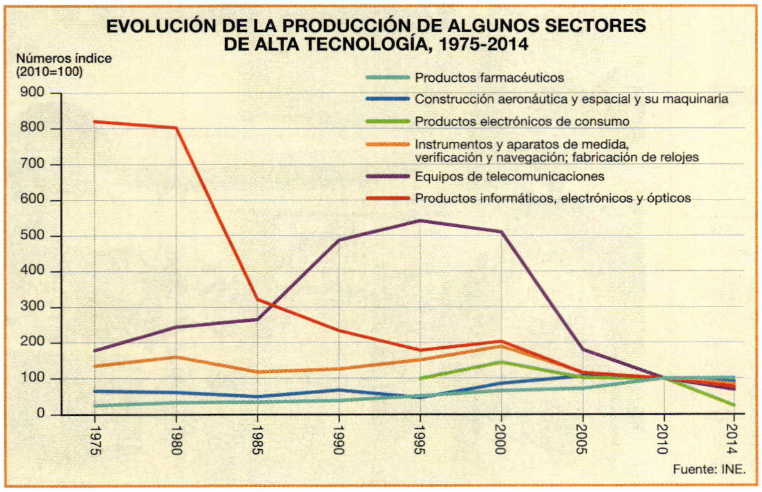

Actividades

43 Realiza un esquema sobre la producción de los distintos sectores industriales. Debe incluir sus rasgos, los principales sectores que lo integran y su localización.

44 Busca imágenes de una actividad correspondiente a un sector maduro, dinámico y de alta tecnología y comenta los rasgos que se aprecian.

45 Observa el mapa de la página 217 y cita y clasifica los sectores industriales existentes en tu comunidad autónoma según el destino económico de los bienes y según su dinamismo.

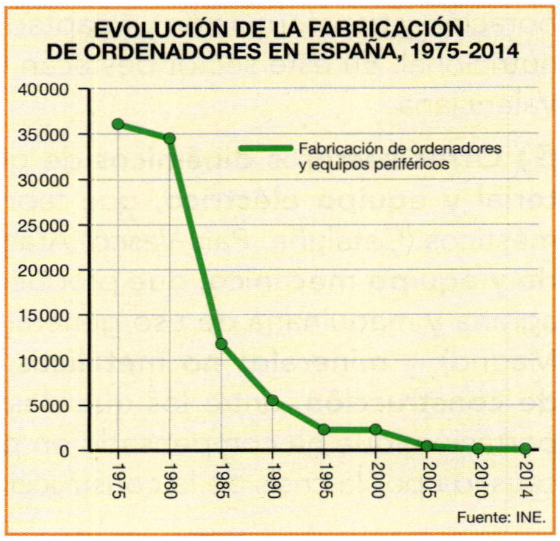

Fabricación de Airbus, en Sevilla.

3. La estructura actual de la industria

La industria española padece algunos problemas estructurales que le restan competitividad y dificultan las ventas en el exterior.

a) El peso del sector industrial es reducido, en comparación con otros países del entorno, tanto en el PIB como en la población ocupada. Existe una baja tasa de creación de empresas, por falta de espíritu empresarial, especialmente entre los jóvenes y entre las mujeres.

b) La mano de obra industrial ha experimentado cambios como resultado de la Tercera Revolución Industrial, que se resumen en descenso, cualificación, terciarización, y desregulación.

- **El empleo industrial desciende** por la deslocalización de muchos sectores intensivos en trabajo hacia espacios más baratos; la sustitución de trabajadores por máquinas; y la terciarización del empleo. A ello se suma desde 2008 la crisis económica que ha incrementado los despidos para hacer frente a la reducción de la demanda de productos industriales causada por el descenso del consumo.

- **Aumentan la cualificación y la terciarización del empleo industrial.** Se reduce el empleo en las tareas propiamente productivas, realizadas por trabajadores manuales o de «cuello azul», pues las tareas simples, repetitivas, peligrosas o agotadoras son ejecutadas cada vez más por máquinas o «cuellos de acero». En cambio, aumenta el empleo en los servicios a la producción, realizados por trabajadores cualificados o de «cuello blanco». Estos trabajan en las fases previas a la producción (I+D*, innovación* diseño, gestión) y en las fases posteriores (marketing, control de calidad, servicio posventa). No obstante, en España el nivel de formación de la mano de obra es menor que el de otros países, en perjuicio de la productividad industrial.

- **El mercado laboral se desregulariza.** La exigencia de flexibilidad reduce los trabajadores del mercado primario, regulado mediante la negociación colectiva y con cierta estabilidad; y aumenta los trabajadores del mercado secundario, sin regulación y con una creciente precariedad (contratación temporal, abaratamiento del despido, etc.).

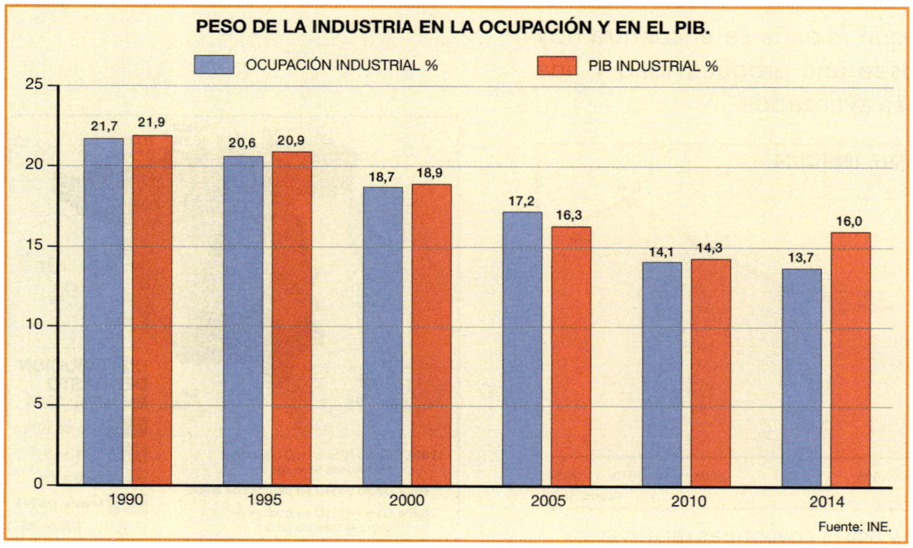

Vocabulario

La I+D incluye:

– La investigación básica, es decir, trabajos experimentales o teóricos cuyo fin es adquirir nuevos conocimientos, sin estar dirigidos a una aplicación determinada.

– La investigación aplicada o trabajos originales con el fin de adquirir nuevos conocimientos aplicados a un objetivo práctico.

– El desarrollo tecnológico o trabajos basados en los conocimientos existentes con vistas a la fabricación de nuevos materiales y productos o a la aplicación a procesos, sistemas y servicios, o bien a la mejora sustancial de los ya existentes.

Innovación: mejoras introducidas en la forma de trabajar, en los productos obtenidos o en la organización de la empresa para aumentar su productividad, mejorar la calidad, abaratar costes o hacer más conocidos sus productos en los mercados.

El peso de la industria en la ocupación ha experimentado una evolución decreciente. El peso en el PIB también ha descendido, pero desde 2009 muestra una cierta resistencia al adverso ciclo económico, manteniendo e incluso incrementando su peso relativo en la economía. Este hecho se debe a que las exportaciones han compensado el descenso de la demanda interna.

c) **Las empresas** siguen presentando tamaño y rasgos contrastados. **Las pequeñas** (menos de 50 trabajadores) **y las medianas** empresas (de 51 a 250) son más del 90%, dada la reducción del tamaño medio de las fábricas. Las pymes reaccionan con mayor agilidad y flexibilidad ante los cambios de la industria actual y presentan menor conflictividad laboral. Pero sus productos son más caros y menos competitivos al no permitir economías de escala; invierten poco en investigación y modernización; y tienen dificultades para acceder a la financiación y a los mercados exteriores. Por su parte, **las grandes empresas** (más de 250 trabajadores) son pocas y están a mucha distancia de las mayores de la Unión Europea.

d) La investigación, la innovación y la creación de tecnología son insuficientes.

- **La inversión en I+D+i** (investigación, desarrollo e innovación) es menor que en los países europeos más avanzados. Además presenta gran concentración sectorial en las ramas más dinámicas (material de transporte, farmacia, aeroespacial); dimensional en las grandes empresas; y territorial en Madrid y Cataluña.
- **La innovación** empresarial —de base tecnológica o no— es insuficiente, sobre todo entre las pymes; y se resiente en fases de crisis económica.
- **La creación de tecnología es escasa y dependiente.** España crea poca tecnología a causa de la insuficiente inversión en investigación. **La incorporación de las TIC** se sitúa por debajo de los países del entorno, aunque se ha realizado un importante esfuerzo para el desarrollo de las infraestructuras telemáticas y se ha acelerado el crecimiento de usuarios de ordenadores, Internet y teléfonos móviles. Y también es escasa la transferencia a las empresas de la investigación básica realizada en la universidad. Por tanto, es necesario comprar patentes, que restan competitividad a los productos y ocasionan un déficit permanente en la balanza de pagos tecnológica.

e) Existe una excesiva orientación de la industria al mercado interior. Los motivos son el fuerte dinamismo de la demanda interna entre 1985 y 2008, que absorbió buena parte de la producción limitando la búsqueda de mercados externos; la reducida escala de las empresas; y una pérdida gradual de competitividad. No obstante, desde la crisis ha aumentado la proyección internacional de las empresas.

El resultado de esta situación es que, aunque España se encuentra hoy en el grupo de países industrializados, posee una productividad y una competitividad inferior a la de los países más avanzados.

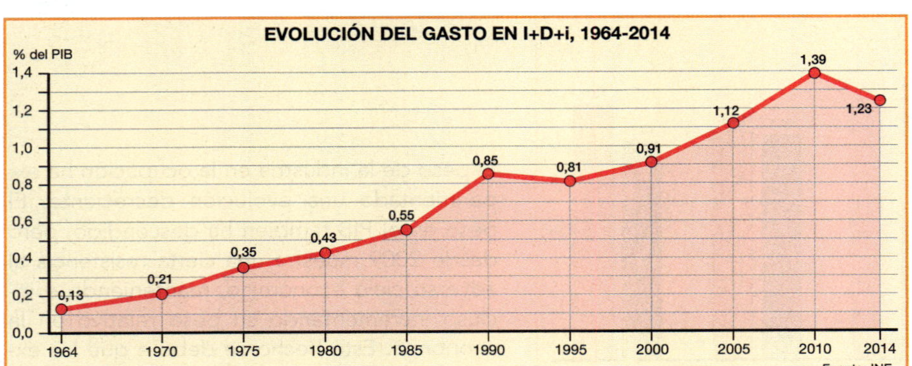

El gasto en I+D+i crece desde la entrada en la UE y acusa coyunturas recesivas.

Tamaño de empresas industriales por n.º de trabajadores en 2014

Tipo	Empleados	%
Microempresas: < 10	344 390	85,7
Pequeñas: 10-49	46 978	11,7
Medianas: 50-199	8 026	2,0
Grandes: > 200	2 276	0,6
Total	**401 670**	

Fuente: INE.

Actividades

46 Define los términos *trabajadores de «cuello azul», «cuello blanco»* y *«cuello de acero».*

47 Comenta el gráfico de la página anterior y la tabla de la distribución de empresas por tamaño.

48 Saca conclusiones sobre la situación de España en cuanto a I+D+i a partir del gráfico y del mapa.

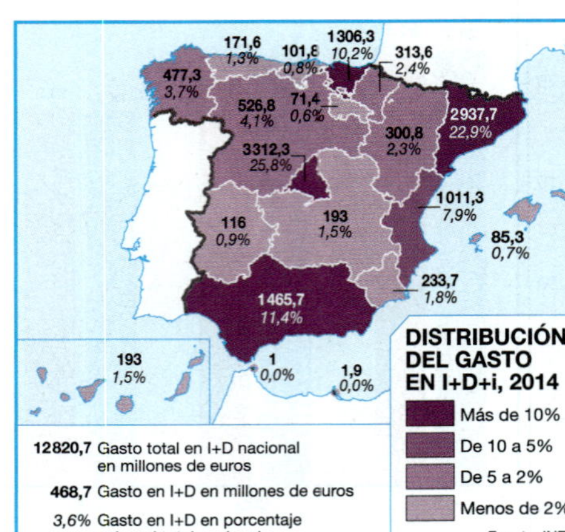

4. La localización industrial actual

4.1. Los factores actuales de localización industrial

La Tercera Revolución Industrial y la globalización económica han cambiado el peso de los factores de localización industrial.

- **Pierden importancia la proximidad a las materias primas, a las fuentes de energía y al mercado** de consumo ante la facilidad y el abaratamiento del transporte y la ampliación de las áreas de venta en el contexto de la globalización.
- **Mantienen su relevancia la mano de obra,** tanto para las industrias que requieren mucha y poco cualificada como para las que necesitan profesionales cualificados; la disponibilidad de buenos **sistemas de transporte y comunicación** (autovías, aeropuertos, trenes de alta velocidad, redes telemáticas); **el capital; y la política industrial.**
- **Se convierten en protagonistas** tres factores de localización que aportan competitividad a la industria. La **tecnología** (telemática, automatización) permite localizar la industria en los emplazamientos más favorables. El acceso a la **innovación** y a la **información** (existencia de personal, infraestructuras y servicios innovadores) es esencial para muchas industrias, sobre todo las de alta tecnología. Y el **territorio** proporciona ventajas competitivas a las empresas instaladas en él (recursos, mano de obra adecuada, entorno empresarial favorable, apoyo de los agentes sociales, y calidad ambiental).

4.2. Las tendencias actuales de localización: difusión y concentración

Los cambios señalados han modificado las tendencias de localización industrial.

a) Se acentúa la difusión o la deslocalización de parte de la industria hacia espacios periféricos a causa de los problemas de las grandes concentraciones industriales (deseconomías de aglomeración): la saturación y consiguiente encarecimiento del suelo, los equipamientos, las infraestructuras y la mano de obra; el aumento de la conflictividad laboral; y el deterioro medioambiental. También colaboran a la difusión industrial las mejoras tecnológicas y en el transporte; y el impulso de la industrialización endógena basada en las ventajas competitivas de cada territorio.

Taller textil en Sri Lanka. Los **sectores maduros,** como el textil, tienden a deslocalizarse a espacios con mano de obra abundante, barata y poco conflictiva.

Centro de negocios en Madrid. Las **sedes sociales** de las empresas y los sectores de nuevas tecnologías prefieren los espacios centrales.

Actividades

49 Realiza un cuadro comparando los factores clásicos y actuales de localización industrial y el tipo de localización industrial dominante en cada momento.

50 Cita cuáles son los sectores y los espacios industriales afectados por la difusión y por la concentración industrial. Explica los motivos en cada caso.

Los sectores más afectados por la desconcentración o la deslocalización son los **sectores maduros,** poco exigentes en tecnología y muy consumidores de recursos y mano de obra, que deben competir ofreciendo precios bajos, por lo que tienden a desplazarse a espacios periféricos donde pueden reducir los costes. Estos espacios son los países subdesarrollados o emergentes, las regiones menos industrializadas, las periferias urbanas, e incluso ciertas áreas rurales bien comunicadas.

b) A la vez, se mantiene la concentración industrial en los espacios centrales, dado su fuerte atractivo.

Los sectores que tienden a instalarse en ellos son los de **nuevas tecnologías,** que exigen servicios e infraestructuras avanzados, mano de obra cualificada, y compradores de bienes de alta tecnología; y **las sedes sociales y de gestión** de las empresas. Estos espacios centrales son los países más avanzados, las regiones más dinámicas, los núcleos centrales de las áreas metropolitanas, o los sectores más valorados de sus coronas.

Así, la situación actual es compleja, pues se da a la vez el fortalecimiento de la capacidad de atracción de los centros industriales y el aumento de las fuerzas difusoras desde estos hacia sus periferias.

4.3. Los emplazamientos industriales

Los emplazamientos industriales actuales son diversos:

a) Los espacios tradicionales heredados, con predominio de industrias maduras, se encuentran en declive y sus antiguos emplazamientos han perdido su atractivo. Es el caso de muchas áreas mineras; antiguos puertos industriales; algunos emplazamientos fluviales y de montaña por la facilidad de transportar energía eléctrica a gran distancia; y ciertos espacios urbanos. En algunos casos conforman espacios degradados constituidos por ruinas industriales, y en otros se han rehabilitado para nuevos usos.

b) Los polígonos o parques industriales son espacios planificados que albergan industrias. Los **polígonos industriales** se dedican principalmente a la producción industrial, realizada en naves exentas o adosadas de una sola planta; o en naves de uso mixto, con taller en la planta inferior y oficina en la superior. Los **parques industriales** combinan la producción industrial con la presencia de oficinas y servicios, situados en edificios de varias plantas de uso mixto industrial-oficinas o solo de oficinas.

c) Los clusters, distritos industriales, o sistemas productivos locales son espacios industriales formados por redes de pymes, especializadas en el mismo producto o complementarias. Estas empresas combinan la competencia con la colaboración para acceder a la información, a la innovación, o a ciertos servicios, lo que les permite gozar de las mismas ventajas que las concentraciones industriales. Se generan en territorios que ofrecen ventajas competitivas: un tejido de ciudades medianas y pequeñas (que aseguran a las empresas servicios e infraestructuras básicos); conexión con zonas rurales (que aportan producciones y mano de obra flexible); tradición de cooperación empresarial; y apoyo de las instituciones locales. En España existen más de doscientos, extendidos por casi todas las comunidades autónomas, entre las que destacan La Rioja, Cataluña, la Comunidad Valenciana, el País Vasco, y Castilla-La Mancha.

Algunos espacios industriales en crisis se han rehabilitado para nuevos usos. Así, la antigua empresa siderúrgica asturiana Duro Felguera se ha convertido en el Museo de la Siderurgia de Asturias.

Polígono industrial clásico en Valladolid.

d) Los espacios innovadores instalan industrias innovadoras de base tecnológica, o industrias tradicionales que incorporan la mejora, tecnológica o no (diseño, calidad, etc.). Estos espacios pueden surgir de forma espontánea o planificada.

- **Los espacios innovadores espontáneos** son **complejos industriales** de alta tecnología, localizados en las áreas metropolitanas de las ciudades más dinámicas; y **clusters tecnológicos** localizados en ciudades medias y pequeñas, e incluso en ciertas áreas rurales.

- **Los espacios innovadores planificados** son los **parques tecnológicos,** urbanizados para albergar industrias y empresas de alta tecnología; aunque algunos también instalan empresas maduras innovadoras. Se localizan en el entorno de grandes metrópolis y de ciudades medias, en lugares dotados de elevada calidad ambiental; baja densidad edificatoria; buena accesibilidad con la ciudad próxima y el exterior mediante sistemas de transporte rápidos; infraestructuras y servicios avanzados; servicios complementarios; e incubadoras de empresas, edificios destinados a alojar y prestar servicios a empresas innovadoras durante los primeros años de su desarrollo, mientras se decide si son o no viables. Las industrias se ubican en parcelas reducidas, dado que la mayoría son de tamaño mediano o pequeño; y en edificios que cuidan el diseño arquitectónico.

El objetivo de estos parques es implantar empresas de sectores punta que atraigan nuevas empresas; promuevan la innovación y la tecnología en las empresas del entorno; generen empleo de alta cualificación; y favorezcan el desarrollo local.

Los resultados han sido la concentración de la mayoría de los parques y de las empresas innovadoras en el entorno de las grandes ciudades y en los ejes industriales más dinámicos, por lo que se han reforzado los desequilibrios espaciales existentes. Este hecho se debe a que las industrias de alta tecnología son muy selectivas en su localización al depender de servicios muy avanzados y especializados. Además, su éxito ha dependido casi siempre de la atracción de empresas multinacionales, muy avanzadas en tecnología, que no suelen difundir las innovaciones a su entorno, dado que investigan en su país de origen y no mantienen demasiadas relaciones con el entorno empresarial.

Parque tecnológico de Miramón, en Donostia-San Sebastián.

Actividades

51 Comenta los rasgos de los emplazamientos industriales que muestran las imágenes (espacio rehabilitado, polígono industrial, parque tecnológico).

4.4. Las áreas industriales

La localización de la industria presenta desequilibrios territoriales, pues existen áreas industrializadas con distinto dinamismo —desarrolladas, en expansión y en declive— y áreas de industrialización inducida y escasa.

4.4.1. Las áreas industriales desarrolladas

Son los espacios centrales de las áreas metropolitanas de Madrid y Barcelona, consolidados como los centros principales de la industria española.

Su evolución reciente ha sido doble. Por una parte, una **pérdida de tejido industrial** a causa de la reconversión de los sectores maduros y de la difusión de industrias hacia espacios más baratos. Por otra parte, una **revitalización** industrial, motivada por la implantación de las sedes sociales de las grandes empresas nacionales y multinacionales en edificios emblemáticos de las grandes vías y del centro de negocios; y por la instalación de los sectores de alta tecnología en parques industriales y empresariales.

Como consecuencia, esas áreas pierden empleo industrial debido a la deslocalización de fábricas y a la terciarización del empleo, pero concentran el empleo más cualificado, las actividades más innovadoras y las mayores cifras de inversión en I+D+i.

4.4.2. Áreas y ejes industriales en expansión

Son zonas que están recibiendo implantaciones industriales resultantes de la difusión industrial y de la industrialización endógena.

a) Las coronas metropolitanas de la periferia urbana **y las franjas periurbanas** de transición entre el espacio urbano y el rural cuentan con algunas industrias en declive o en reconversión. Pero también atraen **industrias tradicionales, nuevas o deslocalizadas** desde las áreas centrales metropolitanas buscando reducir costes y hacer negocio con la venta del suelo urbano que ocupaban. Suelen ser pequeñas, poco capitalizadas y necesitadas de trabajo poco cualificado y flexible y dedicadas a producciones tradicionales; subcontratación de tareas; o la transformación de los recursos circundantes. En otros casos, las coronas y franjas periurbanas instalan **empresas innovadoras** en parques tecnológicos.

Tres Cantos, Madrid. En este parque tecnológico, los servicios y la I+D+i se combinan con la industria ligera y la microelectrónica.

b) Los ejes de desarrollo industrial se localizan a lo largo de las principales vías de comunicación. **A nivel nacional,** destacan los ejes del valle del Ebro y del Mediterráneo. Están relacionados, mediante una red de autopistas, con los principales centros nacionales y del sur de Europa, por lo que han atraído a diversas industrias nacionales y multinacionales; y también se relacionan con ciudades de antigua tradición industrial o artesanal y con una industria rural dispersa transformadora de los productos del entorno.

A nivel regional y comarcal sobresalen los ejes en torno a Madrid, que se extienden hacia las provincias limítrofes de Castilla-La Mancha; y los ejes interiores a lo largo de las principales carreteras (autovía Tordesillas-Valladolid-Palencia).

c) Ciertas áreas rurales bien comunicadas acogen empresas urbanas deslocalizadas; o industrias tradicionales ya existentes o promovidas por empresarios locales aprovechando los recursos del entorno (dulces, prendas de vestir, muebles). No obstante, a veces surgen empresas innovadoras y distritos industriales.

4.4.3. Áreas y ejes industriales en declive y reestructuración

Son zonas en declive industrial desde la década de 1970, localizadas en la cornisa cantábrica y ciertos emplazamientos (Sagunto, Ferrol, bahía de Cádiz, Puertollano, Ponferrada y los valles del textil catalán).

Las causas del declive son la especialización en sectores maduros que sufren la competencia de países más baratos, ocasionando desindustrialización, paro y emigración.

La reindustrialización ha encontrado dificultades, a causa de la escasa diversificación industrial motivada por el predominio tradicional de grandes fábricas con pymes muy dependientes de ellas; el escaso espíritu empresarial por el predominio histórico del sector público; la existencia de una mano de obra poco diversificada, poco cualificada y conflictiva; un urbanismo desorganizado; y un medio ambiente deteriorado por el predominio de industrias muy contaminantes y la existencia de ruinas industriales. No obstante, existen casos de revitalización industrial, como el País Vasco a partir de 1995, gracias a la fuerte apuesta por la innovación.

Planta siderúrgica cerrada, en Bizkaia.

4.4.4. Áreas de industrialización inducida y escasa

Son zonas caracterizadas por la existencia de algunas grandes implantaciones industriales aisladas y por el predominio de industrias pequeñas, tradicionales y dispersas. No obstante, en los últimos años, algunas de estas zonas han recibido industrias desde áreas industrializadas próximas que buscan reducir costes o beneficiarse de subvenciones; y han introducido innovaciones en sectores tradicionales para competir.

a) Las áreas de industrialización inducida se encuentran en Galicia, Aragón, Castilla y León y Andalucía. Aquí se crearon **enclaves industriales** por las políticas de promoción industrial de la década de 1960, incapaces de difundir la industria hacia áreas próximas, por lo que generaron desequilibrios territoriales. Es el caso del litoral atlántico de Galicia, de Zaragoza en Aragón, de Valladolid y Burgos en Castilla y León, y del triángulo Sevilla-Cádiz-Huelva en Andalucía. Estas áreas cuentan también con algunas industrias en las capitales provinciales aprovechando el mercado de consumo urbano; y con industrias tradicionales, dispersas, y pequeñas que utilizan los recursos del entorno.

b) Las áreas de industrialización escasa son Castilla-La Mancha, Extremadura, Baleares y Canarias, debido a su localización poco competitiva. En ellas, las grandes industrias son puntuales y predominan los sectores tradicionales en pymes de baja competitividad. No obstante, Castilla-La Mancha se ha constituido como una excepción por la difusión de la industria madrileña hacia las provincias mejor conectadas.

4.5. La evolución reciente de los desequilibrios industriales

En los últimos años, los desequilibrios industriales se reducen en cuanto a la ocupación industrial debido a las tendencias difusoras de la industria; pero aumentan en cuanto al nivel tecnológico y la calidad del empleo.

- **En la ocupación industrial,** entre **1990 y 2007** perdieron puestos de trabajo las provincias más industrializadas (Barcelona, Madrid), a causa de la terciarización y la difusión industrial; algunas provincias afectadas por el declive o ajuste de sus industrias tradicionales pesadas (Asturias, Cantabria, Bizkaia, Cádiz, Huelva) o ligeras (Alicante); y las de mayor terciarización (Málaga, Baleares). En cambio, creció la ocupación en provincias receptoras de industrias desde provincias próximas (Guadalajara y Toledo respecto a Madrid o Araba respecto a Bizkaia y Gipuzkoa); en provincias donde se crearon nuevas pymes para aprovechar los recursos locales, o donde las pymes tradicionales introdujeron innovaciones.

Entre 2008 y 2014, la ocupación industrial ha descendido en todas las provincias a causa de la crisis económica. Sobre todo en las más dependientes de sectores muy afectados por la crisis; y en menor medida en las de menor peso industrial, industria más diversificada, o mayor aportación del sector agroalimentario.

- **En tecnología e innovación,** el mayor gasto en actividades innovadoras corresponde a las regiones industriales más desarrolladas (Madrid, Cataluña).

Las consecuencias de la desigualdad en la distribución de la industria son desequilibrios en el reparto de la población; en la riqueza; en la dotación de infraestructuras, equipamientos, y servicios; y en el peso político, que han afectado negativamente a las regiones españolas menos industrializadas.

Actividades

52 Cita los tipos de industrias más característicos de cada una de las áreas industriales.

53 ¿A qué tipo de área industrial pertenece la provincia en que vives? Explica sus características.

5. La política industrial actual

5.1. El marco y los objetivos de la nueva política industrial

a) El marco de la política industrial incluye:

- **La creciente apertura al exterior,** que amplía los mercados, pero entraña el riesgo de deslocalización y exige aumentar la competitividad.
- **La disminución de la intervención del Estado** en la industria. Este hecho ha tenido dos manifestaciones.

– La desaparición del INI (1995) y la agrupación de sus empresas en la SEPI (Sociedad Estatal de Participaciones Industriales), que ha buscado modernizarlas.

– La participación de diversas administraciones en la política industrial. La Unión Europea plantea las directrices generales; el Estado español diseña la política general; y las comunidades autónomas coordinan su política industrial con la del Estado.

b) Los objetivos de la política industrial española, acordes con los de la Unión Europea, son:

- Recuperar el protagonismo de la industria en la generación de empleo y de riqueza.
- Lograr una industria segura en instalaciones y productos.
- Conseguir una industria inteligente, invirtiendo en I+D+i y nuevas tecnologías; sostenible, combinando competitividad y cuidado medioambiental; y colaboradora del equilibrio territorial y del bienestar social mediante un reparto más equilibrado y su contribución a la creación de empleo.

Astillero La Naval en Sestao. Forma parte de un grupo empresarial perteneciente a la SEPI (Sociedad Estatal de Participaciones Industriales).

Actividades

54 Lee la información correspondiente y compara las características de la política industrial actual con la puesta en marcha durante el franquismo.

55 Describe la política industrial de la UE y su influencia en la política española.

5.2. La política sectorial

Los objetivos de la política sectorial son favorecer la reindustrialización y mejorar la competitividad de los sectores industriales. Las medidas para conseguirlo son:

a) Las ayudas a la inversión mediante préstamos a largo plazo en programas de reindustrialización o de fomento de la competitividad.

- **Los programas de reindustrialización** (REINDUS) pretenden la regeneración y/o creación de tejido industrial en las regiones afectadas por procesos de reconversión, deslocalización y otros fenómenos que hayan causado pérdida de tejido y de empleo industrial. Financian inversiones en infraestructuras industriales y servicios que hagan atractivo el territorio para la inversión empresarial y las iniciativas empresariales dirigidas a la creación, ampliación y/o traslado de establecimientos industriales.
- **Los programas de fomento de la competitividad industrial** financian las inversiones realizadas con este fin de cualquier sector industrial, y especialmente de aquellos considerados estratégicos, como el de la automoción por su capacidad de arrastre y exportadora y el aeroespacial por sus expectativas de futuro.

b) La creación de observatorios industriales en sectores clave amenazados por la competencia de nuevos países. Su finalidad es analizar las fortalezas y las debilidades del correspondiente sector y plantear medidas eficaces para mejorar su competitividad.

Apoyos a la reindustrialización (2015)

Zonas	Crédito/euros
Comarcas de Ferrol, Eume y Ortegal	45711030
Provincia de Teruel	8800870
Provincia de Soria	8797270
Provincia de Jaén	9584870
Margen izquierda del Nervión	7850140
Comarca de la Bahía de Cádiz	61771440
Comunidad Autónoma de Canarias	14844230
Comarca del Campo de Gibraltar	26287590
Comarca de Lorca de la Comunidad Autónoma de la Región de Murcia	10579700
Isla de El Hierro	3526560
Comunidad Autónoma de Extremadura	12225590
General	**198746470**

Apoyos a la competitividad de ciertos sectores (2015)

- Industria manufacturera: 308460680 €
- Fabricación de vehículos propulsados con energías alternativas vinculados a la infraestructura de apoyo a su utilización: 20000000 €
- Industria aeroespacial: 20000000 €

Fuente: MINETUR.

5.3. La política estructural

El objetivo de la política estructural es incrementar la competitividad y la internacionalización de las empresas, favoreciendo la creación de riqueza y de empleo y la adaptación a los nuevos retos globales. Las **medidas** principales para conseguirlo son:

a) El **aumento del peso del sector industrial** de forma que en 2020 aporte el 20% del PIB. Para ello, se impulsa el emprendimiento: se promueve una imagen social positiva del empresariado; se apoya y asesora a los jóvenes, mujeres y colectivos emprendedores; se fomenta el empleo autónomo; y se agilizan los trámites para crear empresas (tramitación telemática).

b) La mejora de la mano de obra mediante la modernización y la adecuación de la formación a las necesidades empresariales; el impulso de la formación continua y de la formación dual (aprendizaje y prácticas en las empresas); y la reforma del mercado laboral con el fin de compatibilizar la exigencia de flexibilidad de las empresas con los derechos de los trabajadores (flexiguridad).

c) La adopción de medidas y programas para paliar el inadecuado tamaño de las empresas. Las pymes cuentan con programas para favorecer su creación y consolidación; la financiación no convencional (redes de Business Angels*); y la competitividad (fomento de distritos industriales). **Y las grandes empresas** reciben apoyo para estimular la concentración a través de fusiones o de acuerdos y alianzas.

d) El fomento de la I+D, la innovación y la tecnología con el fin de lograr la convergencia con la UE y situar a España entre los países de vanguardia. Entre las medidas adoptadas para conseguirlo destacan:

- **Mejorar la I+D:** incrementando el **gasto** del sector privado; el **personal** altamente cualificado (mejorando la formación e incorporando a investigadores de prestigio internacional) y la **investigación,** favoreciendo los grupos líderes de investigación; los consorcios de instituciones públicas y privadas para realizar importantes proyectos; y la participación en programas internacionales y europeos de investigación.
- **Fomentar la innovación** favoreciendo la creación de pymes innovadoras y de Agrupaciones Empresariales Innovadoras*; la adopción de innovaciones por pymes tradicionales y por sectores industriales concretos; y la compra pública innovadora.
- **Impulsar la tecnología** mediante la extensión del uso de las TIC; la creación de parques tecnológicos; y la participación en proyectos tecnológicos europeos e internacionales. Por otra parte, se promueve también la **transferencia** de la investigación universitaria y científica a las empresas y al mercado.

e) El impulso de la internacionalización empresarial mediante la búsqueda de nuevos mercados; la promoción exterior de los productos y empresas españolas (diplomacia comercial); el impulso a la exportación de las pymes; la implantación de empresas españolas en el extranjero; y la elección de España como sede de eventos internacionales en sectores industriales estratégicos que afiancen su imagen como potencia industrial.

Vocabulario

Business Angels: agrupaciones de inversores que invierten en las primeras etapas de vida de proyectos empresariales innovadores con alto potencial de crecimiento. En España existe una Red Española de Business Angels, ESBAN, creada en 2004.

Agrupaciones Empresariales Innovadoras (AEI): clusters de empresas surgidos en un espacio geográfico o en un sector industrial concreto con el fin de cooperar y beneficiarse de la ejecución de proyectos conjuntos innovadores.

I+D+i. Laboratorio de investigación biotecnológica en la industria química.

Actividades

56 Compara en un cuadro los problemas estructurales de la industria y las medidas políticas para hacerles frente.

5.4. La política territorial

Su **objetivo** es impulsar y corregir sus desequilibrios mediante la promoción y el fomento del desarrollo endógeno.

a) La política de promoción industrial, incluida en la **Ley de Incentivos Regionales,** ofrece compensaciones a la inversión en las zonas más desfavorecidas del país.

b) La política de desarrollo endógeno impulsa las potencialidades y las ventajas comparativas de cada territorio. Con este fin promueve la cooperación de empresas con las administraciones locales y regionales y con los agentes sociales a través de las **Agencias de Desarrollo Regional y las Agencias de Desarrollo Local.**

También se fomentan los **clusters,** que permiten a las pymes gozar de las ventajas de las concentraciones industriales.

5.5. La política medioambiental de la industria

Su **objetivo** es solucionar los problemas causados por la industria al medio y proteger el patrimonio industrial.

5.5.1. La lucha contra los problemas medioambientales

a) El consumo abusivo de los recursos naturales —materias primas y fuentes de energía— conduce a la sobreexplotación y al agotamiento de algunos. Para evitarlo, se fomenta el **desarrollo sostenible,** un consumo racional y eficaz que permita satisfacer las necesidades presentes y futuras.

b) Algunas industrias contaminan la atmósfera, las aguas, la vegetación y el suelo.

Las actuaciones frente a estos problemas son cuatro. La **prevención** del daño prohibiendo la instalación industrial en ciertas zonas y evaluando previamente su impacto medioambiental. La adopción de **medidas correctoras** obligatorias (limitación de emisiones para ciertos sectores) o voluntarias (etiquetas ecológicas y auditorías medioambientales). La incorporación de **tecnologías limpias,** valoradas por un creciente número de consumidores. Y la **reparación** del daño causado.

c) Las industrias también degradan el valor estético del paisaje. Durante su construcción, por la falta de atención prestada a su aspecto externo y por los efectos inducidos que generan (transportes, escombreras). Y cuando se cierran o trasladan, por el entorno degradado que dejan. Respecto a este problema ha habido **operaciones de rehabilitación** de zonas industriales abandonadas u obsoletas, con el fin de implantar nuevas industrias u otros usos, como oficinas o viviendas. En este sentido, destacan las actuaciones llevadas a cabo en las rías de Bilbao y de Avilés.

5.5.2. La protección del patrimonio industrial

Algunos edificios industriales revisten gran interés como testimonio de la actividad industrial moderna anterior a la Tercera Revolución Industrial. Dado que muchos se encuentran en proceso de rápida transformación y deterioro, han sido declarados bienes industriales y forman parte del patrimonio industrial. Para preservarlo, existe desde 2000 un plan, que se propone protegerlo y utilizarlo como factor de desarrollo local.

Actividades

57 Recoge noticias o imágenes sobre problemas de la industria. Para cada una, confecciona una ficha indicando: localización, sector industrial, causas del problema y posibles soluciones.

58 Teniendo en cuenta la situación de la industria en la provincia donde resides y las líneas actuales de la política territorial de la industria, propón iniciativas para mejorar la industria.

59 Imagina que quieres crear una empresa. Busca la información que ofrece el correspondiente ministerio sobre este tema y resúmela.

60 Averigua si en tu comunidad autónoma existen instalaciones industriales declaradas bienes industriales e indica los motivos de su interés.

Rehabilitación de la zona industrial de la ría de Bilbao.

Resumen de la unidad

La actividad industrial — se basa en —
- Materias primas orgánicas y geológicas.
- Fuentes de energía no renovables y renovables.

Primera etapa: 1855-1975	Segunda etapa: 1975-1990	Tercera etapa: desde 1990
Coyuntura: – Retraso en el inicio de la industrialización. – Crecimiento en el primer tercio del siglo XX. – Estancamiento 1936-1960. – Desarrollo: 1960-1975.	**Coyuntura:** – Encarecimiento energético. – Agotamiento del ciclo tecnológico. – Competencia de los NPI. – Deficiencias estructurales internas. – Situación histórica desfavorable.	**Coyuntura:** – Recuperación 1990-2008: finaliza la reconversión y desde 1995 se inicia un ciclo económico expansivo. – Crisis desde 2008: problemas de financiación, reducción de demanda y paro.
Producción: – Máquinas hidráulicas y de vapor; motores de explosión y eléctricos. – Sistema de producción fordista. – Sectores textil y siderúrgico; petroquímica, producción eléctrica, automóvil, electrodomésticos y maquinaria.	**Producción:** – Nuevas tecnologías y sistemas de producción dejan anticuados a los sistemas anteriores. – Crisis de los sectores maduros, siderurgia, construcción naval, textil.	**Producción:** – Microelectrónica, TIC. – Sistema de producción descentralizado y flexible. – Sectores maduros; en reestructuración; dinámicos; y de alta tecnología.
Estructura: – Crece el peso industrial en ocupación y PIB. – Mano de obra poco cualificada. – Pequeñas y grandes empresas. – Atraso tecnológico. – Dependencia técnica, financiera y energética. – Orientación al mercado interno.	**Estructura:** – Descienden la ocupación y el PIB industrial. – Aumentan el paro industrial y el malestar social. – Descienden los beneficios empresariales.	**Estructura:** – Peso industrial reducido. – Mano de obra en descenso, cualificada, terciarizada y desregularizada. – Tamaño con mayoría de pymes. – Investigación y tecnología insuficientes y dependientes. – Insuficiente internacionalización.
Localización industrial: – Factores clásicos físicos y humanos. – Tendencia a la concentración. – Emplazamiento en áreas próximas a materias primas y fuentes de energía; puertos y ciudades. – Contrastes: áreas industrializadas (franja cantábrica, litoral mediterráneo y grandes ciudades); ejes de difusión (Ebro, Mediterráneo, enclaves aislados); y resto del territorio poco industrializado.	**Localización industrial:** – Inicio de nuevos factores: importancia de la innovación y del territorio. – Declive de las áreas industriales especializadas en sectores maduros en crisis.	**Localización industrial:** – Factores: tecnología, acceso a la innovación y territorio. – Difusión de sectores maduros y concentración de los innovadores. – Emplazamientos tradicionales heredados, polígonos industriales; clusters y espacios innovadores. – Contrastes: áreas desarrolladas (Madrid y Barcelona); en expansión (coronas metropolitanas, franjas periurbanas, ejes industriales, áreas rurales); en declive (franja cantábrica); e inducida y escasa.
Política industrial: – Proteccionismo. – Intervención estatal (INI). – Políticas de promoción.	**Política industrial:** – Reconversión de sectores en crisis. – Reindustrialización: ZUR y ZID.	**Política industrial:** – Apertura exterior. – Menor influencia estatal. – Medidas frente a los problemas.

Técnicas

Comentario de un paisaje industrial

1. Localización industrial

a) Localización geográfica

- Localidad, provincia, comunidad autónoma y características físicas del entorno sobre el que se asienta (topografía, interior, costa).

b) Factores de localización industrial

- **Clásicos:** físicos (materias primas, fuentes de energía, emplazamientos favorables) y humanos (mercado, mano de obra, transporte, capital, infraestructuras, política industrial).
- **Nuevos:** tecnología, acceso a la información, ventajas competitivas del territorio.

c) Tipo de localización industrial

- Concentrada en grandes aglomeraciones o dispersa.
- Ventajas e inconvenientes de cada tipo de localización.

d) Emplazamiento industrial

- Tipo de emplazamiento: espacio heredado del pasado; polígono o parque industrial; distrito industrial; espacio innovador espontáneo (complejo industrial, cluster tecnológico) o planificado (parque tecnológico).
- Características del emplazamiento: tamaño del espacio industrial y de las parcelas; morfología y calidad arquitectónica de las plantas industriales; infraestructuras de transporte; dotación de servicios (oficinas, salas de reuniones, cafeterías); y calidad medioambiental.

2. Características generales de la industria

- **Tipo de industria:**
  - Según el destino económico de los bienes producidos (de base, equipamiento, uso y consumo).
  - Según la rama productiva (metalurgia, química, agroalimentaria, etc.).
  - Según el grado de desarrollo tecnológico (maduro, dinámico o punta).
- **Rasgos de la mano de obra:** nivel de cualificación, tareas que realiza, situación laboral.
- **Tamaño:** pymes, gran empresa.

3. Problemática

- Problemas sectoriales.
- Problemas estructurales.
- Repercusiones medioambientales, tanto las que se observan como las que se deducen por su actividad.

4. Conclusión

- Grado de desarrollo del paisaje analizado y las externalidades que lo reflejan.
- Perspectivas de futuro: favorables o desfavorables; y, en este último caso, soluciones o alternativas.

Polígono industrial en Arinaga, Gran Canaria.

Trabajo de campo sobre una industria

El objetivo de este trabajo de campo es aplicar los conocimientos adquiridos sobre la actividad industrial a una industria o paisaje industrial del entorno del alumnado.

1. Preparación del trabajo

a) **Constitución del grupo de trabajo,** que preferiblemente no debe ser superior a tres personas.

b) **Elección de la industria** que se va a estudiar.

c) **Elaboración de un guion de trabajo** que incluya los aspectos que se van a observar directamente y una encuesta sobre los que serán contestados por el personal de la industria. El guion debe incluir:

- **Localización industrial:**
  - Localización geográfica: localidad, provincia, comunidad autónoma.
  - Factores físicos y humanos que han intervenido en la localización de la industria (materias primas, fuentes de energía, emplazamiento favorable, abundancia y precio del suelo, mercado, mano de obra, transportes, servicios, relación con industrias del entorno, subvenciones).
  - Tipo de localización: aislada, o en grandes concentraciones industriales.
- **Emplazamiento industrial:**
  - Tipo: espacio heredado del pasado, polígono o parque industrial, distrito industrial, espacio innovador (medio innovador, parque tecnológico).
  - Características del emplazamiento: tamaño del espacio y de las parcelas; morfología y calidad arquitectónica de las plantas industriales; infraestructuras de transporte; dotación de servicios (oficinas, salas de reuniones, cafeterías); y calidad medioambiental.
- **Organización y gestión empresarial:** titularidad (pública, privada, mixta o multinacional); y localización de la sede social, indicando si existe o no separación física entre esta y las instalaciones productivas.
- **Características generales de la industria:**
  - Tipo de industria según el destino de los bienes producidos (de base, equipamiento, uso y consumo); según el sector productivo al que pertenece (metalurgia, química, agroalimentario); y según el grado de desarrollo tecnológico (maduro, dinámico o punta).
  - Tamaño según el número de trabajadores (pequeña, mediana o grande).
  - Grado de modernización tecnológica e inversiones en tecnología e I+D+i.
  - Orientación interna o externa de la producción.
- **Producción industrial:** materias primas (tipos, lugar de procedencia, transporte por el que se reciben); fuentes de energía (tipo); descripción de las fases del proceso de fabricación; volumen de producción; mercados de venta de los productos; sistema de transporte utilizado para llevarlos al mercado; grado de competitividad de los productos en relación con otras industrias nacionales o extranjeras del mismo tipo; problemas.
- **Características sociolaborales:** cualificación de la mano de obra; tipos de contratos laborales; conflictividad laboral.
- **Repercusiones de la industria en el entorno:**
  - Socioeconómicas (da trabajo, estimula centros de formación profesional, crea industrias o servicios dependientes).
  - Medioambientales (externalidades positivas o negativas, contaminación, degradación).

d) **Preparación del material complementario** para ilustrar el trabajo (cámara fotográfica, cámara de vídeo).

2. Observación de campo

- Recopilación de la información sobre el terreno, basándose en los guiones elaborados.
- Obtención del material documental de apoyo (fotografías, filmaciones).

3. Elaboración de un informe

A partir de la información obtenida en el estudio de campo, debe elaborarse un informe para presentarla de forma organizada y con apoyo documental.

El informe incluirá todos los apartados del guion preparatorio y una conclusión general sobre el grado de desarrollo de la industria y sus perspectivas de futuro.

Actividades de síntesis

En la web

Autoevalúate con las actividades interactivas.

1 Definir conceptos

- Define de forma breve y precisa estos conceptos: *materia prima, fuente de energía, autoabastecimiento energético, carbón, industria, deslocalización industrial, parque tecnológico, cluster, industria de alta tecnología.*

2 Realizar cuadros comparativos y de síntesis

- Compara en un cuadro como este los rasgos de las principales fuentes de energía.

	Carbón	Petróleo	Gas	Energía nuclear	Energía hidroeléctrica	Energías alternativas
Origen						
Destino						
Evolución						
Producción						
Autoabastecimiento						

- Resume en un cuadro los rasgos de la coyuntura, producción, estructura, localización y políticas de la industria española a lo largo del tiempo.

Etapas	Coyuntura	Producción	Estructura	Localización	Política industrial
Inicios (1855-1975)					
Crisis (1975-1990)					
Actual (desde 1990)					

- Elabora en tu cuaderno un cuadro comparativo sobre las áreas industriales en España.

	Áreas desarrolladas	Áreas y ejes en expansión	Áreas en declive y reestructuración	Áreas de industrialización inducida y escasa
Localización				
Características				

3 Interpretar gráficos

- Comenta el gráfico sobre la evolución de la participación de la industria española en la ocupación y en el PIB.

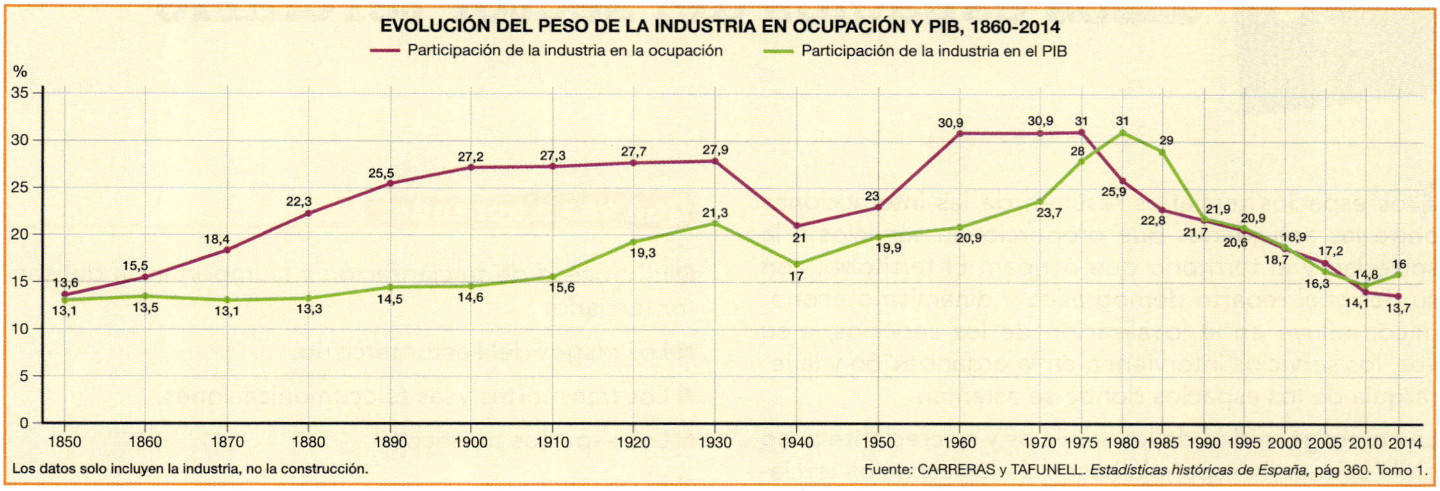

4 Elaborar un eje cronológico

- Elabora un eje cronológico con las principales etapas de la coyuntura industrial española desde 1855 hasta la actualidad.

5 Comentar un paisaje industrial

- Comenta el paisaje del Parque Tecnológico de Andalucía en Málaga, siguiendo el modelo propuesto en la página 234.

6 Realizar un trabajo de campo sobre una industria

- Realiza un trabajo de campo sobre una industria próxima a tu lugar de residencia, siguiendo el modelo propuesto en la página 235.

7 Ampliar información utilizando las TIC

- **En la web** Amplía tus conocimientos sobre esta unidad con los recursos proporcionados por la web (www.anayaeducacion.es).

7 Los espacios del sector terciario

Los espacios terciarios resultan de las interacciones entre las actividades que proporcionan servicios a la sociedad y el territorio que ocupan. El territorio, con su desigual reparto demográfico y dinamismo económico, influye en la localización de los servicios; a su vez, los servicios intervienen en la organización y la jerarquía de los espacios donde se asientan.

La heterogeneidad de los servicios y su creciente peso en la economía española hacen de los espacios terciarios territorios complejos y diversos. Entre ellos, destacan los derivados de la presencia del transporte, el turismo y el comercio.

Qué vas a aprender

- El proceso de terciarización y la importancia del sector terciario.
- Los rasgos del sector terciario.
- Los transportes y las telecomunicaciones.
- Los espacios turísticos.
- El comercio.
- Otras actividades terciarias.
- El comentario de un paisaje turístico.

Tren AVE en la estación de Requena-Utiel.

1 El proceso de terciarización y la importancia del sector terciario

Los espacios terciarios albergan las actividades que prestan servicios a la sociedad. De su estudio se ocupa la geografía de los servicios, que describe y explica el proceso de terciarización, las características del sector y sus principales actividades.

1. El proceso de terciarización y sus causas

El dinamismo del sector terciario desde la década de 1960 ha dado lugar a la llamada terciarización* de la economía española, apreciable en su creciente aportación a la ocupación y al PIB. Las causas del proceso de terciarización han sido muy variadas.

a) El aumento del nivel de vida. Permite un mayor consumo de servicios y exige que sean cada vez más numerosos y especializados.

b) Los cambios económicos en los otros dos sectores.

- **La mecanización agraria** desde la década de 1960 provocó el trasvase de parte de la población agraria al sector terciario.
- **La evolución de la industria** ha favorecido la terciarización. El desarrollo industrial de la década de 1960 impulsó el crecimiento de servicios, como los transportes y las finanzas. La crisis de 1975 condujo al sector terciario a muchos parados industriales. Y la industria moderna incorpora nuevas tecnologías que reducen la mano de obra y tiende a «terciarizarse», ya que demanda numerosos servicios previos y posteriores a la producción.

c) Los cambios políticos derivados de la creación de la administración autonómica y europea y de la implantación del Estado del bienestar han estimulado servicios como los administrativos, la sanidad y la educación.

d) Los cambios sociales han impulsado numerosos servicios. Entre ellos destacan el envejecimiento demográfico (servicios asistenciales y actividades de ocio para la tercera edad); el aumento de la población extranjera (nuevos servicios sociales); la disponibilidad de tiempo libre (turismo, hostelería, servicios culturales y de ocio); la incorporación de la mujer al mercado laboral (guarderías, ayuda doméstica), y la demanda de calidad (control de calidad, atención al cliente).

e) La difusión de las nuevas tecnologías crea nuevos servicios (telecompra, teleenseñanza, teleentretenimiento).

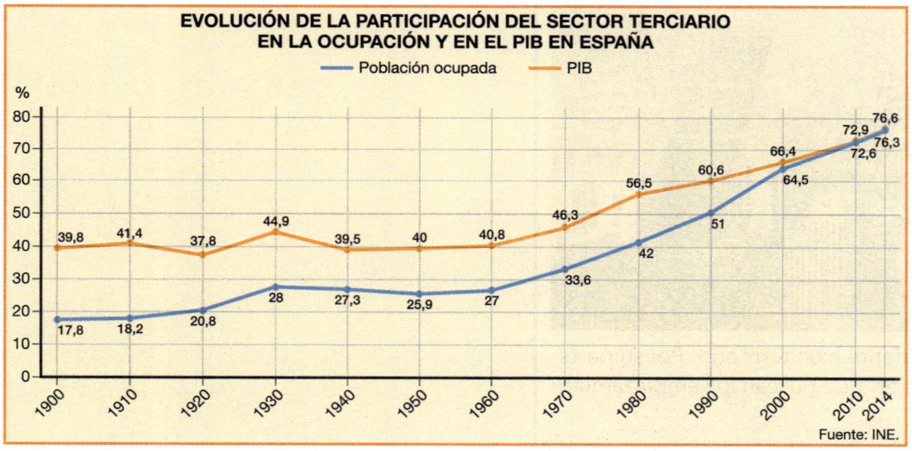

Vocabulario

Terciarización: proceso por el cual el sector terciario de la economía va ganando peso respecto a los otros dos sectores (primario y secundario) hasta convertirse en el sector principal, tanto en población activa ocupada como en aportación al PIB.

Actividades

1 Comenta el gráfico sobre la evolución del sector terciario en la ocupación y en el PIB.

2. La importancia de los servicios

En la actualidad, los servicios desempeñan un importante papel económico-social y establecen fuertes interacciones con el espacio que ocupan.

- **En el plano económico-social,** es el sector que más contribuye a la ocupación y al PIB (76,3 % y 76,6 %, respectivamente en 2014) y aporta bienestar social (sanidad, educación).
- **En el territorio,** los servicios organizan y configuran el espacio donde se asientan, e incluso influyen en su jerarquización, pues la presencia de un servicio destacado hace importante a ese lugar y extiende su área de influencia. Por su parte, los rasgos físicos, económicos y sociales del territorio influyen en la localización de los servicios, que buscan los emplazamientos más favorables.

La importancia de los servicios

Importancia económica

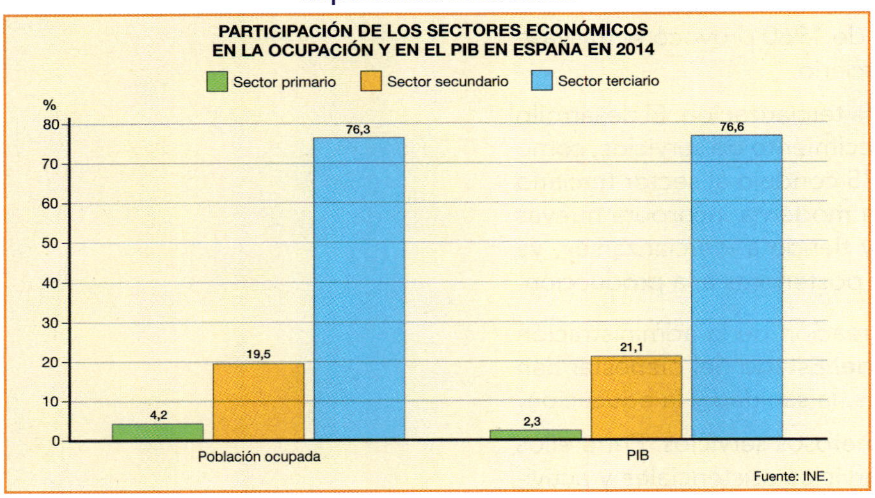

Los servicios son el sector que aporta más ocupación y riqueza.

Importancia territorial

La presencia de servicios destacados hace importante a un territorio. Por su parte, el territorio influye en la localización de los servicios, que buscan los emplazamientos más favorables.

Actividades

2 Realiza un esquema sobre la importancia del sector terciario.

2 Los rasgos del sector terciario

1. La heterogeneidad de los servicios

El sector terciario es muy heterogéneo y se presta a distintas clasificaciones.

a) Una clasificación básica diferencia dos grupos, según su titularidad y fines. **Los servicios privados o de mercado** los prestan empresas privadas con el dinero pagado por los clientes. Su fin es obtener un beneficio económico. **Los servicios públicos o de no mercado** los prestan el Estado o las administraciones públicas, con el dinero recaudado por los impuestos. Su fin es proporcionar bienes de interés general a la sociedad, como la sanidad o la educación, por lo que algunos son deficitarios.

b) Según la función que desempeñan pueden ser **administrativos** (ayudan a la organización del Estado y de las empresas privadas); **financieros** (realizan operaciones monetarias, custodia del dinero y préstamos, como bancos, bolsas, aseguradoras); **de transporte** (terrestre, marítimo, aéreo, fluvial); **información y comunicación** (radio, televisión, prensa, correo); **comerciales** (comercio al por mayor y al por menor); **ocio y turismo** (diversión y descanso); **personales,** ofrecidos por profesiones liberales (abogados, arquitectos) y otros profesionales (electricistas, fontaneros); y **sociales** (educación, sanidad, protección social).

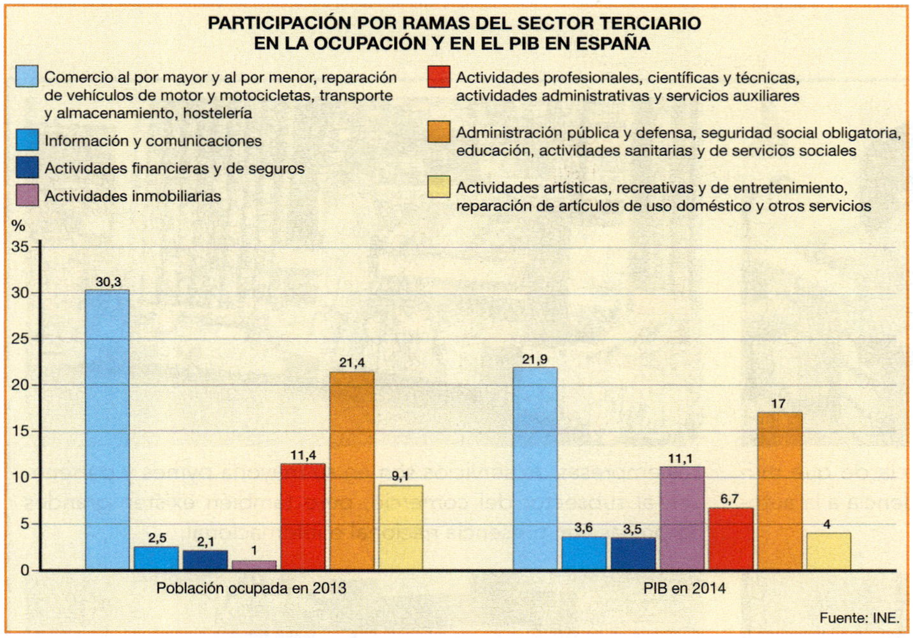

2. La complejidad de los servicios

En la actualidad, los servicios son un sector complejo por su creciente interrelación con la industria. Así:

- **La industria tiende a terciarizarse,** dado que cada vez requiere más servicios (*marketing*, calidad, etc.).
- **Los servicios tienden a industrializarse,** pues incrementan su productividad y tecnologización; o se sustituyen por bienes al aumentar su coste (por ejemplo, comer en un restaurante se sustituye por la compra de comida preparada).

Actividades

3 Explica el significado de estos términos referidos a los servicios: heterogeneidad, complejidad, autoprestación, despersonalización y «desconcentración concentrada».

3. La estructura del sector terciario

a) La mano de obra terciaria se caracteriza por los grandes contrastes entre personal cualificado y no cualificado; una elevada presencia de mujeres; y una mayor importancia del trabajo a tiempo parcial y de la economía sumergida. Se beneficia de que ciertos servicios no son mecanizables o resultan caros, favoreciendo la autoprestación (bricolaje en lugar de acudir a un carpintero).

b) Las empresas de servicios son en su mayoría pymes y pertenecen al subsector del comercio; aunque también existen grandes empresas con presencia nacional e internacional (aseguradoras, financieras).

c) La mecanización de algunos servicios no es posible, lo que favorece el empleo en el sector. Pero la incorporación de las nuevas tecnologías permite un mejor funcionamiento; nuevas formas de prestarlos (trabajo a domicilio y a distancia); y una personalización cada vez menor (sustitución de las personas por máquinas para atender).

d) La internacionalización se ve favorecida por la liberalización mundial del intercambio de servicios y por las mejoras tecnológicas que han facilitado la transportabilidad de ciertos servicios. Así, existen multinacionales de servicios españolas con filiales en otros países; y potentes multinacionales extranjeras con filiales en España.

Estructura

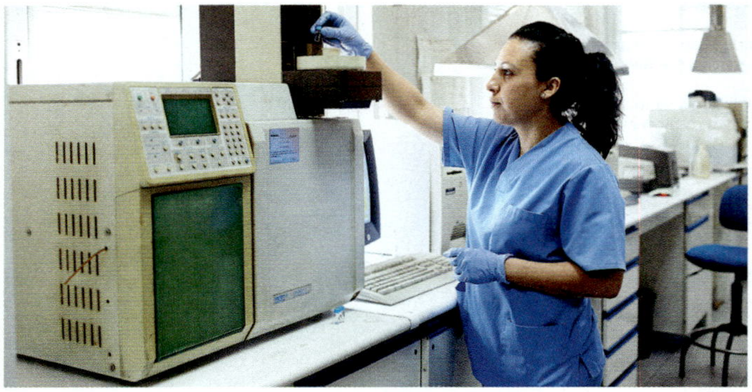

La mano de obra del sector terciario se beneficia de que muchos servicios no son mecanizables, y de la tendencia a la autoprestación, favorecida por el alto precio.

Las empresas de servicios son en su mayoría pymes y pertenecen al subsector del comercio; pero también existen grandes empresas con presencia nacional e internacional.

La incorporación de nuevas tecnologías permite nuevas formas de prestar servicios (a domicilio, a distancia), y una mayor automatización (sustitución de personas por máquinas para atender).

La internacionalización se ve favorecida por la liberalización mundial del intercambio de servicios. Así, algunas multinacionales de servicios españolas han creado filiales en otros países.

4. La localización de las actividades terciarias

4.1. Los factores de la localización

Los factores que influyen en la localización de los servicios son:

- **El volumen y la distribución de la población:** una población numerosa y concentrada en ciudades atrae a los servicios; mientras que la población dispersa deja zonas sin cubrir.

- **La existencia de redes de transporte y comunicación** que faciliten el acceso a los servicios.

- **La frecuencia de consumo:** los servicios básicos, poco especializados y de uso frecuente, se ubican en muchos puntos, al exigir menor umbral de demanda (panadería); mientras que los más especializados y de uso poco frecuente se ubican en pocos puntos y de mucha población, al necesitar un gran umbral de demanda para ser rentables (joyería).

- **El nivel de desarrollo y de renta de la población:** cuanto mayor es, atrae más servicios y más especializados.

4.2. Las tendencias de localización y emplazamientos

Hasta la crisis de 1975, los servicios tendieron a concentrarse en las ciudades. Desde entonces, se acentúa la difusión de algunos hacia espacios periféricos, a la vez que se mantiene el fuerte atractivo de las principales ciudades.

a) La concentración de los servicios en las ciudades, especialmente en las grandes áreas metropolitanas, se debe a su mejor oferta de consumidores, mano de obra y transportes.

Afecta a los servicios tradicionales que requieren proximidad al consumidor (comercio minorista) o un nivel de demanda alto (servicios especializados); y en la actualidad a los servicios más avanzados y a las sedes centrales de las grandes empresas, que se instalan en las áreas más prestigiosas y edificios emblemáticos de los distritos centrales, dado que ocupan poco espacio y pueden pagar el elevado precio del suelo.

b) La descentralización de ciertos servicios hacia la periferia de las grandes ciudades; las ciudades medianas y pequeñas; e incluso ciertas áreas rurales bien comunicadas se ha intensificado desde las décadas de 1970 y 1980. Las causas son la suburbanización de la residencia; la mejora de los transportes y de las comunicaciones; y algunos problemas de los centros urbanos, como la carestía de los inmuebles, la congestión del tráfico y la degradación social y medioambiental.

La descentralización afecta a los servicios que necesitan menos contacto con la población (ciertos servicios a las empresas), menor frecuencia de compra (supermercados), o amplias superficies y suelo barato (universidades, polideportivos). No obstante, en numerosos casos se trata de una «desconcentración concentrada», dado que muchos tienden a concentrarse en ciertas áreas de servicios de los lugares adonde se difunden.

Actividades

4 Recuerda lo estudiado y compara las tendencias de localización actual de la industria y de los servicios.

4.3. Los desequilibrios territoriales

En todas las comunidades autónomas predomina el sector terciario en la ocupación y en el PIB. No obstante, existen **desequilibrios territoriales** que dependen de **factores** como el volumen de población; el grado de urbanización; el nivel de desarrollo y de renta, y el peso de los otros dos sectores.

a) La aportación de los servicios a la ocupación es mayor en las comunidades con predominio de servicios poco mecanizables, o de baja cualificación, como los turísticos, comerciales, administrativos y personales (Canarias, Baleares, Andalucía). En Madrid, por su papel como capital del Estado, centro nacional financiero y de mercado, elevada población, y terciarización de su industria. Y en Ceuta y Melilla, donde los otros sectores apenas existen. En cambio, el empleo terciario es menor en las comunidades con mayor peso industrial y agrario; y menor nivel de urbanización, renta y ocupación femenina.

b) La aportación de los servicios al PIB es mayor en las comunidades con predominio de los servicios más avanzados, como los servicios a las empresas y los de alta tecnología (Madrid); muy polarizadas en el turismo (Baleares, Canarias, Andalucía); o con escaso desarrollo de los otros dos sectores. En cambio, el PIB terciario es menor en las comunidades con predominio de servicios poco cualificados, como los comerciales, personales, administrativos y asistenciales; o con mayor peso de los sectores primario y secundario.

En el futuro, las desigualdades en la terciarización pueden aumentar. Aunque todavía existe margen para el crecimiento cuantitativo del sector, las cifras son ya altas y similares a las de otros países del entorno. Por tanto, su evolución se orientará a mejorar la calidad y la diversificación. Así, la distribución de los servicios estará cada vez más condicionada por el desigual reparto de las actividades productivas y de la renta, con el consiguiente riesgo de acentuación de los desequilibrios existentes.

Actividades

5 A partir de la información proporcionada por los mapas sobre la participación del sector terciario en la ocupación y en el PIB de las comunidades autónomas:

- Comenta las diferencias territoriales en la terciarización.
- Razona si un elevado PIB terciario es sinónimo de desarrollo económico y si existe relación entre las áreas más industrializadas y las más terciarizadas.

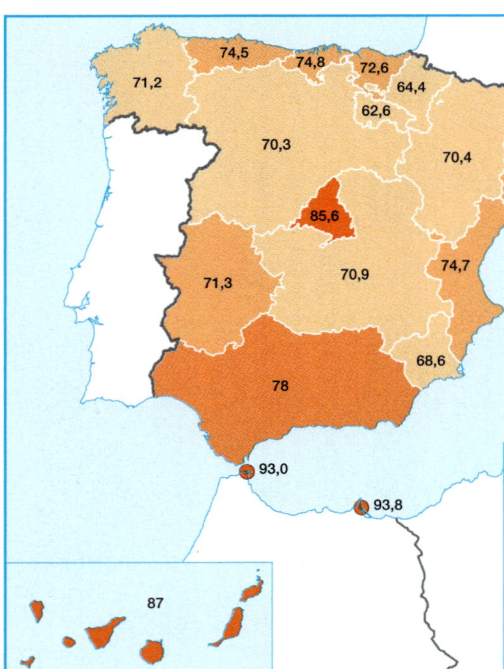

POBLACIÓN OCUPADA EN EL SECTOR TERCIARIO. 2014
(% sobre la población ocupada)
Fuente: INE.

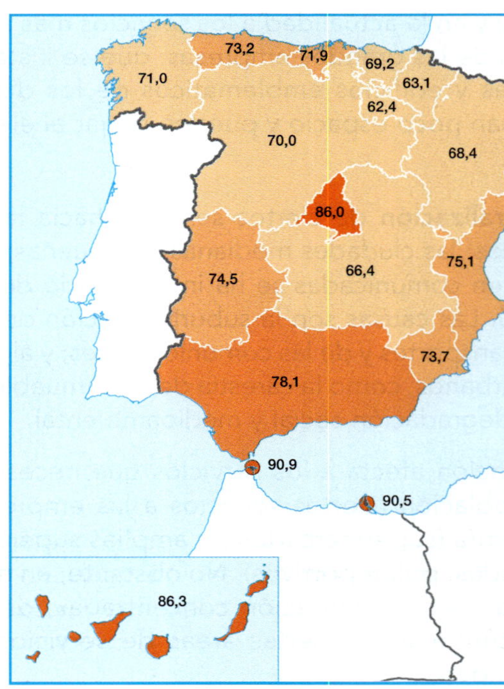

PARTICIPACIÓN DEL SECTOR TERCIARIO EN EL PIB. 2014
(% sobre el total del PIB)
Fuente: INE.

3 Los transportes y las telecomunicaciones

1. El sistema de transporte y su importancia

El transporte es la actividad que traslada personas y mercancías entre lugares geográficos. Para ello, emplea diferentes modos: terrestre, marítimo o aéreo.

El sistema de transporte es el conjunto de medios e infraestructuras que permiten el transporte. Los medios son los elementos móviles —automóviles, autobuses, camiones, ferrocarriles, barcos o aviones— y las infraestructuras son las construcciones fijas —carreteras, autovías, tendidos ferroviarios, puertos, aeropuertos—.

La importancia de los transportes se debe a las funciones que desempeñan en todos los ámbitos y en la organización territorial:

- **Las funciones** de los transportes son políticas (facilitan la defensa y el control del territorio por el Estado); demográficas (influyen en el asentamiento de la población); económicas (intercambian bienes, crean empleo y estimulan el desarrollo económico); sociales (posibilitan los movimientos diarios y de ocio de las personas); culturales (difunden la cultura), e internacionales (favorecen las relaciones internacionales y el actual proceso de globalización).

- **Los transportes influyen en la organización territorial** en un doble sentido:

  - **Los transportes interactúan con el territorio.** Por un lado, reflejan los desequilibrios espaciales en la distribución de la población y en el desarrollo económico, pues se adaptan a la localización de los principales núcleos urbanos y económicos. Por otro lado, pueden introducir cambios en el territorio, pues son un factor clave para el desarrollo de las regiones, al hacerlas accesibles y atractivas para las actividades económicas.

  - **Las redes de transporte articulan el territorio.** Constan de rutas, ejes o corredores —terrestres, marítimos, fluviales o aéreos— que conectan los lugares de origen y de destino; flujos o elementos transportados —personas o mercancías—; y nodos o focos donde se generan o confluyen los flujos —ciudades destacadas, puertos, aeropuertos, grandes centros de producción, nodos logísticos—. Estos flujos vertebran el territorio; son cada vez más intensos, rápidos y baratos y se producen entre distancias crecientes, gracias a los avances tecnológicos.

2. Características y problemas del sistema de transporte

En 1985, España padecía un grave déficit de infraestructuras de transporte. Desde entonces, las elevadas inversiones estatales y las ayudas europeas han dotado al país de una buena cobertura. No obstante, persisten problemas que la política de transporte intenta resolver.

a) El medio físico es desfavorable. El relieve accidentado y con fuertes pendientes dificulta el trazado de ferrocarriles y carreteras; y ciertos rasgos climáticos dañan las infraestructuras —inundaciones y temporales—; o entorpecen el tráfico —heladas, fuertes precipitaciones y nieblas—. Aunque las técnicas modernas permiten superar algunas dificultades, estos rasgos físicos incrementan los costes y reducen la rentabilidad.

Las fuertes pendientes obligan a construir costosas infraestructuras para salvarlas. En la imagen, viaducto sobre el embalse de Contreras, en Cuenca.

b) **Las redes de transporte tienen algunas insuficiencias.**

■ **La red de la Península es radial.** La red terrestre tiene su centro en Madrid y radios hacia las fronteras y puertos principales. Este modelo se inició en el siglo XVIII con la red de carreteras de los Borbones; se consolidó en el siglo XIX, al coincidir la red ferroviaria con la de carreteras; y perduró en el siglo XX con la política centralista del franquismo. En la actualidad, las carreteras de alta capacidad tienden a una estructura más mallada, pero la red ferroviaria de alta velocidad sigue un modelo radial. También la red de aeropuertos conecta a Madrid-Barajas con los principales aeropuertos españoles y extranjeros, mientras muchos aeropuertos periféricos deben realizar sus enlaces a través de la capital. Este trazado radial de la red facilita las relaciones entre el centro y la periferia peninsular, pero dificulta las comunicaciones entre la periferia.

■ **Las redes de las islas Baleares y Canarias** se enfrentan a la fragmentación del territorio en islas y a la separación de la Península.

c) **Las características técnicas** de la red se modernizaron desde 1985. Las infraestructuras han mejorado, aunque persisten tramos problemáticos. Los medios de transporte han ganado velocidad, capacidad, especialización, autonomía, comodidad y seguridad. Y las nuevas tecnologías de la información han permitido introducir sistemas inteligentes de transporte (SIT) como el pago electrónico; controles de seguridad y de emergencia; gestión del tráfico, del transporte público y de mercancías; conducción asistida; información al viajero, y cumplimiento de la ley.

d) **El transporte interior de pasajeros y de mercancías se realiza principalmente por carretera,** ya que permite un servicio puerta a puerta a bajo precio. En cambio, en el transporte exterior, cobran más peso el modo aéreo para los pasajeros y el marítimo para las mercancías. La crisis de 2008 ha reducido los viajeros y las mercancías transportados.

e) **Existen desequilibrios territoriales.** La red de transporte se ha densificado y tiende a mallarse, incrementando la accesibilidad* de los diferentes lugares a las carreteras de alta capacidad, a la alta velocidad ferroviaria, a un aeropuerto o a un puerto. No obstante, persisten desequilibrios en favor de las áreas de mayor dinamismo económico.

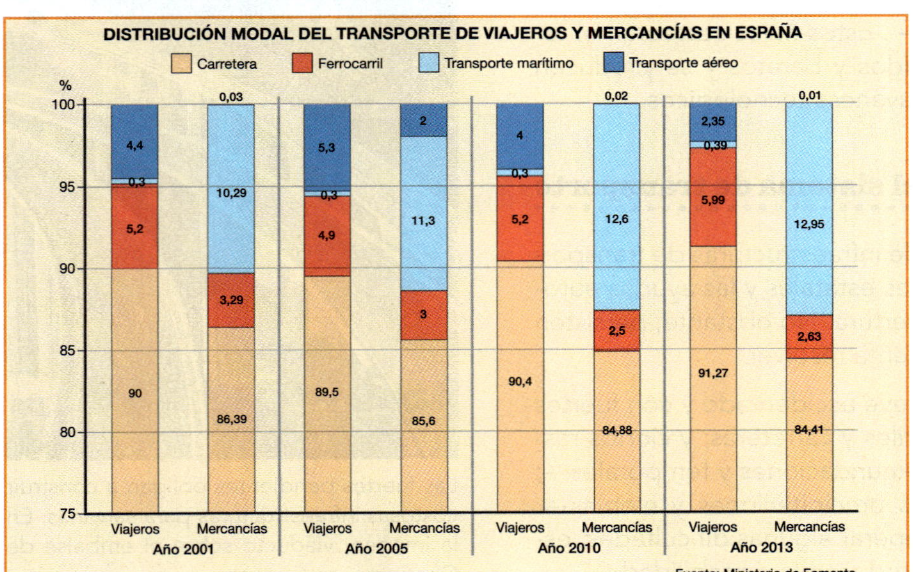

Vocabulario

La accesibilidad es la capacidad de un lugar para ser alcanzado desde otros lugares geográficos. Depende de la distancia espacial, temporal, económica (medida en costes) y «perceptiva» (apreciación subjetiva); y también de la cantidad y la calidad de las infraestructuras de transporte; de la existencia de servicios eficientes que permitan conectar con las redes de altas prestaciones, y de la adecuada coordinación entre los distintos modos de transporte. En la actualidad, disponer de buena accesibilidad es una condición básica para la instalación de las actividades económicas más dinámicas, por lo que dotar a todo el territorio de una buena accesibilidad es uno de los objetivos principales de las políticas de transportes y de desarrollo regional.

El transporte por carretera es el más utilizado en España para el transporte de viajeros y mercancías.

f) La integración en el transporte internacional debe mejorarse para incrementar la competitividad económica. En el contexto europeo, debe paliarse la posición periférica española mediante la potenciación de las Redes Transeuropeas de Transporte. Y en el contexto mundial debe aprovecharse la excelente posición geográfica de España para aumentar su participación en el tráfico internacional de mercancías y viajeros.

g) El sistema de transporte ejerce un fuerte impacto medioambiental: espacial (ocupación del suelo por las infraestructuras de transporte); visual (alteración del paisaje); contaminación y calentamiento de la atmósfera (emisiones de los motores); ruido (cerca de carreteras, ferrocarriles y aeropuertos), y alteración de la biodiversidad (fragmentación de ecosistemas).

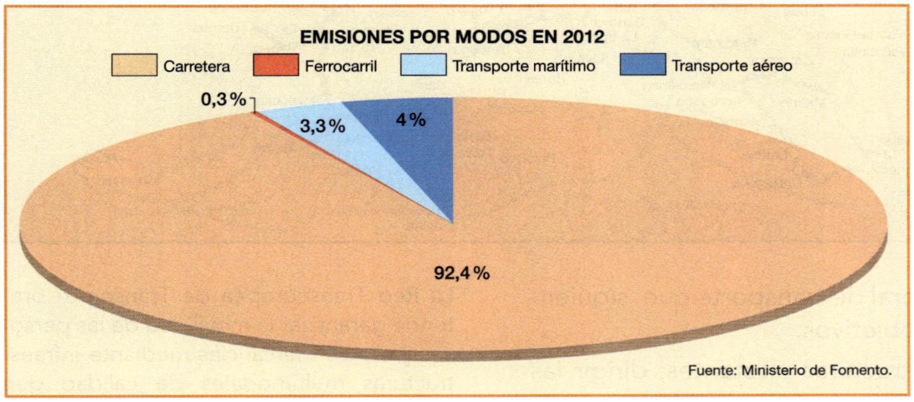

En España, el transporte es responsable de un 25 % de las emisiones de GEI, que desde 1990 han crecido casi un 60 %. La carretera ocasiona más del 91 % de estas emisiones, que solo han decrecido algo desde 2008 a causa de los efectos que ha tenido la crisis económica sobre el transporte de pasajeros y de mercancías.

3. La política de transporte

La política de transporte se propone solucionar los problemas existentes y planificar las futuras actuaciones.

a) Las competencias sobre el transporte están repartidas. El Estado tiene competencias sobre la red de interés general, que incluye el transporte internacional; el que discurre por más de una comunidad autónoma; marina mercante; puertos y aeropuertos comerciales; espacio y transporte aéreo; correos y telecomunicaciones. Las comunidades autónomas tienen competencias sobre el transporte que discurre íntegramente por su territorio; puertos y aeropuertos no comerciales; y comunicaciones por cable.

b) La política general de transporte sigue las directrices de la Unión Europea y del Estado español.

- **La Unión Europea** desarrolla una política común de transporte. Sus objetivos son garantizar un sistema de transporte seguro; inteligente a través de la innovación; sostenible, compatibilizando competitividad y cuidado medioambiental; e integrador, favoreciendo la cohesión territorial y el acceso de todos los grupos sociales.

Para llevarlo a cabo, ha planificado una **Red Transeuropea de Transporte** constituida por corredores multimodales que combinan ferrocarriles, carreteras de alta capacidad y vías de navegación interior, que conectan los nodos principales de cada corredor (ciudades, puertos, aeropuertos, grandes centros de producción y nodos logísticos donde se trasborda de un medio de transporte a otro).

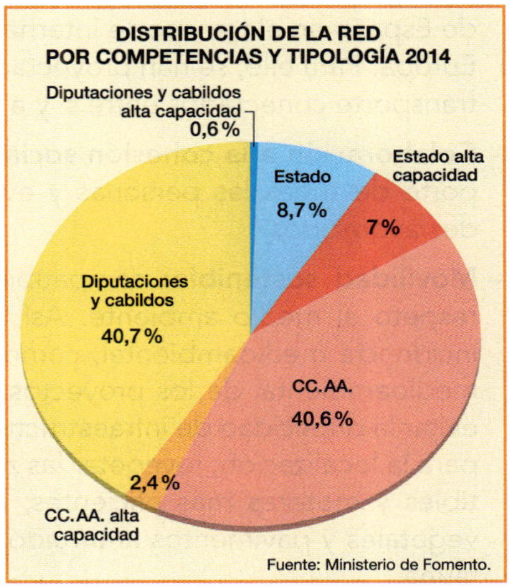

■ **El Estado español** diseña la política general de transporte que, siguiendo las directrices europeas, persigue seis objetivos:

- **Eficacia:** optimizar el uso de las infraestructuras existentes; dirigir las nuevas inversiones a mantenerlas y mejorar su competitividad; y vincular la creación de nuevas infraestructuras a su rentabilidad.
- **Reequilibrio modal:** corregir el excesivo peso de la carretera fomentando el ferrocarril y la multimodalidad o combinación de varios modos de transporte.
- **Colaboración del transporte al desarrollo económico y al empleo:** mejorar la eficacia (disminución del coste energético), la calidad, la innovación y la seguridad.
- **Colaboración a la cohesión territorial:** sustituir progresivamente la radialidad de la red peninsular por una red más mallada; mejorar las conexiones con los territorios extrapeninsulares; impulsar la posición de España en el transporte internacional; y favorecer la integración con Europa. Para ello, se han proyectado cinco corredores multimodales de transporte conectados entre sí y a la red europea.
- **Colaboración a la cohesión social:** garantizar la accesibilidad al transporte de todas las personas y evitar la exclusión de los grupos más desfavorecidos.
- **Movilidad sostenible:** compatibilizar competitividad económica con respeto al medio ambiente. Así, se impulsan los modos con menor incidencia medioambiental, como el ferrocarril. Se evalúa el impacto medioambiental de los proyectos. Y se adoptan medidas correctoras: evitar la duplicidad de infraestructuras; buscar la mejor alternativa visual para la localización; revegetar las zonas afectadas; emplear biocombustibles y motores más eficientes; instalar pantallas acústicas, barreras vegetales y pavimentos antirruido; y construir vallados y pasos para la fauna.

La Red Transeuropea de Transporte pretende garantizar la movilidad de las personas y de las mercancías mediante infraestructuras multimodales de calidad que conecten las capitales y los principales focos económicos de la UE y enlacen con los países fronterizos más importantes. La red básica o principal incluye los tramos de mayor importancia estratégica de la RTE-T y debe estar lista para 2030. Se organiza en nueve corredores multimodales.

España se encuentra incluida en los corredores Atlántico y Mediterráneo de la RTE-T. A ellos se han añadido otras secciones, que dan como resultado un mapa mallado con cinco corredores: Mediterráneo, Central, Atlántico, Cantábrico-Mediterráneo y Atlántico-Mediterráneo. Los corredores aprobados son multimodales: tienen como base las líneas ferroviarias de mercancías y de alta velocidad, complementadas con carreteras de alta capacidad, que conectan con los puertos, aeropuertos, nodos logísticos y centros de producción principales del país.

Actividades

6 Lee el artículo 148 de la Constitución y escribe las competencias sobre el transporte que reconoce a las comunidades autónomas.

7 Relaciona los principales problemas del sistema del transporte español y las actuaciones previstas por la política de transporte encaminadas a solucionarlos.

8 Busca información y pon ejemplos de aplicaciones concretas del Sistema Inteligente de Transporte.

9 Observa el mapa y explica qué es la Red Transeuropea de Transporte; y cuáles son sus ventajas económicas, sociales y territoriales.

10 Explica qué se entiende por nodo de transporte y escribe el nombre de los principales nodos españoles incluidos en la Red Transeuropea de Transporte.

4. Los modos de transporte

4.1. El transporte por carretera

Las carreteras conectan los distintos núcleos de población, por lo que constituyen una infraestructura clave para la accesibilidad y la articulación del territorio.

a) Las competencias sobre la red están repartidas. La red estatal enlaza los principales núcleos de población del país y comunica con la red internacional. La red autonómica cubre la movilidad intrarregional; y la red de las diputaciones y de los cabildos insulares asegura las comunicaciones intracomarcales y el acceso a todos los núcleos de población.

b) La red de carreteras peninsular presenta un diseño radial, con centro en Madrid y ejes hacia los principales puertos y ciudades de la periferia, donde se concentran la población y la actividad económica. Este modelo, propio de una concepción centralista del Estado, se inició en el siglo XVIII con los Borbones y se consolidó en la década de 1960, cuando se modernizó la red de carreteras. En la actualidad, esta estructura tiende a mallarse con ejes transversales —como los del Ebro, el mediterráneo, el andaluz, el cantábrico y la Ruta de la Plata (Gijón-Huelva)— y con otros previstos como la autovía del Duero (Oporto-Soria).

c) Las características técnicas son variadas. Las vías de gran capacidad —autopistas y autovías— son las que más han crecido y con sus 15 000 km convierten a España en el país europeo con mayor longitud. La mayoría se concentra en la red estatal. Las demás carreteras presentan en general buena calidad, aunque existen tramos con deficiencias en anchura y pavimentación, correspondientes sobre todo a la administración local.

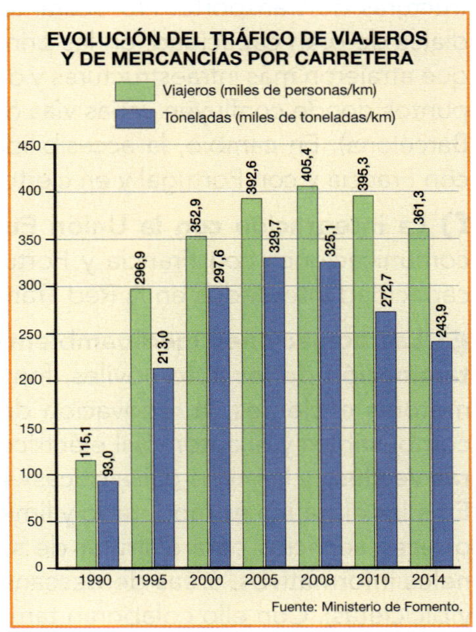

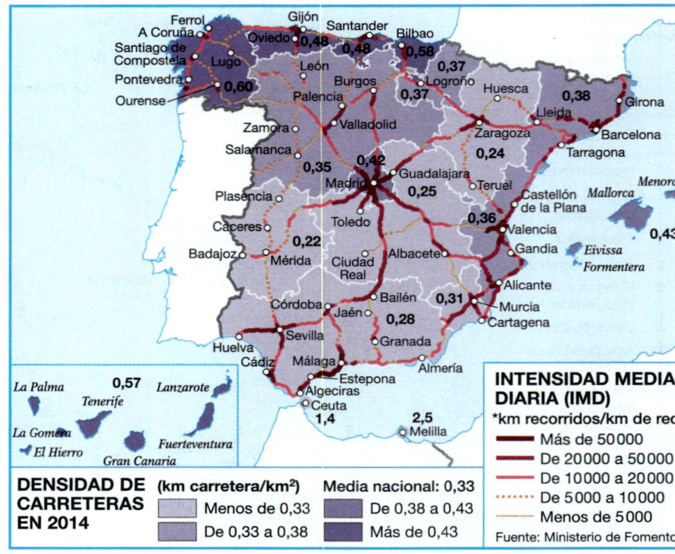

d) **El tráfico interior de viajeros y de mercancías** se concentra en la carretera, al permitir el transporte puerta a puerta.

e) **Existen desequilibrios territoriales** en la densidad de la red, la intensidad del tráfico y la accesibilidad.

- **La densidad** de la red es mayor en las comunidades más dinámicas económicamente (Madrid, Cataluña, Comunidad Valenciana); con predominio del poblamiento disperso y fragmentado por el relieve (cornisa cantábrica), y en las islas. En cambio, es menor en las comunidades menos dinámicas; y con poblamiento en núcleos concentrados y distantes (Extremadura, Aragón, Castilla y León, Castilla-La Mancha y Andalucía).

- **La intensidad del tráfico** es más elevada en las vías de gran capacidad, sobre todo, en los corredores del Mediterráneo y del Ebro, donde se hallan las mayores densidades urbanas, industriales o turísticas; y en los 60-80 km de carreteras radiales a partir de Madrid.

- **La accesibilidad** por carretera es más homogénea que en otras infraestructuras de transporte. No obstante, se concentra en los corredores radiales de gran capacidad; en las principales zonas industriales y turísticas, que atrajeron más infraestructuras y de más calidad; y especialmente en los puntos donde confluyen varias vías de gran capacidad (Madrid, Zaragoza, Barcelona). En cambio, la accesibilidad es menor en las áreas fronterizas con Francia y con Portugal y en ciertos espacios entre los ejes radiales.

f) **La integración con la Unión Europea** se potenciará mejorando las comunicaciones con Francia y Portugal a través de corredores de gran capacidad integrados en la Red Transeuropea de Transporte.

g) **Las actuaciones medioambientales se centran en reducir la contaminación** de los automóviles, fomentando el transporte colectivo, los motores eficientes, la renovación de vehículos antiguos, el uso de biocombustibles y el automóvil eléctrico. También se impulsan las **«carreteras verdes»** y las «vías paisajísticas» en áreas de elevado valor ambiental. En ellas el tráfico es moderado y limitado para los vehículos pesados y se ofrecen servicios para disfrutar de sus valores naturales y culturales (paneles informativos, áreas de descanso, caminos paralelos para peatones y bicicletas). Con ello colaboran también al desarrollo local.

Actividades

11 Escribe la información sobre la red de carreteras que aportan los documentos gráficos y cartográficos de las páginas 247-250.

12 A partir de los datos proporcionados por los correspondientes mapas, analiza la red de carreteras de tu provincia: tipos, densidad, accesibilidad, intensidad del tráfico, zonas con las que existen mejores conexiones. Explica las razones de los rasgos señalados y sus repercusiones.

13 Cita tres medidas con las que la ciudadanía puede contribuir a mitigar el impacto medioambiental del transporte por carretera.

4.2. El transporte ferroviario

El ferrocarril fue el modo de transporte principal entre la segunda mitad del siglo XIX y principios del XX. Desde entonces, ocupa una posición secundaria ante la competencia de otros medios, y en la actualidad trata de potenciarse.

a) Las competencias sobre la red ferroviaria son mayoritariamente estatales. La empresa ADIF (Administrador de Infraestructuras Ferroviarias) es la propietaria de las infraestructuras y se encarga de construirlas, mantenerlas y explotar las líneas; y RENFE-Operadora es la propietaria de los trenes y se encarga de mantenerlos y de prestar los servicios de viajeros y mercancías. Las comunidades autónomas gestionan algunas líneas metropolitanas, locales y regionales.

b) La red ferroviaria se compone de tres redes:

- **La red convencional** está equipada para velocidades inferiores a 200 km/h. En la Península, tiene una estructura radial desde Madrid hacia las principales ciudades de la periferia. Desde esta red básica, se abren ramas que componen la red secundaria y complementaria. Algunas de estas líneas se han cerrado por falta de rentabilidad.
- **La red de alta velocidad** está equipada para velocidades superiores a 200 km/h. Se inició con la apertura de la línea Madrid-Sevilla en 1992, y se ha ampliado, siguiendo un modelo radial, a los corredores con mayor demanda de viajeros. En la actualidad, cuenta con más de 3 100 km en servicio y otros 3 000 en ejecución o estudio, que convierten a España en el país europeo con más dotaciones y en el segundo del mundo después de China.
- **La red de vía estrecha** se localiza principalmente en la cornisa cantábrica, aunque existen líneas en otras comunidades. Su infrautilización trata de solucionarse mejorando las infraestructuras y asumiendo la función de tráfico de cercanías.

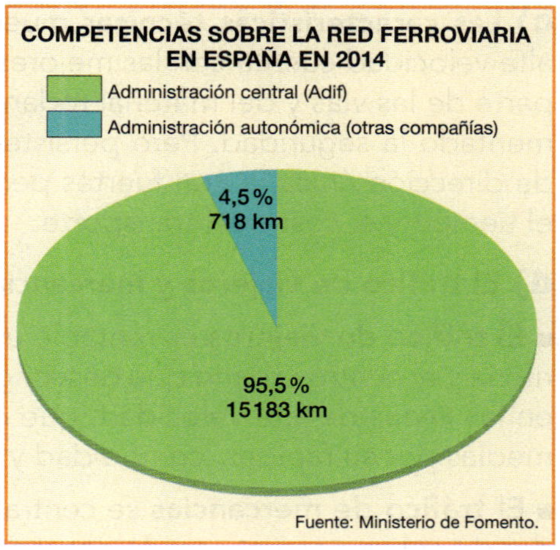

c) Las características técnicas muestran una clara dualidad. La red de alta velocidad cuenta con las mejores prestaciones. En el resto de la red, parte de las vías y del material rodante se ha modernizado y se ha incrementado la seguridad. Pero persisten tramos mediocres: sin electrificar, de dirección única, o con fuertes pendientes y rodeos, que incrementan el tiempo y el coste del transporte.

d) El tráfico de viajeros y mercancías es inferior a la media europea.

- **El tráfico de viajeros** es rentable en las líneas de cercanías entre la periferia y el centro urbano que descongestionan las carreteras; y ha crecido en las líneas de alta velocidad, que compiten con el avión en distancias medias por su rapidez, comodidad y regularidad horaria.
- **El tráfico de mercancías** se centra en las pesadas y de gran volumen, donde cobra peso el uso de contenedores que facilitan las operaciones de carga y descarga. No obstante, es escaso. La interoperabilidad o circulación continua no es posible debido al diferente ancho de vía, que trata de solucionarse con la extensión de los vagones de rodadura desplazable, el cambio de ancho de vía, o la construcción de un tercer raíl. También es necesario mejorar el acceso a las terminales de mercancías y la integración con el transporte marítimo y por carretera.

e) Existen desequilibrios territoriales en equipamientos y accesibilidad al ferrocarril. La mejor situación corresponde a las zonas más dinámicas del país —Madrid, Barcelona, Bilbao, Valencia, Zaragoza, Sevilla—; mientras que las áreas menos dinámicas cuentan con infraestructuras deficientes y baja accesibilidad, caso de las zonas próximas a las fronteras.

f) La integración ferroviaria con la Unión Europea se potenciará con la progresiva adopción del ancho de vía europeo; y con la integración en la Red Transeuropea de ferrocarril a través de cinco corredores de alta capacidad para viajeros y mercancías que mejorarán las conexiones con Francia y Portugal.

g) Las actuaciones medioambientales se centran en conseguir la integración paisajística del ferrocarril; electrificar la red; mitigar el ruido, y disminuir el efecto barrera de las vías. Además, se pretende valorizar el patrimonio ferroviario en desuso, dando un nuevo uso a las estaciones, o convirtiendo las vías fuera de servicio en rutas ecológicas y turísticas (Proyecto Vías Verdes*).

EVOLUCIÓN DEL TRANSPORTE FERROVIARIO DE VIAJEROS Y DE MERCANCÍAS EN ESPAÑA

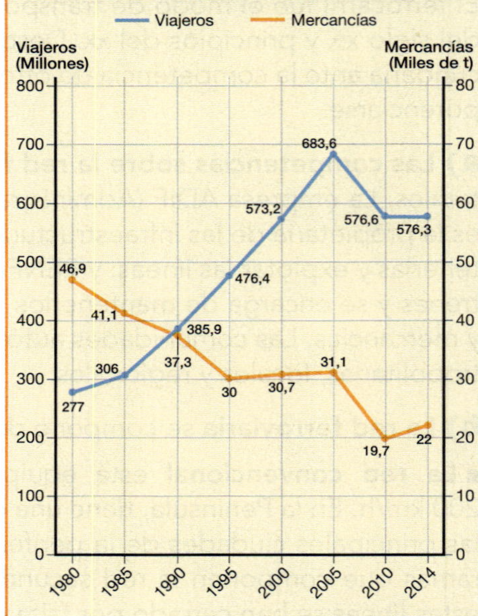

Fuente: Ministerio de Fomento.

4.3. El transporte marítimo

El transporte marítimo se beneficia de la longitud del litoral español y de su estratégica posición en el transporte internacional de mercancías.

a) Las competencias sobre los puertos están repartidas. El Estado gestiona los puertos comerciales mediante las Autoridades Portuarias. Y las comunidades autónomas gestionan numerosos pequeños puertos, muchos solo con actividades pesqueras o deportivas; y participan en el nombramiento de las Autoridades Portuarias de los puertos comerciales enclavados en su territorio.

b) Las características técnicas de los puertos españoles son dispares. Algunos cuentan con buenas infraestructuras y equipamientos. Otros necesitan mejoras: aumento de la superficie para el depósito de mercancías y mejora de los accesos por carretera y ferrocarril.

Vocabulario

Vías Verdes: el Proyecto Vías Verdes, iniciado en 1992, pretende dar un uso ecológico y de ocio a vías ferroviarias antieconómicas cerradas al tráfico. Con esta medida pretende responder a la demanda social de usos turísticos alternativos y favorecer el desarrollo sostenible de la zona afectada potenciando sus recursos económicos, el empleo y el asentamiento de la población.

Actividades

14 Compara las ventajas y los inconvenientes del transporte ferroviario y por carretera.

15 Sintetiza los problemas del transporte ferroviario y las actuaciones encaminadas a solucionarlos.

c) **El tráfico de viajeros y mercancías** presenta grandes contrastes.

■ **El tráfico de viajeros** es escaso. En largas distancias se enfrenta a la competencia del avión, por lo que se centra en los cruceros, que han crecido significativamente. En distancias medias y cortas se concentra en las rutas entre ambos lados del estrecho de Gibraltar (Algeciras-Ceuta); entre las islas de los archipiélagos balear y canario; y entre estas y la Península, sobre todo en los meses turísticos de verano.

■ **El tráfico interior de mercancías** se dedica principalmente a transportar derivados del petróleo desde las refinerías litorales a los puertos próximos.

■ **El tráfico internacional de mercancías** tiene enorme importancia, pues concentra la mayor parte de las importaciones y las exportaciones de mercancías, sobre todo con los destinos más lejanos donde se sitúan los mercados emergentes hacia los que España está orientando buena parte de su esfuerzo de internacionalización.

– **Tradicionalmente** predominaban los **graneles.** Los graneles sólidos —carbón, minerales, cemento, productos siderúrgicos y químicos, cereales— en los puertos próximos a las zonas productoras o a las industrias consumidoras (Gijón, Tarragona, Ferrol y Huelva). Y los graneles líquidos —sobre todo productos petrolíferos—, en los puertos donde se localizan las refinerías y las industrias petroquímicas (Algeciras, Huelva, Tarragona, Cartagena y Bilbao).

– **En la actualidad** crece el tráfico de **mercancía general,** sobre todo la transportada en contenedores. Se centra en los puertos que permiten albergar grandes buques; con instalaciones para una rápida carga y descarga; y con buena logística y conectividad con otros modos de transporte (Algeciras, Valencia y Barcelona).

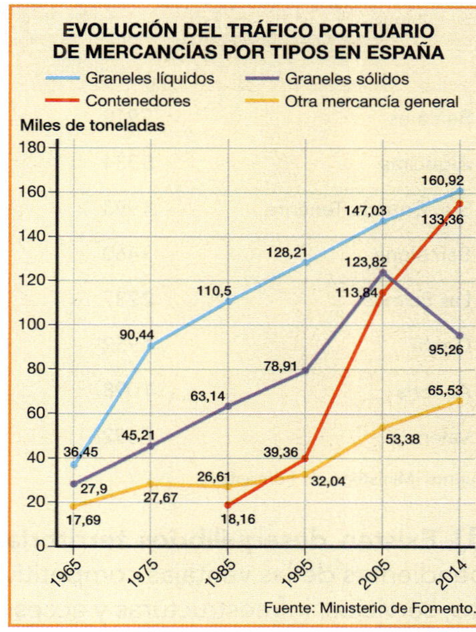

El sector más afectado por la crisis ha sido el de granel sólido, en relación con la caída de la construcción. Los graneles líquidos (productos petrolíferos) crecen y se mantienen a causa de las nuevas estrategias de distribución como el bunkering (suministro de combustible de barco a barco en alta mar). Y la mercancía convencional y en contenedores aumenta porque el descenso en la importación, causado por la caída del consumo en España a raíz de la crisis, se ha compensado con el aumento de la exportación.

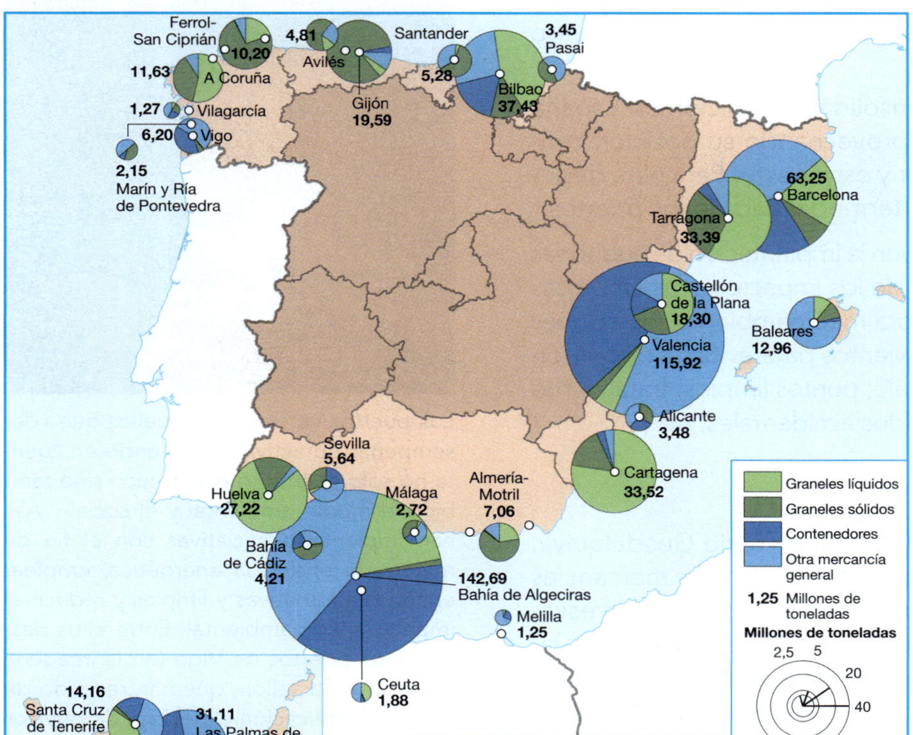

TRÁFICO DE LOS PRINCIPALES PUERTOS ESPAÑOLES EN 2014

Tráfico de los principales puertos españoles en 2014			
Pasajeros (miles)		Mercancías (miles de toneladas)	
Baleares	5919	Algeciras	95049
Algeciras	5334	Valencia	67020
Sta. Cruz de Tenerife	4993	Barcelona	46354
Barcelona	3460	Cartagena	32524
Las Palmas	2237	Tarragona	31881
Ceuta	1959	Bilbao	31009
Almería	1098	Huelva	27350
Valencia	692	Las Palmas	22170

Fuente: Ministerio de Fomento.

Actividades

16 Contrasta los datos de la tabla sobre el tráfico marítimo de pasajeros y de mercancías y explica sus principales características.

17 Describe la información que aporta el mapa sobre el tráfico de mercancías por puertos y por mercancía transportada.

d) Existen desequilibrios territoriales en el tráfico de mercancías dependientes de las ventajas competitivas de cada puerto (localización, tarifas, servicios, infraestructuras y accesibilidad) y del dinamismo económico de su *hinterland* o área de influencia. Así, el tráfico se concentra en los puertos de Algeciras, por su inmejorable posición en las rutas transoceánicas a través del estrecho de Gibraltar; Barcelona, Valencia, Tarragona y Bilbao, que han adoptado medidas para atraer nuevas áreas de negocio y ampliar su *hinterland;* y Las Palmas, por su situación en las rutas atlánticas.

e) La integración en el transporte exterior.

- **En el marco de la UE,** los puertos de interés general forman parte de la Red Transeuropea de Transporte. Además, se han creado **autopistas del mar.** Son rutas marítimas entre al menos dos puertos de diferentes miembros, que ofrecen transporte de mercancías en buques de alta capacidad, regulares y frecuentes, capaces de competir con la carretera en duración y precio. En España funciona la que conecta los puertos de Vigo y Nantes, inaugurada en 2014.
- **En el marco internacional** se trata de consolidar la posición de España como plataforma logística internacional, aprovechando su posición central en las grandes rutas marítimas norte-sur y este-oeste. Para ello, deberán mejorar el *marketing,* la logística y la intermodalidad de los puertos.

f) Las actuaciones medioambientales incluyen la implantación de auditorías medioambientales en los puertos; el control de los impactos a las empresas instaladas; y la creación de servicios de mejora medioambiental (estaciones de control de calidad del aire; barreras cortavientos para evitar la dispersión de sustancias almacenadas; plantas de reciclaje; puntos limpios; tratamiento de vertidos; planes de emergencia para vertidos accidentales, etc.).

Los puertos verdes son aquellos que «desempeñan su actividad teniendo en cuenta no solo el ámbito económico sino también el medio ambiental y el social». Así, han implantado iniciativas con el fin de mejorar la eficiencia energética, emplear energías alternativas y limpias y reducir el impacto medioambiental. Entre ellos destacan los puertos de Vigo (en la imagen), Valencia y Castellón, que han recibido de la UE la certificación específica de puertos PERS, que es el máximo reconocimiento medioambiental.

4.4. El transporte fluvial

El transporte fluvial se reduce al puerto de Sevilla, en el río Guadalquivir. Cuenta con un importante *hinterland* para el transporte de mercancías hacia el valle del Guadalquivir y Extremadura, y posibilidades como escala para los cruceros turísticos. Para reducir el problema de su escaso calado, se ha construido una nueva esclusa que permite el paso del 90 % de la flota mercante del mundo, al aumentar el calado de 6,6 a 11 metros. Este tramo fluvial entre el puerto de Sevilla y su desembocadura se ha incluido en la Red Transeuropea de Transporte de vías navegables interiores.

4.5. El transporte aéreo

El transporte aéreo ha tenido un rápido desarrollo. Las causas han sido una mayor popularización de su uso gracias al crecimiento de la renta y al abaratamiento del precio motivado por la expansión de compañías de bajo coste; el aumento de la demanda turística, profesional y de negocios; y la creciente integración española en la economía mundial.

a) Las competencias sobre los aeropuertos están repartidas. El Estado controla los aeropuertos de interés comercial, y las comunidades autónomas, los demás.

b) La red aeroportuaria cuenta con numerosos aeropuertos, ya que hasta la década de 1960 se siguió la política de dotar de uno a todas las ciudades de cierto tamaño. La estructura de la red es radial y jerárquica: Madrid-Barajas funciona como «hub» o aeropuerto central, con vuelos directos a casi todos los aeropuertos españoles y a los principales del extranjero. Los aeropuertos periféricos tienen que realizar en muchos casos sus enlaces a través de Barajas.

c) Las características técnicas son dispares. Algunos aeropuertos cuentan con buenas instalaciones. Otros necesitan mejoras en los accesos, infraestructuras y servicios.

d) El tráfico de pasajeros y mercancías presenta grandes contrastes.

- **El tráfico de pasajeros** es muy competitivo en las distancias largas por su rapidez y comodidad. En las distancias medias sufre una creciente competencia de la alta velocidad ferroviaria.
- **El tráfico de mercancías,** en cambio, es escaso debido al elevado coste, que repercute en el precio final de los productos transportados. Por tanto, se centra en los bienes perecederos o valiosos.

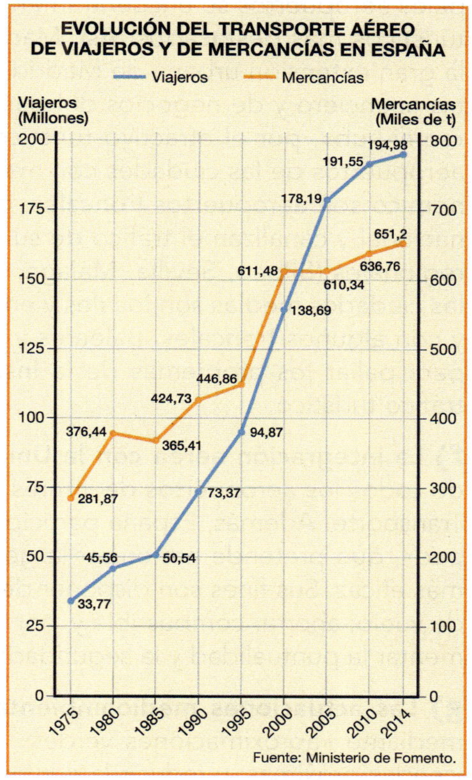

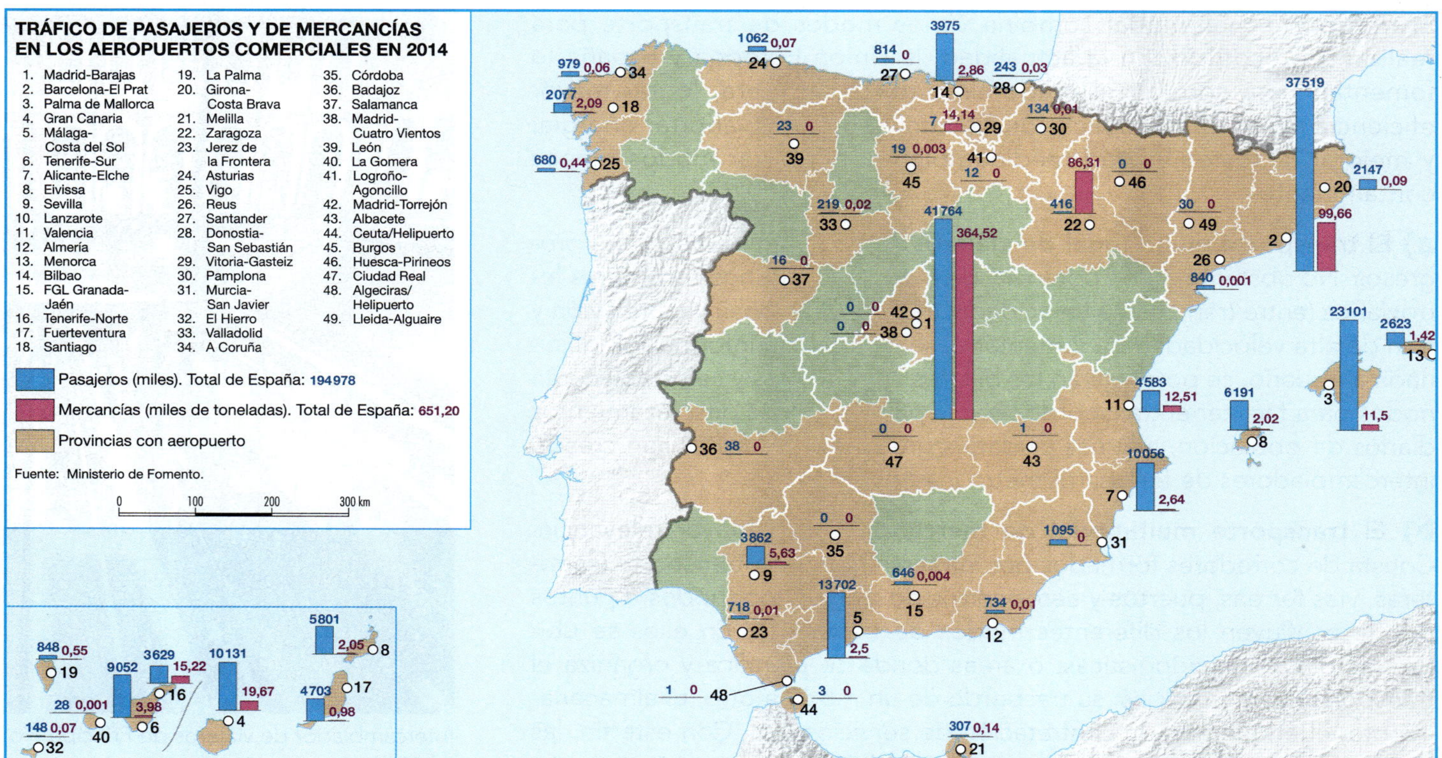

e) Existen desequilibrios territoriales en el tráfico aéreo. Los principales aeropuertos se encuentran en los núcleos urbanos, económicos y turísticos más destacados. Así, Madrid-Barajas actúa como «hub», por la gran extensión urbana de Madrid, y sus funciones como capital, centro financiero y de negocios del país. Barcelona-El Prat funciona como «semi-hub», por el atractivo turístico y de negocios de la ciudad. Los aeropuertos de las ciudades con mayor dinamismo demográfico y económico son aeropuertos troncales, que cuentan con importante tráfico nacional y canalizan el tráfico de su región hacia otros grandes centros regionales (Bilbao, Sevilla, Málaga, Valencia, etc.). Los aeropuertos de las ciudades medias son locales y enlazan con los aeropuertos centrales y con algunos troncales. Baleares y Canarias tienen varios aeropuertos para paliar los problemas de la insularidad y canalizar su importante tráfico turístico.

f) La integración aérea con la Unión Europea se promueve incluyendo todos los aeropuertos de interés general en la Red Transeuropea de Transporte. Además, España participa en el proyecto «Cielo Único Europeo», que pretende armonizar la gestión del tráfico aéreo para hacerla más eficaz. Sus fines son disponer de rutas más cortas; reducir el tiempo de vuelo; ahorrar combustible y, por tanto, emisiones contaminantes; aumentar la puntualidad y la seguridad; y disminuir los costes.

g) Las actuaciones medioambientales se centran en mitigar el ruido mediante «aproximaciones verdes» y el aislamiento acústico de las viviendas próximas; y reducir la contaminación, retirando los aviones más contaminantes y ruidosos y fomentando la investigación respecto a ambos problemas.

Actividades

18 Describe la información que aportan el mapa y el gráfico sobre el transporte aéreo.

19 A partir de la información proporcionada por los correspondientes mapas, analiza la posición de tu comunidad autónoma en el sistema de transportes nacional y europeo: accesibilidad, tipos de redes, calidad, densidad, ventajas e inconvenientes.

4.6. El transporte multimodal

El transporte multimodal combina varios modos de transporte para realizar un recorrido. En la actualidad, la Unión Europea y España lo fomentan para corregir el predominio de la carretera; lograr mayor eficiencia evitando la duplicación de infraestructuras; ahorrar energía; y mejorar la sostenibilidad medioambiental al utilizar modos menos contaminantes.

a) El transporte multimodal de viajeros ha experimentado pocos progresos. No obstante, tiene potencial de mejora en algunos corredores ferroviarios (entre tren de alta velocidad y tren convencional) y entre avión y tren de alta velocidad. Para fomentarlo, se mejorará la información destinada al usuario, se potenciarán los billetes combinados y se establecerán nodos para facilitar el transbordo. Por su parte, para los desplazamientos diarios de población, algunas ciudades grandes y medianas han creado intercambiadores de ferrocarril/metro y autobuses.

b) El transporte multimodal de mercancías tiene mayor relevancia. Consta de corredores formados por infraestructuras de transporte (carreteras, vías férreas, puertos y aeropuertos de carga) y por nodos o puntos donde confluyen los diferentes modos de transporte. En ellos se ubican las plataformas logísticas, o áreas donde se planifica y organiza el transporte de mercancías: su trasbordo de un modo a otro, el almacenamiento, el etiquetado, la contratación de servicios, etc. Con este fin, las plataformas cuentan con oficinas donde se alojan las empresas de logís-

Intercambiador de viajeros de Príncipe Pío, en Madrid.

tica que gestionan el transporte y con instalaciones para transportistas y mercancías. Para evitar la manipulación de la carga durante el transbordo, puede emplearse el transporte intermodal, que traslada la mercancía en una misma unidad de transporte (contenedor) o vehículo (semirremolque, camión completo), que va cambiando de modo.

Las plataformas logísticas pueden ser centros de transporte por carretera; plataformas ferroviarias; ZAL (zonas de actividades logísticas vinculadas a un puerto); puertos secos (terminales multimodales de mercancías en el interior del país con enlaces directos a puertos); terminales ferroportuarias; o centros de carga aérea.

En la actualidad, España aspira a potenciar su posición en las redes logísticas europeas y mundiales. Para ello, se integrará en los corredores intermodales de la Red Transeuropea de Transporte de la UE y tratará de aprovechar su estratégica situación geográfica para convertirse en puerta de entrada a Europa de las mercancías procedentes de América, África y Asia. Entre las actuaciones previstas se encuentran la creación de plataformas logísticas en lugares estratégicos de la red; la mejora de los accesos ferroviarios a ciertos puertos y aeropuertos; y lograr la interoperabilidad de los corredores básicos ferroviarios.

Actividades

20 Explica qué es el transporte multimodal; qué elementos componen la red multimodal de mercancías y cuáles son sus ventajas.

Plataforma logística.

5. Las telecomunicaciones

5.1. Las telecomunicaciones y su importancia

Las telecomunicaciones transmiten información a distancia entre un emisor y un receptor utilizando cables, medios ópticos y otros sistemas electromagnéticos. Desde mediados del siglo XIX, se han perfeccionado continuamente con la sucesiva aparición del telégrafo y el teléfono; la radio y la televisión; los aparatos de vídeo y audio; y el ordenador personal.

Los avances de la informática y de las telecomunicaciones tienen gran importancia en el mundo actual:

- **Permiten acceder, procesar y almacenar grandes cantidades de información; y transmitirla** instantáneamente a través de redes electrónicas o autopistas de la información por las que circulan textos, datos, imágenes y sonidos a gran velocidad (Internet).
- **Ocasionan cambios en todos los ámbitos.** En **la economía** facilitan la coordinación de las empresas y la gestión de todas las actividades y servicios, como el transporte —sistemas inteligentes—, el comercio —comercio electrónico y telepago—, el turismo —organización por Internet—, la enseñanza y la formación —cursos online—, o la sanidad —teleasistencia, telemedicina—. En **la sociedad,** introducen cambios en la forma de trabajar —teletrabajo— y en las relaciones sociales —redes sociales, correo electrónico—. En **la ciencia, la investigación** y **la cultura** facilitan la creación y la transmisión de la información y del conocimiento. Y colaboran al cuidado del **medio ambiente** al mejorar la eficiencia energética de todos los sectores.
- **Impulsan el actual proceso de globalización,** al eliminar el espacio físico entre los lugares. Así, ya no importa tanto tener una posición central en el espacio geográfico, sino disponer de una buena conexión a las redes de telecomunicaciones.

5.2. Características de las telecomunicaciones

a) Las competencias sobre telecomunicaciones en España son exclusivas del Estado. Pero su política está influida por la de la Unión Europea y sus directrices para garantizar la seguridad y la calidad de las redes; mejorar la competitividad y la integración entre sus miembros; y reducir su impacto medioambiental.

b) La red de telecomunicaciones española se ha extendido en los últimos años y ha aumentado el equipamiento de los hogares y las empresas; aunque en menor medida que en otros países avanzados. Consta de una red pública de telefonía universal y de una red de banda ancha que permite la circulación de contenidos electrónicos a alta velocidad.

c) El tráfico por la red se ha incrementado y se ha diversificado con la adición de dispositivos a la conexión y un creciente uso nómada a través de dispositivos portátiles.

d) Existen desequilibrios territoriales y sociales en el acceso a las telecomunicaciones. Las áreas más avanzadas cuentan con redes más densas y de mejor calidad (banda ancha) y con mayor intensidad de flujos, mientras que las áreas menos dinámicas y los espacios rurales tienen carencias más o menos acusadas. Así, Madrid es el nodo principal de la red, que recibe flujos de las demás provincias, mientras que muchas de estas son nodos secundarios de sus subsistemas regionales o de otros sistemas regionales próximos. Además, existen desigualdades en el acceso a la red por parte de ciertos colectivos como las personas discapacitadas y ancianas. Para paliar este problema, todas las nuevas viviendas estarán dotadas de instalaciones y existe un programa de extensión de la banda ancha a zonas rurales y aisladas.

e) La integración en la UE ha supuesto la extensión de las redes transeuropeas de telecomunicaciones, sobre todo las de banda ancha; y el incremento de la competencia mediante la liberalización del mercado de las telecomunicaciones y la interoperabilidad.

f) El impacto medioambiental de las telecomunicaciones es reducido y se centra en las emisiones realizadas en la producción de los equipos y en su eliminación. Para mitigarlo, se fomenta el reciclaje de dispositivos.

Actividades

21 Pon ejemplos del uso de las nuevas tecnologías de la comunicación en la vida cotidiana. Emite un juicio crítico sobre sus ventajas y posibles inconvenientes.

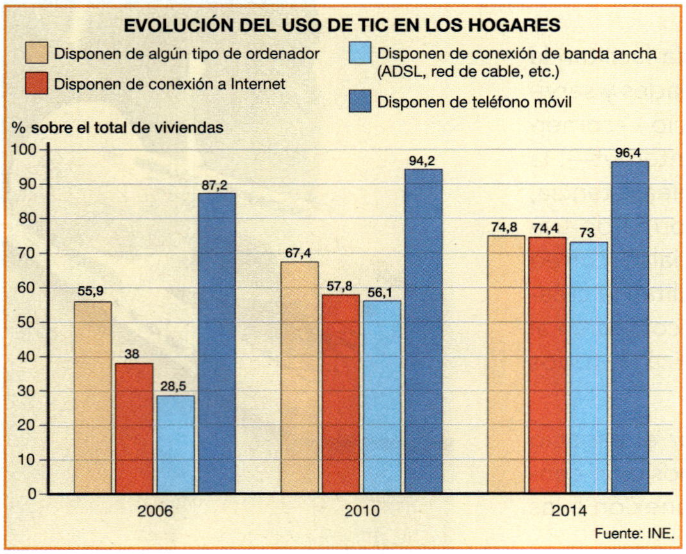

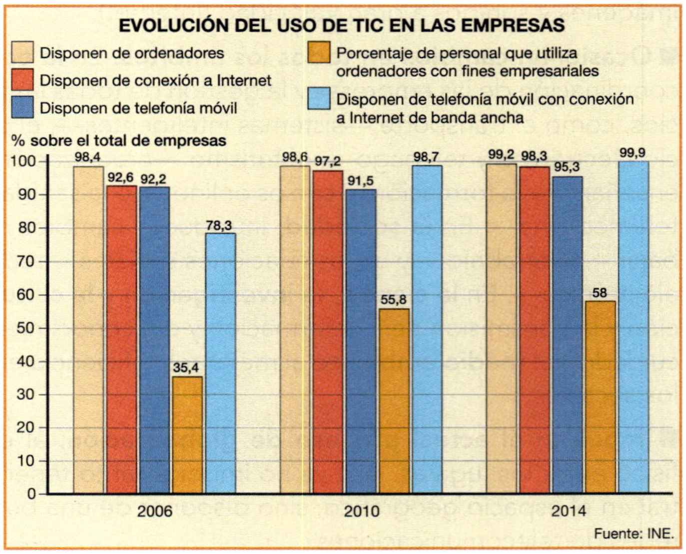

4 Los espacios turísticos

1. El turismo y su importancia

El turismo es el conjunto de actividades desarrolladas por las personas en los viajes y estancias realizados fuera de su entorno habitual por motivos de ocio, negocio u otras razones, durante un periodo de tiempo inferior a un año. Cuando los visitantes realizan una estancia inferior a 24 horas se consideran excursionistas; si pernoctan y la estancia supera las 24 horas, se consideran turistas propiamente dichos.

El turismo incluye tres modalidades: el turismo receptor procedente del extranjero; el turismo interno realizado por los nacionales en el interior del país; y el turismo emisor constituido por nacionales que viajan al extranjero.

En la actualidad, España es una gran potencia turística. Así, en 2014, ocupaba la tercera posición mundial en turistas recibidos y la segunda en ingresos percibidos.

Llegada de turistas internacionales

Rango	Millones 2014	Variación (%) 14/13
1. Francia	83,7	0,1
2. EE. UU.	74,8	6,8
3. España	65,0	7,1
4. China	55,6	−0,1
5. Italia	48,6	1,8
6. Turquía	39,8	5,3
7. Alemania	33,0	4,6
8. R. Unido	32,6	5,0
9. Rusia	29,8	5,3
10. México	29,1	20,5

Fuente: Organización Mundial del Turismo.

2. Evolución del turismo y de sus factores

Desde sus inicios, a mediados del siglo XIX, hasta la década de 1960, el turismo en España fue escaso. Hasta el primer tercio del XX fue una actividad minoritaria, propia de la aristocracia y de la burguesía; y después, el aislacionismo internacional del régimen de Franco tampoco lo favoreció.

Sin embargo, desde la década de 1960, el turismo ha alcanzado un enorme desarrollo y se ha convertido en un fenómeno de masas. Los factores de este auge han sido diversos y han ido cambiando con el tiempo, dando lugar a modificaciones del modelo turístico.

2.1. El modelo turístico tradicional y sus factores

Entre la década de 1960 y la crisis de 1975, el turismo español experimentó un fuerte crecimiento.

Los factores de este desarrollo fueron externos e internos.

a) Los factores externos:

- **El desarrollo económico de Europa occidental y septentrional** tras la Segunda Guerra Mundial incrementó la clase media y permitió a los trabajadores disfrutar de tiempo libre y de dinero para el ocio. Para ello, resultaron esenciales la generalización de las vacaciones pagadas y la incorporación de la mujer al mercado laboral.
- **El progreso del transporte** facilitó el traslado: se abarató el avión, mejoró la red ferroviaria y de carreteras, y se generalizó el uso del automóvil.

b) Los factores internos del auge turístico en la década de 1960 fueron:

- **La proximidad geográfica** de España a la clientela europea.
- **Los excelentes recursos naturales,** especialmente los relacionados con el turismo de «sol y playa»: veranos calurosos y secos y excelentes playas.
- **Los recursos culturales,** que actuaron como complemento de los anteriores: sitios arqueológicos, ciudades históricas, monumentos, tradiciones, folclore, gastronomía.
- **El bajo coste** debido a la devaluación de la peseta en 1959.

Actividades

22 Utilizando los datos de la tabla, realiza un gráfico de barras con el rango de las principales potencias turísticas por número de turistas internacionales e ingresos turísticos. Indica cuáles son los principales competidores europeos y extraeuropeos de España.

Ingresos por turismo internacional (miles de millones de $)

Rango	2014	Variación (%) 14/13
1. EE. UU.	177,2	2,5
2. España	65,2	4,2
3. China	56,9	10,2
4. Francia	55,4	−2,3
5. Macao	50,8	−1,9
6. Italia	45,5	3,7
7. R. Unido	45,3	10,3
8. Alemania	43,3	5,0
9. Tailandia	38,4	−8,0
10. Hong Kong	38,4	−1,4

Fuente: Organización Mundial del Turismo.

■ **La existencia de infraestructuras y servicios** adecuados: complejos hoteleros, servicios de restauración y agencias de viajes.

■ **La política estatal** normalizó las relaciones internacionales, realizó infraestructuras y llevó a cabo una intensa propaganda de España como destino turístico, dado que se vio en el turismo el medio de financiar la industrialización y de equilibrar el déficit comercial. Este hecho explica las «prisas» en la ejecución de las infraestructuras, que en la mayoría de los casos se realizaron sin atender a sus impactos medioambientales.

El modelo turístico implantado en la década de 1960 fue el turismo de masas de «sol y playa». Se caracteriza por una oferta turística abundante y barata, dirigida a una demanda masiva y homogénea, de poder adquisitivo medio o medio bajo, muy concentrada temporalmente en verano y espacialmente en las zonas de sol y playa del Mediterráneo y de Canarias. También son rasgos característicos de este modelo la despreocupación por el impacto medioambiental de esta actividad y la dependencia de turoperadores* internacionales en la comercialización del turismo.

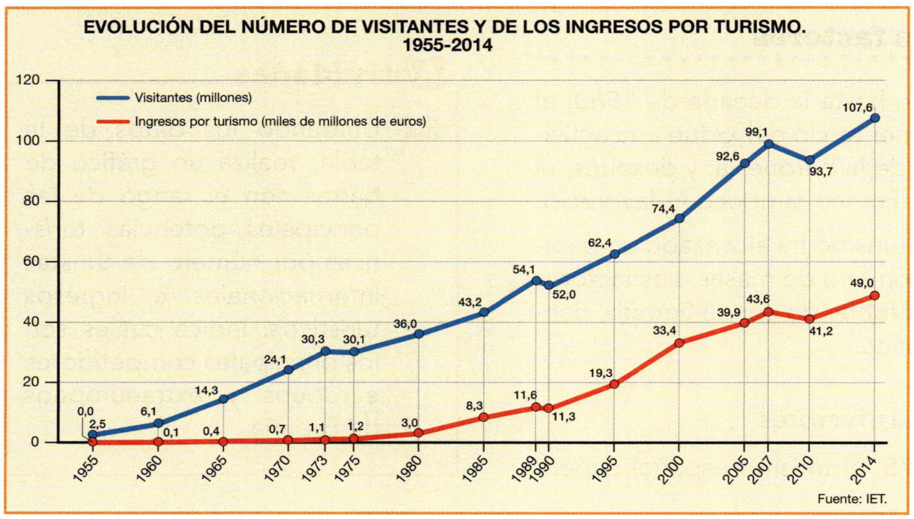

2.2. La crisis del modelo turístico tradicional

Entre 1975 y 1985, el turismo español atravesó una crisis. Aunque crecieron el número de turistas y los ingresos turísticos, el ritmo fue menor que el mundial. Los **factores** de esta situación fueron:

■ **Factores coyunturales:** la crisis económica mundial motivada por la subida del precio del petróleo.

■ **Factores de fondo:**

■ **Los problemas de la oferta turística española.** Los precios se encarecieron por la subida de la inflación y de los salarios, sin un aumento paralelo de la calidad. Además, faltaba adaptación a una demanda, que se hacía cada vez más diversa (jóvenes, jubilados) y escalonada a lo largo del año, exigiendo una mayor variedad de modalidades turísticas.

■ **La demanda creciente de calidad medioambiental,** ante el deterioro de algunos destinos.

■ **La aparición de nuevos destinos turísticos competidores** en áreas próximas (norte de África, Balcanes) y en áreas alejadas (Caribe, sureste asiático y Oceanía).

Vocabulario

Turoperador: compañía mayorista que integra todas las fases del negocio turístico: contrata alojamiento y transporte para los turistas y llega a controlar los precios, los gustos y las decisiones de la clientela. Debido a la actuación de los turoperadores internacionales, una parte importante del gasto total de los turistas queda fuera de España.

En la década de 1960 se impuso en España el modelo de turismo de masas, basado en una demanda masiva, de nivel medio, cuyo destino principal fueron las áreas de sol y playa del Mediterráneo y de Canarias.

2.3. La reconversión hacia un nuevo modelo turístico y sus factores

A partir de 1985, se recuperó el ritmo ascendente de turistas e ingresos turísticos, excepto durante los periodos de crisis económicas, como los primeros años de la década de 1990 y de la crisis de 2008.

Los factores de este nuevo auge han sido:

- El ingreso de España en la Europa comunitaria.
- La inestabilidad política en otras zonas competidoras (Balcanes y países musulmanes del norte de África).
- Factores demográficos como el incremento de la esperanza de vida; y factores fisiológicos y psicológicos, como la necesidad de la población urbana de actividades nuevas frente a la rutina laboral y el ambiente agitado y contaminado de las ciudades.
- El crecimiento del turismo interno gracias a la mejora del nivel de vida.
- El inicio de la reconversión hacia un nuevo modelo turístico basado en la calidad y la sostenibilidad.

El nuevo modelo turístico se orienta a una oferta de calidad basada en la mejora de los servicios y de las infraestructuras; dirigida a una demanda menos numerosa y más diversa; con mayor poder adquisitivo que compense su reducción numérica; y mejor repartida en el tiempo y en el espacio gracias a la oferta de modalidades alternativas al sol y playa. El nuevo modelo se propone también conseguir la sostenibilidad medioambiental o equilibrio entre el desarrollo turístico y la conservación medioambiental; reducir la dependencia de los turoperadores internacionales creando agencias españolas; y promocionar el turismo por las administraciones públicas con el fin de crear una imagen de España como destino turístico de calidad y hacer frente a la competencia de otros países.

Esta reconversión turística todavía no ha terminado, por lo que en la actualidad sigue predominando el modelo masivo de sol y playa. Este hecho determina en buena parte las características, la localización y las repercusiones del turismo; y orienta la política turística a favorecer la consolidación del nuevo modelo.

El turismo de calidad incluye la diversificación de la oferta y la sostenibilidad medioambiental o equilibrio entre la rentabilidad económica y el respeto y la conservación del medio ambiente.

3. Características del turismo español

3.1. La oferta turística

La oferta turística es el conjunto de servicios puestos a disposición del turista. Destacan los vendedores del producto y las instalaciones turísticas.

a) Los vendedores del producto son las instituciones que promocionan el turismo en ferias internacionales y en oficinas instaladas en diversos países; y las agencias de viajes, que contratan los servicios para los turistas.

b) Las instalaciones turísticas cubren las necesidades de alojamiento, manutención y recreo del turista.

- **La oferta de alojamiento** es muy amplia y se concentra en el litoral mediterráneo peninsular, Baleares y Canarias, aunque crece en el interior peninsular. En 2014 incluía 1,7 millones de plazas en establecimientos hoteleros (hoteles, hostales y pensiones), en su mayoría de categoría media; y 1,4 millones de plazas en establecimientos extrahoteleros (campings, apartamentos turísticos y alojamientos de turismo rural).

Actividades

23 Realiza un cuadro comparativo de las etapas del desarrollo del turismo en España: factores y modelo turístico.

24 Busca una imagen representativa del modelo turístico tradicional y del nuevo modelo turístico y comenta las diferencias que aprecias.

■ **La oferta de manutención** incluye los servicios de restauración, como restaurantes, cafeterías y bares. Los más visitados son los de dos tenedores, dado el nivel medio del turista.

■ **La oferta de recreo** comprende instalaciones deportivas, parques recreativos y de agua, clubes hípicos y de golf, instalaciones náuticas, estaciones de esquí, parques nacionales y naturales, etc.

3.2. La demanda turística

La demanda turística es el colectivo que solicita los servicios turísticos. Inicialmente estuvo dominada por el turismo extranjero. Sin embargo, en la actualidad, la demanda interna desempeña un destacado papel.

a) La demanda extranjera responde sobre todo a motivos de ocio y vacaciones. Procede en su mayoría de Europa (Reino Unido, Alemania, Francia, Italia y países nórdicos). Se concentra en las zonas de sol y de playa de Cataluña, Canarias y Baleares, seguidas de Andalucía y de la Comunidad Valenciana, por lo que presenta una fuerte estacionalidad* en verano. Recurre con más frecuencia a la reserva de servicios y al paquete turístico* —aunque crece la contratación directa debido al uso de Internet y a los vuelos de bajo coste— y prefiere el alojamiento hotelero, aunque se está incrementando el extrahotelero.

b) La demanda nacional añade a las motivaciones de ocio y vacaciones, las visitas a familiares y amigos. Procede en su mayoría de Madrid, Cataluña, Andalucía y la Comunidad Valenciana. Se concentra menos en el espacio porque, aunque prefiere las zonas de sol y playa de Cataluña, la Comunidad Valenciana y Andalucía, acude también a las costas del norte peninsular, a los pueblos del interior y a las zonas de montaña. Además, presenta menor estacionalidad estival, por la tendencia creciente a escalonar las vacaciones; el desarrollo del turismo de invierno, Semana Santa, puentes y fines de semana; y el aumento del turismo social y de la tercera edad. En general, viaja sin reserva o contrata directamente los servicios turísticos, y prefiere el alojamiento extrahotelero, como viviendas de familiares y amigos, segundas residencias, o apartamentos.

Vocabulario

La estacionalidad turística es la concentración de la demanda turística en ciertos meses del año.

El paquete turístico o reserva completa es la reserva previa del viaje que combina al menos dos de estos elementos: alojamiento, transporte y servicios adicionales (visitas organizadas, entradas para espectáculos, etc.) vendida a un precio global e indivisible a través de una agencia de viajes o turoperador. Así, el paquete turístico engloba en un único precio todos los servicios que incluye.

Actividades

25 Comenta la información sobre la oferta y la demanda turística que proporcionan los gráficos.

26 Compara en un cuadro las características de la demanda turística extranjera y la nacional.

27 Busca información gráfica, estadística y cartográfica que ilustre las diferencias entre el turismo extranjero y el nacional. Puedes encontrar información en el INE.

EVOLUCIÓN DEL NÚMERO DE PLAZAS HOTELERAS (*). 1960-2015

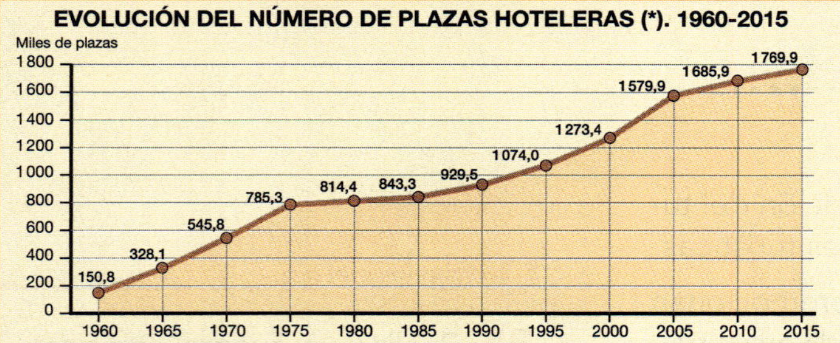

(*) La cifra corresponde al mes del año con mayor oferta. Fuente: INE.

ESTACIONALIDAD DEL TURISMO NACIONAL Y EXTRANJERO EN 2014

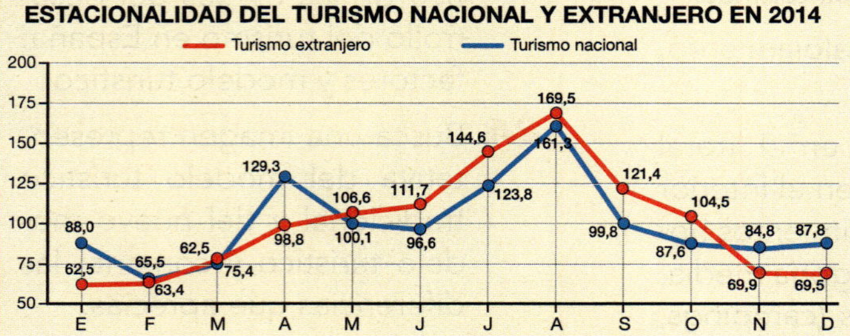

Fuente: INE.

PLAZAS HOTELERAS POR COMUNIDADES AUTÓNOMAS (*). 2015

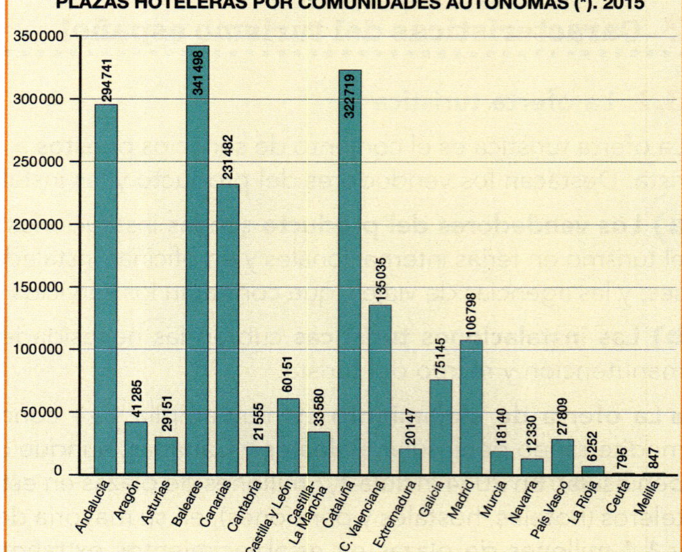

(*) La cifra corresponde al mes del año con mayor oferta. Fuente: INE.

4. Los tipos de turismo

Los tipos de turismo siguen estando encabezados en España por el de sol y playa, aunque desde la década de 1990 cobran importancia creciente otras modalidades, que aprovechan la diversidad de recursos turísticos de España.

Las causas de este hecho son la demanda por la clientela de diversidad y de espacios menos saturados; el incremento del turismo nacional a lo largo del año (fines de semana y puentes); y la promoción del turismo como estrategia para el desarrollo de áreas desfavorecidas, como las rurales y de montaña.

a) El turismo de borde de agua tiene como modalidad mayoritaria el turismo costero de sol y playa, aunque existen otras ligadas a ríos, lagos, y embalses. En estas zonas pueden practicarse deportes náuticos, como la natación, el remo, la vela, el surf, o la motonáutica; la pesca; descensos fluviales en canoa, etc.

Además, está cobrando mucho auge el turismo termal o de balneario, en zonas con aguas mineromedicinales, que combinan la cura medicinal con el descanso en lugares apacibles. Esta modalidad tuvo gran éxito en el siglo XIX y principios del XX entre las clases adineradas europeas, decayó luego, y ha vuelto a resurgir en la actualidad entre viajeros de todas las edades.

b) El turismo de montaña es principalmente un turismo de nieve ligado al deporte del esquí. Pero la montaña, por sus valores paisajísticos y sus características, se presta también a la práctica de numerosas actividades: excursionismo, senderismo, alpinismo, barranquismo, y deportes de aventura.

c) El turismo ecológico o ecoturismo se centra en la visita a espacios naturales protegidos, como parques nacionales o naturales. En ellos se combina la protección medioambiental con el uso recreativo sujeto a las reglamentaciones establecidas.

d) El turismo rural incluye el alojamiento y la estancia en áreas rurales. Permite disfrutar del descanso, la tranquilidad y la calidad medioambiental; y practicar numerosas actividades: contacto con las labores agrarias tradicionales; visita a agromuseos; compra de productos alimenticios y artesanales tradicionales, etc.

e) El turismo urbano es principalmente un turismo cultural dirigido a las ciudades con patrimonio histórico, artístico y cultural, o declaradas patrimonio de la humanidad (Ávila, Salamanca, Segovia, Toledo, Córdoba). En ellas pueden realizarse recorridos urbanos por los centros históricos y visitas a monumentos, museos y exposiciones culturales.

Además, está cobrando auge el turismo urbano de negocios en torno a ferias, exposiciones y congresos, y a otras actividades complementarias como las fiestas, el folclore y la gastronomía.

f) Otras modalidades turísticas emergentes son el geoturismo en áreas de interés geológico o paleontológico; las visitas a lugares destacados por su patrimonio minero e industrial; el turismo de cruceros, y el turismo de compras.

Actividades

28 Enumera los recursos naturales y culturales de los que dispone España para la implantación de las distintas modalidades turísticas.

29 Confecciona un cuadro con los tipos de turismo, indicando el tipo de actividades que pueden realizarse en cada uno de ellos.

30 Busca fotografías representativas de cada una de las modalidades turísticas y redacta un breve pie para cada una de ellas.

El turismo urbano puede ser cultural, dirigido a ciudades con patrimonio histórico, artístico y cultural; o de negocios, en torno a ferias, exposiciones y congresos y a otras actividades complementarias. En la imagen, turistas en la Alhambra de Granada.

5. Los espacios turísticos

Los espacios turísticos son zonas de elevada densidad turística.

De acuerdo con su dimensión, pueden ser **áreas turísticas,** de gran amplitud, que atraen numerosos turistas extranjeros o nacionales; **o puntos turísticos,** que son focos aislados, ligados a atractivos concretos, como las estaciones de esquí, los centros de turismo rural y las ciudades históricas.

De acuerdo con su uso, todos estos espacios turísticos pueden ser **de temporada,** si su estacionalidad es superior a la media (Cataluña y Baleares); o **especialmente turísticos,** por contar con estancias prolongadas (Canarias, Málaga, Alicante), o con visitas puntuales, pero sin notoria estacionalidad, relacionadas con su patrimonio histórico (Granada, Córdoba, Sevilla, Toledo).

5.1. Espacios turísticos de alta densidad

Las áreas de España con mayor densidad turística son las especializadas en sol y playa, y Madrid.

a) Las áreas turísticas de sol y playa son las islas Baleares y Canarias, y la costa mediterránea peninsular. Todas ellas reciben una importante afluencia turística basada en sus favorables características climáticas y en sus excelentes playas. No obstante, presentan diferencias entre sí en cuanto al modelo de ocupación del espacio por las instalaciones turísticas (integradas en los núcleos de población preexistentes o creadas de nueva planta) y en cuanto a los tipos de alojamiento (de baja o alta densidad, de categoría media o alta, etc.).

b) Madrid, la capital administrativa y financiera del Estado, apenas posee estacionalidad turística y alberga una importante oferta hotelera destinada al turismo cultural y a un creciente turismo de negocios en torno a ferias, exposiciones, congresos y convenciones.

Turistas en el museo del Prado, en Madrid.

5.2. Espacios turísticos de media y baja densidad y puntos turísticos

Las áreas turísticas con densidades medias y bajas y los puntos turísticos están relacionadas con la difusión del turismo de sol y playa hacia espacios litorales o prelitorales próximos y con el crecimiento de otras modalidades turísticas diferentes al sol y playa.

a) Ciertos tramos del litoral y prelitoral mediterráneo y suratlántico se han incorporado al turismo de sol y playa como resultado de la reestructuración de los espacios costeros tradicionales y de la demanda de espacios menos saturados.

b) El litoral gallego y cantábrico ofrece áreas costeras e interiores no masificadas y destacados paisajes rurales y naturales.

c) Los puntos turísticos más visitados son las estaciones de esquí, los centros de turismo rural y las ciudades históricas y artísticas. En estas últimas predominan la estancias cortas de fines de semana y puentes y las visitas dentro de viajes de ocio.

Actividades

31 Pon ejemplos de áreas y puntos turísticos de España. Explica las diferencias entre ambos.

32 Observa el mapa y deduce las causas y las consecuencias de las diferencias en la densidad turística.

33 Explica qué se entiende por difusión turística; y cuáles son las motivaciones y las repercusiones de este hecho.

34 Localiza tu comunidad autónoma en el mapa de áreas turísticas. Cita cuáles son sus principales áreas y/o puntos turísticos y las razones de su atractivo turístico.

6. Las repercusiones del turismo

El turismo ocasiona importantes repercusiones en las áreas receptoras. Su intensidad es mayor en las zonas turísticas tradicionales del litoral, pero afectan también al resto de las áreas.

6.1. Repercusiones demográficas

- **En las áreas litorales,** el turismo incrementa los efectivos demográficos. En unos casos con adultos jóvenes que buscan trabajo y, en otros, con adultos o jubilados, establecidos de forma permanente por motivos empresariales, terapéuticos, o de ocio.
- **En ciertas áreas rurales y de montaña y en algunas ciudades históricas en declive,** el turismo ha frenado el despoblamiento.

6.2. Repercusiones en el poblamiento

- **En el litoral,** el turismo extiende el poblamiento urbano y favorece la formación de conurbaciones. Además, suele provocar alta densidad de construcción y especulación del suelo.
- **En algunos espacios rurales, de montaña, y urbanos,** el turismo ha colaborado a la rehabilitación del patrimonio edificado.

Complejo turístico en Gran Canaria.

6.3. Repercusiones económicas

■ **El turismo crea empleo. En España genera en torno al 12 % de la ocupación** (2014), tanto en servicios turísticos como mixtos, para turistas y no turistas, dado que muchos no pueden mecanizarse y requieren mano de obra abundante y poco cualificada, que es la más afectada por el paro. No obstante, gran parte de este empleo es estacional.

■ **Proporciona riqueza.** El turismo aporta en torno al 11 % del PIB (10,9 % en 2014); y frena el endeudamiento externo (en 2014 cubrió con su superávit el 276 % del déficit comercial). Sin embargo, a veces ocasiona una subida excesiva de los precios que repercute negativamente en la población residente.

■ **Influye en las actividades económicas de las áreas turísticas.** En unos casos, ejerce un efecto multiplicador, pues la demanda turística impulsa otras actividades (agricultura, industria, construcción, transporte y comercio); o revitaliza la artesanía y otras actividades tradicionales locales. En cambio, en otros casos, el turismo ocasiona una excesiva especialización en las actividades más demandadas por los turistas, favoreciendo el abandono de las tradicionales, como las agrarias; o entra en conflicto con otras actividades por el uso de ciertos recursos naturales como el suelo o el agua.

■ **Mejora la dotación de servicios, equipamientos e infraestructuras** como los transportes. Así, el turismo ha sido determinante en la creación de la autopista del Mediterráneo, que une las áreas receptoras con las emisoras europeas. También ha contribuido a ampliar y modernizar algunos aeropuertos y a potenciar los vuelos irregulares o chárter, que abaratan los costes y adaptan su frecuencia e itinerarios a la demanda. Asimismo, ha aumentado la capacidad portuaria para embarcaciones recreativas y deportivas, por su atractivo para el turismo de más nivel. No obstante, una masiva afluencia de turistas puede saturar el uso de estos servicios e infraestructuras en ciertas épocas del año, mientras que en otras épocas se encuentran infrautilizadas.

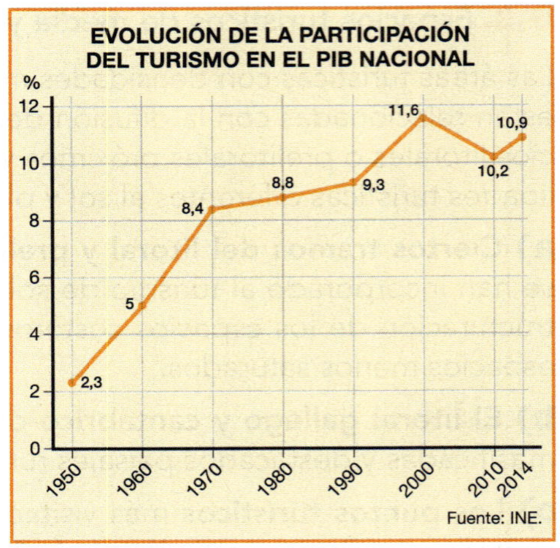

6.4. Repercusiones políticas, culturales y sociológicas

El turismo fomenta el acercamiento político entre los pueblos y el contacto entre diferentes sociedades y culturas. Este hecho repercute positivamente cuando potencia la visibilidad internacional de España y favorece el entendimiento político y la modernización social; y negativamente cuando supone la pérdida de costumbres y las señas de identidad propias.

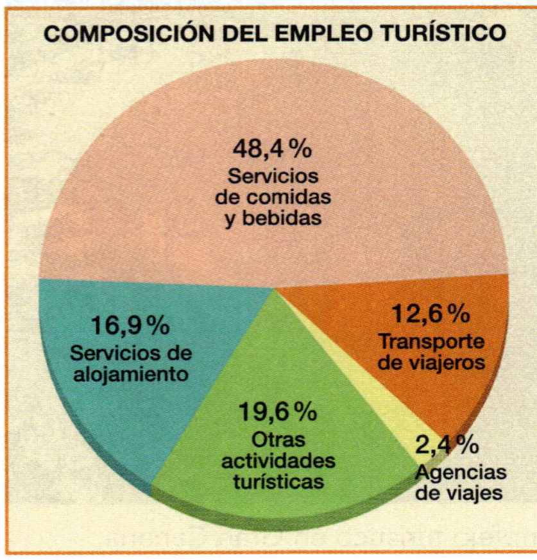

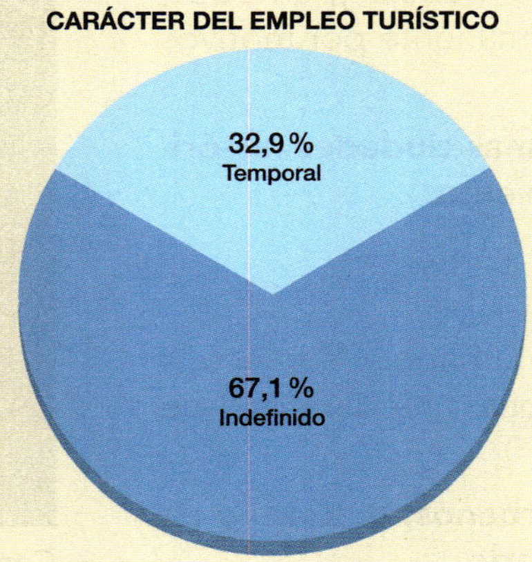

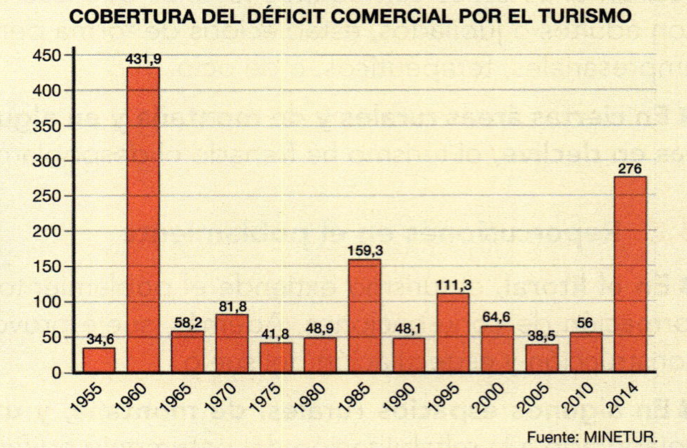

6.5. Repercusiones en la ordenación del territorio

El turismo tiende a ordenar el espacio próximo en función de sus necesidades.

■ **En el litoral** convierte el entorno en superficies recreativas (complejos deportivos, parques de atracciones) o de abastecimiento (agua, alimentos, materiales de construcción). Este hecho altera el entorno con la construcción de las infraestructuras exigidas: pantanos, canteras, movimientos de tierra para el transporte, etc.

■ **En las áreas rurales y de montaña y en los cascos antiguos de las ciudades históricas** puede favorecer el abandono de algunas actividades tradicionales e impulsar la especialización del espacio en otras al servicio del turista: artesanía local, recuerdos, alojamientos, restaurantes.

6.6. Repercusiones medioambientales

■ **En las áreas litorales,** las repercusiones medioambientales del turismo provienen de su fuerte desarrollo en poco tiempo, en un espacio reducido, y en un momento en el que apenas existía preocupación medioambiental. Las consecuencias fueron el levantamiento de grandes bloques de hoteles y apartamentos junto a las playas; la urbanización incontrolada en espacios naturales de gran valor, con la destrucción de bosques y de ecosistemas; la contaminación atmosférica, de las aguas y de las playas; el exceso de ruido; y la acumulación de un gran volumen de residuos.

■ **En las áreas rurales y de montaña y en los cascos antiguos de las ciudades históricas,** las repercusiones medioambientales del turismo han sido menores. Sin embargo, en ocasiones también ha producido efectos indeseados, como la alteración de paisajes agrarios tradicionales; la deforestación y aumento de la erosión en las zonas de montaña donde se construyen estaciones de esquí; la presión sobre los recursos naturales; y el deterioro del patrimonio histórico y cultural.

Actividades

35 Compara las repercusiones positivas y las negativas del turismo.

36 Indica las repercusiones que puede tener el turismo en las zonas o puntos turísticos basados en atractivos diferentes al sol y playa.

37 Busca imágenes representativas de las diferentes repercusiones del turismo y redacta un pie para cada una de ellas.

7. Los problemas del turismo y la política turística

El turismo español sufre en la actualidad algunos problemas derivados del predominio del modelo tradicional y de la competencia de otros países. La política turística trata de resolverlos en coordinación con las comunidades autónomas, que tienen competencia sobre esta actividad; y con la Unión Europea, que trata de impulsarlo como forma de crear empleo, atraer divisas y redistribuir las rentas entre los estados miembros.

7.1. El predominio del modelo turístico tradicional y el fomento de un nuevo modelo

El modelo turístico de sol y playa sigue siendo el predominante. Sus problemas tratan de atajarse fomentando un nuevo modelo basado en la calidad y la sostenibilidad.

■ **El predominio de la oferta abundante y barata** trata de reorientarse hacia una **oferta de calidad.** Sus bases son la mejora de las infraestructuras con proyectos de modernización integral de los destinos maduros; y la mejora de los servicios a través de la formación profesional en el sector.

Punto de información turística en Santa Cruz de Tenerife.

- **La clientela masiva y homogénea de poder adquisitivo medio y bajo** trata de contrarrestarse con la búsqueda de una clientela **menos numerosa y más diversificada, de mayor poder adquisitivo,** que compense su reducción numérica.
- **La concentración espacial y estacional del turismo** ocasiona una excesiva aglomeración en ciertas áreas; y una saturación estival de las infraestructuras con pérdida de calidad, mientras que su escaso uso el resto del año dificulta la amortización del capital invertido. Por tanto, es necesario promover un **mejor reparto espacial y temporal** del turismo, mediante la oferta de modalidades alternativas al sol y playa, como el turismo de compras; y mediante la incorporación de nuevas clientelas menos estacionales, como la de la tercera edad.
- **La dependencia de los turoperadores extranjeros** que reduce los beneficios económicos trata de solucionarse **mejorando la comercialización** del turismo. Para ello, se fomenta la creación de turoperadores nacionales y el uso de las nuevas tecnologías, como Internet, para facilitar una participación más directa de la clientela en la organización de su viaje: información, realización de reservas y compras.

El turismo español se promociona en ferias internacionales, como FITUR, celebrada anualmente en Madrid.

7.2. El aumento de la competencia internacional y el impulso de la promoción

El turismo español se enfrenta también a un aumento de la competencia de otros países debido a la mejora de los medios de transporte y a la búsqueda de destinos no masificados.

Este problema trata de contrarrestarse mediante la renovación turística; la promoción del turismo en ferias internacionales (FITUR, Berlín), oficinas turísticas en países extranjeros y redes sociales; los planes para atraer a mercados emergentes; la fidelización de la clientela, generando incentivos a la repetición; y el asociacionismo de las empresas turísticas.

Así, a pesar de los problemas señalados, España ha incrementado su competitividad turística y en 2015 lideraba por primera vez el ranking de competitividad en viajes y turismo establecido por el Foro Económico Mundial, en el que participaban 141 países.

Actividades

38 Sintetiza en un cuadro los problemas del turismo español y las medidas adoptadas por la política turística para solucionarlos.

Índice de competitividad del turismo, 2015

Rango	País/Economía	Valor	Rango	País/Economía	Valor
1	España	5,31	11	Singapur	4,86
2	Francia	5,24	12	Austria	4,82
3	Alemania	5,22	13	Hong Kong	4,68
4	Estados Unidos	5,12	14	Países Bajos	4,67
5	Reino Unido	5,12	15	Portugal	4,64
6	Suiza	4,99	16	Nueva Zelanda	4,64
7	Australia	4,98	17	China	4,54
8	Italia	4,98	18	Islandia	4,54
9	Japón	4,94	19	Irlanda	4,53
10	Canadá	4,92	20	Noruega	4,52

Fuente: World Economic Forum.

El índice de competitividad de viajes y turismo (TTCI), elaborado por el Foro Económico Mundial, se basa en cuatro subíndices, divididos en 14 pilares y 90 indicadores. Los cuatro subíndices incluyen: 1. Entorno turístico propicio (ambiente para los negocios, seguridad, salud e higiene, recursos humanos y mercado de trabajo y TIC); 2. Política y condiciones favorecedoras del turismo (prioridad hacia el turismo, apertura internacional, competitividad de los precios, sostenibilidad ambiental); 3. Infraestructuras (de transporte e instalaciones turísticas); y 4. Recursos naturales y culturales del país. La puntuación resultante de la ponderación de los cuatro subíndices se encuentra entre 1 y 7. En 2015, con 5,31 puntos, España lideraba por primera vez el ranking de los 141 países seleccionados ascendiendo desde el puesto 15 que ocupaba en 2007, cuando este índice se elaboró por primera vez entre 124 países.

5 El comercio

1. El comercio interior

El comercio es el intercambio de mercancías y servicios entre productores y consumidores. El comercio interior, dentro de las fronteras del país, es una actividad importante en España: cuenta con más de 850 000 establecimientos, emplea a casi tres millones de personas y aporta en torno al 22 % del PIB.

El comercio es la actividad del sector terciario con mayor peso en la ocupación y en el PIB. Desde 1980 ha experimentado grandes cambios en la oferta y la demanda.

1.1. Características y cambios del comercio interior

Desde la década de 1980, el comercio interior ha experimentado cambios tan profundos que se han calificado como «revolución comercial».

a) La oferta se ha diversificado para llegar a más consumidores; y ha introducido **nuevas formas de venta,** como el autoservicio y las grandes superficies comerciales.

b) La demanda también ha experimentado numerosos cambios.

- Un **aumento de la capacidad de compra,** debido al incremento de la renta familiar y al trabajo de la mujer fuera del hogar.
- Una **diversificación de la clientela** en edad (aumento del envejecimiento); sexo (incorporación del hombre a la tarea de comprar); procedencia (incremento de la inmigración), y localización (crecimiento de las periferias urbanas).
- Un **cambio en los hábitos de compra:** tiende a asociarse al ocio; se reduce el gasto en alimentación en favor de otros productos; y disminuye la frecuencia de compra a causa del ritmo de vida actual, la creciente incorporación de la mujer al trabajo, la generalización del automóvil, que permite cargar un gran volumen, y la posibilidad de conservar los productos perecederos en frigorífico y congelador.
- Una **gran influencia de la publicidad,** el servicio, la calidad y las marcas, a las que la clientela suele ser más fiel que al establecimiento comercial.
- Una **mayor información** sobre los productos y los derechos de los consumidores (publicidad engañosa, garantía, devoluciones).

c) Se han incorporado las nuevas tecnologías en el equipamiento comercial (datáfono, lectores ópticos de códigos de barras, ordenadores); en la compra (máquinas automáticas, Internet) y en el pago (tarjetas).

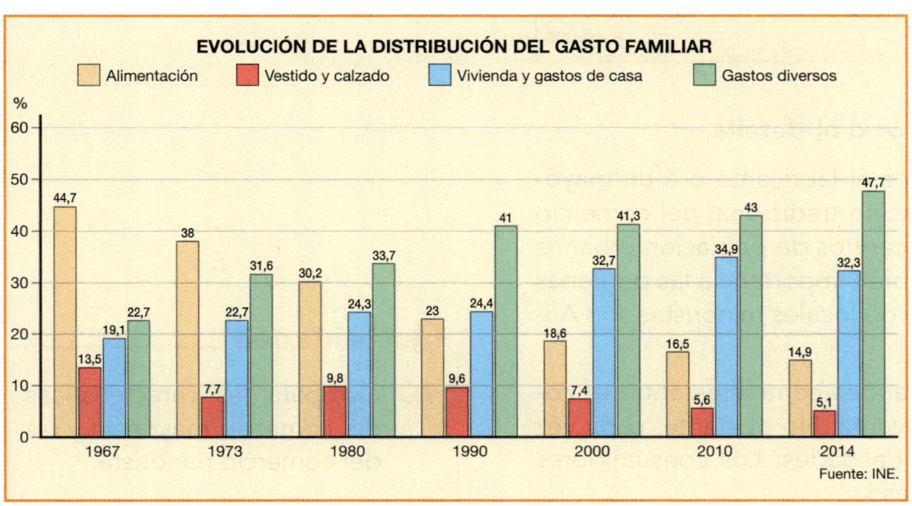

En la demanda de productos comerciales, se ha reducido la importancia de la alimentación en favor de otros bienes, especialmente de la vivienda.

Actividades

39 Sintetiza en un esquema o en un cuadro las transformaciones recientes en la demanda y en la oferta comercial.

El comercio mayorista se localiza en emplazamientos estratégicos respecto a las áreas productoras y consumidoras de mercancías, en las afueras de las ciudades.

El comercio mayorista vende las mercancías en pequeños lotes a minoristas y otros clientes en autoservicios *cash and carry* (paga y lleva).

1.2. El comercio mayorista o al por mayor

El comercio mayorista compra los productos al fabricante o a otro mayorista, los almacena y los vende al comercio minorista, no a los consumidores. La localización de los almacenes mayoristas busca emplazamientos estratégicos respecto a las áreas productoras y consumidoras de mercancías y, dentro de ellas, prefiere las afueras de las ciudades. Las comunidades con mayor peso de locales mayoristas son Cataluña, Madrid y Andalucía.

La forma de venta mayorista más habitual es el ***cash and carry*** (paga y lleva) o venta de pequeños lotes mediante autoservicio a minoristas o a otros clientes (bares, hoteles, hospitales). No obstante, últimamente crece la venta al consumidor final.

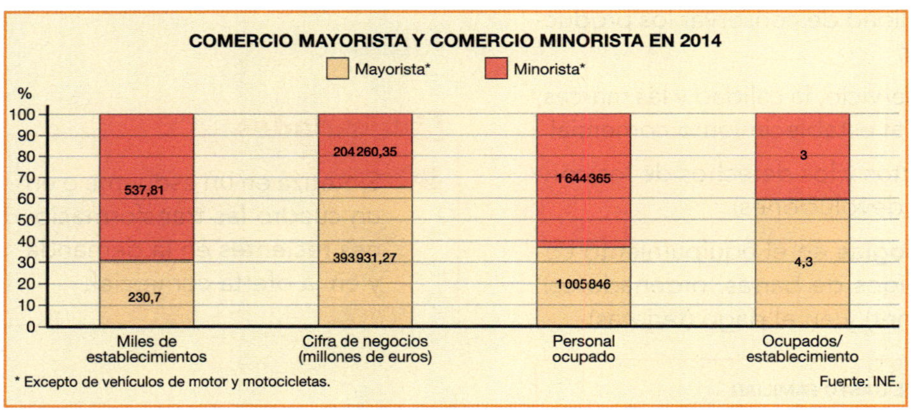

1.3. El comercio minorista, al por menor o al detalle

El comercio minorista compra los productos al fabricante o a un mayorista y los vende al consumidor. La localización tradicional del comercio minorista son los bajos comerciales de los centros de población urbanos y rurales, pero en la actualidad cobran también importancia las periferias urbanas. Las comunidades con mayor peso de locales minoristas son Andalucía, Cataluña y Madrid.

La forma de venta minorista presenta grandes contrastes entre el comercio tradicional y las nuevas formas de venta. No obstante, cada vez es mayor la mezcla entre las distintas modalidades. Los consumidores utilizan las que más les conviene en cada caso.

Actividades

40 Compara las características del comercio mayorista y las del comercio minorista.

1.3.1. El comercio minorista tradicional

a) El comercio tradicional clásico utiliza el sistema de venta asistida. Los productos se venden en establecimientos pequeños (menos de 100 m^2), con al menos el 50% de la superficie dedicada a almacén. En la sala de venta, el mostrador marca una barrera física con el cliente, que no tiene acceso al producto, lo que limita la compra por impulso. En general, la variedad y la rotación de los productos son reducidas, el precio es más caro y la compra más lenta, al tener que esperar a ser atendido. Preocupa poco la presentación de los artículos; y los equipamientos y la tecnología suelen ser anticuados. La mayoría de estos comercios son negocios familiares, regentados por sus propietarios, que suelen tener edad avanzada, y desarrollan su actividad de forma individual, por lo que tienen escaso poder de negociación con los proveedores.

Comercio minorista tradicional clásico.

En contrapartida, el comercio tradicional ofrece trato personal y asesoramiento al cliente. Se encuentra próximo al domicilio, permitiendo la compra a personas que se mueven en su barrio. Y es esencial para el abastecimiento de las zonas rurales y para el mantenimiento de los centros urbanos tradicionales, constituyendo un apoyo esencial para el turismo.

No obstante, en la actualidad padece una fuerte crisis, dado que sus características le impiden competir con nuevas formas de venta. El resultado ha sido el cierre de establecimientos y una progresiva pérdida de cuota de mercado.

b) El comercio tradicional moderno trata de hacer frente a la crisis utilizando diversas estrategias:

- **La modernización de los establecimientos.** Para ello, reduce la superficie de almacenamiento y expone productos en la sala de venta con el fin de favorecer la compra por impulso; cuida el escaparate y la presentación del producto; invierte en equipamientos y tecnología, y ofrece ventajas a la clientela (tarjetas de descuento, promociones).
- **La especialización** en un producto o en una gama reducida de productos adaptados a las exigencias del consumidor del entorno, a la compra diaria o de urgencia, ofreciendo calidad en el producto y en el servicio para fidelizar a la clientela.
- **El sistema de las franquicias** consistente en explotar una marca de reconocido prestigio a cambio de un canon y de mantener ciertos estándares de calidad y servicio.
- **El asociacionismo en cadenas y cooperativas** para obtener ventajas en los precios y reducir los costes.
- **La mejora de la localización.** En unos casos se busca la ubicación en grandes superficies para aprovechar las ventajas de la asociación de ocio-compra. En otros casos se promueve el relanzamiento comercial de ciertas áreas urbanas, como los centros históricos.

c) Otras formas de venta tradicional son los mercados agrícolas semanales de las cabeceras comarcales y pequeñas capitales; las ferias de muestras de las grandes ciudades en las que el comprador examina el producto y el vendedor se lo remite al cabo de unos días; y el comercio ambulante de productos ordinarios, propio de las áreas rurales y en los últimos tiempos también de las grandes ciudades.

Comercio minorista tradicional moderno.

1.3.2. Las nuevas formas de venta minorista

Las nuevas formas comerciales son el libre servicio; el sistema mixto libre servicio-venta asistida; y las ventas sin establecimiento.

a) El comercio de libre servicio utiliza el sistema de venta por autoservicio. Los productos se venden en establecimientos donde el almacén ocupa aproximadamente un 20 % de la superficie y el resto es sala de ventas. El consumidor circula libremente por ella, tiene la mercancía a su alcance y se la sirve por sí mismo. En general, la variedad de los productos y su rotación son altas, el precio es barato y la compra rápida, dado que se paga en caja central. Preocupa la presentación atractiva de los artículos; y los equipamientos y la tecnología son avanzados, debido a las altas inversiones favorecidas por los beneficios obtenidos. Estos comercios suelen pertenecer a grandes cadenas, que tienen así mayor poder de negociación con los proveedores.

En contrapartida, el trato no es personal, el asesoramiento es escaso y la distancia al domicilio suele ser mayor. Para paliarlo, en algunos casos se emplea el **sistema de venta mixto,** que combina el libre servicio con la venta asistida (de productos perecederos o que requieren asesoramiento, como los tecnológicos); y se ofrecen servicios a los clientes, como el aparcamiento y el envío a domicilio.

En la actualidad, las ventas por libre servicio o mixtas han experimentado un gran crecimiento y han dado lugar a diversos tipos de establecimientos comerciales:

- **Los establecimientos de alimentación y consumo doméstico** tienen un local de venta inferior a 2 500 m^2, localizado en el centro y los barrios urbanos. Según su superficie, se clasifican en autoservicios (menos de 400 m^2) y supermercados (400-2 500 m^2). En la actualidad, ganan cuota de mercado, al combinar la proximidad con una mejora de la calidad-precio, la variedad y el servicio.

- **Las grandes superficies comerciales** tienen un local de venta superior a 2 500 m^2 y responden a diferentes tipologías.
  - Los **hipermercados** tienen más variedad de artículos que los supermercados. Se localizan en los centros o las periferias urbanas.
  - Las **tiendas de descuento** ofrecen un surtido limitado de productos a bajo precio. Se emplazan en los barrios o en la periferia urbana.
  - Los **grandes almacenes** venden un mínimo de 50 000 referencias distribuidas por secciones. Se sitúan en el centro de las grandes ciudades.
  - Los **almacenes populares,** versión reducida de los grandes almacenes, ofrecen productos baratos y cotidianos a una clientela modesta. Se sitúan también en el centro urbano.
  - Los **centros comerciales regionales integrados** combinan hipermercados con comercios independientes de todo tipo (peluquerías, cafeterías, restaurantes) y establecimientos para el ocio (cines, salas de juegos). Se localizaron inicialmente en las afueras de las ciudades y más recientemente también en el centro.
  - Las **grandes superficies especializadas, o *category killers*,** se especializan en un surtido muy grande de un producto (bricolaje, juguetes, deporte, ocio, tecnología) que venden a precio competitivo y cuentan

Supermercado.

Actividades

41 Busca imágenes representativas del comercio minorista tradicional clásico y del comercio minorista de libre servicio y señala las principales diferencias existentes entre ambos.

42 Escribe qué rasgos comparte el comercio minorista tradicional moderno con el comercio minorista tradicional clásico y con el comercio minorista tradicional de libre servicio.

43 Indica los criterios que se usan para establecer las diferentes tipologías de grandes superficies comerciales. Pon un ejemplo de cada una de estas tipologías.

Hipermercado.

con empleados especializados. Se localizan en zonas de gran afluencia comercial, en general en la periferia urbana.

– Los **parques de fabricantes, o *factory outlets*,** son establecimientos donde los fabricantes venden directamente al público sus excedentes o sus productos fuera de temporada con grandes descuentos. Se localizan en las afueras de las ciudades, junto a importantes nudos de comunicación, de manera que estén cerca de los consumidores, pero lo suficientemente lejos de la ciudad para no competir con los establecimientos que distribuyen sus productos.

b) **Las ventas sin establecimiento** son la venta por catálogo, la televenta, la venta por máquina automática (refrescos, dulces, tabaco) y por Internet. Esta última está en expansión, pues puede realizarse en cualquier momento, de forma instantánea, e independientemente de la localización del vendedor y del comprador, aunque las relaciones son impersonales. En España, la venta por Internet se centra en la promoción de productos y el comercio entre empresas, aunque el comercio con particulares crece cada año.

En las ciudades, los comercios se concentran a lo largo de ciertas calles y plazas de mayor tránsito y accesibilidad. El centro histórico suele acoger el comercio tradicional.

1.4. Los espacios del comercio interior

a) **La función** principal de los espacios comerciales es la venta de productos y servicios. Pero también cumplen otras funciones sociales, como lugares de ocio, paseo, distracción, información y transformación social a través de la moda y de la publicidad. Además, intervienen en la ordenación espacial, dado que la presencia comercial puede mejorar el atractivo de un área o constituirse en polo para organizarla, al atraer a su entorno residencias y otras actividades terciarias.

b) **Los factores** que más influyen en la localización del comercio son la existencia de un **sistema de transporte** entre el productor, el comerciante y el consumidor; y de un **mercado de consumo** con el tamaño y el poder adquisitivo adecuados.

c) Estos factores provocan **desequilibrios territoriales** en la localización comercial. Así, poseen mejor dotación de comercios las comunidades autónomas con mejor red de transportes, elevada densidad de población y mayor renta per cápita (Madrid, Cataluña, Navarra, País Vasco), que las comunidades menos pobladas y avanzadas. También poseen mejores dotaciones comerciales las ciudades que los núcleos rurales; las grandes ciudades que las pequeñas; y los barrios urbanos más accesibles y de mayor poder adquisitivo que los peor comunicados y con menor nivel de renta.

d) **Los emplazamientos comerciales** varían entre la ciudad y el campo.

- **En las ciudades,** el centro histórico suele acoger el comercio tradicional, en pequeñas tiendas situadas a lo largo de ciertas calles y plazas; que sufren muchas veces los problemas de deterioro y congestión del tráfico propios de esta zona. Y las periferias concentran a las grandes superficies comerciales, por su mayor disponibilidad de suelo.

- **En el área rural** predominan los comercios tradicionales de venta de artículos corrientes, localizados en los bajos de las casas, que sufren la competencia del comercio urbano, acrecentada por la mejora de los transportes.

En el área rural predominan los comercios tradicionales de venta de artículos corrientes, localizados en los bajos de las casas.

1.5. La política comercial interior

La política comercial interior es competencia de las comunidades autónomas. No obstante, deben acatarse ciertas directrices de la Unión Europea, así como las normas sobre protección de los consumidores. Por su parte, el Estado tiene competencias para regular ciertos aspectos generales del comercio interior y para contribuir a mejorarlo en cooperación con las comunidades.

a) La regulación del comercio, en cumplimiento de la normativa europea, reconoce la libertad comercial, de circulación de mercancías y de establecimiento comercial. También regula los horarios y ciertos tipos de ventas (rebajas, promoción, liquidación, saldo y ventas especiales).

b) Las medidas para mejorar la actividad comercial incluyen:

- **Medidas para asegurar la continuidad de los comercios e incrementar su número.** Se favorece el relevo generacional de las actividades viables (información sobre compraventas y traspaso de locales); se promueve el emprendimiento (asesoramiento, simplificación de trámites, facilidades financieras), y la segunda oportunidad para emprendedores con dificultades (apoyo a la reestructuración del negocio).
- **Medidas para incrementar la competitividad.** Entre ellas, la mejora de la formación de los profesionales; el apoyo financiero a la modernización, el uso de nuevas tecnologías y la innovación; el fomento de la cooperación entre los comerciantes; y el impulso de la calidad (certificaciones de calidad). Además, se trata de reactivar la demanda mediante la promoción comercial y la asociación de las compras al turismo interior y exterior, promoviendo la imagen de España como destino de compras entre clientelas de alto poder adquisitivo de países como Rusia, China o Brasil.
- **Medidas para revitalizar el comercio urbano** de ciertas áreas como la creación de **centros comerciales abiertos.** Son una fórmula de organización y de cooperación comercial nacida con la intención de revitalizar el comercio tradicional en los cascos históricos. Para ello, los comerciantes de la zona se asocian para promover conjuntamente las ventas (promociones, publicidad, actividades de animación comercial) y para conseguir ayudas públicas destinadas a la renovación del espacio urbano que refuerce la atracción de visitantes (peatonalización, acerado, jardines, bancos, papeleras, iluminación, señalización comercial, aparcamientos, etc.).
- **Medidas para mantener el comercio rural,** potenciándolo en los municipios que ejercen cierta atracción sobre el entorno rural: facilidades para el acceso de los clientes; promoción de los centros multiservicio que reúnen comercios y otros servicios, y asociación de los pequeños comercios tradicionales al turismo y a la venta de productos artesanales.

Los centros comerciales abiertos son una fórmula de organización y de cooperación comercial nacida con la intención de revitalizar el comercio tradicional en los cascos históricos de las ciudades, aumentando la competitividad del pequeño comercio ubicado en ellos. Para ello, los comerciantes se asocian y promueven conjuntamente las ventas y la mejora del entorno urbano.

Actividades

44 Selecciona un establecimiento comercial próximo al lugar donde resides y cita los factores que pueden haber intervenido en su localización.

45 Nombra los principales problemas del comercio interior y las medidas adoptadas por la política comercial para solucionarlos.

46 Reflexiona sobre cuáles deberían ser las actitudes de los consumidores ante la oferta comercial.

2. El comercio exterior

2.1. Exportaciones, importaciones y balanza comercial

El comercio exterior es el intercambio de mercancías y servicios de un país con el resto del mundo. Se llama exportación a la venta de productos nacionales en el extranjero; e importación, a la compra de productos extranjeros.

a) La evolución del comercio exterior se caracteriza por un gran crecimiento de las exportaciones y de las importaciones desde la década de 1960. Las razones han sido cuatro: la apertura a la economía internacional a partir de 1959; la entrada en la Comunidad Europea en 1986; la creciente incorporación a la globalización económica mundial desde la década de 1980, y el fuerte crecimiento de la demanda interna hasta la crisis de 2008.

La balanza comercial (diferencia entre el valor de las exportaciones y de las importaciones) ha sido tradicionalmente deficitaria en casi todos los sectores, excepto en alimentación y automóvil. En los últimos años, el déficit ha disminuido. Las causas han sido la moderación de las importaciones ante el descenso del consumo motivado por la crisis; la sustitución de productos importados por productos fabricados en España; y el descenso del déficit energético. Además, han aumentado las empresas exportadoras; las ventas de los sectores con mayor valor añadido; la diversificación geográfica de las exportaciones, especialmente hacia Asia, África y América Latina, y la depreciación del euro durante la crisis económica.

b) Por sectores, destacan las exportaciones de bienes de equipo, alimentos y automóviles; y las importaciones de productos energéticos, bienes de equipo y productos químicos.

c) Por comunidades autónomas, las más exportadoras e importadoras son Cataluña, Madrid y Andalucía.

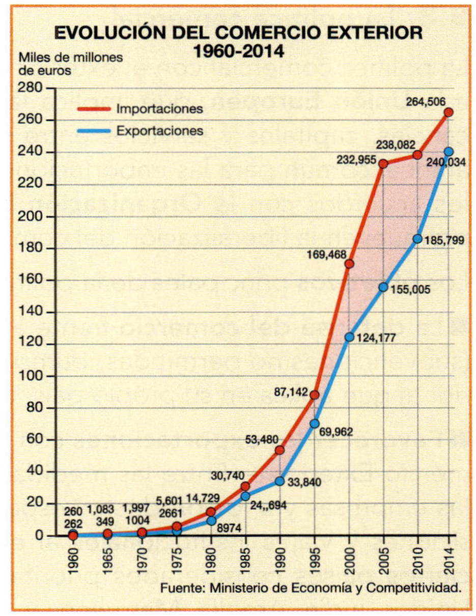

2.2. Las áreas del comercio exterior

■ **El comercio con Europa** es el más importante y desde 1986 se concentra en los países miembros de la Unión Europea. La balanza comercial, tradicionalmente deficitaria para España, ha cambiado de signo gracias al aumento de las exportaciones a los países con mayor volumen de intercambios.

■ **Con el resto del mundo** destacan las importaciones de Asia, principalmente de China, y de los países productores de petróleo, que contrastan con las menores exportaciones a estas áreas; el comercio con África, en el que también destacan las importaciones de petróleo; y con América Latina y del Norte. El comercio con Oceanía es insignificante.

Actividades

47 Con la información aportada por el gráfico de la evolución del comercio exterior, calcula la tasa de cobertura comercial o porcentaje de las exportaciones respecto a las importaciones. Explica las razones de su evolución desde 2005.

48 Escribe los datos que aportan los gráficos sobre el comercio exterior.

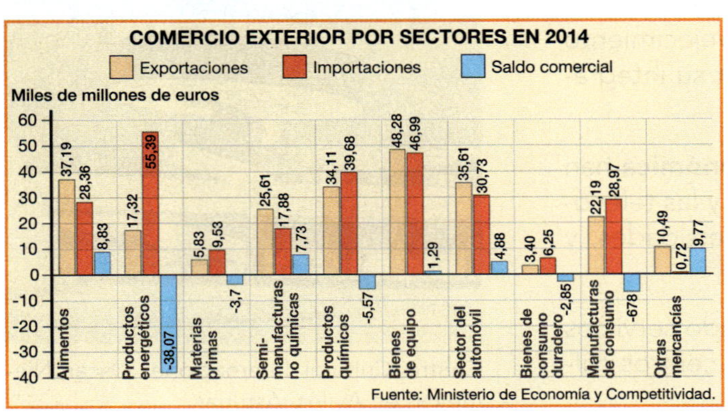

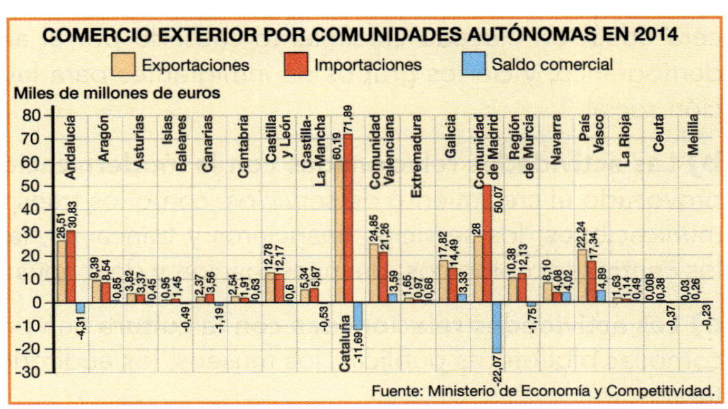

2.3. La política comercial

La política comercial con el exterior está determinada por la pertenencia a la **Unión Europea,** que implica la libre circulación de personas, mercancías, capitales y servicios entre sus miembros y la existencia de un arancel común para las importaciones de terceros países. Y también por los acuerdos con la **Organización Mundial del Comercio** (OMC), que promueven la liberalización del comercio mundial.

Los **objetivos** principales de la política comercial española son:

- La **defensa del comercio** frente a prácticas internacionales irregulares (subvenciones no permitidas; *dumping* o venta externa a un precio inferior al que aplica en su propio país; obstáculos al comercio).
- **Favorecer las exportaciones** con el apoyo del ICEX —Instituto de Comercio Exterior—. Entre las medidas para lograrlo están promocionar a las empresas y a los productos españoles en el exterior en ferias, exposiciones y viajes institucionales al extranjero; impulsar el comercio con ciertos países considerados prioritarios (Brasil, China, México, Estados Unidos, India, Argelia, Marruecos y Japón); apoyar a las asociaciones de exportadores; y ayudar a la internacionalización de las pymes.

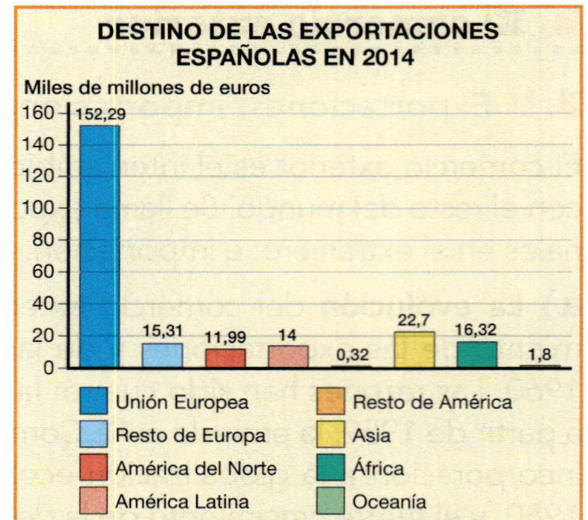

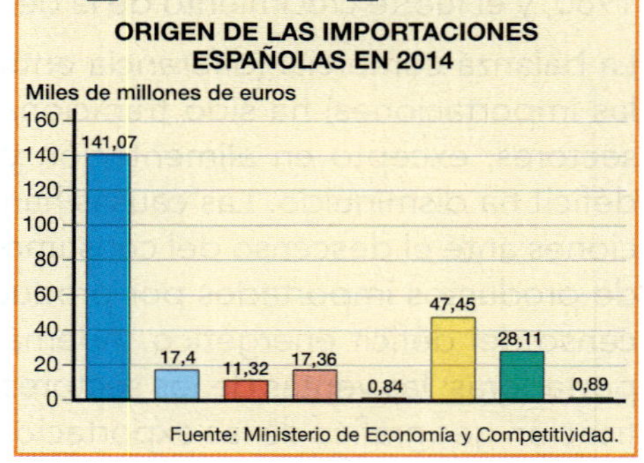

6 Otras actividades terciarias

Otras actividades terciarias destacadas, desarrolladas a partir de la década de 1980 son:

a) Las actividades relacionadas con el Estado del bienestar. Se han financiado en su mayoría con fondos públicos y en los últimos años sufren los recortes motivados por la crisis económica.

- **La educación.** La implantación de la enseñanza obligatoria hasta los 16 años, la ampliación de la educación infantil y la atención a la diversidad en el ritmo de aprendizaje hicieron necesario aumentar o ampliar los centros escolares y el profesorado.
- **La sanidad.** La implantación de la atención sanitaria universal supuso la ampliación de los centros públicos de salud, tanto de atención primaria como hospitalaria, y el aumento del personal sanitario.
- **Los servicios sociales asistenciales** también se incrementaron para atender a los colectivos desfavorecidos o en riesgo de exclusión social, como las personas discapacitadas y dependientes; las personas de la tercera edad, en elevado crecimiento causado por el alto envejecimiento demográfico; y ciertos grupos de inmigrantes para favorecer su integración social.

b) Las actividades relacionadas con la modernización económica han provocado el crecimiento de servicios, como los transportes y las telecomunicaciones; los servicios financieros y bancarios; las universidades, y los centros tecnológicos, de investigación y de innovación.

c) Las actividades relacionadas con la cultura han promovido servicios como las bibliotecas públicas, los museos, los auditorios, los centros culturales, etc.

Actividades

49 Busca información y explica el papel que desempeñan en el comercio exterior español la Unión Europea, la Organización Mundial del Comercio y el ICEX.

Centro Cultural Internacional Oscar Niemeyer, en Avilés, Asturias.

Resumen de la unidad

Los espacios del sector terciario

Resultan del proceso de terciarización.

Son:
- Heterogéneos.
- Complejos.

Se localizan en función de la población, el consumo y la renta.

Manifiestan desequilibrios en:
- El empleo.
- El PIB.

El sistema de transporte

Características

- Competencias repartidas.
- Medio físico desfavorable.
- Redes radiales: terrestre y aérea.
- Predominio de la carretera.
- Características técnicas contrastadas.
- Desequilibrios territoriales.
- Integración en las RTE.
- Impacto medioambiental.

Medios de transporte

- Carretera.
- Ferrocarril.
- Marítimo.
- Fluvial.
- Aéreo.
- Multimodal.

El turismo

Evolución

- Modelo tradicional: 1960-1973
- Crisis: 1973-1985
- Nuevo modelo: desde 1985

Espacios

- Alta densidad:
  - Sol y playa.
  - Madrid.
- Densidad media y baja:
  - Tramos litorales.
  - Puntos turísticos.

Características

- Oferta de alojamiento, restauración y recreo.
- Demanda extranjera y nacional.

Repercusiones

- Demográficas.
- En el poblamiento.
- Económicas.
- Políticas, culturales, sociológicas.
- Ordenación del territorio.
- Medioambientales.

Tipos

Borde de agua, montaña, ecológico, rural, urbano.

Problemas y políticas

- Predominio modelo tradicional: oferta de calidad, diversificación, sostenibilidad, comercialización.
- Competencia internacional: promoción, nuevos mercados.

El comercio

Comercio interior

- Profundos cambios en la oferta y la demanda.
- Diversas modalidades de comercio mayorista y minorista.
- Localización dependiente del transporte y de los consumidores.
- Política para mejorar el comercio urbano y rural.

Comercio exterior

- Balanza tradicionalmente deficitaria.
- Destinos principales: UE y Asia.
- Política comercial dirigida a:
  - Defensa contra prácticas irregulares.
  - Fomento de la exportación.

Técnica

Comentario de un paisaje turístico

Mirador de La Cumbrecita, en el parque nacional de la Caldera de Taburiente, en La Palma.

1. Localización y recursos turísticos

- Localización geográfica del paisaje turístico.
- Recursos turísticos:
  - Recursos naturales: relieve y formaciones geológicas, playas, clima, formaciones vegetales, espacios naturales protegidos.
  - Recursos culturales: monumentos, museos, festivales, ferias, gastronomía.

2. Características del espacio turístico

- Oferta hotelera, de manutención y de recreo (hoteles, restaurantes, recursos para el ocio).
- Accesibilidad para la demanda (situación respecto a la red de carreteras y ferrocarriles, proximidad de aeropuertos).

3. Tipo de turismo

Determinación del tipo o tipos de turismo dominantes en el paisaje:

- Turismo de borde de agua: sol y playa, ríos, lagos, embalses, balnearios.
- Turismo de montaña: esquí, excursionismo, senderismo, alpinismo, barranquismo, deportes de aventura.
- Turismo ecológico: espacios naturales protegidos.
- Turismo rural: contacto con labores agrarias, agromuseos, agrotiendas.
- Turismo urbano: cultural, de negocios.
- Otros: cruceros, compras, golf, etc.

4. Repercusiones del turismo en el territorio

Detección de las consecuencias que se derivan de la actividad turística en el territorio:

- **Demográficas:** aumento de la población y de la ocupación en ciertos sectores económicos; retención de la población en áreas desfavorecidas.
- **En el poblamiento:** extensión del poblamiento urbano.
- **Económicas:** creación de empleo; efecto multiplicador en otras actividades económicas; ingresos económicos y divisas; desarrollo de los transportes.
- **Políticas, culturales y sociológicas:** acercamiento entre pueblos y culturas; modernización social o pérdida de identidad; efectos positivos o negativos en la calidad de vida de los residentes.
- **En la ordenación del territorio:** transformaciones en el entorno; conflictos con otras actividades.
- **Medioambientales:** urbanización incontrolada; degradación medioambiental, alteración del paisaje, cuidado del entorno medioambiental.

5. Actuaciones para mejorar el modelo turístico existente

- Mejora de la calidad de la oferta.
- Diversificación de la oferta con nuevas modalidades turísticas.
- Promoción turística y asociacionismo de las empresas del sector.
- Medidas para la sostenibilidad medioambiental: preventivas y rehabilitadoras.

Playa de Ses Illetes, en Formentera.

Actividades de síntesis

En la web

Autoevalúate con las actividades interactivas.

1 Definir conceptos

- Define de forma breve y precisa estos conceptos: *sector terciario, sistema de transporte, plataforma logística, autopista del mar, turismo, demanda turística, modelo turístico tradicional, turismo rural, balanza comercial, comercio minorista.*

2 Comentar un texto sobre problemas de vías de comunicación

- Lee el texto y realiza estas tareas:
  - Explica en qué consiste el problema planteado; cuáles han sido las actuaciones y las opciones para solventarlo; y las ventajas y los inconvenientes de cada una de ellas.
  - Expresa y argumenta tu opinión sobre las actuaciones y las opciones mencionadas y sobre la reutilización de infraestructuras ferroviarias en desuso que se reseña.

Las conexiones con Europa a través del Pirineo central

La antigua aspiración de una conexión entre España y Francia mediante túneles que atravesasen el Pirineo central ha dado lugar a diversas realizaciones. En 1928 se inauguró el Ferrocarril Internacional de Canfranc entre Zaragoza y la ciudad francesa de Pau. Pero el escaso tráfico, con la consiguiente falta de rentabilidad y de mantenimiento, provocó el deterioro de las instalaciones y, tras el accidente ocurrido en marzo de 1970, la línea se cerró. Más tarde, aprovechando el antiguo túnel ferroviario se instaló en 1985 el Laboratorio Subterráneo de Canfranc, a unos 850 m de profundidad, dedicado a la ciencia subterránea y a la investigación de la materia oscura.

Tras el cierre de la línea ferroviaria, quedaba como única comunicación por esta zona una carretera que atravesaba el puerto a 1 640 metros de altitud, por lo que el tráfico en invierno quedaba muy restringido. En 1987, los gobiernos español y francés planificaron la construcción de un túnel carretero de 5759 metros, inaugurado en 2003, que reduce la cota del paso fronterizo a 1 183 metros y acorta en 25 minutos el tiempo de transporte para vehículos pesados. Pero por el lado francés, estos vehículos circulan por una carretera que atraviesa el valle de Aspe, una zona de alto valor natural, cuyos departamentos tienen una importante fuente de ingresos en el turismo rural y rechazan la idea de cargar todo el tráfico de mercancías por esa vía.

Como alternativa, se planteó la combinación de la carretera y el ferrocarril, construyendo un nuevo túnel ferroviario transpirenaico que enlazase con el TGV francés y con la plataforma logística de Zaragoza desde la cual conectaría con Sagunto, articulando así el eje del Ebro con el Arco Mediterráneo y con el arco atlántico francés. Este eje descongestionaría el tráfico de mercancías por carretera en el Pirineo central, aumentaría la seguridad, y reduciría las emisiones del tráfico por carretera. Sin embargo, este proyecto, contemplado inicialmente en la Red Transeuropea de Transporte, no ha sido aprobado por la Comisión Europea, argumentando que la idea es «poco realista» y que en las zonas montañosas los túneles plantean enormes problemas de seguridad y preocupaciones en materia medioambiental. La Comisión Europea afirma comprender las preocupaciones de España acerca de las difíciles conexiones con el resto del continente europeo y anuncia que habrá otra carretera alternativa a través de la cordillera pirenaica.

Elaboración propia.

3 Elaborar un cuadro comparativo

- Realiza un cuadro comparativo sobre los diferentes modos de transporte (carretera, ferroviario, marítimo y aéreo) comparando: competencias, red, tráfico de pasajeros, tráfico de mercancías, características técnicas, desequilibrios territoriales, integración en la UE y actuaciones frente a su impacto medioambiental.

4 Analizar una tabla estadística

- Analiza los datos de la tabla y explica la información que proporciona sobre los rasgos del tráfico aéreo en España en 2014.

	Pasajeros (miles)	Mercancías (toneladas)		Pasajeros (miles)	Mercancías (toneladas)		Pasajeros (miles)	Mercancías (toneladas)
Madrid-Barajas	41 764	36 452	Santiago	2 077	2 095	Córdoba	0	0
Barcelona-El Prat	37 519	99 662	La Palma	848	549	Badajoz	38	0
Palma de Mallorca	23 101	11 500	Girona-Costa Brava	2 147	88	Salamanca	16	0
Gran Canaria	10 131	19 675	Melilla	307	136	Madrid-Cuatro Vientos	0	0
Málaga-Costa del Sol	13 702	2 498	Zaragoza	416	8 631	León	23	0
Tenerife-Sur	9 052	3 976	Jerez de la Frontera	718	7	La Gomera	28	1
Alicante-Elche	10 056	2 637	Asturias	1 062	71	Logroño-Agoncillo	12	0
Ibiza	6 191	2 020	Vigo	680	436	Madrid-Torrejón	0	0
Sevilla	3 862	5 628	Reus	840	1	Albacete	1	0
Lanzarote	5 801	2 049	Santander	814	0	Ceuta-Helipuerto	3	0
Valencia	4 583	12 512	San Sebastián	243	31	Burgos	19	3
Almería	734	8	Vitoria	7	1 414	Huesca-Pirineos	0	0
Menorca	2 623	1 422	Pamplona	134	8	Ciudad Real	0	0
Bilbao	3 975	2 856	Murcia-San Javier	1 095	0	Algeciras-Helipuerto	1	0
FGL Granada-Jaén	646	4	El Hierro	148	74	Lleida-Alguaire	30	0
Tenerife-Norte	3 629	15 224	Valladolid	219	21	**Total**	**194 978**	**651 202**
Fuerteventura	4 703	978	A Coruña	979	61			

Fuente: Ministerio de Fomento.

5 Interpretar mapas

- Comenta el mapa de los espacios turísticos de España.

6 Comentar un paisaje turístico

- Comenta el paisaje turístico de la imagen siguiendo el modelo que se proporciona en la página 278.

7 Ampliar información utilizando las TIC

- **En la web** Amplía tus conocimientos sobre esta unidad con los recursos proporcionados por la web (www.anayaeducacion.es).

8 La población española

La población española actual presenta un reparto desigual en el espacio; un bajo crecimiento natural, acentuado durante la crisis económica de 2008; y unos movimientos migratorios caracterizados por la pluralidad de corrientes interiores y la elevada significación de la inmigración extranjera a partir de 1995.

La estructura demográfica se encuentra fuertemente envejecida y, desde el punto de vista económico, ha incrementado su tasa de actividad, así como la orientación creciente hacia la ocupación en las actividades del sector terciario.

Qué vas a aprender

- Las fuentes demográficas.
- La distribución de la población
- El movimiento natural de la población.
- Los movimientos migratorios.
- El crecimiento real de la población.
- La estructura y el futuro de la población española.
- Realización y comentario de pirámides de población.

Población de distintas edades en Barcelona.

1 Las fuentes demográficas

La **geografía de la población** estudia las relaciones entre la población y el espacio. Con este fin se apoya en ciencias como la **demografía,** que analiza cuantitativamente la población y proporciona datos estadísticos procedentes de diferentes fuentes. En España, las más importantes son el censo, el padrón municipal y el registro civil.

- **El censo** es el registro de datos demográficos, económicos, sociales y culturales de un país en un momento dado. Entre ellos, el total de efectivos, sexo, edad, estado civil, lugar de nacimiento, nacionalidad, lengua hablada, nivel de instrucción, características económicas, fecundidad de las mujeres y vivienda. El censo se realiza en España cada diez años; desde 1981, en los años acabados en 1. Es un documento estático que refleja el estado de la población en un momento dado.

- **El padrón municipal** es el registro de los vecinos de un municipio. Recoge también datos demográficos, económicos y sociales de la población, aunque en menor número que el censo. El padrón se actualiza el 1 de enero de cada año y es un documento dinámico que se modifica constantemente con las altas y las bajas residenciales y con los nacimientos y las defunciones de los vecinos.

- **El registro civil** anota nacimientos, matrimonios y defunciones. Con estos datos, el INE —Instituto Nacional de Estadística— elabora las estadísticas de Movimiento Natural de la Población.

- **Otras fuentes** demográficas son **las estadísticas,** que recopilan datos procedentes de diversas fuentes, y **las encuestas,** que ofrecen información más detallada, pero sobre muestras muy inferiores. Entre las más utilizadas están los Anuarios Estadísticos del INE, la Estadística de Variaciones Residenciales (anual, para las migraciones) y la Encuesta de Población Activa (EPA, trimestral, para el mercado laboral).

Actividades

1 Compara el censo con el padrón municipal.

2 Entra en la página web del Instituto Nacional de Estadística, http://www.ine.es, e indica qué información estadística ofrece sobre la población española.

3 Averigua las novedades que ha supuesto el censo de 2011 en cuanto a la metodología de realización. Compáralo con la metodología anterior y con el antiguo sistema de los «censos por fuegos».

El censo y el padrón municipal

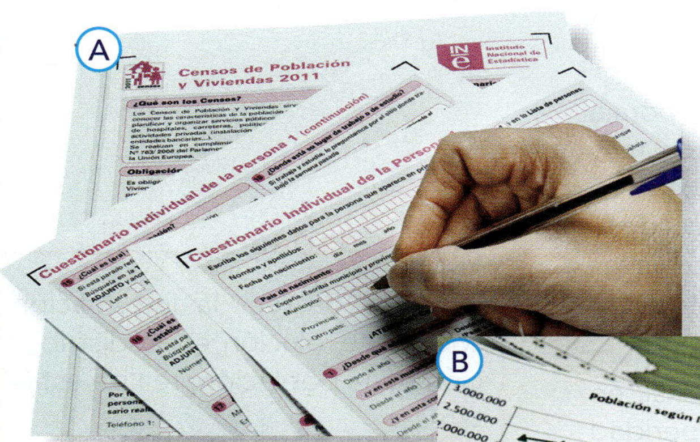

El **censo de población** (A) registra la población de un país y algunas de sus características económicas, sociales y culturales en un momento dado.

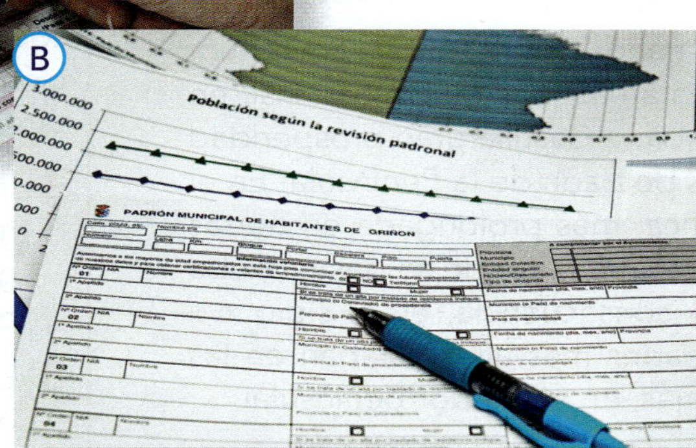

El **padrón municipal** (B) registra de forma permanente las variaciones de población en los municipios.

Novedades del censo de 2011

El censo de 2011 se realizó por primera vez usando una nueva metodología. Los datos no resultaron, como hasta entonces, de la respuesta a un cuestionario entregado casa por casa por los agentes censales. En su lugar se usaron ponderadamente los datos consignados en los registros existentes —principalmente, el padrón municipal—, y los procedentes de una gran encuesta realizada por muestreo entre el 10 % de la población. Con este sistema, empleado en otros países como Alemania y Suiza, el coste pasa a ser de un 25 % y se aprovechan los registros existentes.

2 La distribución de la población

1. Las características de la distribución

El **volumen** de la población española ascendía en 2015 a 46,6 millones de personas.

Su **distribución** espacial se analiza mediante la **densidad de población,** que relaciona la población de una zona con su superficie en km².

$$D = \frac{\text{Población}}{\text{Superficie en km}^2} = \text{hab/km}^2$$

Menor de 1: extremadamente baja

Entre 1 - 25: muy baja	Entre 50 - 100: media
Entre 25 - 50: baja	Más de 100: alta

La densidad de población española ha aumentado con el tiempo hasta alcanzar 92,2 hab/km² (2015), un valor moderado e inferior a la media de la Unión Europea (111,5 hab/km² en 2015). Sin embargo, esta cifra media esconde **fuertes contrastes espaciales** entre áreas de concentración, que superan claramente el promedio nacional, y áreas de despoblamiento, donde no se alcanzan los 25 hab/km².

- **Las áreas de alta densidad** se sitúan en Madrid, la periferia peninsular, Baleares, Canarias, Ceuta y Melilla.
- **Las áreas de baja densidad** se localizan en el interior peninsular.

Además, en todas las áreas son mayores las densidades urbanas que las rurales; y las de la franja costera que las del interior; correspondiendo los valores más bajos a las áreas de montaña (menos de 10 hab/km²).

2. Evolución y factores explicativos

La distribución actual de la población es el resultado de una evolución en la que han intervenido diversos factores.

a) En la época preindustrial, hasta mediados del siglo XIX, la economía era básicamente agraria, por lo que los factores naturales tuvieron más peso en la distribución de la población. Así, las mayores densidades se situaban en las zonas con relieve llano y baja altitud; clima templado cálido; y proximidad al mar o a los ríos. Estas zonas eran la costa levantina, los valles atlánticos, los valles fluviales del interior peninsular y las islas Baleares.

No obstante, también influían factores humanos, sobre todo la coyuntura económica, que atraía población hacia las áreas más dinámicas. Así, en el siglo XVI, el descubrimiento de América dio a Castilla gran prosperidad económica, convirtiéndola en la zona más poblada de la Península. En el siglo XVII, la crisis económica y demográfica, más prolongada en tierras castellanas, originó migraciones hacia la periferia, donde se desarrollaba un floreciente comercio marítimo. Como consecuencia, en el siglo XVIII la situación se había invertido: las densidades más altas estaban en las regiones costeras e insulares, y las más bajas, en el interior peninsular.

b) En la época industrial, entre mediados del siglo XIX y la crisis de 1975, se consolidó una economía industrial y urbana, por lo que los factores naturales perdieron peso. En esta época, se agudizaron los contrastes en la distribución de la población.

Actividades

Después de leer la información sobre la evolución en la distribución de la población, realiza estas tareas:

4 Indica cómo influyen los factores físicos, económicos, demográficos y políticos en la distribución de la población.

5 Explica cómo ha evolucionado la distribución de la población española a partir de la información proporcionada por los mapas.

Aumentaron su peso Madrid (capital y centro financiero del estado) y las regiones periféricas, en unos casos por su alto crecimiento natural (Galicia, Andalucía y Murcia), y en otros casos por la instalación de actividades económicas que atrajeron población. Primero, la industria en Asturias, País Vasco y Cataluña, a las que se sumaron más tarde los ejes del Ebro y del Mediterráneo y algunos focos aislados. Y luego, el turismo en el litoral mediterráneo e insular. Mientras, las regiones del interior, con mayor peso de las actividades agrarias e industriales tradicionales y de los servicios de baja cualificación, mantuvieron sus bajas densidades a causa de la emigración hacia las áreas más dinámicas nacionales y extranjeras.

c) En la época postindustrial, desde la crisis de 1975, influyen nuevos factores que mitigan y refuerzan los contrastes en la distribución de la población. Mitigan los contrastes la crisis industrial de 1975, que frenó las migraciones interiores a las áreas industriales e incluso provocó retornos; y en la actualidad, la tendencia a la difusión espacial de población y de algunas actividades económicas, y las políticas de desarrollo endógeno de las comunidades autónomas. Y refuerzan los contrastes la mayor concentración en Madrid y en los ejes Mediterráneo y del Ebro de los nuevos factores de desarrollo —servicios avanzados y tecnología— y de la inmigración extranjera.

San Sebastián hacia 1900. La instalación de industria en el País Vasco atrajo población de otros lugares, por lo que fue una de las zonas más pobladas en esta época.

Evolución de la densidad de población española desde el siglo XVI

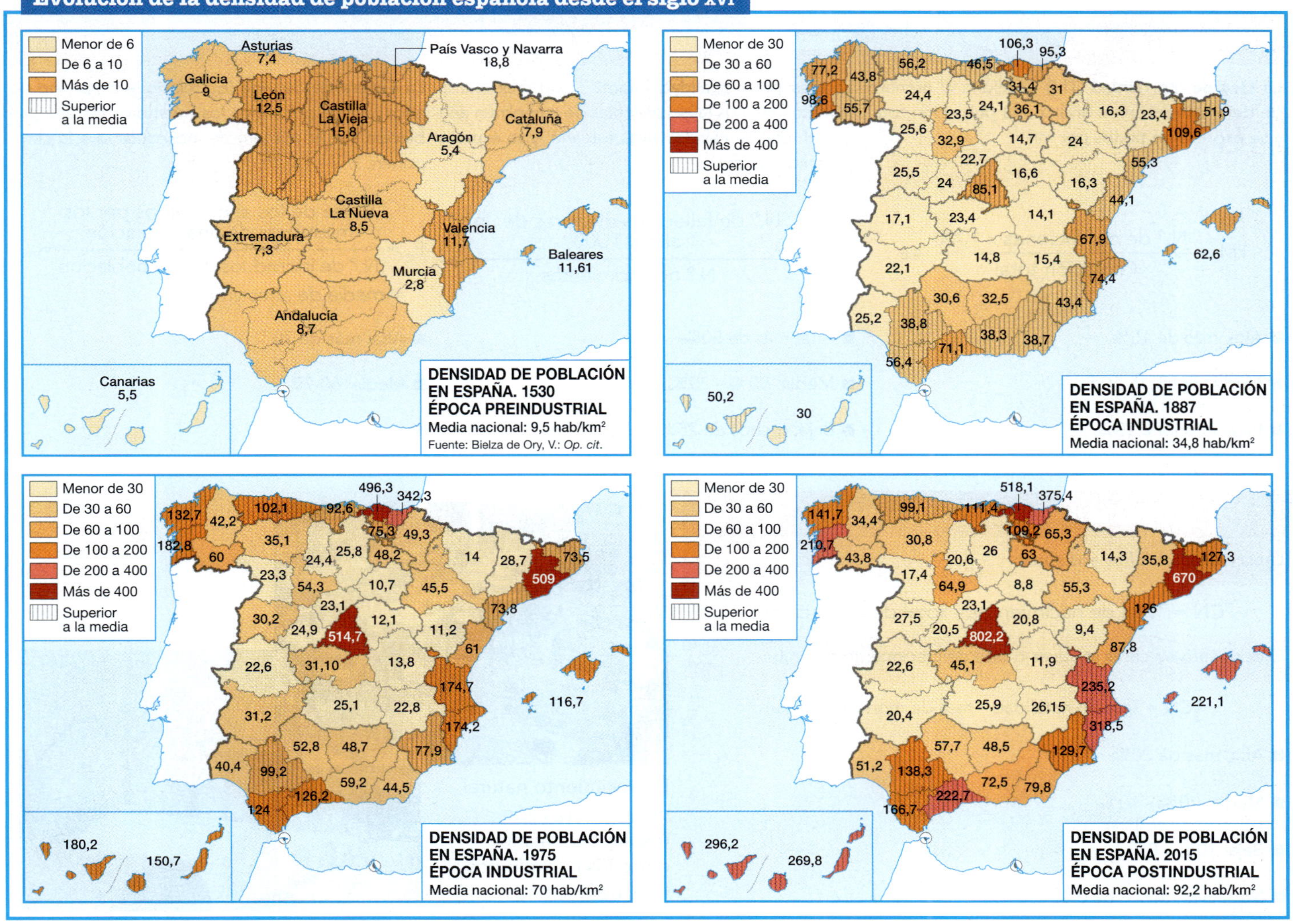

3 El movimiento natural de la población

El movimiento natural es la variación de la población de un lugar por causas naturales, es decir, como resultado de los nacimientos y de las defunciones. La diferencia entre la natalidad (número de nacimientos) y la mortalidad (número de defunciones) origina el crecimiento natural o vegetativo de una población. Su estudio se realiza mediante diversas tasas, que se detallan en el siguiente cuadro:

Tasas de medición de la natalidad		
La tasa de natalidad (TN) relaciona el número de nacimientos en un año con la población total y se expresa en tantos por mil.	**La tasa de fecundidad (TF)** relaciona el número de nacimientos en un año con el número de mujeres en edad de tener hijos, y se expresa en tantos por mil.	**El índice sintético de fecundidad** indica la media de hijos por mujer. Para que una generación se reemplace a sí misma se necesita una media de 2,1 hijos por mujer.
$TN = \frac{\text{N.º de nacimientos} \times 1000}{\text{Población total}}$ ‰	$TF = \frac{\text{N.º de nacimientos} \times 1000}{\text{N.º de mujeres entre 15 y 49 años}}$ ‰	
■ Alta: más de 30‰	■ Alta: más de 150‰	■ Alto: más de 3,5
■ Media: entre 30‰ - 20‰	■ Media: 150‰ - 75‰	■ Medio: 3,5-2,1
■ Baja: inferior a 20‰	■ Baja: menos de 75‰	■ Bajo: 2 o menos

Tasas de medición de la mortalidad		
La tasa de mortalidad (TM) relaciona el número de defunciones en un año con la población total y se expresa en tantos por mil.	**La tasa de mortalidad infantil (TMI)** relaciona el número de niños fallecidos antes de cumplir un año con el total de nacidos vivos ese año, y se expresa en tantos por mil.	**La esperanza de vida (E_0)** relaciona el número de años vividos por todos los miembros de una población con el número de individuos que la componen.
$TM = \frac{\text{N.º de defunciones} \times 1000}{\text{Población total}}$ ‰	$TMI = \frac{\text{N.º de fallecidos menores de un año} \times 1000}{\text{N.º de nacimientos}}$ ‰	$E_0 = \frac{\text{Suma de los años vividos por los miembros de una población}}{\text{N.º de individuos de esa población}}$ = media de años vividos
■ Alta: más de 15‰	■ Alta: más de 50‰	■ Alta: más de 70
■ Media: entre 15-10‰	■ Media: 50‰ - 25‰	■ Media: 60-70
■ Baja: inferior a 10‰	■ Baja: menos de 25‰	■ Baja: menos de 60

Tasas de crecimiento natural
Crecimiento en cifras absolutas:
CN = Total de nacimientos – total de defunciones
Crecimiento en cifras relativas o tasa de crecimiento natural:
TCN = Tasa de natalidad – tasa de mortalidad = ‰
■ Alta: más de 20‰
■ Media: 20‰ - 10‰
■ Baja: 10‰ - 0‰
■ Negativa: menos de 0‰

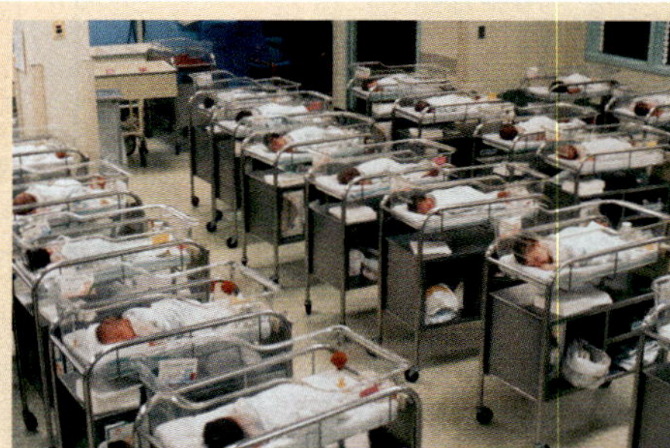

El crecimiento natural de una población resulta del balance entre los nacimientos y las defunciones.

1. Los regímenes demográficos

La evolución del movimiento natural de la población española ha pasado por tres etapas o **regímenes demográficos** durante los cuales la natalidad, la mortalidad y el crecimiento natural presentan rasgos homogéneos. Estas etapas son el régimen demográfico antiguo, la transición demográfica y el régimen demográfico moderno. El paso de unas etapas a otras ha sido más tardío que en otros países europeos.

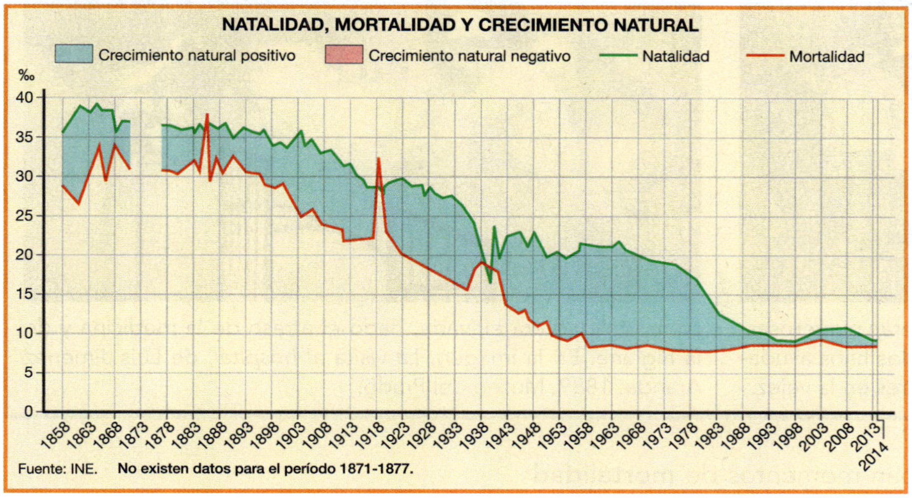

1.1. El régimen demográfico antiguo: hasta principios del siglo XX

El régimen demográfico antiguo se mantuvo en España hasta principios del siglo XX. Se caracterizó por altas tasas de natalidad y de mortalidad y por un crecimiento natural bajo.

a) La natalidad presentaba valores elevados debido a dos causas principales:

- **El predominio de una economía y una sociedad agrarias,** en las que los hijos ayudaban desde muy pronto en las labores del campo; eran muy baratos de mantener; y aseguraban el porvenir de sus padres, dado que no había seguros de accidentes, enfermedad, o jubilación.

- **La inexistencia de sistemas eficaces para controlar los nacimientos.** La única posibilidad era retrasar el matrimonio en las coyunturas económicas de crisis, con el consiguiente acortamiento del periodo fértil de la mujer y el descenso del número de hijos.

b) La mortalidad general era alta y oscilante. Sus causas eran el bajo nivel de vida y las precarias condiciones médicas y sanitarias.

- **La dieta** alimenticia era **escasa,** por la baja productividad agraria; **y desequilibrada** por falta de proteínas: el pan era el alimento básico y escaseaban la carne, la leche y los huevos. Como consecuencia, la mayoría de la población estaba malnutrida y debilitada.

- **Las enfermedades** infecciosas transmitidas a través del aire (tuberculosis, bronquitis, pulmonía, gripe) o del agua y los alimentos (diarreas) tenían alta incidencia. A ello colaboraban el atraso de la medicina, el desconocimiento de las vías de transmisión de las enfermedades, y la falta de higiene privada y pública (tardío establecimiento de servicios de agua potable, alcantarillado, y recogida de basuras).

Régimen demográfico antiguo

Natalidad alta

En el antiguo régimen demográfico, las familias eran numerosas, dado que no existían anticonceptivos eficaces, los hijos ayudaban en las tareas agrarias y mantenían a los padres en la vejez.

Mortalidad alta

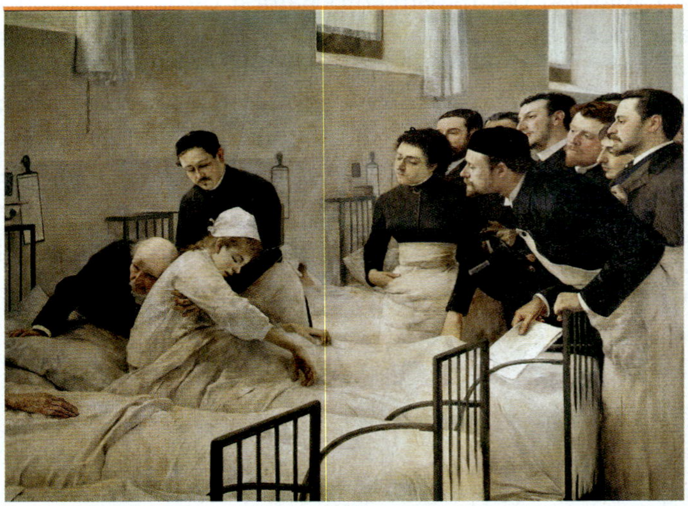

La mortalidad era elevada, dado el atraso de la medicina y de la higiene. En la imagen, *La visita al hospital,* de Luis Jiménez Aranda, 1889. Museo del Prado.

A la elevada mortalidad general se sumaban momentos de **mortalidad catastrófica** causada por **epidemias, guerras** y **malas cosechas** de cereales, que provocaban la subida del precio del grano y el hambre y la muerte de quienes no podían pagarlo.

La mortalidad infantil también era alta, tanto la neonatal (en las cuatro primeras semanas) por defectos congénitos y problemas en el parto como la posneonatal (entre las cuatro semanas y el año) por desnutrición e infecciones.

La esperanza de vida era baja, debido sobre todo a la elevada mortalidad infantil y materna.

c) Como consecuencia de las altas tasas de natalidad y de mortalidad **el crecimiento natural era bajo** y presentaba oscilaciones debidas a las crisis de sobremortalidad.

1.2. La transición demográfica: 1900-1975

La transición entre el régimen demográfico antiguo y el actual tuvo lugar entre 1900 y 1975. En comparación con otros países de Europa occidental, se inició más tarde, pero duró menos y fue más intensa. Se caracterizó por una disminución suave de la natalidad, un brusco descenso de la mortalidad y, en consecuencia, un elevado crecimiento natural.

a) La natalidad descendió de forma suave y discontinua, alternando periodos de mayor decrecimiento con otros de recuperación, en relación con los acontecimientos históricos.

- **Entre 1900 y 1920,** la natalidad descendió al iniciarse el control voluntario de los nacimientos mediante sistemas tradicionales. En ello influyeron una mayor supervivencia de los hijos al reducirse la mortalidad infantil; y las desfavorables repercusiones de la I Guerra Mundial, durante la cual la exportación de productos a los países beligerantes motivó una fuerte subida de los precios para la mayoría de la población.

■ **En la década de 1920,** la natalidad se recuperó gracias a la prosperidad económica.

■ **Entre 1930 y 1956** se reanudó el descenso. Las causas fueron la crisis económica de 1929 y la inestabilidad política de la Segunda República (1931-1936); la Guerra Civil (1936-1939), que ocasionó subnatalidad; y la situación de la posguerra (1940-1955), marcada por el exilio de miles de personas y por graves dificultades económicas derivadas de la política autárquica y del bloqueo internacional. Todo ello impidió la recuperación de los nacimientos que suele seguir a las guerras —excepto los años 1940-1941—. La política pronatalista de Franco, que instituyó premios de natalidad y prohibió los anticonceptivos, no compensó esta tendencia.

■ **Entre 1956 y 1965** tuvo lugar una recuperación de la natalidad que algunos demógrafos interpretan como el «baby boom» posbélico retrasado. Se debió al desarrollo económico que siguió al final del bloqueo internacional y de la autarquía.

■ **Entre 1965 y 1975** (últimos años del desarrollismo) disminuyó de nuevo el tamaño familiar. La causa fue la reducción del valor económico de los hijos al consolidarse un modo de vida industrial y urbano, con graves problemas de vivienda, y extenderse los seguros laborales y de vejez.

b) La mortalidad general descendió de forma acusada durante la transición demográfica, excepto en dos momentos de mortalidad catastrófica: la gripe de 1918 y la Guerra Civil. Las causas fueron el incremento del nivel de vida y los avances médicos y sanitarios, que redujeron los anteriores riesgos de muerte*.

■ **El incremento del nivel de vida** se manifestó en la mejora de la dieta, que durante la década de 1960 superó la malnutrición y la escasez de la posguerra; y en el crecimiento del nivel educativo y cultural, que permitió intensificar la prevención y abandonar costumbres tradicionales nocivas para la salud.

■ **Los avances médicos** más destacados fueron las vacunas y la comercialización de los antibióticos, que eliminaron la mortalidad catastrófica por epidemias a partir de la gripe de 1918 y redujeron la incidencia de las enfermedades infecciosas. También tuvieron efectos positivos la generalización de los nacimientos en clínicas, que disminuyó la mortalidad materna; y la extensión de la sanidad pública (seguridad social). Los **avances sanitarios** consistieron en la mejora de la higiene privada y pública: servicios urbanos de agua potable, alcantarillado y recogida de basuras.

La mortalidad infantil también decreció, sobre todo la posneonatal causada por infecciones y desnutrición, gracias a las mejoras de la pediatría, la alimentación infantil y el cuidado materno.

La esperanza de vida se elevó, primero por la reducción de la mortalidad infantil y materna; y luego por el descenso de la mortalidad en la edad adulta.

c) Como consecuencia, el crecimiento natural de la transición fue alto, especialmente entre 1920-1965, cuando la mortalidad descendió fuertemente, mientras la natalidad pasaba por dos máximos separados por la Guerra Civil. Desde 1965, el crecimiento se recortó, al estabilizarse la mortalidad en cifras bajas y restablecerse el descenso de la natalidad.

Vocabulario

La transición sanitaria es un modelo teórico para explicar el descenso de la mortalidad durante la transición demográfica, que gira en torno al concepto de «riesgo» o probabilidad de perder la salud. En el régimen demográfico antiguo, cada población estaba sometida a factores de riesgo con diferente nivel de incidencia. La transición se produce en el momento en que se reducen los principales factores de riesgo y se modifican las condiciones de salud de la población. Esto explicaría los diferentes modelos y ritmos de la transición entre países y regiones.

Transición demográfica

La natalidad se mantiene elevada

La natalidad descendió suavemente e, incluso, se recuperó. En la imagen, familia numerosa en 1959.

Fuerte descenso de la mortalidad

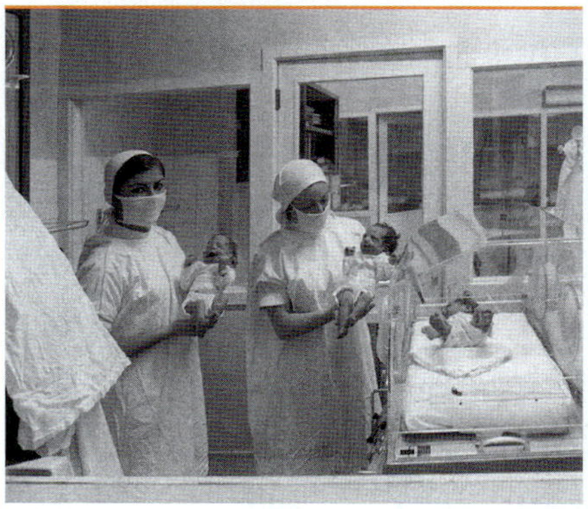

En cambio, la mortalidad disminuyó. A ello colaboraron los nacimientos en clínicas que redujeron la mortalidad materna e infantil. Maternidad en 1970 con las primeras incubadoras.

1.3. El régimen demográfico actual: a partir de 1975

El régimen demográfico actual se extiende desde 1975 hasta nuestros días. Se caracteriza por bajas tasas de natalidad y de mortalidad y por un escaso crecimiento natural.

a) La natalidad descendió a partir de 1975 hasta situarse en cifras bajas. En esta situación se distinguen dos momentos:

- **Entre 1975 y 1998** tuvo lugar un **brusco descenso** de los nacimientos. Así, en 1981, el índice sintético de fecundidad alcanzó la cifra de 2,1 hijos por mujer —el límite que permite reemplazar a la población— y continuó decreciendo hasta alcanzar su valor mínimo en 1998 (1,15 hijos por mujer). Las causas fueron los cambios económicos y socioculturales sucedidos en esos años.

– **La situación económica** retrasó la edad del matrimonio, con el consiguiente acortamiento del periodo fértil de la mujer. Primero, como resultado de la crisis de 1975; y desde 1980 por la precariedad laboral y el alto precio de compra y alquiler de vivienda, que dificultaba la emancipación de los jóvenes, y prolongaba su formación y permanencia con los padres.

– **La sociedad** española **ha experimentado cambios de mentalidad y de valores** desde la transición a la democracia (1975) que han colaborado en el descenso de la natalidad.

Ha disminuido la influencia religiosa; se han despenalizado y difundido los anticonceptivos; y se han legalizado el divorcio y el aborto en ciertos supuestos.

Las mujeres se han incorporado de forma creciente al trabajo fuera del hogar y retrasan la maternidad hasta consolidar su situación laboral. Además, muchas tienen dificultades para conciliar la vida familiar y laboral, dada la escasez de guarderías a precios asequibles y el mantenimiento de comportamientos sexistas en el reparto de tareas domésticas y en el cuidado de los hijos.

Factores del descenso actual de la natalidad

	Edad del matrimonio		Edad media de la maternidad	Porcentaje de hijos nacidos de madre no casada
	Varones	Mujeres		
1975	27,4	24,5	28,8	2,0
1980	26,8	24,1	28,2	3,9
1985	28,2	25,3	28,4	8,0
1990	28,9	26,2	28,8	9,6
1995	30,5	27,8	30,0	11,1
2000	31,5	28,9	30,7	17,7
2005	33,5	30,5	30,9	26,7
2010	35,7	32,6	31,2	35,5
2014	36,9	33,9	31,8	40,8 (2013)

Fuente: INE.

NÚMERO MEDIO DE HIJOS POR MUJER. 1900-2050

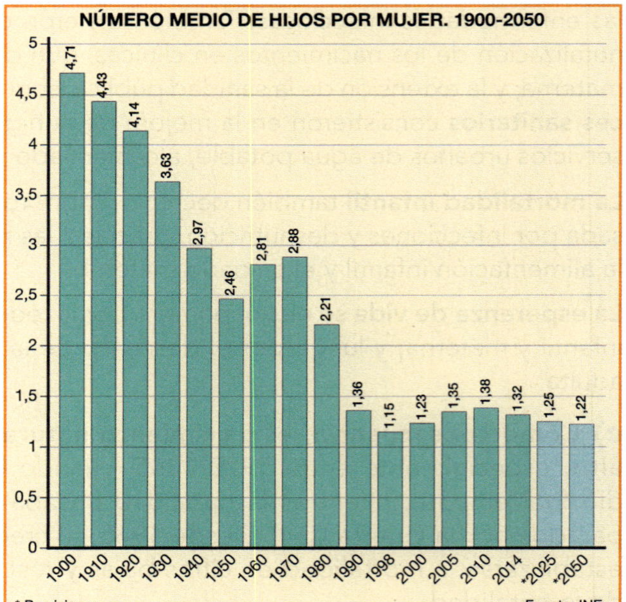

* Previsiones

Fuente: INE.

Los hijos ya no se consideran un seguro de los padres en la vejez, ante el progreso de la protección social, sino que se aprecia su formación y bienestar, por lo que se prefiere tener menos y atenderlos mejor. Además, los gastos y la dedicación que requieren compiten con el deseo de los padres de disponer de más ingresos para el consumo y de más tiempo libre para el ocio. Por otra parte, han ganado importancia las relaciones de pareja sobre las reproductoras y de cuidado de los hijos; y aparecen formas familiares distintas del matrimonio y menos prolíficas (cohabitación, hogares monoparentales de divorciados, maternidad en solitario).

- **Desde 1998,** la natalidad muestra ligeras oscilaciones ligadas a la coyuntura económica y a la inmigración.

– **Entre 1998 y 2008, la natalidad experimentó una ligera recuperación** motivada por la favorable coyuntura económica; los nacimientos retrasados de las generaciones del «baby boom»; y la inmigración extranjera. Esta última contribuye al aumento de la natalidad sobre todo por el incremento de mujeres en edad fértil, que inicialmente tenían también una fecundidad más alta que las mujeres españolas (2,3 hijos por mujer en 1996).

– **Desde 2008,** comenzó un nuevo descenso de la tasa de natalidad. La crisis iniciada ese año ha repercutido sobre las familias provocando un enorme incremento del paro, flexibilización laboral, reducción salarial y dificultades para acceder al crédito. Además han disminuido la inmigración y la fecundidad de las mujeres extranjeras (1,61 hijos por mujer en 2014) por su progresiva adaptación al modelo español y por el incremento de las mujeres procedentes de Europa centro-oriental, con tasas de natalidad muy bajas.

b) La mortalidad general se mantiene en cifras bajas. No obstante, la tasa **asciende levemente** desde 1982 por el envejecimiento de la población ocasionado por el aumento de la esperanza de vida, que incrementa el número de ancianos. Esta tasa experimenta ligeras oscilaciones, pues el aumento de la esperanza de vida en ciertos momentos «pospone» los fallecimientos (la tasa desciende entonces), pero los acumula unos años después (la tasa asciende).

Régimen demográfico actual: a partir de 1975

Acusado descenso de la natalidad

Mortalidad baja

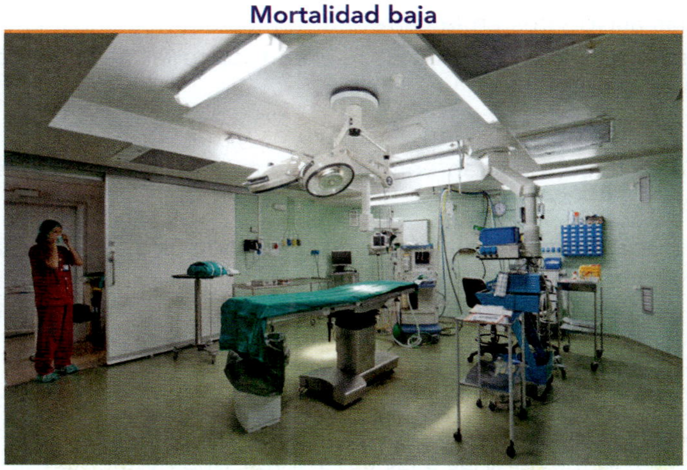

Las causas de la mortalidad general han cambiado. Disminuye la importancia de las enfermedades infecciosas y predominan las llamadas tres «C»: enfermedades cardiovasculares, cáncer y accidentes de carretera. Además, están aumentando las enfermedades ligadas al envejecimiento, como el Alzheimer o demencia senil y las llamadas «enfermedades sociales», relacionadas con ciertos estilos de vida y hábitos sociales, como el alcoholismo, el tabaquismo y la drogadicción.

La mortalidad infantil es hoy muy baja y principalmente neonatal por complicaciones en el parto o malformaciones congénitas. Todavía tiene margen para reducirse gracias a los avances médicos.

La esperanza de vida ha aumentado debido a los progresos médicos. No obstante, presenta diferencias entre los sexos, los grupos de edad y el estatus social.

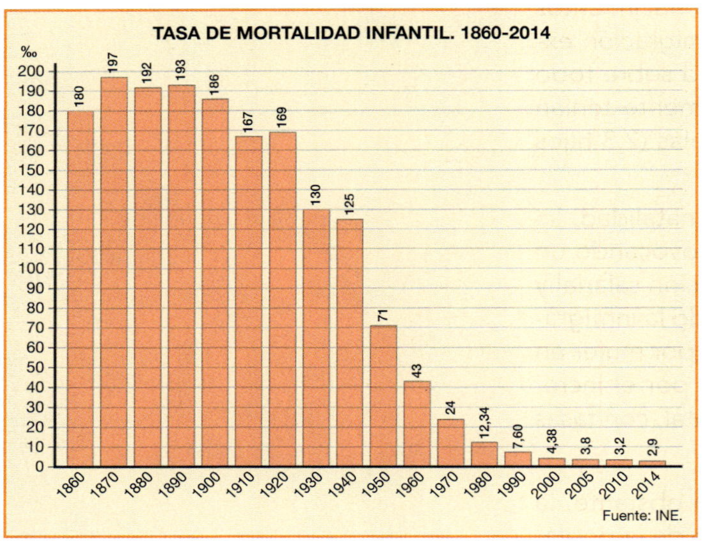

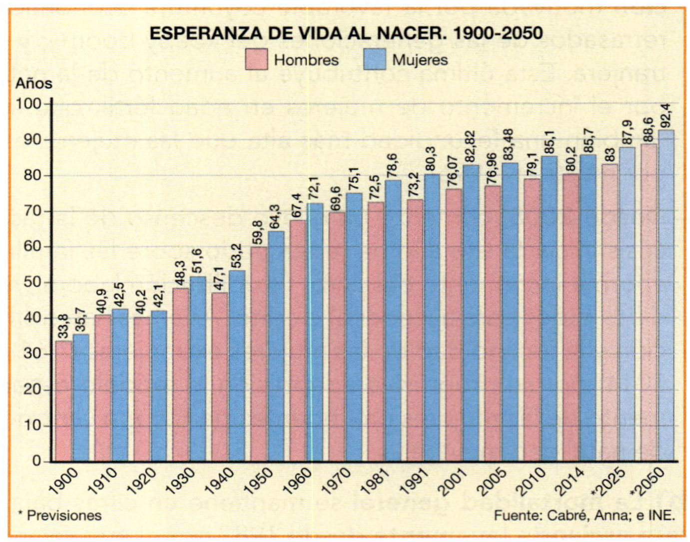

- **Por sexos,** la esperanza de vida femenina es más alta. Las mujeres tienen mayor fortaleza biológica por motivos hormonales e inmunológicos. En cambio, los hombres han tenido tradicionalmente un estilo de vida distinto, con mayor riesgo: más participación directa en las guerras; trabajos de mayor dureza, desgaste físico y probabilidad de accidentes; hábitos menos saludables con alimentación más desordenada y mayor consumo en exceso de alcohol y tabaco; menor cuidado por su salud; y más accidentes en la carretera. En los últimos años, la aproximación del estilo de vida entre los dos sexos reduce la diferencia de esperanza de vida entre ambos.
- **Por grupos de edad,** las mayores ganancias en esperanza de vida desde 1975 se registran entre los más ancianos (70 y 80 años), gracias a los avances médicos.
- **Por estatus social,** la esperanza de vida es más alta para las profesiones más cualificadas, que tienen menor mortalidad laboral; y para las clases sociales más adineradas, que pueden acceder a más servicios sanitarios y de mayor calidad.

c) El crecimiento natural en el régimen demográfico actual es reducido dadas las bajas tasas de natalidad y de mortalidad, aunque con ciertas oscilaciones debidas a las variaciones que experimentan ambas tasas.

Actividades

6 Resume en un cuadro los factores que han incidido sobre la natalidad y la mortalidad en cada uno de los regímenes demográficos.

7 Interpreta la información de la tabla de la página 290 y relaciónala con la evolución de la natalidad.

8 Comenta los gráficos de la evolución de la mortalidad infantil y de la esperanza de vida en España.

9 Busca tres noticias relacionadas con problemas relativos al movimiento natural de la población y sintetiza su contenido.

2. Los desequilibrios territoriales en el movimiento natural de la población

En la actualidad, todas las comunidades autónomas cuentan con bajas tasas de natalidad y de mortalidad y un crecimiento natural reducido o negativo. No obstante, existen ciertos contrastes debidos a la **diferente estructura por edades** (porcentaje de jóvenes y ancianos), resultante de causas heredadas —tradición natalista y migratoria— y de causas actuales —dinamismo económico e inmigración extranjera—.

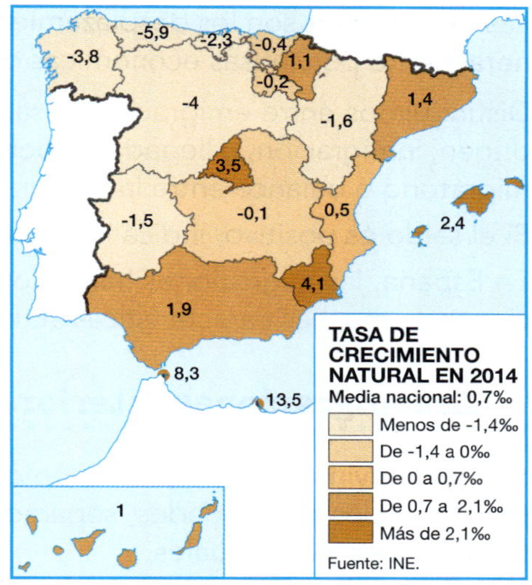

a) Las comunidades autónomas con mayor dinamismo demográfico cuentan con crecimiento natural superior a la media por tener tasas de natalidad algo mayores y tasas de mortalidad algo menores. Así, su estructura demográfica está relativamente menos envejecida. Las causas son:

- **Una tradición más natalista** (Murcia, Andalucía, Navarra y las ciudades de Ceuta y Melilla).
- **La recepción de inmigrantes** jóvenes que colaboran a aumentar ligeramente la natalidad y a reducir la mortalidad, debido a su mayor dinamismo económico en el pasado (industria) y/o en la actualidad (servicios o agricultura avanzados, turismo, tecnología). Es el caso de Madrid, Cataluña, Murcia, Baleares, Andalucía, Navarra y Canarias.

b) Las comunidades autónomas con menor dinamismo demográfico tienen un crecimiento natural inferior a la media española o negativo por contar con tasas de natalidad más bajas y tasas de mortalidad más elevadas. Así su estructura demográfica está muy envejecida. Las causas son:

- **Una larga tradición emigratoria,** que las dejó desnatalizadas y envejecidas (Galicia y comunidades del interior peninsular, excepto Madrid).
- **El estancamiento económico** por la prolongada incidencia de la crisis de 1975 sobre su industria y las dificultades para desarrollar nuevas actividades (comunidades de la cornisa cantábrica como Asturias y Cantabria).
- **Una menor incidencia de la inmigración extranjera** durante el periodo de expansión económica 1995-2008, agravada por el descenso de las entradas de inmigrantes a partir de la crisis de 2008 (todas ellas).

Actividades

10 Compara los rasgos de las comunidades con mayor y menor dinamismo demográfico.

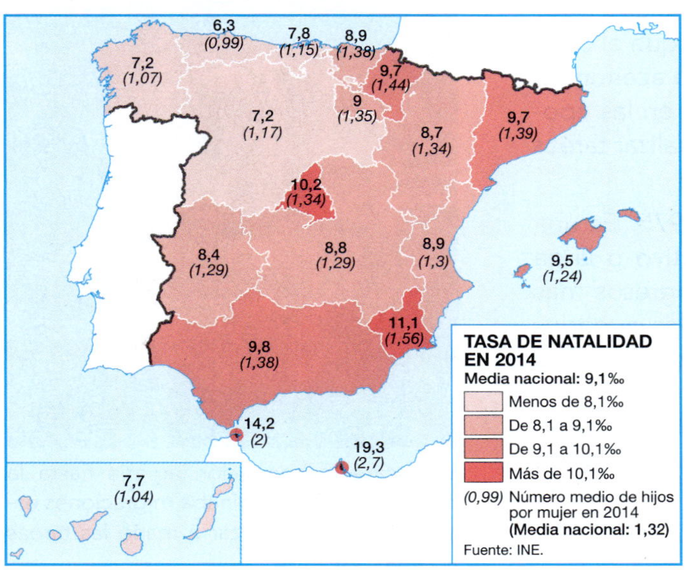

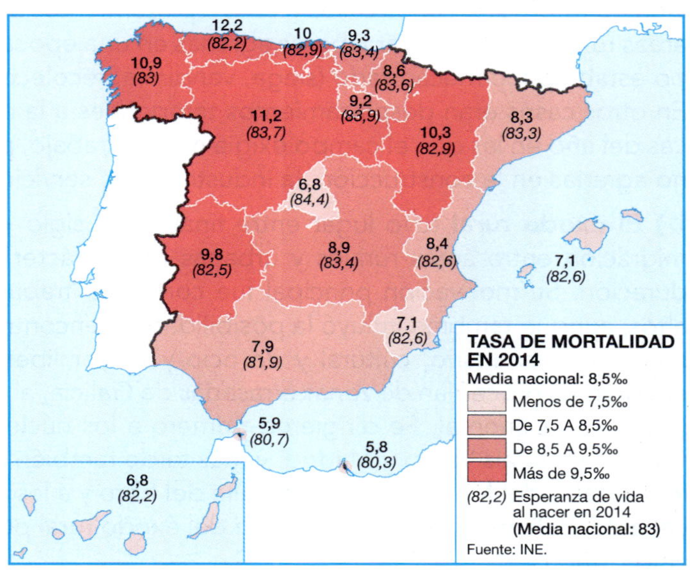

4 Los movimientos migratorios

Las migraciones son los desplazamientos de población en el espacio, generalmente por causas económicas o sociales.

Distinguimos entre emigración, o salida de población desde su lugar de origen; inmigración, o llegada de población a un lugar de destino; y saldo migratorio o balance entre la inmigración y la emigración (SM = I – E).

Si el saldo es positivo, indica inmigración, y si es negativo, emigración.

En España, las migraciones han sido un hecho decisivo que sigue condicionando muchas características actuales de la población.

1. Las migraciones interiores

Son los movimientos de población dentro de las fronteras del país. Responden a dos modalidades, separadas por el año 1975: las migraciones tradicionales y las actuales.

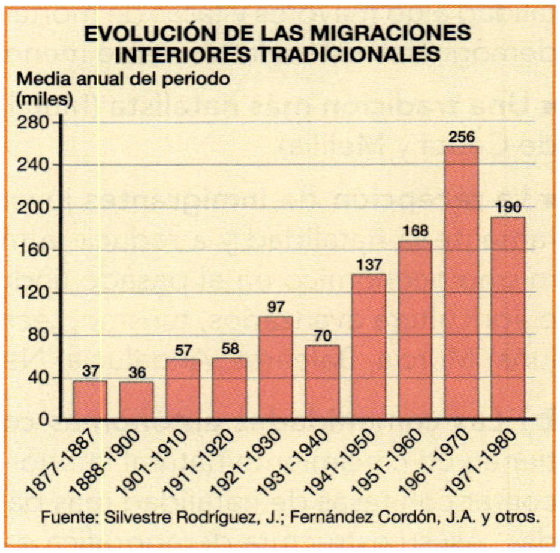

1.1. Las migraciones interiores tradicionales

1.1.1. Características

- **Tuvieron lugar** entre el último tercio del siglo XIX y la crisis económica de 1975.
- **El volumen** de la migración fue muy elevado, afectando a más de 11 millones de personas, sobre todo en el periodo 1951-1975 (6,1 millones), coincidiendo con el mayor auge del éxodo rural.
- **La motivación** de la migración fue principalmente laboral.
- **Los protagonistas** eran sobre todo jóvenes, con bajo nivel de cualificación.
- **Las corrientes migratorias fueron mayoritariamente unidireccionales** entre el campo y las grandes ciudades industrializadas o de servicios, localizadas casi siempre en otras provincias o regiones.

1.1.2. Las corrientes migratorias interiores tradicionales

a) Las migraciones estacionales y temporales tuvieron su auge entre el último tercio del XIX y la década de 1960, y se emprendían con intención de retorno. En unos casos eran desplazamientos estacionales a otras áreas rurales para realizar labores agrarias en una época en la que el campo estaba poco mecanizado (siega, vendimia, recolección de aceitunas). En otros casos eran desplazamientos temporales a la ciudad en las épocas del año en las que el campo exigía menos trabajo, para realizar tareas no agrarias en la construcción, la industria o los servicios.

b) El éxodo rural tuvo lugar entre finales del siglo XIX y 1975. Es una migración entre áreas rurales y urbanas con carácter definitivo o larga duración. Su motivación principal fue conseguir trabajo e ingresos más altos; aunque también influyó la posibilidad de encontrar en las ciudades mejor nivel sanitario, cultural y de ocio y mayor libertad personal. Los emigrantes procedían de zonas atrasadas de Galicia, el interior peninsular y Andalucía oriental. Se dirigieron primero a los núcleos industriales de Cataluña, el País Vasco y Madrid, y más tarde también a las nuevas áreas industriales del Mediterráneo y el valle del Ebro y a las zonas turísticas de Levante, Baleares y Canarias. Dentro del éxodo rural pueden distinguirse cinco etapas.

La escasa mecanización agraria hasta la década de 1960 originaba migraciones estacionales para realizar a mano las tareas agrarias.

■ **Entre finales del siglo XIX y 1930,** el éxodo rural tuvo un volumen moderado. Sus causas fueron el exceso de brazos en el campo, debido a la crisis de la filoxera en las zonas vitivinícolas y al inicio de la mecanización en las zonas cerealistas; el crecimiento de la industria que ofrecía puestos de trabajo; y el auge de las obras públicas en la dictadura de Primo de Rivera. En muchos casos se trató de una emigración en cascada que se dirigió, primero, desde los núcleos rurales a las propias capitales provinciales y, luego, a las grandes ciudades de las provincias más industrializadas: Madrid, Barcelona, Bizkaia y Gipuzkoa.

■ **Entre 1931 y 1950,** el éxodo rural se estancó. Las causas fueron la crisis económica de los años treinta, la Guerra Civil y la posguerra. En esta etapa, las ciudades sufrieron graves problemas de abastecimiento; la industria redujo su oferta laboral debido a las destrucciones de la guerra y a su difícil reconstrucción en el contexto autárquico de la posguerra; y el franquismo fomentó la permanencia de la población rural en el campo.

■ **Entre los años 1951 y 1975,** el éxodo rural alcanzó su mayor volumen, especialmente desde la década de 1960. Las causas fueron el crecimiento demográfico; la crisis de la agricultura tradicional por la mecanización; el auge industrial promovido por los planes de desarrollo; y el boom del turismo que impulsó los servicios y la construcción. En esta etapa predominó el éxodo rural directo hacia las grandes ciudades de las provincias más dinámicas, que aumentaron en número: Madrid, las provincias situadas en los ejes peninsulares del Ebro y del Mediterráneo y las islas Baleares y Canarias.

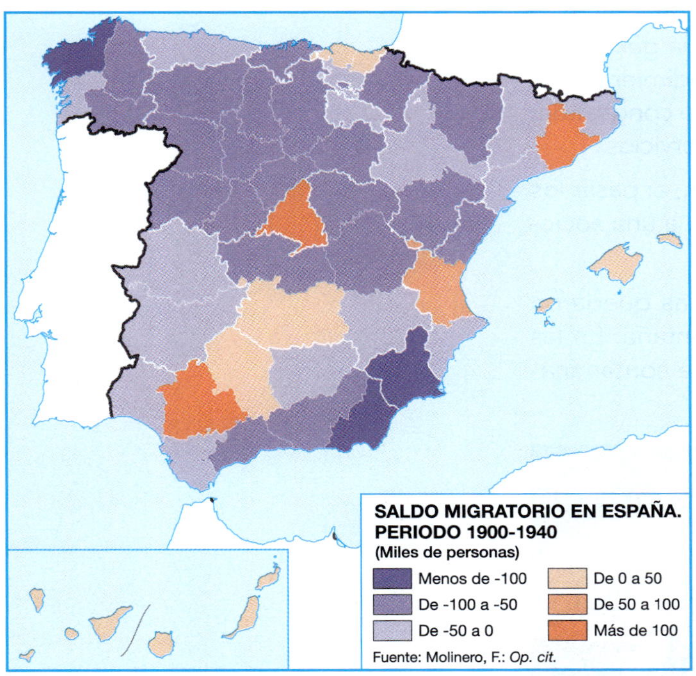

Entre 1900 y 1940, la migración interior se dirigió a un número reducido de provincias: Madrid, Barcelona, Valencia, Sevilla, Bizkaia y Gipuzkoa. Algunas provincias de Andalucía y del sur de Castilla presentan saldos ligeramente negativos o incluso positivos, pues las necesidades de trabajo en sus latifundios ejercieron una considerable atracción de emigrantes rurales próximos, en muchas ocasiones temporales, posibilidad que apenas se produjo en el norte de la Península.

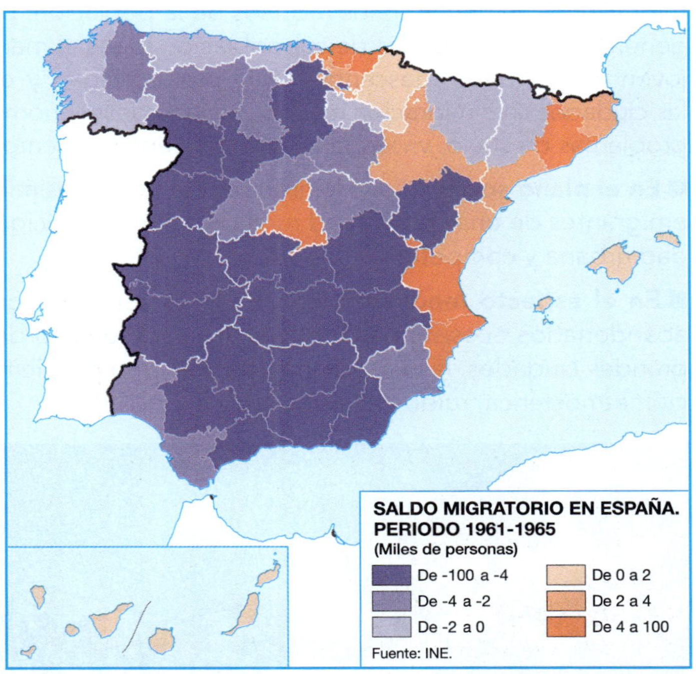

Entre 1961 y 1965, se intensifican las migraciones internas tradicionales. Los mayores saldos positivos estaban en las áreas industriales y turísticas de Madrid, la Y formada por el valle del Ebro (entre el País Vasco y Tarragona) y el litoral mediterráneo (entre Girona y Alicante). También en Baleares y Canarias gracias al auge del turismo. Y los mayores saldos negativos, en el interior agrario peninsular, donde el crecimiento demográfico y la mecanización expulsaban a la población del campo.

■ **Desde 1975,** el éxodo rural decayó. Con la crisis, las antiguas áreas inmigratorias industrializadas perdieron su atractivo y su saldo migratorio positivo se redujo o incluso se volvió negativo (País Vasco, Cataluña y Madrid desde 1990). En cambio, las antiguas áreas emigratorias redujeron sus salidas y su saldo migratorio negativo se redujo o incluso se volvió positivo por el retorno de emigrantes. Tras la crisis, han contribuido a reducir el éxodo rural la tecnificación agraria; las políticas de desarrollo rural; y la implantación en el medio rural de industrias, servicios y residencias urbanas.

■ **En la actualidad,** el éxodo rural alcanza valores muy bajos. Los emigrantes proceden de las áreas agrarias más aisladas y deprimidas y se dirigen principalmente a los centros de actividad de su propia provincia o comunidad autónoma. No obstante, según los expertos, podría incrementarse en los próximos años como respuesta a la modernización agraria.

1.1.3. Las consecuencias de las migraciones interiores tradicionales

■ **En el plano demográfico,** las migraciones explican los desequilibrios en la distribución de la población: vaciamiento del interior y altas densidades en la periferia y Madrid. Han influido en la estructura por sexo al elevar el índice de masculinidad de algunas áreas emigratorias —especialmente las montañosas—, dificultando la formación de nuevas familias. Y han repercutido en la estructura por edad, causando el envejecimiento de la población que quedó en el campo y el rejuvenecimiento de la población urbana, dado que los emigrantes suelen ser jóvenes.

■ **En el plano económico,** en las áreas rurales, en un primer momento, las migraciones aumentaron los recursos de la población; pero con el tiempo generaron deseconomías de subpoblación, pues al marchar la gente más joven y capacitada, descendieron la productividad y el rendimiento. En las ciudades, la inmigración masiva provocó deseconomías de congestión: problemas de suelo, vivienda, circulación, equipamientos y servicios.

■ **En el plano social** se produjeron problemas de asimilación, al pasar los emigrantes de una comunidad rural de valores tradicionales, a una sociedad urbana y competitiva.

■ **En el aspecto medioambiental,** en las zonas emigratorias quedaron abandonados ecosistemas tradicionales, sobre todo de montaña. En las grandes ciudades, la elevada inmigración creó problemas de contaminación atmosférica, ruido, residuos, etc.

Pueblo abandonado a consecuencia del éxodo rural.

Actividades

11 Comenta el gráfico sobre la evolución de las migraciones interiores tradicionales de la página 294.

12 Compara las migraciones estacionales y las temporales con el éxodo rural.

13 Sintetiza en un cuadro las etapas del éxodo rural: volumen de la migración, causa, destino y consecuencias.

14 Compara los mapas de los saldos migratorios en 1900-1940 y en 1961-1965.

1.2. Las migraciones interiores actuales

1.2.1. Características

- **Se desarrollan** desde la crisis de 1975 hasta la actualidad.
- **El volumen de la migración** decreció entre 1975 y 1985 por la decadencia del éxodo rural. Desde entonces se recupera hasta alcanzar cifras muy elevadas, que responden a un nuevo modelo migratorio.
- **Las motivaciones** de la migración son más variadas: laborales, residenciales, retorno al lugar de procedencia, estudio, ocio.
- **Los protagonistas de la emigración** son también más diversos: **en edad** (adultos-jóvenes, jóvenes y mayores); en nivel de **formación** (cualificados, y no cualificados); y en **origen,** pues aumentan los extranjeros, más dispuestos a desplazarse por sus menores ataduras familiares.
- **Las corrientes migratorias son pluridireccionales,** con mayor diversidad de orígenes (campo y ciudades) y de destinos (municipios urbanos grandes, medianos, pequeños, e incluso municipios rurales) localizados dentro o fuera de la propia provincia o comunidad autónoma.

Fuente: INE.

1.2.2. Las corrientes migratorias interiores actuales

a) Los tipos de corrientes migratorias

En la actualidad existen diferentes corrientes migratorias:

- **Las migraciones laborales** responden a motivaciones de trabajo y están protagonizadas por adultos jóvenes. Proceden de zonas rurales atrasadas, ciudades industrializadas en declive, y núcleos urbanos. Y se dirigen menos que antes a los centros dinámicos situados en grandes municipios urbanos de otras regiones y provincias; y más a municipios urbanos medianos o pequeños e incluso rurales, de su región o provincia.
- **Las migraciones residenciales** están protagonizadas por jóvenes que buscan viviendas baratas y por adultos jóvenes de clase media o acomodada que desean residir en áreas con calidad medioambiental. Por eso son en su mayoría migraciones **intraurbanas,** entre la ciudad central y sus coronas periféricas; aunque en el caso de grandes ciudades pueden extenderse a provincias vecinas más baratas.
- **Las migraciones de retorno** suponen el regreso de población a las áreas emigratorias de procedencia. Entre 1975 y 1985 afectaron sobre todo a personas mayores de 55 años, jubiladas o prejubiladas a raíz de la crisis económica y la reconversión industrial. Desde entonces, afectan más a emigrantes plurianuales que en las épocas expansivas se trasladan a los centros más dinámicos y regresan en épocas de crisis (migraciones «tipo golondrina»). Además existe una corriente neorrural minoritaria, integrada por jóvenes que abandonan la ciudad y se trasladan a zonas rurales.
- **Los movimientos habituales o pendulares** son desplazamientos periódicos por motivos de trabajo o estudio y de ocio. **El trabajo y el estudio** ocasionan movimientos entre el lugar de residencia y el centro de trabajo o educativo. El más frecuente se da entre la periferia y el centro de las ciudades como resultado del traslado de la residencia a las afueras de la ciudad o a espacios rurales próximos. **El ocio** ocasiona movimientos de fin de semana y turismo relacionados con la mejora del nivel de vida.

b) Los cambios en los flujos de las corrientes migratorias.

Los nuevos tipos de corrientes migratorias han ido acompañados de cambios en los flujos migratorios:

■ **Las migraciones hacia las provincias de otras regiones pierden peso** y originan diferentes saldos migratorios.

- Tienen **saldos positivos** las provincias más dinámicas por su diversidad económica o por sus actividades terciarias avanzadas; y antiguas provincias emigratorias que lo han invertido, al recibir actividades económicas y población desde grandes ciudades de provincias próximas (Toledo y Guadalajara desde Madrid, Cantabria desde Bizkaia).
- Tienen **saldos negativos** algunas provincias tradicionalmente emigratorias por su reducida población, predominio de actividades tradicionales, situación periférica y problemas de accesibilidad (Zamora, Soria); y algunas provincias tradicionalmente inmigratorias que lo han invertido al trasladar actividades económicas y población hacia provincias limítrofes (Barcelona).
- Tienen **saldos alternativamente positivos y negativos** las provincias más afectadas por los cambios de coyuntura económica. Así, en épocas de crisis, pueden adoptar saldos positivos algunas provincias emigratorias por el retorno de emigrantes; y saldos negativos algunas provincias inmigratorias muy afectadas por la crisis que los pierden (caso de las provincias de la cornisa cantábrica en el periodo 1975-1985; y de las del litoral mediterráneo a raíz de la crisis de 2008).

■ **Las migraciones entre las provincias de la propia región o entre municipios de la propia provincia han crecido.** Las razones son la creación de centros de actividad regionales y provinciales favorecidos por el desarrollo de las competencias autonómicas y por las políticas de desarrollo regional y rural. Y también la existencia de desigualdades económicas intraprovinciales; por ejemplo, entre el litoral y el interior.

Mapas de las migraciones interregionales e interprovinciales

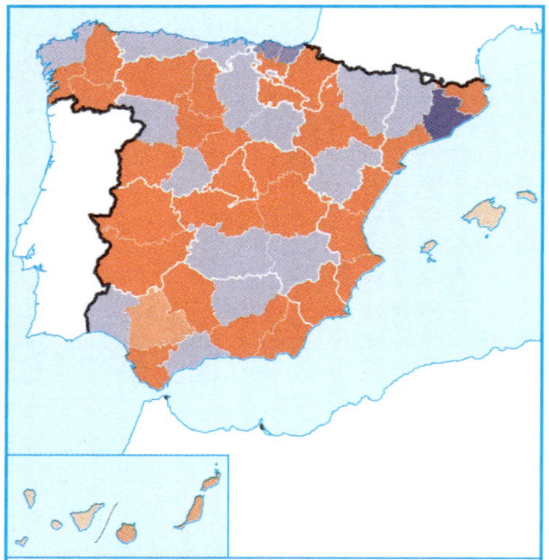

SALDO MIGRATORIO EN ESPAÑA. PERIODO 1981-1985
(Miles de personas)
De -100 a -4 · De -4 a -2 · De -2 a 0 · De 0 a 2 · De 2 a 4 · De 4 a 100
Fuente: INE.

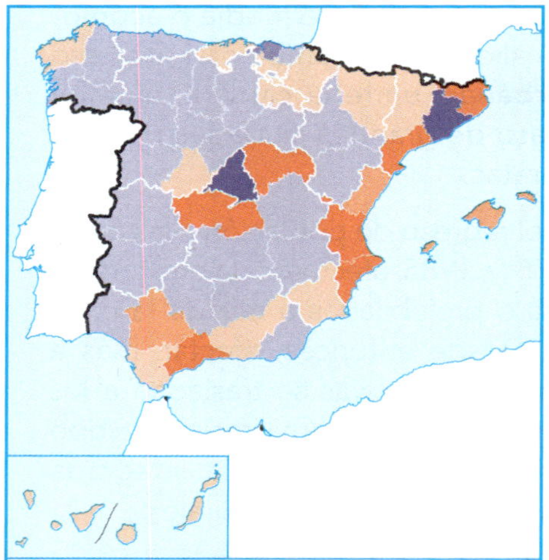

SALDO MIGRATORIO EN ESPAÑA. PERIODO 2001-2007
(Miles de personas)
De -100 a -4 · De -4 a -2 · De -2 a 0 · De 0 a 2 · De 2 a 4 · De 4 a 100
Fuente: INE.

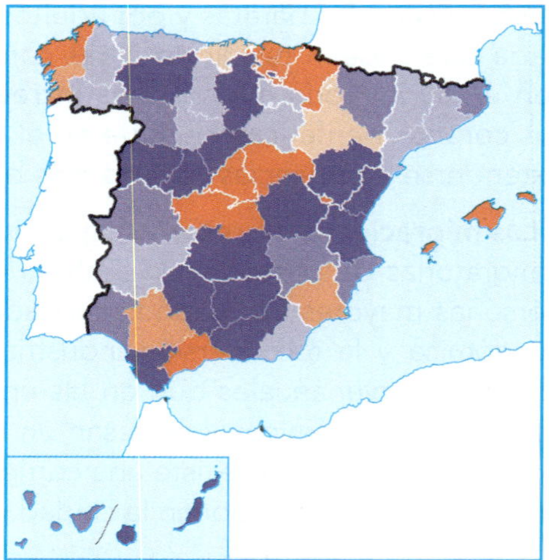

SALDO MIGRATORIO EN ESPAÑA. PERIODO 2008-2014
(Miles de personas)
De -100 a -4 · De -4 a -2 · De -2 a 0 · De 0 a 2 · De 2 a 4 · De 4 a 100
Fuente: INE.

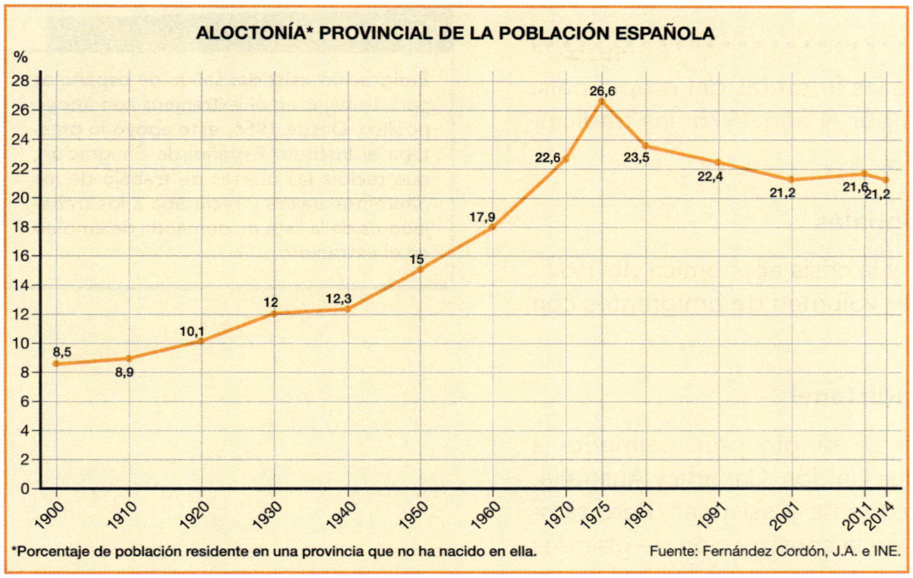

El aumento de las migraciones dentro de la propia provincia ha hecho decrecer el porcentaje de residentes que no han nacido en ella.

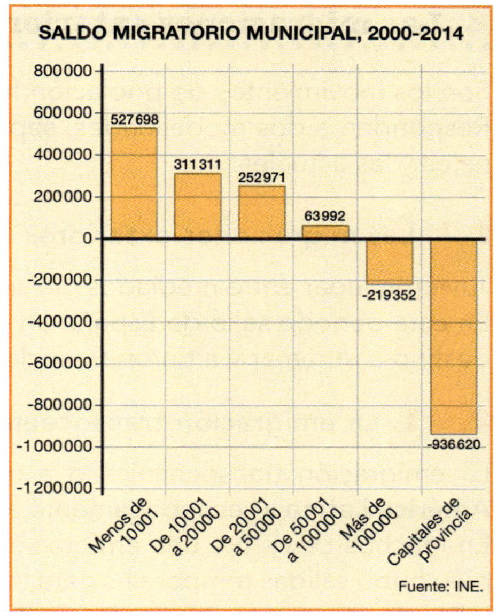

Los municipios urbanos pequeños y medianos, e incluso los municipios rurales de menos de 10000 hab., presentan saldos migratorios internos positivos; mientras que los grandes municipios urbanos y las capitales provinciales reducen su saldo positivo o adoptan saldo negativo. El motivo es la difusión de parte de sus actividades económicas y de su población hacia los municipios más baratos de su entorno.

■ **Las migraciones entre municipios han cambiado.** Los municipios urbanos pequeños y medianos (10000-100000 habitantes), e incluso los municipios rurales (menos de 10000), presentan saldos internos positivos; mientras que los grandes municipios urbanos y las capitales provinciales reducen su saldo positivo o adoptan saldo negativo. El motivo es la difusión de parte de sus actividades económicas y de su población hacia los municipios más baratos de su entorno; y las políticas de desarrollo rural. En cambio, los pequeños municipios rurales de las áreas más aisladas y deprimidas continúan perdiendo población.

1.2.3. Las consecuencias de las migraciones interiores actuales

■ **Las migraciones laborales** acrecientan los desequilibrios demográficos y económicos entre las regiones y en el interior de las comunidades autónomas y provincias.

■ **Las migraciones residenciales** intraurbanas causan el sobreenvejecimiento de las áreas urbanas centrales emisoras; e incrementan la población de las periferias receptoras, que exigen dotaciones de equipamientos y servicios. Por su parte, las migraciones residenciales hacia los municipios pequeños o rurales originan cambios en la composición social y modos de vida autóctonos.

■ **Las migraciones de retorno** de emigrantes provocan el sobreenvejecimiento en las zonas receptoras de jubilados y la creación de negocios o de actividades nuevas por los más jóvenes, que pueden retener a parte de los emigrantes potenciales.

Por otra parte, la instalación de población joven neorrural con hijos en pueblos casi deshabitados puede incidir positivamente en el mantenimiento de escuelas y de actividades tradicionales.

■ **Los movimientos pendulares** relacionados con el trabajo y el estudio ocasionan problemas de circulación en los accesos a las grandes ciudades en las horas punta; y los relacionados con el ocio, un incremento de los ingresos en las zonas receptoras.

Actividades

15 Compara en un cuadro las características de las migraciones interiores tradicionales y actuales: cronología, volumen, motivaciones, protagonistas y características de los flujos.

16 Explica los saldos migratorios negativos, alternativos y positivos de los mapas correspondientes a las migraciones interiores actuales.

17 Escribe la información que aporta sobre las migraciones interiores intraprovinciales actuales el gráfico de la aloctonía provincial.

18 Comenta los rasgos de las migraciones por tamaño de los municipios que se aprecian en el gráfico.

2. Las migraciones exteriores

Son los movimientos de población fuera de las fronteras del propio país. Responden a dos modalidades, separadas por el año 1975: las tradicionales y las actuales.

2.1. Las migraciones exteriores tradicionales

Tuvieron lugar entre mediados del siglo XIX y la crisis económica de 1975. En este periodo salió de España un elevado volumen de emigrantes con destino a ultramar y a Europa occidental.

2.1.1. La emigración transoceánica tradicional

La emigración transoceánica o a ultramar se dirigió principalmente a **América Latina** y secundariamente a Estados Unidos, Canadá y Australia. En muchos casos fue una emigración permanente y asistida*. Pero también hubo salidas temporales para trabajar en la construcción de grandes infraestructuras; y salidas estacionales para realizar tareas agrarias, en fechas complementarias con las de España.

En la emigración transoceánica se distinguen dos etapas de auge y dos de crisis.

a) La primera etapa de auge comprende desde mediados del siglo XIX hasta la Primera Guerra Mundial (1914). Al principio de este periodo, la emigración hacia América, iniciada en el siglo XVI con la conquista, se había reducido bastante, debido a la política populacionista de los Borbones en el siglo XVIII, que puso trabas a la emigración; y a la independencia de las antiguas colonias a principios del siglo XIX. Pero desde 1853, la situación cambió debido a las siguientes **causas:**

- **Los países latinoamericanos** necesitaban inmigrantes para poblarse, explotar sus recursos económicos, y construir grandes infraestructuras —Canal de Panamá, ferrocarriles y puertos—. Por ello, facilitaban la inmigración y llegaron a instalar en España a agentes reclutadores de emigrantes.

Vocabulario

Emigración asistida: salida de españoles para trabajar en el extranjero con apoyo público. Desde 1956, este apoyo lo prestaba el Instituto Español de Emigración, que recibía las ofertas de trabajo de los diferentes países y reclutaba a los trabajadores de la lista de demanda de empleo en el extranjero.

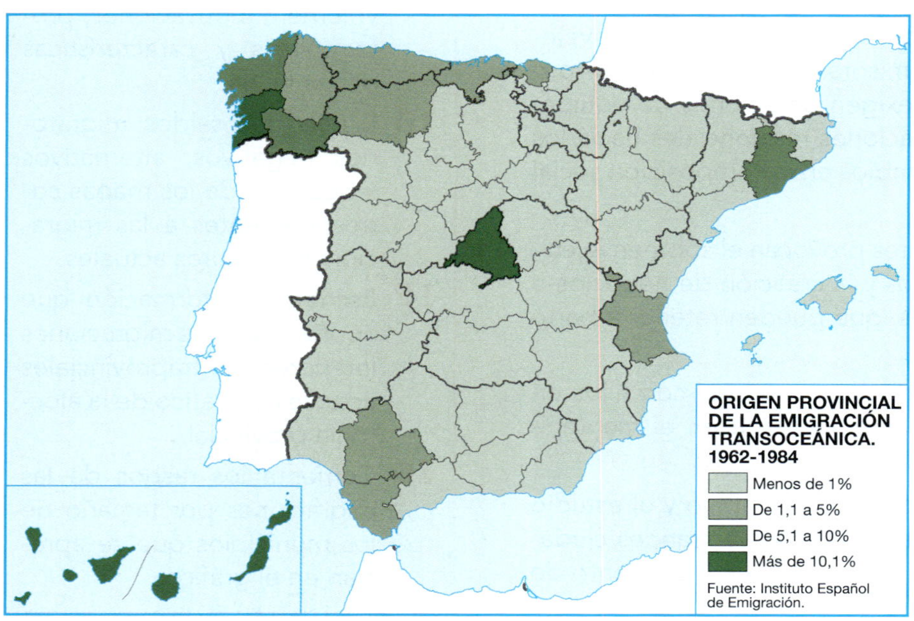

Desembarque de pasajeros españoles en Buenos Aires, Argentina, en 1920.

■ **España** limitó los obstáculos a la emigración, que se convirtió en una salida para el atraso agrario y el desempleo de las zonas minifundistas y latifundistas, que no podía ser absorbido por una industria muy escasa y localizada. También influyeron el deseo de los jóvenes de evitar un servicio militar de tres años; y el efecto llamada de familiares y retornados sobre las oportunidades en ultramar.

La **procedencia** de la mayoría de los emigrantes era atlántica: Galicia, Asturias y Canarias.

Su **destino** principal se encontraba en las actividades agrarias de la Pampa de Argentina; y en las plantaciones de azúcar de Cuba y de café de Brasil, donde se necesitaba mano de obra tras la abolición de la esclavitud.

El **perfil** característico del emigrante era varón, joven, soltero, de bajo nivel de cualificación, dedicado a la agricultura.

b) La emigración transoceánica decayó entre las dos guerras mundiales (1914-1945) a causa de circunstancias desfavorables:

■ La inseguridad creada por la Primera Guerra Mundial. Tras ella la emigración se reanudó durante la década de 1920 aunque sin recuperar el nivel anterior.

■ La crisis económica de 1929 elevó el paro en los países latinoamericanos, llevándolos a establecer cuotas o cupos anuales para la entrada de inmigrantes.

■ La Guerra Civil española y la posguerra (1936-1949) dificultaron las salidas al exterior por la escasez de transporte; el bloqueo internacional a España; y la política populacionista fomentada por el franquismo como base para la reconstrucción nacional.

c) Entre 1945-1960, la migración transoceánica se recuperó (segunda etapa de auge), aunque sin llegar a alcanzar las elevadas cifras de principios de siglo.

Las causas que lo permitieron fueron la autorización para salir libremente de España (1946); el levantamiento del aislamiento internacional por parte de la ONU (1950); y el cambio de actitud de Estados Unidos respecto al régimen de Franco (1951).

La **procedencia** de los emigrantes continuó siendo principalmente gallega y canaria; en cambio, la emigración asturiana decayó porque la nueva siderurgia ofrecía puestos de trabajo en la región.

Los **destinos** prioritarios se encontraban en la explotación de petróleo de Venezuela; en Argentina, donde influía el llamamiento familiar; y en la industria de Brasil.

El **perfil** del emigrante cambió. La emigración familiar adquirió más peso y los emigrantes tuvieron un mayor nivel de cualificación, predominando los obreros y técnicos industriales y los agricultores preparados. El motivo fue la exigencia de los países receptores que, una vez superada la crisis de los años treinta, necesitaban inmigrantes no tanto para poblarse como para desarrollar su economía y su industria.

d) Desde 1960, la emigración transoceánica descendió, al iniciarse el declive de la economía latinoamericana y entrar en competencia con la emigración a Europa (segunda etapa de crisis).

EVOLUCIÓN DE LA EMIGRACIÓN TRANSOCEÁNICA

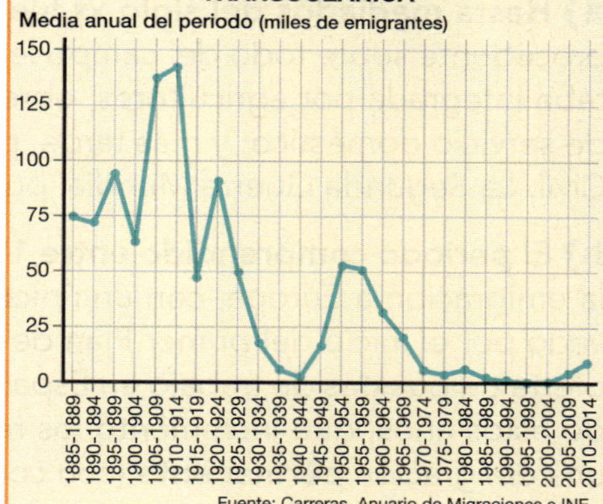

Fuente: Carreras, Anuario de Migraciones e INE.

2.1.2. La emigración tradicional a Europa

a) Hasta mediados del siglo XX fue una migración **escasa y estacional,** procedente sobre todo del campo levantino, que se dirigió a Francia. Estaba integrada por agricultores, obreros de la construcción y muchachas de servicio doméstico; y más tarde, por refugiados políticos de la Guerra Civil. La Segunda Guerra Mundial puso fin a esta etapa.

b) El periodo comprendido entre 1960 y 1973 fue el de mayor **auge** de la emigración a Europa, con un único descenso entre 1964 y 1968 motivado por el inicio del primer Plan de Desarrollo español, que aumentó la oferta de puestos de trabajo en España, y por la crisis económica europea de estos años, que incrementó los retornos. Se trató en buena parte de una emigración **permanente** (con contrato de un año o más de duración) debida a variadas **causas:**

- **Por parte europea,** la rápida reconstrucción económica tras la Segunda Guerra Mundial favoreció una amplia oferta de empleo que no podía cubrirse con los trabajadores propios, escasos por el débil crecimiento de la población europea entre 1930 y 1940, y por las muertes de la guerra.
- **Por parte española,** la emigración se vio estimulada por el fuerte crecimiento demográfico; el excedente de población agraria a causa de la mecanización del campo; la insuficiencia de la industrialización para absorberla; el aumento del paro causado por el Plan de Estabilización; la desaparición de las ventajas anteriores para la emigración ultramarina, y los elevados salarios europeos.

La **procedencia** de los emigrantes se extendió a todas las regiones, aunque afectó más a Andalucía y Galicia. Su **destino** prioritario fue Francia, la República Federal de Alemania y Suiza.

El **perfil** de los emigrantes era el de adultos jóvenes, poco cualificados (agricultores, peones de la construcción y obreros industriales), que desempeñaron los trabajos menos cualificados y peor retribuidos en la minería, la construcción, la industria y el servicio doméstico.

c) A partir de 1975, la emigración tradicional a Europa **decayó.** La crisis económica provocó paro en los países de Europa occidental y muchos emigrantes regresaron.

Emigrantes españoles llegados en tren desde Madrid, en la estación de Zúrich, Suiza, 1966.

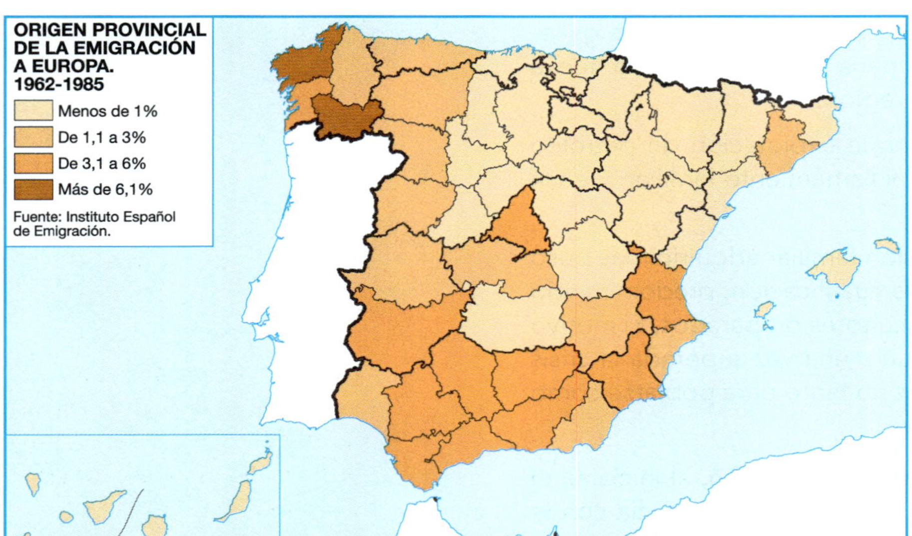

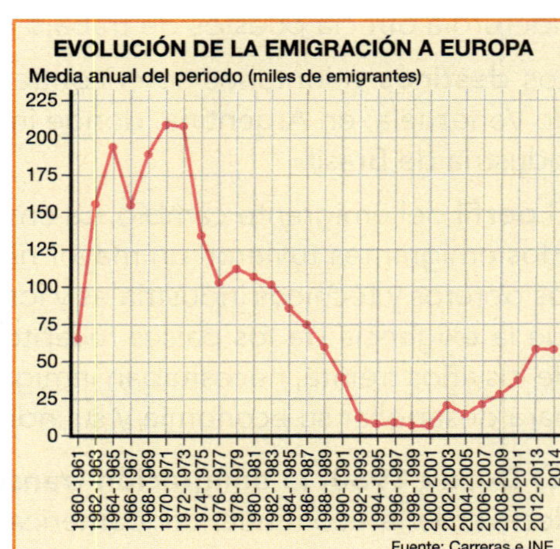

2.1.3. Las consecuencias de las migraciones exteriores tradicionales

a) Las consecuencias demográficas de las migraciones se manifestaron en la disminución de la población española. Y también en su distribución, pues la distinta participación de las regiones en las corrientes migratorias ha contribuido a los desequilibrios actuales en el reparto espacial de la población.

b) Las consecuencias económicas de la emigración fueron por una parte **positivas,** pues aliviaron el fuerte crecimiento natural y el paro. Además, las divisas enviadas por los emigrantes contribuyeron a financiar el desarrollo económico español y a reducir el déficit comercial. Pero también hubo consecuencias **negativas,** porque muchos ahorros no favorecieron a las áreas de partida, ya que los bancos los invirtieron en las zonas más dinámicas; y muchos de los que regresaron se instalaron en otras zonas para encontrar trabajo más fácilmente o invertir en un pequeño negocio.

c) Las consecuencias sociales en los países de destino fueron el desarraigo, al incorporarse a sociedades cuya lengua y costumbres desconocían; y las penosas condiciones de vida, alejados de la familia, en viviendas de poca calidad, y con salarios frecuentemente más bajos que los de los trabajadores autóctonos. Tras la crisis de 1975, los emigrantes fueron los primeros afectados por los despidos y, en general, regresaron sin haber mejorado su cualificación profesional o sin un título que la acreditase; y tuvieron que enfrentarse a problemas, como encontrar trabajo, conseguir vivienda, y readaptarse a las condiciones de vida del país.

Ingresos por remesas de emigrantes

Años	Millones de dólares
1960-1964	759,92
1965-1969	1 699,19
1970-1974	2 981,53

Fuente: IEE.

2.2. Las migraciones exteriores actuales y sus consecuencias

Desde 1975, la emigración exterior tiene un volumen reducido. Sus motivaciones son laborales (búsqueda de trabajo o traslado por la internacionalización de empresas); la realización de estudios y la mejora de la formación. No obstante, la emigración se intensifica en épocas de crisis.

a) Entre 1975 y 2008, las salidas fueron escasas. Primero, por la repercusión internacional de la crisis del petróleo; y, después, por la mejora del nivel de vida en España. Solo a principios de la década de 1980 repuntaron las salidas a Europa, ante la dureza de la reconversión industrial en España; y desde 2004 se inició un aumento continuado, en pleno boom económico, relacionado con el deseo de encontrar trabajos mejor remunerados, formación, o experiencias laborales más interesantes.

b) Desde 2008, la crisis económica ha incrementado la emigración exterior, motivada ahora sobre todo por el desempleo en España. Los emigrantes proceden mayoritariamente de núcleos urbanos y se dirigen a países europeos como Reino Unido, Alemania y Francia. Su perfil es el de jóvenes con buen nivel de cualificación en profesiones con demanda externa —sanidad e ingeniería—; muy afectadas por la crisis —arquitectura—; o por los recortes presupuestarios —científicos e investigadores—; aunque al avanzar la crisis, aumentan los trabajadores de más de 45 años en paro prolongado con sus familias. La emigración a América Latina ha crecido menos y se trata en la mayoría de los casos de antiguos inmigrantes nacionalizados que regresan.

Las **consecuencias** de esta emigración son la reducción de la demanda de trabajo y del pago de prestaciones por desempleo; pero resultan negativas por la pérdida de población joven, emprendedora y con buena formación.

PAÍSES DE DESTINO DE LA EMIGRACIÓN A EUROPA. 2002-2014

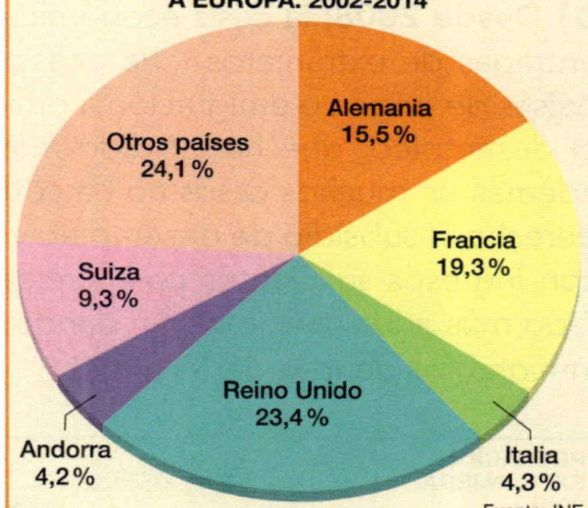

Fuente: INE.

Actividades

19 Compara la emigración tradicional transoceánica y la europea: cronología, causas, áreas de procedencia, lugares de destino y perfil de los emigrantes.

20 Contrasta las consecuencias de las migraciones exteriores tradicionales y las actuales en el terreno demográfico, económico y social.

3. La inmigración extranjera

3.1. Las etapas

Desde 1995 España se ha convertido en un país de inmigración. Así, el número de extranjeros ha pasado de algo menos de 500 000 personas en 1995 a 4,7 millones en 2015. A lo largo de este periodo se distinguen dos etapas:

a) La etapa 1995-2007 fue de elevado crecimiento de la inmigración. Las causas han sido numerosas:

- **Por parte española** influyó la necesidad de mano de obra, propiciada por la prosperidad económica, sobre todo en empleos de baja cualificación insuficientemente cubiertos por la población española. Y también la adopción de ciertas medidas que atrajeron nuevos inmigrantes, como las regularizaciones de personas sin permiso de residencia (2002 y 2005); y el reagrupamiento familiar (2001).

Además, la proximidad de España a África la convierte en la puerta de entrada de inmigrantes africanos a Europa; los lazos histórico-culturales con América Latina atraen a personas de esta procedencia; y la bondad del clima mediterráneo atrae a personas del centro y el norte de Europa.

- **Por parte de los inmigrantes extranjeros** influyeron motivos económicos (posibilidades de trabajo, de negocio, o de ocio) y motivos políticos (persecuciones, falta de derechos).

b) Desde 2008, la crisis económica ha provocado la disminución de las entradas de extranjeros y ha ocasionado retornos de inmigrantes a sus países de origen o emigración a otros destinos. La causa principal ha sido el desempleo, que ha incidido más duramente en este colectivo, que además en muchos casos no ha cotizado el tiempo suficiente para tener derecho al subsidio de desempleo y carece en España de una red familiar con ingresos suficientes para prestarles apoyo. Este problema ha afectado más a los más jóvenes, dando lugar a un aumento de las personas inmigrantes de más de 35 años.

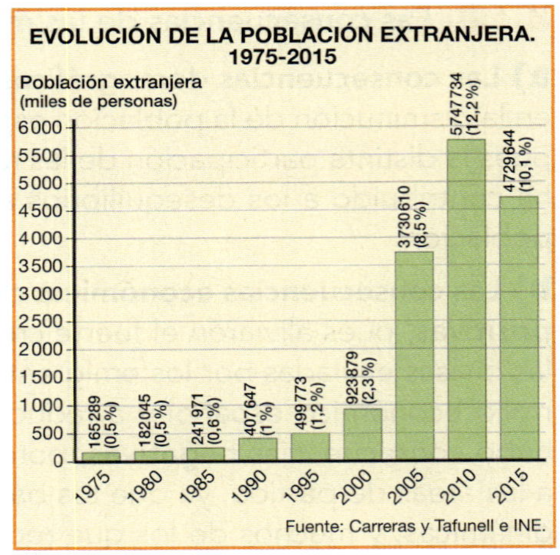

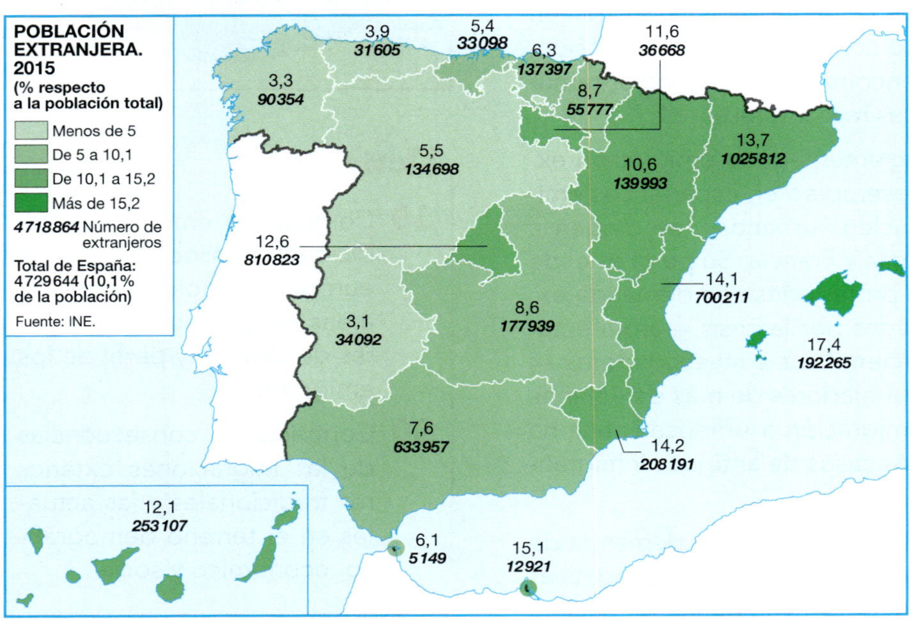

Entre 2001 y 2008, todas las comunidades autónomas incrementaron de forma significativa el número de extranjeros. Desde entonces, la crisis económica y los retornos han aminorado el porcentaje en algunas, aunque de forma poco significativa. Las cifras más altas corresponden a Baleares, Comunidad Valenciana, Murcia, Cataluña, y Madrid, donde superan el 12% de la población de la comunidad, concentrándose en las capitales provinciales. Las más bajas se encuentran en las comunidades del Cantábrico y del oeste peninsular.

3.2. Las características de la población inmigrante

a) Según su situación, se diferencian los extranjeros nacionalizados tras varios años de permanencia en el país, que pasan a ser españoles de pleno derecho; los inmigrantes con permiso de residencia que mantienen su nacionalidad de origen; y los que no tienen permiso de residencia, más difíciles de contabilizar, cifrados en unos 500 000.

b) El perfil de los inmigrantes varía según su **procedencia:**

- **Los inmigrantes europeos** proceden en su mayoría de la Unión Europea. Son jubilados con nivel de vida medio-alto, sobre todo británicos y alemanes, que aprecian las buenas condiciones climáticas del litoral mediterráneo y de las islas Baleares y Canarias; o adultos atraídos por las posibilidades de negocio o de conseguir mejores trabajos, como los rumanos, los búlgaros, los polacos y los portugueses.
- **Los inmigrantes extracomunitarios** proceden de África (Marruecos); Iberoamérica (Ecuador, Colombia); y Asia (China, Pakistán). Son jóvenes que acuden a España por motivos **económicos** (alto crecimiento de la población y carencia de recursos y de trabajo en sus países) o **políticos** (persecuciones políticas, raciales y religiosas). Realizan trabajos de baja cualificación en los servicios, la construcción, la agricultura, la minería y la pesca.

c) El destino principal de los inmigrantes son las comunidades con grandes centros urbanos y de servicios: Cataluña, Madrid, Comunidad Valenciana y Andalucía, seguidas de Canarias, Murcia y Baleares. No obstante, la saturación del mercado laboral de estas regiones ha provocado algunas migraciones hacia las comunidades del interior y del Cantábrico.

Algunos extranjeros se instalan en España por sus buenas condiciones climáticas, caso de jubilados europeos asentados en el litoral mediterráneo y en las islas Canarias.

Otros extranjeros vienen atraídos por la posibilidad de mejorar su situación económica.

Perfil de la inmigración extranjera (31-XII-2014)

Inmigrantes europeos

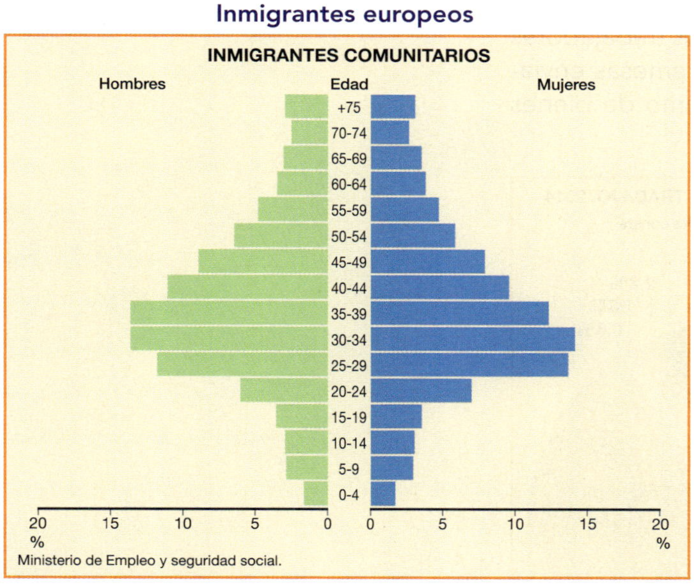

Son una población no joven, con baja natalidad (base estrecha de la pirámide) y alto porcentaje de ancianos (12,66 %, manifestado en la cima ancha de la pirámide).

Las mujeres predominan en los tramos entre 20-29 años y entre 60-69; y los hombres en los demás, sobre todo en el de 35-54.

Inmigrantes procedentes de otros continentes

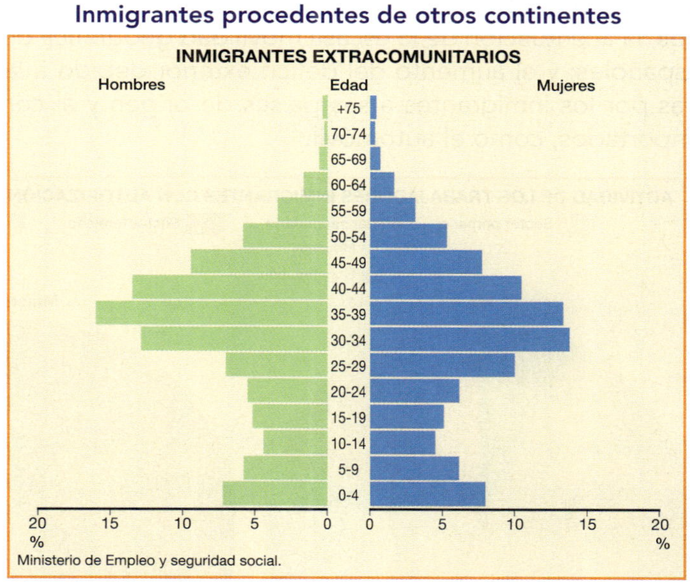

Son una población joven, con media de 32,4 años; con natalidad mayor (base más ancha) y bajo porcentaje de ancianos (3,29 %, manifestado en la cima estrecha de la pirámide).

Las mujeres predominan en los tramos 25-29 años y 65 y más; y los hombres en los demás.

3.3. Las consecuencias de la inmigración

3.3.1. Consecuencias demográficas

La inmigración ha influido decisivamente en el crecimiento demográfico de España.

Durante el periodo de auge 1995-2007, impulsó el crecimiento, tanto de forma directa como por el incremento de la natalidad, evitando el decrecimiento demográfico en las comunidades con crecimiento natural negativo.

Desde 2008, la salida de inmigrantes ha reducido el volumen de la población española y la tasa de natalidad, de forma que algunas comunidades han perdido población.

3.3.2. Consecuencias económicas

- **La inmigración aporta población activa,** que desempeña las tareas más duras y peor remuneradas; contribuye al crecimiento del PIB; aporta más dinero a las arcas públicas del que consume en educación y sanidad; y alivia la carga del elevado gasto en pensiones. Además, los inmigrantes prestan servicios domésticos que permiten incrementar la tasa de actividad de las familias españolas, especialmente de las mujeres.

En un primer momento, la población activa inmigrante era mayoritariamente adulta-joven, entre 16 y 35 años.

En la actualidad predominan los adultos-maduros entre 35 y 64 años, debido al envejecimiento de los ya instalados y a la emigración de los más jóvenes a raíz de la crisis económica.

- **La inmigración se relaciona con algunos problemas,** como la pérdida de competitividad, dado que la disponibilidad de mano de obra retrasa la modernización de ciertos sectores; la presión a la baja sobre los salarios; la acentuación de la escasa movilidad geográfica de los trabajadores españoles; y el aumento del déficit exterior debido a las remesas enviadas por los inmigrantes a sus países de origen y al consumo de bienes importados, como el automóvil.

ACTIVIDAD DE LOS TRABAJADORES INMIGRANTES CON AUTORIZACIÓN DE TRABAJO. 2014

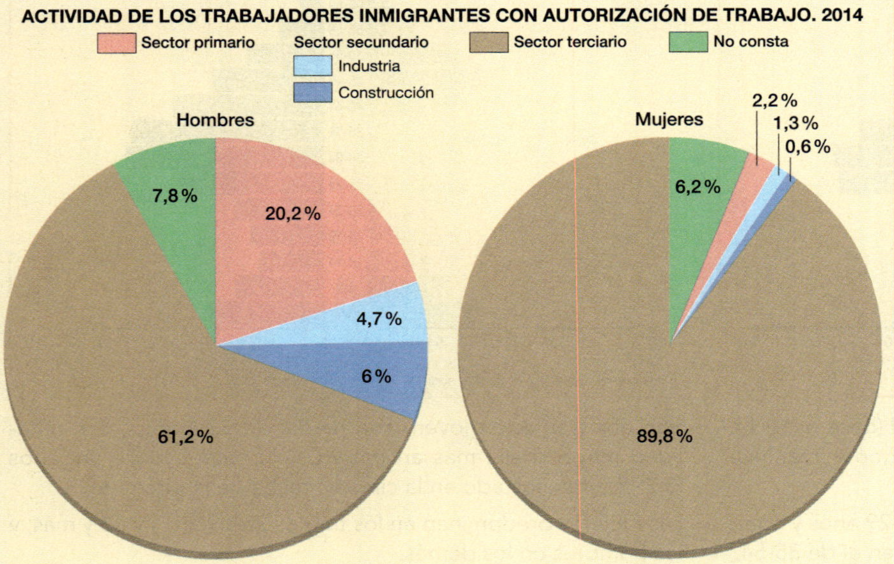

Fuente: Observatorio permanente de la inmigración.

3.3.3. Consecuencias sociales

■ **Han surgido actitudes xenófobas o racistas** entre algunos sectores que consideran la inmigración como una «invasión» que compite por el empleo, consume recursos sociales en perjuicio del bienestar de la población española, y amenaza la identidad nacional. Estas ideas alientan la devolución de los inmigrantes a sus países de origen o la restricción de sus derechos, para evitar un «efecto llamada» que acentúe la inmigración.

■ **Muchos inmigrantes sufren duras condiciones laborales** —bajos salarios, largas jornadas, ausencia de seguros—; y malas condiciones de vida en barrios marginales y viviendas de escasa calidad. En parte por ello se los responsabiliza de manera injusta y abusiva de diversos delitos y de formas de vida poco edificantes —prostitución, mendicidad—.

■ **Las dificultades de integración,** por las diferencias culturales, lingüísticas y religiosas, pueden suscitar tensiones con la población autóctona.

3.4. La política inmigratoria española

La política inmigratoria española pretende que la inmigración resulte beneficiosa para todas las partes implicadas.

a) El marco de la política sobre inmigración está constituido por la normativa europea y española.

■ **La política de la UE sobre asilo e inmigración** (1999) implantó un sistema común para la concesión de asilo y de visados y reforzó la cooperación frente a la inmigración clandestina mediante el intercambio de información y el control de las fronteras exteriores de la Unión. No obstante dejó a los estados miembros la responsabilidad sobre la admisión y la integración de los inmigrantes.

■ **La Ley de Extranjería de España** regula todos los aspectos de la inmigración: entrada en el país; modalidades de presencia (estancia* o residencia*); derechos y libertades; condiciones de trabajo; y procedimiento de expulsión o repatriación.

b) Las medidas principales de la política de inmigración española son:

■ **La lucha contra la inmigración clandestina** mediante la colaboración con los países de origen y de paso de los inmigrantes; la intensificación de los controles fronterizos; y la lucha contra las redes de inmigración ilegal.

■ **La colaboración con los países emisores** en el control de la emigración, las repatriaciones y los retornos.

■ **La ordenación de los flujos migratorios,** seleccionando el tipo de inmigrantes que necesita España y organizando su llegada mediante convenios con los países de origen. La crisis ha endurecido estas medidas como se manifiesta en la reducción del catálogo de ocupaciones de difícil cobertura, que permite al empleador tramitar la autorización de residencia y de trabajo para extranjeros; las restricciones al reagrupamiento familiar; y los incentivos al retorno. A la vez se potencia la entrada de los inmigrantes de alta cualificación.

■ **El impulso de la integración de los inmigrantes,** implantando medidas contra la xenofobia y el racismo. Han dado lugar a programas en barrios con presencia significativa de población inmigrante.

Vocabulario

Estancia: permanencia en España de un ciudadano extranjero por un periodo máximo de 90 días.

Residencia: autorización a una persona extranjera para residir en España durante un periodo superior a 90 días. La residencia puede ser temporal (inferior a cinco años) o permanente (de forma indefinida) y requiere disponer de medios suficientes para subsistir durante el periodo que se solicita.

Actividades

21 Escribe la información que aportan el gráfico sobre la evolución de la población extranjera y el mapa de la inmigración de la página 304.

22 Sintetiza en un cuadro las causas y las consecuencias de la inmigración extranjera.

23 Busca tres noticias relacionadas con problemas relativos a los movimientos migratorios y sintetiza su contenido.

24 Propón cinco medidas para evitar el racismo y la xenofobia.

25 Relaciona las migraciones con la multiculturalidad y valora sus ventajas.

5 El crecimiento real de la población

El crecimiento real de la población resulta de sumar el crecimiento natural y el saldo migratorio.

CR = CN (nacimientos – defunciones) + SM (inmigrantes – emigrantes)

Desde mediados del siglo XIX, los efectivos demográficos españoles se han multiplicado por tres. Sin embargo, el crecimiento no ha sido constante.

a) Entre mediados del siglo XIX y principios del XX, el incremento fue bajo, a causa del escaso crecimiento natural propio del régimen demográfico antiguo (altas tasas de natalidad y de mortalidad), y de la emigración a ultramar.

b) En el periodo 1900-1980, el crecimiento fue elevado, especialmente durante la década de 1960, debido al alto crecimiento natural propio de la transición demográfica. El incremento habría sido mayor de no haberse visto limitado por la persistencia parcial de la mortalidad catastrófica por epidemias como la gripe de 1918; guerras como la de Marruecos (1908-1927) y la Guerra Civil (1936-1939); y la emigración a ultramar y a Europa.

c) Entre 1980 y 2000, el aumento de la población fue muy bajo a causa del escaso crecimiento natural propio del régimen demográfico actual (hundimiento de la natalidad y mortalidad baja con tendencia a elevarse por el envejecimiento). El retroceso habría sido mayor de no haberse visto compensado por el retorno de emigrantes a raíz de la crisis económica mundial y por el aumento de la inmigración extranjera desde 1995.

d) Desde 2000 a 2008, el crecimiento de la población se aceleró debido principalmente a la inmigración extranjera, que también elevó ligeramente la natalidad.

e) Desde 2008, la población detiene su crecimiento y decrece, a causa de los efectos de la crisis económica sobre la natalidad y sobre la inmigración extranjera. Por eso, las áreas con mayores retrocesos han sido las que más inmigrantes recibieron en el periodo anterior.

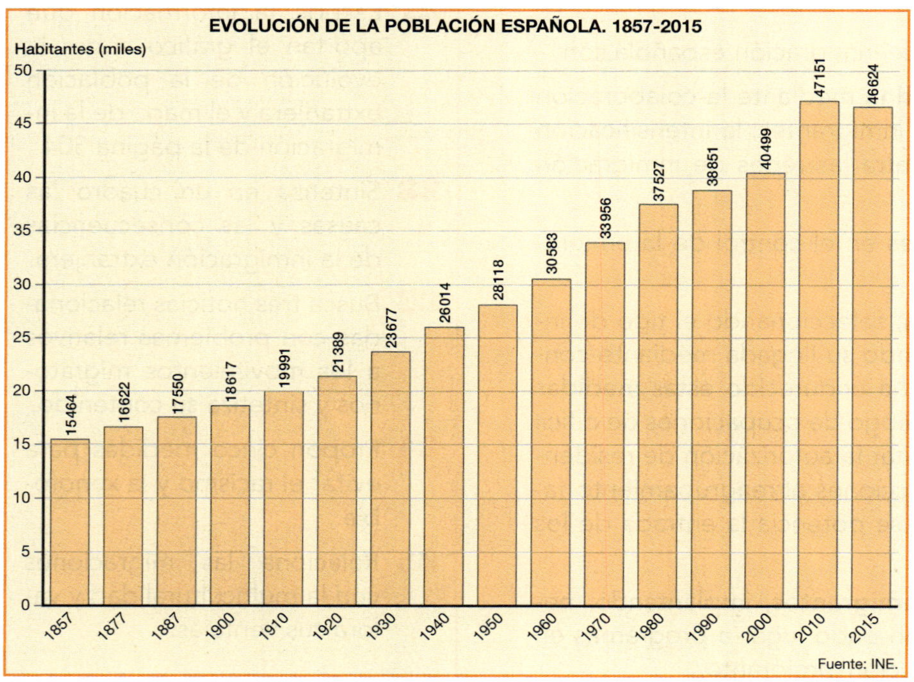

Actividades

Lee la información sobre el crecimiento real que aportan el texto y las imágenes y realiza las siguientes tareas:

26 ¿Cuál es la diferencia entre el crecimiento natural y el crecimiento real de la población?

27 Explica cómo han influido el crecimiento natural y las migraciones en cada una de las etapas del crecimiento de la población española.

En el decenio 2000-2010, la población española aumentó en 6,6 millones de personas; el mayor crecimiento en un decenio desde que existen censos en España. El motivo principal fue la llegada de 4,8 millones de extranjeros, dado que el crecimiento de la población española fue mucho menor y estuvo motivado por el aumento de la esperanza de vida, un leve crecimiento de la tasa de natalidad, sobre todo en el periodo 2005-2009, y la adquisición de la nacionalidad española por muchos extranjeros. Pero desde 2012, la población española decrece como resultado de la crisis de 2008 que ha supuesto la salida de extranjeros y un retroceso de la natalidad.

Distribución del crecimiento real entre 1960 y 2001

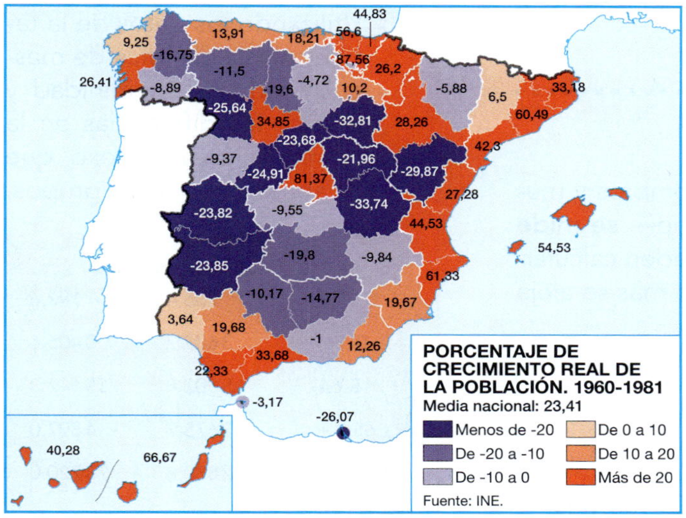

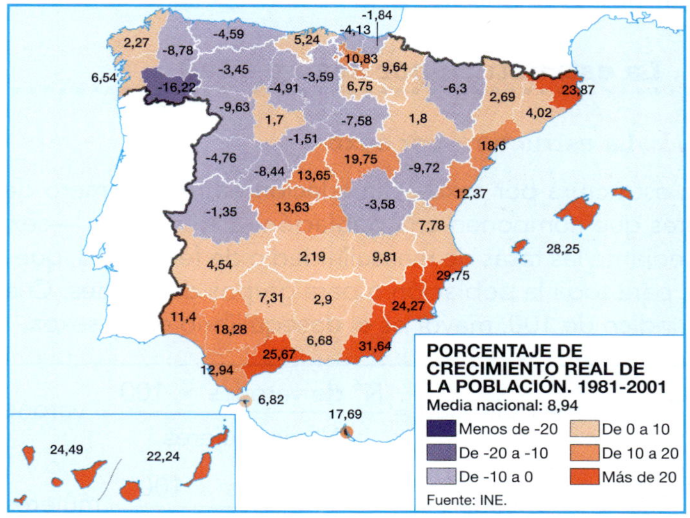

Las diferencias en el crecimiento están relacionadas con la distinta incidencia de los dos elementos que intervienen en el crecimiento real de una población: el movimiento natural y las migraciones. Así, el periodo **1960-1980** incluye el «baby boom» de la década de 1960 y el periodo de mayor intensidad de la emigración española, tanto interior como a los países desarrollados de Europa occidental.

En cambio, el periodo **1981-2001** coincide con el escaso crecimiento natural del régimen demográfico moderno; el retorno de antiguos emigrantes a sus lugares de origen por la crisis económica de 1975; la aparición de nuevos factores de desarrollo; la descentralización residencial y productiva; y la implantación de políticas regionales destinadas al desarrollo local.

Distribución del crecimiento real entre 2001 y 2015

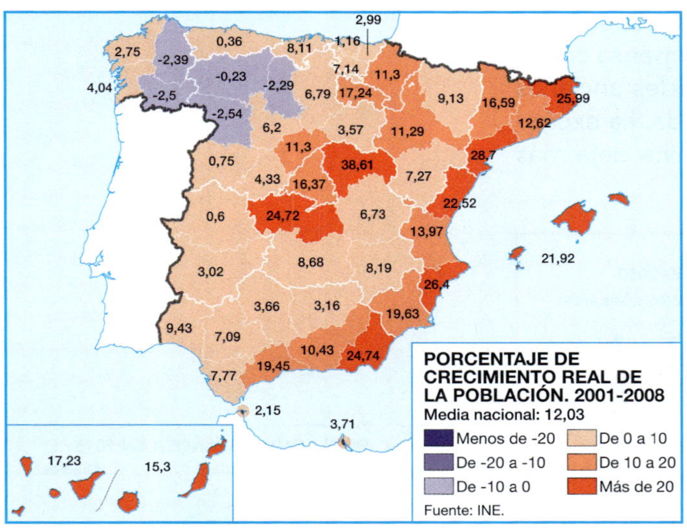

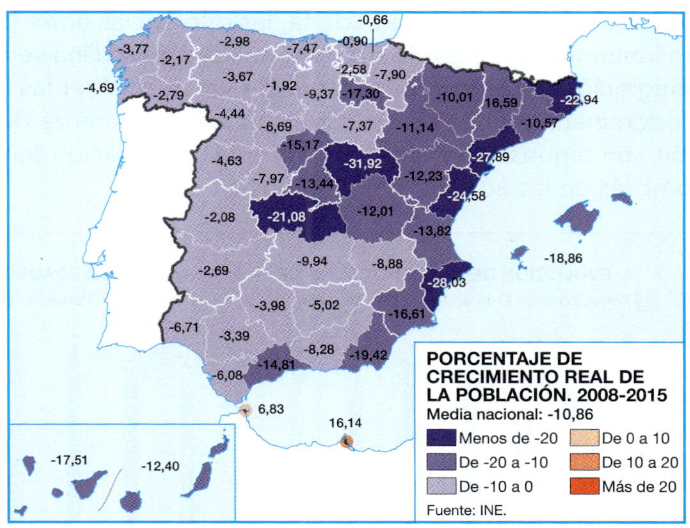

Entre los años **2001** y **2008**, de prosperidad económica, el crecimiento real se eleva. Las provincias con mayor crecimiento son las más dinámicas del litoral mediterráneo, valle del Ebro y los archipiélagos, donde la alta inmigración eleva la natalidad. También poseen crecimiento alto Madrid y las provincias limítrofes que reciben población y actividades de la capital (Guadalajara, Toledo y Segovia). Crecen menos las provincias de la cornisa cantábrica; y antiguas provincias emigratorias del interior peninsular, gracias a la inmigración extranjera. Y decrecen algunas provincias del noroeste con crecimiento natural y saldo migratorio negativos, debidos a su envejecimiento y al menor dinamismo económico.

Entre 2008 y 2015, la crisis económica ha provocado el retroceso demográfico de todas las provincias. El motivo ha sido el descenso de la inmigración extranjera, que hasta el momento había compensado el crecimiento natural negativo o bajo de muchas de ellas y había potenciado el crecimiento de las más dinámicas. Por eso, retroceden más las provincias que en el periodo anterior habían experimentado crecimientos más altos relacionados con la inmigración, como el litoral mediterráneo, Madrid, Guadalajara y Toledo. Y retroceden menos las que ya arrastraban crecimientos negativos por su acusado envejecimiento y las menos afectadas por la inmigración extranjera.

6 La estructura de la población española

La estructura de la población es su composición por sexo y edad; y por actividad económica.

1. La estructura por sexo y edad

1.1. La estructura por sexo

La estructura por sexo es la relación entre el número de hombres y mujeres que componen una población. Esta relación —sex ratio— **se mide** mediante las tasas de masculinidad o de feminidad, que pueden calcularse para toda la población o para grupos de edades. Cuanto más se aleja el índice de 100, mayor es el desequilibrio entre sexos.

$$\text{Tasa de masculinidad} = \frac{\text{N° de varones} \times 100}{\text{N° de mujeres}} = \text{varones/100 mujeres}$$

$$\text{Tasa de feminidad} = \frac{\text{N° de mujeres} \times 100}{\text{N° de varones}} = \text{mujeres/100 varones}$$

Los factores que influyen en la estructura por sexo son el nacimiento siempre de un mayor número de niños (unos 105 por cada 100 niñas), la mayor esperanza de vida de las mujeres, y las migraciones, dado que suelen emigrar más los varones.

En España, la sex ratio de 2015 era de 96,5 hombres por cada 100 mujeres; pero la proporción entre los sexos varía según los grupos de edad. Entre los jóvenes predominan los hombres, debido a su superioridad numérica al nacer. En la edad adulta, las diferencias entre los sexos se acortan lentamente porque la sobremortalidad masculina se compensa con la inmigración de un mayor número de varones. Y en las edades ancianas predominan las mujeres gracias a su mayor esperanza de vida. La excepción son algunas zonas rurales donde la emigración femenina deja más hombres en las edades adultas y ancianas.

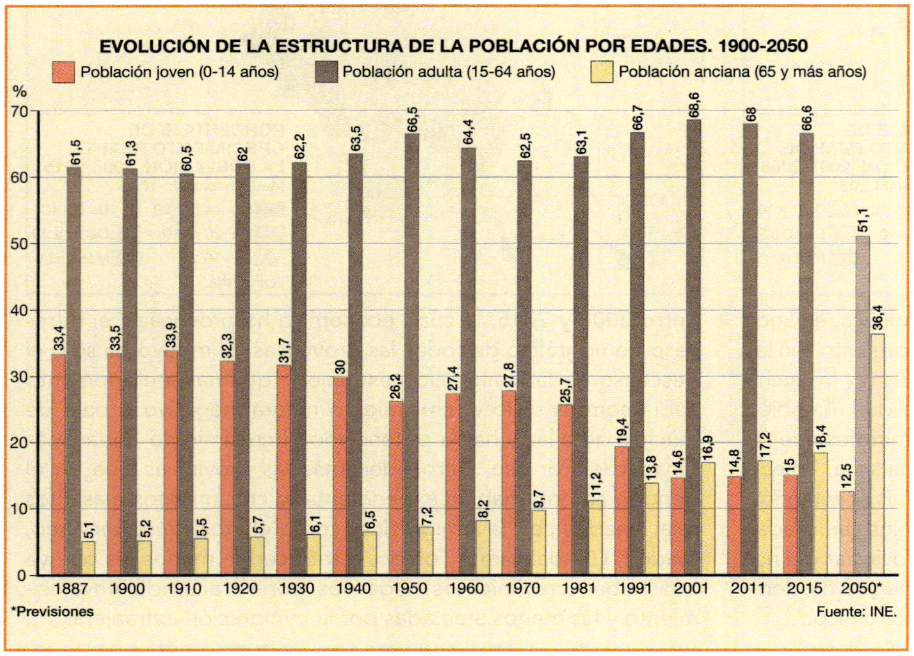

EVOLUCIÓN DE LA ESTRUCTURA DE LA POBLACIÓN POR EDADES. 1900-2050

Actividades

28 Utilizando los datos de la tabla, calcula el índice de masculinidad o de feminidad y explica las diferencias en la composición por sexo que se aprecian entre los grupos.

2015*	Hombres	Mujeres
0 años	206,4	192,6
0-14	3 602,2	3 405,6
15-64	15 602,8	15 417,3
65 y +	3 675,7	4 897,0
Pobl. total	22 880,8	23 720,0

*Cifras en miles.

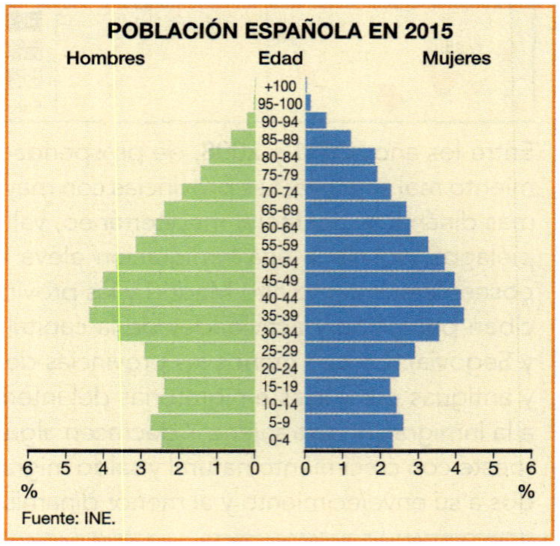

POBLACIÓN ESPAÑOLA EN 2015

1.2. La estructura por edad: una población envejecida

La estructura por edad es la composición de la población por grupos de edad: jóvenes (0-14 años); adultos (15-64 años) y ancianos (65 años y más). **Se mide** calculando los índices de juventud (porcentaje de jóvenes) y de envejecimiento (porcentaje de ancianos). Así, una población se considera joven cuando el porcentaje de jóvenes supera el 35 %, y envejecida, si el porcentaje de ancianos supera el 12 %.

Estructura por edades		
Población	**Jóvenes***	**Ancianos***
Joven	+35 %	–5 %
Adulta	25-35 %	5-12 %
Envejecida	–25 %	+12 %

*Porcentaje sobre la población total.

$$\text{Índice de juventud} = \frac{\text{Población de 0-14 años} \times 100}{\text{Población total}} = \%$$

$$\text{Índice de envejecimiento} = \frac{\text{Población de 65 años y más} \times 100}{\text{Población total}} = \%$$

Los factores que influyen en la estructura por edad son la natalidad, en el número de jóvenes; la esperanza de vida, en el número de personas ancianas; y las migraciones, dado que los migrantes son habitualmente jóvenes.

En España, la estructura por edad se encuentra envejecida, pues los jóvenes representan un bajo porcentaje (15 % en 2015) y la población anciana está muy por encima del 12 % (18,4 % en 2015).

a) Las causas del envejecimiento son diversas:

- El fuerte descenso de la natalidad desde 1975, que ha reducido el número de jóvenes.
- El aumento de la esperanza de vida, que ha incrementado el número de ancianos, especialmente en las edades más avanzadas.
- La emigración de épocas pasadas, que no se ha visto compensada por la inmigración extranjera.
- Desde la crisis de 2008, el repunte de la emigración y el descenso de la inmigración, que afectan a los jóvenes.

b) Las diferencias territoriales en cuanto a envejecimiento arrojan fuertes contrastes entre el campo y las ciudades y entre comunidades autónomas.

- **Las comunidades con mayor porcentaje relativo de jóvenes** son las que poseen tasa de natalidad superior a la media y esperanza de vida menor (Murcia, Andalucía); o las que por su dinamismo económico han recibido un alto volumen de inmigrantes, que aportan población joven (Madrid, litoral mediterráneo).
- **Las comunidades más envejecidas** son las que cuentan con tasas de natalidad muy bajas derivadas de la emigración de épocas pasadas (Galicia, interior peninsular); las que han recibido un menor volumen de inmigrantes; o han sufrido un prolongado efecto de la crisis económica de 1975 (cornisa cantábrica).

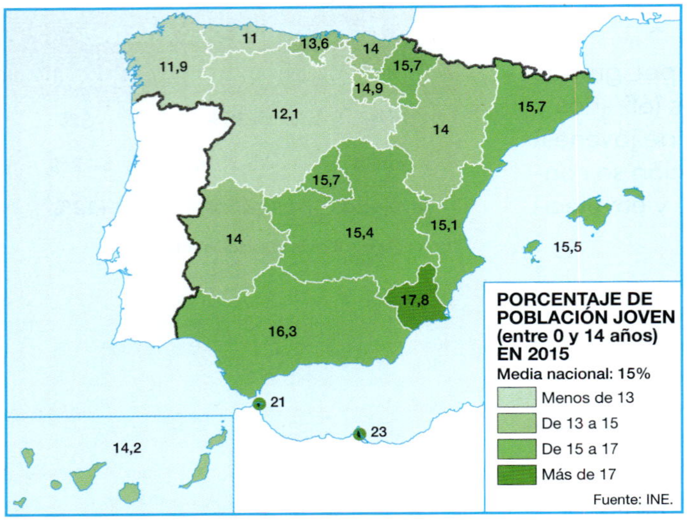

Las comunidades con niveles de envejecimiento superiores a la media son las tradicionalmente emigratorias de Galicia y del interior peninsular, desnatalizadas y envejecidas por el éxodo rural y el sobreenvejecimiento de las migraciones de retorno posteriores a la crisis de 1975. Y también antiguas comunidades inmigratorias en las que la fuerte incidencia de la crisis industrial causó el cese de la inmigración, e incluso emigración, y un acusado descenso de la natalidad, como Asturias.

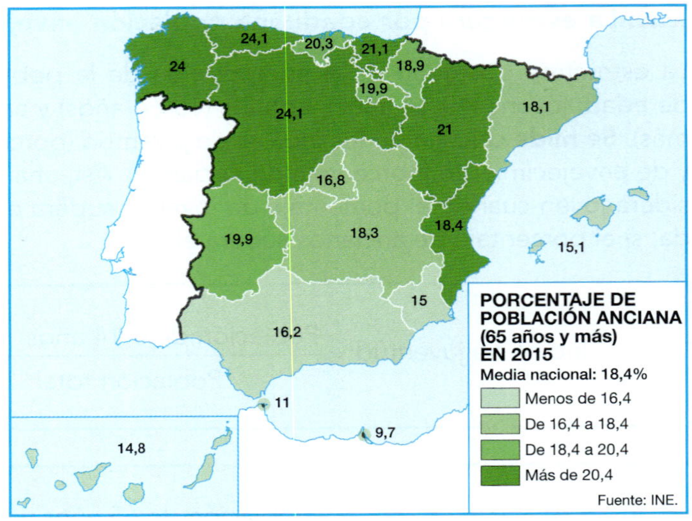

Las comunidades con niveles de envejecimiento en torno o inferiores a la media son las tradicionalmente natalistas de Andalucía y Murcia, que además cuentan con una esperanza de vida ligeramente menor; las tradicionalmente inmigratorias como resultado de sus actividades industriales o terciarias (País Vasco, Madrid, Cataluña, Comunidad Valenciana); y las que combinan unas tasas de natalidad tradicionalmente más altas con la recepción de inmigrantes por sus actividades turísticas (Canarias, Baleares).

c) Las consecuencias del envejecimiento y sus posibles soluciones

Las consecuencias del envejecimiento son múltiples:

- **Demográficas.** Colabora al descenso de la natalidad y al aumento de la mortalidad.
- **Económicas.** El envejecimiento reduce la población activa y la capacidad de innovación. Incrementa el gasto en pensiones, dado que se financian con las aportaciones de los trabajadores en activo. Y aumenta el gasto sanitario, al consumir los ancianos más medicamentos, visitas médicas y estancias hospitalarias.
- **Sociales.** El envejecimiento aumenta la dependencia de los ancianos y con ello las cargas familiares y la demanda de residencias, que actualmente son insuficientes. Además, supone el riesgo de exclusión de los mayores por su escasa participación en la vida social.

Entre las soluciones a estos problemas se han planteado el recurso a la inmigración, que aporta población joven, mayor natalidad y cotizaciones para las pensiones. El retraso en la edad de la jubilación, el fin de las prejubilaciones y la reforma de las pensiones. La racionalización del gasto sanitario. Los servicios de respiro a las familias con ancianos o dependientes a su cargo y el incremento de las residencias.

También, el fomento del envejecimiento activo entendido como vida saludable, autonomía personal, y posibilidad de seguir ejerciendo un papel activo en la sociedad, decidiendo el momento de abandonar el trabajo o desempeñando tareas de voluntariado. Y la solidaridad intergeneracional basada en el apoyo mutuo: por ejemplo, los ancianos reciben compañía y cuidados y comparten piso con jóvenes, cuidan de sus nietos, etc.

Actividades

29 Comenta el gráfico de la evolución de la estructura por edades de la página 310.

30 Observa los mapas del porcentaje de población joven y anciana. ¿En qué comunidades se aprecia mayor y menor diferencia entre los porcentajes de jóvenes y ancianos? ¿A qué se debe?

31 Lee la técnica de elaboración y comentario de pirámides de población del final de la unidad didáctica. Aplícala al comentario de la pirámide española de 2015.

2. La estructura económica de la población

La estructura económica de la población estudia la población que contribuye con su actividad al proceso productivo (población activa) y los sectores en que desarrolla esa actividad (los sectores económicos).

2.1. La población activa

La población activa es el conjunto de personas de 16 años y más que suministran mano de obra para la producción de bienes y servicios o que están disponibles y hacen gestiones para incorporarse a esta producción. Por tanto, comprende la población que trabaja a cambio de una retribución (población activa **ocupada**) y la que busca activamente empleo (población activa **desocupada**), bien porque habiéndolo tenido está en paro, o bien porque está buscando su primer empleo.

La población inactiva es la que no realiza un trabajo remunerado ni se encuentra disponible para desempeñarlo, como pensionistas, rentistas, estudiantes y personas dedicadas a las labores del hogar.

La actividad de una población se **mide** con tasas como las de actividad, paro, y dependencia.

Tipos de tasas

La tasa de actividad

Es el porcentaje de activos de una población.

La forma más habitual de calcularla es relacionando a la población activa (ocupados + parados) con la población en edad activa (16 años y más).

$$\frac{\text{Población activa} \times 100 \text{ (ocupados + parados)}}{\text{Población 16 años y más}}$$

La tasa de paro

Es el porcentaje de población activa desocupada respecto al total de la población activa.

$$\frac{\text{Población activa desocupada} \times 100}{\text{Población activa}}$$

La tasa de dependencia

Es el porcentaje de población en edad de no trabajar (menor de 16 años y de 65 años y más) en relación con la población en edad de trabajar (16-64 años).

$$\frac{\text{Población dependiente (0-15 años + 65 años y más)} \times 100}{\text{Población en edad de trabajar (16-64)}}$$

Recae mayor peso sobre la población trabajadora cuanto mayor es el índice.

Población activa ocupada.

Población activa desocupada.

Población inactiva.

2.1.1. La tasa de actividad

Los factores que influyen en la tasa de actividad son demográficos, como el porcentaje de jóvenes y de ancianos, y el predominio de la emigración o la inmigración; económicos, como el nivel de desarrollo; y socioculturales, como la duración de la escolarización, el trabajo de la mujer fuera del hogar, y la edad de jubilación.

a) La evolución de la tasa de actividad en España ha pasado por diferentes etapas:

- **Entre principios del siglo XX y 1985,** la tasa de actividad descendió por varias razones. La **emigración** al exterior afectó negativamente a la tasa de actividad masculina y el éxodo rural a la femenina, pues la mayoría de las mujeres que trabajaban en el campo no lo hicieron en los nuevos destinos urbanos, ante el predominio de una mentalidad tradicional que reducía su papel social al cuidado del hogar. **Aumentó la tasa de dependencia** de los ancianos (con la generalización de la jubilación pagada y el progresivo envejecimiento demográfico) y la de los jóvenes (al retrasarse de los 14 a los 16 años la edad mínima legal para trabajar y prolongarse la escolarización obligatoria). Y **las crisis económicas** desanimaron a los activos «ocultos» a buscar trabajo y aumentaron las salidas del mercado laboral mediante jubilaciones y prejubilaciones (crisis de 1925-1935 y de 1975).
- **Desde 1985 a 2008,** la tasa de actividad creció. La implantación de un **nuevo sistema de elaborar la EPA** —Encuesta de Población Activa— (1987) amplió la población activa. La expansión económica 1995-2008 animó a los activos ocultos a incorporarse al mercado laboral y provocó un aumento de la inmigración. Y **las mujeres se han incorporado al mercado laboral** de forma creciente por motivos ideológicos (cambio de mentalidad sobre su papel en la sociedad), demográficos (control de la natalidad) y económicos (crecimiento del empleo en el sector terciario y necesidad familiar de un segundo salario). Este aumento se ha mantenido a pesar de que desde 2002 se ha incrementado la población inactiva por razones estadísticas (consideración como inactivos a la población parada que no cumple los nuevos criterios de paro*).
- **Desde la crisis económica de 2008,** la tasa de actividad se encuentra estabilizada, al decrecer entre los hombres y aumentar ligeramente entre las mujeres.

EVOLUCIÓN DE LA TASA DE ACTIVIDAD EN ESPAÑA. 1900-2015

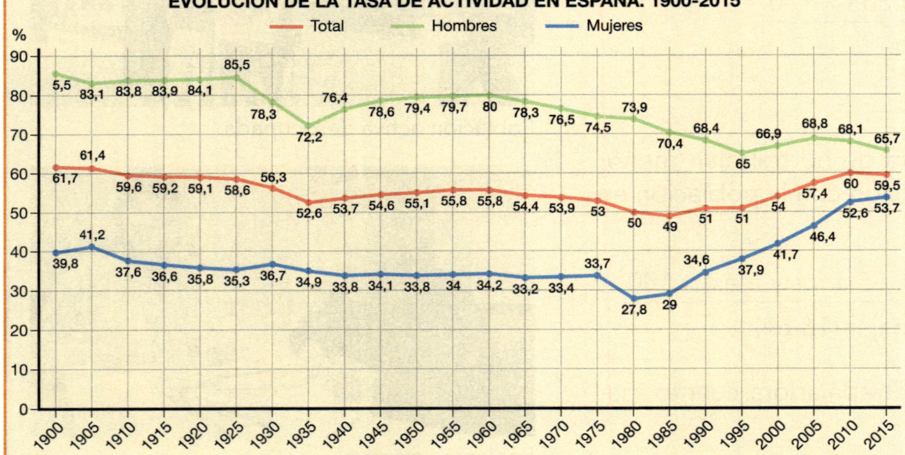

Fuente: INE.

Vocabulario

Población parada: de acuerdo con el nuevo reglamento de la Unión Europea, aplicado desde 2002, es el conjunto de personas de 16 años y más que durante las cuatro semanas anteriores a la entrevista ha estado sin trabajo, disponible para trabajar y buscando activamente empleo. Esta búsqueda activa implica no solo la inscripción en una oficina de empleo, sino acciones para encontrar empleo, como mantener contacto con oficinas públicas o privadas de empleo; enviar candidaturas a empleadores; anunciarse o responder a anuncios de trabajo; estudiar ofertas de empleo; participar en pruebas o entrevistas de empleo; buscar terrenos, locales o material; y realizar gestiones para obtener permisos, licencias o recursos financieros. Los parados que incumplen esta nueva condición pasan a ser considerados población inactiva. Por tanto, el efecto de esta nueva definición operativa de paro es una disminución del número de parados, una reducción de las tasas de actividad y de paro, y un aumento de la población inactiva.

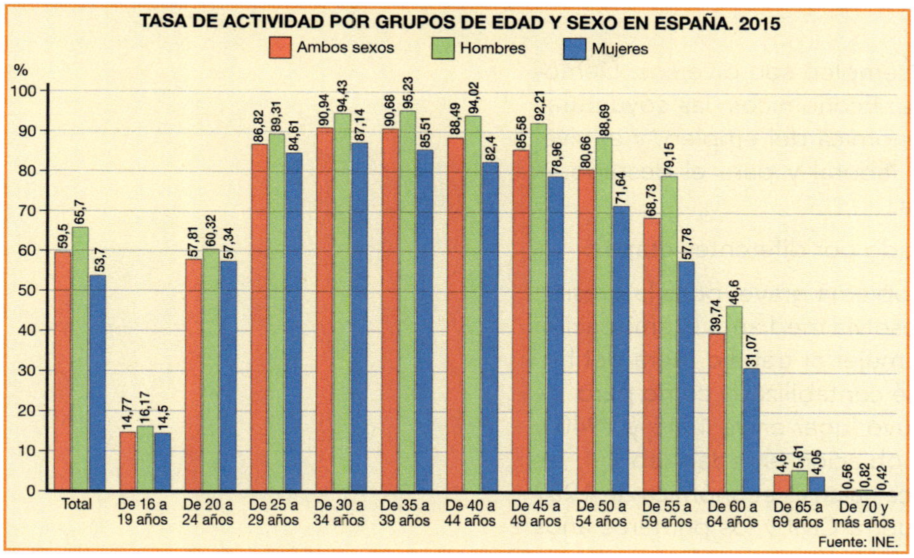

b) La tasa de actividad varía según el sexo, la edad y el territorio.

- **En función del sexo,** la tasa de actividad masculina sigue siendo superior a la femenina, pues muchas mujeres continúan padeciendo discriminación laboral en el acceso al trabajo y ocupándose en mayor medida de las responsabilidades familiares.
- **En función de la edad,** las mayores tasas de actividad para los varones se dan entre los 35-39 años. Y para las mujeres, entre los 30-34, decreciendo desde entonces, dado que algunas abandonan el trabajo al formar una familia, ante las dificultades para conciliar la actividad laboral y la vida familiar.
- **En función del territorio,** tienen tasas de actividad más altas las comunidades que ofrecen más posibilidades de empleo en el sector terciario (Madrid, costa mediterránea y ambos archipiélagos) o que cuentan con una economía diversificada (Navarra y La Rioja). En cambio tienen tasas más bajas las comunidades con menor dinamismo económico y mayor envejecimiento (las del interior peninsular) o con prolongada incidencia de la crisis industrial (cornisa cantábrica).

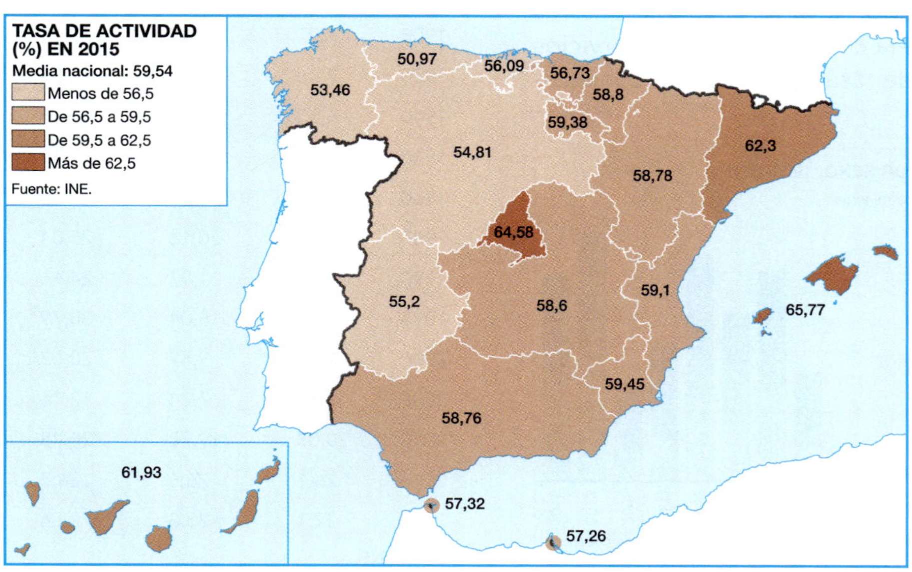

Actividades

32 Consulta en el Apéndice estadístico los datos sobre tasa de actividad y tasa de paro de tu provincia. Explica cómo se han calculado las tasas y los valores que arrojan.

33 Indica cómo influyen en la tasa de actividad la estructura demográfica, las migraciones, el dinamismo económico, la duración de la escolarización, el trabajo de la mujer fuera del hogar y la edad de la jubilación.

2.1.2. La tasa de paro

Los factores que influyen en la tasa de desempleo son diversos. Demográficos: el volumen de la población activa. Económicos: las coyunturas de expansión o de crisis; la estructura económica del empleo; y el nivel de productividad. Sociales: la flexibilidad laboral y para el despido. Y culturales: la formación de la mano de obra.

a) La evolución de la tasa de paro ha pasado por diferentes etapas:

- **Entre 1900 y 1975,** el paro no fue un problema grave, pues la presión demográfica sobre el mercado laboral se resolvía mediante la emigración al exterior y la escasa incorporación de la mujer al trabajo fuera del hogar; además el abundante subempleo no se contabilizaba como paro. La elevación principal durante este periodo tuvo lugar entre 1915 y 1940 y estuvo causada por el crecimiento de la población en edad laboral, las dificultades para la emigración transoceánica, la crisis económica de 1929 y los problemas económicos durante la Guerra Civil y los primeros años de la posguerra.
- **Entre 1975 y 1985,** el paro experimentó un gran aumento por la destrucción de empleo causada por la crisis y la reconversión industrial, unido a una mayor demanda laboral por parte de los emigrantes retornados, las mujeres, y una población joven más numerosa, la generación del «baby boom».
- **Entre 1985 y 1995,** el paro pasó por dos fases: un ligero retroceso entre 1985 y 1990 por la mejora de la situación económica; y un aumento entre 1990 y 1995, debido a la crisis económica de estos años causada por los ajustes realizados para entrar en el euro.
- **Desde 1995 a 2008,** la tasa de paro descendió debido a la favorable coyuntura económica; la entrada en el mercado laboral de generaciones menos numerosas; y las reformas legislativas que flexibilizaron el empleo y crearon nuevos tipos de contratos para facilitar el trabajo de los jóvenes (contratos para la formación y en prácticas).
- **En la actualidad,** las cifras de paro se deben principalmente al aumento de la productividad, que reduce la necesidad de mano de obra; y a coyunturas económicas recesivas, como la iniciada en 2008. Las altas cifras alcanzadas en comparación con otros países vecinos están motivadas por la estructura del empleo en la que han tenido elevado peso los sectores más golpeados por la crisis internacional —la construcción y los servicios de baja cualificación—; y por la existencia de tasas más altas de contratación temporal que facilitan los despidos.

EVOLUCIÓN DE LA TASA DE PARO POR SEXO, 1900-2015

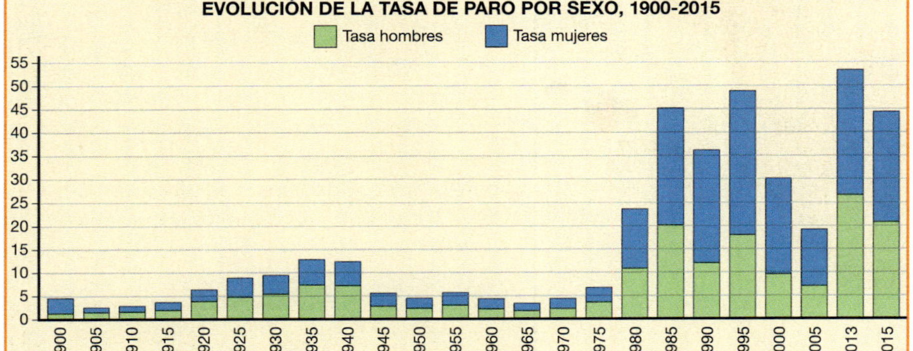

*La entrada en vigor a partir de 2002 de la normativa de la UE que introduce instrucciones más restrictivas sobre cómo interpretar la búsqueda activa de trabajo reduce la cifra de parados. Los que no se ajustan al nuevo criterio pasan a formar parte de la población inactiva.

Tasa de paro según sexo

	Tasa total	Tasa hombres	Tasa mujeres
1900	1,97	1,28	3,31
1920	3,46	3,88	2,53
1940	6,53	7,24	5,13
1960	2,17	2,16	2,19
1980	12,4	10,83	12,8
1985	21,5	20,16	25,04
1990	16,1	11,97	24,16
1995	22,8	18,04	30,79
2000	13,4	9,59	20,52
2005	9,16	7,04	12,16
2010	20,07	19,73	20,48
2013	26,1	26,6	26,7
2015	22,1	20,8	23,6

Fuente: INE.

b) **La tasa de paro presenta variaciones.**

■ Según **el sexo,** es mayor el paro femenino, por la persistencia de discriminación hacia las mujeres; su mayor ocupación a tiempo parcial; y en sectores no cualificados o afectados por recortes, como la sanidad, la educación o los servicios sociales.

■ Según **la edad,** es mayor el desempleo juvenil y entre los mayores de 50 años.

■ Según **el nivel de formación,** el paro aumenta cuando disminuye la cualificación al ser mayor la competencia por los puestos de trabajo.

■ Según **la época del año,** el paro sube en invierno, al finalizar la recogida de las cosechas y la temporada turística.

■ Y **según los territorios,** las tasas de paro más altas correspondían tradicionalmente a las comunidades con menor dinamismo económico o mayor peso de la población joven. Desde la crisis de 2008, se suman las comunidades litorales con economías basadas en la construcción, y los servicios de baja cualificación. En cambio, las tasas de paro son más bajas en las comunidades con economías más diversificadas y de mayor componente tecnológico, o con bajas tasas de actividad por envejecimiento.

c) **Para fomentar el empleo** se han adoptado diferentes medidas. La flexibilización del mercado laboral para promover la contratación. El fomento del autoempleo y del espíritu emprendedor. Y las ayudas a la contratación de personas con especiales dificultades, como los desempleados de larga duración, los discapacitados, y las personas mayores de 45 años.

Además, el apoyo al empleo juvenil es objeto de una financiación especial por parte de la UE a través de la Iniciativa sobre Empleo Juvenil, dotada con 6000 millones de euros para el periodo 2014-2020. La percibirán los estados que como España cuentan con más de un 25 % de desempleo juvenil. Los fondos se dirigirán especialmente a los llamados «ni-ni», jóvenes entre 15 y 30 años que ni trabajan, ni estudian, ni reciben formación, y se destinarán a la orientación y a la formación profesional; la realización de prácticas en empresas y el estímulo de la contratación; y el apoyo al autoempleo y el emprendimiento.

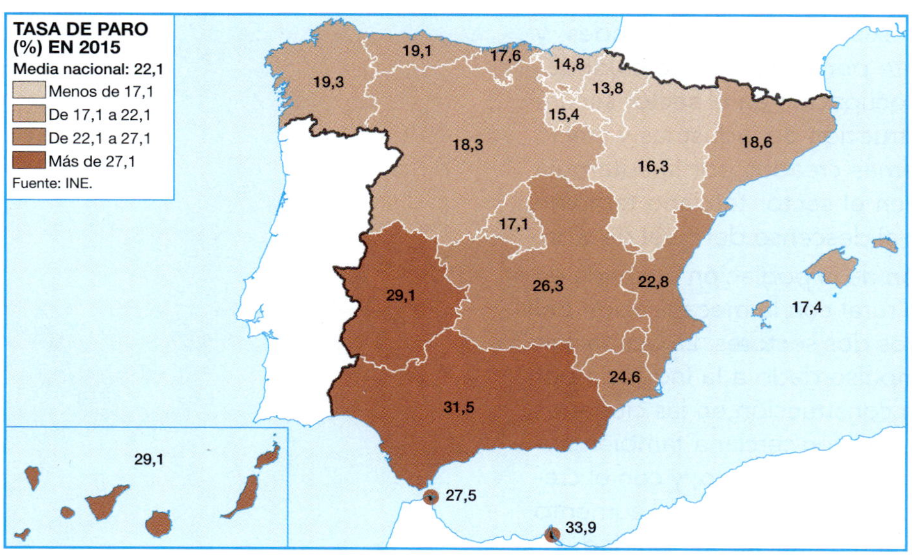

Las tasas de paro son más altas en comunidades con mayor volumen de población joven y en edad activa; predominio del empleo poco cualificado —en los servicios, la construcción o las industrias ligadas a ella, muy afectadas por la burbuja inmobiliaria—; elevada inmigración extranjera; o importante peso de la administración pública, afectada por los recortes presupuestarios. **Las tasas de paro son más bajas** en las comunidades con mayor envejecimiento; una estructura del empleo más diversificada —con mayor peso de la industria avanzada, la tecnología, la innovación y los servicios cualificados, y menor incidencia de la construcción—; o con menor peso de la inmigración extranjera.

Actividades

34 Escribe cuáles son los factores que han influido en la tasa de paro de España.

35 Busca información sobre el paro en España y sintetiza los resultados en una presentación en PowerPoint para exponerla oralmente en clase.

Tasa de paro en 2015 según trimestre	
Primero	5444,6
Segundo	5149,0
Tercero	4850,8
Cuarto	4779,5

Fuente: INE.

El paro suele descender en el trimestre estival en relación con el incremento de la demanda de trabajadores para el sector turístico y ciertas tareas agrarias.

2.2. Los sectores económicos

La población activa se distribuye entre los sectores económicos primario, secundario y terciario.

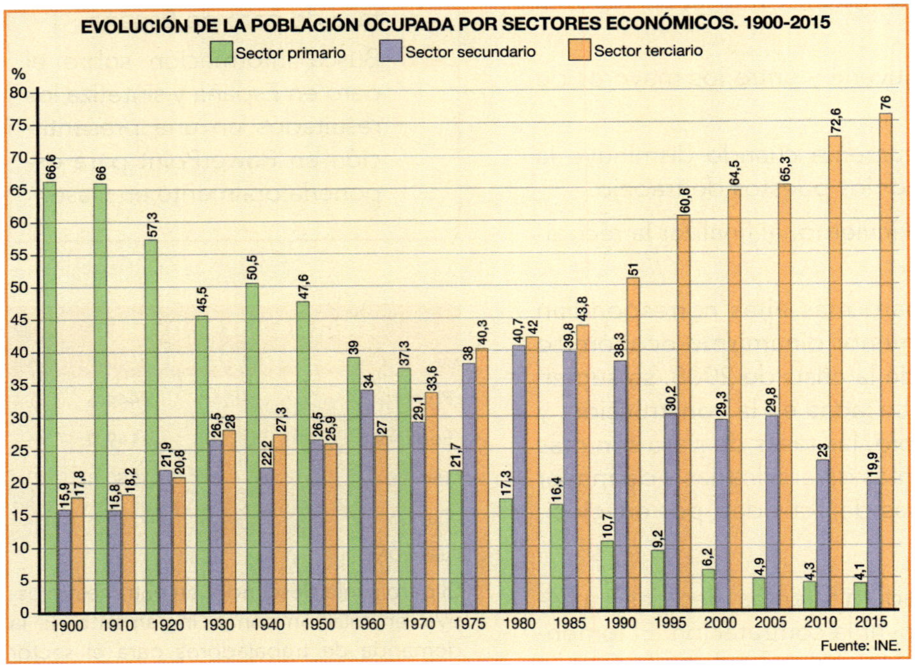

Su evolución en España ha pasado por varias etapas:

- **A principios del siglo XX,** el sector primario ocupaba a la mayoría de la población, dado que la economía y la sociedad eran agrarias. En cambio era escasa la ocupación en el sector secundario por el insuficiente desarrollo industrial; y en el sector terciario, por el bajo nivel de vida.
- **En el primer tercio del siglo XX,** la ocupación en el sector primario descendió al iniciarse el éxodo rural. Paralelamente, creció la ocupación en el sector secundario con el impulso dado a la industria y a las obras públicas por la dictadura de Primo de Rivera; y en el sector terciario por la mejora del nivel de vida.
- **Durante la Guerra Civil y la posguerra,** la ocupación en el sector primario se recuperó, pues la población permaneció en el campo ante las dificultades de empleo y de alimentación existentes en las ciudades; y ante las expectativas levantadas inicialmente por la política de colonización agraria del franquismo. En cambio, la ocupación en el sector secundario se frenó durante la guerra por la destrucción de industrias y creció lentamente en la posguerra por los problemas creados por la autarquía a la recuperación industrial. La ocupación en el sector terciario también retrocedió por la destrucción de servicios y el descenso del nivel de vida.
- **Entre 1960 y 1975** se aceleró la reducción de la población ocupada en el sector primario al intensificarse el éxodo rural con la mecanización del campo y con la oferta de empleo en los otros dos sectores. La ocupación en el sector secundario creció gracias al impulso dado a la industria por los planes de desarrollo y al aumento de la construcción en las ciudades industriales y en las áreas turísticas. Y la ocupación terciaria también aumentó con la población trasvasada desde el sector primario; y con el crecimiento de servicios impulsados por la industria, el turismo, y el aumento del nivel de vida: transporte, finanzas, hostelería, educación, sanidad.

Desde 1975 hasta la actualidad:

■ **La ocupación en el sector primario** ha desacelerado su descenso por la detención del éxodo rural a raíz de la crisis y porque ya se encuentra en niveles bajos (4,1 % en 2015).

■ **La ocupación en el sector secundario** ha disminuido. La industria se vio muy afectada por la crisis de 1975 y trasvasó parte de su población al sector terciario; y tras la crisis, incorpora nuevas tecnologías que requieren menos mano de obra y demanda cada vez más servicios a la producción, dando lugar al conocido fenómeno de «terciarización de la industria». La construcción, a pesar de su auge hasta la crisis de 2008, no ha compensado esta tendencia. En la actualidad, las cifras de ocupación secundaria son similares a las de los países del entorno (19,9 % en 2015).

■ **La ocupación en el sector terciario** ha crecido gracias al aumento del nivel de vida, que exige servicios cada vez más numerosos y especializados; el trasvase de población desde los otros dos sectores; la creación de la administración autonómica y europea; la implantación del Estado del bienestar; y los cambios sociales que impulsan servicios relacionados con el envejecimiento, el ocio, la inmigración, la incorporación de la mujer al trabajo, la calidad, y las nuevas tecnologías. En la actualidad, la ocupación en este sector es mayoritaria (76 % en 2015).

La distribución espacial de la ocupación por sectores económicos es contrastada. El sector primario tiene mayor peso en las comunidades del sur y del interior peninsular (Murcia, Extremadura, Andalucía). El sector secundario en comunidades con tradición o diversificación industrial; o con predominio de subsectores intensivos en mano de obra (La Rioja, Navarra, País Vasco y Cataluña). Y el sector terciario en Madrid, las comunidades más turísticas, Ceuta y Melilla.

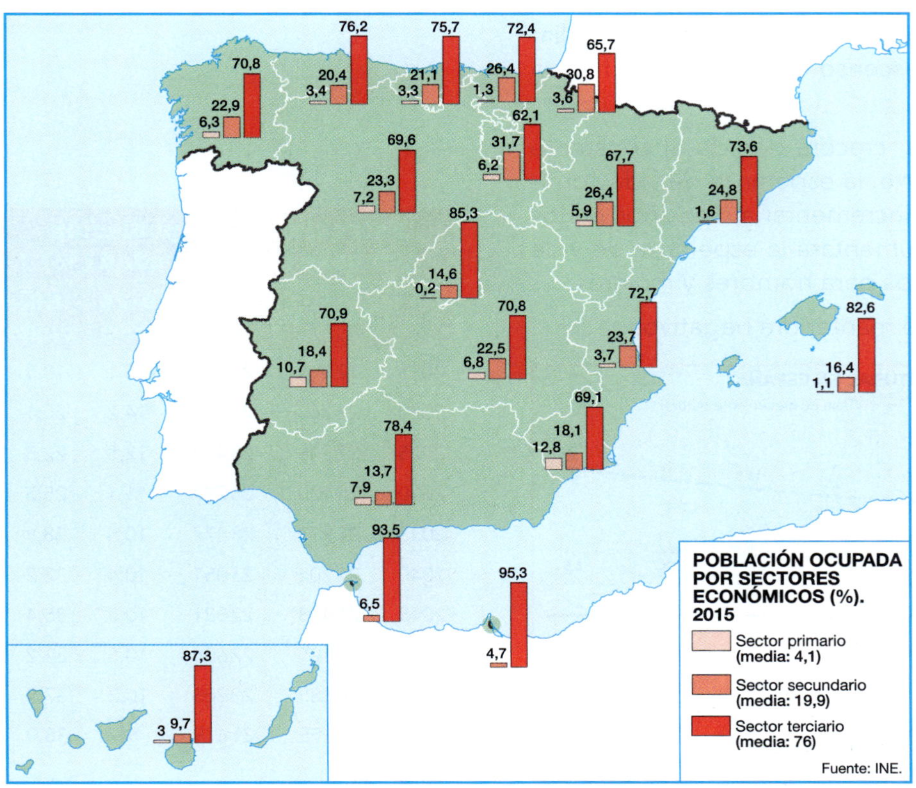

La distribución espacial de la población ocupada por sectores económicos muestra un peso del sector primario superior a la media en las comunidades del interior peninsular, y Galicia, Andalucía y Murcia. El peso del sector secundario es mayor en comunidades tempranamente industrializadas (País Vasco, Cataluña), con diversificación o difusión industrial (La Rioja, Navarra, Aragón y más recientemente Castilla-La Mancha), o con predominio de subsectores intensivos en mano de obra (Comunidad Valenciana, Castilla y León). El sector terciario supera a la media en Madrid por sus funciones político-administrativas y culturales y por la elevada terciarización de su industria y también en las comunidades especialmente turísticas (Baleares, Canarias) y en las ciudades de Ceuta y Melilla, debido a la escasa ocupación en los otros dos sectores.

Actividades

36 Utilizando la información del gráfico de la página anterior, explica la evolución de cada uno de los sectores económicos.

37 Con los datos del texto y el mapa, selecciona la comunidad autónoma con mayor peso en cada uno de los sectores económicos y explica los motivos.

7 El futuro de la población española

España ha experimentado profundas transformaciones demográficas desde 1975. Ha dejado de ser un país natalista, joven y emigratorio, para convertirse en un país con una de las tasas de natalidad más bajas del mundo, envejecido e inmigratorio.

Estos cambios conllevan otros de orden económico, social y cultural. Por eso, los expertos realizan proyecciones demográficas* de futuro, para planificar asuntos como la necesidad de plazas escolares o de residencias para la tercera edad; el gasto sanitario o en pensiones; las ayudas sociales, etc. Las proyecciones estadísticas del INE para el periodo 2014-2063 arrojan los siguientes resultados:

Vocabulario

Proyección demográfica: previsión sobre la evolución futura de los diversos aspectos de la población para un cierto número de años. Las proyecciones constituyen una base imprescindible para una adecuada toma de decisiones en múltiples campos, como la creación de plazas escolares; la atención sanitaria; el pago de las pensiones, etc.

1. El futuro del movimiento natural

La tasa de natalidad, que comenzó a decrecer desde 2009 a causa de la crisis económica, seguirá descendiendo hasta 2030. Incluso en el caso de que el número de hijos por mujer recuperase el ligero incremento interrumpido por la crisis. El motivo es la llegada a la edad fértil de la generación de mujeres nacidas en la época de mayor descenso de la natalidad (1985-1995) y el incremento de la edad media de la maternidad. Entre 2030 y 2040 se produciría una ligera recuperación, una vez pasado el efecto de la generación menos numerosa de mujeres. Y desde entonces se reanudará el descenso.

La fecundidad, o media de hijos por mujer, dependerá de la adopción por las mujeres extranjeras de las pautas de fecundidad nacionales y de la evolución de la fecundidad de las mujeres españolas. Esta se verá condicionada por las posibilidades de acceso al mercado laboral; por la existencia de políticas efectivas de conciliación de la vida laboral y familiar y de apoyo a las familias (facilidades para acceder a la vivienda, empleo juvenil estable, guarderías a precios asequibles); y por la existencia de una verdadera igualdad en el reparto de las tareas domésticas y familiares. Sobre estas bases, el INE prevé un descenso de la media de hijos a lo largo del periodo.

La tasa de mortalidad, actualmente baja, crecerá debido al constante envejecimiento de la población. Por su parte, la esperanza de vida continuará aumentando. Entre 2015 y 2060 se incrementaría diez años en los varones y ocho en las mujeres. También aumentará la esperanza de vida de los mayores de 65 años en 7,8 y 7,2 años para hombres y mujeres.

El crecimiento natural, en consecuencia, se mantendrá negativo.

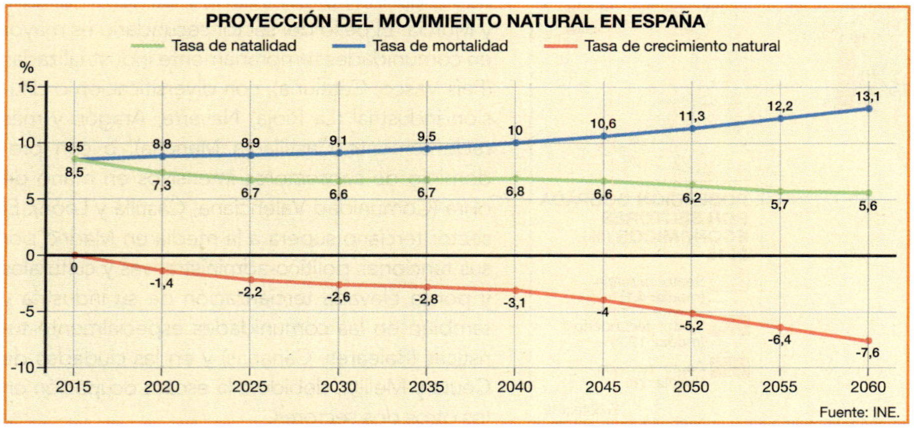

Estructura de la población por sexo (miles) y edad (%)

	Hombres	Mujeres	0-14 años	65 y más
2015	22 815	23 621	15,1	18,5
2020	22 563	23 541	14,2	20,1
2025	22 336	23 423	12,5	22,5
2030	22 120	23 297	11,1	25,5
2035	21 912	23 477	10,5	28,8
2040	21 702	23 051	10,4	32,2
2045	21 458	22 881	10,5	35,4
2050	21 125	22 606	10,5	37,2
2055	20 685	22 203	10,2	37,9
2060	20 155	21 679	9,7	38,0

Fuente: INE.

2. El futuro de los movimientos migratorios

Las migraciones de la población española mantendrán el aumento de las migraciones interiores intraurbanas y dentro de la propia provincia o comunidad, mientras que descenderán las migraciones entre comunidades autónomas. La emigración exterior, incrementada con la crisis de 2008, volverá en unos años a reducirse paulatinamente, aunque afectará a 2,8 millones de personas entre 2015 y 2060.

La inmigración extranjera es difícil de prever, ya que depende del número de retornos y del mantenimiento de España como destino inmigratorio. Ambos factores estarán condicionados por la situación económica española; las transformaciones en los países de origen de los inmigrantes; y el surgimiento de nuevos destinos inmigratorios.

Las previsiones contemplan una inmigración constante que incrementaría los extranjeros en 3,3 millones en el conjunto del periodo.

Por tanto, el saldo migratorio externo negativo iniciado en 2010 por la ralentización de la inmigración causada por la crisis económica y por el aumento de la emigración española experimentará una progresiva recuperación, volviéndose positivo hacia 2021.

La mayoría de los inmigrantes provendrán de la UE, aunque el envejecimiento europeo irá reduciendo el flujo comunitario. Sudamérica y África se mantendrán como las otras dos zonas principales de procedencia; pero mientras la inmigración sudamericana se reducirá en la década de 2040 por el envejecimiento de esta área, la inmigración africana aumentará.

El futuro de los movimientos migratorios

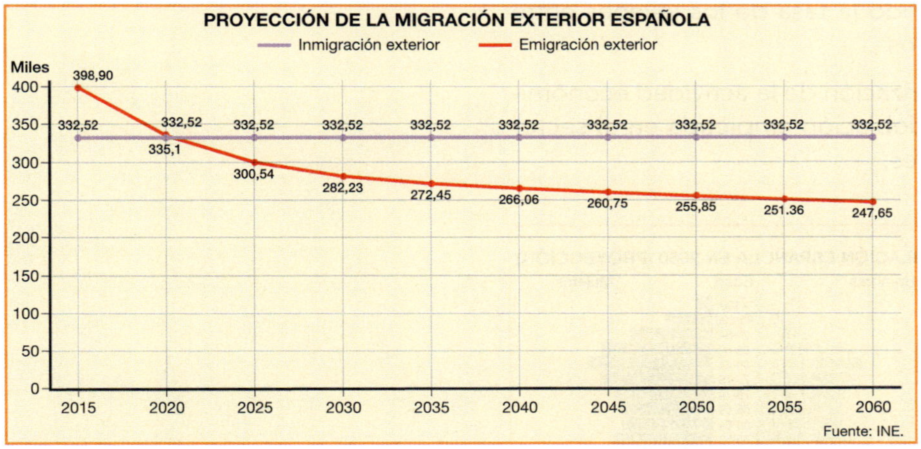

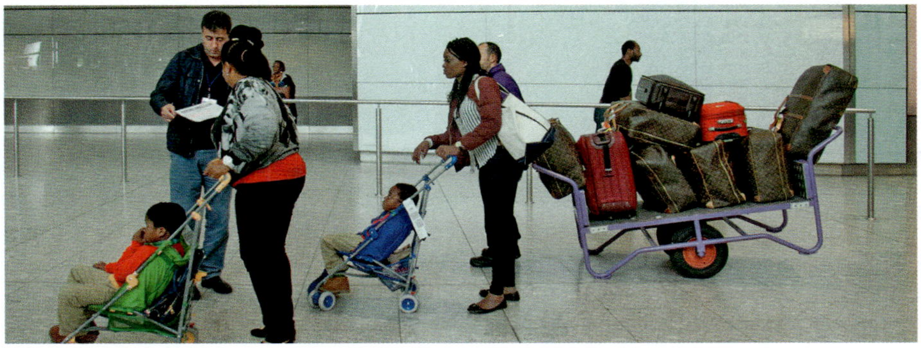

Previsión para el futuro de la evolución de saldo migratorio	
2015	–66 386
2020	–2 580
2025	31 977
2030	50 295
2035	30 070
2040	66 458
2045	71 772
2050	76 674
2055	81 166
2060	84 876

Fuente: INE.

Las previsiones contemplan unas cifras de inmigración constantes y el aumento del número de personas de procedencia africana.

3. El futuro del crecimiento y de la estructura de la población

■ **El crecimiento de la población,** que inició un ligero descenso en 2011, posiblemente mantendrá esta tendencia, dado que el crecimiento natural negativo no se compensará con el saldo migratorio. Así, entre 2015 y 2060 España perderá 4,6 millones de habitantes, un 10 % de su población llegando a 41,8 millones en 2060.

■ **En la estructura por sexo** seguirán predominando los varones, entre los jóvenes, y las mujeres, entre las ancianas. No obstante, la esperanza de vida de las mujeres acortará su diferencia en dos años con la de los hombres dada la creciente aproximación de sus estilos de vida.

■ **En la estructura por edad,** se acentuará el envejecimiento debido al descenso de la natalidad y al aumento de la esperanza de vida. Así, en 2060, el porcentaje de ancianos (38 %) será cuatro veces mayor que el de los jóvenes (9,7 %). Y la tasa de dependencia alcanzará el 96,7 %, lo que supone que por cada persona en edad de trabajar habrá casi otra que no estaría en edad de hacerlo.

■ **En la estructura económica,** la tasa de actividad decrecerá. El motivo es el envejecimiento demográfico, dada la menor tasa de actividad de las edades avanzadas, que provocará también un aumento de la media de edad de la población activa.

Por sexos, la tasa de actividad tenderá a aproximarse, pues mientras la masculina decrecerá a lo largo de todo el periodo, la femenina crecerá hasta 2020.

Por grupos de edad, seguirá disminuyendo la tasa de los jóvenes entre 16-19 años y la de los mayores de 65 años.

Por otra parte, el incremento de la terciarización de la actividad económica hará que aumente el porcentaje de población empleada en el sector servicios, a costa de los otros dos sectores.

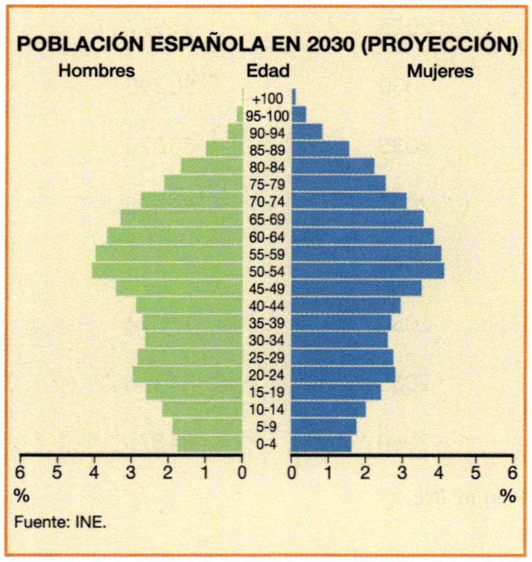

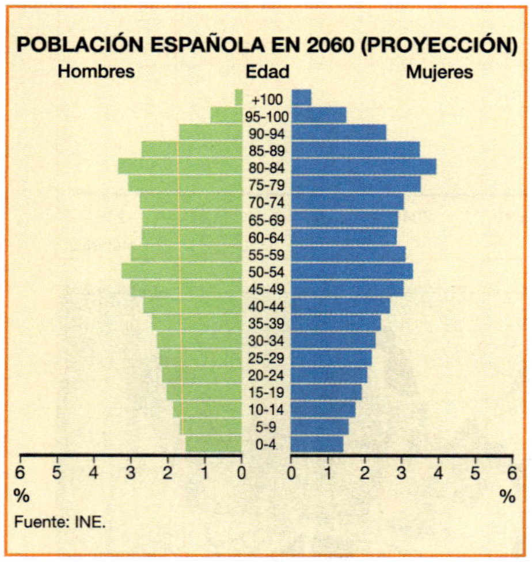

Según las proyecciones del INE, se mantendrá el decrecimiento de la población española iniciado en 2011. Por su parte, la estructura demográfica experimentará un acusado envejecimiento de forma que el porcentaje de ancianos será cuatro veces superior al de los jóvenes en 2060.

Actividades

38 Escribe la información que aportan los documentos sobre el futuro de la población española.

39 Compara las pirámides demográficas de 2015 (página 310) y 2060 en cuanto a estructura por sexo y por edad.

Resumen de la unidad

La población española

se estudia mediante

Fuentes demográficas

- Censo.
- Padrón.
- Registro Civil.
- Estadísticas y encuestas.

tiene

Distribución irregular en el espacio

- Existen contrastes causados por las diferencias en el desarrollo económico entre:
  - Áreas de alta densidad: Madrid, periferia peninsular e islas Baleares y Canarias.
  - Áreas de baja densidad en el interior peninsular y zonas de montaña.

crece debido a

Movimientos naturales

- Régimen demográfico antiguo: altas tasas de natalidad y mortalidad y crecimiento natural bajo.
- Transición demográfica: descenso suave de la natalidad, importante de la mortalidad y crecimiento natural alto.
- Régimen demográfico actual: bajas tasas de natalidad y de mortalidad, y crecimiento natural bajo.

Movimientos migratorios

- Migraciones interiores: los movimientos campo-ciudad están casi paralizados desde 1975 y predominan los movimientos entre ciudades.
- Migraciones exteriores: las tradicionales a ultramar y a Europa occidental se paralizaron desde 1975. En la actualidad, la crisis ha reactivado la emigración a Europa, aunque sin alcanzar los valores pasados y España es un país receptor de emigrantes.

tiene una estructura caracterizada por

El envejecimiento demográfico

- Estructura por sexo: la tasa de masculinidad es favorable a los hombres al nacer y favorable a las mujeres en las edades avanzadas, por su mayor esperanza de vida.
- Estructura por edad: está envejecida debido al descenso de la natalidad y al aumento de la esperanza de vida.

La terciarización económica

- El sector primario ha descendido desde principios del siglo xx.
- La industria incrementa su peso desde principios del siglo xx, principalmente entre 1960 y 1975. Desde entonces, decae (crisis industrial, mecanización).
- El sector terciario es el predominante debido al aumento del nivel de vida y a la reducción de los otros dos sectores.

presenta unas previsiones de futuro marcadas por un

Movimiento natural muy escaso

- La natalidad, tras una breve recuperación, se mantendrá baja.
- La mortalidad incrementará su tasa por el envejecimiento de la población.
- El crecimiento natural será negativo desde 2018.

Aumento de la inmigración

- La emigración al exterior, incrementada por la crisis de 2008, volverá a reducirse paulatinamente.
- La inmigración extranjera aumentará ligeramente.

Decrecimiento y fuerte envejecimiento

- La población decrecerá.
- La estructura por edad estará fuertemente envejecida.
- En la estructura económica crecerá la tasa de actividad femenina y se mantendrá la terciarización.

Técnica

Realización y comentario de una pirámide de población

La pirámide de población es un gráfico que muestra la estructura demográfica por sexo y edad en un momento dado.

Además, refleja en su perfil los sucesos que han tenido repercusiones demográficas en los últimos cien años.

1. Construcción

Sobre un papel milimetrado se traza un doble eje de coordenadas. Entre los dos ejes verticales se sitúan los grupos de edad, de cinco en cinco años. En los ejes horizontales se representan los efectivos de población en cifras absolutas o en tantos por ciento; los de los hombres a la izquierda y los de las mujeres a la derecha.

Conviene añadir un eje cronológico con el año de nacimiento de cada grupo de edad. Empieza en el grupo 0-4 años con la fecha correspondiente a la pirámide y disminuye de 5 en 5 años hasta la cima.

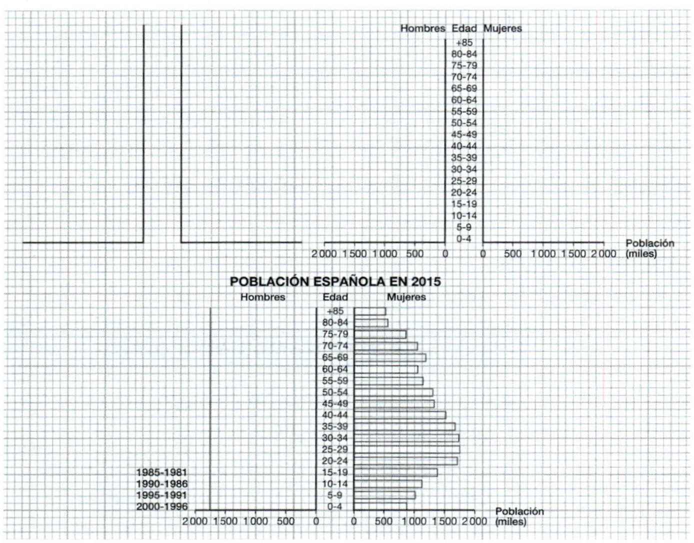

2. Comentario

2.1. Estructura por sexo

- Constatar la superioridad numérica de los hombres al nacer y la de las mujeres en las edades ancianas. Para ello, se puede contrastar la diferente longitud de las barras de la pirámide en el grupo de 0-4 a favor de los hombres; y en los grupos de 65 años y más a favor de las mujeres. También se pueden calcular los índices de masculinidad o de feminidad para los grupos 0-4 años y 65 y más años.
- Explicar la mayor esperanza de vida femenina: fortaleza biológica; menor participación directa en guerras, trabajos menos duros y hábitos más saludables hasta fechas recientes.

2.2. Estructura por edad

Determinar y comentar la estructura por edad a partir de:

Los porcentajes de jóvenes (0-14 años), adultos (15-64 años) y ancianos (65 años y más).

La forma de la pirámide: parasol, ojiva o urna.

a) **La forma triangular o de parasol** (España en 1900) indica población joven (los jóvenes suponen más del 35 % de la población y los ancianos menos del 5 %). La base es ancha por altas tasas de natalidad; la población disminuye rápidamente hacia la cima por tasas de mortalidad elevadas y esperanza de vida baja; y los ancianos son pocos.

Hay que señalar las causas de la alta natalidad y de la alta mortalidad, así como las consecuencias del elevado porcentaje de jóvenes (fuerte demanda de puestos de trabajo en relación con una economía atrasada, elevado paro y emigración).

b) **La forma de ojiva o campana** (España en 1970) indica población adulta (jóvenes entre el 25-35 % y ancianos entre 5-12 %). La base es moderada porque la natalidad se ha ido recortando, aunque de forma suave, de modo que todavía permite el relevo generacional. La población disminuye lentamente hacia la cima por tasas de mortalidad bajas; y el porcentaje de ancianos es moderado.

Deben indicarse las causas del recorte de la natalidad y de la baja mortalidad, así como las consecuencias del predominio de una población adulta (muchos activos y no demasiada población dependiente).

c) **La forma de urna** (España en 2015) indica población envejecida (menos del 25 % de jóvenes y más del 12 % de ancianos). La base es estrecha y remetida, debido a una natalidad baja y en descenso. El porcentaje de ancianos es elevado por el incremento de la esperanza de vida.

Se deben explicar las causas del envejecimiento y sus consecuencias (gastos en pensiones, sanidad y asistencia social).

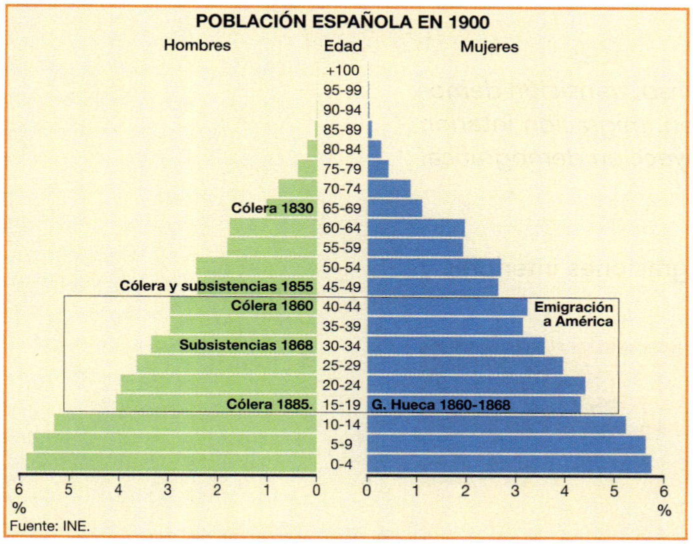

Forma triangular o de parasol.

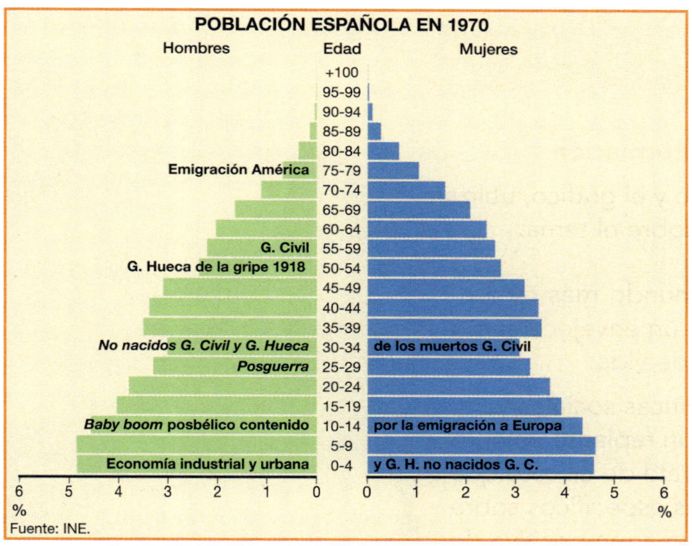

Forma de ojiva o de campana.

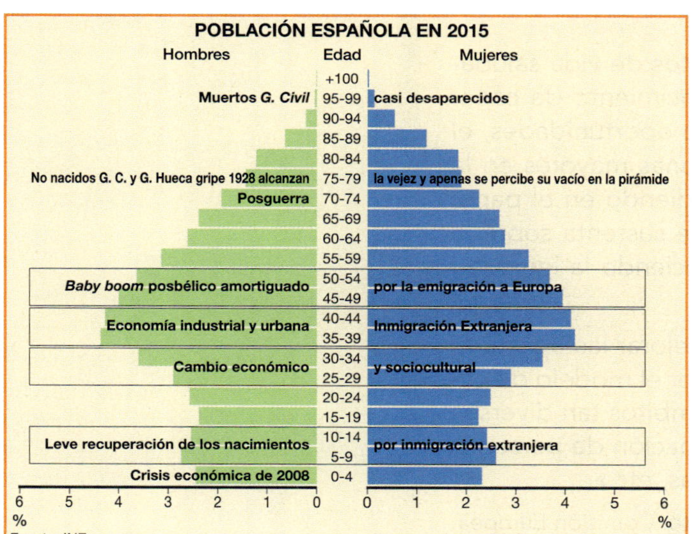

Forma de urna.

2.3. Comentario de los sucesos demográficos

Los sucesos demográficos más significativos se deducen de los entrantes y los salientes del perfil de la pirámide.

Para analizarlos, hay que relacionarlos con los hechos históricos que han tenido repercusión demográfica, utilizando el eje cronológico elaborado y empezando siempre desde la cima de la pirámide.

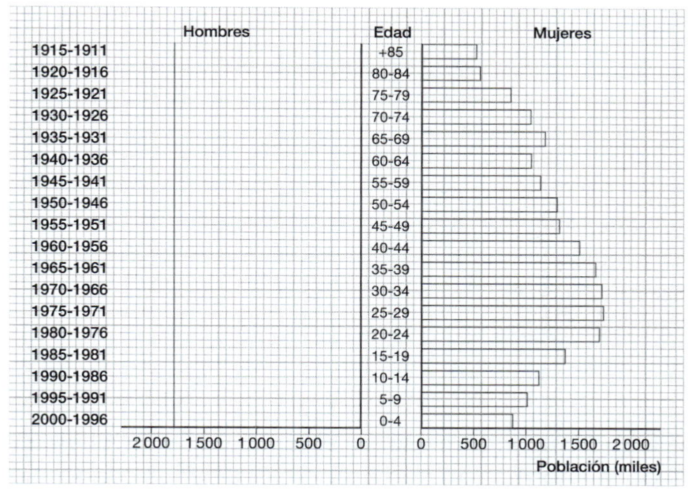

- **Los entrantes** indican pérdida de población. Se deben a subnatalidad; a sobremortalidad por guerras, hambres o epidemias; o a la emigración.

  Hay que tener en cuenta que los entrantes producidos por los muertos en combate de una guerra no coinciden nunca con los años de la guerra. Se encuentran entre 20 y 30 años antes (4-5-6 barras más arriba de la pirámide), afectando sobre todo a la población masculina que en el momento de la guerra estaba en edad de combatir (entre 20 y 30 años). Los entrantes que coinciden con los años de la guerra se deben a la subnatalidad producida por aquella y afectan casi por igual a hombres y a mujeres.

  Los entrantes de una pirámide constituyen una generación «hueca» o «pequeña», que se refleja 20-30 años más abajo, creando un nuevo entrante o una reducción de efectivos, cuando los miembros de esta generación llegan a la edad de tener hijos (20-30 años): puesto que son una generación menos numerosa, el total de sus hijos es también menor.

- **Los salientes** de la pirámide indican incremento de población. Se deben a «baby boom» posbélico, desarrollo económico, inmigración, etc. Provocan una generación «abultada» 20-30 años más abajo, cuando llegan a la edad de tener hijos: puesto que son más, el número total de sus hijos también es mayor.

En la web

Autoevalúate con las actividades interactivas.

Actividades de síntesis

1 Definir conceptos

- Define los siguientes términos de forma breve y precisa: *censo, transición demográfica, tasa de fecundidad, esperanza de vida, emigración, migración interior, crecimiento real, pirámide de población, tasa de paro, proyección demográfica.*

2 Realizar un cuadro comparativo

- Elabora en tu cuaderno un cuadro comparativo de las migraciones interiores y exteriores.

	Ámbito	Etapas	Causas	Áreas de procedencia	Lugares de destino	Perfil de los emigrantes	Consecuencias
Interiores							
Exteriores							

3 Elaborar un informe utilizando diferentes fuentes de información

- Elabora un informe sobre el tema al que se refieren el texto y el gráfico, utilizando la información que proporcionan y tus conocimientos sobre el tema.

«La proporción de personas mayores crece en todo el mundo más rápidamente que cualquier otro grupo de edad, produciéndose un envejecimiento acelerado de la población y un aumento en la esperanza de vida.

Este aumento de la esperanza de vida es fruto de las políticas sociales y sociosanitarias y del crecimiento socioeconómico e implica un replanteamiento de conceptos y propuestas por parte de la sociedad: se trata de un reto que solamente se podrá afrontar con información y programas específicos sobre envejecimiento activo y a través de la promoción de una imagen positiva de las personas mayores, de incrementar su rol activo y de que su valor redunde en otras generaciones.

Para ello, es necesario apoyarse en el desarrollo de hábitos de vida saludables, físicos y mentales, la formación a través del reconocimiento de capacidades y competencias, la promoción de la igualdad de oportunidades, el fomento de la autoestima y la participación de las personas mayores en la sociedad, desde su experiencia, formación, valores, incidiendo en el papel de la familia y la comunidad. El envejecimiento activo se sustenta sobre la perspectiva de género y la intergeneracionalidad, favoreciendo la igualdad de oportunidades y la autonomía personal.

El reto para los agentes sociales y administraciones es mejorar las oportunidades de envejecer activamente en general y de promover el modelo de calidad de vida autónoma e independiente, actuando en ámbitos tan diversos como el empleo, la sanidad, los servicios sociales, la formación de personas adultas, el voluntariado, la vivienda, las nuevas tecnologías, etc.».

Fuente: Comisión Europea.
Año Europeo del Envejecimiento Activo y de la Solidaridad Intergeneracional 2012.

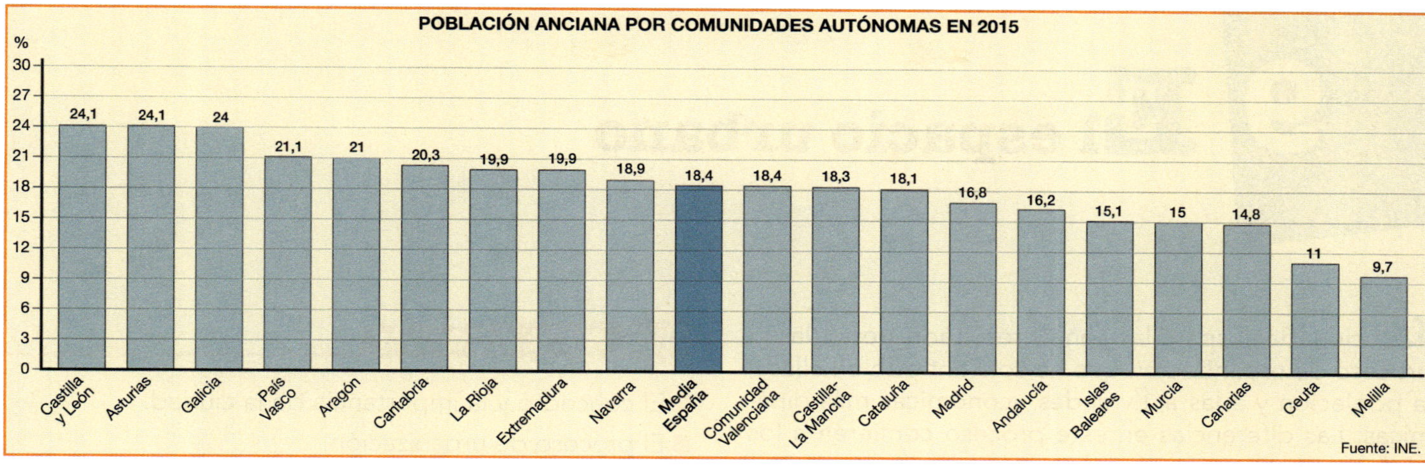

4 Construir y comentar pirámides de población

- Siguiendo la técnica que se explica en la unidad, realiza y comenta las siguientes pirámides de población (datos de 2015, en porcentajes).

	Badajoz		Barcelona		Teruel	
Edad	**Hombres**	**Mujeres**	**Hombres**	**Mujeres**	**Hombres**	**Mujeres**
0-4	2,37	2,25	2,58	2,43	2,46	2,04
5-9	2,63	2,50	2,85	2,68	2,29	2,19
10-14	2,58	2,48	2,58	2,45	2,23	2,12
15-19	2,68	2,56	2,35	2,18	2,25	2,14
20-24	3,12	2,98	2,44	2,34	2,55	2,51
25-29	3,30	3,07	2,80	2,85	2,89	2,74
30-34	3,49	3,36	3,61	3,62	3,38	2,86
35-39	3,79	3,70	4,58	4,38	3,84	3,26
40-44	3,92	3,76	4,46	4,24	3,79	3,36
45-49	3,96	3,91	3,93	3,85	3,97	3,68
50-54	3,93	3,76	3,42	3,52	4,09	3,68
55-59	3,23	3,06	2,97	3,21	3,66	3,14
60-64	2,55	2,49	2,55	2,86	2,89	2,57
65-69	2,30	2,45	2,39	2,74	2,55	2,44
70-74	1,79	2,23	1,90	2,27	2,16	2,32
75-79	1,54	2,05	1,38	1,87	1,94	2,35
80-84	1,33	2,00	1,17	1,82	2,20	2,71
85-89	0,69	1,21	0,61	1,21	1,42	1,89
90-94	0,21	0,50	0,21	0,57	0,50	0,90
95-99	0,04	0,11	0,03	0,14	0,07	0,23
100 y más	0,00	0,02	0,00	0,02	0,01	0,04

5 Ampliar información utilizando las TIC

- **En la web** Amplía tus conocimientos sobre esta unidad con los recursos proporcionados por la web (www.anayaeducacion.es).

9 El espacio urbano

Las ciudades españolas son el resultado de un largo proceso de urbanización que ha concentrado en ellas a la población y a las actividades económicas más dinámicas. Las diferencias en este proceso confieren a los núcleos urbanos una gran diversidad en cuanto a morfología, estructura, funciones e influencia territorial.

En la actualidad, las ciudades tratan de solucionar los problemas que padecen aplicando los nuevos planteamientos de las llamadas «ciudades inteligentes» o *smart cities;* y mejorando su integración en el sistema urbano regional, nacional, europeo y mundial.

Qué vas a aprender

- El concepto y la importancia de la ciudad.
- El proceso de urbanización.
- La morfología urbana.
- La estructura urbana.
- Los problemas de las ciudades españolas.
- La ordenación del espacio urbano. El urbanismo.
- El sistema urbano español.
- El comentario de un plano urbano.
- Trabajo de campo sobre el paisaje urbano.

Madrid.

1 El concepto y la importancia de la ciudad

a) El concepto de ciudad es complejo y resulta de la combinación de varios criterios.

- **Los criterios cuantitativos o estadísticos** se basan en cifras. En España, el Instituto Nacional de Estadística (INE) considera urbanos los municipios con más de 10 000 habitantes. Este criterio por sí solo es incompleto, porque contabiliza la población de todo el término municipal. Así pueden considerarse rurales municipios con pequeñas ciudades que no alcanzan esta cifra; y urbanos municipios que la superan pero con población dispersa, o concentrada en un gran núcleo agrario.

- **Los criterios cualitativos** definen la ciudad basándose en sus características.

– **El criterio morfológico** considera el aspecto formal de la ciudad: poblamiento concentrado; alta densidad de edificación y de población; y predominio de la vivienda colectiva y en altura.

– **El criterio funcional** se basa en las actividades económicas urbanas, que son principalmente distintas de las agrarias: la industria y los servicios.

– **El criterio sociológico** define la ciudad por sus rasgos sociales: una mayor diversidad social y privacidad; frente a la mayor homogeneidad y control social existente en el ámbito rural.

– **El criterio espacial** se basa en la capacidad de la ciudad de organizar el espacio. Es decir, de ejercer su influencia sobre otros núcleos de población y de interrelacionarse con otras ciudades.

b) La importancia de las ciudades deriva de estos rasgos propios. Son **centros de poder** donde se toman decisiones políticas. Su alta **densidad de población** hace rentable acometer obras y servicios de envergadura. Permiten **economías de escala** que atraen a diversas actividades económicas y concentran las actividades más dinámicas. Ofrecen más oportunidades laborales y mayor cantidad y diversidad de **servicios** relacionados con el bienestar: comerciales, de transporte, educativos, sanitarios, sociales, culturales y de ocio. Son centros de **intercambio** de informaciones, innovaciones e ideas. Albergan una **mentalidad más abierta** y menos sujeta a los condicionamientos sociales. Y tienen una gran capacidad de **influencia en su entorno,** por lo que son elementos esenciales en la ordenación del territorio.

Sevilla.

Actividades

1 Elabora una definición de ciudad que reúna los criterios cuantitativos y cualitativos.

2 Observa la fotografía e indica los rasgos propios de las ciudades que se aprecian en ella.

3 Sintetiza en un cuadro comparativo las diferencias entre los núcleos de población urbanos y rurales.

2 El proceso de urbanización

El proceso de urbanización es la progresiva concentración en la ciudad de la población, las actividades económicas principales y las innovaciones, que posteriormente se difunden hacia su entorno. En España se diferencian tres etapas en este proceso: preindustrial, industrial y postindustrial.

Los primeros asentamientos urbanos, surgidos en el siglo VIII a. C., estuvieron relacionados con factorías comerciales establecidas por los fenicios y los griegos en las costas mediterránea y suratlántica peninsular para explotar los recursos minerales, agrarios y artesanales del entorno.

1. La urbanización preindustrial

Comprende desde el origen de las ciudades hasta el inicio de la industrialización en el siglo XIX.

a) La tasa de urbanización, o porcentaje de población urbana, era modesta (no superaba el 10 %) y se mantenía estable, al ser paralelo el crecimiento de la población urbana y rural. El tamaño medio de las ciudades rondaba los 5 000-10 000 habitantes; y pocas sobrepasaban los 50 000 o los 100 000.

b) Los factores que favorecían la urbanización eran **estratégico-militares** (la ciudad controlaba el territorio); **político-administrativos** (era la sede del poder político y la base para organizar el territorio); **económicos** (controlaba los recursos del entorno y desarrollaba actividades comerciales y artesanales); **religiosos** (era sede del poder religioso) y **culturales** (albergaba los centros culturales y educativos).

c) En el ámbito espacial, el área urbanizada era reducida y se diferenciaba claramente del espacio rural circundante, del que solía separarse mediante una muralla.

d) Las etapas del proceso de urbanización preindustrial se desarrollaron en las Edades Antigua, Media y Moderna.

■ **En la Antigüedad** aparecieron las primeras ciudades españolas ligadas a la colonización de los **fenicios** y los **griegos** en el siglo VIII a. C.

Estos pueblos crearon factorías comerciales en las costas mediterránea y suratlántica para explotar los recursos minerales, agrarios y artesanales del entorno. Algunas originaron ciudades, como Cádiz (fenicia) o Ampurias (griega). En el resto del territorio, los asentamientos indígenas eran todavía protourbanos (Tartessos, Numancia).

La romanización, iniciada en el siglo III a. C., supuso la fundación de numerosas ciudades, como Barcelona, Tarragona, Sevilla, Valencia, o Zaragoza. Sus funciones eran político-militares (control del territorio), administrativas (capitales provinciales o de partidos judiciales) y económicas (explotación de recursos minerales o agrarios próximos).

Además, los romanos crearon una red urbana unida por vías de comunicación —las calzadas— para facilitar el control comercial y militar del territorio. Las áreas más urbanizadas fueron las más romanizadas: la costa mediterránea y el valle del Ebro.

La decadencia del poder romano y las invasiones germánicas condujeron a una fase de desurbanización a partir del siglo III. Muchas ciudades desaparecieron, y otras se convirtieron en asentamientos rurales o en sedes religiosas o palaciegas (ciudad visigoda de Recópolis).

Los romanos fundaron numerosas ciudades en la península ibérica desde el siglo III a. C., y las unieron mediante una red de calzadas que aseguraba el control militar, político y administrativo del territorio y facilitaba los intercambios comerciales. Las calzadas más importantes se localizaron en la costa mediterránea y el valle del Ebro.

La ciudad de Almería (izquierda) fue fundada oficialmente por Abderramán III en el año 995. La medina se construyó sobre un altozano y en el siglo x llegó a ser la ciudad más influyente de al-Ándalus después de Córdoba.

■ **En la Edad Media** se produjo una nueva fase urbanizadora, en dos espacios distintos.

– **El espacio musulmán,** tras la invasión del año 711, se extendía desde el sur hasta las montañas del norte peninsular. En algunos casos, los musulmanes fundaron ciudades nuevas, como Madrid, Murcia o Almería. Pero la mayoría de las veces revitalizaron asentamientos anteriores como centros estratégicos, administrativos, económicos, religiosos, y culturales (Zaragoza, Toledo, Málaga, Granada, Córdoba). Con el avance de la Reconquista, las ciudades musulmanas pasaron a dominio cristiano y sus habitantes fueron expulsados o segregados en barrios aparte: las morerías.

– **El espacio cristiano,** limitado inicialmente a las áreas montañosas del norte peninsular, tuvo una vida urbana escasa. Pero en el siglo x se expandió con la Reconquista y la repoblación del territorio, realizada mediante la creación de municipios que tenían como base ciudades nuevas o reconquistadas a los musulmanes. En los siglos xii y xiii, la urbanización alcanzó un mayor florecimiento gracias a la reactivación del comercio, que favoreció a las ciudades situadas a lo largo de las rutas comerciales; en los grandes puertos (Bilbao, Barcelona, Valencia y Sevilla); y a lo largo del Camino de Santiago, que funcionaba como vía de peregrinación y de comercio.

■ **En la Edad Moderna,** la urbanización experimentó vaivenes en función de la situación demográfica, económica y política.

– **En el siglo xvi,** hubo un crecimiento urbano continuado motivado por el aumento de la población, la expansión económica basada en el comercio con América, y el poderío político-militar de los Austrias. Las zonas más urbanizadas eran Andalucía y Castilla; y las ciudades principales, Sevilla, que controlaba el comercio con América, y Madrid, elegida como capital por Felipe II (1563).

– **En el siglo xvii,** la urbanización se estancó, debido a la crisis demográfica y económica y a las importantes pérdidas territoriales. Las ciudades castellanas, más afectadas por esta situación, perdieron importancia en relación con las de la periferia peninsular.

– **En el siglo xviii,** con la nueva dinastía de los Borbones, el proceso de urbanización se reanimó, gracias a la recuperación demográfica y económica. Las ciudades que más crecieron fueron la capital, Madrid, y las ciudades cantábricas y mediterráneas especializadas en el comercio marítimo.

Actividades

4 Observa los mapas correspondientes al proceso de urbanización preindustrial y responde:

- ¿En qué se diferencia la urbanización que muestran el mapa de las ciudades fenicias y griegas y el mapa de las ciudades romanas?
- ¿Cuáles eran los factores de la urbanización en cada caso?

5 Indica cuáles fueron los principales momentos de auge y de crisis de la urbanización en el periodo preindustrial.

6 Explica las razones de la importancia que adquirieron Santiago de Compostela en la Edad Media, y Sevilla y Madrid en la Edad Moderna.

2. La urbanización industrial

Comprende desde el inicio de la industrialización en el siglo XIX hasta la crisis económica de 1975.

a) La tasa de urbanización experimentó un **gran crecimiento,** pues el incremento de la población urbana superó al de la población rural.

b) Los factores que favorecieron este crecimiento fueron dos. **Administrativos:** la nueva división provincial realizada en 1833 impulsó el crecimiento de las ciudades elegidas como capitales. Y **económico-sociales:** el nacimiento y el desarrollo de la industria moderna en las ciudades atrajo a la población campesina.

c) En el ámbito espacial, las grandes ciudades concentraron el crecimiento demográfico y se extendieron en el espacio, constituyendo amplias periferias. Estas llegaron a unirse con municipios vecinos, formando áreas metropolitanas y otras aglomeraciones urbanas.

d) Las etapas de la urbanización industrial son cuatro:

- **Hasta mediados del siglo XIX,** la concentración demográfica en las ciudades fue pequeña (24 %). Ante la debilidad de la industrialización, los factores principales de urbanización fueron la capitalidad provincial y el comercio marítimo.
- **Desde mediados del siglo XIX a la Guerra Civil (1936),** el crecimiento urbano fue manifiesto y la tasa de urbanización casi se dobló. En este momento, el factor principal de crecimiento urbano era ya la industria, que atraía población del campo a las ciudades industrializadas.
- **La Guerra Civil y la posguerra (1936-1959)** ralentizaron el crecimiento urbano. Las ciudades sufrieron deterioro y desabastecimiento; y el régimen franquista, ante su escaso apoyo en las grandes ciudades, favoreció la permanencia de la población en el campo. No obstante, el fomento de la industria básica por la política autárquica permitió el crecimiento de las ciudades donde se instaló. Así comenzó a formarse el triángulo urbano-industrial del nordeste con vértices en Madrid, Barcelona y Bilbao.

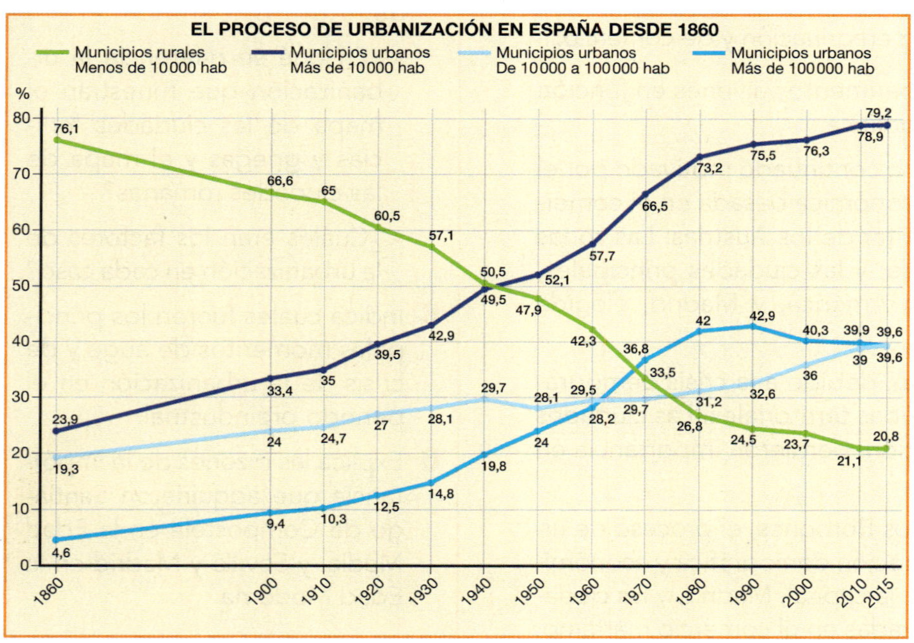

Las grandes ciudades, como Barcelona, concentraron el crecimiento demográfico y se extendieron en el espacio constituyendo amplias periferias, que llegaron a unirse con núcleos vecinos, constituyendo aglomeraciones urbanas.

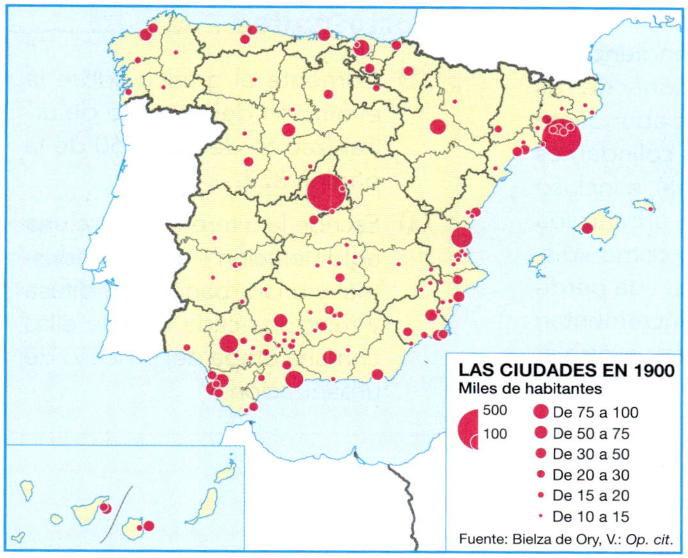

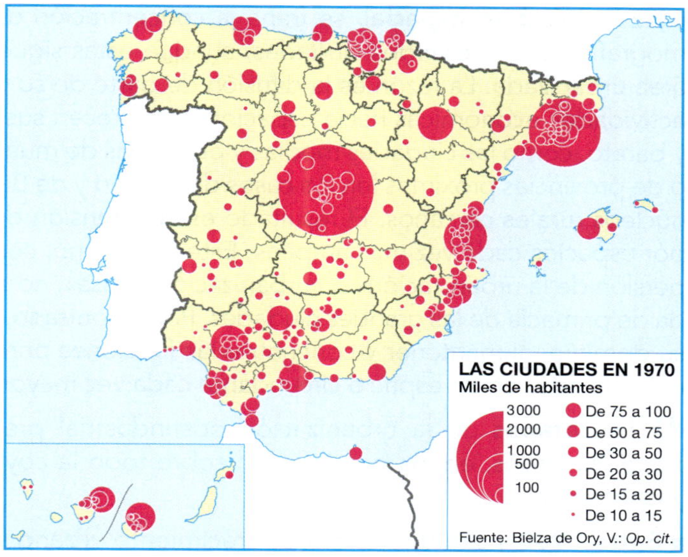

■ **La etapa del desarrollismo (1960 y 1975)** concentró el mayor crecimiento urbano del siglo xx. El factor principal fue el desarrollo de la industria, que atrajo mano de obra a las grandes ciudades industrializadas, unido a un elevado crecimiento natural *(baby boom)*. Así, las principales áreas urbano-industriales fueron el triángulo del nordeste, gracias a las economías de aglomeración; las zonas por donde se difundió la industria, como los ejes cantábrico, mediterráneo y del Ebro y el entorno regional de Madrid; y los ejes elegidos como polos de desarrollo (litoral atlántico gallego, triángulo andaluz Sevilla-Cádiz-Huelva y arco castellano Valladolid-Palencia-Burgos).

En menor medida contribuyó a la urbanización el desarrollo de las actividades terciarias, como los servicios avanzados en las grandes metrópolis (Madrid, Barcelona, Sevilla y Valencia); el turismo en el litoral mediterráneo y canario; y los servicios tradicionales en algunas capitales provinciales no industrializadas.

Actividades

7 Resume los factores que influyeron en la urbanización durante la época industrial.

8 Compara los mapas de las ciudades españolas en 1900 y 1970. Señala cuáles han crecido más y por qué.

3. La urbanización postindustrial

La crisis de 1975 introdujo cambios en el proceso de urbanización, consolidados desde 1980, dando paso a una nueva etapa conocida como urbanización postindustrial.

a) La tasa de urbanización desacelera su crecimiento. No obstante, su porcentaje en la actualidad es muy elevado (79,2 % en 2015).

b) Los factores de la urbanización cambian. **La industria pierde peso** como factor de urbanización. Primero, porque la crisis de 1975 produjo desindustrialización y declive de las ciudades afectadas —especialmente las del eje cantábrico—; y luego, por la nueva tendencia de la producción industrial a dispersarse en el espacio. No obstante, sigue conservando su preeminencia en ciertas zonas, como el área castellano-manchega al sur de Madrid o el arco castellano. **Las actividades terciarias ganan importancia** como factor de urbanización, especialmente en las grandes metrópolis donde se localizan los servicios avanzados y los centros de decisión y gestión de las empresas (Madrid y Barcelona); en las regiones turísticas (Baleares y Canarias); y en las regiones menos dinámicas del interior, donde predomina un terciario de baja cualificación.

c) En el ámbito espacial, se frena la concentración del crecimiento demográfico en las grandes ciudades, aunque estas siguen extendiendo su área urbanizada. La razón es la difusión de parte de su población y de sus actividades económicas hacia espacios que ofrecen suelo más abundante y barato, como las ciudades medias y pequeñas de municipios colindantes o de provincias próximas (en los casos de Madrid y de Barcelona), e incluso núcleos rurales cercanos. El resultado es la extensión del área urbanizada por espacios cada vez más amplios. Este fenómeno, conocido como «dispersión de la urbanización» o «urbanización difusa», no significa una pérdida de primacía de las grandes ciudades. Por el contrario, estas incrementan su dominio, al mantener y concentrar las funciones principales y controlar las instaladas en un espacio circundante cada vez mayor.

d) Las etapas de la urbanización postindustrial presentan contrastes poco marcados, en los que influyen sobre todo la coyuntura económica y la inmigración.

- **Entre 1980 y 2000,** el ritmo de crecimiento urbano se redujo considerablemente y se estancó. Las causas fueron el descenso de la natalidad propio del régimen demográfico moderno; y el fin del éxodo rural a raíz de la crisis de 1975. Las más afectadas fueron las grandes ciudades, que sufrieron procesos de reconversión o de deslocalización de población y de actividades económicas.
- **Entre 2000 y 2010,** el crecimiento urbano experimentó un ligero repunte en gran parte gracias a la inmigración extranjera atraída por la prosperidad económica. Las más beneficiadas fueron las ciudades medias y pequeñas, sobre todo las situadas en municipios o provincias próximos a las grandes ciudades; las ciudades turísticas del litoral mediterráneo y de ambos archipiélagos; y muchas capitales provinciales medianas o pequeñas. En cambio, crecieron poco las grandes ciudades, y las menos dinámicas del interior peninsular y del eje cantábrico.
- **Desde 2010,** el crecimiento de las ciudades ha vuelto a estancarse por la desfavorable repercusión de la crisis económica sobre la natalidad y la inmigración extranjera.

Actividades

9 Comenta el gráfico sobre la evolución del proceso de urbanización desde 1860 de la página 332.

10 Escribe la diferencia entre una aglomeración urbano-industrial y una urbanización difusa y relaciona cada una de ellas con una etapa del proceso de urbanización.

En la etapa postindustrial, el ritmo de crecimiento de la tasa de urbanización se ha reducido, sobre todo en los periodos de crisis económica; pero las ciudades se extienden en superficie debido a la difusión de parte de su población y de sus actividades económicas hacia espacios cada vez más alejados.

3 La morfología urbana

La morfología es el aspecto externo que presenta la ciudad. Está influida por factores como el emplazamiento y la situación urbana, el plano, la construcción y los usos del suelo.

a) El emplazamiento es el espacio físico o topográfico concreto en el que se asienta la ciudad. Su elección depende de las funciones originales de la ciudad. Los más habituales son junto a ríos (abastecimiento de agua potable, comercio); sobre colinas (defensa militar o frente a inundaciones); cerca de los recursos (agrarios, mineros); o favorables para el comercio (puertos).

b) La situación es la posición relativa de la ciudad respecto a un entorno geográfico amplio. Está relacionada con la función de la ciudad respecto al entorno: dominio político, militar, o económico; control de una ruta comercial; mercado para áreas de economía distinta, etc. Las situaciones preferidas son a lo largo de las principales vías de comunicación; en encrucijadas de caminos terrestres o fluviales; y en zonas de contacto entre dos áreas de economía distinta.

c) El plano es el conjunto formado por las superficies construidas y libres de la ciudad: edificios, calles, plazas y parques. Los planos suelen responder a tres tipologías:

- **El plano irregular** presenta calles estrechas y tortuosas y plazas sin formas definidas.
- **El plano radiocéntrico** tiene un centro del que parten calles radiales, cortadas por otras que forman anillos en torno al centro. Puede ser regular o irregular.
- **El plano ortogonal,** en cuadrícula o damero, está formado por calles que se cortan en ángulo recto.

d) La trama es la disposición de los edificios. Puede ser abierta si existen amplios espacios libres entre los edificios; o cerrada si los edificios se disponen unos junto a otros, de forma compacta, o formando manzanas* en torno a un patio.

e) La edificación urbana puede ser **colectiva** y en altura —bloques y torres—; o **individual,** en viviendas exentas o adosadas.

f) Los usos del suelo son las diferentes utilizaciones del espacio urbano: comercial y de negocios, residencial, industrial, de equipamiento, etc.

Vocabulario

La manzana es un espacio urbano delimitado por calles por todos sus lados. Su forma puede ser regular —generalmente cuadrangular— o irregular. La manzana puede estar rodeada de edificios por todos sus lados (manzana cerrada) o solo por alguno de ellos (manzana abierta). Los edificios que rodean la manzana pueden dejar un patio interior, denominado patio de manzana, abierto o cerrado a la calle, y de uso público o privado.

Actividades

11 Ilustra, mediante un ejemplo, la diferencia entre emplazamiento y situación urbanos.

12 Vuelve a redactar los párrafos sobre el emplazamiento y la situación urbana aportando ejemplos de ciudades que respondan a los más habituales.

13 Busca imágenes representativas de los diferentes factores que influyen en la morfología urbana y describe sus características.

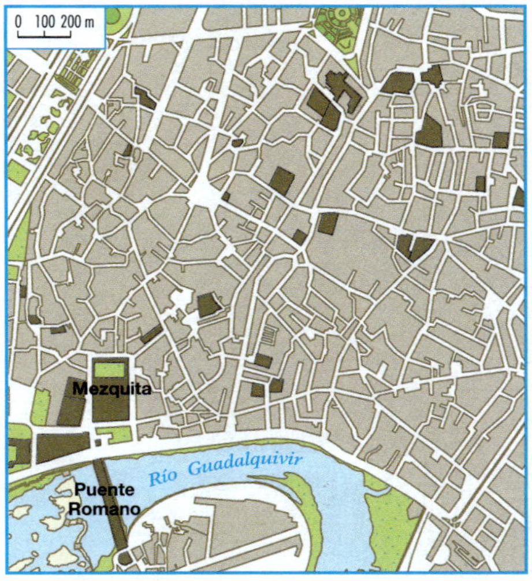

Plano irregular. Córdoba.

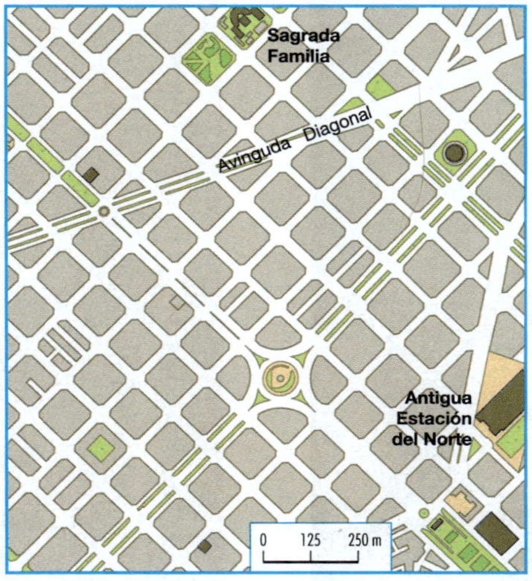

Plano ortogonal. Barcelona.

Plano radiocéntrico. Vitoria.

4 La estructura urbana

La estructura urbana es la organización de la ciudad en diferentes áreas caracterizadas por su morfología y funciones. Como resultado del largo proceso de urbanización, la ciudad española actual tiene una estructura compleja.

En las ciudades convencionales bien individualizadas respecto al campo circundante, estas zonas son el casco antiguo, correspondiente a la urbanización preindustrial; el ensanche de la época industrial; y la periferia actual. Sin embargo, la intensidad de la urbanización ha llevado a otras ciudades a conectar con núcleos de población próximos, dando lugar a la formación de **aglomeraciones urbanas.**

1. El casco antiguo o ciudad preindustrial

El casco antiguo comprende la parte urbanizada desde el origen de la ciudad hasta el inicio de la industrialización a mediados del siglo XIX. Por tanto, corresponde a la ciudad preindustrial. Ocupa una pequeña superficie de la ciudad actual, pero tiene un importante valor por su legado cultural. Por ello, muchos han sido declarados conjunto histórico-artístico y otros patrimonio de la humanidad* por la UNESCO: Toledo, Mérida, Segovia, Santiago de Compostela, etc.

Por su larga historia, el casco antiguo acumula elementos muy dispares desde el nacimiento de la ciudad hasta la actualidad.

Vocabulario

Ciudades patrimonio de la humanidad

La UNESCO (Organización de Naciones Unidas para la Educación, la Ciencia y la Cultura) promueve la defensa y conservación de lugares naturales, artísticos o culturales de especial importancia para la humanidad mediante su declaración como patrimonio de la humanidad.

Entre estos lugares se encuentran los cascos antiguos de algunas ciudades, por ser testigos valiosos de una cultura o de una etapa histórica, o por los monumentos que encierran. Las ciudades españolas patrimonio de la humanidad son: Alcalá de Henares, Ávila, Baeza, Cáceres, Córdoba, Cuenca, Eivissa, Mérida, Salamanca, San Cristóbal de La Laguna, Santiago de Compostela, Segovia, Tarragona, Toledo y Úbeda.

1.1. La herencia de la época preindustrial

1.1.1. Los rasgos comunes de la herencia preindustrial

Los cascos antiguos de las ciudades conservan en parte la herencia preindustrial. En esta etapa, las ciudades eran muy variadas, pero solían presentar algunas **características** comunes.

- **Casi todas las ciudades estaban rodeadas de murallas.** Su finalidad era defensiva, fiscal (garantizar el cobro de impuestos) y sanitaria (aislar a la ciudad en caso de epidemia).

Muchas ciudades preindustriales, como Ávila (izquierda) o Granada (derecha), estaban rodeadas de murallas. El plano urbano solía ser irregular, con calles estrechas y tortuosas y plazas sin formas definidas. La trama era cerrada, aunque muchas casas disponían de patios, corrales y huertos. En la edificación predominaban las viviendas unifamiliares de baja altura y edificios destacados de carácter político o religioso.

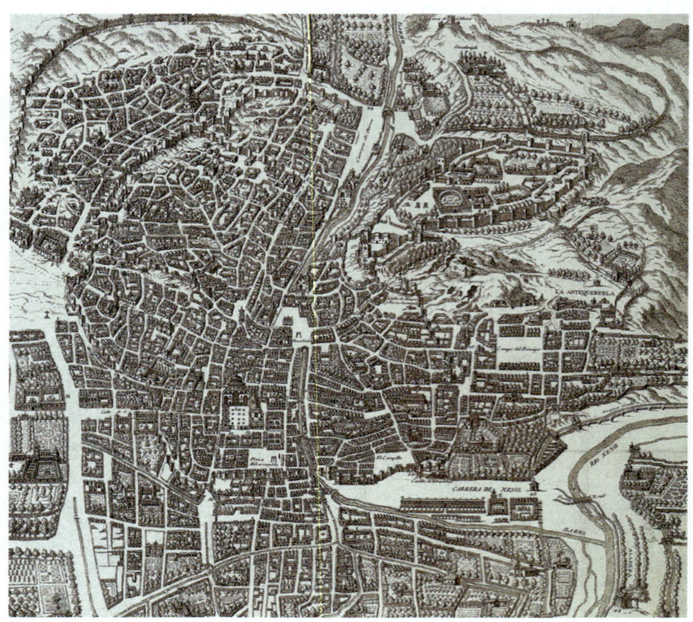

■ **El plano solía ser irregular,** con calles estrechas y tortuosas; típico de muchas ciudades antiguas y medievales —musulmanas o cristianas—. No obstante, existían también planos radiocéntricos en ciudades altomedievales (Vitoria); planos lineales en ciudades surgidas a lo largo de vías de comunicación, como el Camino de Santiago (Santo Domingo de la Calzada); y planos en cuadrícula, en ciudades de nueva planta romanas (Tarragona), medievales (Villarreal) o barrocas (La Carolina).

■ **La trama urbana era cerrada,** pues durante siglos las ciudades crecieron dentro de las murallas. No obstante, muchas casas y edificios contaban con patios, corrales y huertos.

■ **La edificación** predominante eran casas unifamiliares de baja altura. Además había edificios destacados, que varían según el periodo histórico: iglesias, mezquitas, palacios, ayuntamientos, etc.

■ **Los usos del suelo eran diversos** (multifuncionalidad): coexistían variadas actividades (talleres, comercios, almacenes y edificios públicos) y diferentes grupos sociales. Este hecho no impedía una cierta especialización en barrios para los distintos gremios de artesanos y comerciantes y cierta jerarquización espacial: el centro era el lugar más destacado, donde se localizaban los principales edificios públicos y vivía la elite política, económica y religiosa de la ciudad; los trabajadores vivían en los demás barrios; y las minorías étnicas y religiosas en barrios aparte —juderías y morerías—.

1.1.2. La diversidad de la herencia preindustrial

Estas características comunes de la ciudad preindustrial varían según las aportaciones realizadas por las diferentes sociedades a lo largo de la historia. Así se explica la gran diversidad de los cascos antiguos de las ciudades españolas.

a) La ciudad romana suele presentar plano regular, derivado del campamento militar: calles en damero y dos vías principales de norte a sur —*cardo*— y de este a oeste —*decumanus*—. En el cruce de ambas se encontraba el foro, que albergaba los edificios principales. Ejemplos de ciudades que conservan en el casco antiguo la impronta romana son Zaragoza, León, Mérida, Barcelona, Valencia y Tarragona.

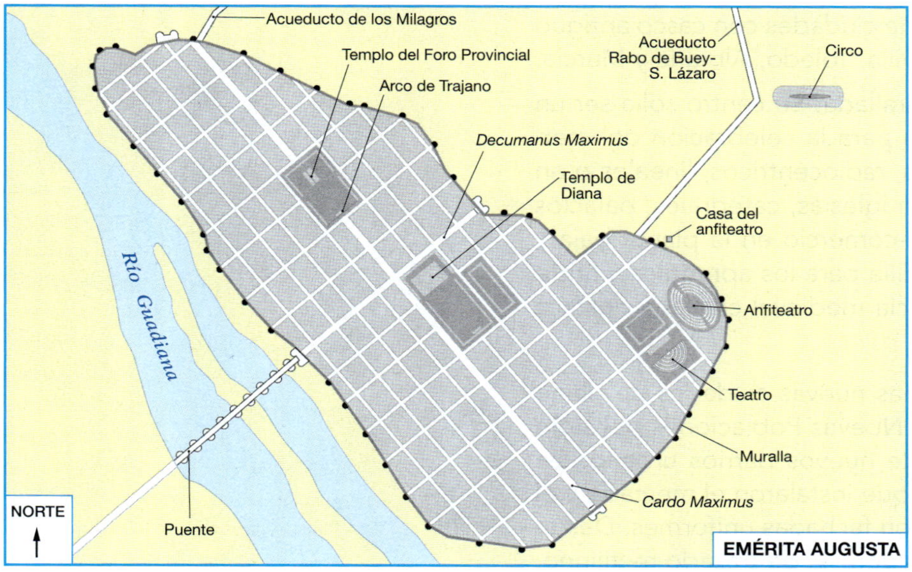

Las ciudades de fundación romana, como Emérita Augusta, solían presentar plano en cuadrícula organizado a partir de dos vías principales: el *cardo* y el *decumanus*.

Rodeada de una muralla, contaba con dos foros y albergaba edificios importantes, como templos dedicados a Diana y a Marte, donde se realizaba el culto imperial, termas públicas y privadas, edificios para espectáculos (circo, teatro y anfiteatro), monumentos conmemorativos, como el arco de Trajano, y lujosas *domus*. Además se construyeron obras de ingeniería al servicio de la población, como alcantarillado para eliminar las aguas sucias y el agua de lluvia, tres acueductos para el abastecimiento de agua y un puente sobre el río Guadiana. La ciudad ha sido declarada patrimonio de la humanidad por la UNESCO.

Plano: ciudad musulmana

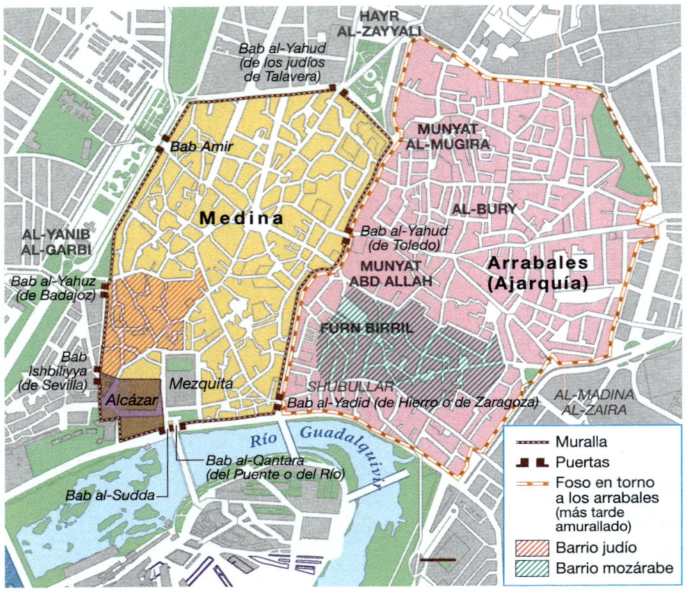

Las ciudades medievales con prolongada presencia musulmana, como Córdoba, adoptaron un plano irregular en el que se diferenciaban el núcleo principal amurallado, la medina, con la mezquita mayor, el zoco y las viviendas de los grupos sociales destacados; y los arrabales extramuros para los trabajadores.

Plano: ciudad cristiana

Las ciudades medievales cristianas, como Vitoria, fundada en 1181 por el rey navarro Sancho IV, también estaban rodeadas de murallas. Adoptaron plano irregular o radiocéntrico, en el que destacaban los castillos, iglesias, catedrales y plazas para el mercado.

b) En la Edad Media se configuraron la mayoría de las ciudades españolas. En esta etapa, cada una de las dos culturas peninsulares, musulmana y cristiana, realizó sus aportaciones a la morfología urbana.

- **La ciudad musulmana** tenía un núcleo principal amurallado, la medina, donde se situaban los edificios principales: la mezquita, el zoco o mercado, y los barrios residenciales. Fuera de ella estaban los arrabales o barrios de los trabajadores, que con el paso del tiempo también acababan amurallándose. El plano era muy irregular, con calles estrechas y tortuosas, frecuentemente sin salida (adarves). Las casas carecían de fachadas suntuosas y tenían pocos vanos. Ejemplos de ciudades con casco antiguo de influencia musulmana son Córdoba, Sevilla, Toledo, Almería y Murcia.
- **La ciudad cristiana** también estaba amurallada. Su centro solía ser un castillo o una iglesia y contaba con plazas para la celebración del mercado. Los planos eran variados: irregulares, radiocéntricos, lineales o en damero. Sus edificios más destacados eran iglesias, catedrales, palacios y ayuntamientos. Las casas tenían el taller-comercio en la planta baja y encima la vivienda del maestro y la buhardilla para los aprendices. Entre las ciudades con casco antiguo de influencia medieval cristiana destaca Vitoria-Gasteiz.

c) En la Edad Moderna se crearon algunas nuevas ciudades de plano regular, como Santa Fe de Granada, o las Nuevas Poblaciones del siglo XVIII. Pero fue más frecuente la creación de nuevos barrios urbanos en cuadrícula; y el diseño de plazas mayores, que instalaron el mercado y el ayuntamiento, y se rodearon de edificios con fachadas uniformes. Desde ellas se abrieron nuevas calles, o «calles mayores», de trazado rectilíneo.

Además, en el siglo XVIII se embellecieron las ciudades con calles amplias y rectas trazadas en perspectiva, jardines, paseos arbolados y fuentes. Y se mejoraron las infraestructuras de abastecimiento e higiene. Entre los edificios religiosos destacaron las iglesias y los conventos; y entre los civiles, los ayuntamientos, palacios, hospitales, hospicios, edificios administrativos y culturales. Estaban precedidos de «espacios de respeto», que les proporcionaban vistas, con el consiguiente derribo de casas viejas.

La Plaza Mayor de Valladolid se considera la primera de la Edad Moderna realizada siguiendo un diseño de «buena traza» o regular. Tras el incendio de la antigua plaza en 1561, Felipe II ordenó su reconstrucción a Francisco de Salamanca, que adoptó un modelo de plaza porticada, con edificios de estilo y altura homogéneos.

1.2. Las transformaciones de la época industrial

En el siglo XIX, la ciudad preindustrial sufrió importantes transformaciones, que se aceleraron con el proceso de industrialización (1850-1975): reformas del plano; densificación de la trama; renovación y verticalización de la edificación; cambios en los usos del suelo; y creciente segregación social.

a) El plano experimentó reformas interiores y políticas de renovación, que afectaron a los sectores más valorados. En el resto, se inició un proceso de deterioro morfológico y social, que en algunos casos se mantiene hasta la actualidad.

- **Las reformas interiores del siglo XIX y del primer tercio del siglo XX** consistieron en la rectificación y el alineamiento de calles, y en la apertura de nuevas calles y plazas.

En la primera mitad del siglo XIX, esta tarea se vio favorecida por la desamortización, que puso en circulación numerosos inmuebles eclesiásticos con sus huertos y jardines, que ocupaban mucho espacio.

En la segunda mitad del siglo XIX y en el primer tercio del siglo XX se abrieron **nuevas plazas** y se construyeron **grandes vías.** Estas, inspiradas en el modelo de París, se concibieron como calles amplias y largas, jalonadas de edificios majestuosos. En unos casos se trazaron dentro del casco antiguo, rompiendo su trama (Gran Vía de Madrid) y en otros uniendo la ciudad histórica con el ensanche burgués o con la estación ferroviaria (Oviedo, León). A partir de ellas se renovaron las calles próximas, aprovechando el alto valor del suelo.

- **Las políticas de renovación de la década de 1960** se propusieron sacar mayor rentabilidad al suelo urbano. Así, parte del plano del casco antiguo se destruyó con la apertura de nuevas calles o con la modificación de su trazado.

Entre finales del siglo XIX y el primer tercio del siglo XX, se realizaron grandes vías, como la de Madrid, de trazado amplio y regular, flanqueadas por edificios majestuosos de estilo historicista, que albergaron funciones terciarias. Por otra parte, la iluminación eléctrica y la introducción del tranvía y del automóvil dieron un nuevo aspecto a la morfología urbana.

b) La trama del casco antiguo se densificó en la época industrial para aprovechar más el espacio.

c) La edificación sufrió cambios. Algunos inmuebles eclesiásticos se **reutilizaron** para otras funciones que exigían ubicarse en el centro urbano (diputaciones, delegaciones del gobierno, cuarteles, hospitales, centros culturales, bibliotecas y museos).

Otros edificios unifamiliares de una o dos plantas **se sustituyeron** por viviendas colectivas y en altura, de estilos diferentes. Entre finales del siglo XIX y principios del siglo XX adoptaron el **estilo historicista** o ecléctico, que utilizaban o mezclaban varios estilos históricos (neoclásico, neobarroco, neogótico, neoárabe y neomudéjar) e incorporaron a veces los nuevos materiales proporcionados por la industria, como el hierro combinado con el cristal. En la década de 1960, los edificios se verticalizaron más y adoptaron el **estilo moderno** de formas geométricas, que desentonaba manifiestamente con los edificios del entorno.

Las únicas excepciones fueron los cascos antiguos de ciertas ciudades, donde se impuso una política conservacionista que, al impedir cualquier reforma, favoreció el deterioro de los edificios antiguos y su progresivo abandono por los residentes (Toledo, Salamanca, Segovia, Cáceres).

d) Los usos del suelo del casco antiguo experimentaron una progresiva **terciarización y segregación.**

- **La terciarización** se inició en el primer tercio del siglo XX, cuando los edificios renovados, sobre todo los de las grandes vías, instalaron actividades terciarias, que necesitaban accesibilidad y prestigio arquitectónico, y podían rentabilizar el alto precio del suelo (bancos, sedes empresariales, instituciones públicas, despachos profesionales, comercios de lujo, centros de ocio, casinos, teatros, cafés de moda, restaurantes, hoteles). Esta terciarización culminó en la década de 1960 y consolidó el casco antiguo como centro comercial y de negocios de la ciudad. El resultado fue el desplazamiento de los usos residenciales; una creciente saturación por la confluencia de personas y de tráfico; y el deterioro de los edificios por la contaminación y las vibraciones del tráfico.

- **La segregación** residencial se manifestó en la separación entre los grupos adinerados, que se instalaron en los barrios renovados; y los grupos populares, que permanecieron en los barrios degradados.

La torre de Valencia (1973), rompiendo la perspectiva y la estética urbana desde la madrileña puerta de Alcalá, ejemplifica la especulación urbanística de los últimos años del desarrollismo.

1.3. Problemas y transformaciones de la época postindustrial

En la actualidad, los cascos históricos son áreas complejas que padecen diferentes problemas. Su solución se aborda, desde la década de 1980, mediante políticas de rehabilitación integrada, que incluyen los aspectos morfológicos, funcionales y sociales.

a) El trazado de calles heredado, con frecuencia estrecho e irregular, resulta inapropiado para el tráfico moderno de personas y automóviles. Aunque esta situación es difícil de cambiar, puede mejorarse en ciertos sectores mediante rectificación de calles y actuaciones de reforma interior.

b) La trama cerrada y densa trata de mitigarse mediante la peatonalización de calles y mediante la ampliación y el ajardinamiento de plazas, con el fin de recuperarlas como lugar de encuentro y disfrute público.

c) La edificación sufre el daño de algunos edificios históricos y contrastes en el caserío. Algunos barrios con viviendas nuevas o rehabilitadas de elevado precio se ocupan por grupos de alto poder adquisitivo que valoran el prestigio de los edificios históricos y la proximidad al trabajo o a los lugares de cultura y ocio. En cambio, otros barrios mantienen un importante deterioro: sus casas no reúnen condiciones para la vida moderna y albergan a personas con bajos ingresos. Como solución, se rehabilitan los edificios históricos, destinándolos a veces a nuevos usos (por ejemplo, a museos); y se rehabilitan las viviendas particulares, procurando que este hecho no suponga un encarecimiento que expulse a los grupos populares.

d) Los usos del suelo del casco antiguo acentúan la pérdida de multifuncionalidad y la segregación.

- **Los sectores renovados** mantienen la especialización terciaria. Y los barrios degradados pierden usos tradicionales, como el comercio de artículos cotidianos y los pequeños talleres, e instalan otros relacionados con el ocio degradado o con actividades implantadas por los inmigrantes (almacenes mayoristas, venta de productos baratos, restaurantes). Frente a estos problemas, las políticas de rehabilitación promueven la recuperación del comercio tradicional y la implantación de nuevos usos, como el turístico-cultural, que se ha convertido en una de las bases de las actuales políticas de *marketing* o promoción urbana.
- **La mezcla social** propia de los cascos antiguos se sustituye por una progresiva polarización social, que trata de paliarse fomentando la instalación de las clases medias.

Actividades

14 Realiza un cuadro de síntesis que muestre la evolución experimentada por el plano, la trama, la edificación y los usos del suelo del casco antiguo en las etapas preindustrial, industrial y postindustrial.

15 Busca imágenes representativas del plano, la trama, la edificación y los usos del suelo del casco antiguo en el pasado y en la actualidad y describe brevemente la información que aportan. También puedes utilizar las imágenes del libro de texto correspondientes a este epígrafe.

16 Averigua cuáles son las ciudades españolas declaradas patrimonio de la humanidad por la UNESCO y localízalas en un mapa. Luego selecciona una de ellas y busca los motivos de su elección.

En los barrios degradados, el caserío se encuentra deteriorado y los usos del suelo tradicionales desaparecen o se sustituyen por locales dedicados al ocio degradado o a actividades implantadas por inmigrantes. Frente a este problema se han adoptado actuaciones de rehabilitación integral (Oviedo).

2. La ciudad industrial: ensanches, barrios obreros y barrios jardín

Entre mediados del siglo XIX y el primer tercio del siglo XX, las ciudades tradicionales medias y pequeñas crecieron poco y se mantuvieron dentro de sus límites anteriores.

En cambio, las ciudades que implantaron industrias modernas, atrajeron a una numerosa población campesina y extendieron su superficie. Para ello, derribaron en muchos casos las murallas preindustriales, cuya función defensiva había quedado anulada por los progresos de la artillería. Su lugar fue ocupado por paseos de ronda o bulevares, que diferencian el casco antiguo de la nueva ciudad. En ella se crearon ensanches para los burgueses; barrios industriales y obreros; y barrios ajardinados.

2.1. El ensanche burgués

El ensanche burgués es un **espacio nuevo** que responde a los deseos de crecimiento urbano de la burguesía. Por tanto, plasma sus ideas de orden, en su plano regular; de higiene, en su dotación de servicios de pavimentación, alcantarillado, abastecimiento de agua y espacios verdes; y de beneficio económico, obtenido de la construcción de viviendas, comercios y transportes.

Los primeros ensanches se hicieron en las ciudades más dinámicas. El de Barcelona fue proyectado por Ildefons Cerdá (1859) y el de Madrid por Carlos María de Castro (1860). Luego se difundieron a otras ciudades a finales del siglo XIX y en el primer tercio del siglo XX.

a) En el momento de su creación, el ensanche adoptó **plano regular en cuadrícula,** con calles rectilíneas y más anchas que las del casco antiguo. **La trama** era **de baja densidad** en manzanas abiertas por uno o dos lados, y con extensos espacios ocupados por jardines. **La edificación** incluía palacetes burgueses y villas ajardinadas; o inmuebles de mediana altura, de estilo historicista. **El uso** predominante del suelo fue **residencial burgués** debido a los altos precios de los solares y de los inmuebles, aunque inicialmente algunos trabajadores se instalaron en los sótanos, buhardillas y patios de las casas burguesas.

Los ensanches adoptaron plano en cuadrícula. En muchos casos, como el de Barcelona, las manzanas abiertas proyectadas inicialmente sufrieron una progresiva densificación: se edificaron por los cuatro lados; aumentó el fondo de las casas a costa de la reducción del patio interior; y desaparecieron muchos espacios proyectados como parques.

b) Con el paso del tiempo, el ensanche experimentó modificaciones, derivadas de su consideración como espacio central, al mejorar su accesibilidad gracias a la introducción del transporte urbano (tranvía eléctrico y automóvil). **La trama se densificó** al edificarse las manzanas por los cuatro lados y construirse muchas de las destinadas a parques. **La edificación se verticalizó,** al levantarse áticos y sobreáticos y sustituirse las villas burguesas y casas modestas por bloques de pisos, sobre todo en la década de 1960.

En los usos del suelo, el ensanche comenzó a recibir **funciones terciarias,** que se extendieron desde el centro histórico a sus calles principales. Así, acabó produciéndose una división entre un área residencial y cara para la burguesía y un sector terciarizado dominado por comercios y oficinas. Esta terciarización es especialmente intensa en los ensanches de Madrid y Barcelona.

c) En la actualidad, algunas zonas envejecidas de buena accesibilidad han modernizado sus inmuebles y se han embellecido, con el fin de atraer a las actividades más especializadas del sector terciario.

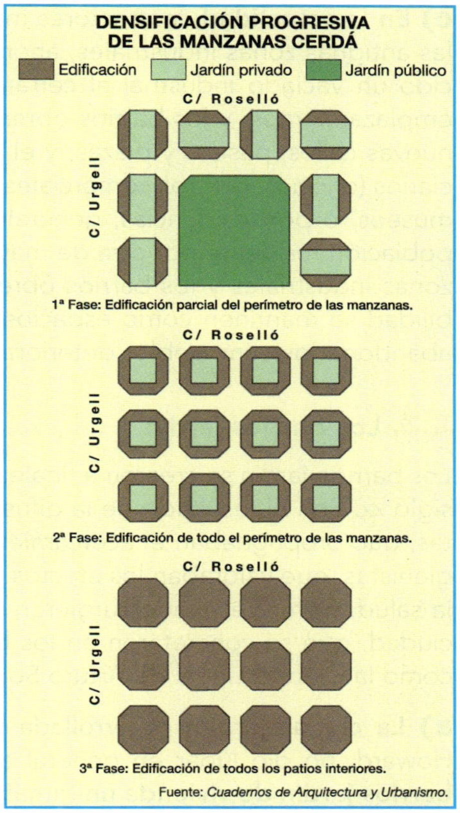

Fuente: *Cuadernos de Arquitectura y Urbanismo.*

2.2. Los barrios obreros e industriales del extrarradio

a) En el momento de su creación en el siglo XIX, las zonas industriales y los barrios obreros urbanos ofrecían un claro contraste con el ensanche burgués.

- **Las instalaciones industriales** se establecieron en el extrarradio, junto a las principales vías de acceso a la ciudad, o junto a los puertos y estaciones ferroviarias. Estas atrajeron también servicios ligados al ferrocarril (apeaderos, talleres, almacenes, depósitos, mercados centrales, mataderos…), que contribuyeron a una escasa valoración del suelo.
- **Los barrios obreros** acogieron a los **trabajadores** que emigraron a las ciudades industriales. Estos no podían instalarse en el casco histórico porque sus áreas más valoradas eran caras y estaban habitadas por la burguesía y sus espacios deteriorados tenían una alta ocupación. Tampoco podían establecerse en el ensanche burgués por su alto precio, excepto en los sótanos y los áticos, o en reducidas habitaciones creadas en el patio interior de las casas burguesas, denominadas ciudadelas o barrios ocultos por quedar fuera de la vista desde la calle. Por ello, los trabajadores se instalaron en barrios marginales del extrarradio surgidos alrededor del ensanche; a lo largo de las carreteras y los caminos que partían de la ciudad; o junto a las industrias y las estaciones ferroviarias («los barrios de estación»).

Los barrios obreros adoptaron un **plano desorganizado,** debido a que surgieron de parcelaciones privadas e incontroladas del suelo rústico de la periferia realizadas por sus propietarios. **La trama** se hizo cerrada y densa; y en la **edificación** predominaron las viviendas de **escasa dimensión y calidad,** unifamiliares o en pisos. **Los usos del suelo** entremezclaron residencias obreras, industrias, talleres y almacenes. Las infraestructuras de transporte, los servicios y los equipamientos fueron escasos, por lo que estos barrios se convirtieron en focos de enfermedades infecciosas y de descontento social.

b) Con el paso del tiempo, las antiguas zonas industriales y barrios obreros han quedado en una posición más céntrica en el espacio urbano, lo que ha revalorizado el suelo que ocupan.

Los barrios obreros del siglo XIX surgieron muchas veces en torno a fábricas. Solían tener plano desorganizado; viviendas de mala calidad y de reducidas dimensiones; carencias de infraestructuras y servicios; y una importante contaminación. Por todo ello, se convirtieron en foco de enfermedades y de descontento social.

c) En la actualidad, los sectores más valorados se han remodelado. En las antiguas zonas industriales, ahora obsoletas o en crisis, se ha producido un vaciado industrial al cerrarse las fábricas o trasladarse a otros emplazamientos; y los barrios obreros se han renovado. Se han trazado nuevas calles, paseos y plazas; y el suelo ha sido ocupado por usos terciarios (oficinas, centros comerciales o recreativos, campus universitarios, museos) o por residencias, generalmente con sustitución de la antigua población residente por otra de mayor poder adquisitivo. En cambio, las zonas industriales y los barrios obreros menos valorados por su accesibilidad se mantinen como espacios marginales, con solares industriales abandonados e inmuebles deteriorados.

En algunos casos se han remodelado extensos barrios industriales y obreros; caso de la ría de Bilbao, donde se han creado museos, centros comerciales, oficinas, paseos, avenidas, parques y plazas.

2.3. Los barrios-jardín

Los barrios-jardín se crearon a finales del siglo XIX y en el primer tercio del siglo XX. Son el resultado de la difusión en España de las ideas naturalistas, que propugnaban el acercamiento a la naturaleza; y de las ideas higienistas, que valoraban los efectos positivos del sol y del aire libre sobre la salud. Como resultado surgieron propuestas de acercar el campo a la ciudad, que se concretaron en los barrios jardín y en ciertos proyectos, como la Ciudad Lineal de Arturo Soria, en Madrid.

a) La ciudad-jardín, desarrollada por el urbanista británico Ebenezer Howard, no dio lugar en general a ciudades-jardín autónomas, sino a **barrios-jardín de vivienda unifamiliar.** Inicialmente se realizaron colonias para el proletariado, dado que la burguesía residía en las prestigiosas áreas del centro o del ensanche urbano. En su creación jugó un papel destacado la Ley de Casas Baratas (1911, modificada en 1921), inspirada en las colonias obreras ajardinadas de Inglaterra y en el urbanismo utópico. La ley pretendía eliminar las viviendas insalubres del extrarradio, permitiendo a los municipios expropiar el suelo y crear barrios obreros de viviendas subvencionadas baratas. Estas adoptaron plano regular, trama abierta y viviendas unifamiliares monótonas, de reducido tamaño y con pequeños jardines. Poco tiempo después, ante su escasa rentabilidad, las empresas privadas las orientaron hacia la clase media, construyendo barrios jardín de mejor calidad.

Colonia de los Carteros, de Madrid, creada en 1921 de acuerdo con la segunda Ley de Casas Baratas.

b) **La Ciudad Lineal de Arturo Soria** se concibió como una gran calle, de 40 metros de ancho, bordeada de manzanas formadas por casas unifamiliares con huerto y jardín. Por ella discurrían los servicios básicos (agua, alcantarillado, electricidad) y el transporte (ferrocarriles y tranvía). En las estaciones se planearon centros sociales comunitarios, comercios y servicios públicos. Además se quiso superar la segregación social incluyendo viviendas de distinto nivel y precio, aunque apenas se instalaron obreros en ella.

El proyecto, que pretendía rodear toda la periferia madrileña, solo se realizó parcialmente en el nordeste. En la actualidad se encuentra muy modificado, porque la revalorización del suelo ha llevado a sustituir la mayoría de las casas unifamiliares por bloques de viviendas, oficinas y centros comerciales.

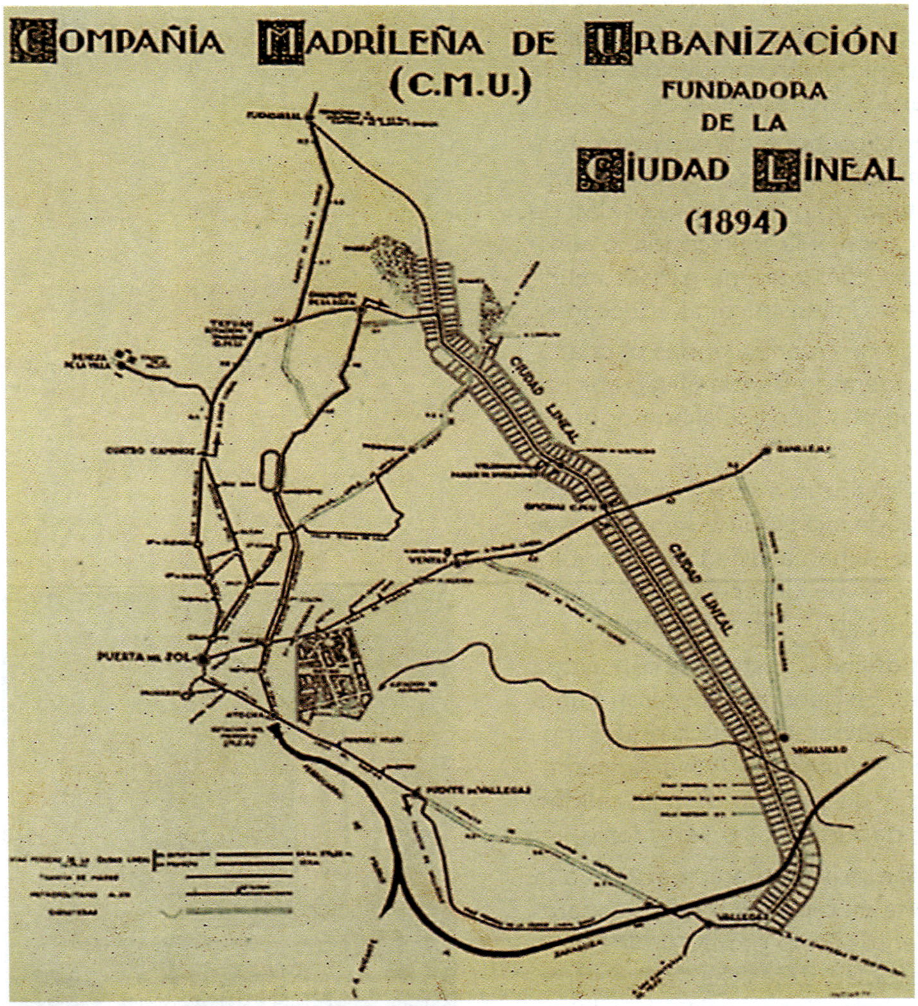

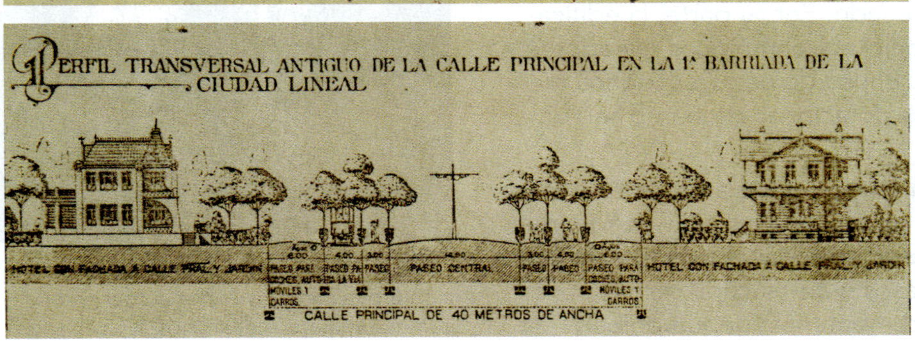

La Ciudad Lineal de Arturo Soria, proyectada en 1882, se inspiraba en las ciudades jardín europeas. Aportó la incorporación del jardín a la ciudad, la visión del transporte como agente estructurador del espacio urbano y el intento de superar la segregación social.
La Ciudad Lineal pretendía rodear Madrid mediante una vía de 48 km de largo y 40 m de ancho. Los servicios se distribuirían regularmente a lo largo de la vía. Finalmente, solo se realizaron 5 km y en ella se asentaron mayoritariamente clases medias. En la actualidad, se ha integrado en el crecimiento de la ciudad y se ha revalorizado. Muchas viviendas unifamiliares se han sustituido por bloques de viviendas y centros comerciales.

Actividades

17 Sintetiza en un cuadro la localización, el plano, la trama, la edificación, los usos del suelo y la composición social del ensanche burgués, los barrios obreros y los barrios jardín de la ciudad industrial.

18 Busca información sobre la rehabilitación o la renovación de algún barrio industrial u obrero de alguna ciudad española: localización, objetivos de la reforma urbana, actuaciones emprendidas y resultados. Realiza un resumen para exponerlo oralmente en clase durante un máximo de dos minutos. Puedes acompañarlo de imágenes ilustrativas.

19 Compara los barrios obreros tradicionales y las colonias de Casas Baratas.

3. La periferia urbana

La periferia es la franja externa de la ciudad correspondiente a la expansión urbana entre el primer tercio del siglo XX y la actualidad.

Durante la Guerra Civil y la posguerra la expansión urbana fue poco significativa a causa de la depresión económica y la escasez de materiales de construcción. Pero, desde mediados de la década de 1950, las principales ciudades españolas iniciaron un importante crecimiento del área edificada, creando extensas periferias. En su constitución se diferencian dos etapas, caracterizadas por sus distintos modelos de crecimiento y problemas.

3.1. El periodo 1955-1975: el área suburbana compacta

Desde mediados de la década de 1950 y sobre todo durante los años del desarrollismo, las ciudades experimentaron un **alto crecimiento** debido al aumento del crecimiento natural y a la inmigración campesina, atraída por el auge industrial y el progresivo desarrollo de los servicios.

En esta etapa, la periferia se extendió de forma contigua a la ciudad existente y a lo largo de las vías de transporte, formando un área suburbana. Adoptó en general un **modelo compacto,** caracterizado por la alta densidad de la urbanización; la verticalización de la edificación; y la zonificación, o constitución de áreas con diferentes usos del suelo, contiguas, pero mal comunicadas entre sí y con el centro por la ausencia de infraestructuras adecuadas.

a) Las áreas residenciales, ante la urgencia de crear viviendas para acoger a la creciente población, se hicieron a menudo sin planificar. Los barrios adoptaron diversas tipologías y una composición social homogénea, en función del precio del suelo.

- **Los barrios de infravivienda** o chabolas alcanzaron su máxima dimensión en la década de 1950, debido a la llegada a la ciudad de numerosas personas de escasos recursos, para las que no había vivienda asequible. Las casas se autoconstruyeron con materiales de desecho, sobre suelo ilegal y con ausencia de servicios básicos (luz, agua, saneamiento).
- **Los barrios de viviendas de promoción oficial,** construidas con ayuda pública, tuvieron su auge entre 1940 y 1960. En general adoptaron trama abierta; y edificación en viviendas unifamiliares baratas o en bloques monótonos de baja calidad, envejecidos prematuramente. Además, sufrieron carencias en equipamientos y servicios, y un entorno de baja calidad ambiental por la proximidad de industrias, depuradoras o vertederos.
- **Los polígonos de vivienda de promoción privada** caracterizaron a la época desarrollista. Adoptaron trama abierta en bloques o torres separados por espacios para jardines o aparcamientos. Pero pronto proliferaron los bloques en forma de H, de altura y densidad excesivas, que crearon un trazado de calles en apariencia desordenado. Por su parte, la edificación adoptó el estilo internacional, de edificios geométricos, creadores de un paisaje monótono o de «colmena». El uso de estos polígonos fue sobre todo residencial; los comercios y las dotaciones de barrio se concentraron en ciertas zonas.

b) Las áreas industriales y de equipamiento se instalaron junto a las principales vías de transporte. Las áreas industriales incluían polígonos industriales bien planificados; o áreas desorganizadas a lo largo de las carreteras. Los equipamientos fueron escasos y en muchos casos los no deseados por la ciudad central (cárceles, cementerios, depuradoras).

Vocabulario

La periferia urbana es el área externa de la ciudad. Incluye un área suburbana adyacente al núcleo central de la ciudad en la que se mantienen el continuo edificado y las funciones urbanas; y un área periurbana o rurubana, situada más allá del continuo edificado, en la que se mezclan los usos del suelo urbanos y rurales (agrarios, industriales, residenciales y naturales) y en la que no existe una estructura urbana coherente que proporcione unidad espacial a los distintos elementos existentes.

Chabolas sobre suelo ilegal, sin organización urbanística, viviendas autoconstruidas con materiales de desechos, sin servicios.

Estos rasgos dieron a la periferia suburbana una **imagen negativa.** En la actualidad, las políticas urbanísticas han adoptado medidas para mejorar las áreas residenciales, como la erradicación de los barrios de chabolas realojando a su población en viviendas sociales; la rehabilitación de viviendas degradadas; la dotación de equipamientos y servicios; y la mejora medioambiental. También se han rehabilitado edificios y áreas industriales para acoger nuevos usos; y se han mejorado las comunicaciones con la ciudad central y entre las áreas periféricas.

3.2. El periodo desde 1975: el área periurbana difusa

Desde 1975, las ciudades **reducen su ritmo de crecimiento,** debido a la disminución del crecimiento natural y a la paralización del éxodo rural causados por la crisis. No obstante, la expansión de la periferia urbana continua por la difusión desde el centro urbano de población y actividades económicas y, en menor medida, por el crecimiento de la inmigración extranjera entre 1995 y 2008.

En esta etapa, la periferia se extiende más allá del continuo edificado, por áreas periurbanas o rururbanas, de límites imprecisos entre el campo y la ciudad. Adopta un **modelo disperso,** conocido como «ciudad difusa» o «ciudad dispersa», caracterizado por la baja densidad de la urbanización y la zonificación en áreas con diferentes usos del suelo, separadas por espacios intersticiales o vacíos urbanos, bien conectadas entre sí y con el centro urbano por una red viaria densa, orientada sobre todo al transporte en automóvil privado.

Las áreas residenciales periurbanas

Áreas de vivienda unifamiliar

- Deseo de privacidad, vivienda más amplia y más barata, contacto con la naturaleza y uso del automóvil.
- Trama abierta en viviendas unifamiliares con jardín.
- Uso residencial, aunque existen cerca centros comerciales y de ocio.

Nuevos barrios de trama cerrada en manzanas

- Deseo de evitar la excesiva densificación y verticalidad y la excesiva dispersión y horizontalidad.
- Manzanas menos altas que las tradicionales, cerradas o semiabiertas, con uso colectivo del patio, público (como plaza) o privado (juegos infantiles, piscina, jardín).

a) **Las áreas residenciales** son de baja densidad, respondiendo al deseo de las clases medias de disfrutar de mayor privacidad, viviendas más amplias y baratas y mayor contacto con la naturaleza; lo cual se ha visto facilitado por el uso del automóvil privado. El modelo más frecuente es el de urbanizaciones de viviendas unifamiliares aisladas o adosadas con jardín; o viviendas colectivas con bajo número de plantas y amplios jardines. El uso del suelo es sobre todo residencial; aunque cerca existen servicios de consumo y de ocio, como superficies comerciales, parques recreativos, multicines, etc. Por otra parte, se ha producido un cierto rebrote de la urbanización marginal ligado a la inmigración y a grupos sociales marginados.

b) **Las áreas industriales y de equipamiento** de la periferia periurbana son el resultado de las transformaciones económicas ocurridas a partir de la crisis de 1975: crisis industrial y reindustrialización y creciente proceso de terciarización.

- **Las áreas industriales** incluyen polígonos industriales para industrias trasladadas desde el centro urbano que buscan espacios más amplios y baratos y obtener beneficios por la venta de sus antiguos solares; y espacios industriales nuevos, como parques tecnológicos.

- **Las áreas de equipamiento** incluyen servicios que requieren suelo abundante y barato, como parques de oficinas, grandes superficies comerciales, polideportivos, escuelas, universidades, hospitales, aeropuertos, etc.

Estos rasgos han dado una imagen más positiva de la periferia periurbana. Sin embargo, en la actualidad, el modelo de ciudad difusa es objeto de **fuertes críticas** por considerarlo insostenible. Consume mucho territorio a costa de los espacios agrarios y naturales. Depende en exceso del automóvil privado, aumentando el coste energético y las emisiones nocivas a la atmósfera. Incrementa el gasto en llevar infraestructuras y servicios a lugares alejados (carreteras, electricidad, alcantarillado, recogida de basura). La zonificación favorece la segregación en áreas residenciales de diferente composición social; y el aislamiento social: los individuos apenas se relacionan en la calle —salen y entran a sus viviendas en automóvil— sino en espacios semiprivados —clubes— o centros comerciales. Con ello, las calles pierden su carácter público y disminuyen las relaciones sociales.

Además, este modelo perjudica al núcleo urbano: aumenta el tráfico por los movimientos pendulares; reduce la rentabilidad del transporte público; y ocasiona pérdidas económicas a los centros comerciales y de ocio.

Las alternativas planteadas respecto a este problema son varias:

- **La vuelta a la ciudad compacta** caracterizada por la contigüidad de los usos del suelo y la alta densidad; aunque sin excesivo apelmazamiento ni verticalización. Por ejemplo, promoviendo barrios con trama en manzanas cerradas o semiabiertas con menor densidad que las tradicionales y patio de uso público o privado.

- **El reciclaje urbano** o recuperación de los espacios deteriorados existentes en la ciudad, en lugar de fomentar nuevos desarrollos urbanísticos. Los barrios residenciales se rehabilitan mejorando las viviendas, el diseño de calles y plazas, la dotación de equipamientos y servicios, los transportes y la calidad medioambiental. Y los edificios y las áreas industriales deterioradas se rehabilitan para acoger nuevas empresas o nuevos usos.

- **La rehabilitación de la ciudad difusa** aumentando la densificación; y el **control urbanístico** de la extensión urbana.

Desde la década de 1980, la periferia de muchas ciudades se extiende más allá del continuo edificado, por áreas periurbanas o rururbanas, de límites imprecisos entre el campo y la ciudad. Adopta un modelo disperso, caracterizado por la baja densidad de la urbanización y la zonificación en áreas con diferentes usos del suelo, separadas por espacios intersticiales o vacíos urbanos.

Actividades

20 Compara los modelos de crecimiento de la periferia urbana entre 1955 y 1975, y desde la última fecha, en cuanto a crecimiento, forma de extensión, modelo de crecimiento, problemas y posibles soluciones.

21 Diferencia los tipos de áreas residenciales, industriales y de equipamiento de la periferia urbana pertenecientes al periodo del desarrollismo y al periodo postindustrial.

22 Consigue un plano de la ciudad más próxima a tu lugar de residencia. Diferencia las partes de su estructura y comenta sus características, siguiendo el modelo que se proporciona al final de la unidad didáctica.

4. Las aglomeraciones urbanas

Algunas ciudades han crecido hasta conectar con otros núcleos de población. Se crean así aglomeraciones urbanas de diferentes tipos: áreas metropolitanas, conurbaciones, regiones urbanas y megalópolis. De ellas, las áreas metropolitanas son las que han tenido un mayor desarrollo en España.

4.1. El área metropolitana

El área metropolitana es una aglomeración urbana formada por una ciudad principal y por varios municipios de su entorno, que mantienen importantes relaciones socioeconómicas. En España no existe un criterio establecido para determinarlas; aunque suele considerarse que la ciudad central tenga al menos 50 000 habitantes y los municipios que forman sus coronas metropolitanas dirijan hacia ella al menos el 15 % de su flujos económico-sociales.

4.1.1. Características del área metropolitana

- **Está presidida por una ciudad principal** (ciudad central) cuyo crecimiento económico se proyecta al exterior y crea el área.
- **Existen intensas relaciones económicas y sociales entre la ciudad central y los núcleos del área (ciudades satélite).** La ciudad central concentra las actividades y los empleos más especializados. Los núcleos del área albergan a trabajadores que se desplazan a diario a la ciudad central; e instalan actividades económicas procedentes de esta, al disponer de suelo más abundante y barato (industrias, comercios, transportes y servicios).
- **Las relaciones se manifiestan en la existencia de intensos movimientos pendulares diarios,** que hacen de la red de transportes y comunicaciones un elemento esencial del área metropolitana.
- **La estructura espacial** de las áreas metropolitanas responde a dos modelos: el de coronas concéntricas en torno al núcleo central; y el radial, formado por sectores especializados en ciertos usos del suelo, que parten desde el centro hacia la periferia a lo largo de las principales vías de comunicación. En algunas áreas metropolitanas, como la de Madrid, se solapan los dos modelos.

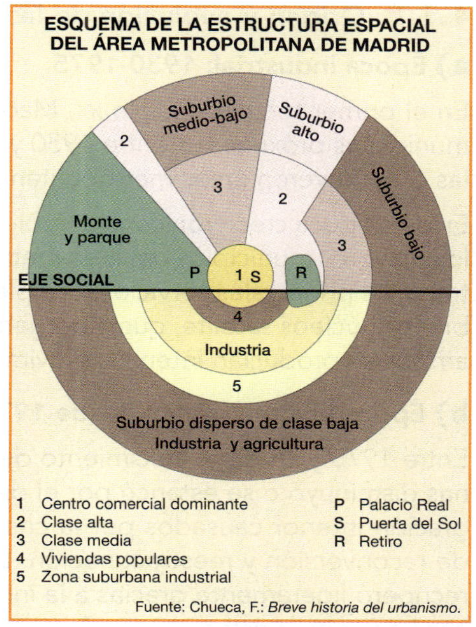

Combina el modelo de coronas concéntricas y el radial.

Las ciudades satélite del área metropolitana (como Fuenlabrada, en Madrid) tuvieron en sus inicios una fuerte dependencia de la ciudad central, que concentraba los principales servicios y empleos. Pero, una vez superada la crisis económica de 1975, se benefician de la tendencia de la ciudad central a difundir parte de su población y de sus actividades económicas, banales o más especializadas, hacia los núcleos del área. Estos adquieren así una mayor diversificación demográfica y económica y tienden a convertirse en nuevos polos de centralidad que reducen su dependencia de la ciudad central.

4.1.2. Origen y evolución de las áreas metropolitanas españolas

a) Época industrial: 1930-1975

En el primer tercio del siglo XX, Madrid, Barcelona y Bilbao integraron a municipios próximos. Y entre 1950 y 1975, las grandes ciudades españolas constituyeron áreas metropolitanas, al atraer a la población rural.

En esta época crecieron considerablemente la ciudad central y sobre todo los mayores municipios del área metropolitana. La ciudad central concentraba los principales servicios y empleos y ejercía un claro predominio sobre los núcleos satélite, que albergaban a trabajadores e industrias. Entre ambos se producían intensos movimientos pendulares radiales.

b) Época postindustrial: desde 1975

Entre 1975 y 1995, el crecimiento demográfico de las áreas metropolitanas disminuyó o se estancó por el descenso de la natalidad y de la inmigración interior causados por la crisis económica y el posterior proceso de reconversión y reestructuración. Desde 1995 a 2008, su población se recuperó ligeramente gracias a la inmigración extranjera; y desde entonces ha vuelto a estancarse o decrece debido a los efectos de la crisis de 2008 sobre la inmigración exterior.

La ciudad central acusa más el retroceso demográfico y menos la recuperación, al difundir hacia los núcleos del área metropolitana parte de su población y de sus actividades industriales y terciarias, banales, o con mayor especialización. No obstante, algunos sectores centrales han mitigado la tendencia al vaciamiento por la llegada de inmigrantes extranjeros o por las operaciones de rehabilitación de barrios degradados.

Además, la ciudad central sigue conservando las actividades más dinámicas y especializadas y una gran capacidad de control sobre su entorno metropolitano.

Los núcleos del área metropolitana diversifican su población y sus actividades económicas por la difusión desde la ciudad central; mejoran sus equipamientos y su nivel de vida; y tienden a convertirse en nuevos polos de centralidad, que reducen su dependencia de la ciudad central. Este hecho se refleja en una reducción de los movimientos pendulares radiales y en un aumento de los movimientos transversales entre los núcleos del área.

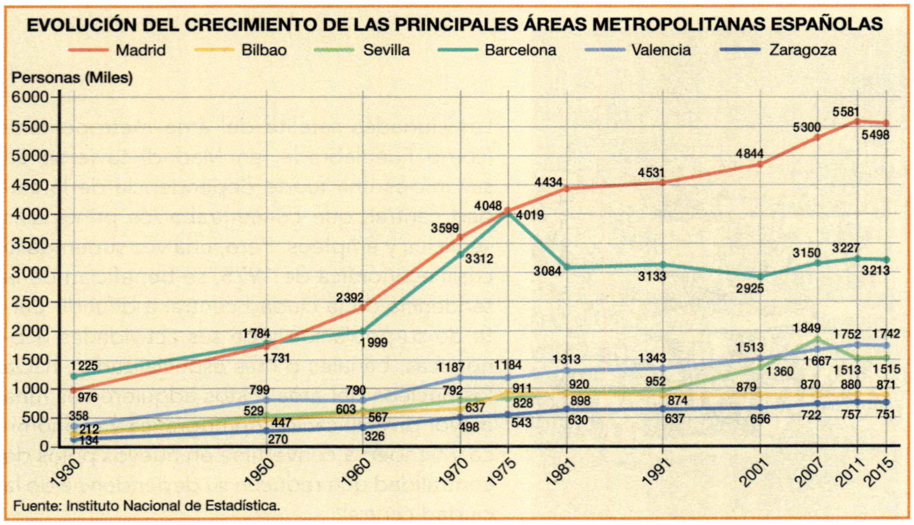

La ciudad central es el núcleo urbano principal de un área metropolitana. Concentra las funciones más dinámicas y mantiene relaciones intensas con los demás núcleos del área. En la imagen, Zaragoza.

Los municipios comprendidos en las áreas metropolitanas son: en Madrid, los incluidos en el *Atlas de la Comunidad de Madrid en el umbral del siglo XXI;* en Barcelona, los que integran la Mancomunidad de Municipios del Área Metropolitana de Barcelona; en Bilbao, los del área del Gran Bilbao consignados por Eustat; en Valencia, los establecidos por el ayuntamiento de la ciudad; en Sevilla, los comprendidos en la aglomeración urbana de Sevilla establecida por el Plan de Ordenación del Territorio de la Aglomeración Urbana de Sevilla (POTAUS); y en Zaragoza, hasta 2001 18 municipios, y posteriormente 26, basados en la isócrona de los 25-30 km a la ciudad.

4.2. Otros tipos de aglomeraciones urbanas

a) La conurbación es una aglomeración urbana continua formada por el crecimiento paralelo de dos o más ciudades hasta unirse. En España, la mayoría se deben al turismo (Málaga-Estepona); a la fusión de ciudades especializadas (Alicante-Elche-Santa Pola), o a la conexión ciudad-puerto (Pontevedra-Marín).

b) La región urbana es una aglomeración urbana discontinua, integrada por ciudades dispersas (nebulosa urbana), pero lo suficientemente densa como para dar características urbanas a todo el territorio. Suele crearse por el crecimiento paralelo de varias ciudades con tamaño y funciones distintas (por ejemplo, el centro de Asturias).

c) La megalópolis es una aglomeración urbana suprarregional discontinua, pero sin fracturas importantes, formada por la sucesión de diversos núcleos urbanos. Suele deberse al crecimiento de ciudades con tamaño y funciones distintas (áreas metropolitanas, conurbaciones, regiones urbanas, pequeñas ciudades...). En España podría considerarse como tal el eje mediterráneo, desde la frontera francesa a Cartagena. Está formado por las áreas metropolitanas de Barcelona, Valencia y Alicante, conurbaciones turísticas o industriales, ciudades medias, y pequeñas ciudades industriales.

Actividades

23 Comenta el mapa de las áreas urbanas. Pon algún ejemplo de los diferentes tipos de aglomeraciones urbanas.

24 Interpreta el gráfico sobre la evolución del crecimiento de las principales áreas metropolitanas de España.

25 Compara las relaciones entre la ciudad central y los núcleos del área metropolitana en la época industrial y en la época postindustrial.

El mapa muestra las 85 grandes áreas urbanas existentes en España con más de 50 000 habitantes. De ellas, 20 comprenden un solo término municipal y el resto son aglomeraciones urbanas compuestas por varios municipios. Se incluyen también las ciudades capitales provinciales que no alcanzan los 50 000 habitantes (Soria y Teruel).

5 Problemas de las ciudades españolas

Las ciudades españolas, y especialmente las aglomeraciones urbanas, presentan numerosos problemas. Su solución corresponde a la política urbanística, que es competencia de cada ayuntamiento.

El tráfico en automóvil privado en las grandes ciudades produce congestión, consumo energético y gastos en la construcción de infraestructuras. Para solucionarlo, se promueven planes de movilidad urbana sostenible.

1. Problemas derivados de la aglomeración

a) La extensión de la urbanización ejerce una fuerte presión sobre el área rururbana, especialmente en el modelo de urbanización difusa. Por eso, las nuevas políticas urbanísticas promueven la preservación del espacio rural; la reutilización de la ciudad existente, rehabilitando las áreas degradadas; y la vuelta a la ciudad compacta sin que esto suponga una excesiva verticalización ni merma de la calidad de vida.

b) La segregación espacial por la zonificación de los usos del suelo afecta al área central y sobre todo a la periferia urbana. Para superarla, la política urbanística promueve una mayor integración entre los espacios residenciales y de actividad económica. En el centro, mediante edificios polivalentes; y en la periferia, apostando por espacios mixtos que reduzcan los costes de transporte y de servicios públicos y favorezcan una mayor integración social.

c) El acceso a la vivienda, en propiedad o en alquiler, resulta caro debido a la especulación. Este problema trata de solucionarse dedicando a viviendas protegidas al menos un 30 % del nuevo terreno a urbanizar; y favoreciendo la oferta de vivienda en alquiler a precios asequibles. Además, para evitar la especulación, la nueva Ley del Suelo ha suprimido la categoría de suelo urbanizable, diferenciando solo entre suelo rural (preservado de la urbanización) y urbanizado.

d) Los abastecimientos y los equipamientos urbanos. El crecimiento urbano requiere costosas inversiones para garantizar el abastecimiento de agua, energía y otros recursos; así como para pagar las infraestructuras, equipamientos y servicios sanitarios, educativos, culturales, recreativos, deportivos, etc. Algunos barrios urbanos presentan déficits heredados en estas dotaciones que deben subsanarse. En cambio, otros han recibido excesivos equipamientos, que luego resultan infrautilizados u originan costosos gastos de mantenimiento. La solución requiere políticas urbanísticas adecuadas para la valoración correcta de las necesidades y un mejor aprovechamiento de los equipamientos existentes.

e) El tráfico y la movilidad urbana. Las grandes ciudades padecen problemas de tráfico causados por sus necesidades de abastecimiento y por los desplazamientos residencia-trabajo, realizados principalmente en automóvil privado. Este hecho provoca atascos circulatorios, problemas de aparcamiento, contaminación, ruido, gasto energético; y altos costes en la construcción de infraestructuras.

Frente a este problema, muchas ciudades han elaborado planes de movilidad urbana sostenible. Fomentan el uso de la bicicleta (carriles bici, servicios de alquiler), los desplazamientos a pie (aceras anchas que inviten al paseo), el transporte colectivo y la movilidad virtual (teletrabajo, telecompra, trámites online). Restringen la circulación del automóvil (aparcamientos disuasorios en los accesos a la ciudad, peatonalización o limitación de acceso a calles, disminución a 30 km/h de la velocidad de circulación). Y promueven la incorporación paulatina de vehículos eléctricos.

2. Problemas económicos, demográficos y sociales

a) Los problemas económicos se deben a la **excesiva terciarización.** Los servicios tienden a desplazar a las demás actividades, sobre todo en el centro urbano. Para paliarlo, se fomenta la diversificación económica, evitando la desaparición de las actividades agrarias del entorno; y promoviendo la industria en las áreas de vaciado industrial del interior de la ciudad y en la periferia. Además, se impulsa la difusión de las actividades del terciario avanzado, muy focalizadas en el centro urbano, hacia la periferia o hacia núcleos urbanos próximos.

b) Los problemas demográficos afectan principalmente al casco antiguo. El deterioro de algunos sectores determina su ocupación por población envejecida o marginal. Y la terciarización de los sectores renovados ocasiona su vaciamiento residencial. La solución a estos problemas está en realizar rehabilitaciones no especulativas, que mantengan a la población y atraigan a residentes jóvenes.

c) Los problemas sociales son también frecuentes en las grandes ciudades, como la pobreza, la exclusión social y la segregación o separación social en distintos barrios. Inciden sobre todo en ciertos colectivos, como los de personas ancianas, jóvenes, en paro de larga duración, con discapacidad, sin hogar o con patologías sociales (delincuencia, drogadicción, alcoholismo); y también en algunos grupos de inmigrantes que no se integran y forman guetos urbanos. Para combatir la pobreza y la exclusión social, las ciudades refuerzan los servicios sociales y aplican programas sociales. Y frente a la segregación social se rehabilitan y dotan de equipamientos a los barrios degradados.

Excesiva terciarización

La excesiva terciarización urbana trata de paliarse evitando la desaparición del entorno agrario, y promoviendo la industria y la difusión de ciertas actividades terciarias a la periferia.

Problemas demográficos

El centro urbano de las ciudades sufre envejecimiento o marginalidad de la población residente en las áreas deterioradas; y vaciamiento residencial en los sectores más terciarizados.

Pobreza, exclusión social, marginación

La pobreza y la marginación social afectan sobre todo a personas ancianas, en paro de larga duración, o sin hogar; y a ciertos grupos de inmigrantes, que se agrupan en guetos urbanos.

3. Problemas medioambientales

Las ciudades ocasionan también variados problemas medioambientales.

a) Las emisiones nocivas a la atmósfera y el microclima urbano. El tráfico, las calefacciones y el alto consumo energético emiten GEI y generan una campana de polvo y contaminación sobre la ciudad. Sus efectos son daños en la salud humana, las plantas y los edificios y la generación de un microclima urbano, caracterizado por temperaturas y precipitaciones algo más altas que las del entorno rural. Así, la ciudad es un foco calorífico o isla de calor, pues la campana de contaminación retiene el calor durante el día y atenúa el enfriamiento del aire por la noche. Este efecto se potencia con la edificación urbana, cuyos materiales retienen más el calor y cuyas paredes verticales reflejan la radiación solar hacia el suelo. Además, las precipitaciones son algo superiores en la ciudad —donde el calor refuerza el ascenso del aire—, aunque resultan poco efectivas, al desaparecer enseguida el agua por el alcantarillado. Frente a este problema se fomentan el transporte colectivo y el ahorro energético.

b) La contaminación acústica y lumínica. Los altos niveles de **ruido** generados por el tráfico, las obras y ciertas actividades urbanas ocasionan trastornos como insomnio, cefaleas y sordera. Tratan de solucionarse mediante la elaboración de mapas de ruido, la instalación de paneles y pavimentos antirruido, y la ordenación del tráfico y de los establecimientos sonoros. La contaminación **lumínica** perjudica a los ecosistemas nocturnos y genera un gasto energético innecesario; lo que requiere el empleo de luminarias adecuadas y el control de la iluminación.

c) El alto consumo de recursos naturales. Entre ellos destacan el **agua** para uso doméstico, riego de zonas verdes y limpieza de calles. Requiere fomentar el ahorro concienciando a los consumidores y adoptando medidas como el uso del agua depurada para el riego y la limpieza de calles. El crecimiento urbano consume también **suelo y espacios verdes** en el entorno y el interior de la ciudad. Para solucionarlo, se controla la expansión urbana; se crean espacios protegidos periurbanos; y se aprovechan las remodelaciones interiores para abrir plazas y jardines.

d) El tratamiento de los residuos generados. Las aguas fecales y los residuos sólidos urbanos deben tratarse, originando gastos e impactos medioambientales. Para mitigar este problema, se fomentan la depuración avanzada y la reducción, reutilización y reciclaje de los residuos.

Actividades

26 Resume en un cuadro los problemas urbanos: causas y posibles soluciones.

27 Consulta la prensa local y, durante un mes, recopila noticias sobre los problemas que afectan a las ciudades de tu entorno. Después clasifica los problemas por tipos, resume en qué consisten, cuáles son sus consecuencias y sus posibles soluciones.

La inadecuada iluminación aumenta el brillo del cielo nocturno, perjudicando a los ecosistemas nocturnos y ocasionando un gasto energético innecesario. Debe afrontarse mediante la instalación de luminarias adecuadas y el ajuste de la iluminación. En la imagen, Sevilla.

La contaminación atmosférica generada por el tráfico y las calefacciones crea una campana de polvo y contaminación sobre la ciudad. Ocasiona daños a la salud, las plantas y los edificios, y crea un microclima caracterizado por temperaturas y precipitaciones algo más elevadas que las del entorno rural. En la imagen, Madrid.

6 La ordenación del espacio urbano. El urbanismo

El urbanismo es la ordenación del espacio urbano utilizando un conjunto de conocimientos teóricos (teoría urbanística) y de actuaciones prácticas (planeamiento urbano). Así, sus fines son proyectar nuevos espacios para el futuro crecimiento, y transformar los existentes en función de las demandas sociales de cada momento. Su ámbito de actuación comprende todo el término municipal; por eso, sus actuaciones deben formar parte de las políticas globales de ordenación del territorio.

En España ya en la etapa preindustrial se planificaron ciudades y barrios nuevos, y se realizaron algunas remodelaciones urbanas. No obstante, el planeamiento urbano propiamente dicho empezó en la época industrial y experimentó importantes cambios en la época postindustrial.

1. El urbanismo en la época industrial

a) Entre la segunda mitad del siglo XIX y el primer tercio del siglo XX tuvieron lugar las primeras actuaciones de planificación urbana; aunque limitadas a los espacios ocupados por la burguesía, en ciertas zonas del casco antiguo y los ensanches. Las más destacadas fueron tres:

- **La regularización del plano.** Con este fin se establecieron trazados geométricos para la expansión urbana; planes de alineación y ensanchamiento de calles, para facilitar el creciente tráfico rodado; y ordenanzas sobre las manzanas, que les imponían forma rectangular y patio regular.
- **Los planes de saneamiento.** Estuvieron relacionados con la propagación de las ideas higienistas sobre la salubridad de la ciudad. Las medidas más habituales fueron el alcantarillado, el abastecimiento de agua, la limpieza de calles y la recogida de basuras.
- **La mejora de los servicios y los equipamientos urbanos.** Entre ellos, tranvías, alumbrado, pavimentación y parques públicos.

Tranvías, alumbrado y pavimentación en Madrid.

A mediados del siglo XIX, la calle Alfonso I de Zaragoza, que unía el Coso con la basílica del Pilar, fue alineada y ensanchada. Para ello, se remodeló el irregular trazado de las calles preexistentes. Otras calles de Zaragoza también fueron regularizadas en la segunda mitad del siglo XIX y el primer tercio del siglo XX para adaptarlas al creciente tráfico rodado de la ciudad.

b) En la posguerra (1939-1959), la planificación se centró en tres objetivos:

- **La reconstrucción de las ciudades más dañadas por la Guerra Civil** (Guernika, Guadalajara, Oviedo). Las actuaciones, llevadas a cabo por la Dirección General de Regiones Devastadas, fueron lentas y limitadas, debido a la mala situación económica del país.
- **La elaboración de leyes sobre la vivienda,** como las de viviendas protegidas y arrendamientos urbanos de renta limitada.
- **La organización del crecimiento urbano.** Se abordó mediante la Ley del Suelo (1956) que establecía una planificación a diferentes escalas: nacional (Plan Nacional de Urbanismo, que quedó en estudios previos); provincial; urbana; y para cada área urbana. Los más utilizados fueron los **planes de ordenación urbana,** que dividían la ciudad en zonas con funciones distintas (administrativa, residencial, industrial) y fijaban para cada una los equipamientos y servicios necesarios; aunque en la mayoría de los casos las realizaciones prácticas se alejaron bastante de los proyectos.

Las viviendas construidas para el alojamiento de los grupos sociales más desfavorecidos respondían a unas características de tamaño y construcción establecidas por la ley y eran de renta limitada.

c) En la época del desarrollismo (1960-1975) se mantuvieron la Ley del Suelo y la zonificación urbana, pero no impidieron la aparición de numerosos problemas. En el interior de la ciudad, se eliminaron algunos edificios históricos valiosos; se crearon barrios de poca calidad, con deficiencias en equipamientos y accesibilidad; y aumentó la congestión por la excesiva altura y densidad de los edificios. En la periferia, el crecimiento en mancha de aceite, se hizo a costa de los espacios naturales.

Los bloques de vivienda del barrio de la Concepción en Madrid son un ejemplo del urbanismo franquista durante la época del desarrollo. Los intereses de los promotores y la previsión de una demanda creciente de vivienda facilitaron que se rebasasen los límites de altura y edificabilidad habituales hasta entonces.

2. El urbanismo en la época postindustrial: desde 1975

En la época postindustrial, el urbanismo español refleja la implantación del estado autonómico; la democratización social; el proceso de globalización; la preocupación por la sostenibilidad urbana; y el empleo de las nuevas tecnologías para mejorar la calidad de vida urbana, que es el objetivo de las llamadas ciudades inteligentes o *smart cities.*

a) La implantación del estado de las autonomías ha descentralizado la planificación urbanística, dado que las comunidades autónomas tienen competencias exclusivas sobre ordenación del territorio, urbanismo y vivienda. Su legislación sobre estos temas debe ser seguida por los ayuntamientos, a quienes compete el planeamiento urbano. Sus instrumentos son los planes de diferente ámbito. Los planes **generales** proyectan la ordenación integral de un municipio para cierto número de años (usos del suelo, edificabilidad, red viaria, equipamientos, protección medioambiental). Los planes **parciales** concretan el plan general en cada área urbana; y los planes **especiales** ordenan aspectos concretos, como las áreas degradadas del casco antiguo.

No obstante, la Constitución atribuye al Estado la competencia de garantizar los derechos de la ciudadanía sobre el suelo. Con este fin, la Ley del Suelo (2008) reserva al menos el 30 % del nuevo suelo residencial para vivienda protegida; y obliga a ceder a los ayuntamientos una reserva de suelo entre el 5 % y el 15 % para dotaciones y equipamientos colectivos.

b) La democratización social se manifiesta en la **participación de la ciudadanía.** Así, diversas organizaciones ciudadanas —vecinales, culturales— participan en la planificación urbana y reclaman medidas para paliar las desigualdades heredadas y mejorar la calidad de vida de sus barrios. Como consecuencia, desde la década de 1990 cobra importancia el planeamiento **por piezas,** basado en actuaciones concretas en determinados barrios, que no siempre se integran bien en el conjunto urbano. Por tanto, es necesario integrarlas en una política global de ordenación del territorio.

c) La globalización se refleja también en el urbanismo. En un contexto de creciente competencia por resultar atractivas y atraer inversiones, las ciudades desarrollan planes de revitalización y de promoción —*marketing* urbano—. La mayoría se centra en la implantación o mejora de las infraestructuras y equipamientos; y en la calidad medioambiental. Sin embargo, estas actuaciones han creado a veces costosas infraestructuras que luego resultan infrautilizadas o generan elevados gastos de mantenimiento. Por eso, las estrategias más innovadoras fomentan la constitución de redes de ciudades complementarias que se potencian entre sí y se reparten los equipamientos, los gastos y las ventajas.

d) La apuesta por la sostenibilidad urbana insiste en el uso racional de los recursos, como el agua y el suelo; en la calidad medioambiental; y en la sostenibilidad económica. Con este fin se hace obligatorio revisar los planes de crecimiento que incrementen más de un 20 % la población o el suelo urbanizado; estudiar el impacto medioambiental de las actuaciones urbanísticas; y la sostenibilidad económica de las infraestructuras y servicios previstos.

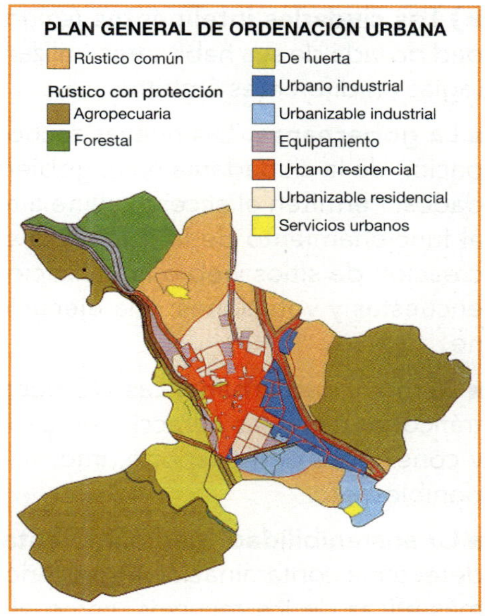

Los planes generales ordenan todo el municipio.

El urbanismo postindustrial apuesta por la sostenibilidad urbana, promoviendo actuaciones encaminadas al uso eficaz de los recursos y a reducir los problemas medioambientales. Entre ellas se encuentra el fomento de la movilidad no motorizada mediante la construcción de carriles bici.

e) Las ciudades inteligentes *(smart cities)* se proponen mejorar la calidad de vida de sus habitantes utilizando la innovación y las nuevas tecnologías en diferentes ámbitos.

- **La gobernanza.** Las nuevas tecnologías favorecen una mayor participación de la ciudadanía en el gobierno y en la administración de las ciudades. Permiten el acceso online a toda la información pública y relativa al funcionamiento de la ciudad; la expresión de opiniones mediante la creación de sitios web o la utilización de las redes sociales para realizar encuestas y votaciones; y la ejecución de trámites administrativos online.
- **La movilidad urbana.** Las TIC pueden usarse para analizar los flujos de tráfico, detectar las infracciones, proporcionar información sobre tiempo y conexiones de transporte, informar sobre plazas de aparcamiento disponibles, etc.
- **La sostenibilidad medioambiental.** Las nuevas tecnologías permiten detectar la contaminación atmosférica, acústica, e hídrica. Y lograr un uso más eficaz de los recursos, como el agua (riego automático, control de fugas) o la energía (redes eléctricas inteligentes, eficiencia energética en los edificios controlando la iluminación y la climatización).
- **La economía.** Las ciudades inteligentes ofrecen oportunidades de empleo y de negocio en el campo de las nuevas tecnologías de uso urbano. Permiten mejorar la competitividad de las empresas ofreciéndoles diversos servicios (espacios de trabajo compartidos con acceso a Internet, teletrabajo). Atraen talento y empresas de nuevas tecnologías a espacios inteligentes. Desarrollan el e-turismo basado en aplicaciones que proporcionan información relacionada con la oferta de ocio urbana. Y permiten el acceso a servicios online (información, teleasistencia, e-comercio).
- **La cohesión social.** Las nuevas tecnologías facilitan una mayor solidaridad ciudadana, dado que favorecen diversas formas de cooperación a través de las redes sociales. Para lograrlo, es necesario promover la penetración de las TIC en toda la sociedad, incluyendo a los grupos de más edad y a los más desfavorecidos a través de la formación y de la asistencia técnica.

En España se creó en 2012 la Red Española de Ciudades Inteligentes (RECI), con el objetivo de intercambiar experiencias y trabajar conjuntamente en los aspectos de las nuevas tecnologías relacionados con la mejora de la calidad de vida de la ciudadanía.

Información telemática sobre el tiempo de espera del autobús. Las ciudades inteligentes utilizan el potencial de las nuevas tecnologías para mejorar la calidad de vida de la ciudadanía en todos los ámbitos.

Actividades

28 Compara los objetivos y las actuaciones del urbanismo desde la segunda mitad del siglo XIX hasta la actualidad.

29 Entra en la página web de la Red Española de Ciudades Inteligentes (redciudadesinteligentes.es) y escribe algunos temas en los que están trabajando los diferentes grupos de trabajo.

30 Por grupos, diseñad un ejemplo de planificación urbana basado en los rasgos de la ciudad inteligente y plasmad el resultado en un mural.

Exponed todos los murales en un sitio visible para todos en vuestro centro de estudios y organizad un concurso para seleccionar el mural ganador.

7 El sistema urbano español

Las ciudades españolas constituyen un **sistema** integrado por el conjunto de las ciudades y las relaciones que establecen entre sí. En el espacio, el sistema urbano dibuja **redes** compuestas por nodos (las ciudades) y líneas (los flujos que las relacionan).

Las distintas ciudades que componen el sistema se organizan jerárquicamente y conforman ejes urbanos con diferente nivel de dinamismo y de integración. Estos ejes, heredados de la época industrial, han experimentado cambios desde la década de 1980 en relación con la implantación del estado autonómico y la integración española en el contexto internacional.

1. Los componentes del sistema urbano

El sistema urbano español está constituido por un conjunto de ciudades interrelacionadas. Por tanto, se compone de unos elementos, las ciudades; y de las relaciones que establecen entre sí.

1.1. Las ciudades

Las ciudades de un sistema se caracterizan por su tamaño y por las funciones que desempeñan. De acuerdo con estas, ejercen su influencia sobre un área más o menos amplia.

1.1.1. El tamaño de las ciudades

a) El tamaño demográfico de las ciudades se establece mediante la regla rango-tamaño. Esta otorga a cada ciudad un rango o número de orden en el sistema según el tamaño de su población. En España:

- **Existen quince grandes aglomeraciones urbanas,** que superan los 500 000 habitantes. De ellas, el área metropolitana de **Madrid,** con más de cinco millones, ocupa el rango número 1 en el sistema. Le sigue el área metropolitana de **Barcelona,** que con más de tres millones, cuenta con un tamaño mayor que el habitual para la segunda aglomeración de un sistema nacional, lo que configura un sistema bipolar. A continuación, se sitúan cinco aglomeraciones que superan 800 000 habitantes, Valencia, Sevilla, Bilbao, Málaga y Ciudad Astur; y otras ocho con más de 500 000: Alicante-Elche, Zaragoza, Bahía de Cádiz, Murcia, Granada, Las Palmas de Gran Canaria, Palma de Mallorca y Granada.
- **Existe un elevado número de aglomeraciones y ciudades medias** entre 50 000 y 250 000 habitantes, debido a la reciente difusión de población y actividades económicas desde las grandes aglomeraciones urbanas.

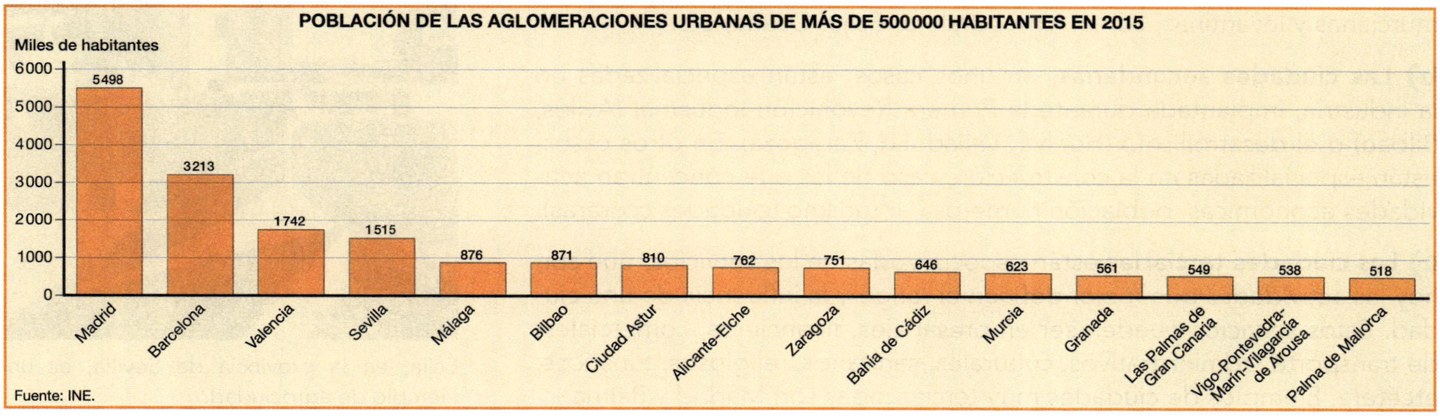

b) La distribución territorial de las ciudades peninsulares por su tamaño se caracteriza por la localización en el centro peninsular de la mayor aglomeración urbana, Madrid. Rodeándola se encuentran las principales aglomeraciones urbanas, situadas en la periferia, y un espacio interior poco urbanizado, donde predominan las ciudades medias y pequeñas.

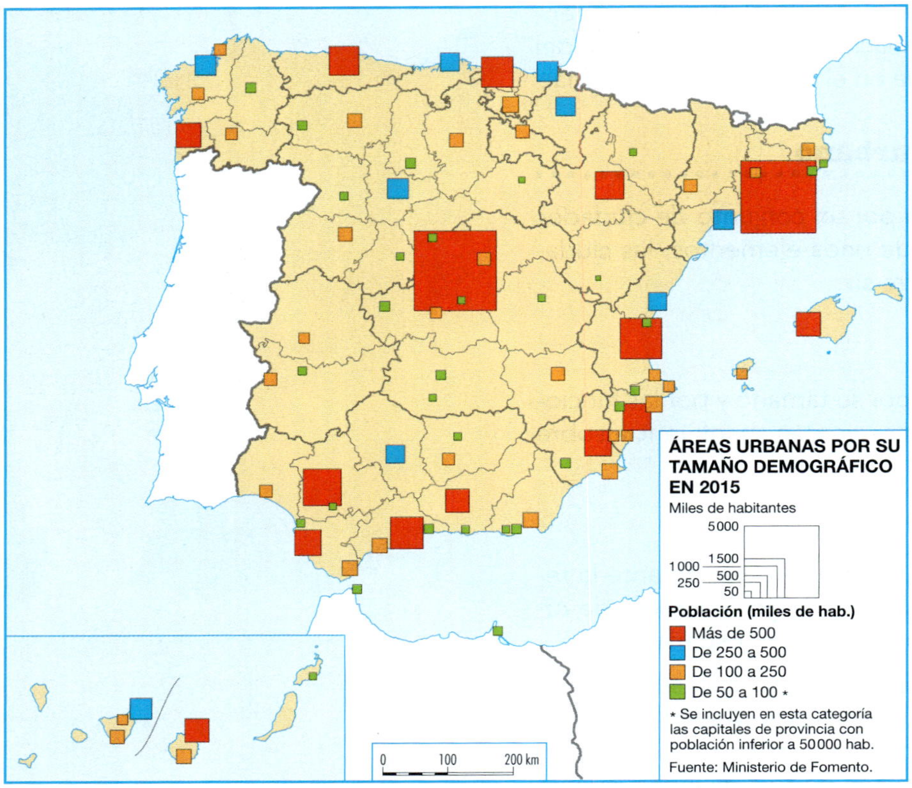

1.1.2. Las funciones urbanas

Las funciones urbanas son las actividades socioeconómicas desempeñadas por las ciudades hacia el exterior, no las encaminadas al servicio interno de la ciudad. Según su función principal las ciudades pueden ser primarias, secundarias, o terciarias; aunque las grandes ciudades son multifuncionales y desempeñan varias funciones simultáneamente.

a) Las ciudades primarias están especializadas en actividades del sector primario. Entre ellas se cuentan las agrociudades andaluzas, manchegas, murcianas y levantinas, como Almendralejo, Écija, Osuna, etc.

b) Las ciudades secundarias, en unos casos, están especializadas en la industria, implantada durante la Primera Revolución Industrial (Avilés, Bilbao) o el desarrollismo (Huelva, Valladolid, Zaragoza). En otros casos, están especializadas en la construcción, caso de las que concentran actividades económicas, población numerosa, o turismo (ciudades costeras).

c) Las ciudades terciarias están especializadas en los servicios, que son hoy las actividades que mejor definen el rango y la influencia de una ciudad. Estos servicios pueden ser empresariales, financieros, comerciales, de transporte, administrativos, culturales, sanitarios, religiosos, turísticos, etcétera. Ejemplos de ciudades muy terciarizadas son Madrid y Palma.

Écija, en la provincia de Sevilla, es un ejemplo de agrociudad.

1.1.3. El área de influencia urbana

Las funciones desempeñadas hacia el exterior convierten a las ciudades en **lugares centrales,** que abastecen de bienes y servicios a un área más o menos extensa, denominada **área de influencia.** La amplitud del área será mayor cuanto más diversas y especializadas sean las funciones urbanas: nacional, regional, subregional, comarcal o local.

El alcance del área de influencia urbana puede modificarse en función de los cambios económicos y de la dotación de medios de transporte y comunicación.

1.2. Las relaciones urbanas en el sistema de ciudades

Las ciudades de un sistema urbano se relacionan entre sí. Estas relaciones se miden por los flujos o intercambios económicos (mercancías, capitales, inversiones); de personas; y de otros tipos (políticos, administrativos, culturales, o de información). Cuando los flujos son unidireccionales, entre una ciudad y otra, indican relaciones de dominio/subordinación; cuando son bidireccionales, indican relaciones de integración/competencia.

En el sistema urbano español, las relaciones entre ciudades se caracterizan por estos rasgos:

- **Las relaciones más intensas** corresponden a **Madrid,** que mantiene importantes flujos con las demás metrópolis, especialmente con **Barcelona,** la segunda metrópolis nacional. Barcelona tiene una influencia general más débil, aunque intensa en el oriente peninsular y Baleares. Y el **cuadrante nordeste** es el área de mayor integración, pues sus cinco metrópolis principales mantienen intensas relaciones (Madrid-Barcelona-Valencia-Bilbao-Zaragoza).

- **En el resto del sistema, las relaciones entre ciudades son más reducidas e incompletas.** Predominan los flujos de las ciudades con su zona rural o con ciudades próximas. El área con mayor desconexión entre ciudades es la que rodea a Portugal, excepto Galicia; en la submeseta sur existen amplios espacios desconectados; en el Cantábrico, las relaciones se debilitan hacia el oeste; y las relaciones entre las metrópolis andaluzas y levantinas son poco intensas.

2. La jerarquía urbana

Las ciudades que componen el sistema urbano se organizan jerárquicamente en función de su tamaño demográfico, sus funciones, la extensión del área de influencia y las relaciones que mantienen con las demás. En esta jerarquía se distinguen cinco categorías:

a) Las metrópolis nacionales son las dos mayores áreas metropolitanas de España: Madrid y Barcelona. Su población supera el millón de habitantes. Cuentan con las funciones más diversificadas: concentran las sedes de las grandes empresas nacionales y multinacionales y, por tanto, los centros de decisión empresarial; poseen industrias de alta tecnología y ofrecen servicios muy especializados —financieros, de gestión, innovación, cultura y esparcimiento—. Su área de influencia es nacional y mantienen estrechas relaciones con otras metrópolis internacionales, enlazando el sistema urbano español con el sistema europeo y mundial.

Actividades

31 Responde a las siguientes cuestiones sobre el mapa de las áreas urbanas españolas por su tamaño demográfico:

- ¿Qué información proporciona y cómo la representa?
- ¿Cuáles son los rasgos de la distribución de las áreas urbanas por su tamaño?
- Escribe los nombres de las áreas urbanas de tu comunidad autónoma y caracterízalas por su tamaño.

32 Busca imágenes de ciudades especializadas en funciones de cada sector económico.

b) Las metrópolis regionales son grandes áreas metropolitanas, como Valencia, Sevilla, Bilbao, Málaga y Zaragoza. Su población se encuentra entre un millón y 500 000 habitantes. Cuentan con funciones diversificadas industriales y terciarias y ofrecen numerosos servicios especializados. Su área de influencia es regional y mantienen intensas relaciones con las metrópolis nacionales.

c) Las metrópolis subregionales o regionales de segundo orden son áreas metropolitanas de menor tamaño, como Valladolid, Pamplona o Córdoba. Tienen una población entre 500 000 y 250 000 habitantes. Cuentan también con funciones bastante diversificadas y algunos servicios especializados (universidad), pero de influencia subregional, o regional en el caso de comunidades autónomas uniprovinciales.

d) Las ciudades medias son en su mayoría capitales provinciales no incluidas en los apartados anteriores, como León, Albacete o Badajoz. Su población oscila entre los 250 000 y los 50 000 habitantes. Sus funciones son menos diversificadas y se centran en servicios comerciales, administrativos y sociales de ámbito provincial. Son puntos terminales de una densa red de autobuses que las relaciona con los pueblos próximos.

e) Las ciudades pequeñas tienen una población entre 50 000 y 10 000 habitantes, como Soria, Teruel y Astorga. Sus funciones son reducidas y poco especializadas, aunque pueden contar con algunos equipamientos de cierta especialización (educativos y sanitarios). Son nodos de transporte para la comarca y su área de influencia es comarcal.

Actividades

33 Contesta a las preguntas sobre el mapa donde se representa la jerarquía urbana:

- ¿Cuáles son los dos componentes del sistema urbano que se aprecian en el mapa?
- ¿Cómo se representa cada uno de estos componentes?
- ¿Qué relación existe entre la posición de una ciudad en la jerarquía urbana con su tamaño y con sus relaciones? ¿De qué tipo suelen ser estas relaciones?

3. La organización espacial del sistema urbano: los ejes urbanos

Las distintas categorías de ciudades se distribuyen en el espacio formando agrupamientos o ejes urbanos.

El sistema urbano peninsular heredado de la etapa industrial se caracteriza por la localización en el centro de la mayor aglomeración urbana del país, Madrid, rodeada por ejes urbanos periféricos y por un interior poco urbanizado, sin ejes integrados.

a) Madrid, en el centro de la Península, es el núcleo urbano principal de España. Concentra funciones terciarias avanzadas y mantiene relaciones con las ciudades de las provincias limítrofes y con las principales ciudades españolas.

b) Los ejes urbanos periféricos se disponen de forma semianular en torno a la capital:

- **El eje atlántico gallego** se extiende entre Ferrol y Vigo. Está especializado en el comercio y el transporte. Se relaciona con ciudades del interior gallego (Ourense y Lugo) y trata de mejorar sus vinculaciones con Madrid y con el eje cantábrico.

- **El eje cantábrico** es un eje discontinuo que incluye el triángulo asturiano (Oviedo-Gijón-Avilés); Santander; y el triángulo vasco (Bilbao-Donostia/San Sebastián-Vitoria/Gasteiz). Se encuentra en fase de ajuste, con progresiva pérdida de la preeminencia de la industria madura e implantación de nuevas actividades. Se relaciona con ciudades próximas del interior (León, Burgos y Logroño) y trata de incrementar sus conexiones con otros ejes: Asturias con Andalucía (a través de la Ruta de la Plata) y el País Vasco con el eje del Ebro.

- **El eje mediterráneo** comprende desde Girona a Cartagena. Es el eje más dinámico, con una industria muy diversificada y un fuerte peso de la construcción y del turismo. Conecta con los ejes del Ebro (desde Tarragona); con Madrid (a través de Albacete); con Andalucía (a través de Granada), y con Baleares (desde Valencia y Barcelona).

- **El eje del valle del Ebro,** entre Vitoria-Gasteiz y Tarragona, tiene como ciudad principal a Zaragoza. Es un eje dinámico, con equilibrio entre la industria y los servicios, especialmente los relacionados con su posición de intermediación (transporte, logística, distribución), dado que enlaza los ejes cantábrico y mediterráneo. Además, mantiene importantes relaciones con Madrid.

- **El eje andaluz es doble.** El eje litoral, entre Almería y Huelva, es un eje dinámico especializado en el turismo, el comercio, la agricultura tecnificada, o las industrias básicas; y se relaciona con el eje mediterráneo. El eje del valle del Guadalquivir, entre la costa atlántica y Jaén, es un eje menos dinámico especializado en actividades agrarias, industrias locales, y turismo. Se relaciona con Madrid (a través de Sevilla) y con el incipiente eje extremeño.

c) El interior peninsular carece de ejes urbanos integrados. Predominan las pequeñas ciudades especializadas en actividades tradicionales, siendo las más destacadas las capitales provinciales. No obstante, se están constituyendo ejes incipientes a lo largo de las nuevas infraestructuras de transporte, cuyas ciudades se benefician de la difusión de actividades desde las grandes aglomeraciones. Es el caso del eje Madrid-Albacete-Valencia/Alicante; del eje diagonal Badajoz-Madrid-Zaragoza-Barcelona, y del eje Madrid-Valladolid-A Coruña/Oviedo-Gijón.

En las islas Baleares y Canarias, la formación de ejes urbanos se ve dificultada por la fragmentación territorial en islas. Las ciudades más destacadas son las capitales autonómicas, especializadas en actividades turísticas. Las relaciones con el sistema urbano peninsular tienen lugar sobre todo con Madrid; y con Valencia y Barcelona en el caso de Baleares. Por su parte, las ciudades de Ceuta y Melilla, especializadas en actividades terciarias, conectan sobre todo con las ciudades andaluzas.

Actividades

34 Localiza en el mapa de los ejes urbanos de España un ejemplo de cada tipo de sistema urbano regional y explica sus características.

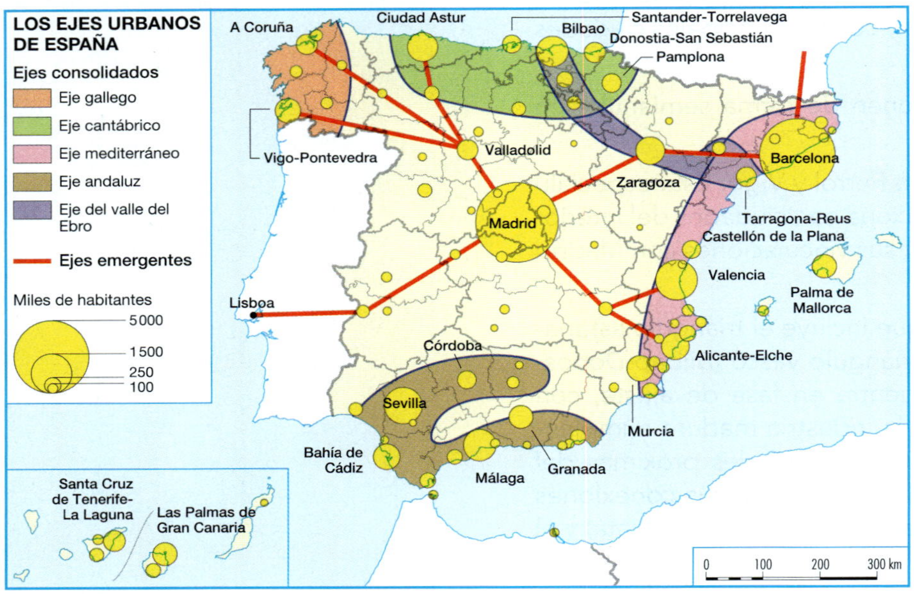

4. Los cambios recientes en el sistema urbano

Desde la década de 1980, el sistema urbano español está experimentando cambios, en muchos casos aún sin consolidar. Las causas han sido la implantación del estado autonómico, que está favoreciendo la creación de subsistemas urbanos regionales; y la integración en Europa y en el proceso de globalización, que genera una creciente competencia entre ciudades por ocupar posiciones destacadas en los ejes europeos y globales.

4.1. La formación de sistemas urbanos regionales

La implantación del estado de las autonomías está favoreciendo la constitución de subsistemas urbanos regionales. Se caracterizan por el incremento del peso de las capitales autonómicas y de las relaciones entre las ciudades de la comunidad, en detrimento de las relaciones con Madrid y con otros sistemas regionales. Estos subsistemas responden a diversas tipologías:

- **Sistemas monocéntricos primados:** una aglomeración urbana principal concentra la población y las funciones regionales y faltan los niveles intermedios de ciudades. En estos sistemas, las relaciones son unidireccionales y de dependencia (Madrid, Aragón, Cantabria, Cataluña, Murcia y Baleares).

■ **Sistemas monocéntricos jerarquizados:** una ciudad principal concentra la población y las funciones regionales, pero existen varios niveles intermedios de ciudades, entre los que se transmiten los flujos de manera jerárquica (Comunidad Valenciana, Andalucía occidental, La Rioja, Navarra).

■ **Sistemas policéntricos:** dos o más ciudades se reparten la población y las funciones regionales y mantienen flujos bidireccionales entre sí y unidireccionales con otras ciudades de menor rango (Galicia, Asturias, País Vasco, ambas Castillas, Extremadura, Andalucía oriental y Canarias).

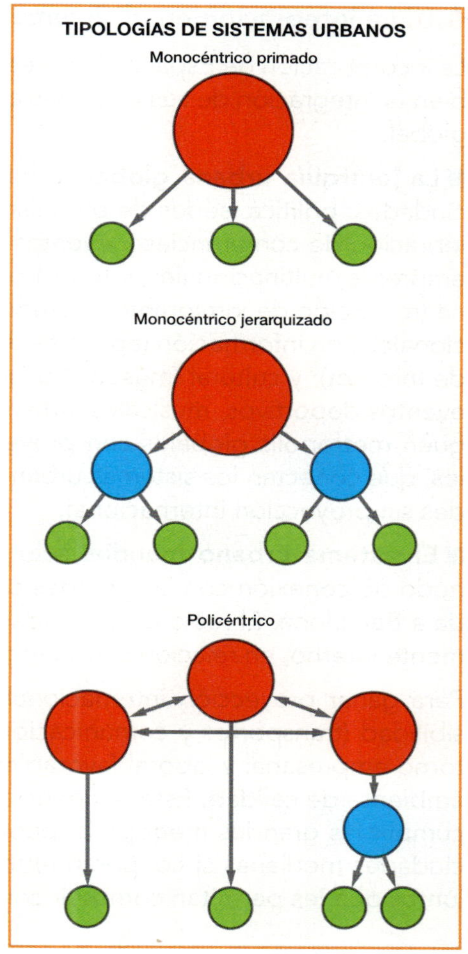

4.2. La integración en el sistema urbano europeo

La adhesión de España a la Europa comunitaria en 1986 ha supuesto la integración de las ciudades españolas en la jerarquía y en el sistema urbano europeo.

■ **La jerarquía urbana europea** se basa en el tamaño demográfico; la especialización en funciones avanzadas; la accesibilidad, y la amplitud del área de influencia. De acuerdo con ello se distinguen metrópolis globales con influencia mundial y europea; grandes metrópolis europeas (Madrid y Barcelona); metrópolis potenciales (Bilbao, Valencia, Palma, Sevilla), y ciudades solo con proyección nacional, regional o local (las demás ciudades españolas).

■ **El sistema urbano europeo** comprende un núcleo principal y varios ejes urbanos de diferente dinamismo e integración urbana (veáse página 414). Respecto al núcleo más dinámico e integrado, el Pentágono comprendido entre las ciudades de Londres, París, Milán, Múnich y Hamburgo, las ciudades españolas se encuentran en posición periférica. Las del eje mediterráneo se encuadran en el dinámico Arco Mediterráneo europeo; las de los ejes cantábrico y gallego, en el área estancada del Arco Atlántico o «finisterres»; las del interior peninsular, en la desarticulada Diagonal Continental, aunque algunas podrían vincularse a la emergente Diagonal Europea; y las del sur peninsular, en los «sures» o periferia urbana europea. Por tanto, en conjunto, las ciudades españolas ocupan una posición periférica en el territorio europeo. Para aminorar este problema, se potencian las infraestructuras de conexión a los ejes urbanos europeos y la cooperación entre las ciudades comunitarias.

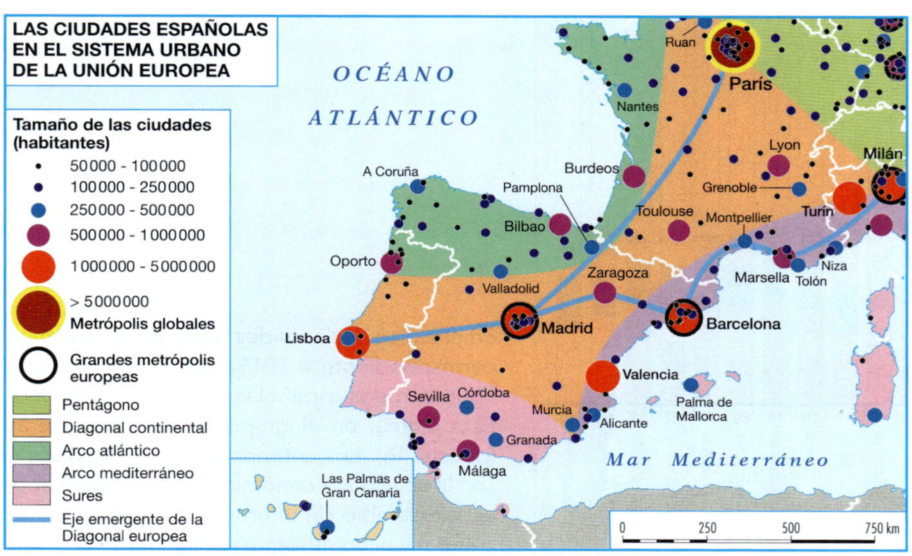

4.3. La integración en el sistema urbano mundial

La incorporación de España al proceso de globalización ha supuesto también la integración de sus ciudades en la jerarquía y en el sistema urbano global.

- **La jerarquía urbana global** se basa en la proyección exterior de las ciudades: política (sedes de organismos internacionales, embajadas, celebración de conferencias y eventos políticos); económica (presencia de empresas multinacionales, intercambios comerciales y financieros); humana (recepción de inmigrantes, estudiantes y centros de estudios internacionales); en información (agencias de noticias internacionales, presencia de Internet); y cultural (museos, turistas internacionales, organización de eventos deportivos, musicales, artísticos). De acuerdo con ello, se distinguen metrópolis globales con proyección mundial; metrópolis nacionales, que conectan los sistemas urbanos nacionales con el global; y ciudades sin proyección internacional.
- **El sistema urbano mundial** solo incluye claramente a Madrid como nodo de conexión con las grandes ciudades globales; y en menor medida a Barcelona. El resto de las ciudades desempeñan un papel esencialmente interno, en relación con su región y, en algunos casos, con Europa.

Para ganar proyección internacional, las ciudades deben ofrecer accesibilidad (transportes y comunicaciones); equipamientos y servicios; entorno empresarial y laboral favorable; relaciones institucionales; y medio ambiente de calidad. Estas exigencias, que hasta hace poco solo podían cumplir las grandes metrópolis, pueden estar también al alcance de las ciudades medianas si cooperan entre sí para dotarse de atractivos conjuntos que les permitan competir con las grandes metrópolis.

LOS 25 PRIMEROS PUESTOS EN EL ÍNDICE DE CIUDADES GLOBALES EN 2015

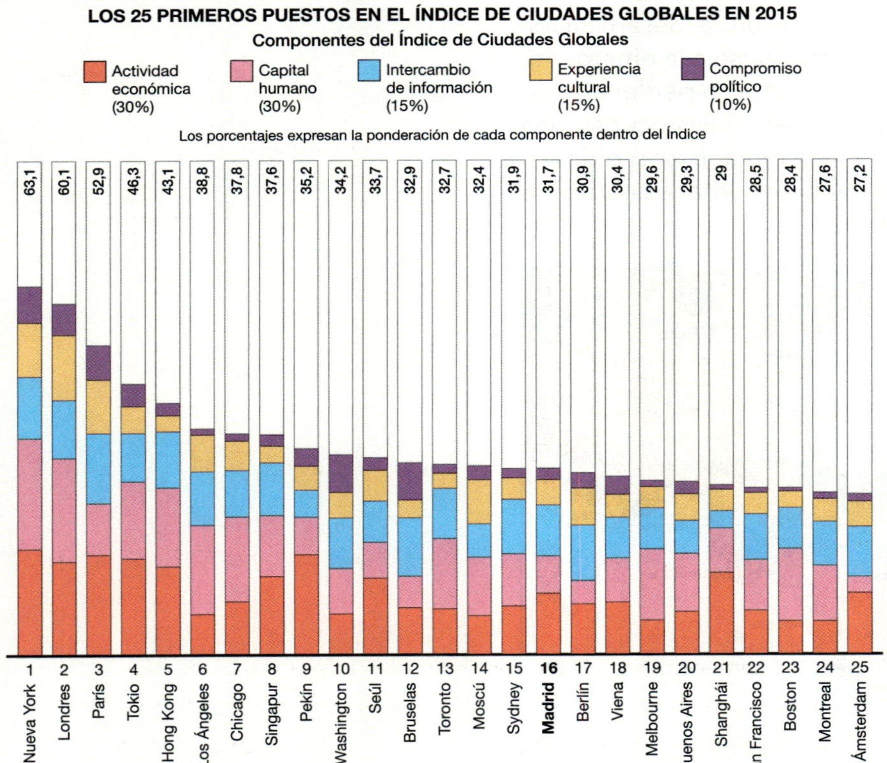

Fuente: A. T. Kearney Global Cities Index, 2015.

En el índice de Ciudades Globales AT Kearney correspondiente a 2015, de un total de 125, figuraban dos españolas, Barcelona y Madrid. Esta última, en el grupo de las 25 primeras (puesto 16). Los criterios para fijar la posición son la actividad económica, el capital humano, el intercambio de información, la experiencia cultural y el compromiso político.

Actividades

35 A partir de la información del mapa del sistema europeo de ciudades, señala cuáles son los ejes urbanos españoles mejor y peor conectados con el Pentágono Europeo.

36 Cita los rasgos que miden la proyección internacional de una ciudad. ¿Qué medidas pueden adoptar las ciudades medias para aumentar su proyección internacional?

Resumen de la unidad

El espacio urbano

está constituido por ciudades

Características

- Más de 10 000 habitantes.
- Alta densidad de población y edificación.
- Actividades industriales y terciarias.
- Rasgos sociales específicos.
- Influencia sobre su entorno.

resultantes de

Proceso de urbanización

- Etapa preindustrial: factores estratégico-militares, político-administrativos, económicos, religiosos.
- Etapa industrial: capitalidad provincial, localización de la industria moderna.
- Etapa postindustrial: descenso del ritmo de crecimiento urbano e importancia de los servicios.

Las ciudades

se caracterizan por

Morfología y estructura

- Morfología resultante de:
  - Emplazamiento y situación.
  - Trama y edificación.
  - Usos del suelo.
- Estructura comprende:
  - Ciudad preindustrial: casco antiguo.
  - Ciudad industrial: ensanche burgués, barrios obreros de extrarradio, barrios jardín.
  - Periferia actual: área suburbana y área periurbana.
- Aglomeraciones urbanas: áreas metropolitanas, conurbaciones, regiones urbanas, megalópolis.

presentan

Problemas

- Derivados de la aglomeración: extensión de la urbanización, segregación, vivienda, abastecimiento, tráfico y movilidad urbana.
- Económicos: excesiva terciarización.
- Demográficos: envejecimiento.
- Sociales: pobreza, exclusión, marginación.
- Medioambientales: contaminación, consumo de recursos, residuos.

planifican su ordenación con

Urbanismo

- Planeamiento urbano descentralizado: Planes Generales, Parciales y Especiales.
- Participación de la ciudadanía.
- Influencia de la globalización. Políticas de:
  - Revitalización.
  - *Marketing* urbano.
- Apuesta por la sostenibilidad.
- Desarrollo de ciudades inteligentes.

constituyen un

Sistema urbano

- Compuesto de ciudades: tamaño, funciones, área de influencia y relaciones o flujos entre ciudades.
- Con ciudades organizadas jerárquicamente: metrópolis nacionales, regionales, subregionales y ciudades medias y pequeñas.
- Con organización espacial en:
  - La Península: núcleo principal madrileño; ejes urbanos periféricos; e interior sin ejes integrados.
  - Islas Baleares y Canarias: dificultad para articular ejes debido a la insularidad y a la fragmentación territorial.
- Con cambios recientes: organización de subsistemas urbanos regionales; integración en el sistema urbano de la UE; y en el sistema urbano global.

Técnicas

Comentario de un plano urbano

Las grandes ciudades españolas presentan planos complejos, que suelen estructurarse en tres áreas: el casco antiguo, el ensanche y la periferia.

1. El casco antiguo

a) Emplazamiento y situación.

- Determinar el emplazamiento y relacionarlo con las funciones que originaron la ciudad.
- Determinar la situación de la ciudad en relación con su entorno y vincularla con las funciones desempeñadas respecto a él.

b) Análisis del plano.

- Observar si el casco antiguo está o estuvo rodeado de una muralla y, en ese caso:
  - Explicar la función de la muralla: defensiva, fiscal (asegurar cobro de impuestos), sanitaria (aislar a la ciudad en caso de epidemia).
  - Indicar si la muralla se conserva o si ha sido derribada por el posterior crecimiento urbano y su lugar ocupado por una vía de circunvalación.
- Determinar el tipo de plano: irregular, en cuadrícula o radiocéntrico y sus características.
- Observar si se aprecian modificaciones posteriores en el plano. Por ejemplo, apertura de plazas grandes y regulares, vías anchas, nuevos barrios, etc.

c) Análisis de la trama.

- Indicar el tipo de trama (habitualmente compacta o cerrada) y sus causas (crecimiento urbano intramuros, desamortización del siglo XIX).

d) Análisis de la edificación.

- Esta no puede apreciarse directamente en el plano, pero puede suponerse: en el casco antiguo se localizan los principales monumentos históricos y el caserío ha experimentado verticalización, deterioro, renovación y rehabilitación.

e) Análisis de los usos del suelo.

- Indicar los usos del suelo tradicionales (residenciales, artesanales y comerciales); su progresiva terciarización; y la actual recuperación de la multifuncionalidad.

f) Problemas actuales que afectan al casco antiguo y posibles soluciones.

- Deterioro físico de calles y casas, deterioro social, excesiva terciarización, degradación ambiental.
- Políticas actuales de rehabilitación física, social, funcional y medioambiental.

2. El ensanche, los barrios obreros y los barrios jardín de la época industrial

a) Causas de la ampliación urbana a partir de la segunda mitad del siglo XIX: crecimiento natural de la población; capitalidad provincial, industrialización.

b) Diferentes áreas de la ciudad industrial, indicando para cada una: finalidad, plano, trama, edificación y usos del suelo pasados y actuales.

- Ensanche burgués.
- Barrios obrero-industriales.
- Barrios jardín.

c) Problemas actuales y posibles soluciones.

- Envejecimiento de inmuebles del ensanche burgués (modernización).
- Deterioro y falta de servicios en barrios obreros (dotación de servicios y remodelación de los sectores más valorados).
- Disfuncionalidad, obsolescencia y deterioro de las antiguas áreas industriales (vaciado o renovación para nuevos usos terciarios o residenciales).

3. La periferia

a) Causas del crecimiento de la periferia urbana: crecimiento de la población, industrialización y migraciones campo-ciudad, tendencia a la residencia suburbana y a la descentralización económica.

b) Diferenciación de áreas en la periferia.

- Áreas residenciales: tipos de áreas residenciales. Para cada área: causas de creación, plano y trama.
- Áreas de actividad económica: áreas industriales y áreas de equipamiento.

c) Problemas actuales y posibles soluciones.

- De las áreas residenciales: chabolismo (erradicación, viviendas sociales); barrios de promoción oficial y privada (deterioro físico y falta de servicios. Rehabilitación y dotación).
- De las áreas de actividad: deterioro (rehabilitación, reutilización); o mala dotación de servicios (dotación).
- De la ciudad difusa: apuesta por el crecimiento compacto, el reciclaje urbano y el control urbanístico.

Trabajo de campo sobre el paisaje urbano

El objetivo del trabajo de campo es aplicar los conocimientos adquiridos sobre la ciudad a un ejemplo próximo y conocer los enfoques de la sociología respecto al plano urbano.

1. Preparación del trabajo

- Constitución del grupo de trabajo, elección de la ciudad y adquisición de su plano.
- Recopilación y anotación de información bibliográfica sobre el número de habitantes, situación y origen de la ciudad.
- Elaboración de un guion de trabajo con los aspectos que se van a observar, según el modelo propuesto en la técnica sobre comentario de planos urbanos.
- Preparación del material necesario para obtener información de campo:
  - Papel, lápiz y goma para pedir a un mínimo de quince personas que realicen mentalmente un mapa lo más completo posible de la ciudad.
  - Elaboración de una encuesta sobre actividad económica y valoración del espacio urbano. Debe recoger la edad, el sexo y la profesión de los encuestados, e incluir preguntas sobre las zonas de la ciudad que se prefieren o se rechazan para residir, ir de compras o divertirse (indicando las causas en cada caso). Las preguntas no deben ser muchas, hay que redactarlas de forma clara y ordenada y dejar espacio para las respuestas que requieren explicación.
- Determinación sobre el plano de las zonas que se van a visitar (casco antiguo, ensanche, periferia).
- Preparación de material complementario (cámara fotográfica, de vídeo, etc.).

2. Observación e investigación de campo

- Observación y anotación de las características de las distintas áreas urbanas, siguiendo el guion y ayudándose del plano. Debe prestarse atención a los aspectos que no se reflejan en él (tipos de edificios, materiales, conservación, usos del suelo).
- Elaboración de mapas mentales y realización de la encuesta entre una muestra variada de habitantes en cuanto a sexo, edad, profesión y área de residencia. Deben evitarse observaciones que puedan condicionar la respuesta.
- Obtención del material documental y fotográfico.

3. Realización de un informe

El informe debe presentar la información de forma organizada e incluir los siguientes apartados:

- Aspectos generales: nombre de la ciudad, emplazamiento, situación, origen, población y actividades económicas principales agrupadas por sectores.
- Análisis de la morfología urbana basado en la observación realizada: áreas urbanas (casco antiguo, ensanche, periferia) y en cada una de ellas, análisis del plano, la trama, la edificación, los usos del suelo, problemas y posibles soluciones. Este apartado irá acompañado de la información gráfica y documental que se estime conveniente (mapas, fotografías, etc.).
- Análisis sociológico. Incluye:
  - La percepción de la ciudad por sus habitantes basada en la interpretación de los mapas mentales.

    A partir de ellos hay que señalar cuáles son los elementos principales que organizan esta percepción: hitos (elementos fácilmente distinguibles que sirven de referencia, como la catedral, un monumento, una escultura); sendas (calles o vías principales); nodos (puntos estratégicos que concentran la actividad de la ciudad, como las confluencias de calles o sistemas de transporte, la plaza del mercado, etc.); barrios (áreas diferenciadas por sus características); y bordes o elementos lineales que separan espacios (río, muralla, vía del ferrocarril).

    Debe indicarse cuáles de estos elementos organizan la percepción de la ciudad por ser los más representados en los mapas mentales.

    Con ellos puede elaborarse un mapa mental general de la ciudad.
  - Las preferencias urbanas. Hay que señalar las áreas más y menos valoradas y las razones que lo explican a partir de la información de la encuesta.

    Con esta información pueden elaborarse mapas de topofilia (lugares más valorados) y topofobia (lugares más rechazados).
- Conclusiones.
- Bibliografía consultada.

Actividades de síntesis

En la web
Autoevalúate con las actividades interactivas.

1 Definir conceptos

- Define de forma breve y precisa estos conceptos: *ciudad, proceso de urbanización, situación urbana, plano irregular, barrio jardín, región urbana, estructura urbana, casco antiguo, ciudad difusa, jerarquía urbana.*

2 Comentar un plano urbano

- Comenta el plano urbano de Palma de Mallorca siguiendo el modelo de la página 368.

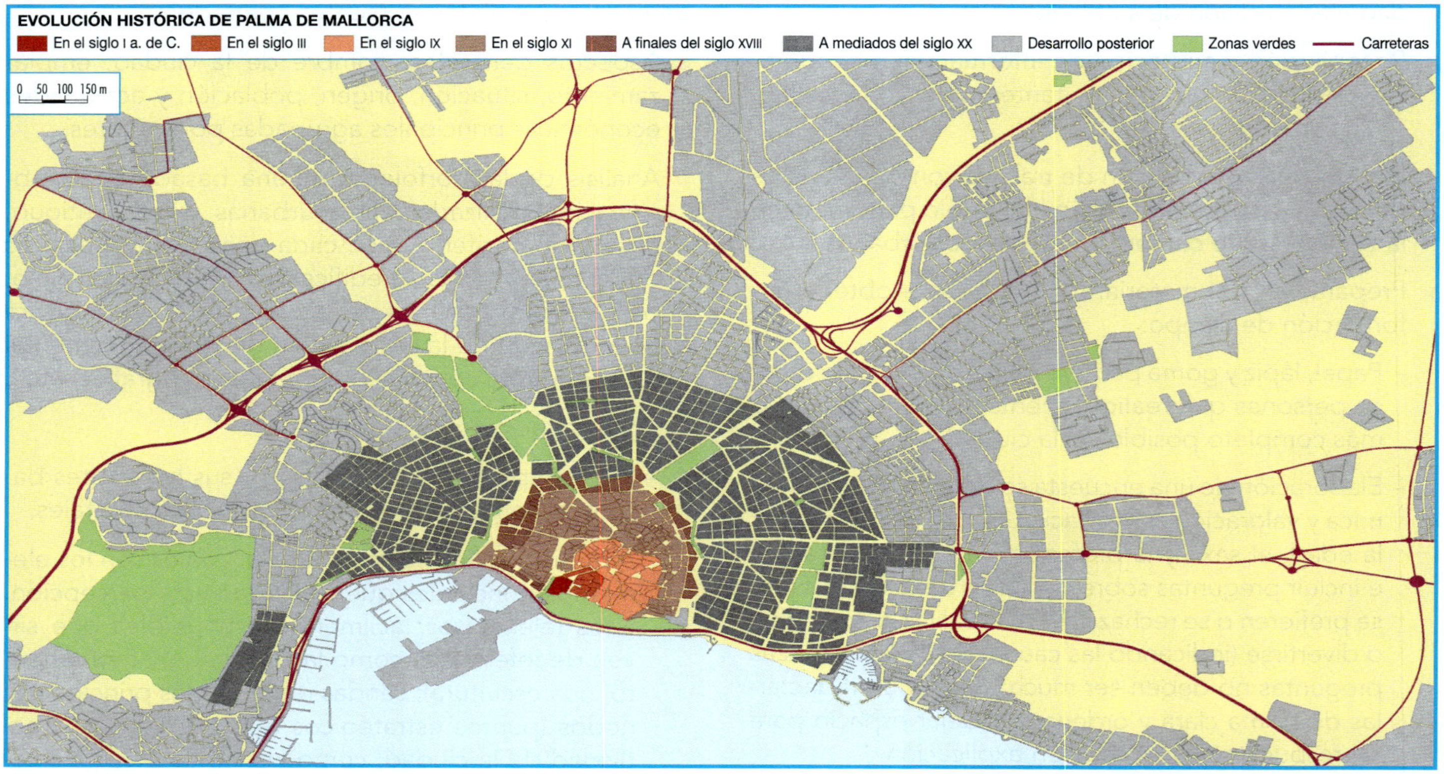

3 Elaborar cuadros comparativos

- Realiza un cuadro comparativo sobre las etapas del proceso de urbanización y otro sobre las diferentes categorías de la jerarquía urbana española, siguiendo el modelo que tienes a continuación:

	Etapas del proceso de urbanización		
	Preindustrial	**Industrial**	**Postindustrial**
Cronología			
Tasa de urbanización			
Factores de la urbanización			
Extensión urbana			

	Jerarquía urbana			
	Tamaño	**Funciones**	**Área de influencia**	**Ejemplos**
Metrópolis nacionales				
Metrópolis regionales				
Metrópolis subregionales				
Ciudades medias				
Ciudades pequeñas o villas				

4 Trabajar con mapas

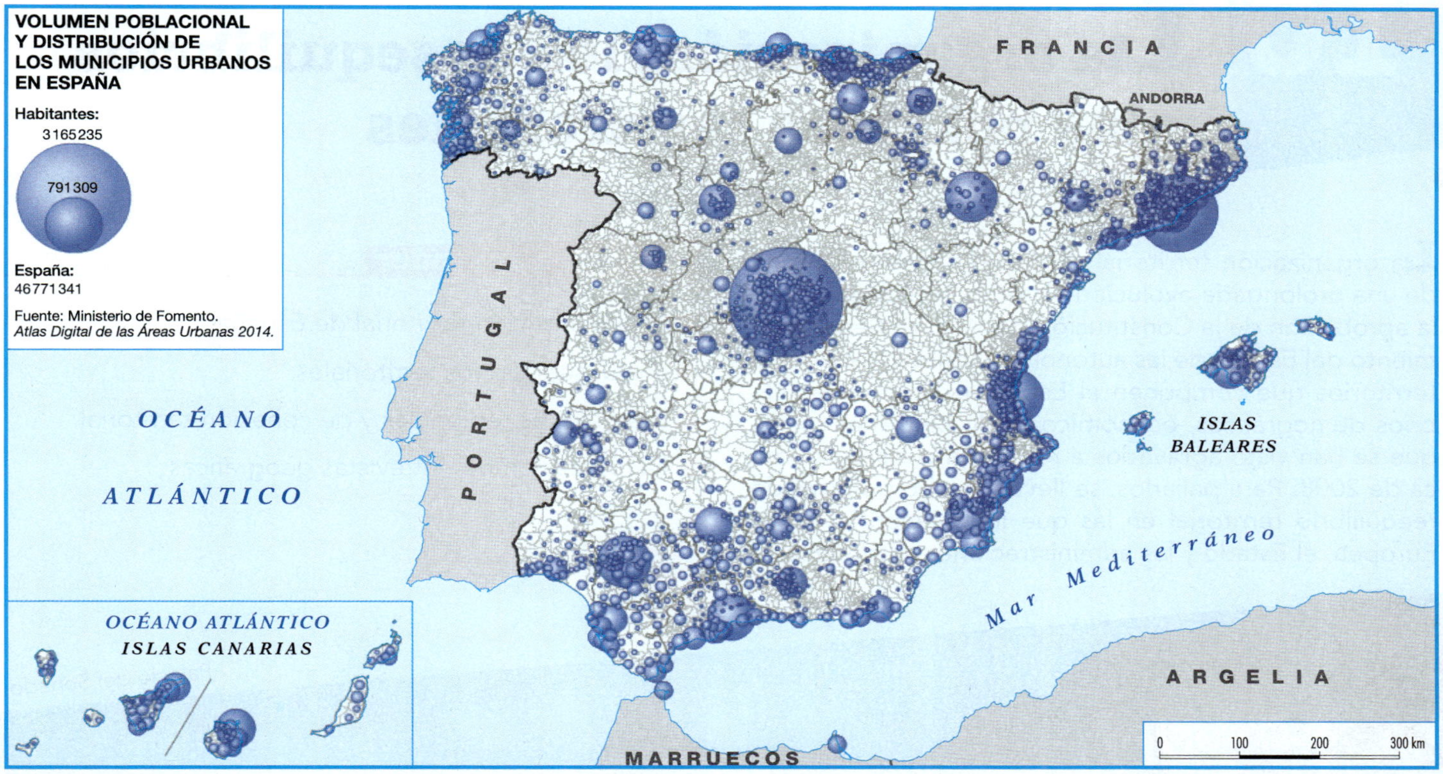

- Observa el mapa y responde a estas cuestiones:

a) ¿Cómo se representan la distribución y el tamaño de las ciudades? ¿Cuáles son los rasgos de esta distribución?

b) ¿Qué ejes urbanos se aprecian? Explica las características de cada uno.

c) ¿Cuáles son las quince principales aglomeraciones urbanas de España? ¿Qué lugar ocupan en la jerarquía urbana española?

d) Pon un ejemplo de sistema urbano monocéntrico primado, monocéntrico jerarquizado y policéntrico.

e) Pon un ejemplo de un área metropolitana, una conurbación, una región urbana y una megalópolis.

5 Realizar un trabajo de campo y una presentación en PowerPoint

- Por grupos, realizad un trabajo de campo sobre una ciudad próxima, siguiendo el modelo que se aporta.
- Sintetizad los resultados en una presentación en PowerPoint para exponerla de forma oral en clase a los estudiantes de ESO del centro de estudios que estudian también el tema de geografía urbana de España.
- Diseñad una prueba de evaluación destinada a los estudiantes de ESO sobre los contenidos de la presentación de PowerPoint, para realizar en diez minutos. Corregid la prueba y devolvedla a los estudiantes con la puntuación y las anotaciones convenientes.

6 Ampliar información utilizando las TIC

- **En la web** Amplía tus conocimientos sobre esta unidad con los recursos proporcionados por la web (www.anayaeducacion.es).

10 La organización, los desequilibrios y las políticas territoriales

La organización territorial de España es el resultado de una prolongada evolución histórica que culminó con la aprobación de la Constitución de 1978 y el establecimiento del Estado de las autonomías. Entre los distintos territorios que componen el Estado existen desequilibrios demográficos, económicos y de bienestar social, que se han visto agravados a raíz de la crisis económica de 2008. Para paliarlos, se llevan a cabo políticas de reequilibrio territorial en las que intervienen la Unión Europea, el Estado y las administraciones autonómicas.

Qué vas a aprender

- La organización territorial de España.
- Los desequilibrios territoriales.
- Las políticas regionales y de cohesión territorial.
- La realización de entrevistas geográficas.

Palacio del Senado.

1 La organización territorial de España

El territorio español se delimita respecto a los demás estados por sus fronteras. Los países con los que tiene límites fronterizos son por el norte Francia y el Principado de Andorra y, por el oeste, Portugal.

En el interior, España cuenta con una organización político-administrativa descentralizada, en la que el poder se reparte entre circunscripciones o divisiones territoriales con capacidad de autogobierno: las comunidades autónomas, las provincias y los municipios.

1. Evolución histórica de la organización territorial

La organización territorial de España ha pasado por numerosas variaciones a lo largo de la historia.

1.1. La Antigüedad

- **Hasta la conquista romana,** el territorio peninsular estuvo habitado por diversos pueblos indígenas, que tenían sus propias instituciones y costumbres.

- **Bajo el dominio romano** (siglo III a. C.-V d. C.) se creó por primera vez una organización administrativa en **provincias,** cuyo número se incrementó desde las dos iniciales hasta siete.

- **Los visigodos** (siglos V-VIII), tras la desaparición del poder romano, crearon por primera vez un estado independiente y unificado, con capital en Toledo. Administrativamente mantuvieron la división romana, pero la unidad territorial básica pasó a ser el *territorium* o **ducado,** de menor extensión que la antigua provincia.

DIVISIÓN PROVINCIAL DE HISPANIA EN EL BAJO IMPERIO

En el año 197 a. C., los romanos dividieron el territorio peninsular bajo su dominio en dos provincias: Hispania Ulterior e Hispania Citerior. Octavio Augusto estableció tres provincias: Betica, Lusitania y Tarraconensis. Diocleciano aumentó su número a seis: Betica, Lusitania, Gallaecia, Cartaginensis, Tarraconensis y Muaritania Tingitana (norte de África). Finalmente, en la segunda mitad del siglo IV, las islas Baleares, integradas en la Cartaginensis, formaron una provincia propia, la Balearica.

1.2. La Edad Media

En la Edad Media, la invasión musulmana (711) acabó con el Estado y la administración visigodos. Se configuraron entonces dos conjuntos territoriales que adoptaron sus propias divisiones político-administrativas.

- **Los musulmanes** organizaron su territorio (al-Ándalus) en provincias o coras. Cada cora tenía una capital y estaba bajo la autoridad de un gobernador o *wali.*

A su vez, las coras se dividían en demarcaciones económico-administrativas menores *(iqlim).* En algunos momentos de su historia, las coras se convirtieron en reinos independientes o reinos de taifas.

- **Los cristianos,** refugiados inicialmente en los territorios montañosos del norte peninsular, crearon en su avance reconquistador sus propios sistemas político-administrativos, que son el origen de la diferenciación regional actual.

Así, en el siglo XIII quedaron individualizados cinco grandes reinos: el reino de Portugal; el reino de Castilla y León; la Corona de Aragón; el reino de Navarra; y el reino musulmán de Granada. Cada uno contaba con sus propias divisiones administrativas internas de carácter municipal y supramunicipal.

Los idiomas romances, derivados del latín, alcanzaron su plenitud y actuaron como un motivo más de diferenciación.

DIVISIÓN POLÍTICO-ADMINISTRATIVA EN EL SIGLO XIII

En el siglo XIII quedaron individualizados en el territorio español cuatro grandes conjuntos político-administrativos: la Corona de Castilla, la Corona de Aragón, el reino de Navarra y el reino de Granada, a los que sumaba en la Península el reino de Portugal.

1.3. La Edad Moderna

■ Los **Reyes Católicos** reunieron los territorios peninsulares, excepto Portugal: las coronas de Castilla y Aragón se unieron por el matrimonio de los reyes; y se anexionaron a Castilla el reino musulmán de Granada (1492) y el reino de Navarra (1512). Pero esta unión fue exclusivamente dinástica, pues cada reino mantuvo sus propias estructuras político-administrativas y fiscales. Además, Castilla incorporó dos territorios extrapeninsulares con el fin de la conquista de las islas Canarias y la toma de Melilla.

■ Con los **Austrias,** el reino de Portugal se incorporó a la Monarquía Hispánica (1580-1640); y tras su separación en 1640, la ciudad portuguesa de Ceuta permaneció bajo la soberanía española. Por lo demás, durante la época de los Austrias la unidad de la Monarquía Hispánica siguió basándose en la diversidad territorial de derechos, administraciones, idiomas, costumbres, monedas, etc.

■ **En el siglo** XVIII se produjo el primer intento uniformizador con los **Borbones.** El motivo aprovechado por el primer monarca Borbón, Felipe V, fue la guerra de sucesión al trono español. Mientras los castellanos defendieron su candidatura, los territorios de la Corona de Aragón apoyaron a su oponente, el archiduque Carlos de Austria. El triunfo militar de Felipe V le permitió implantar una intensa centralización y uniformización mediante los **Decretos de Nueva Planta.** Estos suprimieron la organización político-administrativa de la Corona de Aragón (Cortes, legislación, instituciones) e implantaron un **Estado centralista*** según el modelo castellano. Solo Navarra y el País Vasco conservaron sus particularidades institucionales por su fidelidad al rey.

Así, el territorio se dividió administrativamente en capitanías generales para el Gobierno —denominadas más tarde provincias— y en intendencias para la Hacienda y para el desarrollo económico provincial; manteniéndose en cada provincia las subdivisiones territoriales de los antiguos reinos. Para conseguir una organización más homogénea, los ilustrados realizaron una reforma territorial en el reinado de Carlos IV que supuso la creación de nuevas provincias y la reestructuración de otras.

Vocabulario

Estado centralista: modelo de organización política territorial en el que el Estado toma las decisiones para todo el territorio; las divisiones territoriales están gobernadas por personas designadas por el poder central y aplican las decisiones adoptadas por el Estado.

Con Carlos III se creó la primera división provincial. Algunas provincias eran uniprovinciales y otras tenían una división interna en varias provincias. Estas provincias eran las siguientes: Galicia (uniprovincial), Asturias (uniprovincial), Vascongadas (3 provincias), Navarra (uniprovincial), León (7), Castilla la Vieja (5), Extremadura (uniprovincial), Castilla la Nueva (5), Andalucía (6), Cataluña (uniprovincial), Aragón (uniprovincial), Valencia (2), Murcia (2), Baleares (uniprovincial y sin Menorca, que entonces no era española) y Canarias (uniprovincial).

1.4. La Edad Contemporánea hasta 1978

En el siglo XIX, el ministro de Fomento **Javier de Burgos** realizó una nueva división provincial en 1833 —coincidente prácticamente con la actual—. El objetivo era acabar con la caótica organización borbónica y con la tendencia a la autonomía de los antiguos reinos, borrando sus límites territoriales.

Para ello, creó 49 provincias, que en 1927 fueron 50 al dividirse las islas Canarias en dos provincias. Cada provincia tenía una capital y la misma administración, facilitando la intervención del Gobierno en ellas y el centralismo. Esto culminó con la supresión de buena parte de las peculiaridades institucionales de Navarra y el País Vasco como represalia por su participación en las guerras carlistas.

Aunque las provincias se agrupaban en regiones, estas carecían de funciones políticas o administrativas, siendo simples referencias para el estudio de ciertos rasgos paisajísticos, económicos o folclóricos.

No obstante, el sentimiento de pertenencia regional pervivió. Así, durante la **Primera República** (1873-1874) se proyectó un estado federal organizado en regiones con competencias de gobierno. Pero no se llevó a la práctica debido a la escasa duración de la República.

Tras la Restauración de la monarquía se abrió un periodo de intensa centralización. Como reacción, surgieron distintos **movimientos regionalistas,** que reivindicaron la **región*** y la promoción de la cultura regional.

Estos movimientos se transformaron más adelante en **movimientos nacionalistas,** al surgir organizaciones y partidos políticos que pidieron el reconocimiento jurídico de las diferencias regionales. Los primeros nacieron en Cataluña, el País Vasco y Galicia.

En el siglo XX, la **Segunda República** declaró que España era un estado integral compatible con la autonomía de los municipios y las regiones. Así, durante este periodo y la Guerra Civil, Cataluña, el País Vasco y Galicia pidieron y plebiscitaron afirmativamente proyectos de estatuto de autonomía. Las dos primeras consiguieron su aprobación, mientras que en Galicia lo impidió la Guerra Civil.

Al finalizar el conflicto, el **franquismo** implantó un estado unitario que mantuvo la división provincial y regional existente; abolió los estatutos de autonomía vasco y catalán; reprimió el nacionalismo al identificarlo con el separatismo; e impuso una estricta centralización.

No obstante, no pudo acabar con las aspiraciones nacionalistas que, tras su muerte y el restablecimiento de la democracia, cristalizaron en la formación de un **Estado descentralizado*.**

Vocabulario

Región: espacio dotado de unidad por sus características físicas (regiones naturales) y/o por su pasado histórico (regiones históricas).

Estado descentralizado: modelo de organización política territorial en el que el Estado reparte la toma de decisiones con diferentes divisiones territoriales (regional, provincial y municipal), gobernadas por su propia administración, cuyos miembros son elegidos por el pueblo y pueden decidir en los asuntos de su competencia.

En 1833, Javier de Burgos realizó una división provincial, coincidente prácticamente con la actual, en la que las provincias se agrupaban en regiones, pero sin personalidad jurídica ni funciones políticas o administrativas. El objetivo era acabar con la caótica organización borbónica y con la tendencia a la autonomía de los antiguos reinos, borrando sus límites territoriales. Cada provincia tenía una capital y la misma administración, facilitando la intervención del gobierno en ellas y el centralismo.

Actividades

1 Con la ayuda de los correspondientes mapas, redacta un texto en el que resumas la evolución histórica de la organización político-administrativa.

2 Señala las divisiones político-administrativas a las que ha pertenecido la provincia donde resides desde la Antigüedad hasta la época actual.

2. La organización territorial actual

2.1. Las divisiones territoriales

La organización político-administrativa actual es propia de un Estado descentralizado, que reparte la toma de decisiones entre diferentes divisiones territoriales con capacidad de autogobierno en los asuntos de su competencia: los municipios, las provincias y las comunidades autónomas.

■ **El municipio** es la entidad territorial básica, compuesta por una o varias localidades y un territorio claramente delimitado, denominado término municipal. Su función es prestar servicios a los vecinos. El gobierno y la administración municipal corresponden al Ayuntamiento, integrado por concejales elegidos por los vecinos del municipio por sufragio universal y un alcalde elegido por los concejales.

■ **La provincia** es una entidad territorial local formada por una agrupación de municipios. Su función es fomentar los intereses provinciales, prestar servicios de ámbito provincial, coordinar los servicios de los municipios y cooperar con ellos. El gobierno y la administración provincial corresponden a la Diputación, integrada por un presidente y diputados. Los diputados se escogen entre los concejales electos y estos a su vez eligen al presidente.

■ **La comunidad autónoma** es una entidad territorial formada por provincias limítrofes, territorios insulares, o provincias con entidad regional histórica, dotadas de autonomía legislativa y capacidad de autogobierno sobre los asuntos de su competencia.

Los municipios y las provincias ya estaban creados a la muerte de Franco. En cambio, las comunidades autónomas tuvieron que constituirse a lo largo de un complicado proceso.

Tras la restauración de la democracia se constituyó un estado descentralizado en el que la toma de decisiones se reparte entre diferentes divisiones territoriales con capacidad de autogobierno.

■ Otras demarcaciones político-administrativas

Además de los municipios, provincias y comunidades autónomas, la Constitución permite crear otras demarcaciones territoriales de ámbito provincial, supramunicipal, submunicipal e insular.

- **Territorios Forales:** entidades territoriales de carácter histórico existentes en Navarra y el País Vasco. Su delimitación territorial coincide con la de las respectivas provincias, pero su gobierno corresponde a las Diputaciones Forales que, además de las competencias ordinarias de las diputaciones provinciales, ejercen otras; por ejemplo, en materia fiscal.
- **Comarcas:** entidades territoriales que agrupan varios municipios (comarcas gallegas, catalanas y aragonesas; merindades navarras; y comunidades de villa y tierra castellanomanchegas).
- **Mancomunidades:** entidades territoriales formadas por la libre asociación de municipios en las que estos delegan parte de sus funciones o competencias con el fin de gestionar servicios de interés común.
- **Parroquias:** divisiones administrativas menores que un municipio, integradas por varias aldeas, propias de Galicia y de Asturias.
- **Consejos Insulares y Cabildos:** órganos de gobierno y administración locales con competencias de ámbito insular. En Baleares, las cuatro islas mayores cuentan con Consells Insulars. En Canarias, cada isla tiene su propio Cabildo, que la representa y posee competencias de gobierno y administración sobre los asuntos transferidos por la comunidad o delegados por esta o por los municipios.

2.2. El Estado de las autonomías

2.2.1. La formación del Estado autonómico

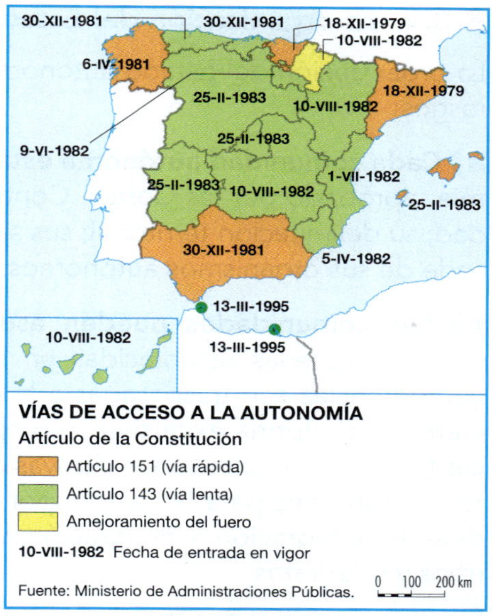

El estado autonómico se inició tras la promulgación de la Constitución de 1978. Esta establece la indisoluble unidad de la nación española y reconoce y garantiza el derecho a la autonomía de las nacionalidades y las regiones que la integran, así como la solidaridad entre todas ellas.

La Constitución no creó un mapa de las comunidades autónomas, sino las condiciones y las vías que se debían seguir para su constitución:

- **Las condiciones** permitían constituirse en comunidad autónoma a las provincias limítrofes con características históricas, culturales o económicas comunes; a los territorios insulares; y a las provincias con entidad regional histórica.
- **Las vías** para acceder a la autonomía fueron dos:
  - La llamada **vía rápida** permitía adquirir de forma inmediata el mayor techo de competencias. Fue seguida por las comunidades que accedieron a la autonomía por la vía del artículo 151, como Cataluña, País Vasco, Galicia y Andalucía. Por su parte, Navarra optó por el «Amejoramiento del Fuero», es decir, por añadir a las atribuciones únicas con que ya contaba las competencias concedidas por la Constitución.
  - La llamada **vía lenta** (artículo 143) solo traspasaba de forma inmediata ciertas competencias y exigía un periodo de cinco años para ampliarlas progresivamente. Esta fue la vía seguida por las demás comunidades autónomas.

Ceuta y Melilla recibieron el rango de municipios autónomos (artículo 144b) y, a diferencia de las comunidades, carecen de capacidad legislativa.

Vías de acceso a la autonomía

- **Cataluña, el País Vasco y Galicia** accedieron a la autonomía por la vía del artículo 151, pero se acogieron a la disposición transitoria segunda establecida por la Constitución. Esta permitía a las regiones que en el pasado hubieran plebiscitado afirmativamente estatutos de autonomía y que tuviesen en el momento de aprobarse la Constitución un régimen provisional de autonomía, acceder a la autonomía solamente mediante el acuerdo por mayoría absoluta de sus órganos preautonómicos.
- **Andalucía** accedió por la vía normal del artículo 151. Exigía que la iniciativa autonómica partiera del acuerdo de todas las diputaciones provinciales u órganos interinsulares interesados y de las tres cuartas partes de los ayuntamientos representativos al menos del 50% de la población. Además, el acuerdo debía ratificarse en referéndum.
- **Navarra,** en virtud de la disposición adicional primera de la Constitución, optó por el «Amejoramiento del Fuero», por el que añadía a las atribuciones únicas que ya poseía las competencias concedidas por la Constitución. La iniciativa autonómica correspondía al órgano foral competente (Diputación Foral), que adoptaría su decisión por mayoría y debería ratificarla en referendum.
- **El resto de las comunidades** accedió a la autonomía por la vía del artículo 143. Exigía que la iniciativa autonómica partiera del acuerdo de todas las diputaciones provinciales u órganos interinsulares interesados y de los dos tercios de los ayuntamientos representativos al menos del 50% de la población, sin necesidad de referéndum. Algunas se acogieron a la disposición transitoria primera de la Constitución que permitía sustituir la iniciativa de las diputaciones por el acuerdo por mayoría absoluta de sus órganos preautonómicos. Madrid se acogió al artículo 144a que, por interés nacional, permite constituirse en comunidades uniprovinciales a las provincias sin entidad regional histórica; y Ceuta y Melilla, al artículo 144b, que permite otorgar un estatuto de autonomía a territorios no integrados en la organización provincial.

2.2.2. La organización del Estado autonómico

La organización del Estado autonómico se caracteriza por los siguientes rasgos:

a) Cada comunidad autónoma está regida por su Estatuto de autonomía, aprobado por las Cortes. Contiene la denominación de la comunidad; su delimitación territorial; sus símbolos; los nombres, organización y sede de sus organismos autónomos; y las competencias asumidas.

b) Las comunidades pueden asumir competencias o funciones en diversas materias establecidas en la Constitución (artículo 148). Estas competencias son traspasadas a la comunidad por el Estado y pueden ejercerse de forma **exclusiva** o **compartida** con el Estado. Sin embargo, ciertas competencias son exclusivas del Estado (artículo 149) por considerarse esenciales para la nación; por ejemplo, relaciones internacionales, defensa, emigración e inmigración, comercio exterior, deuda pública, correos y telégrafos.

Las competencias que pueden asumir las comunidades son muy amplias: **políticas** (organizar sus instituciones de autogobierno); **económicas** (agricultura, ganadería, montes, bosques, pesca, caza, ferias interiores, artesanía, fomento del desarrollo); **infraestructuras y transportes** (obras públicas, carreteras, ferrocarriles, puertos, aeropuertos de ámbito autonómico); **ordenación del territorio** (urbanismo, medio ambiente y vivienda); **sociales y sanitarias** (asistencia social, sanidad, higiene, protección de edificios e instalaciones) y **culturales, deportivas y de ocio** (museos, bibliotecas, conservatorios y fomento de la cultura, la investigación, la lengua propia, el turismo, el ocio, el deporte, etc.).

c) Las instituciones de una comunidad autónoma son tres:

- **La Asamblea Legislativa o Parlamento autonómico** elabora la legislación en las materias de competencia autonómica, aprueba el presupuesto y controla al ejecutivo regional. Sus miembros se eligen por sufragio universal cada cuatro años entre los habitantes de la comunidad autónoma.
- **El presidente o presidenta** es la máxima representación de la comunidad autónoma y dirige el gobierno autonómico. Su elección corresponde a la Asamblea Legislativa y su nombramiento al rey.
- **El consejo de Gobierno** o gobierno autonómico ejerce el poder ejecutivo. Está integrado por la persona que ocupa la presidencia y por los consejeros y consejeras que designa. Estos se encargan de las diferentes áreas de gobierno, denominadas consejerías, que son los equivalentes regionales de los ministerios nacionales.

Además, las comunidades cuentan con un **Tribunal Superior de Justicia,** que es la instancia judicial más alta; y con una **Delegación del Gobierno** que dirige la administración general del Estado en la comunidad.

d) La financiación de las comunidades autónomas responde a dos modelos:

- **El régimen foral** afecta a Navarra y al País Vasco. Cada uno de sus territorios históricos se financia con los tributos recaudados por su propia administración fiscal. La comunidad autónoma pacta con el Estado la cantidad a pagar a la Administración General del Estado mediante convenios o conciertos.

Actividades

3 Elabora un mapa político con la división autonómica y provincial de España, las capitales provinciales, las ciudades capitales o sede de las principales instituciones de las comunidades autónomas, y los países fronterizos con el territorio español.

4 Sintetiza en un cuadro las principales divisiones político-administrativas del territorio español.

5 Explica las principales diferencias entre las distintas vías seguidas por las comunidades para acceder a la autonomía.

6 Busca información y después planifica un juego o una actividad para distinguir los símbolos que diferencian a las comunidades autónomas.

7 Elabora un cuadro resumen con las principales instituciones de las comunidades autónomas.

■ **Las comunidades de régimen común** se financian con tributos y con fondos. Los **tributos** pueden ser propios; cedidos por el Estado; o compartidos con el Estado (que cede el 50 % del IRPF —impuesto sobre la renta de las personas físicas—, el 50 % del IVA, y el 58 % de impuestos especiales recaudados en su territorio, como los de alcohol, tabaco e hidrocarburos). Además, las comunidades reciben **fondos** si con los tributos recaudados no cubren los servicios públicos básicos (Fondo de Garantía de Servicios Públicos Fundamentales) o las competencias transferidas (Fondo de Suficiencia Global). También ciertas comunidades reciben fondos destinados a aproximar su nivel de financiación y de desarrollo con las demás (Fondos de Convergencia Autonómica y Fondos de Compensación Interterritorial).

Dentro del régimen común, Canarias posee un régimen económico y fiscal especial por razones históricas y geográficas; y Ceuta y Melilla no aplican el IVA sino el IPSI (impuesto sobre la producción, los servicios y la importación).

e) El Estado de las autonomías se basa en la igualdad territorial y en la solidaridad. Este hecho implica que los estatutos de las comunidades no pueden contener privilegios o discriminaciones en cuestiones fiscales, salariales, o de seguridad social, y que no pueden ahondarse los desequilibrios entre comunidades.

Actividades

8 Contesta a las siguientes preguntas sobre la financiación autonómica:

- ¿En qué se diferencian el régimen foral y el régimen común?
- ¿Cómo se garantiza a todas las comunidades la cobertura de un nivel mínimo para los servicios fundamentales y el pago de las competencias transferidas?

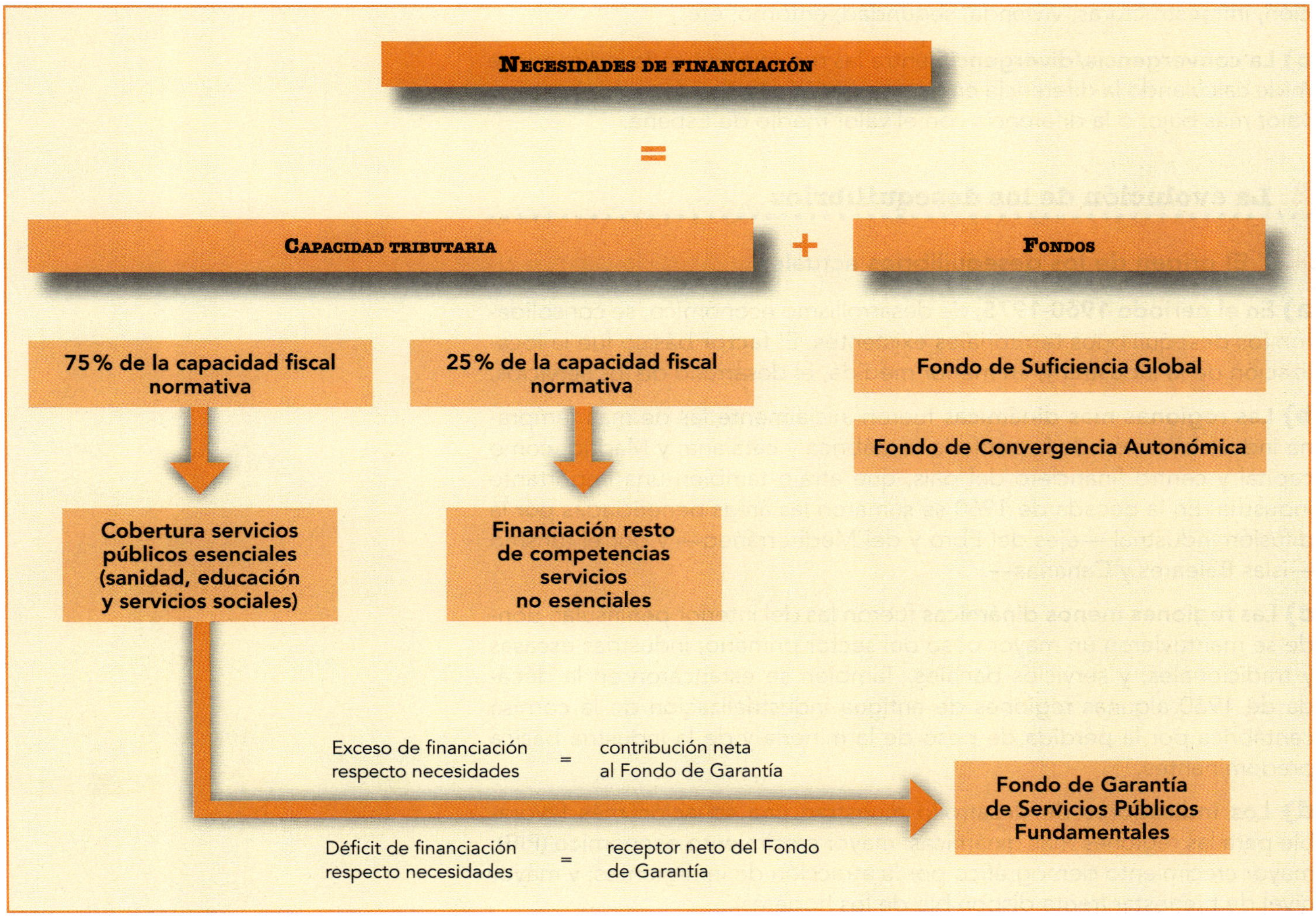

2 Los desequilibrios territoriales

1. Las causas y los indicadores de los desequilibrios

En España existen desequilibrios económicos, demográficos y sociales entre las comunidades autónomas y en el interior de cada una de ellas.

a) Las causas son las diferentes condiciones naturales y la distribución de los recursos; la localización de las actividades más dinámicas en cada momento histórico; y las actuaciones humanas —decisiones políticas— que los han acentuado hasta épocas recientes.

b) Los indicadores de desarrollo para medir los desequilibrios son diversos.

- Los **desequilibrios económicos** se miden tradicionalmente por el PIB y por el PIB per cápita. En la actualidad, los cambios económicos aconsejan incorporar indicadores relacionados con la innovación y la tecnología: actividades de I+D, innovación en las empresas, indicadores de alta tecnología, recursos humanos en ciencia y tecnología, etc.

- Los **desequilibrios demográficos** suelen medirse por el crecimiento y la densidad de población.

- Los **desequilibrios sociales** se miden tradicionalmente por la renta bruta disponible de los hogares*. En la actualidad, tiende a utilizarse el concepto de bienestar o sentimiento de satisfacción, que incluye el disfrute de un conjunto más amplio de bienes materiales e inmateriales que la población considera importantes para su calidad de vida: salud, educación, infraestructuras, vivienda, seguridad, entorno, etc.

c) La convergencia/divergencia entre las regiones en cada indicador se mide calculando la diferencia entre la comunidad con valor más alto y con valor más bajo; o la diferencia con el valor medio de España.

Vocabulario

Renta bruta disponible de los hogares: parte de la renta (total de ingresos familiares) que queda en poder de los hogares una vez pagados los impuestos directos que recaen sobre ellas y las cuotas obligatorias a la Seguridad Social y contabilizadas las transferencias que reciben del Estado. Estos ingresos son los que de hecho pueden aplicarse al consumo o al ahorro, por lo que es un indicador que mide el nivel de vida.

2. La evolución de los desequilibrios

2.1. El origen de los desequilibrios actuales

a) En el periodo 1960-1975, de desarrollismo económico, se consolidaron los desequilibrios territoriales existentes. El **factor** básico fue la localización de la industria y, en menor medida, el desarrollo de los servicios.

b) Las regiones más dinámicas fueron inicialmente las de más temprana industrialización de la periferia cantábrica y catalana; y Madrid, como capital y centro financiero del país, que atrajo también una importante industria. En la década de 1960 se sumaron las áreas beneficiadas por la difusión industrial —ejes del Ebro y del Mediterráneo— y por el turismo —islas Baleares y Canarias—.

c) Las regiones menos dinámicas fueron las del interior peninsular, donde se mantuvieron un mayor peso del sector primario; industrias escasas y tradicionales; y servicios banales. También se estancaron en la década de 1960 algunas regiones de antigua industrialización de la cornisa cantábrica por la pérdida de peso de la minería y de la industria básica predominantes.

d) Los indicadores de desarrollo muestran una situación más favorable para las regiones más dinámicas: mayor crecimiento económico (PIB); mayor crecimiento demográfico por la atracción de inmigrantes; y mayor nivel de bienestar (renta disponible de los hogares).

e) La convergencia entre las regiones mejoró en la distribución de la riqueza (PIB per cápita), por efecto de las migraciones que redujeron la población de las áreas menos dinámicas; y en el nivel de vida (renta familiar disponible per cápita). En cambio, en el terreno demográfico aumentó la divergencia en la densidad de población a causa de las migraciones.

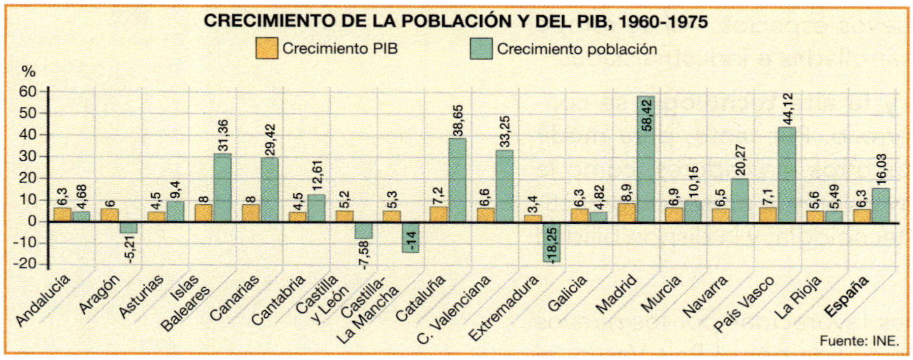

Convergencia/divergencia 1960-1975		
	1960	1975
PIB pc*	126,4	95,5
Densidad* de población	495,6	702,3
Renta familiar disponible pc*	87,82	56

*Índice 100 (media de España). Diferencia entre la región con índice más alto y la región con índice más bajo en el correspondiente año.

2.2. Los cambios producidos por la crisis económica de 1975

a) La crisis económica de 1975-1985 fue sobre todo una crisis industrial que acabó con la primacía de la industria como explicación de los desequilibrios territoriales.

b) La crisis afectó más a las regiones industriales especializadas en sectores maduros (cornisa cantábrica); y en menor medida a las que contaban con industrias más diversificadas (Cataluña, Navarra).

c) La crisis afectó menos a las regiones con menor peso industrial y mayor participación de los sectores primario (Galicia, Extremadura) o terciario (Madrid, Baleares, Canarias); o con un reparto más equilibrado de los tres sectores (Aragón, La Rioja, Comunidad Valenciana).

d) Los indicadores de desarrollo reflejan la crisis. El crecimiento del PIB se redujo sobre todo en las regiones de mayor peso industrial, pero también en las demás, que les suministraban recursos y mano de obra. La población frenó o redujo su ritmo de crecimiento. Y la renta familiar se estancó o se redujo.

e) La convergencia regional empeoró. La distribución de la riqueza (PIB per cápita) interrumpió su anterior aproximación, debido al cese de las migraciones y al retorno de antiguos inmigrantes. La divergencia también aumentó en el nivel de vida (renta familiar disponible per cápita); y en la densidad de población, aunque en este caso a menor ritmo que en el periodo anterior, debido el cese de las migraciones.

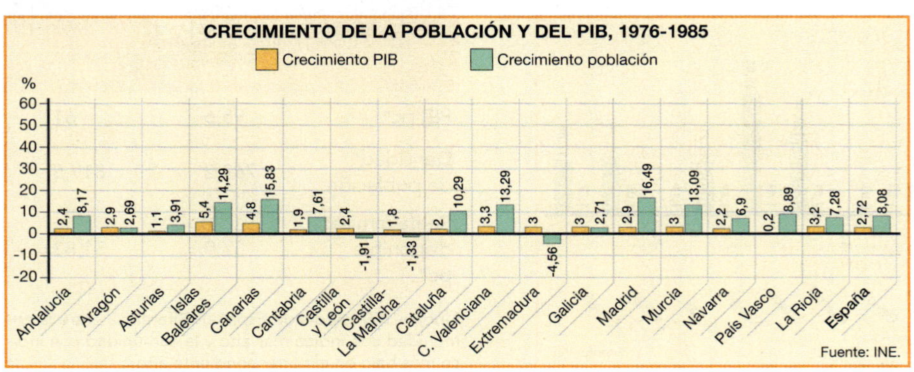

Convergencia/divergencia 1975-1985		
	1975	1985
PIB pc*	95,5	95,6
Densidad* de población	702,3	762,2
Renta familiar disponible pc*	56	57,9

*Índice 100 (media de España). Diferencia entre la región con índice más alto y la región con índice más bajo en el correspondiente año.

2.3. Los desequilibrios territoriales desde 1985

a) A partir de 1985, la reestructuración económica que siguió a la crisis cambió los factores en que se basaban los desequilibrios territoriales:

- **La industria pierde peso como factor de desarrollo** debido a la reestructuración de muchos sectores tradicionales y a la tendencia a descentralizar parte de la producción hacia nuevos espacios. Así se rompe la identificación anterior entre regiones desarrolladas e industrializadas.

- **Los servicios avanzados, la innovación y la alta tecnología** se convierten en los principales factores de desarrollo. Por tanto, para medir los desequilibrios resultan más significativos otros indicadores, como la especialización en servicios avanzados; la inversión y la presencia de actividades de investigación, innovación y alta tecnología; y la disponibilidad de mano de obra de alta cualificación.

b) Las regiones más dinámicas son las más favorecidas por los nuevos factores de desarrollo: Madrid; y la «Y» constituida por el País Vasco, el valle del Ebro y el litoral mediterráneo norte.

c) Las regiones menos dinámicas son las regiones en declive industrial por su especialización en sectores maduros o en crisis (algunas de la cornisa cantábrica, como Asturias y Cantabria); y las que cuentan con un mayor peso económico del sector primario; escaso desarrollo de las industrias avanzadas; y predominio de servicios poco especializados y de la administración pública (comunidades del interior peninsular, Galicia).

d) Los indicadores de desarrollo muestran la pérdida de correlación directa entre el dinamismo económico y el crecimiento del PIB, de la población y del bienestar social. Así, algunas regiones menos dinámicas incrementan su PIB gracias a los fondos estructurales recibidos de la UE desde 1986 o por la difusión de actividades desde las regiones más avanzadas (Murcia, Castilla-La Mancha); o incrementan su población por la recepción de población de regiones próximas; o crecen en bienestar (renta familiar disponible) gracias a la implantación del Estado del bienestar, y a la política redistributiva del Estado (menor pago en el IRPF).

Sin embargo, las regiones más avanzadas siguen encabezando el sistema, gracias al control de las actividades más estratégicas. Por eso, han sido las principales beneficiarias de la inmigración extranjera, experimentando un mayor crecimiento demográfico; y mantienen niveles más altos de bienestar.

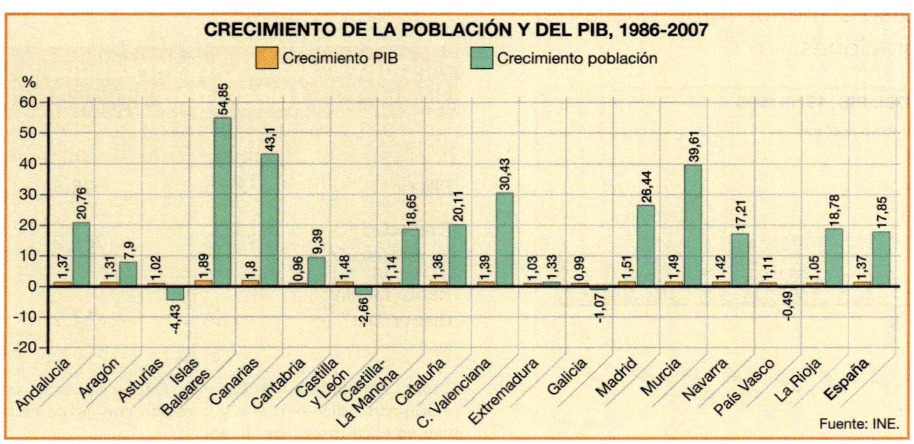

Convergencia/divergencia 1985-2007		
	1985	**2007**
PIB pc*	95,6	61
Densidad* de población	762,2	819,5
Renta familiar disponible pc*	57,9	51,83

*Índice 100 (media de España). Diferencia entre la comunidad con índice más alto y la comunidad con índice más bajo en el correspondiente año.

e) La convergencia regional en este periodo aumentó en la distribución de la riqueza, pues el PIB per cápita creció en las menos dinámicas, gracias a la llegada de los fondos europeos y a su menor crecimiento demográfico; y redujo su incremento en las más dinámicas, que no generaron PIB suficiente para compensar el aumento de su población; pero sin que esto haya supuesto variaciones en cuanto a las comunidades situadas en los niveles superiores e inferiores. También aumentó la convergencia en nivel de vida (renta familiar disponible) gracias a la implantación del Estado del bienestar, con prestaciones públicas en servicios educativos, sanitarios y sociales que atenúan las diferencias de renta. En cambio, aumentó la divergencia en la densidad de población, al concentrarse la inmigración en las regiones más dinámicas.

2.4. La incidencia de la crisis de 2008 en los desequilibrios

a) La crisis de 2008 ha disparado el paro y reducido la demanda interna. Su repercusión en las regiones ha variado según su estructura económica y su apertura al exterior.

b) La crisis ha incidido más en las comunidades con mayor peso previo de las actividades más afectadas por la recesión, como la construcción (Comunidad Valenciana, Canarias, Castilla-La Mancha, Andalucía). En las comunidades con elevado empleo público, afectadas por los recortes (Andalucía, Extremadura, Castilla-La Mancha); y en las comunidades más dependientes de una demanda interna mermada por las altas tasas de paro y/o el endeudamiento inmobiliario (Andalucía, Canarias).

c) La crisis ha incidido menos en las regiones con menor peso inmobiliario (Navarra, País Vasco); con mayor peso de otras actividades (Castilla y León) o de los sectores y servicios avanzados (Madrid); con una distribución sectorial más equilibrada (Navarra, La Rioja); y con apertura económica al exterior por las exportaciones industriales (País Vasco) o el turismo (Baleares).

d) Los indicadores de desarrollo manifiestan la crisis: decrecimiento económico (PIB); retroceso demográfico por la reducción del ritmo inmigratorio; y empeoramiento del bienestar social, con incremento de las personas situadas por debajo de la línea de la pobreza y en situación de exclusión social.

e) La convergencia entre las regiones se ha detenido o ha disminuido en todos los indicadores: económico, demográfico y social.

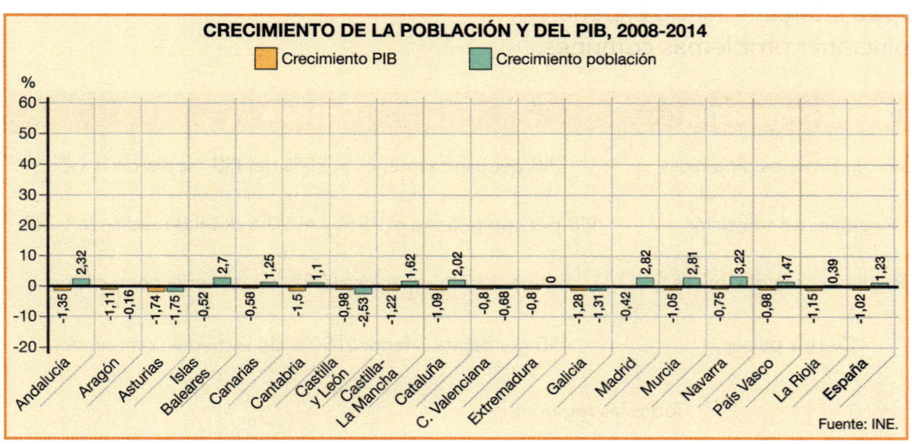

Actividades

9 Explica la información que aportan los diferentes indicadores para medir los desequilibrios territoriales.

10 Indica cómo han evolucionado los desequilibrios en el crecimiento del PIB y de la población; y la convergencia económica, demográfica y social entre las regiones españolas.

Convergencia/divergencia 2008-2014

	2008	2014
PIB pc*	62,6	67
Densidad* de población	753,6	777,7
Renta familiar disponible pc*	56,3	56,3

* Índice 100 (media de España). Diferencia entre la comunidad con índice más alto y la comunidad con índice más bajo en el correspondiente año. Los datos de la renta familiar disponible pc son de 2013.

3 Las políticas regionales y de cohesión territorial

1. Las bases de la política regional

La política regional y de cohesión territorial es el instrumento para paliar los desequilibrios regionales de un estado y fomentar el desarrollo regional.

En España se inició en la década de 1960, con los Planes de Desarrollo (1964-1975). Sus escasos resultados cuestionaron la eficacia de las actuaciones centralizadas y, tras un periodo de letargo (1975-1985), dieron lugar a partir de 1986 a una nueva política regional marcada por tres hechos:

- El deseo de aplicar el principio de solidaridad interterritorial establecido por la Constitución.
- El establecimiento y el desarrollo del Estado de las autonomías.
- La adhesión a la Europa comunitaria.

Estos hechos han supuesto una cierta pérdida de protagonismo del Estado, dado que las directrices de la política regional y de cohesión territorial las marca la Unión Europea; y la política para paliar los desequilibrios dentro de una misma región es competencia de las comunidades autónomas.

2. La política regional y de cohesión de la UE, 2014-2020

En 1986, España se integró en la política regional europea. Desde entonces comparte sus objetivos y las regiones reciben fondos comunitarios, tras la aprobación de su política regional por la UE.

2.1. Los objetivos de la política regional europea

La política regional europea tradicional, iniciada en 1975, ha tenido como objetivos generales coordinar las políticas regionales de los estados miembros y corregir los desequilibrios entre las regiones europeas, apoyando económicamente a las más desfavorecidas con el fin de aumentar la cohesión territorial.

La nueva política regional y de cohesión territorial 2014-2020 se propone dos objetivos fundamentales:

- **Invertir en el crecimiento y el empleo** de todas las regiones, con el fin de conseguir los objetivos generales de la UE planteados en la Estrategia Europea 2020: alcanzar un crecimiento inteligente, sostenible e integrador. Estos objetivos se concretan en once objetivos temáticos* que son la referencia de la política regional.
- **Fomentar la cooperación territorial europea** intercambiando experiencias y adoptando acciones conjuntas para solucionar problemas comunes.

Vocabulario

Los once objetivos temáticos prioritarios de la UE para el periodo 2014-2020

1. Potenciar la investigación, el desarrollo tecnológico y la innovación.
2. Mejorar el acceso, el uso y la calidad de las tecnologías de la información y las comunicaciones.
3. Mejorar la competitividad de las pymes, la agricultura, la pesca y la ganadería.
4. Apoyar el paso a una economía con bajas emisiones de carbono en todos los sectores.
5. Promover la adaptación al cambio climático y la prevención y gestión de riesgos.
6. Proteger el medio ambiente y promover la eficiencia en el uso de los recursos.
7. Promover un transporte sostenible y eliminar los estrangulamientos en las infraestructuras de red fundamentales.
8. Promover el empleo y favorecer la movilidad laboral.
9. Promover la integración social y luchar contra la pobreza.
10. Invertir en educación, mejorar las competencias profesionales y la formación continua.
11. Mejorar la capacidad institucional y la efectividad de la Administración pública.

Objetivos generales	Fondos	Zonas receptoras	Criterio
1. Inversión en crecimiento y en empleo	FEDER FSE	Regiones menos dinámicas	PIB per cápita inferior al 75 % del PIB medio de la UE
		Regiones en transición	PIB per cápita entre el 75 % y el 90 % del PIB medio de la UE
		Regiones más dinámicas	PIB per cápita superior al 90 % de la media comunitaria
	Fondo de Cohesión	Ciertos países	PIB per cápita inferior al 90 % de la media comunitaria
2. Cooperación Territorial Europea	FEDER	Todas las regiones	

2.2. Los fondos europeos

La política regional se ejecuta a través de tres fondos: FEDER, FSE y FC. En conjunto, suponen 351 354,2 millones de euros para el periodo 2014-2020, de los que España recibirá algo más de 28 500 millones de euros.

a) El FEDER y el FSE benefician a todas las regiones europeas.

- **El FEDER** (Fondo Europeo para el Desarrollo Regional) tiene como objetivo fortalecer la cohesión económica, social y territorial de la UE. Dirige sus inversiones a los once objetivos temáticos de la política de cohesión, pero concentrando obligatoriamente un porcentaje significativo en los cuatro primeros considerados prioritarios («concentración temática»): innovación e investigación, TIC, apoyo a pymes y economía hipocarbónica.

El FEDER financia también la Cooperación Territorial Europea; la reducción de los problemas urbanos; y las aportaciones a las regiones septentrionales poco pobladas y a las regiones ultraperiféricas.

- **El FSE** (Fondo Social Europeo) tiene como objetivo invertir en las personas para mejorar las oportunidades de empleo, la educación y el riesgo de pobreza. Así, tiene como prioritarios los cuatro últimos objetivos temáticos: promoción del empleo; promoción de la inclusión social y lucha contra la pobreza; educación y aprendizaje permanente; y mejora de la eficacia de la administración pública.

El FSE financia también la mitad de la Iniciativa de Empleo Juvenil, dotada con un total de 6 000 millones de euros y destinada a las regiones con tasa de desempleo juvenil superior al 25 %.

b) El Fondo de Cohesión es de carácter nacional y lo perciben los estados con PIB per cápita inferior al 90 % de la media comunitaria. Su objetivo es reducir las disparidades socioeconómicas y promover el desarrollo sostenible. Dirige sus inversiones a redes transeuropeas de transporte y a medio ambiente (objetivos temáticos del 4 al 7 y el 11). España no lo percibe desde 2014.

Actividades

11 Lee los once objetivos temáticos de la política de cohesión europea. Selecciona los que están más relacionados con la protección del medio ambiente y di con qué fondos se financian.

12 Compara los fondos de la política de cohesión europea: destinatario, objetivos generales y objetivos temáticos prioritarios que financia.

Distribución de los fondos de la política regional y de cohesión territorial, 2014-2020

	Fondo de Cohesión	FEDER y FSE			FEDER			FEDER (50%)	Total
	Países con PIB pc < 90% de la media comunitaria	Regiones menos dinámicas	Regiones en transición	Regiones más dinámicas	Regiones septentrionales poco pobladas y ultraperiféricas	Cooperación territorial europea		Iniciativa de empleo juvenil	
						Trans-fronteriza	Trans-nacional		
España	–	2 040,4	13 399,5	11 074,4	484,1	430,0	187,6	943,5	28 559,5
UE-28	63 399,7	182 171,8	35 381,1	54 350,5	1 555,4	7 548,4	2 075,0	3 211,2	351 854,2

Fuente: Comisión Europea.

2.3. Las categorías de regiones europeas receptoras de los fondos

Las ayudas europeas recibidas dependen de la categoría en la que se encuadran las regiones, siendo mayores en las de menor PIB per cápita en relación con el PIB medio de la UE. Estas categorías son tres:

- **Regiones menos dinámicas:** PIB per cápita inferior al 75 % del PIB medio de la UE.
- **Regiones en transición:** PIB per cápita entre el 75 % y el 90 % del PIB medio de la UE.
- **Regiones más dinámicas:** PIB per cápita superior al 90 % del PIB medio de la UE.

Además, **las regiones ultraperiféricas** —como Canarias— **y las septentrionales poco pobladas** de la UE reciben una dotación adicional específica, que deberá invertirse al menos en un 50 % en acciones que contribuyan a la diversificación y modernización de su economía.

Para acceder a las ayudas europeas, el Estado, siguiendo las orientaciones de la Comisión Europea para España, elabora un documento con las prioridades y los programas en los que va a invertir los fondos —el Acuerdo de Asociación—. Luego, las comunidades autónomas elaboran una estrategia de especialización inteligente (RIS3), donde definen sus prioridades de inversión; y los Programas Operativos, donde concretan el destino de las inversiones de cada fondo europeo y los resultados que esperan obtener.

La distribución de las regiones en categorías para el periodo 2014-2020 se hace tomando como base la media de su PIB pc durante el periodo 2007-2009 respecto al PIB medio de la UE.

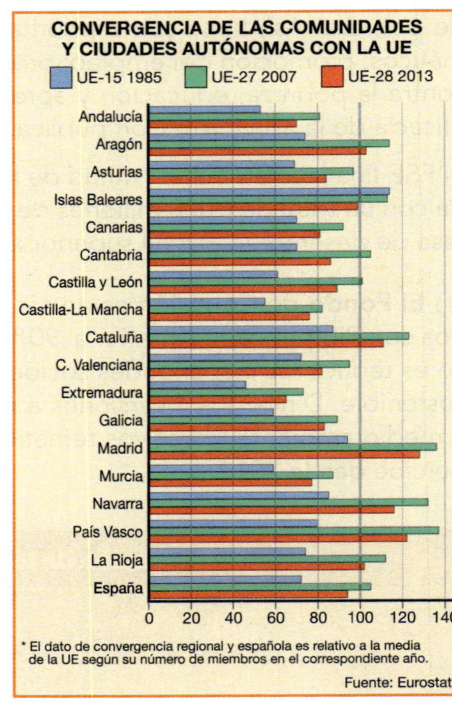

2.4. Las repercusiones de la política regional europea

La integración española en la política regional comunitaria ha tenido diferentes repercusiones:

- **Ha supuesto una cierta cesión de soberanía.** La Unión Europea debe ser informada de las políticas regionales y puede autorizarlas, modificarlas o prohibirlas según su compatibilidad con la política comunitaria.
- **Ha proporcionado ayudas que han favorecido la convergencia española con Europa.** Así, desde 1986 todas las regiones españolas han mejorado su convergencia con la media comunitaria y en 2010 casi todas ellas se situaban por encima del 75 % de esta media. Aún así, existen diferencias entre las regiones que han logrado sobrepasar ampliamente la media europea y las que todavía se sitúan por debajo de esta.

También ha sido desigual el ritmo de convergencia. Se aceleró entre 1995 y 2007, por la buena situación económica española y por la entrada en la UE de nuevos miembros con un nivel más bajo, que redujo la media europea. Sin este «efecto estadístico», la convergencia habría sido menor, debido a la desfavorable situación española en productividad, mercado de trabajo, formación e I+D+i. Desde 2007, la convergencia se reduce debido a la negativa repercusión de la crisis de 2008, situándose desde 2010 por debajo de la media comunitaria.

- **Ha reducido los desequilibrios interterritoriales,** al concentrar las ayudas en las regiones menos dinámicas. No obstante, la velocidad de convergencia ha sido mayor en las regiones con un PIB per cápita superior a la media comunitaria.

Actividades

13 Clasifica a las comunidades autónomas españolas en las diferentes categorías de regiones europeas.

14 Comenta el gráfico de la convergencia de las comunidades autónomas con Europa.

3. La política regional y de cohesión territorial del Estado

La Constitución española atribuye al Estado la promoción del equilibrio territorial. Con este fin, lleva a cabo una política regional, siguiendo las directrices de la Unión Europea.

3.1. Los objetivos de la política de cohesión estatal

Los objetivos **tradicionales** de la política regional y de cohesión española fueron fomentar el desarrollo de las regiones menos dinámicas mediante la inversión en infraestructuras de regadío y de transporte; y mediante el fomento de la industria en grandes polos de promoción o de desarrollo.

Los objetivos **actuales** son tres: lograr el desarrollo de todas las regiones, consolidando el crecimiento de las más dinámicas e impulsando el avance de las menos dinámicas o en declive; paliar los desequilibrios territoriales; y fomentar el potencial endógeno.

3.2. Los instrumentos de la política de cohesión estatal

Los instrumentos de la política estatal de cohesión territorial son los incentivos regionales; los fondos para la convergencia regional; y la política redistributiva.

3.2.1. Los incentivos regionales

Los incentivos regionales son ayudas a fondo perdido concedidas por el Estado a un porcentaje de la inversión empresarial en ciertas zonas menos favorecidas o en declive, que promuevan la creación y el mantenimiento del empleo y la consolidación del tejido productivo.

- **Las zonas** de aplicación de los incentivos se agrupan en tres categorías con diferente intensidad o porcentaje de ayuda, correspondiendo los niveles más altos a las regiones ultraperiféricas (Canarias) y a las que cuentan con PIB per cápita inferior al 75% de la media de la UE.
- **Las ayudas** se conceden a la inversión en ciertos sectores; o en proyectos que cumplan ciertos requisitos de creación o ampliación de establecimientos, o de modernización de instalaciones. Además, las ayudas deben ser compatibles con la normativa europea*.

Actividades

15 Explica las siguientes frases relacionadas con la política regional del Estado:

- Su objetivo es lograr el desarrollo de todas las regiones.
- Los Fondos de Compensación Interterritorial hacen efectivo el principio de solidaridad establecido por la Constitución.

16 Escribe la información aportada por el mapa de los incentivos regionales.

Vocabulario

La normativa europea sobre competencia solo autoriza ayudas si se destinan a favorecer el desarrollo económico de regiones con el nivel de vida anormalmente bajo o con grave subempleo; o a favorecer el desarrollo de determinadas actividades o regiones.

3.2.2. Los fondos para la convergencia regional

El Estado concede también fondos destinados a lograr la solidaridad y la convergencia de las regiones.

a) El Fondo de Compensación Interterritorial fue el instrumento previsto por la Constitución (art. 158.2) para hacer efectivo el principio de solidaridad. Se creó en 1980 y ha pasado por varias reformas.

Las regiones beneficiarias del primer Fondo de Compensación Interterritorial fueron todas las comunidades autónomas. Desde su reforma en 1990 solo lo reciben las que tienen renta per cápita inferior a la media nacional; y desde 2001 se ha desglosado en dos fondos, el Fondo de Compensación y el Fondo Complementario. Ambos financian gastos de inversión que promuevan la creación de renta y riqueza, pero el Fondo Complementario puede financiar también los gastos de puesta en marcha de las inversiones durante un periodo máximo de dos años.

Las ayudas de los fondos proceden de los Presupuestos Generales del Estado y son distribuidos por las Cortes entre las comunidades autónomas.

b) Los Fondos de Convergencia Autonómicos tienen el objetivo de reducir las diferencias de financiación y equilibrar el desarrollo regional (Fondo de Competitividad para las que tienen renta per cápita inferior a la media; y Fondo de Cooperación para las que tienen renta per cápita inferior al 90% de la media y una dinámica demográfica especialmente negativa).

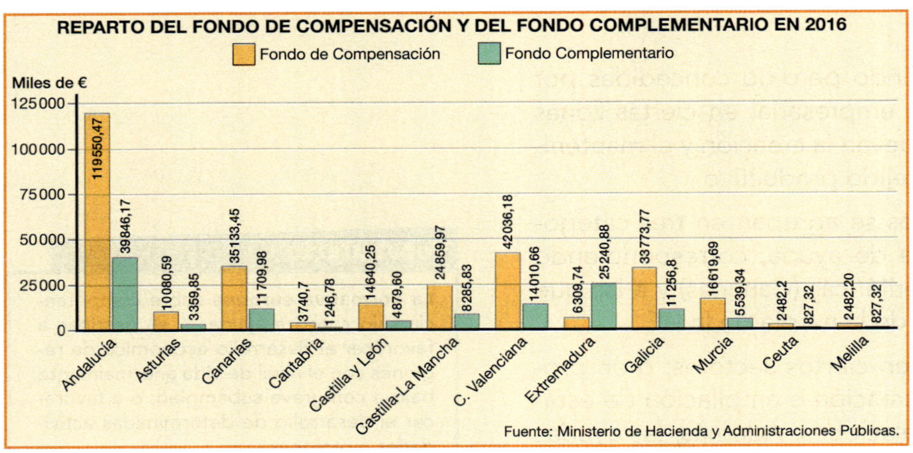

El Fondo de Compensación se reparte entre las comunidades beneficiarias de acuerdo con los siguientes criterios: población (87,5%), saldo migratorio (1,6%), tasa de paro (1%), superficie (3%) y densidad municipal (6,9%). Posteriormente se toma en consideración el hecho insular, para lo que se incrementa un 63,1% la cantidad que correspondería a Canarias según los criterios anteriores. La cifra correspondiente se detrae del resto de las comunidades de forma proporcional a los importes que les habían correspondido en la primera estimación.

El Fondo Complementario es siempre una cantidad equivalente al 33,33% de su respectivo Fondo de Compensación.

3.2.3. La política redistributiva del Estado

El Estado también colabora a paliar los desequilibrios interterritoriales mediante su política redistributiva basada en el sistema impositivo y el gasto social.

El IRPF, por su carácter progresivo en función del nivel de renta, implica que las personas con mayor nivel de renta contribuyan más. Por tanto, las comunidades con mayor número de residentes de renta alta contribuyen más al sostenimiento del Estado del bienestar.

El gasto social, como el pago de pensiones o de prestaciones por desempleo también beneficia a las comunidades con menor desarrollo, que suelen ser las más envejecidas y con mayor tasa de paro. Por su parte, las prestaciones públicas en sanidad, educación y servicios sociales para garantizar niveles de bienestar equivalentes también favorecen a las comunidades menos dinámicas.

Actividades

17 Utilizando los datos estadísticos correspondientes, calcula el porcentaje de Fondos de Compensación Interterritorial que reciben las comunidades y represéntalo en un gráfico de sectores circulares. Explica por qué reciben esta compensación.

18 Expresa tu opinión sobre la política redistributiva del Estado.

4. La ordenación del territorio

Las regiones también llevan a cabo políticas destinadas a paliar sus desequilibrios internos y a fomentar su desarrollo económico, social y medioambiental, como forma de hacer frente a la creciente competencia entre territorios a escala mundial y nacional.

Este enfoque implica analizar en cada región los factores que frenan o favorecen el desarrollo y planificar las actuaciones oportunas. Para que resulten eficaces, deben realizarse coordinadamente para el conjunto del territorio, mediante políticas de ordenación territorial.

4.1. Los objetivos de la ordenación del territorio

La ordenación del territorio es, según la Carta Europea de Ordenación del Territorio (1983), «la expresión espacial de la política económica, social, cultural y ecológica de toda sociedad».

a) Sus objetivos son dos:

- **El desarrollo socioeconómico equilibrado de las regiones.** Implica una correcta distribución y acceso a las dotaciones y a los equipamientos.
- **La organización integral del espacio.** Supone coordinar las políticas económicas sectoriales (agraria, industrial-turística, etc.), con la mejora del bienestar social y de la calidad de vida, y con la preservación del medio ambiente y de los recursos.

b) De acuerdo con estos objetivos, la ordenación del territorio tiene un doble carácter. Es una disciplina científica interdisciplinar que engloba a diversas ciencias con implicaciones territoriales (geografía, economía, sociología, urbanismo, derecho). Y es una política porque la consecución de sus objetivos es una tarea política en la que debe darse la gobernanza* o toma de decisiones con participación colectiva de los poderes públicos y del conjunto de la sociedad.

4.2. Los instrumentos de la ordenación del territorio

a) El instrumento básico para la ordenación del territorio es la elaboración de un plan. Este comporta siempre dos aspectos fundamentales:

- **El análisis de la situación actual** (modelo territorial actual) permite diagnosticar los problemas y las potencialidades del territorio y elaborar objetivos y metas (modelo territorial propuesto).
- **La planificación territorial** incluye las estrategias, actuaciones, instrumentos, recursos y tiempo necesarios para alcanzar los objetivos.

La ejecución del plan producirá efectos deseados y no deseados, que habrá que evaluar y que pueden aconsejar la revisión del plan. Una vez alcanzado el modelo territorial propuesto, este se convierte en la nueva realidad que habrá que analizar y planteará nuevos retos. Así la ordenación del territorio no es un proceso lineal, sino circular e ininterrumpido.

b) El ámbito principal de la planificación territorial es la región. Su ordenación corresponde a las autoridades regionales, que elaboran las directrices generales (planes territoriales generales). Pero como el ámbito regional normalmente es demasiado extenso, suelen definirse ámbitos más reducidos para los que se elaboran planes que concretan los gene-

Vocabulario

Gobernanza: el *Libro blanco de la gobernanza europea* la define como «la capacidad de las sociedades para dotarse de sistemas de representación, de instituciones, de procesos, y de cuerpos sociales, como instrumento de control democrático, de participación en las decisiones y de responsabilidad colectiva». Por tanto, se trata de una articulación Estado-sociedad civil dirigida a facilitar la gobernabilidad de un territorio. Las cuatro dimensiones de la gobernabilidad son la participación ciudadana; la cooperación entre políticas sectoriales y entre territorios; la cooperación entre los diferentes niveles político-administrativos; y la participación de las empresas privadas.

rales (planes territoriales parciales). Por otra parte, también es factible formular planes a escala superior a la regional, como la nacional o la de la Unión Europea, dado que existen numerosos temas comunes que requieren ordenación y cooperación a nivel nacional y europeo.

Así, la ordenación del territorio se plantea como una cadena de planes jerarquizados, cada uno de los cuales contiene las determinaciones para los planes de nivel inferior («planificación en cascada»). Estas determinaciones pueden ser vinculantes (de obligado cumplimiento) o indicativas (favorecen la consecución del plan, pero no son obligatorias).

Fuente: Pujadas, R. y Font J.: *Ordenación y planificación territorial.*

4.3. La ordenación del territorio en España

En España, la política de ordenación del territorio se inició en la década de 1980, tras la consolidación del Estado de las autonomías.

El espacio predominante en el que se ha venido desarrollando es el regional, pues la Constitución reconoce a las comunidades autónomas competencias en la ordenación de su territorio (art. 148.1.3.). Así, todas han aprobado una legislación propia sobre ordenación del territorio. No obstante, solo una parte ha aprobado algún instrumento de ordenación general de ámbito regional y algunos instrumentos de ámbito subregional.

Sin embargo, al tratarse de una organización global del espacio, aparecen también implicados los ámbitos europeo, estatal y local, que tienen atribuciones sobre ciertos temas con destacada incidencia en la ordenación del territorio. Por tanto, uno de los retos principales de la ordenación territorial es la coordinación de las diversas administraciones mediante una comunicación permanente entre ellas.

Actividades

19 Resume las ventajas de la ordenación del territorio.

20 Explica los principales problemas de esta política en España.

21 Realiza un cuadro comparativo de la política regional de la Unión Europea, de la política regional estatal y de la ordenación del territorio: objetivos e instrumentos.

Resumen de la unidad

El territorio español

Tiene una organización político-administrativa

- Resultado de una larga evolución histórica.
- Culminada en un Estado descentralizado organizado en:
  - Municipios.
  - Provincias.
  - Comunidades autónomas:
    - Reguladas por un Estatuto.
    - Con instituciones propias: Parlamento, presidente, Consejo de Gobierno.
    - Financiadas mediante régimen común o foral.
    - Basadas en la igualdad territorial y la solidaridad.

Presenta desequilibrios territoriales que evolucionan

- Se originan a mediados del siglo XIX debido a la desigual industrialización de las regiones.
- Cambian debido a la crisis de 1975, que tuvo gran incidencia en las regiones industriales, aunque afectó a todas.
- En la actualidad se basan en las diferencias en servicios avanzados, I+D y alta tecnología.
- Reciben el impacto de la crisis de 2008, que incide más en las regiones con mayor peso de la construcción y de la industria.

tratan de corregirse con políticas regionales y de cohesión territorial

Política regional de la Unión Europea

- Objetivos: invertir en el crecimiento y el empleo de todas las regiones y fomentar la cooperación territorial.
- Instrumentos:
  - FEDER.
  - FSE.
  - Fondo de Cohesión.

Planificación regional del Estado

- Objetivos:
  - Lograr el desarrollo de todas las regiones.
  - Paliar los desequilibrios territoriales.
  - Fomentar el potencial endógeno.
- Instrumentos:
  - Incentivos regionales.
  - Fondos de Compensación Interterritorial y Fondos de Convergencia Autonómicos.
  - Política redistributiva: IRPF y gasto social.

Políticas de ordenación del territorio

- Objetivos:
  - Lograr el desarrollo socioeconómico equilibrado de las regiones.
  - Conseguir una organización integral del espacio, coordinando las políticas económicas, la calidad de vida y la preservación del medio ambiente.
- Instrumentos: elaboración de planes.

Técnica

Las entrevistas geográficas

1. Qué son y para qué se utilizan las entrevistas

La entrevista es un diálogo en el que la persona entrevistada contesta a las preguntas diseñadas por un entrevistador.

En geografía se utilizan para recoger información directa y cualitativa sobre un tema.

Las fases que requiere una entrevista son: preparación, realización, redacción y evaluación.

2. Preparación de la entrevista

En el proceso de preparación de la entrevista es necesario:

a) **Elegir el tema** de la entrevista y adquirir un conocimiento previo sobre él, informándose mediante diversas fuentes, para saber qué preguntar.

b) **Prever el lugar y el espacio** concreto de la entrevista, el día, la hora y la duración.

c) **Seleccionar a la persona** a quien realizar la entrevista en función de lo que puede aportar sobre el tema que queremos conocer. Para ello, debemos:

- Averiguar algunos datos sobre la persona, como el nombre y apellidos, el lugar de trabajo, el cargo que desempeña y su horario laboral.
- Contactar con la persona: presentarnos, explicar el objetivo y el contenido de la entrevista; y concertar el lugar, el día y la hora en que se celebrará, así como su duración. En caso necesario, modificar las previsiones de organización iniciales.

d) **Preparar el cuestionario de la entrevista:**

- Primero, puede hacerse un torbellino de ideas y anotar todas las preguntas que se nos ocurran sobre el tema y luego ordenarlas por apartados.
- Las preguntas:
  - Deben permitir una respuesta abierta, no un simple Sí o No.
  - Deben ser claras, cortas, concretas, y estar bien formuladas.
  - No deben condicionar la respuesta.

e) **Preparar los materiales complementarios** necesarios para registrar las respuestas de la persona entrevistada. Pueden realizarse anotaciones o solicitar su permiso para grabar las respuestas. Este último sistema facilita la tarea del entrevistador o la entrevistadora, pero a veces condiciona excesivamente la actitud y las respuestas de la persona entrevistada.

3. Realización de la entrevista

a) **Al iniciar** la entrevista debemos saludar al entrevistado o la entrevistada y agradecerle su colaboración.

b) **Durante** la entrevista deberemos:

- Tratar con respeto y cordialidad a la persona entrevistada; pero sin un exceso de informalidad que podrá llevar a olvidar el tema y el cuestionario previsto.

- Formular las preguntas, con el tono de voz y la pronunciación adecuados.
- Prestar atención y registrar las respuestas, anotándolas de forma resumida en caso de que no se graben.
- Formular las preguntas una por una; sin preguntar dos cuestiones a la vez.
- Empezar por las preguntas más importantes.
- No interrumpir las respuestas: hay que dar a quien entrevistamos el tiempo necesario para pensar y contestar.
- Improvisar preguntas si en el transcurso de la entrevista salen temas interesantes relacionados y no incluidos en el cuestionario.
- Repreguntar para aclarar, completar o profundizar en alguna idea. Después, conviene regresar al cuestionario base para no perder el hilo de la entrevista.
- Usar frases de transición para preparar a la persona entrevistada cuando vayamos a cambiar de tema, como «cambiando de tema», o similar.
- Mantener el control de la entrevista, vigilando el tiempo y evitando divagaciones y comentarios fuera del tema.

c) Al finalizar la entrevista:

- Puede preguntarse a la persona entrevistada si hay algo importante que quiera comentar sobre el tema tratado que no se le haya preguntado.
- Es necesario agradecer al entrevistado o entrevistada su tiempo y dedicación.

4. Redacción de la entrevista

La entrevista realizada puede redactarse para aprovechar la información obtenida de forma personal o para difundirla a otras personas, de forma privada o a través de los medios de comunicación.

La redacción de la entrevista requiere:

- Un título. Puede llevar delante el nombre de la persona entrevistada y detrás una frase corta referida a su profesión, o una frase dicha en la entrevista.
- Una introducción con el nombre, profesión y cargo del entrevistado o la entrevistada, y con la fecha, el lugar de la entrevista y el tema tratado.
- Consignar las preguntas y las respuestas. Estas no tienen por qué ser todas las formuladas, ni presentarse en el mismo orden. Pueden seleccionarse las preguntas; agruparse por temas; eliminarse las repeticiones; y sintetizarse las respuestas dejando solo las frases más significativas, que pueden entrecomillarse.

Tras la redacción de la entrevista, puede entregarse una copia a quien hemos entrevistado para solicitar su aprobación y realizar posibles correcciones.

5. Evaluación de la entrevista

La evaluación de la entrevista resulta conveniente para determinar si fue útil para obtener la información deseada y para aprender de los aciertos y de los fallos cometidos.

Actividades de síntesis

En la web
Autoevalúate con las actividades interactivas.

1 Definir conceptos

- Define de forma breve y precisa estos conceptos: *organización político-administrativa, región, municipio, comunidad autónoma, competencias autonómicas, Parlamento autonómico, FSE, política regional, Fondos de Compensación Interterritorial, ordenación del territorio.*

2 Comentar textos

- Comenta los siguientes artículos de la Constitución española.

CONSTITUCIÓN ESPAÑOLA

Artículo 157

1. Los recursos de las comunidades autónomas estarán constituidos por:

a) Impuestos cedidos total o parcialmente por el Estado, recargos sobre impuestos estatales y otras participaciones en los ingresos del Estado.

b) Sus propios impuestos, tasas y contribuciones especiales.

c) Transferencias de un fondo de compensación interterritorial y otras asignaciones con cargo a los Presupuestos Generales del Estado.

d) Rendimientos procedentes de su patrimonio e ingresos de derecho privado.

e) El producto de las operaciones de crédito.

3. Mediante Ley Orgánica podrá regularse el ejercicio de las competencias financieras enumeradas en el precedente apartado 1, las normas para resolver los conflictos que pudieran surgir y las posibles formas de colaboración financiera entre las comunidades autónomas y el Estado.

Artículo 158

1. En los Presupuestos Generales del Estado podrá establecerse una asignación a las comunidades autónomas en función del volumen de los servicios y actividades estatales que hayan asumido y de la garantía de un nivel mínimo en la prestación de los servicios públicos fundamentales en todo el territorio español.

2. Con el fin de corregir desequilibrios económicos interterritoriales y hacer efectivo el principio de solidaridad, se constituirá un Fondo de Compensación con destino a gastos de inversión, cuyos recursos serán distribuidos por las Cortes Generales entre las comunidades autónomas y provincias, en su caso.

3 Confeccionar un cuadro comparativo

- Compara, en un cuadro como el siguiente, los desequilibrios regionales de España.

	1960-1975	1975-1985	1985-2007	2008
Factores de los desequilibrios				
Regiones más dinámicas				
Regiones menos dinámicas				
Indicadores de desarrollo				
Convergencia/divergencia				

4 Elaborar un cuadro-resumen

- Resume en un cuadro la evolución de la organización político-administrativa.

5 Interpretar y analizar datos estadísticos

- Analiza la información que proporciona la siguiente tabla.

2014		Andalucía	Aragón	Asturias	Baleares	Canarias	Cantabria	Castilla y León	Castilla-La Mancha	Cataluña	Comunidad Valenciana	Extremadura	Galicia	Madrid	Murcia	Navarra	País Vasco	Rioja, La	Ceuta	Melilla	Total
Gastos internos en I+D (%)		11,4	2,3	1,3	0,7	1,5	0,8	4,1	1,5	22,9	7,9	0,9	3,7	25,8	1,8	2,4	10,2	0,6	0	0	100
Personal en I+D (%)		11,9	2,7	1,7	0,9	1,7	0,9	4,4	1,4	21,9	9,1	1,0	4,6	23,4	2,6	2,3	8,9	0,7	0,0	0,0	100
Empresas con innovaciones tecnológicas (%)		10,3	3,5	1,7	1,4	2,8	1,0	3,7	2,7	23,3	10,6	1,3	5,4	17,6	2,6	2,4	8,3	1,3	0,1	0,1	100
Tasa de riesgo de pobreza o exclusión social		33,3	16,9	16,7	17,9	27,6	20,6	20,4	28,4	15,8	26,2	33,1	15,4	14,7	37,2	11,9	10,2	16,2	44,3	19,2	22,2
Personas en viviendas con problemas	Escasez de luz natural	5,6	5,1	1,5	4,3	7,0	2,2	3,6	5,0	4,8	5,7	9,7	4,3	6,9	4,8	4,6	3,9	2,0	19,6	17,2	5,3
	Ruidos producidos por vecinos o del exterior	15,1	14,2	6,6	23,4	17,7	8,1	10,4	7,5	15,4	19,6	16,2	15,6	23,4	22,7	17,7	10,9	14,9	43,1	25,3	16,3
	Contaminación y otros problemas ambientales	9,4	3,8	5,5	8,6	12,5	4,2	3,4	2,1	9,7	13,4	9,0	12,0	17,1	13,4	8,7	7,3	5,6	28,1	15,8	10,2
	Delincuencia o vandalismo	12,1	6,0	3,3	9,8	11,5	5,2	7,8	8,7	13,6	11,8	7,0	9,0	18,8	12,1	8,7	7,7	9,3	32,9	31,7	11,7
	Ningún problema	71,5	77,7	86,8	68,6	66,2	84,4	83,0	82,1	71,5	68,8	68,1	70,2	61,3	65,9	68,6	77,6	78,9	29,5	52,1	71,2
Personas con problemas en ciertos conceptos* (%)	En al menos 2 conceptos	52,2	25,1	22,6	35,8	56,6	31,9	27,0	34,6	35,8	47,0	42,9	36,7	29,9	51,2	16,9	18,4	27,6	64,2	38,1	38,6
	En al menos 3 conceptos	24,4	11,5	12,3	20,3	20,5	13,8	9,8	16,8	16,8	25,6	11,9	13,5	13,4	30,1	6,4	8,4	13,0	32,6	22,1	17,8
	En al menos 4 conceptos	9,5	4,2	5,1	9,8	7,2	3,5	2,6	8,7	6,3	11,3	3,8	5,5	4,8	11,8	1,2	4,8	5,6	12,4	7,4	7,1

*Conceptos considerados:

1. No puede permitirse ir de vacaciones al menos una semana al año.
2. No puede permitirse una comida de carne, pollo o pescado al menos cada dos días.
3. No puede permitirse mantener la vivienda con una temperatura adecuada.
4. No tiene capacidad para afrontar gastos imprevistos.
5. Ha tenido retrasos en el pago de gastos relacionados con la vivienda principal (hipoteca o alquiler, recibos de gas, comunidad…) en los últimos doce meses.
6. No puede permitirse disponer de un automóvil.
7. No puede permitirse disponer de un ordenador personal.

6 Realizar una entrevista

- Realiza una entrevista sobre uno de los temas tratados en esta unidad didáctica, siguiendo la metodología propuesta en la página 392.

7 Ampliar información utilizando las TIC

- **En la web** Amplía tus conocimientos sobre esta unidad con los recursos proporcionados por la web (www.anayaeducacion.es).

11 España en Europa

Desde la década de 1980, el territorio español se ha proyectado de forma creciente hacia el exterior de sus fronteras. Se ha incorporado al proceso de globalización que caracteriza al mundo actual y se ha integrado en la Europa comunitaria.

Este espacio geográfico constituye en la actualidad el marco principal de las relaciones exteriores de España, planteándole numerosos retos y ofreciéndole grandes oportunidades.

Qué vas a aprender

- La Unión Europea y su espacio geográfico.
- Los contrastes físicos y humanos de la UE.
- Las disparidades regionales y la política de cohesión.
- España en la Unión Europea.
- Cómo expresarse en público: debates y exposiciones orales de temas.

Estrasburgo, sede de algunas instituciones de la UE.

1 La Unión Europea y su espacio geográfico

En el plano internacional, el ámbito con el que España mantiene vinculaciones más estrechas en los terrenos político y socioeconómico es el de la Unión Europea —UE—.

Se trata de una organización supraestatal formada por estados europeos soberanos e independientes, que delegan parte de su soberanía en unas instituciones comunes, con el fin de tomar decisiones de interés conjunto, de forma democrática, y a escala europea. La Unión Europea actual es el resultado de un largo proceso de integración y de ampliación territorial, iniciado con los tratados de París (1951) y Roma (1957).

a) La integración europea viene dada por la existencia de tratados, instituciones, prioridades y políticas comunes.

- **Los tratados comunes** son acuerdos vinculantes que fijan los objetivos de la UE y su relación con los estados miembros. En la actualidad rige el Tratado de Lisboa (2009), que modificó el Tratado de Maastricht (1992) por el que se creó la UE.
- **Las instituciones fundamentales** garantizan el funcionamiento de la UE. El Consejo Europeo fija las orientaciones generales. La Comisión Europea propone las leyes y supervisa el cumplimiento de la legislación, los tratados y los programas europeos. El Parlamento Europeo aprueba junto al Consejo de la Unión Europea, las leyes y el presupuesto europeos. El Consejo de la Unión Europea coordina las políticas europeas. El Tribunal de Justicia resuelve las disputas legales. El Tribunal de Cuentas Europeo controla el gasto. Y el Banco Central Europeo diseña y ejecuta la política monetaria.
- **Las prioridades comunes** para el periodo 2010-2020 se recogen en la Estrategia Europa 2020. Se propone alcanzar un crecimiento **inteligente** desarrollando el conocimiento y la innovación; **sostenible,** conjugando el aumento de la competitividad con el uso eficaz de los recursos y la protección medioambiental; e **integrador,** fomentando un alto nivel de empleo y la cohesión social y territorial, evitando la exclusión social y las disparidades espaciales.

Firma del Tratado de Lisboa.

Con el tiempo, los tratados fundacionales se han modificado para preparar la incorporación de nuevos miembros; aumentar la eficacia de las instituciones; o introducir nuevos ámbitos de cooperación. Así, en 1992 el Tratado de Maastricht creó la Unión Europea y planteó el objetivo de alcanzar una unión económica y monetaria. Y desde 2009 está vigente el Tratado de Lisboa que modifica el Tratado de Maastricht para clarificar las competencias de la UE y mejorar el funcionamiento de las instituciones, la democracia, la integración y la presencia de la UE en el exterior.

Principales instituciones de la UE

Consejo Europeo

Comisión Europea

Parlamento

El **Consejo Europeo,** integrado por los jefes de Estado o de gobierno de los países miembro, fija las prioridades generales. La **Comisión Europea,** compuesta por un presidente y un comisario por cada estado miembro, supervisa el cumplimiento de las leyes y tratados europeos y gestiona el presupuesto y los programas de la Unión. Y el **Parlamento Europeo,** compuesto por 751 parlamentarios, es elegido entre la ciudadanía de los estados miembros cada cinco años; aprueba las leyes y el presupuesto junto al Consejo de la Unión Europea; y controla al Consejo, a la Comisión y al Banco Central.

■ **Las políticas comunes** afectan a diversos ámbitos, como el medio ambiente, la justicia y asuntos de interior, la política exterior, agricultura y pesca, comercio, redes transeuropeas de transporte y política regional.

b) El proceso de ampliación ha elevado el número de miembros comunitarios. En 1957 eran seis —Francia, la República Federal de Alemania, Italia, Bélgica, Países Bajos y Luxemburgo—. En 1973 se sumaron por el norte Dinamarca, Irlanda y el Reino Unido. Entre 1981 y 1986 se añadieron por el sur Grecia (1981) y Portugal y España (1986). En 1995 entraron Suecia, Finlandia y Austria. En 2004 tuvo lugar la mayor ampliación con la adhesión de las tres repúblicas bálticas: Estonia, Letonia, Lituania; cinco estados de Europa central y oriental: Polonia, República Checa, Eslovaquia, Hungría y Eslovenia; y dos estados insulares mediterráneos: Chipre y Malta. Y desde 2005 se han incorporado tres países balcánicos: Rumanía y Bulgaria (2007) y Croacia (2013). Con ello el territorio de la UE comprende 4,38 millones de km^2 y ha incrementado sus contrastes físicos y socio-económicos.

Actividades

1 Busca información sobre los diferentes Tratados que han regido la Europa Comunitaria desde su constitución hasta la actualidad.

2 Valora la repercusión que tienen las funciones realizadas por las instituciones europeas en la vida cotidiana de la ciudadanía europea.

3 Busca información sobre alguna de las iniciativas contempladas por la Estrategia 2020 para alcanzar sus objetivos. Puedes visitar la página web de la Comisión Europea http://ec.europa.eu/index_es.htm

4 Consulta el mapa y elabora un eje cronológico sobre las etapas de la ampliación europea.

2 Los contrastes físicos de la UE

1. El relieve

El relieve de la Unión Europea presenta formas muy diversas.

a) Las montañas tienen un doble origen.

■ En unos casos son **macizos antiguos** de baja altitud y formas suaves formados por el levantamiento de bloques de antiguas mesetas. Se localizan en el extremo occidental de Europa (montes Escandinavos; y macizos de Escocia, Inglaterra, Gales e Irlanda); y en el centro y SO del continente (Sudetes; Selva Negra, macizo Esquistoso-Renano; Selva de Turingia y Bohemia; Árdenas; Vosgos, macizo Central francés; macizo Armoricano).

■ En otros casos son **cordilleras** elevadas y de formas escarpadas, resultantes de la orogénesis alpina de la era terciaria. Se sitúan en el sur de la UE (Béticas, Pirineos, Jura, Alpes, Apeninos, Pindo y Cárpatos).

b) Las mesetas son el resto de antiguas cordilleras, arrasadas posteriormente por la erosión (mesetas de Finlandia, Suecia, NO de Escocia y meseta castellana).

c) Las llanuras son zonas deprimidas rellenadas posteriormente con sedimentos. En unos casos son **cuencas sedimentarias de zócalo** formadas por el hundimiento de bloques entre macizos antiguos (Gran Llanura del norte de Europa); o en el interior de antiguas mesetas (Tierras Bajas Escocesas, cuencas de Londres, París, Rin, Duero, y Tajo-Guadiana). En otros casos corresponden con **depresiones prealpinas** paralelas a las cordilleras alpinas (depresiones del Guadalquivir, Ebro, Aquitania, Po y Danubio).

Alpes suizos.

Gran Llanura Europea, Polonia.

2. Los paisajes naturales

La UE cuenta con paisajes naturales muy contrastados como resultado de su diversidad climática, vegetal e hidrológica.

a) **El paisaje oceánico** se extiende por las islas Británicas y la costa occidental europea, penetrando profundamente hacia el este y el sureste del continente. Las precipitaciones son abundantes y regulares (más de 800 mm), y las temperaturas, moderadas con baja amplitud térmica (menos de 15 °C). **La vegetación** predominante es el bosque caducifolio, la landa y los prados. **Los ríos** son largos, caudalosos y regulares, permitiendo la navegación y la producción hidroeléctrica (Sena, Loira, Garona, Mosa, Rin, Elba, Danubio).

b) **El paisaje mediterráneo** ocupa el espacio más meridional de la UE. Las precipitaciones son escasas (300-800 mm), con sequía estival; y la amplitud térmica es moderada en la costa (hasta 18 °C) y elevada en el interior. **La vegetación** dominante es el bosque perennifolio y los matorrales. **Los ríos** son generalmente cortos, de caudal reducido e irregular, con estiaje en verano y máximos equinocciales que pueden causar inundaciones (Ródano, Po).

c) **El paisaje continental y subártico** se extiende por gran parte de Suecia y Finlandia, situadas al abrigo del Atlántico por la barrera de los montes Escandinavos, y por las tres repúblicas bálticas. Las precipitaciones son escasas o moderadas (300-700 mm al año), con máximo en verano; y la amplitud térmica es elevada (inviernos muy fríos por debajo de –3 °C, y veranos frescos, aunque alcanzan o superan los 10 °C). En el clima subártico seis o siete meses se encuentran por debajo de 0 °C. La **vegetación** predominante es el bosque de coníferas o taiga (pinos, abetos y abedules). Los **ríos** son largos y caudalosos, con aguas bajas en invierno (precipitación retenida en forma de nieve), y altas en primavera (deshielo). En esta zona son frecuentes los lagos de origen glaciar.

Actividades

Después de leer la información sobre el medio físico de la Unión Europea, realiza estas tareas:

5 Localiza en un mapa físico mudo de Europa las unidades del relieve y los ríos que se mencionan en el texto.

6 Con los datos del texto, realiza una ficha comparando las precipitaciones y las temperaturas de los tipos climáticos europeos. Después, realiza la actividad número 4 de la página 427.

7 Cita los principales tipos de bosque existentes en la UE. ¿En qué climas no hay bosque? ¿Por qué?

Principales tipos de paisajes naturales en Europa

Oceánico

Prados y bosque caducifolio, Bretaña, Francia.

Mediterráneo

Vegetación de encinas y matorral, Grecia.

Continental

Taiga o bosque de coníferas, Finlandia.

d) Otros paisajes de menor extensión son los de clima **ártico,** en los extremos norte de Suecia y Finlandia donde la temperatura media nunca sube de 10 °C y predomina la vegetación de tundra; el paisaje de **montaña,** con precipitaciones superiores a 1 000 mm, y vegetación escalonada en pisos; y el paisaje **subtropical** en las islas Canarias, Azores y Madeira con temperaturas suaves todo el año y gran originalidad vegetal.

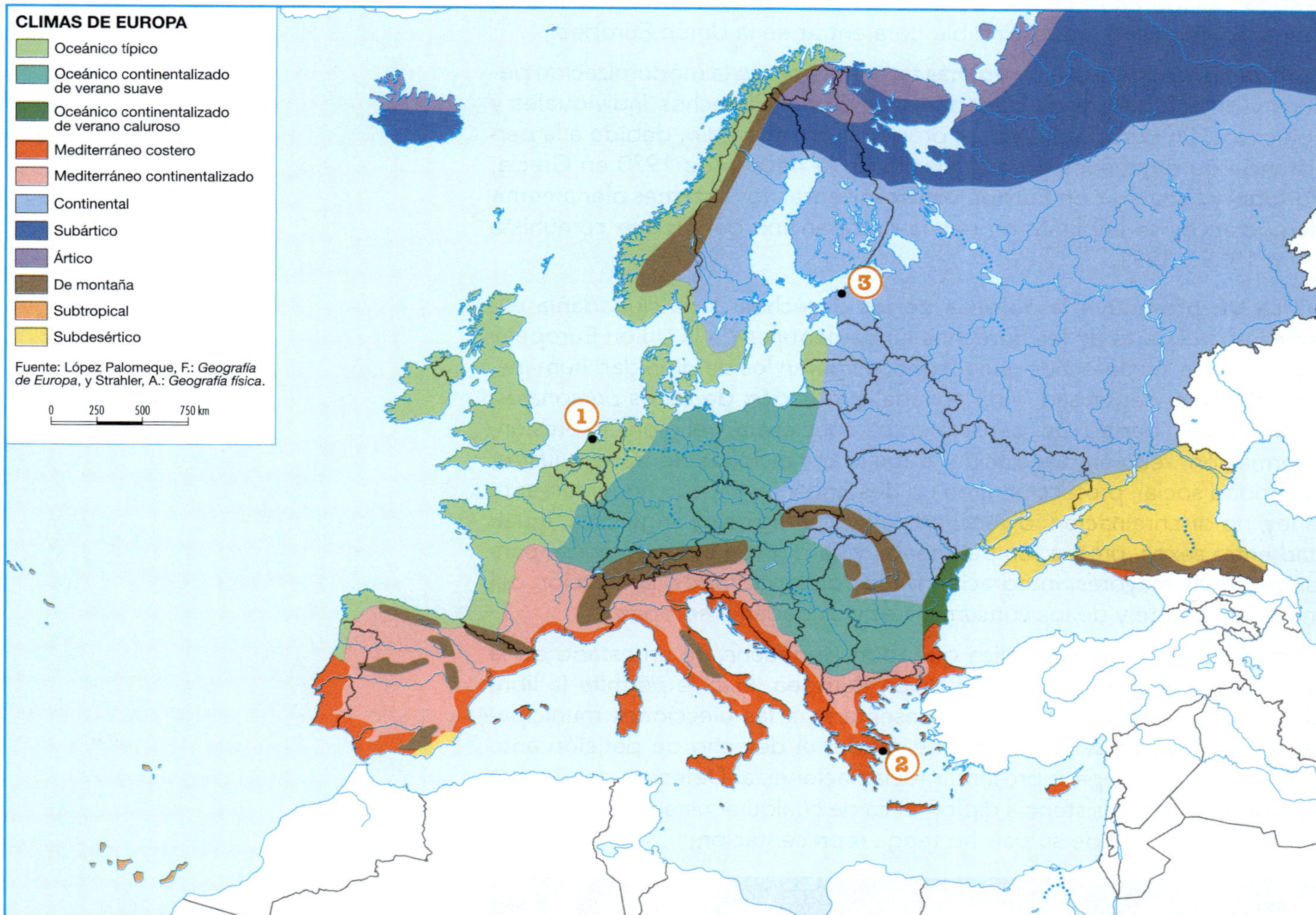

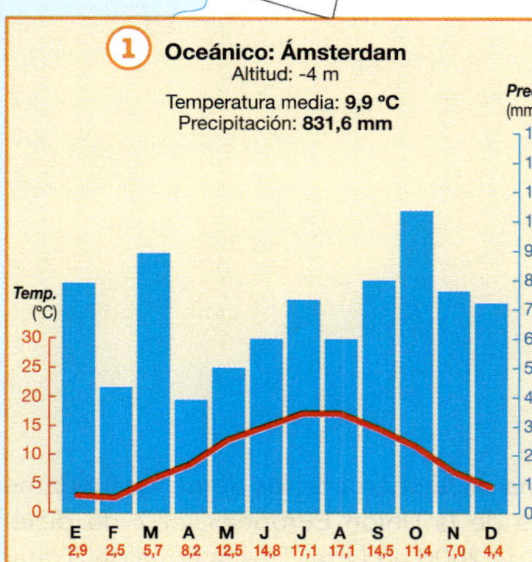

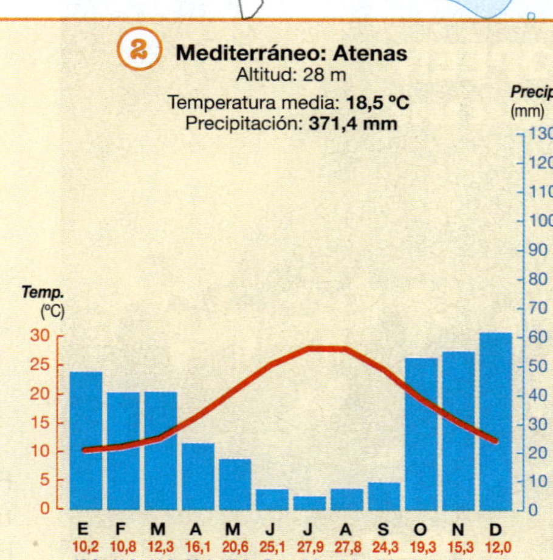

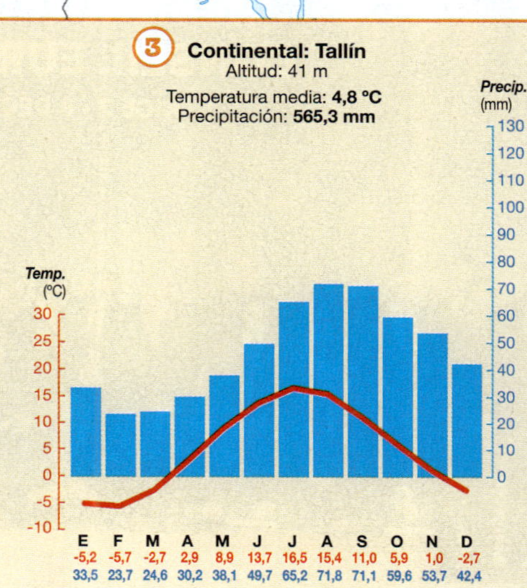

3 Los contrastes políticos

En la UE existen diferencias en el acceso a la democracia y en las posturas respecto a la integración política europea.

1. Las diferencias en el acceso a la democracia

a) Todos los países de la UE cuentan con un sistema político democrático basado en el Estado de derecho y en el respeto a los derechos humanos, requisito imprescindible para entrar en la Unión Europea.

Europa noroccidental alcanzó más tempranamente la modernización política y el disfrute por su ciudadanía de plenos derechos individuales y colectivos. En **Europa del sur,** el proceso fue más tardío, debido a la persistencia de regímenes dictatoriales hasta la década de 1970 en Grecia, Portugal y España. Y en **Europa centro-oriental,** los sistemas plenamente democráticos se implantaron tras la desaparición del bloque comunista entre 1989 y 1991.

b) La UE promueve la defensa de los derechos de la ciudadanía europea en la «Carta de los derechos fundamentales de la Unión Europea» (2000). Entre los derechos que reconoce figuran los de dignidad humana, vida, libertad, seguridad, vida privada, protección de datos personales, matrimonio, libertad de pensamiento, conciencia, religión, expresión, información, reunión, asociación, trabajo, condiciones de trabajo justas, seguridad social, protección ante un despido injustificado, igualdad ante la ley, no discriminación, diversidad cultural, religiosa y lingüística, igualdad entre sexos, protección del menor, vida digna e independiente para las personas mayores, integración de los discapacitados, protección del medio ambiente y de los consumidores y ciudadanía europea.

La ciudadanía europea implica que todo ciudadano de un estado de la Unión lo es también de toda la Unión Europea. Esto le permite la libre circulación y residencia; votar y presentarse a las elecciones municipales y europeas en el estado donde reside; el derecho de petición ante el Parlamento Europeo; presentar reclamaciones al Defensor del Pueblo Europeo; y recibir asistencia diplomática de cualquier estado miembro en terceros países donde su país no tenga representación.

Firma de la «Carta de los derechos fundamentales de la Unión Europea», el 7 de diciembre de 2000 en Niza. Tras la firma del Tratado de Lisboa, la Carta se convierte en vinculante para todos los países miembros, excepto Polonia y Reino Unido.

2. Las diferencias respecto a la integración política

a) En la Unión Europea existen estados e ideologías con posturas heterogéneas respecto a la integración política europea.

- **Los europeístas** son partidarios de «más Europa», como Alemania y Francia. Abogan por una mayor integración y cesión de competencias de los estados en favor de la UE. Algunos defienden incluso la creación de un estado europeo con un modelo federal.
- **Los euroescépticos** son más numerosos en países como Reino Unido, Dinamarca y Suecia. Los más radicales rechazan la UE y exigen la salida de esta organización. Los más moderados defienden solo una mínima integración evitando ceder más competencias a la Unión. El euroescepticismo responde a razones políticas —la defensa de la soberanía nacional frente a la europea; o el rechazo hacia lo que consideran un «imperialismo europeo»—. Y también a razones económico-sociales —la consideración de que el país aporta más a la UE de lo que recibe; o el rechazo a su política neoliberal en favor de otra más social—. Desde la crisis de 2008, el euroescepticismo ha ganado cuota entre la ciudadanía europea, descontenta con las medidas adoptadas por la UE para afrontarla.

El mayor o el menor peso del europeísmo y del euroescepticismo han hecho que el proceso de integración política haya pasado por momentos de avances y de crisis.

b) No obstante, todos los miembros han realizado cesiones de su soberanía en favor de la Unión y de la adopción de políticas comunes. En el terreno político destacan tres:

- **La política de Justicia y Asuntos de Interior** (JAI) crea un espacio europeo de libertad, seguridad y justicia. **El espacio de libertad** pretende garantizar la libre circulación de personas entre los países miembros. Con este fin, todos ellos, excepto Reino Unido e Irlanda, han suscrito el Acuerdo Schengen, que suprime los controles fronterizos internos, quedando reducidos los controles a la frontera exterior común. En este Acuerdo participan también tres países no comunitarios: Noruega, Islandia y Suiza. **El espacio de seguridad** incluye medidas para evitar que la libre circulación favorezca la delincuencia. Entre ellas destacan la creación de la Europol (Oficina Europea de Policía); y la adopción de una política común sobre asilo y la inmigración. **El espacio de justicia** fomenta la cooperación judicial con la creación de la Eurojust para la investigación conjunta de delitos; la orden de detención europea, que facilita la rápida extradición de los delincuentes; y el reconocimiento mutuo de sentencias.

La **Europol**, Oficina Europea de Policía, se creó en el Tratado de la Unión Europea para aumentar la seguridad del espacio común europeo. Por ello, la Europol facilita el intercambio de información entre los policías de los estados miembros y la coordinación de operaciones contra la delincuencia. La **Eurojust** fue creada para la cooperación judicial y la investigación conjunta de delitos.

■ **La Política Exterior y de Seguridad Común** (PESC) avanza lentamente, ante el recelo de los países de ceder su soberanía en este tema en favor de la Unión y la unanimidad exigida para la toma de decisiones. En **política exterior** se pretende una mayor coherencia y visibilidad internacional mediante la creación de un alto representante que propone y ejecuta las decisiones. En **seguridad,** se busca la paz y la cooperación internacional, para lo cual la UE participa en instituciones como la ONU dedicadas a evitar los conflictos y solucionar los existentes. Y en **defensa** se pretende una progresiva política común, que implica para los estados poner a disposición de la UE capacidades civiles y militares y asegurarse la ayuda de los demás si uno es atacado en su propio territorio.

■ **La Unión Económica y Monetaria** (UEM) se considera un paso previo fundamental hacia la unidad política. Consiste en lograr la estabilidad monetaria y financiera estableciendo una moneda única: el euro; y una política monetaria común. **El euro** se adoptó en 2002 por los once miembros que cumplían los requisitos de convergencia económica establecidos por el Tratado de Maastricht. Después los miembros de la Eurozona se han elevado a 19. **La política monetaria,** dirigida a mantener la estabilidad financiera, la establece el Eurosistema, formado por el Banco Central Europeo y los Bancos Centrales Nacionales de los países que han adoptado el euro y se aplica solo en la eurozona.

Los ciudadanos europeos circulan libremente dentro del espacio Schengen.

Actividades

8 Sintetiza en un cuadro los principales objetivos de la JAI, de la PESC y de la UEM y las actuaciones para alcanzarlos.

9 Valora las principales consecuencias positivas de estas políticas sobre la vida cotidiana de la ciudadanía europea.

10 Explica la relación entre Eurosistema y Eurozona.

11 Analiza la información proporcionada por el mapa de la UEM y responde: ¿coincide el uso del euro con los países que forman la UE? Razona tu respuesta.

4 Los contrastes económicos

La UE es un espacio de fuertes contrastes socioeconómicos y territoriales. Para mitigarlos, se impulsan políticas comunes que tratan de avanzar en la cohesión económica, social y territorial.

1. El sector primario

1.1. Las actividades agrarias

a) La estructura agraria de la UE es contrastada. La población ocupada es escasa, aunque con diferencias entre estados que reflejan la distinta antigüedad e intensidad de la industrialización (menos del 2 % en el Reino Unido y casi el 30 % en Rumanía). Las **explotaciones** agrarias varían entre las grandes explotaciones empresariales orientadas al mercado (cuenca de París, valles del Po y del Guadalquivir); explotaciones familiares tecnificadas y bien gestionadas (Europa occidental); explotaciones familiares medianas y pequeñas (área mediterránea); y explotaciones minifundistas poco competitivas (algunos países de Europa central y oriental, como Hungría y Polonia). Las **técnicas de producción** son modernas en Europa occidental gracias a las abundantes inversiones en mejoras tecnológicas y organizativas y presentan mayores deficiencias en Europa central y oriental.

Ganado bovino en Irlanda.

b) Las áreas agrarias se han especializado en diferentes producciones en función del medio físico, la accesibilidad y la demanda del mercado.

- **En el área de clima oceánico** occidental domina la ganadería bovina de leche en explotaciones intensivas muy tecnificadas y capitalizadas.
- **En el área de clima más continentalizado** del centro y del este predominan sistemas mixtos. La ganadería, orientada a la producción de carne, coexiste con zonas especializadas en cereales en rotación con plantas industriales y con zonas de viñedo (Burdeos, Champagne, Rin).
- **En el área de clima mediterráneo,** el secano está dominado por la trilogía trigo-vid-olivo; y el regadío, por cultivos intensivos de frutas y hortalizas orientados al mercado exterior. La escasez de pastos determina el predominio de la cabaña ovina y caprina.
- **En el área de clima subártico y ártico** del norte pervive la ganadería extensiva de renos, que ocupa a una población reducida y en constante emigración.

Viñedos en Francia.

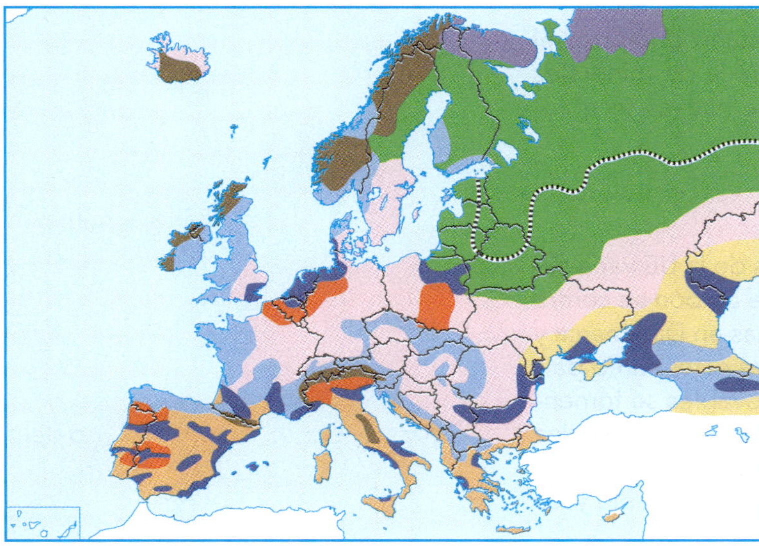

LOS PAISAJES AGRARIOS DE EUROPA

- Área de clima oceánico: *bocages* o campos cerrados por setos, dedicados principalmente a pastos para el ganado vacuno extensivo de carne o vacuno intensivo de leche.
- Área de clima continentalizado: *openfields* o campos abiertos dedicados a la ganadería de carne y al cultivo de cereales y plantas industriales.
- Área de clima continental: explotación forestal de coníferas.
- Área de clima mediterráneo de secano: campos abiertos de cereal, vid y olivo y ganadería extensiva.
- Áreas de regadío o inundadas: huertos mediterráneos, deltas, llanuras de inundación, polders, dedicados a frutas, hortalizas y arroz.
- Área de clima ártico: ganadería extensiva trashumante.
- Paisajes singulares: dehesas, *Kampen* de llanuras costeras atlánticas, minifundios polacos.
- Paisajes esteparios y subáridos: monocultivos cerealistas y cultivos industriales en regadío.
- Montañas y tierras altas: escaso o nulo aprovechamiento agrícola y silvopastoril.
- Subtaiga (límite septentrional); hacia el sur se introducen aprovechamientos ganaderos extensivos.

Fuente: López Palomeque, F.: *Op. cit.*

c) **La Política Agraria Comunitaria (PAC),** como se ha explicado, pretende en la actualidad garantizar la seguridad alimentaria a largo plazo; y contribuir a las prioridades de la Estrategia 2020. Un crecimiento inteligente mediante la innovación y la tecnología. Un crecimiento sostenible conjugando la mejora de la competitividad agraria con el cuidado medioambiental. Y un crecimiento integrador, manteniendo el empleo y la población y promoviendo nuevas actividades en el espacio rural.

1.2. La actividad pesquera

a) **La estructura pesquera** se caracteriza por la disminución de la población activa; y por una flota en la que contrastan pequeñas embarcaciones artesanales con grandes buques factoría que emplean técnicas modernas.

b) **Las áreas pesqueras** son los caladeros exteriores de terceros países, con los que la UE suscribe acuerdos de pesca; y los caladeros comunitarios. En estos, el país correspondiente mantiene una zona económica exclusiva de 12 millas y el resto de las aguas son de libre acceso para los demás miembros, con unas cifras de capturas que se reparten por países.

c) **La Política Pesquera Comunitaria (PPC),** como se ha visto, pretende en la actualidad garantizar un abastecimiento de pescado seguro, variado y de calidad a largo plazo; y contribuir a las prioridades de la Estrategia 2020. Un crecimiento inteligente mediante la innovación y la tecnología. Un crecimiento sostenible conjugando la mejora de la competitividad pesquera con el cuidado del medio ambiente y de los recursos marinos. Y un crecimiento integrador manteniendo a la población, creando empleo, e impulsando otras actividades económicas en las zonas pesqueras.

Actividades

12 Busca imágenes representativas de los diferentes tipos de paisajes agrarios europeos y redacta un pie explicativo para cada una de ellas.

13 Compara los rasgos de la estructura agraria y pesquera de la UE.

14 Relaciona en un cuadro los objetivos de las políticas agraria y pesquera de la UE con las prioridades de la Estrategia Europa 2020.

Principales capturas pesqueras*

	2000	2014
España	1 066 687	1 108 830
Dinamarca	1 534 074	745 019
R. Unido	747 651	751 979
Francia	702 295	543 525
P. Bajos	495 774	375 441

Fuente: Eurostat. *En toneladas.

2. El sector secundario

2.1. La actividad minera

La Unión Europea es deficitaria en materias primas minerales, fundamentales para el desarrollo industrial. Como consecuencia se ve obligada a realizar cuantiosas importaciones.

El hierro del sureste de Gran Bretaña, de la cuenca del Ruhr en Alemania, y del norte de Francia ha perdido importancia.

Otros minerales se encuentran agotados, como el estaño británico, el aluminio francés, o el cinc belga. Además, Europa carece de minerales imprescindibles para algunas industrias dinámicas o de nuevas tecnologías, como el titanio o el wolframio.

2.2. La actividad energética

a) **La estructura** del consumo energético de los países de la UE varía según sus disponibilidades energéticas. La producción de carbón se centra en Polonia y Alemania; el petróleo en Reino Unido; el gas en Dinamarca y Países Bajos; y la nuclear en Francia y Alemania, aunque este último país se ha propuesto el «apagón nuclear» en 2050. Las renovables se fomentan en todos los países, destacando la biomasa. La producción energética es muy inferior al consumo, lo que implica una alta dependencia de los países proveedores, sobre todo de Rusia en gas y de Oriente Medio y los países del Caspio en petróleo.

b) **La política energética de la UE** pretende garantizar un abastecimiento seguro, diversificado y regular, fomentando los acuerdos con los países proveedores; extendiendo las redes transeuropeas de energía; y cooperando para la seguridad de las infraestructuras. También pretende contribuir a las prioridades de la Estrategia 2020. Un crecimiento **inteligente** invirtiendo en I+D+i. Un crecimiento **sostenible** aunando medidas para mejorar la **competitividad** (aumentar un 20% la eficiencia energética en 2020 y competir en el mercado interior de la energía); con medidas para mejorar el **cuidado medioambiental** (en 2020 reducir un 20% las emisiones de efecto invernadero y aumentar un 20% el consumo de energía renovable). Y un crecimiento **integrador,** fomentando el empleo y precios asequibles de la energía para todos.

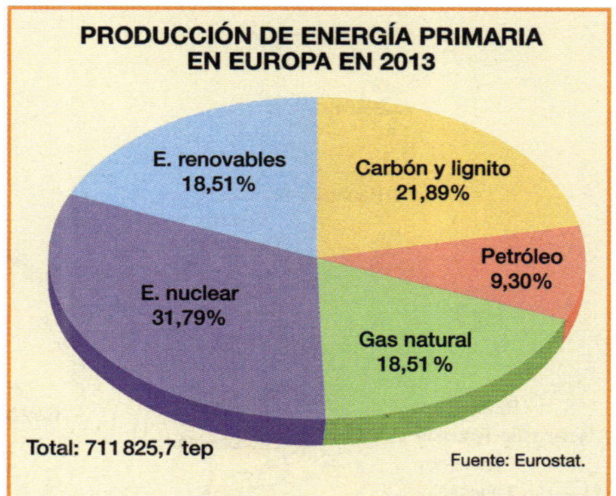

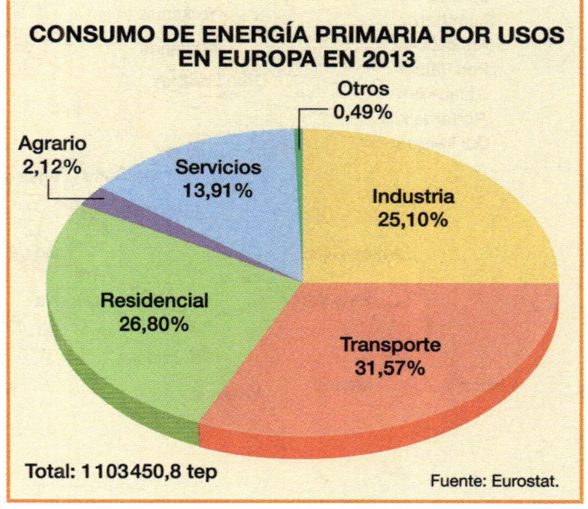

2.3. La industria

a) **La estructura industrial** de la UE es contrastada. La **población ocupada desciende,** tanto en los sectores maduros por los procesos de reestructuración y deslocalización como en los más dinámicos por la adopción de innovaciones técnicas. Los valores más altos corresponden a los países de Europa central y oriental donde el anterior sistema socialista creó grandes complejos industriales, y los más bajos a los países occidentales donde comenzó antes la reconversión industrial. Las **empresas** son predominantemente pymes, aunque también existen grandes empresas, sobre todo en Europa noroccidental y central. Las **técnicas** de producción varían, pues existen sectores maduros de bajo contenido tecnológico, junto a otros de alta tecnología. En general, son más avanzadas en los países noroccidentales por sus mayores inversiones en investigación, innovación y tecnología.

b) **Las áreas industriales de la UE** se localizan selectivamente. El área más industrializada es el eje en torno al Canal de la Mancha, que se prolonga hacia el sur por el valle del Rin y la llanura del Po, y hacia el este por Bohemia y Silesia. Además, se están produciendo procesos de difusión industrial hacia el arco mediterráneo y hacia los países centro-orientales, debido a sus menores costes salariales. En el resto del territorio, la industria se localiza en enclaves aislados, correspondientes a capitales estatales y a otras grandes ciudades. Existen áreas industriales de diferente tipo:

- **Las áreas de base extractiva** están ligadas a la transformación de recursos voluminosos, como el carbón, base de la industria siderúrgica (Reino Unido, Bélgica, Alemania, Europa central, Francia y España) y el petróleo del mar del Norte, base de industrias químicas o energéticas. Hoy muchas de estas industrias se encuentran en declive y reestructuración, sobre todo en Europa central y oriental donde las inversiones del periodo socialista se centraron en el desarrollo de la industria pesada.

- **Las áreas portuarias** del Atlántico y del Mediterráneo instalaron industrias de primera transformación (refinerías, petroquímica, siderurgia, aluminio); industrias ligadas al mar (astilleros, conservas); empresas de transporte y almacenamiento; y de bienes de consumo para el entorno. Además, la red de ríos y canales navegables favoreció la implantación industrial en puertos fluviales del Rin y en Róterdam. La crisis de la siderurgia y de los astilleros ha afectado negativamente a estas zonas; pero otras industrias se mantienen junto a los puertos aprovechando sus ventajas para el aprovisionamiento y la exportación.

Fábricas en la zona del Ruhr, Zeche Zollverein, Essen, Alemania.

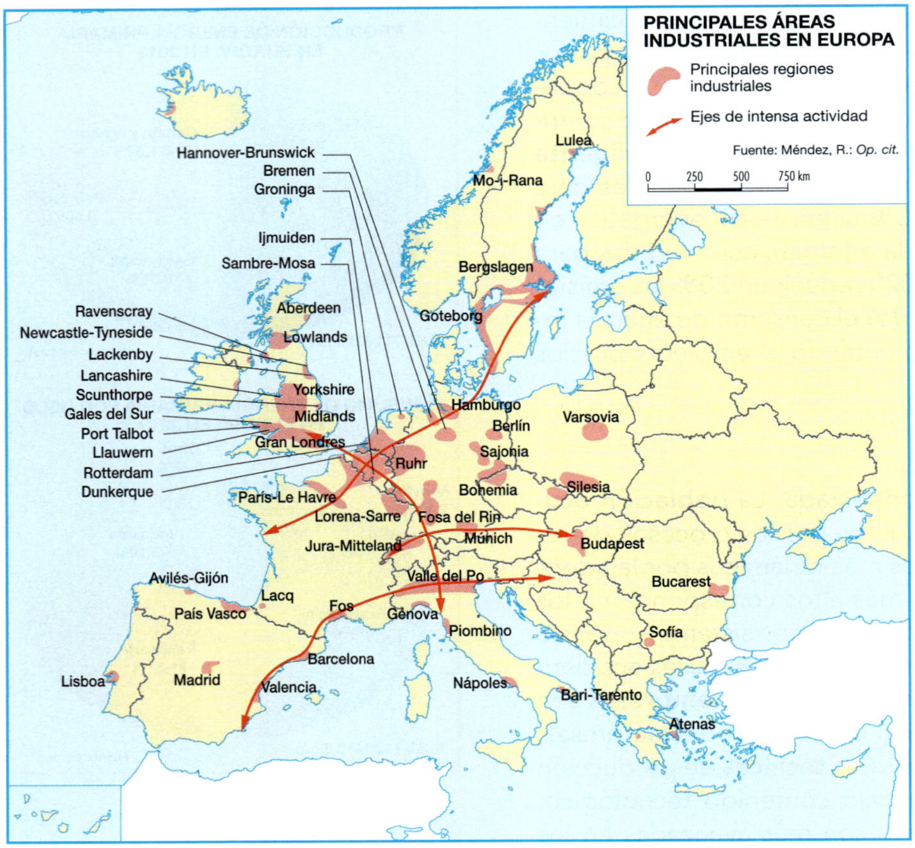

Silicon Roundabout, el distrito tecnológico de Londres, se creó en una antigua zona de fábricas abandonadas del siglo XIX. Aprovechando los bajos precios del suelo se instalaron en la zona industrias tecnológicas incipientes, que han organizado programas para atraer a grandes empresas.

- **Las grandes áreas urbanas,** por sus economías externas, acogieron industrias diversificadas; y actualmente, atraen a los sectores más innovadores, los servicios a la producción, y las sedes de las grandes empresas.
- **Las áreas de industria dispersa** se localizan en espacios periurbanos, pequeñas ciudades, y áreas rurales. Se deben a procesos de difusión y deslocalización industrial o a iniciativas de industrialización endógena. Estas últimas han creado distritos industriales en varias zonas (sur de Suecia, sur de Baviera, Tercera Italia, Comunidad Valenciana).
- **Los ejes de difusión industrial** se han creado a lo largo de los principales vías de comunicación que unen los territorios más industrializados entre sí; y a los espacios más industrializados del occidente europeo con los nuevos mercados de Europa central y oriental.

c) La política industrial de la UE pretende mejorar la seguridad y la calidad de instalaciones y productos; y contribuir a las tres prioridades de la Estrategia 2020. Un **crecimiento inteligente** invirtiendo en I+D+i y nuevas tecnologías. Un **crecimiento sostenible** con medidas para aumentar la **competitividad** ante los retos planteados por la globalización y la competencia de nuevos países emergentes, que resta mercados y entraña riesgo de deslocalización. Para ello, se requiere invertir en conocimiento e innovación; fomentar el espíritu empresarial; apoyar a las pymes; e incluir la competitividad industrial en las demás políticas europeas. Y aunar estas medidas con el **cuidado medioambiental.** La política industrial pretende también un **crecimiento integrador** manteniendo el empleo y creando nuevas alternativas en las zonas industriales en declive.

Actividades

15 Explica cuáles son las causas y las consecuencias de la dependencia energética de la UE y las soluciones emprendidas frente a este problema.

16 Valora la importancia de las redes transeuropeas de energía.

17 Señala cuáles son los factores que explican la localización de las distintas áreas industriales de la UE. Con la ayuda del mapa, pon ejemplos de cada caso.

3. El sector terciario

Los servicios son la principal actividad económica de la UE, superando el 60% del empleo y de la aportación al PIB. Los valores más altos corresponden a los países de Europa noroccidental, y los más bajos, a los países de Europa central y del este. Entre las actividades más destacadas de este sector en Europa se encuentran los transportes, el comercio y el turismo.

3.1. El transporte y las telecomunicaciones

a) El sistema de transportes y telecomunicaciones de la UE cuenta con una densa red de autovías y autopistas; una red ferroviaria moderna; importantes puertos y flotas mercantes marítimas y fluviales; grandes aeropuertos; y extensas redes de telecomunicaciones.

b) Las redes de transporte más densas y equipadas se concentran en Europa occidental, especialmente en el eje renano que conecta los espacios de mayor dinamismo económico; y en los espacios metropolitanos. En cambio, existen mayores deficiencias en el este de Europa, en las regiones periféricas, y en las áreas rurales o montañosas.

c) Las políticas de transporte y telecomunicaciones pretenden garantizar la **seguridad** y la calidad, tanto del transporte profesional (formación, descansos) como de las telecomunicaciones (ciberdelincuencia, ciberataques, protección de datos); y contribuir a las prioridades de la Estrategia 2020. Un crecimiento **inteligente** a través de la innovación (sistemas inteligentes). Un crecimiento **sostenible** con medidas para mejorar la **competitividad** del transporte (logística, intermodalidad) y de las telecomunicaciones (interoperabilidad); unidas a medidas de **cuidado medioambiental.** Y un crecimiento **integrador** favoreciendo la vertebración europea y el desarrollo de las regiones atrasadas mediante el impulso de las Redes Transeuropeas de Transporte y de telecomunicaciones y el acceso a ellas de todos los grupos sociales. (Consulta el mapa de la página 248).

Estación Central de Berlín.

3.2. El turismo

a) El turismo ha adquirido enorme importancia en la UE, debido al elevado nivel de vida, de forma que es el primer destino turístico del mundo y cuenta además con un importante turismo interno.

Junto al turismo de playa hacia el litoral mediterráneo y el de montaña hacia las cordilleras alpinas, se han incrementado el turismo rural; el de negocios hacia ciudades de rango internacional; y el cultural hacia poblaciones con patrimonio histórico.

b) Los países más turísticos son Francia, España e Italia, aunque en los últimos años se han incrementado los viajes hacia los países de Europa central y oriental.

c) La política turística de la UE se plantea mantener el liderazgo turístico, consolidando la imagen de Europa como un destino sostenible y de calidad; garantizar la seguridad de los turistas; y contribuir a las prioridades de la Estrategia 2020. Un crecimiento **inteligente** fomentando la innovación, el uso de las TIC y la formación. Un crecimiento **sostenible** con medidas para mejorar la **competitividad** (freno de la estacionalidad, diversificación de la oferta, mejora de la calidad, promoción) junto a medidas para el **cuidado medioambiental** de los destinos. Y un crecimiento **integrador** mediante la creación de empleo y el acceso al turismo para todos los sectores sociales.

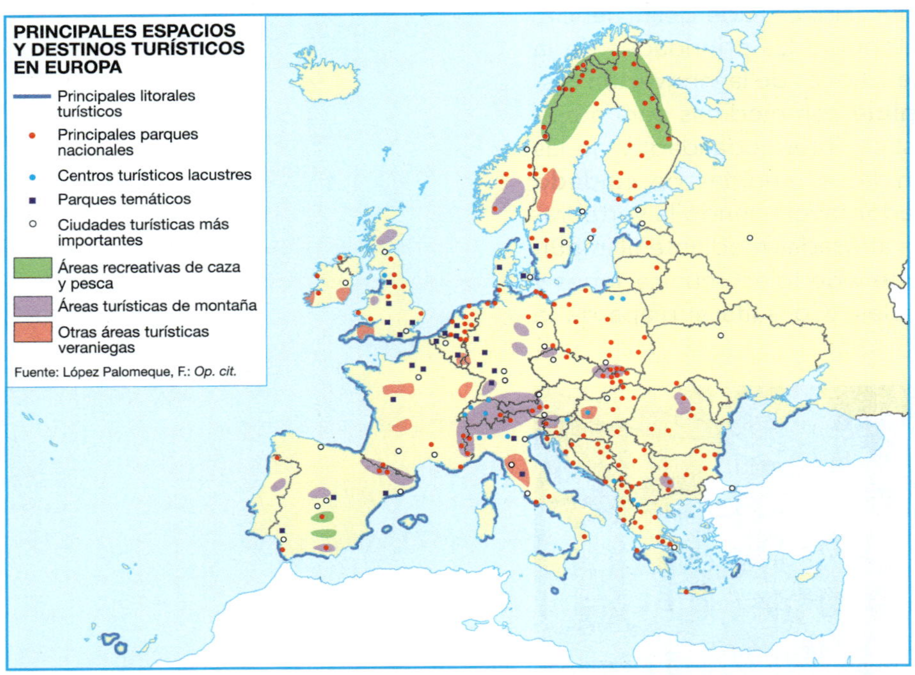

Las áreas turísticas de la UE están relacionadas con sus recursos naturales y culturales. Así, se localizan en el litoral —especialmente en el Mediterráneo—, en las áreas lacustres, en las zonas de montaña y en los espacios naturales protegidos; o bien, en ciudades destacadas por su patrimonio histórico y cultural.

Actividades

18 Comenta el mapa, indicando los factores que favorecen la atracción turística en cada zona y los posibles impactos negativos que puede ocasionar.

París, Francia.

Costa del Sol, España.

Alpes italianos.

3.3. El comercio interior y exterior

a) El comercio intracomunitario es el más importante en cuanto a importaciones y exportaciones. Se rige por el mercado único o libre circulación de personas, mercancías, capitales y servicios entre los miembros.

La política comercial interior pretende garantizar la seguridad en la circulación de los bienes y servicios (vigilancia y controles); y contribuir a las prioridades de la Estrategia 2020. Un crecimiento **inteligente,** garantizando la libre circulación del conocimiento y de la innovación y fomentando el uso de la innovación y de las TIC. Un crecimiento **sostenible** con medidas para mejorar la **competitividad** (evitando los monopolios, los acuerdos entre empresas y las ayudas estatales; simplificando las normativas que lo obstaculizan; y facilitando la participación de pymes); junto a medidas para el **cuidado medioambiental** (más eficacia en el transporte para ahorrar energía y emisiones). Y un crecimiento **integrador** favoreciendo la creación de empleo, promoviendo la integración y la movilidad europea y garantizando a los consumidores precios asequibles y la protección de sus derechos.

b) El comercio internacional coloca a la UE en el primer lugar mundial por sus importaciones y por sus exportaciones. Se rige mediante un arancel común para los productos procedentes de terceros países y por acuerdos internacionales, que incluyen acuerdos preferenciales para países en desarrollo, acuerdos de libre comercio, y acuerdos multilaterales negociados en la Organización Mundial del Comercio.

La política comercial exterior pretende la seguridad de los intercambios (lucha contra la piratería); y contribuir a las prioridades de la Estrategia 2020. Un **crecimiento inteligente,** mediante acuerdos sobre patentes y protección de la innovación. Un **crecimiento sostenible,** con medidas para mejorar la **competitividad** en el mercado internacional (lucha contra el fraude, la competencia desleal y los obstáculos al comercio); junto a medidas para el **cuidado medioambiental** (incluyendo en los acuerdos con otros países disposiciones sobre uso eficiente de los recursos y protección medioambiental). Y un **crecimiento integrador,** compensando a los sectores menos dinámicos por las pérdidas de empleo derivadas de la apertura a los mercados, mediante el Fondo Europeo de Adaptación a la Globalización.

Actividades

19 Escribe la información sobre el comercio exterior de la UE que aportan los datos de la tabla estadística.

20 Relaciona en un cuadro los objetivos de las políticas de transporte, turismo y comercio de la UE con las prioridades de la Estrategia Europa 2020.

EXPORTACIONES DE LA UE POR PRODUCTOS EN 2014

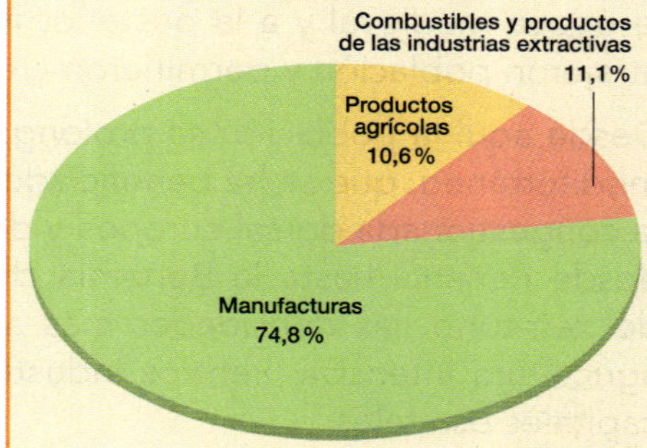

Fuente: OMC.

IMPORTACIONES A LA UE POR PRODUCTOS EN 2014

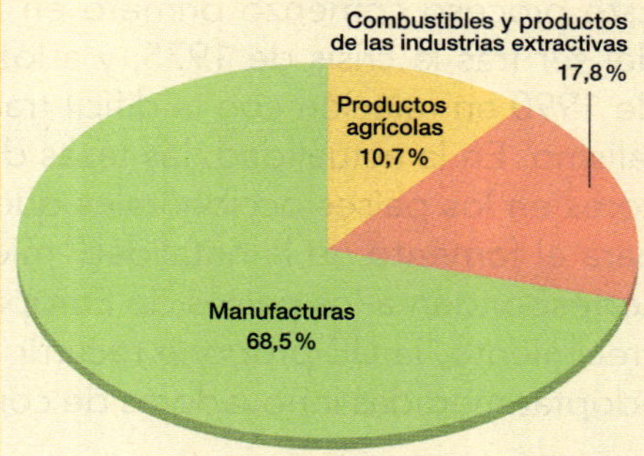

Fuente: OMC.

Valor del comercio de la UE en 2014

	Por regiones (% del valor por regiones)		En el conjunto mundial (% del total del valor mundial)	
	Destino (% sobre el total de exportaciones europeas)	**Origen** (% sobre el total de importaciones europeas)	Parte en las **exportaciones** mundiales (%)	Parte en las **importaciones** mundiales (%)
Unión Europea	63,3	63,6	33,3	32,9
Resto Europa	6,4	5,5	3,5	3,5
CEI	3,1	5,2	4,0	2,7
África	3,3	3,4	3,0	3,4
Oriente Medio	2,9	1,6	7,0	4,2
Asia	10,1	13,0	32,0	31,5
América del Norte	7,9	5,4	13,5	17,7
América del Sur y Central	1,8	1,7	3,8	4,0

Fuente: OMC.

5 Los contrastes demográficos y urbanos

1. La población de la UE

Los contrastes demográficos de la UE se aprecian en la distribución de la población, en el crecimiento natural, los movimientos migratorios y la estructura de la población.

a) La distribución de la población en la UE se caracteriza por una alta densidad de población (111,5 hab/km^2 en 2015) desigualmente repartida:

- **Las densidades más bajas** responden a factores físicos. Se encuentran en las regiones septentrionales de clima frío (Escocia, Suecia, Finlandia); las áreas montañosas; y las zonas de elevada aridez (interior de las penínsulas ibérica y helénica).
- **Las densidades más altas** se deben a factores humanos. Se localizan en la llamada «dorsal europea», entre el SE de Reino Unido y el NO de Italia. Sus altos valores se deben al auge comercial desarrollado desde la época medieval y a la posterior industrialización y terciarización, que atrajeron población y permitieron crear aglomeraciones urbanas.

Desde aquí la población se prolonga por dos ejes: el valle del Po-litoral mediterráneo, que se ha beneficiado de la difusión de actividades desde la congestionada dorsal europea y del auge del turismo; y el eje oriental, desde Renania hasta la Bohemia checa y la Silesia polaca. En el resto del territorio, las densidades más altas corresponden con regiones de agricultura intensiva, centros industriales y portuarios, áreas turísticas y capitales estatales.

b) El crecimiento natural de la mayoría de los países de la UE es bajo o negativo, debido a sus reducidas tasas de natalidad y de mortalidad. Este proceso comenzó primero en los países occidentales; afectó a los del sur tras la crisis de 1975; y a los centrales y orientales en la década de 1990 en relación con la difícil transición desde el comunismo al capitalismo. En la actualidad, las tasas de crecimiento son relativamente mayores en los países occidentales que adoptaron políticas muy favorables para el fomento de la natalidad, mientras que las más bajas o negativas corresponden a los países de Europa central y oriental. Para recuperar el crecimiento, la UE propone recurrir de forma limitada a la inmigración y adoptar medidas innovadoras de conciliación de la vida familiar y laboral.

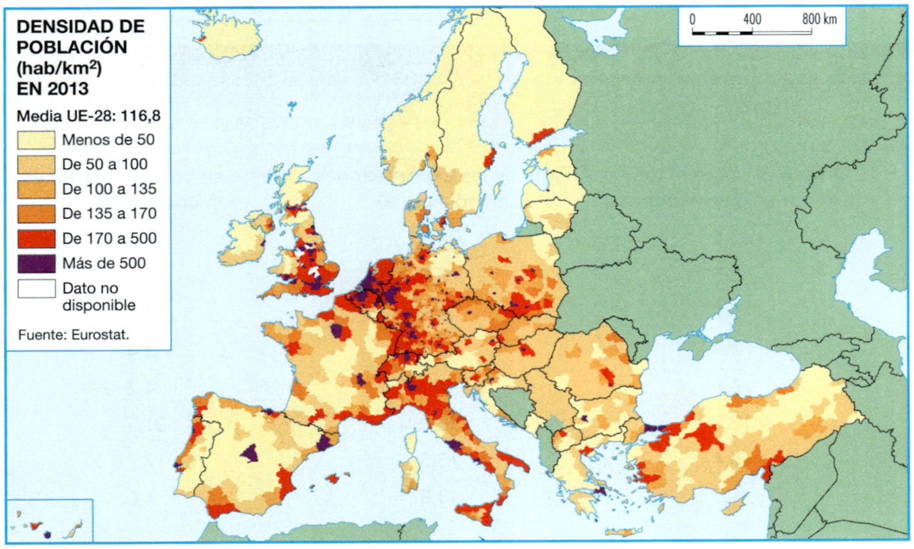

La población de la UE se distribuye de forma desigual. Entre las zonas más despobladas se encuentran las de clima frío, como esta de Finlandia.

Por el contrario, otras zonas están densamente pobladas. En la imagen, Londres.

c) Los movimientos migratorios se deben en su mayoría a motivos laborales.

■ **Las áreas emigratorias** de la UE se concentran en los países de Europa central y oriental (Rumanía, Bulgaria, Polonia) y en zonas desfavorecidas por su medio físico (clima frío) o por su declive económico (Escocia, norte de Francia, sur de Italia). A raíz de la crisis económica se ha intensificado también la emigración de los países del sur.

■ **Las áreas inmigratorias** fueron primero los países más avanzados de Europa occidental, que recibieron inmigrantes del sur de Europa y de sus antiguas colonias. Entre la década de 1990 y la crisis de 2008 se dirigieron más al área mediterránea, encabezada por España que ofrecía puestos de escasa cualificación, y aumentó la procedencia de África, América Latina y Asia. La crisis de 2008 ha reducido considerablemente las entradas. En la actualidad, los países con más proporción de inmigrantes son Alemania, España, Reino Unido, Italia y Francia.

Otras migraciones están relacionadas con la solicitud de asilo por personas procedentes de zonas en conflicto (Siria); los desplazamientos de jubilados del norte a las costas mediterráneas; y la fuga de cerebros desde Europa central y oriental hacia Europa occidental.

d) El crecimiento real de la población comunitaria ha pasado de 168 millones de personas en 1958 a 508,1 en 2015. Hasta 1973 se debió al crecimiento natural. Entre 1973 y 2007, a las sucesivas ampliaciones y al aumento de la inmigración desde 1990. Y a partir 2008, el ritmo se ralentiza a causa de la crisis.

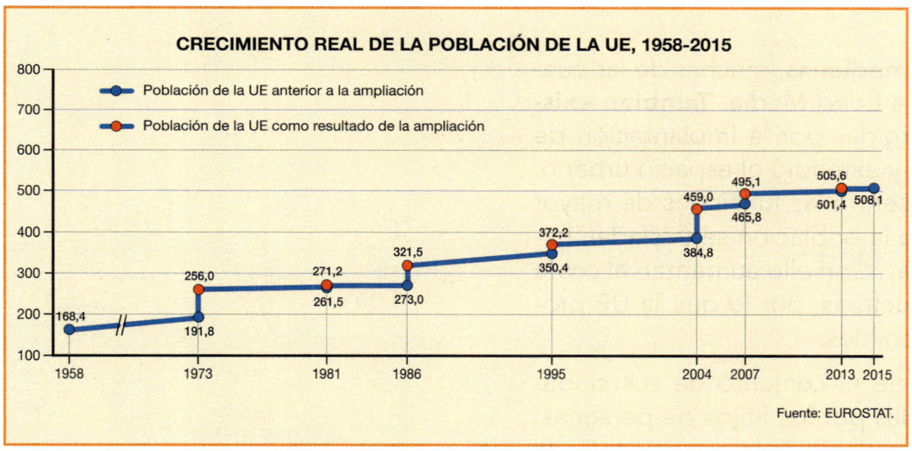

e) La estructura demográfica de la UE sufre un acusado envejecimiento a causa de la baja natalidad y la elevada esperanza de vida; aunque con diferencias entre países muy envejecidos, como Alemania, y otros que lo están en menor grado, como Irlanda. Como consecuencia, se reduce la población activa y aumentan los gastos en pensiones, sanidad y servicios sociales.

Frente a estos problemas, la UE propone una inmigración equilibrada y reformas que permitan la viabilidad del sistema de protección social. Entre ellas, la prolongación de la edad de la jubilación y nuevas transiciones entre las edades que permitan compatibilizar el deseo de los jóvenes trabajadores de contar con más tiempo para conciliar con la vida familiar y el de los ancianos de un envejecimiento activo.

Actividades

21 Comenta los rasgos de la distribución de la población europea que se aprecian en el mapa de la página anterior.

22 A partir de la información del gráfico, resume cuáles han sido las principales etapas del crecimiento de la población europea y los factores que han influido sobre él.

23 Indica cuáles son los principales problemas actuales de la población europea.

24 Valora las medidas propuestas por la UE para hacer frente a sus problemas demográficos.

25 Consulta la web de Eurostat Database. Obtén un mapa sobre algún aspecto de la población europea y comenta la información que ofrece.

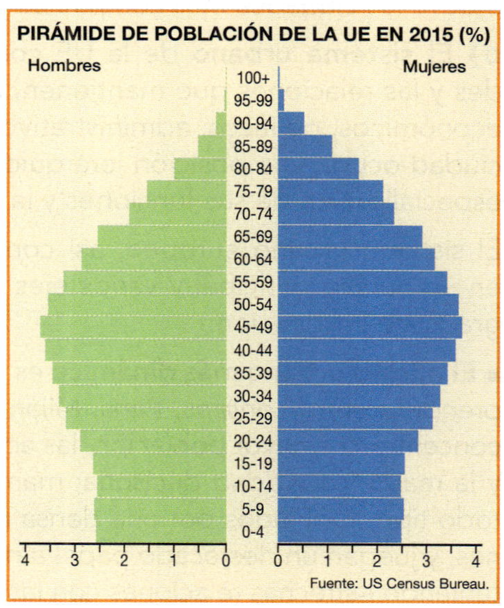

Tipos de ciudades europeas

Ciudades medias y pequeñas

Siena.

Aglomeraciones urbanas

Hamburgo.

2. El sistema urbano de la UE

a) La UE es un espacio muy urbanizado. La tasa de urbanización supera el 75%; pero con diferencias entre los valores mas elevados de Europa occidental y los más bajos de Europa central y oriental. La densidad urbana también es alta, aunque se distingue un área central donde existe casi un continuo urbano, y unas zonas periféricas por el norte y por el sur, de menor densidad urbana.

b) Predominan las ciudades pequeñas y medianas, muchas de las cuales hunden sus raíces en la Antigüedad y la Edad Media. **También existen grandes aglomeraciones urbanas** surgidas por la implantación de la industria moderna, que atrajo población y extendió el espacio urbano. Actualmente, el centro metropolitano concentra las funciones de mayor rango mientras otras actividades y parte de la población se trasladan hacia periferias cada vez más extensas y difusas. Con ello aumentan el coste medioambiental y la dotación de infraestructuras, por lo que la UE promueve las ciudades más compactas y sostenibles.

c) El sistema urbano de la UE comprende el conjunto de sus ciudades y las relaciones que mantienen, medidas por los flujos de personas, económicos, políticos, administrativos, culturales y de información. Cada ciudad ocupa una posición jerárquica en el sistema según su tamaño, la especialización de sus funciones y la amplitud de su área de influencia.

El sistema urbano europeo, así constituido, se organiza espacialmente en un núcleo principal y varios ejes urbanos con diferente dinamismo y grado de integración.

- **El núcleo urbano más dinámico** es el llamado Pentágono europeo, comprendido entre Londres, París, Milán, Múnich y Hamburgo. Sus ciudades concentran la mayor población, las actividades económicas más avanzadas y la mayor capacidad decisoria; mantienen entre sí importantes flujos de todo tipo, facilitados por una densa red de transporte y telecomunicaciones; y juegan un destacado papel a nivel internacional o continental, manteniendo estrechas relaciones con las capitales de los demás estados.

■ **Al oeste del Pentágono,** las mayores densidades urbanas se localizan en el Arco Mediterráneo, que se ha beneficiado de la difusión de actividades desde el saturado Pentágono y del auge del turismo. El Arco Atlántico y la Diagonal Continental (entre el centro de Portugal, España y Francia) tienen menor grado de urbanización y una escasa integración urbana, aunque cuentan con algunas ciudades dinámicas. Y las periferias o «sures» de las tres penínsulas meridionales incluyen ciudades muy pobladas, con un entorno agrícola de desigual modernización; escasa base industrial y áreas de turismo masivo. Además, las previstas infraestructuras de transporte están configurando un eje emergente constituido por la Diagonal Europea Lisboa-Madrid-Zaragoza-Barcelona-Marsella-Milán, que incluye destacadas aglomeraciones urbanas, ciudades medias, actividades innovadoras, y oferta de espacios menos congestionados que el Pentágono.

■ **Al este del Pentágono,** las ciudades se suceden de manera regular. Aquí están experimentando un fuerte crecimiento las ciudades del Báltico y las más próximas o mejor conectadas con el Pentágono. Las demás se encuentran peor integradas y algunas sufren agudas crisis por el declive de su industria; pero se está promoviendo su interconexión.

Para lograr una mayor integración del sistema urbano, la UE potencia las redes transeuropeas de transporte y comunicaciones, especialmente en las regiones periféricas.

Actividades

26 Haz una lista con los rasgos del sistema urbano de la UE que se aprecian en el mapa.

27 Explica el motivo de los siguientes hechos:

- La UE tiene una elevada urbanización.
- Las ciudades europeas se extienden en superficie.

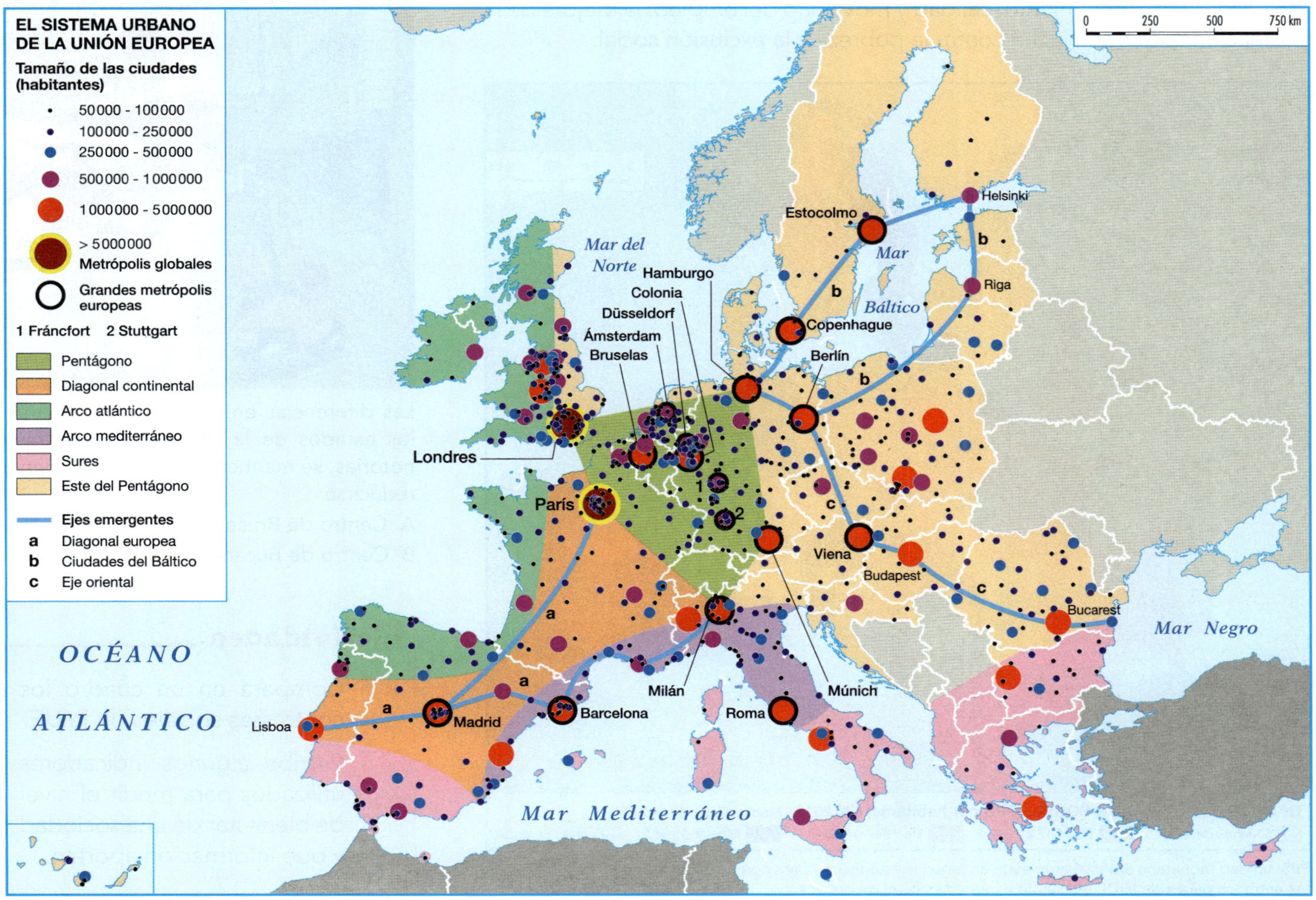

6 Los contrastes sociales

a) La sociedad de la UE disfruta de un elevado nivel de bienestar. No obstante, existen diferencias entre países que traducen su distinto nivel económico y la ideología de los partidos gobernantes.

- **Europa noroccidental** registra, en general, un mayor nivel de bienestar, reflejado en la existencia de un Estado del bienestar que financia los servicios básicos y presta ayudas a las familias; un mayor nivel de empleo; y una menor tasa de pobreza y de exclusión social.
- **Europa del sur** tuvo una implantación más tardía e incompleta del Estado del bienestar; y cuenta con mayor nivel de desempleo y de desigualdad social. La crisis de 2008, que ha incidido más duramente en esta área, ha empeorado la situación ante los recortes de ayudas públicas al Estado del bienestar, la enorme subida del paro, y el incremento de la pobreza y de la exclusión social.
- **Europa central y oriental** es el área de menor bienestar social, pues el desmantelamiento del bloque comunista supuso una reducción de la anterior protección social del Estado, un aumento del paro, y un incremento de la desigualdad social, de la pobreza y de la exclusión social. No obstante, se están acortando las diferencias con la media europea.

b) La política social es competencia compartida entre la UE y los estados miembros, que la elaboran y aplican. Pero la Unión promueve la coordinación de las políticas de los estados y ha reforzado su dimensión social, integrando los objetivos sociales en los tratados y en las políticas europeas. Entre ellos el crecimiento, mantenimiento, calidad y movilidad del empleo; la mejora de la protección social; y la lucha contra la pobreza y la exclusión social.

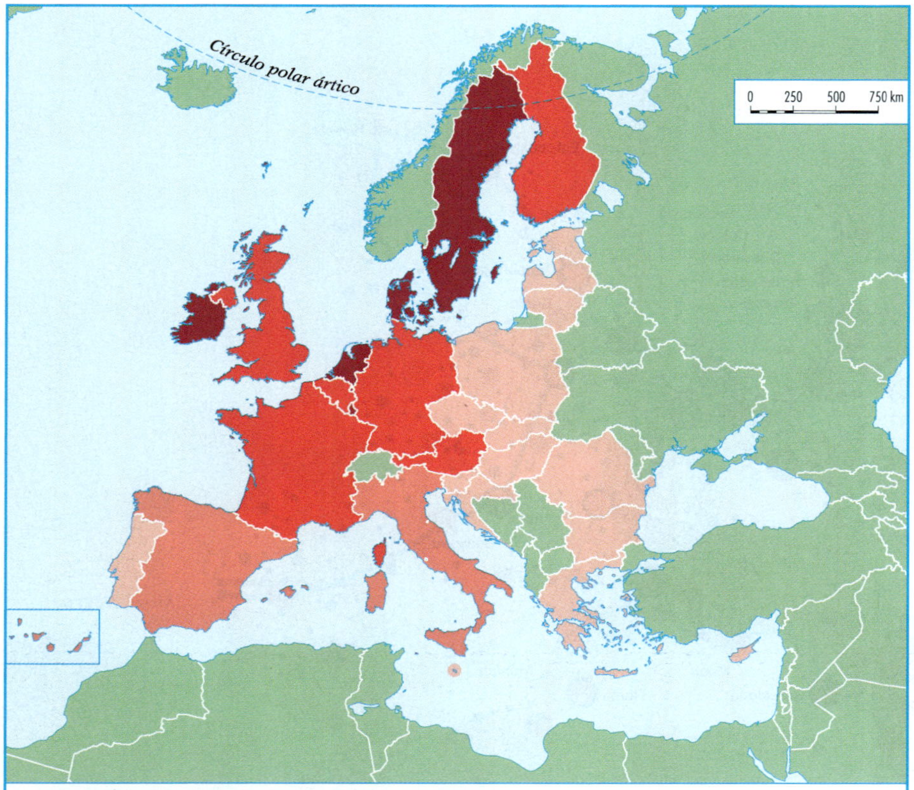

GASTO EN PROTECCIÓN SOCIAL (PPS por habitante) EN 2012 Media UE-28: 6724,22

Menos de 4647 | De 4647 a 7647 | De 7647 a 10647 | Más de 10647 | Fuente: Eurostat.

PPS: unidad monetaria artificial empleada en algunas estadísticas para homogeneizar las diferencias existentes entre los países de la UE en cuanto a moneda y nivel de precios.

Las diferencias en bienestar social entre los estados de la UE, inicialmente muy notorias, se mantienen, aunque tienden a reducirse.

A. Centro de Bruselas.

B. Centro de Bucarest.

Actividades

28 Compara en un cuadro los contrastes sociales de la UE.

29 Escribe algunos indicadores utilizados para medir el nivel de bienestar de una sociedad y qué información aportan.

7 Las disparidades regionales y la política de cohesión

En Europa existe una gran diversidad de situaciones regionales debidas a los condicionantes naturales, las circunstancias históricas y la situación económica y política.

1. Las causas de la desigualdad

■ **Históricamente,** las regiones más desarrolladas fueron las que basaron su economía en el comercio marítimo. Este factor consolidó, desde la Edad Media, el mayor dinamismo de las regiones del mar del Norte y del Mediterráneo, y de las situadas a lo largo de la diagonal norte-sur que unía ambos mares. Las diferencias se acentuaron con la Revolución Industrial que adelantó a las regiones del mar del Norte respecto a las mediterráneas; y con la división en bloques que siguió a la Segunda Guerra Mundial, que adelantó a los países occidentales del bloque capitalista respecto a los centrales y orientales del bloque comunista.

■ **En la actualidad,** las diferencias provienen de la mayor o menor capacidad de los territorios para adoptar la innovación tecnológica; de la difusión de ciertas actividades desde los espacios centrales hacia entornos menos congestionados; y de las políticas de desarrollo endógeno.

Europa occidental cuenta con ciudades, como París, que se encuentran entre los principales polos del poder mundial y concentran las actividades económicas más avanzadas.

2. Los conjuntos regionales de la UE

a) **Europa noroccidental** es el territorio más dinámico de la UE y uno de los principales polos del poder mundial. Su **economía** concentra las actividades más avanzadas, relacionadas con el sector terciario superior y las industrias de alta tecnología. La **población** presenta una elevada densidad e inmigración. La red de **ciudades** es densa, bien integrada y cuenta con grandes metrópolis, como Londres y París. El **bienestar social** es elevado para la mayoría de la población. Y las **disparidades regionales** son poco marcadas, aunque contrastan el gran dinamismo de la dorsal europea y de las ciudades portuarias e industriales del frente atlántico; y las regiones con crisis industrial («países negros»); abandono agrario; o dificultades naturales (áreas de clima frío y de montaña).

b) **Europa del sur** ha experimentado un desarrollo más lento y tardío y menos consolidado. La **economía** se ha modernizado: la agricultura se ha intensificado; la industrialización ha alcanzado un nivel aceptable; y el turismo costero tiene un fuerte desarrollo. Pero parte de este crecimiento se apoyó en sectores poco exigentes en cualificación (turismo, construcción y servicios personales), y en actividades especulativas financieras e inmobiliarias, lo que explica la dura repercusión de la crisis de 2008. La **población** tiene una densidad bastante alta —aunque con contrastes entre las áreas rurales interiores y las costas—; y ha recibido una alta inmigración reciente. La **red urbana** es densa en el litoral, mientras que en el interior la urbanización es menor y falta de integración. **El bienestar social** creció desde la incorporación a la UE, pero existen desequilibrios sociales más marcados, agudizados tras la crisis de 2008. Y existen **disparidades regionales** entre regiones de desarrollo alto por sus actividades económicas avanzadas o diversificadas (Cataluña, País Vasco, Piamonte, Lombardía) o por el desarrollo turístico (regiones mediterráneas); y regiones deprimidas por su mayor peso agrario, escasa industria, y servicios banales (regiones interiores).

Europa del sur ha modernizado su economía, pero basándose en parte en sectores poco exigentes en cualificación, como el turismo, lo que explica la dura repercusión de la crisis de 2008. (Mikonos, Grecia).

c) Europa centro-oriental es un área de bajo desarrollo que ha sufrido importantes transformaciones tras finalizar su integración en el bloque comunista e incorporarse a la UE.

Su economía ha tenido que abordar la transición desde una economía socialista planificada a una economía capitalista de libre mercado. La agricultura abandonó la colectivización de la tierra para volver a la propiedad privada, sin que ello significase en muchos casos una mejora de la productividad. Los grandes complejos de industria pesada creados bajo el control de la URSS entraron en crisis y muchas fábricas han tenido que cerrarse; a la vez que se han implantado otras en muchos casos pertenecientes a firmas occidentales. Y se ha promovido el desarrollo de los servicios, que partían de niveles muy bajos. La **población** tiene una densidad relativamente alta, pero su crecimiento es débil a causa de la baja natalidad y de la emigración. La **red urbana** es densa, pero poco interconectada y mal estructurada, dado que suele basarse en el predominio de la capital con funciones industriales sobre un conjunto de ciudades pequeñas con funciones administrativas. El **bienestar** social es bajo y se han incrementado el desempleo y la desigualdad social. Y existen agudos **desequilibrios regionales** entre la región donde se localiza la capital y el resto del territorio; entre regiones de economía más diversificada y regiones de especialización agraria o industrial en crisis; y entre regiones occidentales que se relacionan y reciben inversiones de los países occidentales y regiones orientales que dirigían sus relaciones tradicionales hacia países del este fuera la UE.

Complejo industrial en Ostrava, República Checa. Europa centro-oriental ha pasado por una dura transición desde una economía socialista, basada en la colectivización de las tierras y en los grandes complejos de industrias básicas, a una economía capitalista.

d) Las regiones ultraperiféricas insulares (Madeira, Azores y Canarias) y los departamentos franceses de ultramar (Guayana francesa, Martinica y Reunión) se enfrentan a dificultades especiales para el desarrollo derivadas de su alejamiento geográfico del centro de la Unión.

3. La política territorial de la UE

Para luchar contra los desequilibrios internos, la Unión Europea lleva a cabo una política regional y de cohesión territorial y una política de ordenación del territorio.

a) La política regional y de cohesión de la UE, como se ha explicado, pretende invertir en el crecimiento y el empleo de todas las regiones, centrando las mayores dotaciones en las que presentan menor desarrollo. Para ello, se sirve del FEDER, el FSE y el Fondo de Cohesión, repartidos en función del PIB per cápita regional.

Desde su aplicación, la política regional ha disminuido las disparidades territoriales, al favorecer el crecimiento del PIB y del empleo en los espacios más atrasados. No obstante, las distancias se han acortado más entre los países que entre las regiones, debido a que el crecimiento ha sido mayor en las regiones más dinámicas de los países menos avanzados que en sus regiones más atrasadas. Este hecho se debe a que las actividades económicas más productivas tienden a instalarse en las regiones mejor dotadas en infraestructuras, tecnología y recursos humanos cualificados. Por otra parte, la política regional beneficia también a las regiones más ricas de la UE que reciben ingresos por sus inversiones en las más atrasadas.

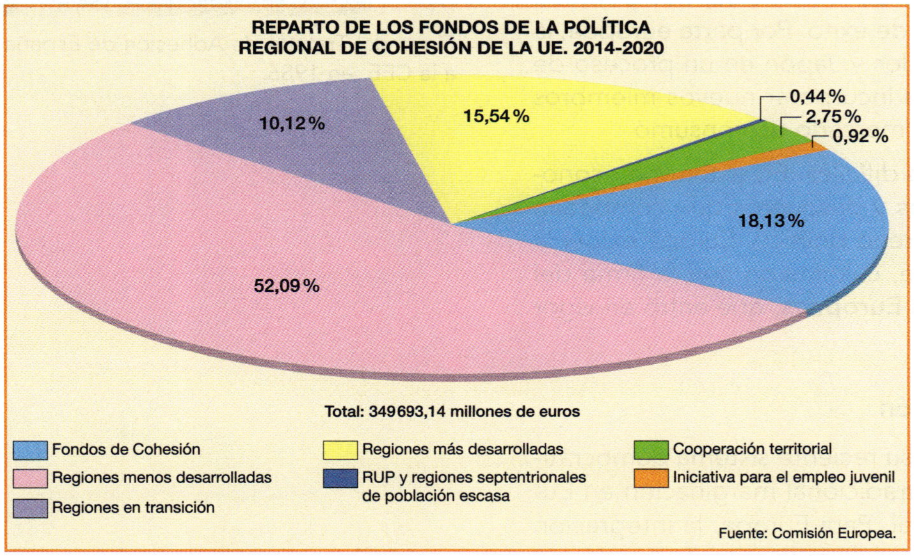

b) La Política Europea de Ordenación del Territorio (PEOT) se propone también conseguir un mayor equilibrio territorial y fomentar la competitividad económica de la UE en el mundo, la sostenibilidad medioambiental y el bienestar de su ciudadanía.

Para alcanzar estos propósitos, se plantean tres objetivos. Un **desarrollo policéntrico,** que contrarreste la concentración actual en el Pentágono, favoreciendo un sistema equilibrado de ciudades y mejorando su integración con el espacio rural. Una **gestión** prudente de **la naturaleza y del patrimonio cultural;** y un **acceso equivalente a las infraestructuras de transporte y al conocimiento** en toda la UE.

La política europea de ordenación del territorio no es vinculante para los estados miembros. Pero la UE trata de que se incluyan sus objetivos en las políticas nacionales o regionales de ordenación territorial.

Actividades

30 Explica cómo han cambiado las causas de los desequilibrios territoriales en la UE.

31 Señala los rasgos del reparto de los fondos destinados a la cohesión territorial que muestra el gráfico.

32 Indica las semejanzas y las diferencias entre la política regional y la política de ordenación del territorio de la Unión Europea.

8 España en la Unión Europea

1. La integración española en Europa

España ingresó en la Europa comunitaria en 1986, casi treinta años después de su constitución. La razón principal fue el carácter antidemocrático del régimen franquista, que llevó a que fueran rechazadas las anteriores peticiones españolas de adhesión. Además, su estructura económica y social presentaba un notable retraso respecto a la comunitaria.

La integración española fue el resultado de una actitud favorable por ambas partes y tuvo importantes consecuencias para España.

Firma del Tratado de Adhesión de España a la CEE, en 1986.

1.1. Los factores de la integración

a) Políticamente, la democratización iniciada a la muerte de Franco (1975) permitió a España iniciar las conversaciones para ingresar en la Europa comunitaria. Por parte europea, la integración española favorecía el deseo de construir una Europa unida y el afianzamiento de la naciente democracia y del estado de derecho en España.

b) Económicamente, la crisis de 1975 mostró las graves limitaciones de la economía española, encubiertas en la etapa desarrollista. La incorporación a la CEE ofrecía la posibilidad de paliar los efectos de la crisis y de acercarse al nivel económico europeo. Así, en 1977 España inició un programa de reformas económicas (Pactos de la Moncloa) que permitió presentar su integración con posibilidades de éxito. Por parte europea, la competencia económica con Estados Unidos y Japón en un proceso de creciente globalización, hacía conveniente incorporar nuevos miembros que aportasen diversificación productiva y mercado de consumo.

Las negociaciones para la adhesión fueron difíciles. En el terreno económico, España ofertaba productos agrícolas y pesqueros que competían con otros países comunitarios. Y en el terreno político, Europa exigía la adhesión española a la OTAN. Finalmente, culminaron con la firma del **Tratado de Adhesión a las Comunidades Europeas,** que entró en vigor el 1 de enero de 1986.

1.2. Las consecuencias de la integración

a) En el terreno político, España reforzó su reciente sistema democrático y el estado de derecho; acabó con su tradicional marginación en Europa; y aumentó su visibilidad internacional. Para Europa, la integración española consolidó la democracia en el sur del continente; favoreció sus relaciones exteriores con América Latina y con los países del sur del Mediterráneo; y colaboró a la seguridad y defensa de Europa.

b) En el terreo económico, en el momento de su ingreso, España presentaba un notable retraso respecto a los países comunitarios en PIB per cápita y competitividad económica y su tasa de paro duplicaba a la europea. En estas circunstancias, la adhesión a la Europa comunitaria tuvo consecuencias positivas y negativas:

- **Puso fin a décadas de aislamiento** y de evolución económica divergente y permitió a España acceder a un amplio mercado único. Por su parte, Europa incrementó sus posibilidades de mercado y de inversión.
- **Obligó a España a realizar un gran esfuerzo para adaptar sus sectores económicos** a las políticas comunitarias e incrementar su modernización y competitividad.

Paralelamente, Europa aumentó en un 30 % su producción y su población agraria; acrecentó ciertos excedentes agrarios y mitigó otros; amplió su capacidad pesquera; asumió los problemas de competitividad y reestructuración de algunos sectores industriales españoles; e incrementó los desequilibrios regionales al incorporar a un socio con un PIB per cápita muy inferior a la media comunitaria.

■ **España recibió cuantiosas ayudas económicas europeas** para mejoras estructurales, que han favorecido una progresiva convergencia con la media comunitaria. Esta mejoría también ha beneficiado a sus socios europeos en forma de incremento de las exportaciones y de las inversiones.

c) En el terreno social, la incorporación a Europa colaboró a la modernización social de España. Y también a la creación de un Estado del bienestar homologable al de los otros miembros, con un notable aumento de las prestaciones sociales y la universalización de la sanidad y la educación. Para Europa, inicialmente supuso un reto la incorporación de un socio con alta tradición de emigración europea.

d) En el terreno cultural, la integración española favoreció los intercambios culturales y científicos y la movilidad de las personas para viajar, hacer turismo, y estudiar.

Actividades

33 Compara los factores que propiciaron la integración española por parte de España y de la Europa comunitaria y también las consecuencias que tuvo la integración para ambos espacios geográficos.

2. La posición actual de España en la UE y los retos de futuro

2.1. La posición geográfica y demográfica

La localización geográfica de España, en el extremo suroeste del continente europeo, es claramente periférica respecto al espacio central comunitario y se ha acentuado desde el ingreso de nuevos países en el centro-este de Europa. Pero, en el contexto mundial, su situación geoestratégica en una encrucijada de mares y continentes, favorece su papel de mediación entre la UE y los ámbitos atlántico y mediterráneo.

Su superficie y población colocan a España como el segundo estado comunitario más extenso, después de Francia, y el quinto más poblado, tras Alemania, Reino Unido, Francia e Italia. Este hecho repercute en el número de diputados que tiene España en el Parlamento Europeo (54 de 751) y en sus votos en el Consejo de la Unión Europea (27 de 352).

2.2. La posición política y sus retos

a) En la política interior europea, la posición española se mide por:

■ **La participación española en el proceso integración europea.** España ha sido siempre un país europeísta y ha tratado de situarse en el grupo de países más influyentes de la Unión. El instrumento para conseguirlo ha sido la celebración de cumbres bilaterales anuales con Alemania, Francia, Italia y Polonia para fijar o acercar posiciones en las principales negociaciones sobre la construcción europea. Entre los logros de estas cumbres se encuentran la creación del Fondo de Cohesión, la política común de asilo e inmigración, la JAI y la UEM. La dura incidencia de la crisis de 2008 en España ha mermado su prestigio y su capacidad de influencia en Europa.

Cumbre bilateral España-Francia, 2012.

Por eso, su próximo reto consiste en recuperarlos, generando ideas propias y presentándose en las cumbres bilaterales con propuestas concretas sobre las políticas comunes.

■ **La participación española en las instituciones europeas.** La última reforma de las instituciones comunitarias ha restado cuota de poder a España, que ha reducido su número de parlamentarios y de votos en el Consejo de la Unión Europea. Esta situación trata de compensarse con la ocupación de altos cargos europeos por personalidades españolas.

b) En política internacional, el reto consiste en orientar las relaciones europeas hacia cuestiones que favorezcan a España; por ejemplo, la firma de acuerdos pesqueros con países norteafricanos.

2.3. La posición socioeconómica y sus retos

a) La posición económica de España en la UE es intermedia entre los países más avanzados de Europa noroccidental y los menos adelantados de Europa central y oriental.

■ **Respecto a los países más adelantados,** el PIB de España es el quinto de la UE. Y el PIB per cápita creció hasta superar la media europea en 2007 gracias a los fondos recibidos; al periodo de prosperidad económica 1995-2007; y a la entrada de nuevos socios desde 2004 con nivel más bajo. Pero su productividad y competitividad son inferiores a los países más avanzados, por su especialización en sectores de baja cualificación o especulativos como el inmobiliario; por su retraso en I+D+i y tecnología; y por su nivel de formación más bajo. Todo ello hace a la economía española especialmente vulnerable en momentos de crisis, como la ocurrida en 2008, que volvió a situar a España por debajo de la media europea.

■ **Respecto a los países menos adelantados,** los productos industriales españoles de tecnología media y baja sufren la competencia de los precios más baratos de estos países y de su mayor proximidad geográfica al centro de la Unión, que aumenta el riesgo de deslocalización y de sustitución de las exportaciones españolas. Además, estos países atraen nuevas inversiones comunitarias en perjuicio de España y serán los principales receptores de los fondos de cohesión territorial en el periodo 2014-2020.

b) En el terreno social, las migraciones y el turismo han potenciado la presencia española en Europa. No obstante, respecto a los países europeos más adelantados, la situación de España es desfavorable en cuanto a tasa de paro, que se disparó a raíz de la crisis económica; y en bienestar social, que se ha reducido por el mismo motivo.

c) El reto socioeconómico principal de España es recuperar el crecimiento y el empleo. Con este fin, la UE ha recomendado a España un nuevo modelo de crecimiento, basado en las prioridades de la Estrategia Europa 2020: un crecimiento inteligente aumentando en gasto en I+D+i; un crecimiento sostenible más verde y competitivo, basado en el uso racional de los recursos y en el apoyo a las pymes; y un crecimiento integrador con alto nivel de empleo y de cohesión mediante la reducción del abandono escolar y el aumento de los estudios superiores y mediante la lucha contra la pobreza y la exclusión social.

Posición de España en la UE-28

Concepto	Puesto
Superficie	2.°
N.° de parlamentarios europeos*	5.°
Votos en el Consejo de la UE	5.°/6.°
Población (2015)	5.°
PIB (FMI)	5.°
PIB per cápita	13.°
Productividad/hora trabajada**	15.°
Gasto en I+D (% PIB)	18.°
Porcentaje de extranjeros respecto al total UE	4.°
Tasa de paro	2.°
Población en riesgo de pobreza (% total)	7.°
Abandono educativo temprano (% población 18-24 años)	1.°

*(2014-2018)
**Datos de 2013. Los datos restantes son de 2014.
Fuente: Eurostat.

Actividades

34 Sintetiza en un cuadro la posición y los principales retos de España en Europa en los ámbitos político y económico-social.

35 Clasifica los datos de la tabla e indica en cuáles de ellos es más y menos favorable la posición de España en la UE.

36 Busca noticias de prensa relativas a la posición de España en la UE. Clasifícalas y resume su contenido. Selecciona la que te haya parecido más interesante para resumirla oralmente en clase, junto con el motivo de tu elección.

Resumen de la unidad

La Unión Europea

resulta de

Ampliaciones

- 1973
- 1981
- 1986
- 1995
- 2004
- 2007
- 2013

es una organización supraestatal que

Funciona con

- Tratados.
- Instituciones.
- Políticas comunes.

es un espacio de contrastes

Físicos

- Relieve: montañas, mesetas y llanuras.
- Bioclimas: oceánico, mediterráneo y continental.

Humanos

- Tendencias políticas.
- Actividades económicas.
- Demografía.
- Urbanización.
- Sociedad.
- Educación.
- Desarrollo regional.

La integración de España en la Unión Europea

gracias a

Factores favorables

- Políticos: democratización.
- Económicos: reformas económicas.

con

Consecuencias

- Políticas: consolidación democrática.
- Económicas: necesidad de reformas y ayudas para realizarlas.
- Sociales: creación del Estado del bienestar.
- Culturales: intercambios culturales, turismo.

con distintas posiciones

Destacada

- Superficie: segunda posición en la UE.
- Población: quinta posición en la UE.
- Cultura: atractivo cultural y turístico.

Intermedia

- Política: en el grupo de los europeístas.
- Económica: quinta posición en PIB de la UE, pero con menor competitividad y productividad.
- Social: Estado del bienestar.

en el futuro se presentan importantes

Retos

- Políticos: adquisición de peso en el proceso de integración.
- Económicos y sociales: cumplir la Estrategia 2020: crecimiento inteligente, crecimiento sostenible y crecimiento integrador.

Técnica

Expresarse en público

1. La participación en un debate

Un debate es un diálogo o confrontación ordenada en el que se contraponen opiniones e interpretaciones sobre una cuestión. Contribuye a aclarar el tema tratado y a desarrollar la capacidad crítica y de discusión. La realización de un debate requiere:

a) Preparación y organización del debate:

- **Elegir el tema.** Conviene plantearlo en forma de pregunta para que el conjunto de participantes se pronuncien de forma afirmativa o negativa sobre ella.
- **Dividir a quienes van a participar** en dos grupos con ideas distintas sobre la cuestión a debatir.
- **Buscar información** sobre el tema para defender los argumentos con base. Esta información debe fundamentarse en fuentes diversas, resumirse en fichas que indiquen la procedencia de los datos y utilizarse como apoyo para la defensa de las ideas y para la redacción de una conclusión sobre el tema del debate.
- Elegir una persona que actúe como **moderador o moderadora.**
- Determinar la **duración** del debate.

b) Desarrollo del debate:

- El moderador presentará a los participantes; dará la palabra al portavoz de cada grupo para exponer sus conclusiones, le indicará el tiempo de que dispone, y controlará que la intervención de los portavoces tenga la misma duración.
- Después se abre el debate. Los miembros de cada grupo pueden pedir la palabra para exponer sus ideas y rebatir las de los contrarios. Esto debe hacerse de forma tolerante y respetando sin interrupciones a quien tiene la palabra.
- Al finalizar el debate, el moderador o la moderadora expone las conclusiones.

2. La exposición oral

Consiste en hablar ante otras personas acerca de un tema sobre el que hemos trabajado. Su realización requiere:

a) Preparación y organización de la exposición:

- **Elaborar un guion** con los aspectos que se quieren exponer.
- **Preparar los materiales** que se utilizarán como apoyo en la exposición: presentaciones de diapositivas, imágenes, audiciones, gráficos, esquemas, mapas, etc.
- **Realizar un ensayo previo,** delante de amistades, familiares, un espejo, o una webcam, con el fin de comprobar aspectos como:
  - El buen funcionamiento del guion y de los materiales.
  - La correcta duración de la exposición, que no debe acabar excesivamente pronto ni prolongarse demasiado.
  - La forma de la exposición en cuanto al tono de voz —ni demasiado alto ni demasiado bajo—; la pronunciación —que debe ser clara—; la rapidez del habla —ni demasiado rápida ni demasiado lenta—; y los gestos utilizados con las manos o la mirada —evitando la excesiva rigidez o gesticulación, o la concentración de la vista en un solo punto o en una persona—.

b) Desarrollo de la exposición:

- Iniciar la exposición con el saludo a las personas presentes; una presentación personal; y la indicación del tema de la exposición, su interés y las partes de que va a constar.
- Exponer el núcleo del tema, evitando leer, siguiendo el guion de forma ordenada, utilizando un lenguaje preciso y claro, y resaltando los aspectos más amenos para el público.

c) Fin de la exposición:

- Finalizar la exposición recopilando las ideas principales expuestas; o de alguna otra forma que resulte atractiva: una cita, una imagen, una canción, etc.
- Invitar al público a formular preguntas sobre el tema.
- Agradecer la presencia y el interés prestado.

Actividades de síntesis

En la web

Autoevalúate con las actividades interactivas.

1 Definir conceptos

- Define de forma breve y precisa estos conceptos: *Unión Europea, PESC, Estrategia Europa 2020, Comisión Europea, Mercado Único, Eurosistema, Carta de los derechos fundamentales de la Unión Europea, bioclima ártico, Pentágono europeo, Política Europea de Ordenación del Territorio.*

2 Realizar una encuesta del Eurobarómetro y comparar sus resultados

- Realiza entre un grupo representativo de estudiantes de tu centro educativo la misma encuesta llevada a cabo por el Eurobarómetro en mayo de 2012 entre un grupo de 32 728 personas de los diferentes estados. Deben elegir solo tres de las once medidas propuestas para mejorar la economía europea.

  Antes de realizar la encuesta, averigua qué es el Eurobarómetro.

¿Qué tres medidas elegirías para mejorar la economía europea?

1. Mejorar la educación y la formación profesional.
2. Reducir el déficit público y la deuda.
3. Facilitar la creación de empresas.
4. Invertir en investigación y desarrollo.
5. Reforzar la reglamentación de los mercados financieros.
6. Facilitar el acceso al crédito a las compañías.
7. Utilizar eficazmente la energía.
8. Invertir en productos y servicios respetuosos con el medio ambiente.
9. Invertir en transportes (autovías, ferrocarriles).
10. Aumentar el número de horas de trabajo.
11. Retrasar la edad de la jubilación.
12. Otras medidas.
13. NS/NC.

- Una vez realizada la encuesta:

a) Calcula el porcentaje de votos obtenidos por cada medida y completa en tu cuaderno una tabla como la inferior.

Resultado de la encuesta: % de elección de cada iniciativa													
	1	2	3	4	5	6	7	8	9	10	11	12	13
UE-28	46	38	35	31	24	24	20	12	11	6	4	2	5
España	50	32	52	26	16	49	11	7	3	3	1	–	–
Centro de estudios													

b) Compara el resultado con la media de la UE y con la media española señalando semejanzas y diferencias.

c) Expresa los resultados de forma gráfica.

3 Elaborar cuadros comparativos

- Realiza un cuadro como este sobre los paisajes bioclimáticos de la UE.

	Oceánico	Mediterráneo	Continental	Subártico	Ártico	Montaña	Subtropical
Precipitaciones							
Temperaturas							
Vegetación							
Ríos							

- Obtén la información necesaria y compara en un cuadro la composición y las funciones de las principales instituciones europeas.

	Consejo Europeo	Consejo de la UE	Comisión Europea	Parlamento Europeo	Tribunal de Justicia	Tribunal de Cuentas	Banco Central Europeo
Composición							
Funciones							

4 Construir y comentar climogramas

- Elabora un climograma con cada tabla de datos y comenta sus características.

Climograma n.° 1: **Kiruna, Suecia.** Altitud: 579 m. T: temperatura en °C. P: precipitación en mm.

	E	F	M	A	M	J	J	A	S	O	N	D	Año
T	–14,1	–11,6	–8,6	–2,9	4,2	9,1	11,9	9,4	4,8	–0,4	8,2	–13,6	–1,5
P	30	25	26	24	37	49	86	74	49	47	42	34	503

Climograma n.° 2: **Helsinki, Finlandia.** Altitud: 51 m. T: temperatura en °C. P: precipitación en mm.

	E	F	M	A	M	J	J	A	S	O	N	D	Año
T	–6,1	–6,5	–3,5	2,0	8,5	14,0	16,8	15,5	10,7	5,5	0,4	–3,5	4,5
P	46,0	36,6	34,9	37,4	42,1	45,9	61,5	74,7	66,5	68,5	65,7	55,0	635,4

5 Preparar una exposición oral

- Elige un apartado de los tratados en la unidad, amplía sus contenidos y prepara una exposición oral siguiendo la técnica que se explica en la página 425.

6 Utilizar y valorar la prensa como fuente de información

- Durante un mes recoge noticias de prensa sobre temas relativos a la Unión Europea. Clasifícalas por materias y resume su contenido. Realiza una valoración crítica de la prensa como fuente de información.

7 Comentar datos estadísticos

- **En la web** Analiza los datos de las tablas y realiza estas tareas:

a) Escribe la información que aporta la tabla respecto a los objetivos de la Estrategia Europa 2020.

b) Explica la situación española respecto a los objetivos de la Estrategia.

8 Ampliar información utilizando las TIC

- **En la web** Amplía tus conocimientos sobre esta unidad con los recursos proporcionados por la web (www.anayaeducacion.es).

12 España en el mundo

El sistema mundo comprende diferentes áreas geopolíticas y geoeconómicas. Las relaciones que establecen entre sí están marcadas por un creciente proceso de globalización o interdependencia; pero también por profundas desigualdades que suponen el predominio de unos espacios geográficos sobre otros. Desde la década de 1980, España ha incrementado su integración en las áreas geopolíticas y geoeconómicas mundiales, manifestada en los diversos índices existentes para medir la integración mundial de los países; y se esfuerza por ganar relevancia internacional.

Qué vas a aprender

- Las diferentes áreas mundiales.
- Las relaciones mundiales. La globalización.
- La jerarquía del poder mundial.
- Los órdenes internacionales.
- España en el mundo.
- Utilización de la prensa y elaboración de informes.

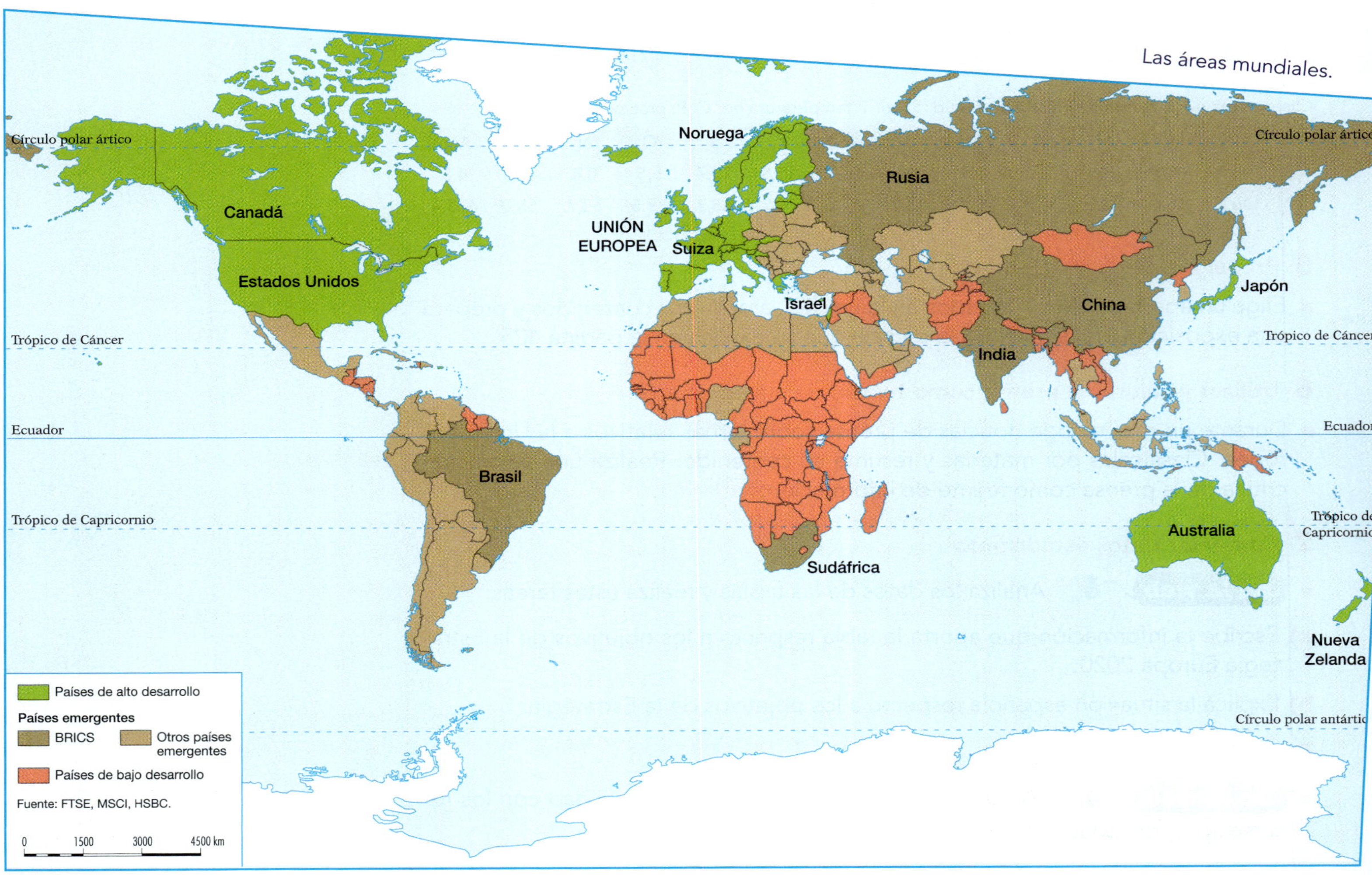

Las áreas mundiales.

1 El sistema mundo

1. Los rasgos del sistema mundo

Desde la década de 1980, España ha aumentado su integración en el mundo.

El sistema mundial está formado por los diferentes espacios geográficos de la Tierra y las relaciones que establecen entre sí. En la actualidad, se caracteriza por los siguientes rasgos:

- Los países se agrupan en áreas con similares rasgos políticos, económicos, demográficos y sociales.
- Las relaciones entre estas áreas han experimentado un creciente proceso de globalización o interdependencia manifestado en todos los ámbitos: político económico, social, cultural y medioambiental.
- Estas relaciones no son igualitarias. Existen grandes diferencias de poder que crean un orden internacional en el que una potencia o grupos de potencias dirigen la globalización en función de sus intereses. No obstante, desde principios del siglo XXI, y sobre todo desde la crisis de 2008, el sistema mundial evoluciona hacia un reparto más equitativo del poder.

2. Las áreas mundiales

2.1. Las diferentes áreas mundiales y su evolución reciente

Los países de la Tierra se engloban en tres grupos o áreas con características comunes, indicativas de diferente nivel de desarrollo: países de alto desarrollo, países emergentes y países de bajo desarrollo. (Consulta el mapa de la página anterior).

2.1.1. Los países de alto desarrollo

Los países desarrollados más avanzados son Estados Unidos, Canadá, los estados de Europa occidental, Japón, Australia y Nueva Zelanda.

- **Sus sistemas políticos** son democracias consolidadas.
- **La economía** se basa en la producción y el intercambio de las manufacturas de mayor contenido tecnológico e innovación y en los servicios avanzados.
- **La población** presenta un crecimiento natural muy reducido; se encuentra fuertemente envejecida; y recibe numerosos inmigrantes procedentes sobre todo de las áreas más pobres del planeta.
- **La urbanización** es intensa y se extiende por espacios cada vez más amplios, debido a la difusión de parte de la población y de ciertas actividades económicas hacia periferias alejadas.
- **La sociedad** cuenta con una amplia clase media y con un alto nivel de vida, manifestado en una capacidad de consumo general y en la existencia de un «Estado del bienestar» en el que el Estado costea los servicios sociales básicos. No obstante, hay diferencias entre países y según el signo de los partidos gobernantes.

En la actualidad, los países más avanzados han ralentizado su crecimiento en desarrollo humano, a causa de los negativos efectos de la crisis de 2008. El nivel de vida de muchos ciudadanos está bajando por la falta de crecimiento económico, el desempleo, y los recortes de los gobiernos en bienestar social.

Nueva York, EE. UU.

2.1.2. Los países emergentes

Los países emergentes combinan rasgos atrasados y de modernidad. Son antiguos países de alto desarrollo venidos a menos que están recuperando su economía —Rusia y algunos de Europa del Este—; y países asiáticos, latinoamericanos y africanos tradicionalmente poco desarrollados que han tenido un crecimiento económico espectacular —encabezados por China, India y Brasil—.

- Sus **sistemas políticos** son democracias recientes o solo formales (anocracias).
- La **economía** se basa en la producción y la exportación de recursos naturales y energéticos y en una rápida industrialización —facilitada por los bajos salarios—.
- La **población** reduce su crecimiento natural gracias a un mayor control de la natalidad; es adulta; experimenta frecuentes migraciones campo-ciudad; y en algunos casos recibe inmigrantes cualificados de los países ricos y no cualificados de los más pobres.
- La **urbanización** es acelerada, multiplicando los barrios periféricos de chabolas.
- La **sociedad,** primero, incrementa las desigualdades, al concentrarse la riqueza en ciertos grupos; pero, luego, se reducen cuando el progreso amplía la clase media y alcanza a las clases bajas.

En la actualidad, los países emergentes, sobre todo China, la India y Brasil, han progresado gracias a su integración gradual en el mercado mundial. Primero, utilizaron la baratura de su mano de obra, para atraer industrias exportadoras de bienes baratos a los países avanzados. Luego, emplearon los capitales y la tecnología obtenidos, para crear industrias más diversas y avanzadas. Y a raíz de la crisis de 2008 y el descenso de la demanda de los países ricos reorientaron parte de su producción a su mercado interno o a países de bajo desarrollo. Así, han seguido creciendo durante la crisis. Además, han llevado a cabo exitosas políticas sociales, que han mejorado la salud y la educación de la población.

Países emergentes: combinación de rasgos

Asamblea Popular Nacional, en China, y Río de Janeiro, Brasil. Los países emergentes cuentan con sistemas políticos híbridos entre la democracia y la autocracia o con democracias recientes; y combinan rasgos económicos y sociales de atraso y modernidad.

2.1.3. Los países de bajo desarrollo

Los países de bajo desarrollo se localizan en su mayoría en África Subsahariana, el sur de Asia y ciertas zonas de América Latina.

- Sus **sistemas políticos** suelen ser autoritarios y corruptos.
- La **economía** se basa en la producción y la exportación de materias primas agrícolas, minerales y energéticas; pues la industria y los servicios están muy poco desarrollados.
- La **población** crece rápido al reducirse la mortalidad por difusión de los avances médicos, mientras la natalidad se mantiene alta; es joven; y con frecuente emigración a las ciudades y a los países ricos.
- La **urbanización** es baja, pero en crecimiento acelerado debido al éxodo rural, creando extensas periferias de chabolas.
- La **sociedad** muestra acusadas desigualdades entre una minoría rica y una mayoría pobre que no tiene cubiertas sus necesidades elementales, siendo muy reducida la clase media.

En la actualidad, los países de bajo desarrollo han progresado, pero de forma más lenta y desigual. El ritmo más bajo ha sido el de los estados sin salida al mar, o muy alejados de los mercados mundiales. Y el mayor ha correspondido a los países ricos en materias primas que se han beneficiado del aumento de su precio y de las relaciones con los países emergentes. Estos han realizado inversiones; exportan productos baratos; y han aumentado su cooperación para el desarrollo. Gracias a estas relaciones y a su menor implicación en la economía global, los países pobres han mejorado su desarrollo y se han visto menos afectados por la crisis.

Actividades

1 Elabora un cuadro comparativo que refleje los contrastes básicos entre los países de alto desarrollo, los emergentes y los de bajo desarrollo.

2 Busca imágenes ilustrativas de las diferencias de desarrollo existentes entre las áreas mundiales y realiza un breve comentario.

3 Compara la evolución del desarrollo humano en los países de alto desarrollo, emergentes y de bajo desarrollo: situación actual y causas.

Bajo desarrollo: desigualdades políticas, económicas y sociales

En los países de bajo desarrollo, los regímenes democráticos están poco consolidados o son dictaduras.

Las actividades agrarias ocupan a una buena parte de la población; y la industria y los servicios son escasos e informales.

La población es joven, y la natalidad, alta. Existe un bajo índice de escolarización, dada la frecuencia del trabajo infantil.

La urbanización es baja, pero presenta un elevado crecimiento que multiplica los barrios de chabolas en la periferia urbana.

2.2. Las causas de las desigualdades

a) Las explicaciones tradicionales se basaron en las condiciones naturales, que serían más desfavorables en los países de bajo desarrollo (aridez, humedad excesiva, enfermedades endémicas); y en la disponibilidad de recursos.

b) Las explicaciones actuales atribuyen las diferencias de desarrollo a factores humanos internos y externos. **Los factores internos** son la herencia histórica, el funcionamiento político, la relación entre la población y los recursos, la capacidad de explotar los propios recursos, las actividades económicas dominantes, las relaciones sociales y la cultura. **Los factores externos** son las relaciones de intercambio desigual entre los territorios, que favorecen a unos sobre otros.

- **Los países de alto desarrollo,** desde la Primera Revolución Industrial, explotan sus propios recursos, tienen las actividades económicas y la tecnología punta, y dominan los intercambios mundiales de mercancías, servicios y capitales. Como resultado, han aumentado su riqueza y bienestar social.
- **Los países emergentes y de bajo desarrollo** han mantenido una dependencia histórica respecto a los actuales países avanzados desde el siglo XV con la colonización, continuada en el siglo XIX con la Revolución Industrial, y mantenida tras la descolonización a través del neocolonialismo*. Esta situación ha supuesto la explotación exterior de sus recursos, el atraso económico y tecnológico y la dependencia en los intercambios de mercancías, servicios y capitales. El resultado ha sido un bajo nivel de riqueza y de bienestar social.

Vocabulario

Neocolonialismo: nueva forma de colonialismo surgida tras el proceso de descolonización o acceso a la independencia política de las antiguas colonias desde el final de la Segunda Guerra Mundial. Estas se convierten en estados independientes pero mantienen la dependencia económica de las antiguas metrópolis o de otros países ricos.

2.3. Las soluciones a las desigualdades

Provienen de diferentes ámbitos:

a) Las instituciones internacionales, que colaboran al desarrollo son diversas. La ONU ha creado organismos con este fin —como el PNUD o Programa de las Naciones Unidas para el Desarrollo—; y convoca conferencias internacionales para promoverlo, como la Cumbre de Desarrollo Sostenible (2015) que fija entre sus objetivos acabar con la pobreza en el mundo en 2030. El Fondo Monetario Internacional y el Banco Mundial proporcionan ayuda financiera y fondos para el desarrollo. No obstante, han sido criticados por quienes consideran sus políticas demasiado duras y rígidas y al servicio de los intereses de los países ricos.

b) La ayuda oficial al desarrollo es la contribución económica de los estados al desarrollo, con carácter gratuito, o en mejores condiciones que las ofrecidas por el mercado internacional. En la actualidad, esta ayuda presenta claras limitaciones. Es insuficiente porque no alcanza el 0,7 % del PIB de los donantes, el mínimo calculado en 1972 para que fuese efectiva. Los países receptores a veces la usan en beneficio de la élite dirigente o para otros fines. Y los donantes la conceden en muchas ocasiones en forma de créditos a menor interés, o de ayuda ligada que obliga al receptor a emplearla en comprar bienes al país donante; o bien la recuperan como pago de los intercambios comerciales o de la deuda.

c) Las organizaciones no gubernamentales para el desarrollo (ONGD) son organizaciones supranacionales, no vinculadas a ningún estado, que gestionan las aportaciones desinteresadas de la ciudadanía. Sus miembros son voluntarios que trabajan en proyectos concretos —hambre, enfermedades, analfabetismo— o prestan ayuda en situaciones de emergencia, como guerras y catástrofes naturales. Entre ellas se encuentran Acción Contra el Hambre, Intermón Oxfam, Manos Unidas, Médicos del Mundo, etc.

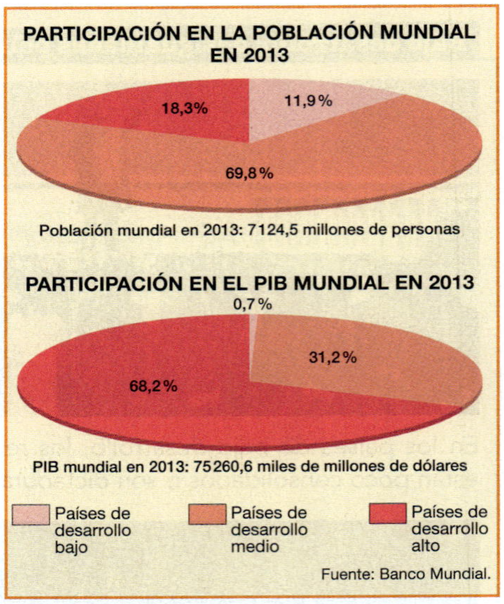

Fuente: Banco Mundial.

Actividades

4 Busca información sobre alguna ONGD y resume sus actividades.

3. Las relaciones mundiales. El proceso de globalización

Las relaciones entre las diferentes áreas mundiales se caracterizan desde la década de 1990 por un acelerado proceso de globalización o interdependencia que se manifiesta en todos los ámbitos: las relaciones políticas, económicas, sociales y culturales y las cuestiones medioambientales.

3.1. Las causas de la globalización

a) La mejora de los transportes —autopistas, ferrocarriles de alta velocidad y transporte aéreo— facilita el traslado de mercancías y personas, haciendo accesibles espacios cada vez más alejados.

b) El progreso de las telecomunicaciones —satélites, televisión, Internet, telefonía móvil, fax— permite transmitir información instantáneamente; conectar y coordinar a personas y empresas de todo el mundo; realizar operaciones financieras; y difundir comportamientos sociales, ideas, y modelos artísticos y culturales. Con ello se reduce la influencia de la distancia física entre los territorios y el mundo se convierte en una «aldea global».

c) La generalización del sistema económico capitalista y la extensión de la ideología neoliberal se aceleraron tras la desaparición del bloque comunista en 1990. Con ello se difunde por gran parte del mundo un sistema económico basado en la obtención del máximo beneficio a través de la libertad económica y de mercado y la mínima intervención del Estado en la economía. Así, se impulsa la desaparición de las barreras comerciales y se facilita el desarrollo de los intercambios mundiales de todo tipo.

d) La actuación de diferentes organizaciones y agentes internacionales favorece la toma de decisiones de alcance global sobre asuntos políticos, económicos, sociales, culturales y medioambientales. Entre ellas destacan la ONU, el G-7, el G-20, la OMC, el FMI, las empresas multinacionales, las grandes agencias financieras y las compañías de comunicación.

Actividades

5 Busca una imagen representativa sobre cada una de las causas de la globalización y redacta un pie explicativo.

6 Explica qué papel desempeñan en la globalización los transportes, las telecomunicaciones, el sistema capitalista y las organizaciones y los agentes internacionales.

Las telecomunicaciones permiten conectar y coordinar a personas y a empresas de todo el mundo.

Sede de la Organización Mundial del Comercio, en Ginebra. Esta organización fomenta la liberalización del comercio mundial.

Las grandes compañías de telecomunicación difunden por todo el mundo noticias, modas y modelos culturales.

3.2. El funcionamiento de la globalización y sus consecuencias

La globalización incide en todos los ámbitos, ocasionando consecuencias positivas y negativas, generadoras de movimientos antiglobalización*.

a) En el ámbito político, la globalización promueve las relaciones entre países, en el seno de organizaciones supranacionales; y extiende las libertades, los derechos y la democracia. Pero también limita la autonomía de los países, que se ven condicionados por las decisiones de las instituciones supranacionales; por los intereses de las grandes potencias que las controlan; y por el poder de las empresas multinacionales. Además, ha favorecido la implantación de gobiernos extremistas en ciertas áreas mundiales, como reacción a las formas occidentales de hacer política.

b) La globalización de la economía se ha visto impulsada por el crecimiento de la libertad económica mundial.

- **La producción** tiende a organizarse a escala mundial. Las grandes multinacionales dividen el proceso de fabricación en fases y localizan cada una de ellas en los espacios más ventajosos. Así, se han creado industrias en países pobres. Pero las más avanzadas permanecen en los países ricos. Además, las multinacionales compiten con las empresas nacionales y ejercen un enorme control y presión para defender sus intereses.
- **El intercambio** de mercancías, servicios, capitales, información y tecnología se extiende por todo el mundo ante la progresiva eliminación de las barreras comerciales fomentada por la Organización Mundial del Comercio. Así, mejoran las oportunidades comerciales de los países pobres. Pero, en otros casos, su especialización en las actividades menos productivas les ha generado una enorme deuda externa.
- **El consumo de bienes** aumenta, impulsado por la publicidad de las grandes empresas. Sin embargo, se limita a ciertos grupos sociales.

c) En el ámbito cultural, la globalización aumenta la interacción entre las culturas y difunde la ciencia, los modelos artísticos, musicales y culturales por todo el planeta. Pero también amenaza con una homogeneización cultural según los patrones occidentales, a costa de la pérdida de identidad de ciertos pueblos.

Vocabulario

Los movimientos antiglobalización. Son un conjunto formado por organizaciones muy diversas, que critican la forma en que se ha llevado a cabo la globalización. Se ha realizado al margen de la participación de la ciudadanía porque los estados nacionales que la representan se pliegan ante los intereses de las grandes organizaciones internacionales al servicio de los países ricos. Beneficia solo a unos pocos, dado que los países ricos favorecen un comercio mundial injusto, la flexibilidad laboral y el descenso salarial. Y supone la pérdida de la identidad cultural y un enorme deterioro medioambiental.

Por estos motivos, algunos movimientos se oponen frontalmente a la globalización; y otros proponen cambios para que beneficie a todos.

Globalización: características y movimientos críticos

La globalización tiende a uniformizar el consumo de productos, gracias a la acción de la publicidad de las grandes empresas; y favorece la difusión de modelos culturales a través de los medios de comunicación. Pero sus efectos negativos, como el beneficio de los países ricos, la pérdida de identidad cultural y el deterioro medioambiental, han impulsado los movimientos antiglobalización.

d) En el ámbito social, la globalización favorece el movimiento de personas a través del turismo y de las migraciones, que generan ingresos; pero el turismo solo está al alcance de ciertos grupos y las migraciones promueven la flexibilidad laboral y el descenso salarial. La globalización difunde avances médicos y sanitarios; pero también epidemias masivas o enfermedades como el sida. Promueve la seguridad colectiva, pero también las redes de delincuencia internacional. Y la ciudadanía se globaliza, pues las nuevas tecnologías permiten el voto electrónico, la gestión de los asuntos, las compras y los contactos interpersonales a través de las redes sociales; pero también pueden causar violaciones de la intimidad, acoso, fraudes, pérdida de productividad en el estudio o el trabajo, y sustitución de las relaciones personales por las virtuales.

e) En el ámbito medioambiental, los problemas alcanzan dimensión global: sobreexplotación de recursos, cambio climático, deforestación, reducción de la biodiversidad. La globalización favorece la concienciación sobre estos problemas y los acuerdos internacionales para solucionarlos. Pero también produce un gran impacto ecológico, al promover un modelo económico basado en un crecimiento ilimitado de la producción y del consumo.

Actividades

7 Consulta un periódico y selecciona noticias que reflejen la globalización en sus dimensiones política, económica, social, cultural y medioambiental. Comenta tres de ellas siguiendo la técnica que se explica al final de la unidad

8 Pon ejemplos de tu vida cotidiana que reflejen la globalización económica, social y cultural.

9 Expresa tu opinión sobre el proceso de globalización argumentando tu respuesta.

4. La jerarquía del poder mundial

Las relaciones mundiales, impulsadas por la globalización, no son igualitarias. Entre los países existen grandes diferencias de poder, entendido como la capacidad para alcanzar sus objetivos, influir sobre los demás, y oponerse a quienes obstaculizan el logro de sus intereses. Se establece así una jerarquía mundial entre centros, semiperiferias y periferias.

4.1. Centros, periferias y semiperiferias

a) Los centros, integrados por los países más avanzados, son los principales focos de poder e influencia mundial, que dictan las normas por las que se rigen las relaciones internacionales.

b) Las semiperiferias, integradas por los países emergentes, tienen relaciones tradicionales de sumisión respecto a los centros, pero constituyen potencias regionales entre los países de su entorno. Su intención es aumentar su presencia exterior adquiriendo más cuota de poder en las organizaciones internacionales.

c) Las periferias, integradas por los países de bajo desarrollo, están en situación de dependencia y sumisión a los intereses de las grandes potencias.

4.2. El orden mundial actual y sus transformaciones

La distribución de poder en el mundo ha creado a lo largo de la historia diversos órdenes geopolíticos* internacionales: **orden unipolar** —una sola superpotencia ejerce la hegemonía absoluta e impone las normas internacionales a los demás estados—; **orden bipolar** —existen dos focos de poder—; y **orden multipolar** —existen muchos polos o centros de poder distribuidos de forma equitativa—.

El orden internacional actual se inició en 1990. Pero, desde principios del siglo XXI, experimenta cambios hacia un nuevo orden internacional.

Vocabulario

Los órdenes geopolíticos son las relaciones de poder que se establecen entre los diferentes países de la Tierra.

Órdenes geopolíticos

1945-1990: **Orden bipolar.** Dos bloques políticos y económicos: EE. UU. y la URSS.

1990-2006: **Orden unipolar.** Al caer el bloque comunista, EE. UU. se convirtió en líder.

Desde 2006, se camina hacia un **orden multipolar,** en lo político y en lo económico.

4.2.1. El orden mundial actual

Se inició cuando la desintegración del bloque comunista en 1990 puso fin al orden bipolar de la Guerra Fría, marcado por la división del mundo en dos bloques políticos y económicos antagónicos liderados por Estados Unidos y la URSS; y un Movimiento de Países No Alineados de América Latina, Asia Meridional y África, que constituyeron el llamado Tercer Mundo, identificado con la pobreza y el subdesarrollo.

La caída del bloque comunista dio paso a un orden **unipolar en lo político y multipolar en lo económico.**

a) En lo político, EE.UU. se convirtió en la única superpotencia capaz de ejercer un liderazgo mundial por su preeminencia militar, económica, social y cultural. Pretendió entonces dirigir el orden político mundial a la defensa de sus propios intereses, buscando las alianzas más convenientes y el apoyo de las organizaciones internacionales, como la ONU; aunque no dudó en actuar contra sus criterios para alcanzar sus objetivos.

b) En lo económico, Estados Unidos compartió su primacía con la UE y Japón, con quienes conformó la llamada Tríada económica. Estas potencias controlan las instituciones económicas mundiales, como el FMI o la OMC, para imponer sus intereses económicos.

4.2.2. La transición hacia un nuevo orden mundial multipolar

Desde principios del siglo XXI se ha iniciado un cambio en el sistema mundial, acelerado por la crisis económica de 2008, que marca la transición hacia un nuevo orden internacional.

a) En el terreno político, el sistema unipolar liderado por Estados Unidos camina hacia un sistema multipolar de liderazgo colectivo. Las razones son múltiples.

- El recorte de la distancia militar de Estados Unidos ante el creciente peso militar de países como China, Irán, Corea del Norte y Rusia.
- La oposición de muchos ciudadanos y estados a la política exterior estadounidense y a su falta de respeto a la legalidad internacional.
- La creciente tendencia a medir la presencia exterior de los países, menos por su poder duro o predominio militar, y más por su poder blando o capacidad de persuasión y de atractivo para que otros ambicionen lo que uno quiere, utilizando la diplomacia; la proyección científica, tecnológica, cultural y deportiva; los intercambios personales a través del turismo y de las migraciones; y la ayuda al desarrollo.

Actividades

10 Anota qué se entiende por centros, periferias, semiperiferias, poder duro, poder blando y órdenes geopolíticos.

Así, se extiende la idea de que el gobierno político de la globalización debe basarse en un sistema de decisiones colectivo, fundado en la negociación y el respeto a la legalidad internacional, que exige un mejor reparto de influencia en las instituciones internacionales.

b) En el terreno económico, el liderazgo de la Tríada se debilita ante el auge de los países emergentes. Esta situación, iniciada hace varias décadas, se ha acelerado desde 2008. La crisis ha incidido más duramente en los países de la Tríada y ha aumentado su dependencia respecto a los países más dinámicos de Asia, sobre todo de China, que se ha convertido en una importante compradora de empresas y títulos de deuda de Estados Unidos y otros países avanzados. Con ello, el centro económico del planeta, situado en el Atlántico norte, tiende a desplazarse hacia la región de Asia-Pacífico y en menor medida hacia América Latina. Así, la economía mundial se vuelve cada vez más multipolar y desoccidentalizada.

c) Las manifestaciones de estos cambios hacia un mayor equilibrio en el poder global son la conformación de bloques políticos y económicos por diversos países de Asia y América Latina; y una mayor participación de los países emergentes en las instituciones internacionales. Así el G-20* se ha constituido en el principal foro económico mundial a raíz de la crisis de 2008; y el grupo de los BRICS* presiona en los principales organismos internacionales para conseguir una mayor representación en la toma de decisiones.

Esto no significa que, a corto plazo, los actuales países avanzados vayan a perder poder e influencia internacional, pues seguirán manteniendo un importante peso en las instituciones internacionales y en los campos militar y tecnológico. Por su parte, la presencia de los países emergentes, aunque es destacada en el plano económico, todavía es limitada en los campos militar, científico, social y cultural. Pero tienden a aumentar su peso en todas las áreas, de forma que hacia 2040 podría haberse configurado un nuevo orden mundial multipolar.

Vocabulario

El G-20, creado en 1999, incluye países que en el conjunto mundial representan el 90% del PIB, el 80% del comercio global y el 75% de la población. Surgió como un foro de diálogo sobre temas financieros como respuesta a la crisis financiera de finales de la década de 1990 y para dar voz a los países emergentes, cada vez más influyentes en la economía globalizada. Desde la crisis de 2008 ha ganado peso como foro económico mundial.

El grupo de los BRICS incluye a los principales mercados emergentes —Brasil, Rusia, India y China— más Sudáfrica que se unió en 2011 en representación del continente africano. Desde 2009 celebran cumbres en las que han adoptado acuerdos; y presionan para obtener mayor peso en instituciones internacionales.

Actividades

11 Confecciona un eje cronológico con la evolución del orden internacional desde 1945 hasta la actualidad.

12 Explica cuáles son las fortalezas y las debilidades que impulsan y limitan el poder de los países emergentes en el contexto internacional.

Creciente peso económico de los BRICS e influencia mundial de los emergentes

Porcentaje en el PIB mundial

%	2005	2007	2010	2030	2050
Tríada	74,26	70,00	54,50	45,00	26,50
BRICS	13,30	17,99	28,00	35,40	43,00
Resto de países	15,44	16,41	17,50	19,60	30,50

Fuente: Banco Mundial.

El G-20 reúne a los miembros del G-7 —EE. UU., Canadá, Alemania, Francia, Italia, Reino Unido, Japón— más Rusia; once países de creciente peso económico de todas las áreas del mundo —Argentina, Brasil, México, Arabia Saudita, China, Corea del Sur, India, Indonesia, Turquía, Sudáfrica y Australia—; y la UE como bloque económico. En la imagen, cumbre del G-20 en Brisbane, Australia, en 2014.

2 España, en el contexto mundial

En el contexto mundial, España ocupa el puesto 52 de países por su superficie y el 29 por su población (2015); forma parte del grupo de países de alto desarrollo; y ha incrementado sus relaciones políticas y económicas internacionales. No obstante, en comparación con los países del centro mundial constituye una potencia intermedia.

1. España, en las áreas geopolíticas del mundo

En el contexto político mundial, España tiene una clara debilidad en cuanto al **poder duro** por su reducida capacidad militar. En este ámbito, destaca su pertenencia a la OTAN, a la que aporta medios y capacidades. Esta organización ha ampliado sus objetivos de defensa de los países del Atlántico norte hacia misiones de paz y de ayuda humanitaria; gestión de crisis; y lucha contra retos globales como el terrorismo, la proliferación nuclear y los ciberataques.

En cambio, la presencia española es mayor en cuanto al **poder blando,** debido a las razones siguientes:

a) La calidad de las instituciones españolas. Desde el restablecimiento de la democracia, España cuenta con derechos políticos, libertades y respeto a la propiedad privada, lo que favorece su valoración internacional.

b) La pertenencia a numerosas instituciones y organizaciones internacionales. Entre ellas destacan la ONU para el mantenimiento de la paz; organizaciones dentro de la ONU (FAO, Banco Mundial, FMI, OMC, OIT, OMS, UNESCO, Cascos Azules); la OCDE para la cooperación y el desarrollo económico; y organizaciones defensivas y para la seguridad internacional, como la OTAN, la UEO, la OSCE; y el Foro Global contra el Terrorismo. Además, España cuenta con 117 embajadas en el extranjero.

c) La participación en diversos acuerdos internacionales relacionados con el desarme, la no proliferación nuclear y la prohibición de armas químicas y biológicas; la defensa de los derechos humanos y de los trabajadores; y el desarrollo sostenible.

d) La donación de ayuda oficial al desarrollo (AOD). No obstante, esta ayuda presenta algunas deficiencias: se ha recortado a raíz de la crisis de 2008, por lo que se encuentra por debajo de la media de los países donantes y muy alejada del objetivo del 0,7 % (0,14 % del PIB en 2014); y es en parte una ayuda ligada, realizada mediante créditos que exigen al país receptor la adquisición de bienes y servicios españoles.

e) La colaboración con diversas ONG internacionales. Entre ellas, Manos Unidas y Médicos Sin Fronteras para ayuda humanitaria; Amnistía Internacional para la defensa de los derechos humanos; o Greenpeace para la protección del medio ambiente.

f) La importancia de los flujos humanos internacionales. Se manifiesta en las elevadas cifras de turistas extranjeros y de inmigrantes exteriores hasta fechas recientes.

g) La presencia de la cultura española en el exterior. Se aprecia en la extensión del idioma español, hablado por más de 450 millones de personas; el creciente protagonismo de personalidades españolas en el campo científico y cultural; el rendimiento español en competiciones deportivas internacionales; la divulgación de la cultura española por ciertos organismos como el Instituto Cervantes; y la celebración de premios internacionales como el Princesa de Asturias y el Cervantes.

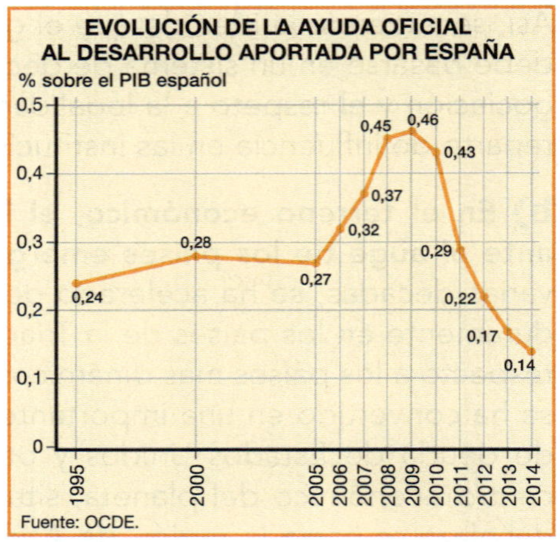

Cascos Azules españoles en una misión en Líbano.

Actividades

13 Menciona tres indicadores que puedan usarse para medir el poder duro y el blando de España en el exterior.

14 Comenta brevemente el gráfico sobre la ayuda oficial al desarrollo de España: etapas y causas y consecuencias de las variaciones en la ayuda que se aprecian.

15 Busca información y cita algunos acuerdos internacionales en los que participa España y el nombre de personas u organizaciones españolas de relevancia internacional en diferentes campos, indicando el motivo.

2. España, en las áreas geoeconómicas del mundo

El peso económico de España en el contexto mundial se manifiesta en el valor de su PIB (14.ª posición mundial en 2015); y en la creciente integración de su economía en el ámbito mundial, apreciable en los siguientes hechos:

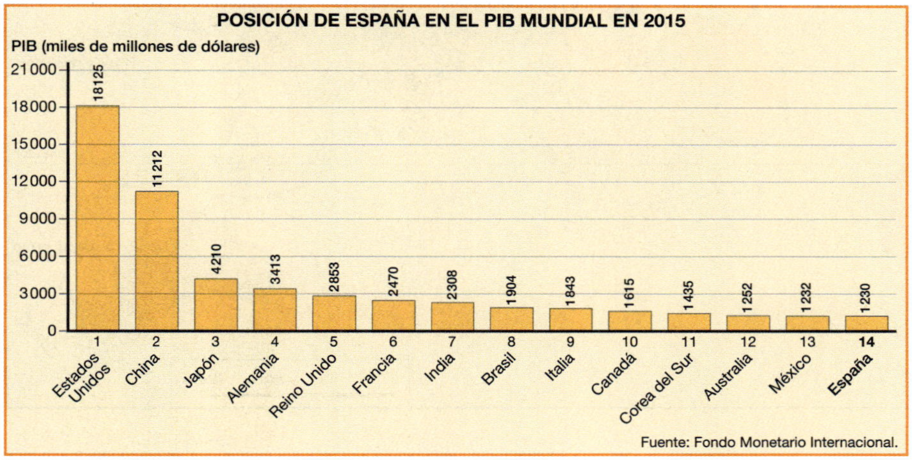

- **El alto grado de liberalización económica,** constatado en su posición en índices como el de libertad económica o el de facilidad para el comercio.
- **La presencia de empresas multinacionales** españolas en el exterior en sectores como el textil (Inditex), telecomunicaciones (Telefónica), energía (Iberdrola, Repsol) y servicios financieros (Banco Santander); y en el esfuerzo de internacionalización que están realizando muchas empresas españolas.
- **El incremento del comercio exterior.** En 2014, en el comercio mundial de mercancías, España ocupaba el puesto 18 en las exportaciones y el 16 en las importaciones; y en los servicios, el puesto 10 en exportaciones y el 20 en importaciones.
- **El crecimiento de las relaciones financieras internacionales.** España recibe y realiza una cuantiosa inversión exterior. Así, en 2014, fue el 10.º país del mundo por la inversión exterior directa recibida —IED*— y el 12.º en inversiones realizadas, sobre todo en Latinoamérica, donde es la tercera inversora mundial.

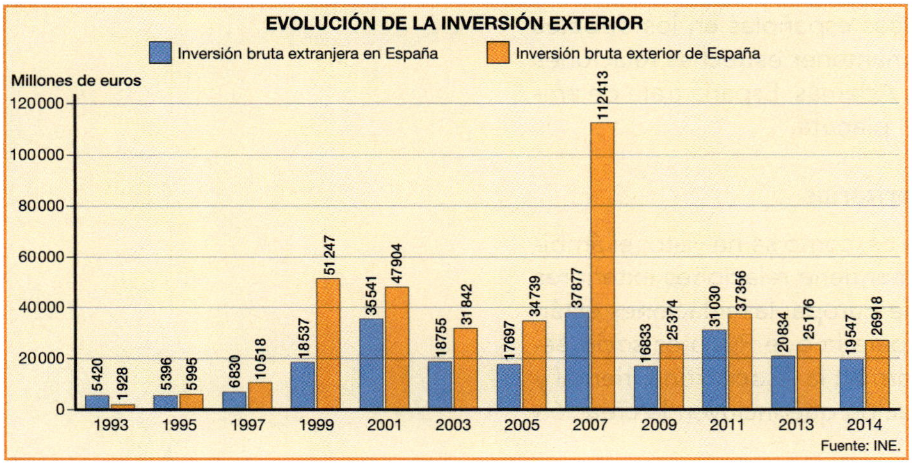

La inversión exterior en España creció hasta 2000 y, desde entonces se ha resentido, por la entrada en la UE de nuevos miembros a partir de 2002 —que han recibido inversiones hasta entonces dirigidas hacia España—; y por los efectos de la crisis económica. Por su parte, la inversión de España en el exterior tuvo su mayor crecimiento entre 1999 y 2007 y, desde entonces, ha descendido considerablemente como resultado de la crisis.

Actividades

16 Analiza los datos que se proporcionan en el texto e indica cuáles son los aspectos de las relaciones económicas mundiales en los que España se encuentra mejor y peor posicionada.

17 Elabora un esquema conceptual sobre la posición de España en las áreas geopolíticas y geoeconómicas del mundo.

Vocabulario

La inversión exterior directa (IED) es la colocación de capital a largo plazo en las empresas de un país extranjero (para instalarlas, comprarlas, absorberlas, o establecer acuerdos de cooperación).

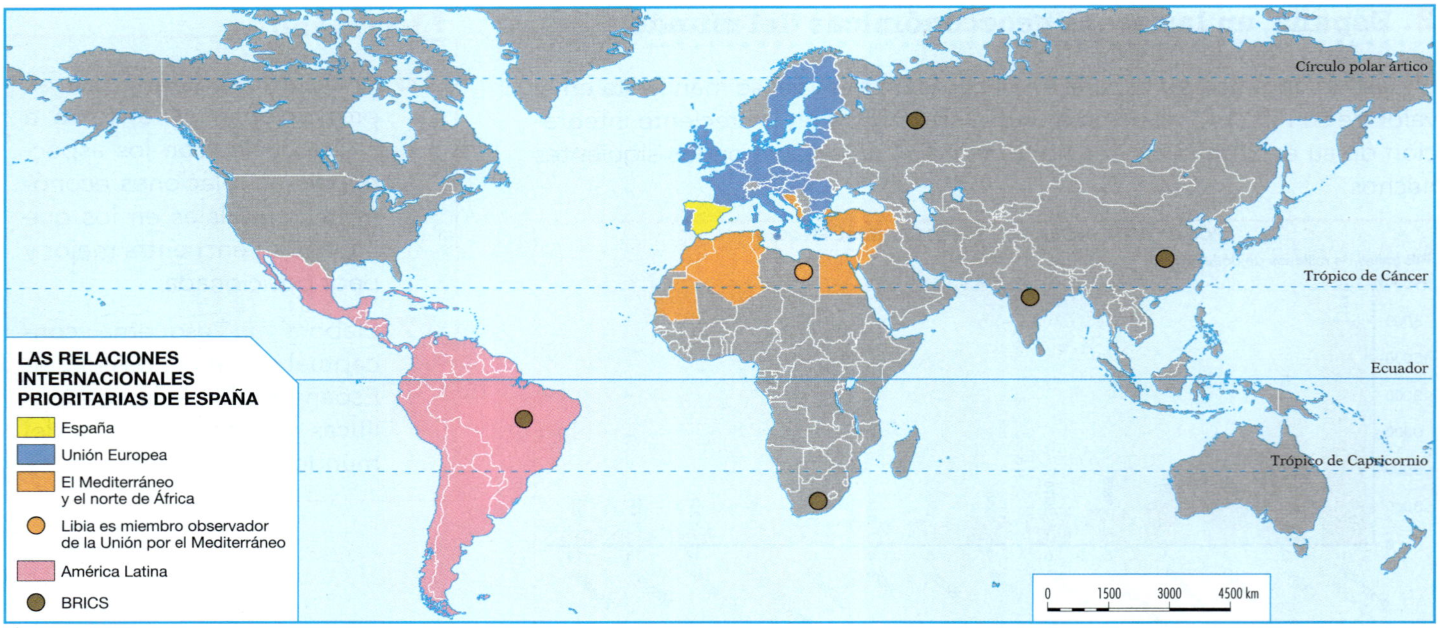

3. España, en las relaciones internacionales

3.1. Los cambios en las relaciones internacionales de España

En el pasado, España basó sus relaciones exteriores en la **diplomacia pública** o relaciones políticas con otros gobiernos y organizaciones internacionales para favorecer la cooperación, la paz y la seguridad. Además, la situación geoestratégica* de la Península orientó las líneas geopolíticas de España hacia Europa, el Mediterráneo, el norte de África y el Atlántico.

En la actualidad se fomentan también otras relaciones diplomáticas. La **diplomacia económica** para defender los intereses económicos y la imagen de España en el exterior; y para apoyar la internacionalización de la economía, impulsando las exportaciones, el turismo y la inversión extranjera. La **diplomacia cultural** para promover las relaciones culturales internacionales; difundir la riqueza patrimonial y cultural del país; y favorecer la inserción internacional de los creadores e industrias culturales de España. **La diplomacia digital,** utilizando las TIC y las redes sociales como forma de dar mayor alcance a las posiciones españolas en política exterior y de prestar mejor servicio a la ciudadanía. Y los **centros de pensamiento** (Think Tanks) para difundir las ideas españolas en los debates internaciones sobre la visión del mundo y mantener estrechas relaciones con los centros de pensamiento mundiales. Además, España trata de ampliar sus relaciones hacia otros espacios del planeta.

3.2. Las relaciones internacionales prioritarias

a) Europa y en concreto la **Unión Europea** es, como se ha visto, el ámbito geográfico mundial con el que España mantiene relaciones exteriores más estrechas de todo tipo. Con el resto de Europa, las relaciones están marcadas por la política exterior de la UE para la que Rusia es socio estratégico; y los demás países del este conforman la Asociación Oriental y han recibido ofertas de acuerdos de asociación que incluyen la creación de zonas de libre comercio.

Vocabulario

Situación geoestratégica: posición geográfica de un territorio que otorga al estado que la posee ventajas sobre los demás países.

b) El Mediterráneo y el norte de África son zonas prioritarias de la política exterior española, por su proximidad geográfica, su vinculación histórica, y la densidad de los intercambios de todo tipo. Los objetivos son asegurar la estabilidad y la prosperidad en la zona. Para ello, se precisa apoyar los procesos de transición hacia sistemas democráticos que respeten los derechos humanos; cooperar en la lucha contra los tráficos ilegales de armas, drogas y personas; lograr el desarrollo económico y social luchando contra la pobreza; y una mayor comprensión cultural. Con estos fines, España participa con los demás miembros de la UE en la Unión por el Mediterráneo; suscribe Tratados de Amistad, Buena Vecindad y Cooperación con Marruecos, Túnez, Argelia y Mauritania; y promueve el conocimiento cultural a través de las actividades de los Institutos Cervantes, la Casa Árabe de Madrid y la Casa del Mediterráneo de Alicante.

c) Iberoamérica ha mantenido importantes lazos históricos con España. En la actualidad, los objetivos con este ámbito son potenciar el diálogo político y explotar en beneficio mutuo las oportunidades económicas que ofrece Iberoamérica. Con este fin, se fomentan las relaciones institucionales al más alto nivel (viajes de la Casa Real a América y de los presidentes iberoamericanos a España); y la ampliación del comercio y de las inversiones. Además, España impulsa el reforzamiento del papel internacional de Iberoamérica participando en las Cumbres Iberoamericanas y colaborando al estrechamiento de sus relaciones con la UE.

d) Los BRICS se han convertido en destinos prioritarios para los intereses económicos españoles por su potencial de crecimiento y por sus ambiciosos proyectos en infraestructuras y otros sectores. Por tanto, se han intensificado las relaciones diplomáticas y económicas para favorecer una mayor presencia de las empresas españolas en estos países.

3.3. Otros ámbitos de las relaciones internacionales

a) Estados Unidos mantiene acuerdos bilaterales con España en cuestiones políticas y de seguridad. Además se potencian las relaciones económicas, culturales y científicas.

b) El Próximo Oriente es un área cada vez más decisiva para la estabilidad política y económica mundial. Consciente de esta realidad, España apoya el proceso de transición democrática que viven algunos países de la región; el proceso de paz en el conflicto árabe-israelí y de Siria; y ha suscrito Tratados de Amistad, Buena Vecindad y Cooperación con varios países. También promueve las relaciones económicas para compensar la fuerte dependencia energética de la región —construcción de una línea de AVE entre Medina-Yeda-La Meca—; e intensifica las relaciones culturales con los países árabes y con Israel a través de la Casa Árabe y del Centro Sefarad-Israel.

c) Asia y el Pacífico unen un enorme peso demográfico y un creciente poder militar y económico. España pretende fortalecer su escasa presencia en este ámbito mediante diálogos bilaterales; viajes y visitas; y el refuerzo de las relaciones diplomáticas, económicas y culturales. Para dar visibilidad a este acercamiento se ha creado la Casa de Asia.

d) África subsahariana es el espacio mundial de menor desarrollo. España se ha comprometido a promover la democracia, los derechos humanos, y la erradicación de la pobreza.

A

B

C

España trata de ensanchar sus relaciones con los diferentes ámbitos mundiales potenciando los contactos culturales y económicos.

A. Centro Cultural Islámico en Madrid.

B. Foro España-Estados Unidos, Málaga.

C. Año Nuevo chino en Madrid.

Actividades

18 Realiza un cuadro para comparar los objetivos de las relaciones internacionales de España con cada ámbito mundial y las medidas destinadas a alcanzarlos.

4. La posición de España en el mundo

La posición mundial de España resulta de la combinación de su posición política y económica. Para medirla, se utilizan diversos índices, y para mejorarla, se ha creado la Marca España.

4.1. Las fortalezas y las debilidades de España

Los indicadores que miden la posición de España en el mundo la sitúan en el grupo de países de alto desarrollo, aunque por detrás de las grandes potencias mundiales y con tendencia a perder posiciones por las graves repercusiones de la crisis de 2008 y el rápido ascenso de los países emergentes.

- **Las mayores fortalezas** de España en el contexto internacional están relacionadas con el poder blando. Entre ellas se encuentran la calidad institucional; la participación en organismos y acuerdos internacionales; los flujos de personas a través del turismo y la inmigración; el incremento de la presencia deportiva; y una buena reputación en cuanto a lugar de ocio y entretenimiento y de gente amable y simpática.

- **Las mayores debilidades** de España están relacionadas con el poder duro (reducida capacidad militar); con algunos aspectos del poder blando (baja proyección en tecnología, ciencia y educación, descenso de la ayuda al desarrollo); y con algunos aspectos económicos (dependencia energética, insuficiente exportación de bienes tecnológicos; y una modesta reputación en cuanto a la calidad de sus productos y servicios).

4.2. Los indicadores de la posición española en el mundo

Para medir la posición relativa de España en el mundo, pueden usarse diferentes índices, como el Índice de Desarrollo Humano (IDH), el Índice de Globalización KOF, el Índice Elcano de Presencia Global (IEPG) y el Índice de Reputación CountryRep.

4.2.1. Posición relativa según el IDH

El IDH (Índice de Desarrollo Humano) lo elabora la ONU desde 1990. **Mide el desarrollo humano** de 188 países.

En el IDH de 2015 (datos de 2014), España ocupaba el puesto 26, situándose en el grupo de países de desarrollo humano muy alto; aunque con un descenso de 13 lugares en relación con 2007, el año anterior a la crisis económica. Esta posición resulta de la puntuación obtenida en tres áreas: el PIB por cabeza, la esperanza de vida, y las tasas de alfabetización y matriculación en las enseñanzas primaria, secundaria y superior.

EVOLUCIÓN DEL ÍNDICE DE DESARROLLO HUMANO EN EL MUNDO Y EN ESPAÑA

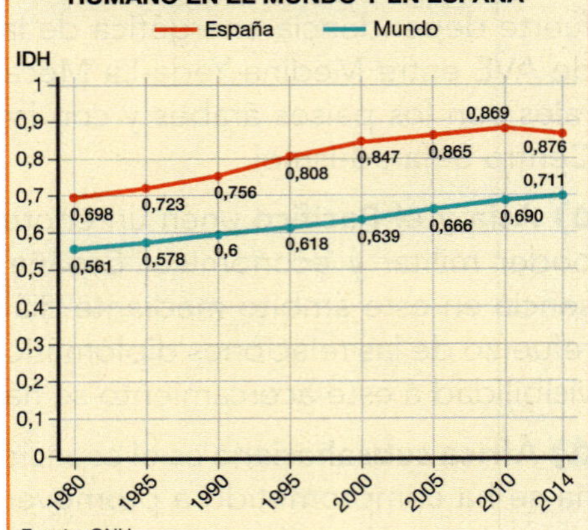

Fuente: ONU.

4.2.2. Posición relativa según el Índice de Globalización KOF

El Índice de Globalización lo elabora el KOF —Instituto de Investigación Económica de Zúrich— desde 1970. **Mide el grado de globalización** de 207 países.

En el índice KOF de 2015 (datos de 2012), España ocupaba el puesto 14. Esta posición resulta de los valores obtenidos en las áreas de globalización política, económica y social.

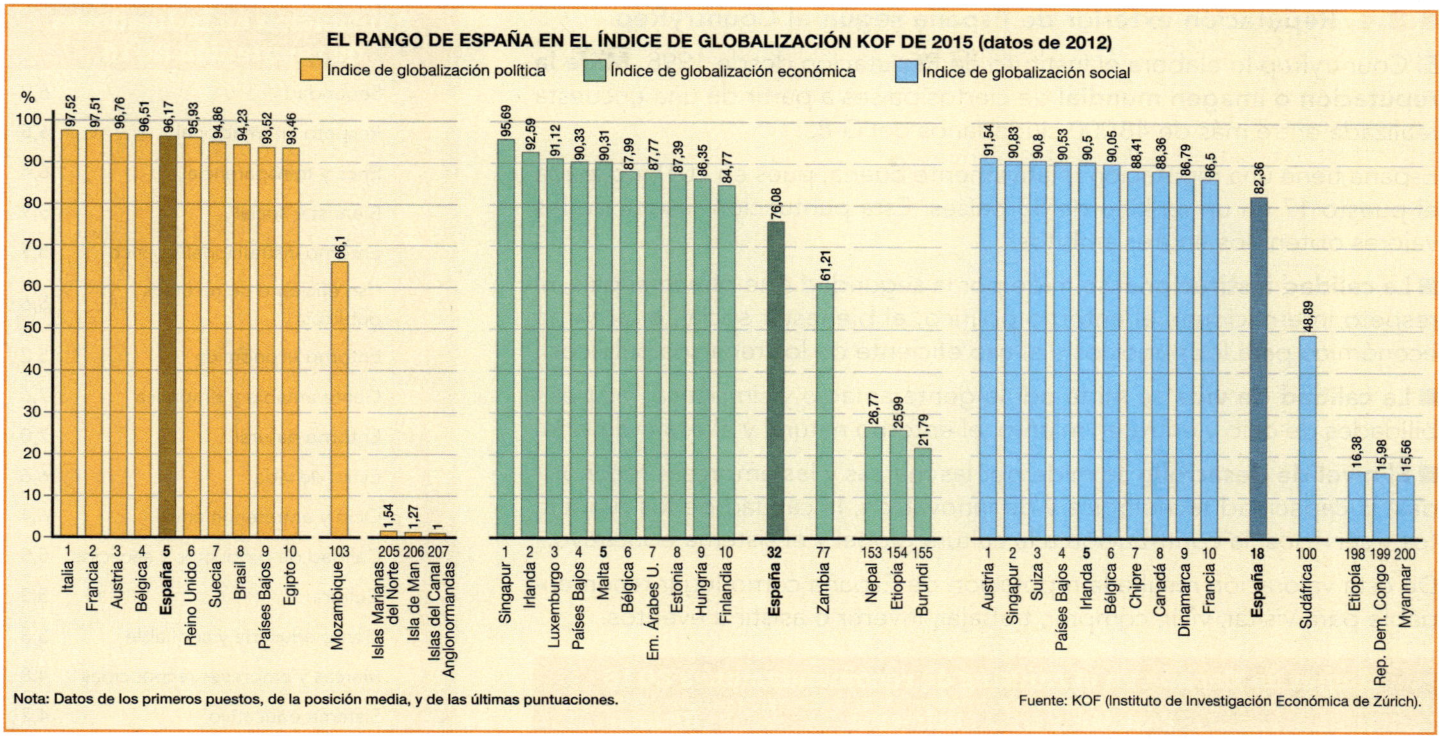

En el índice KOF de 2015, España ocupaba el puesto 14, resultado de los valores obtenidos en globalización política, económica y social.

- **La globalización política** (5.° lugar) se mide por las relaciones exteriores con otros países y por la participación en organizaciones, misiones y tratados internacionales.
- **La globalización económica** (32.° lugar) se mide por los flujos comerciales y de inversión con el exterior y mediante las restricciones impuestas por cada país al comercio y al capital.
- **La globalización social** (18.° lugar) se mide por los flujos de personas, y de información entre países y por la proximidad cultural.

4.2.3. Posición relativa de España según el IEPG

El IEPG (Índice Elcano de Presencia Global), lo elabora el Real Instituto Elcano desde 2010. **Mide la presencia global** o la capacidad de proyectarse fuera de sus propias fronteras, de 80 países, entre los que se encuentran los de mayor PIB, todos los de la OCDE y de la UE, y los miembros del G-20.

España ocupa desde 2000 el puesto 11.° en el índice. Esta posición resulta de los valores obtenidos en las presencias militar, económica y blanda.

- **La presencia militar** (15.° lugar) se mide por el número de tropas desplegadas en misiones internacionales y por el equipamiento militar.
- **La presencia económica** (18.° lugar) se mide por las exportaciones de materias primas, energía, manufacturas y servicios, y por la inversión directa en el exterior.
- **La presencia blanda** (8.° lugar) se mide por la inmigración, el turismo, el rendimiento deportivo, la cultura, la información, la tecnología, la ciencia, la educación y la cooperación al desarrollo.

Actividades

19 A partir de la información de los diferentes índices, saca conclusiones sobre la posición relativa de España en el mundo y valora las fortalezas y las debilidades de esta posición.

20 Por grupos, diseñad un índice para medir la posición de España en el mundo.

4.2.4. Reputación exterior de España según el CountryRep

El CountryRep lo elabora el Instituto de Reputación desde 1998. **Mide la reputación o imagen mundial** de ciertos países a partir de una encuesta realizada entre más de 48 000 ciudadanos del G-8.

España tiene una reputación relativamente buena, pues en 2015 ocupaba el puesto 17 en un ranking de 55 países. Esta puntuación resulta de los valores obtenidos en tres ámbitos:

- **La calidad institucional** se mide por la seguridad que ofrece el país, el respeto internacional, el entorno político, el bienestar social, el entorno económico para los negocios y el uso eficiente de los recursos públicos.
- **La calidad de vida** se mide por la gente amable y simpática, las posibilidades de ocio y entretenimiento, el entorno natural y el estilo de vida.
- **El nivel de desarrollo** se mide por las marcas y las empresas reconocidas, la capacidad tecnológica y de innovación, la calidad de los productos y servicios; la contribución a la cultura global y el sistema educativo.

De esta valoración resulta la reputación de España como lugar recomendable para visitar, vivir, comprar, trabajar, invertir o asistir a eventos.

Lugar de España en el ranking de recomendaciones 2015

Recomendación	Posición España	Primeros países	Últimos países
Para vivir	17	Canadá, Suiza, Australia	Irán, Pakistán, Nigeria
Para comprar	18	Alemania, Suiza, Japón	Irán, Pakistán, Nigeria
Para trabajar	19	Suiza, Canadá, Suecia	Irán, Pakistán, Nigeria
Para invertir	21	Suiza, Alemania, Suecia	Irán, Pakistán, Nigeria
Para visitar	12	Canadá, Australia, Italia	Irán, Pakistán, Nigeria
Para estudiar	19	Canadá	Irán
Para asistir a eventos	18	Canadá, Suiza, Suecia	Irán, Pakistán, Nigeria

Fuente: Real Instituto Elcano.

En los primeros puestos del índice no se encuentra ninguna gran potencia mundial —dado que el poder militar y político no van unidos a una buena reputación—, sino potencias medias como Suiza, Canadá o Suecia. En los últimos puestos van algunos grandes países emergentes, como China y Rusia, y otros con graves conflictos internos e internacionales, como Irán y Pakistán. España ocupa el puesto 17, por delante de países como EE. UU.

Puntuación en indicadores de reputación 2015

Ámbito	Indicador	Puntuación
Calidad institucional 36,9	Seguridad	6,9
	Respeto internacional	6,5
	Ética y transparencia	6,4
	Bienestar social	5,9
	Entorno institucional/político	5,9
	Uso eficiente de recursos públicos	5,6
	Entorno económico	5,2
Calidad de vida 36,1	Gente amable y simpática	7,6
	Entorno natural	7,0
	Estilo de vida	6,6
	Ocio y entretenimiento	6,4
Nivel de desarrollo 27,1	Calidad de productos y servicios	5,5
	Cultura	5,5
	Gente educada y confiable	5,3
	Marcas y empresas reconocidas	4,8
	Sistema educativo	4,7
	Tecnología e innovación	4,2

Fuente: Reputation Institute.

4.3. La Marca España

Es una política de Estado para promocionar y mejorar la imagen de España en el interior y en el exterior. La razón es que, en un mundo global, una buena imagen-país respalda su posición en todos los ámbitos internacionales y colabora a la recuperación de la actual crisis, pues contribuye a aumentar las exportaciones, las inversiones extranjeras, la internacionalización de las empresas españolas y el turismo.

Para desarrollar esta política, se llevarán a cabo Planes Anuales de Acción Exterior para promocionar la Marca España; y se ha creado una página web con este nombre, que muestra las fortalezas del país en todos los ámbitos: humanos, políticos, económicos, y culturales y lo convierten en un país atractivo para vivir, trabajar, estudiar, invertir y visitar.

Actividades

21 Razona las ventajas que supone para un país tener una buena reputación exterior. Explica por qué los países con mejor reputación no son los que tienen más poder.

22 Entra en la página web de Marca España y escribe algunas de las fortalezas que se promocionan.

23 Recopila noticias de prensa relativas a la posición de España en el mundo y elabora un dosier. Consulta la técnica del final de la unidad.

Resumen de la unidad

El sistema mundo

está formado por

Áreas

Con diferente desarrollo:

- Países de alto desarrollo.
- Países emergentes.
- Países de bajo desarrollo.

Relaciones mundiales

marcadas por

La globalización

- Política.
- Económica.
- Social.
- Cultural.
- Medioambiental.

Las desigualdades

Que crean:

- Jerarquías:
  - Centros.
  - Semiperiferias.
  - Periferias.
- Órdenes mundiales que evolucionan hacia la multipolaridad.

España

se integra en las áreas mundiales

Áreas geopolíticas

- Posición débil en poder duro.
- Mejor presencia en poder blando.

Áreas geoeconómicas

- Multinacionales.
- Comercio exterior.
- Relaciones financieras.
- Alta liberalización.

establece relaciones con

Espacios prioritarios

- UE.
- Mediterráneo y norte de África.
- Iberoamérica.
- BRICS.

Otros espacios

- EE. UU. y Canadá.
- Países de Oriente.
- Asia y Pacífico.
- África subsahariana.

de ello resulta una presencia mundial de potencia intermedia que

Se mide con diferentes indicadores

- IDH.
- Índice de Globalización KOF.
- IEPG.
- CountryRep.

Trata de mejorarse

- Aumentando el poder blando.
- Promoviendo sus fortalezas en el exterior: Marca España.

Técnicas

Utilización de la prensa

La prensa periódica proporciona información actualizada sobre muchos temas de interés geográfico. A continuación, se plantean algunos de sus posibles usos:

1. Comentario de una noticia de prensa

a) Identificación de la fuente: indicar el título de la noticia, el nombre de la publicación, la fecha, la sección en la se ha publicado (internacional, nacional, local, economía, cultura, deportes, etc.) y la página.

b) Análisis formal: tamaño del titular, espacio que ocupa, posición en la página, y elementos que la componen: texto, gráficos, fotografías, estadísticas, etc.

c) Análisis del contenido y comentario:

- **Tipo de información:**
  - Noticia (información precisa sobre un hecho novedoso).
  - Reportaje (narración más extensa sobre un tema de actualidad).
  - Entrevista (diálogo basado en preguntas y respuestas).
  - Artículos de opinión (editoriales no firmados que expresan la opinión del periódico, o cartas a la dirección que expresan la opinión de los lectores y las lectoras).
- **Lenguaje y actitud del autor o la autora** ante la noticia: objetividad, subjetividad, crítica, ironía, denuncia.
- **Tema o temas que trata y explicación de su contenido:** causas, consecuencias, posibles soluciones o alternativas, etc.

2. Elaboración de un dosier

Un dosier de prensa es una recopilación de información procedente de la prensa y de otras publicaciones periódicas referida a un tema concreto. Puede incluir: artículos periodísticos, mapas, tablas, gráficos, fotografías, etc.

Su elaboración requiere la realización de las siguientes operaciones:

a) Preparación y organización

- Elegir el tema.
- Determinar el periodo de tiempo que durará la recopilación de la información.
- Seleccionar las fuentes de información.
- Recortar las noticias y pegar cada una en un folio, indicando la fuente, la fecha y la página.
- Elaborar una ficha para cada noticia, incluyendo el título, la fuente, la fecha, el tema de que trata y un breve resumen. Es conveniente resaltar (por ejemplo, mediante subrayado) las informaciones más interesantes.
- Clasificar y guardar las noticias en diferentes carpetas, poniendo juntas las referentes al mismo apartado.
- Clasificar las fichas por apartados en un fichero.

b) Presentación del dosier

- Realizar una portada con el título, las fechas que comprende la documentación que contiene, el nombre de los periódicos y el nombre del autor o autora.
- Índice de contenidos.
- Carpetas con los documentos originales y las fichas.
- Conclusión sobre los resultados de la información.

Elaboración de un informe

Un informe es un documento que expone el resultado de un estudio realizado utilizando diversas fuentes de información.

La elaboración de un informe requiere:

a) Preparación y organización

- Elegir el tema, procurando que su extensión no sea excesiva y que resulte fácil encontrar fuentes de información sobre él.
- Buscar y seleccionar las fuentes de información: textos, imágenes, estadísticas, etc., anotando su procedencia para incluirla en la bibliografía del informe.
- Analizar la información proporcionada por las fuentes, clasificarla en apartados y contrastar las diversas informaciones sobre el mismo asunto.

b) Presentación del informe

- Portada con el título (breve y representativo del tema) y autoría del informe.
- Índice: principales apartados y subapartados y las páginas donde se encuentran.
- Introducción breve al tema; los objetivos del informe; el método de trabajo que se ha utilizado; las partes o apartados de que consta; y los documentos que lo acompañan.
- Desarrollo:
  - La exposición de la información obtenida debe hacerse de forma ordenada; organizada por apartados; bien estructurada en párrafos; sin omisiones ni reiteraciones; utilizando frases cortas, claras y coherentes; y un vocabulario preciso y apropiado.
  - El desarrollo puede incluir una selección de los gráficos, fotografías, tablas estadísticas, etc., utilizados como fuentes de información. Estos documentos deben ir acompañados de un breve pie explicativo.
- Conclusión: resumen de los resultados del informe.
- Anexos:

El informe puede completarse con la presentación de materiales complementarios, que por su extensión no se incluyen en el desarrollo del informe, pero que se consideran de interés (tablas estadísticas, textos, glosarios, etc.).

- Bibliografía utilizada:

La manera más habitual de citar las obras consultadas es la siguiente:

- Libros: apellidos del autor o la autora, iniciales de su nombre, año de la publicación entre paréntesis, título de la obra en cursiva, nombre y localidad de la editorial.
- Artículos de revistas: apellidos del autor o autora, iniciales de su nombre, año de la publicación entre paréntesis, título del artículo en letra normal y entre comillas, nombre y número de la revista en cursiva, y páginas donde está el artículo en letra normal.
- Páginas web: si consta la autoría, se sigue el mismo procedimiento que para citar libros o revistas, añadiendo a continuación la dirección de la web y entre paréntesis la fecha de consulta de esa dirección.
- Materiales multimedia: apellidos del autor o autora (producción, dirección), fecha entre paréntesis, título en cursiva, indicación del soporte entre paréntesis (vídeo, DVD, etc.), localidad y editorial o compañía productora.

Actividades de síntesis

En la web

Autoevalúate con las actividades interactivas.

1 Definir conceptos

- Define los siguientes términos de forma breve y precisa: *sistema mundial, globalización, países de alto desarrollo, países emergentes, Ayuda Oficial al Desarrollo, periferias, orden geopolítico, orden multipolar, poder blando, Marca España.*

2 Analizar datos estadísticos

- Observa la tabla y realiza las tareas de la siguiente página.

	EE UU	Alemania	Japón	Rusia	Brasil	China	Camerún	Afganistán	Etiopía	España
Sistema político*										
PIB per cápita PPS $ 2015 (FMI)	56 421	46 896	38 216	24 067	15 941	13 801	3 082	1 976	1 703	34 899
PIB primario 2014	1,6	0,7	1,2	4,2	5,6	9,2	22,5	23,9	42,3	2,5
PIB secundario 2014	20,6	30,4	26,8	35,8	23,4	42,7	30	21	15,4	23,1
PIB terciario 2014	77,8	68,9	72	60	71	48,1	47,5	55	42,2	74,4
Importaciones en 2014 (millones $)	2 410 440	1 217 949	811 882	286 669	237 531	1 960 290	7 006**	5 400**	12 641**	351 452
Exportaciones en 2014 (millones $)	1 623 410	1 505 467	691 273	498 909	225 102	2 342 290	4 204**	500**	4 062**	318 860
Tasa de fertilidad***	1,9	1,5	1,4	1,8	1,8	1,7	4,9	4,9	4,1	1,3
Esperanza de vida***	79	80	83	71	75	75	57	61	64	83
Tasa de crecimiento natural 2014	5	–3	–2	0	9	5	29	26	23	0
Población menor de 15 años 2014	19	13	13	16	24	17	45	46	41	15
Población de 65 años y más 2014	15	21	26	13	7	10	2	2	4	18
Tasa de emigración (‰) 2014	3	5	1	2	0	–0	–0	2	0	–2
Población urbana (%) 2014	81	73	93	74	86	55	52	25	17	77
IDH (2014)	8	6	20	50	75	90	153	171	174	26
Coeficiente Gini**** 2014	41,1	30,6	32,1	26,5	52,7	37	40,7	27,8	0,33	35,8
Población bajo la línea de pobreza 1,25 $/día (2002-2014) (%)	0	0	0	0	3,8	6,3	27,6	37,6	36,8	0
Gasto público en educación % PIB 2005-2014	5,2	5	3,8	4,1	5,8	4,6	3	–	4,7	5
Gasto total en sanidad % PIB 2013	17,1	11,3	10,3	6,5	9,7	5,6	5,1	8,1	5,1	8,9
Media de años de escolaridad (2014)	12,9	13,1	11,5	12	7,7	7,5	6	3,2	2,4	9,6

Fuentes: World Factbook y ONU.

***Sistemas políticos.**

Democracias: República presidencialista (EE. UU. y Brasil); República parlamentaria (Alemania); Monarquía parlamentaria (Japón y España).

Anocracias: República semipresidencialista (Rusia); República de partido único (China); República presidencialista (Afganistán), República parlamentaria (Camerún y Etiopía).

**Datos de 2013. ***Datos de 2014. ****Mide la desigualdad de ingresos dentro de una sociedad mediante un número comprendido entre 0 (igualdad) y 1 (desigualdad).

- Analiza la tabla y después: a) sitúa a cada país en un área mundial; b) clasifica la información por categorías; c) redacta un texto explicativo de las diferencias existentes entre las áreas mundiales en las categorías que has establecido; d) concreta la situación de España en el contexto mundial.

3 Realizar un cuadro sintético

- Elabora un cuadro sintético sobre las características del proceso de globalización, sus consecuencias y las posibles alternativas

4 Elaborar un informe

- Realiza un informe sobre uno de los epígrafes de esta unidad didáctica. Consulta cómo hacerlo en el modelo propuesto en la página 447.

5 Comentar y opinar sobre una entrevista periodística

- Comenta este texto y expresa tu opinión sobre los temas tratados.

Fragmento de la entrevista realizada en 2012 por Natella Speranskaja a Claudio Mutti, director de la revista *Eurasia. Revista de Estudios Geopolíticos* sobre el tema «Teoría de un mundo multipolar». Traductor: Francisco de la Torre.

P.- ¿Cuál es su opinión acerca de la teoría de la hegemonía estadounidense; es decir, del unipolarismo? ¿Cómo se vincula a esto la globalización?

R.- Es evidente que el proyecto estadounidense de hegemonía unipolar se rige sobre una combinación de factores de variada naturaleza. Ciertamente, está el factor militar, que consiste en el control global ejercido por medio de una red de bases militares desplazadas en puntos estratégicos. Existe el factor económico, por el cual el trabajo y las riquezas de los pueblos son expropiadas a través de los mecanismos burocráticos instalados en los EE. UU. Existe el factor cultural: una auténtica colonización del imaginario, del pensamiento y de la vida cotidiana que no se expresa solamente sobre el plano de los símbolos, del arte, de la música, del espectáculo, de la gastronomía, de las diversiones, sino, sobre todo... en el plano lingüístico, como lo demuestra el hecho de que, aun cuando no estamos obligados a comunicarnos en inglés, introducimos en nuestro discurso préstamos y calcos de origen inglés.

P.- ¿Qué países, grupos de países o fuerzas sociales y políticas podrían tener la capacidad de desafiar la hegemonía norteamericana? ¿Y cómo?

R.- La hegemonía estadounidense puede ser desafiada solamente por una potencia o un bloque de potencias en posesión los mismos requisitos que han permitido a los EE. UU. escalar al poder mundial: dimensiones continentales, fuerza demográfica, desarrollo tecnológico e industrial, armamento atómico, prestigio cultural, sistema político fuerte, voluntad de potencia. Por tanto, solo la unión eurasiática y China pueden constituir el punto de apoyo de un bloque continental capaz de expulsar a los Estados Unidos de nuestro hemisferio.

www.eurasia-rivista.org

6 Ampliar información utilizando las TIC

- **En la web** Amplía tus conocimientos sobre esta unidad con los recursos proporcionados por la web (www.anayaeducacion.es).

Apéndice cartográfico y estadístico

Apéndice cartográfico

Mapa físico de España

Mapa político de España

Mapa físico de Europa

20° E
Cabo Norte
30° E
70° N
40° E
Mar de Barents
50° E
60° E
70° E
60° N
80° E
RTICO
Islas
steralen
Kebnekaise
2111
Torne
Lago Inari
Lago
Imandra
Kola
Península
de Kola
Pen. de
Kanin
Pechora
Montes de
Timan
Mezen
Izhma
Montes Urales
Kemi
Mar
Blanco
L. Pya
L. Top
Kem
L.
Seg
Lago
Vyg
Pinega
Dvina
Septentrional
Vychegda
Vym
Península escandinava
Lago
Storavan
Oulujoki
L.
Oulujarvi
Lago
Storsjön
Golfo de Botnia
Meseta
lacustre de
Finlandia
Lago
Pielinen
Lago
Ladoga
Lago
Onega
Onega
Sujona
Emb.
del
Kama
Kama
Llanura Europea
Indals
L. Siljan
Islas
Aland
Lago
Päijänne
Lago
Saimaa
Svir
Embalse
de Ribinsk
Embalse
de Gorki
Viatka
Belaya
50° N
Klar
G. de Finlandia
Neva
Emb. de
Narva
Narva
Volga
Llanura rusa
Embalse
de Kuibishev
Lago
Vänern
Hiiumaa
Lago
Peipus
Lago
Ilmen
Lovat
Voljov
Colinas de
Valdai
Gotland
Saaremaa
Velikaya
Oka
Sura
Alturas del
Volga
Ural
Lago
Vättern
Mar Báltico
Llanura del Mar Báltico
Alturas de
Smolensk-
Moscú
Tisna
Öland
Dvina
Occidental
Neris
Oka
Llanura
del
Oka-Don
Volga
Embalse
de Volgogrado
Bornholm
Niemen
Dniéper
Desna
Alturas
de Rusia
central
Joper
Depresión del Caspio
Bug
Pripiat
Don
Seym
Volga
Elba
Spree
Óder
Warta
Vistula
Llanura del
Dniéper
Donets
Embalse
de Tsimlyansk
Sudetes
Alturas de Volinia
Alturas
del
Donets
Don
Alturas de Podolia
Dniéper
Selva de
Bohemia
Morava
Montes Cárpatos
Bug Meridional
Emb. de
Kajovka
Estepa del
Kuban
Mar
Caspio
Prut
Dniéster
Mar
de Azov
Elbrus
5642
Terek
40° N
Tisza
Meseta
de
Transilvania
Siret
Llanura
Pen. de
Crimea
Cáucaso
Drava
Mures
Alpes de
Transilvania
Delta del
Danubio
Sava
panónica
Olt
Danubio
Mar
Negro
Alpes Dináricos
Drina
Gran Morava
Balcanes
Mar Adriático
Maritsa
Montes
Ródope
Vardar
Península
balcánica
Península
itálica
Ofanto
Olimpo
2917
Mts.
Pindo
Mar
Egeo
Mar
Tirreno
Mar
Jónico
Etna
3323
Sicilia
Pen. del
Peloponeso
Islas
Cícladas
50° E
30° N
Chipre
Malta
Creta
Mediterráneo
20° E
30° E
40° E

Mapa político de Europa

Nota: el concepto de entidad de población al que se hace referencia es el equivalente a municipio; es decir, se representa el número de habitantes que pertenecen a un mismo ayuntamiento.

SUECIA
FINLANDIA
HELSINKI
Islas Aland
ESTOCOLMO
Mar Gotland
Gotemburgo
Öland
COPENHAGUE
Báltico
TALLIN
ESTONIA
RIGA
LETONIA
LITUANIA
VILNA
RUSIA
MINSK
BIELORRUSIA
Gómel
VARSOVIA
Breslau
Poznan
Lódz
POLONIA
Cracovia
PRAGA
REP. CHECA
ESLOVAQUIA
BRATISLAVA
VIENA
AUSTRIA
BUDAPEST
HUNGRÍA
ESLOVENIA
ZAGREB
CROACIA
SAN MARINO
SARAJEVO
BELGRADO
SERBIA
PODGORICA
TIRANA
ALBANIA
SKOPIE
MACEDONIA
SOFÍA
BULGARIA
RUMANÍA
BUCAREST
MOLDAVIA
CHISINAU
UCRANIA
KIEV
Lvov
Járkov
Donetsk
Dniepropetrovsk
Krivoi Roj
Zaporiyia
Odesa
Mar de Azov
Mar Negro
GRECIA
ATENAS
Mar Egeo
Creta
Rodas
NICOSIA
CHIPRE
Mar Adriático
ROMA
Nápoles
Mar Tirreno
Mar Jónico
Palermo
Sicilia
LA VALETA
MALTA
Mediterráneo
Mar de Barents
RUSIA
San Petersburgo
MOSCÚ
Yaroslavl
Nizhni Novgórod
Riazán
Tula
Lipetsk
Voronezh
Kazan
Izhevsk
Perm
Naberezhnye Chelny
Ufa
Yekaterimburgo
Chelyabinsk
Tiumen
Omsk
Ulyanovsk
Tolyatti
Samara
Oremburgo
Penza
Saratov
Volgogrado
Astracán
Rostov
Krasnodar
Majachkala
Mar Caspio

Las actividades económicas: PIB por sectores, sector

	Superficie	PIB por sectores, 2012 (%)			Usos del suelo, 2012 (ha)	
		PIB primario	PIB secundario	PIB terciario	Tierras de cultivo	Superficies con uso principal de pastos
TOTAL ESPAÑA	**505 182**	**2,2**	**21,6**	**76,2**	**17 539 289**	**9 402 705**
ANDALUCÍA	**87 591**	**4,3**	**18,2**	**77,5**	**3 657 437**	**1 553 652**
Almería	8 775	13,4	13,4	73,2	187 350	394 685
Cádiz	7 436	2,5	19,6	77,9	276 963	121 379
Córdoba	13 771	4,3	21,1	74,6	685 239	175 454
Granada	12 647	5,7	14,8	79,5	585 206	230 708
Huelva	10 128	6,0	24,8	69,2	153 035	206 524
Jaén	13 489	3,3	21,2	75,5	656 885	128 360
Málaga	7 308	2,1	13,2	84,7	270 518	160 668
Sevilla	14 036	3,2	20,6	76,3	842 241	135 874
ARAGÓN	**47 698**	**4,5**	**27,2**	**68,3**	**1 760 006**	**1 274 932**
Huesca	15 626	11,5	25,6	62,9	521 162	318 903
Teruel	14 797	3,9	33,5	62,6	443 107	510 948
Zaragoza	17 274	2,9	26,7	70,4	795 737	445 081
ASTURIAS, PRINCIPADO DE	**10 604**	**1,3**	**26,9**	**71,8**	**18 029**	**317 098**
BALEARS, ILLES	**4 992**	**0,4**	**12,8**	**86,8**	**155 798**	**20 812**
CANARIAS	**7 447**	**1,6**	**12,9**	**85,5**	**53 295**	**106 489**
Palmas, Las	4 066	1,2	13,0	85,8	13 932	30
Santa Cruz de Tenerife	3 381	1,9	12,9	85,2	39 363	106 459
CANTABRIA	**5 253**	**1,5**	**28,0**	**70,5**	**4 316**	**210 205**
CASTILLA Y LEÓN	**93 814**	**4,4**	**26,4**	**69,2**	**3 526 668**	**2 373 897**
Ávila	8 050	3,7	22,2	74,0	187 073	335 854
Burgos	14 022	4,7	36,3	59,0	617 869	347 185
León	15 570	3,3	23,5	73,1	302 503	331 937
Palencia	8 052	5,9	31,9	62,2	465 060	158 949
Salamanca	12 349	4,4	20,6	75,0	283 804	425 483
Segovia	6 796	5,4	22,9	71,7	265 919	191 431
Soria	10 303	4,1	30,5	65,4	346 266	198 057
Valladolid	8 110	3,6	23,8	72,5	571 246	74 075
Zamora	10 561	7,0	24,8	68,3	486 928	310 926
CASTILLA-LA MANCHA	**79 409**	**6,9**	**27,4**	**65,7**	**3 949 413**	**1 026 042**
Albacete	14 918	7,7	22,5	69,8	708 727	61 288
Ciudad Real	19 813	9,2	26,4	64,4	1 109 121	321 440
Cuenca	17 141	11,2	24,6	64,2	815 939	100 680
Guadalajara	12 167	2,7	36,8	60,4	335 312	314 195
Toledo	15 370	4,7	28,2	67,1	980 314	228 439
CATALUÑA	**32 627**	**1,0**	**23,5**	**75,5**	**843 678**	**124 284**
Barcelona	8 241	0,5	22,9	76,6	131 965	36 413
Girona	5 910	2,2	23,8	74,0	103 896	38 082
Lleida	12 173	4,2	23,9	71,9	376 112	31 763
Tarragona	6 303	1,5	27,8	70,7	231 705	18 026
COMUNITAT VALENCIANA	**23 254**	**2,0**	**23,2**	**74,8**	**670 210**	**157 230**
Alicante/Alacant	5 817	1,5	19,8	78,7	177 812	65 790
Castellón/Castelló	6 632	2,7	31,1	66,2	147 246	67 969
Valencia/València	10 806	2,1	23,2	74,7	345 152	23 471
EXTREMADURA	**41 634**	**5,6**	**20,5**	**73,9**	**1 152 629**	**1 133 212**
Badajoz	21 766	6,1	18,3	75,6	896 981	485 342
Cáceres	19 868	4,9	24,2	71,0	255 648	647 870
GALICIA	**29 574**	**4,4**	**25,3**	**70,3**	**388 604**	**441 154**
Coruña, A	7 950	3,2	24,4	72,4	137 037	96 358
Lugo	9 856	8,4	21,8	69,8	141 125	178 997
Ourense	7 273	5,8	27,7	66,6	58 844	109 585
Pontevedra	4 495	4,1	26,9	69,1	51 598	56 214
MADRID, COMUNIDAD DE	**8 022**	**0,1**	**14,3**	**85,6**	**232 005**	**232 005**
MURCIA, REGIÓN DE	**11 313**	**3,9**	**23,3**	**72,8**	**550 957**	**83 030**
NAVARRA, COMUNIDAD FORAL DE	**9 801**	**3,2**	**34,1**	**62,7**	**333 266**	**333 266**
PAÍS VASCO	**7 089**	**0,7**	**31,5**	**67,8**	**86 490**	**86 490**
Araba/Álava	2 963	1,9	36,9	61,3	76 313	69 294
Bizkaia	2 217	0,4	27,2	72,4	4 847	55 554
Gipuzkoa	1 909	0,6	34,9	64,5	5 330	47 089
RIOJA, LA	**5 029**	**4,8**	**33,3**	**61,9**	**156 488**	**147 419**
CEUTA	**33**	**0,1**	**9,4**	**90,4**	–	–
MELILLA	**19**	**0,1**	**10,0**	**89,9**	–	–

Fuente: INE y MAGRAMA.

primario (agricultura)

Usos del suelo, 2012 (ha)		Cultivos, 2014 (ha)				
Superficie forestal arbolada, arbustiva y de matorral	Otras superficies	Cereales grano	Viñedo	Olivar	Hortalizas	C. industriales
19 140 518	**4 511 480**	**6 473 150**	**963 644**	**2 593 523**	**206 834**	**1 025 790**
2 763 513	**785 095**	**765 143**	**27 305**	**1 555 475**	**35 018**	**408 309**
225 702	69 678	1 767	869	35 008	6 623	–
246 188	99 058	112 529	5 526	22 865	4 769	90 535
427 255	89 183	150 015	5 827	343 923	5 796	65 565
312 691	136 093	112 491	4 886	197 569	7 352	2 331
589 497	63 745	22 029	2 014	26 601	2 336	18 084
497 072	67 292	24 111	203	585 018	322	9 944
171 115	128 545	453	444	138 103	2 898	2 898
293 993	131 501	280 998	354	206 389	4 922	218 951
1 489 206	**247 881**	**925 548**	**37 237**	**59 261**	**4 531**	**11 323**
646 385	77 165	341 671	547	10 184	647	1 126
469 659	57 243	210 796	2 655	29 675	644	5 982
373 162	113 473	373 081	29 112	19 402	3 239	4 216
666 146	**58 973**	**133**	**1**	–	**148**	–
221 209	**101 347**	**33 814**	**287**	**917**	**1 781**	–
75 369	**509 542**	**369**	**8 533**	**104**	**1 135**	**8**
18 290	374 326	86	1 522	104	725	–
57 079	135 216	283	7 011	–	410	8
271 049	**47 084**	**1 292**	**14**	–	**22**	–
2 918 743	**603 381**	**2 129 704**	**63 732**	**6 325**	**13 009**	**310 135**
241 125	40 940	109 302	3 336	2 687	1 116	11 628
382 277	81 772	42 651	1 768	–	577	64 302
762 709	161 032	1 864	5 383	–	577	11 276
136 027	45 215	308 287	588	–	688	4 684
461 335	64 373	161 723	2 061	1 687	844	19 355
188 539	46 386	176 273	2 247	–	2 928	25 651
440 575	45 819	233 053	633	19	1 211	38 598
113 177	52 551	342 891	17 228	1 546	4 757	66 362
192 979	65 293	185 266	14 575	385	311	26 122
2 376 068	**594 675**	**1 404 824**	**463 912**	**410 825**	**49 587**	**219 685**
613 634	108 935	294 259	9 324	37 275	26 832	18 177
355 862	194 900	279 858	161 386	184 887	13 185	1 229
670 060	127 434	335 205	99 434	33 231	5 729	158 181
508 807	62 895	200 754	15	21 067	2 192	34 875
227 705	100 511	294 748	108 353	134 365	165	7 223
1 925 614	**315 477**	**36 913**	**54 621**	**115 786**	**9 578**	**11 048**
468 949	135 490	78 496	23 972	2 622	4 193	2 134
396 112	52 898	43 329	2 933	5 176	463	3 345
746 986	60 101	201 027	4 575	35 273	640	5 325
313 567	66 988	46 278	2 314	72 715	4 281	244
1 171 043	**326 966**	**49 111**	**71 228**	**94 916**	**16 356**	**559**
219 765	118 286	7 246	14 146	30 639	81	201
379 960	68 012	7 357	847	29 873	2 519	88
571 318	140 668	34 508	56 235	34 403	5 737	270
1 617 300	**260 309**	**304 691**	**83 055**	**27 253**	**7 343**	**44 302**
664 300	130 005	257 633	77 834	215 154	7 117	30 972
953 000	130 304	47 059	5 221	57 377	226	1 333
1 891 189	**236 522**	**37 958**	**26 022**	**16**	**2 229**	**199**
483 688	77 955	10 063	2 412	–	752	77
610 297	55 236	6 683	2 003	–	449	21
511 698	47 185	15 487	8 897	16	411	2
285 506	56 146	5 726	12 709	–	618	98
232 005	**232 005**	**93 463**	**10 765**	**28 214**	**159**	**416**
373 353	**124 051**	**44 957**	**30 426**	**29 423**	**50 497**	**606**
333 266	**333 266**	**201 802**	**19 204**	**7 697**	**10 374**	**12 857**
86 490	**86 490**	**53 347**	**13 497**	**319**	**159**	**3 794**
141 938	16 185	5 307	1 216	318	76	3 791
139 852	21 467	2	19		0	3
131 195	14 416	275	1 318	1	83	–
164 571	**36 047**	**57 862**	**51 223**	**3 461**	**3 477**	**2 551**
–	–	–	–	–	–	–
–	–	–	–	–	–	–

Las actividades económicas: sector primario (ganadería),

	Ganado, 2014 (cabezas)				Industria, 2015	Transporte, 2014
	Bovino	Ovino	Caprino	Porcino	Ocupados en industria (%)	Autopistas (km)
TOTAL ESPAÑA	**6078733**	**15431804**	**2704229**	**24151021**	**14,0**	**12032**
ANDALUCÍA	**522897**	**2158068**	**984723**	**1528506**	**8,6**	**2490**
Almería	2235	167801	150238	481649	4,5	333
Cádiz	142302	96065	119213	9800	8,8	303
Córdoba	145141	645170	63276	30830	12,5	184
Granada	21155	384980	149198	177139	8,7	399
Huelva	60345	176429	53055	3343	11,2	159
Jaén	30742	209429	56728	139185	13,4	237
Málaga	15133	159284	231488	308103	4,4	438
Sevilla	105844	318910	161527	378457	9,9	438
ARAGÓN	**322195**	**1807286**	**61107**	**6316467**	**20,5**	**767**
Huesca	217322	568954	26986	3037226	15,8	206
Teruel	38724	629137	15992	960457	22,1	140
Zaragoza	66149	609195	18129	2318784	21,4	420
ASTURIAS, PRINCIPADO DE	**393810**	**50708**	**32302**	**11829**	**15,0**	**454**
BALEARS, ILLES	**27537**	**307511**	**13292**	**52910**	**7,3**	**94**
CANARIAS	**18802**	**82746**	**305586**	**67886**	**4,6**	**239**
Palmas, Las	12190	63683	217550	23898	5,0	104
Santa Cruz de Tenerife	6612	19063	88036	43988	4,2	135
CANTABRIA	**282446**	**45370**	**21405**	**2142**	**15,3**	**227**
CASTILLA Y LEÓN	**1297567**	**3065190**	**138668**	**2787425**	**16,3**	**1812**
Ávila	221823	179807	57658	128394	9,3	281
Burgos	74429	232098	9190	335523	25,1	338
León	130381	461939	29761	78132	13,8	396
Palencia	60695	240496	3036	161956	16,4	133
Salamanca	514920	416774	10034	83556	14,3	664
Segovia	131171	268344	2978	984037	13,7	2267
Soria	21504	237130	4690	421953	18,0	124
Valladolid	48650	352894	6162	294482	17,6	302
Zamora	93994	675709	15159	299391	10,5	394
CASTILLA-LA MANCHA	**383266**	**2298812**	**427196**	**1223188**	**15,8**	**256**
Albacete	9659	493648	95818	202573	13,1	300
Ciudad Real	93660	881745	136943	27001	13,3	181
Cuenca	12692	355314	24534	204995	17,1	119
Guadalajara	13469	186863	16059	7066	14,5	305
Toledo	253786	381241	153842	781554	19,1	285
CATALUÑA	**595968**	**533595**	**65857**	**7457218**	**19,0**	**1454**
Barcelona	155326	147248	17622	1838438	19,5	726
Girona	143370	101243	10826	873376	20,7	220
Lleida	285645	226980	20291	4256071	11,8	216
Tarragona	11627	58123	17117	489332	17,6	293
COMUNITAT VALENCIANA	**51036**	**300315**	**73172**	**1073526**	**17,3**	**1142**
Alicante/Alacant	5864	81150	33680	65487	13,9	410
Castellón/Castelló	20822	123455	22220	590312	20,3	241
Valencia/València	24350	95710	17272	417727	19,1	491
EXTREMADURA	**785716**	**3041334**	**261556**	**54761**	**10,7**	**700**
Badajoz	281694	1976013	123102	44194	10,6	256
Cáceres	504022	1065321	138454	10567	10,8	444
GALICIA	**939371**	**184845**	**44713**	**1130659**	**15,8**	**1031**
Coruña, A	334218	29844	6265	294075	14,1	350
Lugo	443657	53309	17942	193306	10,3	212
Ourense	62496	74264	13148	340495	17,1	216
Pontevedra	99000	27428	7358	302783	19,6	253
MADRID, COMUNIDAD DE	**89613**	**100962**	**30454**	**16280**	**8,9**	**783**
MURCIA, REGIÓN DE	**72285**	**545478**	**191585**	**1762926**	**12,1**	**569**
NAVARRA, COMUNIDAD FORAL DE	**114030**	**527890**	**12708**	**546356**	**24,4**	**372**
PAÍS VASCO	**141979**	**263796**	**28023**	**24800**	**21,7**	**474**
Araba/Álava	41196	58869	4046	14839	32,2	167
Bizkaia	49558	62242	16129	4319	16,7	139
Gipuzkoa	51225	142685	7847	5642	24,7	169
RIOJA, LA	**40215**	**117899**	**11882**	**94141**	**26,1**	**176**
CEUTA	–	–	–	–	**2,6**	**0**
MELILLA	–	–	–	–	**2,8**	**0**

Fuente: MAGRAMA, MINETUR, Ministerio de Fomento e INE.